玉環年鉴

YEARBOOK OF YU HUAN

2017

玉环市地方志办公室
玉 环 市 档 案 局 编

方志出版社
Publishing House of Local Records

《玉环年鉴》编纂委员会

主　　任：阮聪颖

副 主 任：柯寿建　杨良强　郑志源

成　　员：陈海晓（市委办）

詹福章（市府办）

陈长有（市委办）

王志胜（市发展和改革局）

陈海鸣（市教育局）

林仁斌（市财政局）

史炜荣（市统计局）

钟光伟（市档案局）

《玉环年鉴》编辑部

主　　编：陈长有

副 主 编：陈天云　金海浪

编　　务：施含笑

摄　　影：王一方　黄利军　董伯志　何文新

陈姿名　郑　惠　姚泓妤

编　　校：张佩珠　张　杰　陈李琬

编辑说明

一、本年鉴为玉环第17部年鉴。因玉环于2017年5月13日撤县设市，年鉴记述内容为设市之前，编纂时间为设市之后，故年鉴内容涉及的相关名称均用“县”字，封面编辑单位为“玉环市地方志办公室、玉环市档案局”。

二、《玉环年鉴(2017)》以马克思列宁主义、毛泽东思想、邓小平理论、“三个代表”重要思想、科学发展观、习近平新时代中国特色社会主义思想为指导，坚持辩证唯物主义和历史唯物主义的立场、观点和方法。由特载、大事记、县情概览、百科、附录组成。采用分类编纂法。

三、“特载”选录县委、县人大、县政府、县政协主要领导跨年度工作报告，起到承上启下的作用。

四、“大事记”记述2016年度玉环所发生的大事、新事、特事。

五、“县情概览”介绍全县各方面发展的综合情况，为了保持内容完整性，有些基本情况上年年鉴已经记载，本年鉴仍予沿用。

六、“百科”介绍各部门单位2016年度全年工作进展情况，起首设“概况”条目，记述总体情况，便于资政、借鉴、检索等应用。

七、本年鉴涉及全县性的数据以县统计局公布数据为准，所用计量单位以国家法定计量单位为准。

八、为了保持内容一致性，“光荣榜”所录先进集体和先进个人依据2016年度工作实绩考评结果。

九、本年鉴插入彩页，形象地反映玉环2016年度重大事件和重要活动。

>>1月21—22日,县第十四届党代会第五次会议召开

>>3月7—10日，县政协八届五次会议召开

>>3月8—11日，县第十五届人民代表大会第五次会议召开

>>5月10日,省委、市委决定,林先华任中共玉环县委书记

>>6月30日,省委、市委决定,提名吴才平为玉环县县长候选人

>>9月21日，省军区司令员冯文平到玉环调研国防建设

>>6月2日，省政协领导考察大麦屿港开发开放及对台贸易

>>6月7日，省政协常委、社法委主任盛继芳带领督察组一行到玉环县督察户籍制度改革工作

>>10月1日，市委书记王昌荣出席玉环县重大项目集中开工仪式

>>1月12日，玉环海洋经济转型升级示范区首批11家入园企业集中开工

>>7月25日，“扩大有效投资，加快项目建设”玉环五个重大项目集中开工

>>8月31日，玉城街道城北小微企业创业园正式开工

>>1月17日，76省道复线南延（疏港公路）工程顺利通车

>>2月4日,“十载上海滩·心系玉环岛”玉环上海商会十周年庆典大会举行

>>6月24日,玉环“千人计划”专家创业项目集体开业

>>8月27日，中国玉环国际阀门建材城试营业

>>9月20日，玉环首批不动产权证发放

>>10月27日,县法学会成立暨第一届会员大会召开

>>1月19日,“迎新春,保平安”
治安大巡防启动仪式举行

>>3月26日，大麦屿港对台海上直航迎来首次车渡直航

>>4 月 24 日，2016 玉环“漩门湾”湿地马拉松火热开跑

>>3 月 28 日，玉环县首面“爱心墙”亮相楚门

>>5 月 26 日，“万步有约”玉环开赛，让职业人群“走起来”

>>6月20日，玉环举行矿山事故应急救援演练

>>6月29日，全面推行出租房"旅馆式"管理

>>12月26日，玉环广播开播60周年电视开办30周年暨元旦迎新晚会举行

>>1月6日，“榴岛颂歌”新年音乐会精彩上演

>>8月15日，玉环青少年民乐团首场专场音乐会举行

>>12月23日，第七届农民文化节闭幕式暨优秀文艺团队汇演举行

总 目

Table of Contents

目 录

县委·人大

政府·政协

社会团体

法治·军事

农业·林业

经济·贸易

财政·金融

交通·供电·通信

经济管理

城建·环保

水利·气象

科教文卫

社会生活

乡镇·街道

附　录

补齐四大短板　实现四大跨越
为建设美丽宜居充满活力的现代化海湾城市而努力奋斗

——在中国共产党玉环县第十五届代表大会第一次会议上的报告

中共玉环县委书记　林先华

（2016年12月19日）

同志们：

中国共产党玉环县第十五届代表大会第一次会议，是在玉环朝着“十三五”征程不断前进的关键时期召开的一次十分重要的会议。大会的主要任务是：全面贯彻党的十八大和十八届三中、四中、五中、六中全会精神，回顾县十四届一次党代会以来的工作，明确今后五年的奋斗目标与工作重点，选举产生中国共产党玉环县第十五届委员会和纪律检查委员会，动员全县各级党组织和广大党员干部群众，进一步解放思想、真抓实干，为建设美丽宜居、充满活力的现代化海湾城市而努力奋斗！

现在，代表中国共产党玉环县第十四届委员会向大会作报告，请予审议。

一、过去五年的工作回顾

——过去的五年，是玉环发展历程中极不平凡的五年。面对错综复杂的宏观环境，县委团结和带领全县人民，主动适应和把握新常态，集中精力抓经济，一心一意谋发展，较好地完成了县十四届一次党代会确定的各项目标任务。回首这五年，一件件具有里程碑意义的大事，不仅在我们脑海中留下了深刻的烙印，也为今后跨越发展打下了良好的基础。其中，最让我们自豪的是，县域经济实力不断增强。全国百强县排名从五年前的第31位跃升至第28位，城乡统筹发展水平始终保持全市首位，撤县设市经省政府同意报国务院待批，被列为首批国家级海洋生态文明建设示范区、省海岛统筹发展试验区和浙台(玉环)经贸合作区,玉环战略定位和发展方向更加清晰。最让我们喜悦的是,交通迎来大建设、大发展的春天。建高速、修国道、拓省道、接轻轨全方位铺开,累计完成投资125.3亿元,年均增长32.5%,尤其是随着乐清湾跨海大桥及接线工程、228国道玉环段加速推进,以及台州市域铁路S1线温岭至玉环段前期加快,玉环告别无高速、无国道、无铁路的“三无”百强县历史指日可待。最让我们振奋的是,教育事业在经历寒冬、一度触底的情况下砥砺前行、奋发崛起。高考和中考成绩屡创新高,尤其是高考重点率从全市末位跃升至全市首位,重点上线人数五年间增长三倍,玉环中学高考重点率居全市学校首位,我县被评为国家义务教育发展基本均衡县,这一切标志着玉环教育打赢了翻身仗、取得了大丰收、重塑了自信心。最让我们欣慰的是,玉环拥有一支勤政廉洁、敢想敢干、善于攻坚、能打胜仗的干部队伍。大家心往一处想、劲往一处使,用辛勤的汗水谱写了一幕幕壮丽篇章,先后荣获了国家卫生县城、国家园林县城、全国文化先进县、全国国土资源节约集约模范县、全国水土保持监督管理能力建设县、全国残疾人工作先进县、全国农村集体“三资”管理示范县和省“基本无违建县”、省级森林城市、省级生态县、省级示范文明城市、省级美丽乡村建设先进县等诸多称号,不仅得到广大群众的普遍赞誉,也得到各级领导的充分肯定。

——五年来,我们坚持调结构促转型,产业体系持续优化。始终围绕三次产业协调发展,在做大总量中优化结构,在优化结构中提升质量,实现了发展速度、质量、效益同步提升。预计今年实现生产总值460亿元,财政总收入和地方财政收入分别突破74亿元、42亿元,三次产业结构从6.8:61.8:31.4调整为7.2:52.6:40.2。工业强县战略深入推进,扶工助企活动持续开展,预计工业总产值突破1450亿元,实现规上工业增加值145亿元。“四换三名”工程全面实施,“机器换人”走在全市前列,连续三年入选全国电商发展百佳县,上市企业、“新三板”挂牌企业、省股权交易中心挂牌企业分别达6家、6家和18家。科技·人才活动周内涵外延不断拓展,国家“863”计划项目立项、国家级众创空间、院士专家工作站实现零的突破,每万人发明专利拥有量连续13年居全市首位,获评省创新型试点县。现代服务业日趋繁荣,商贸、物流、旅游、金融等业态发展活跃,亿联国际阀门城、开发区综合物流园区、大润发超市等建成投用,新增一批国家AAAA级、AAA级旅游景区,引进商业银行5家,对台客运直航运送旅客超15万人次。现代农渔业稳步发展,农业“两区”建设走在全市前列,水利基础设施不断完善,渔业“一打三整治”成效显著,渔船分类管理制度全省推广,连续三次获评全国平安渔业示范县。

——五年来,我们坚持打基础利长远,发展后劲显著增强。始终抓牢抓紧项目“牛鼻子”,通过创新思路谋项目、克难攻坚推项目、开放招商引项目,发展基础全面夯实,发展后劲切实增强,五年共实施亿元以上项目143个、10亿元以上项目9个,完成固定资产投资693亿元,年均增长22%。招商项目库、土地库、政策库、客商信息库不断完善,累计引进项目110个382亿元,县外投资到位资金和浙商资本回归资金分别达137亿元、33亿元,均居全市前列,双环产业园、晶科光伏发电等一批带动效应好、引领能力强的产业项目开工建设,为制造业转型升级注入新动能。产业集聚平台建设不断加快,以海洋经济转型升级示范区、沙门滨港工业城、干江滨港工业城为主平台的沿海产业带基本形成,小微企业创业园建设有序推进,五年累计完成工业用地供地453.33公顷,盘活存量建设用地400公顷,消化批而未供土地超万亩。水、电、资金等各类要素有效保障,县水务集团完成组建,楠溪江引水工程前期稳步推进,新建改造供水管网205千米;电力设施不断完善,新建扩建

110千伏输变电等一批电力工程，建成新农村电气化县；以国投集团为龙头的“1+N”投融资体系建立，成功发行各类债券57亿元，融资审批突破百亿元。

——五年来，我们坚持优环境提品质，城乡面貌日新月异。始终突出城乡统筹发展，全方位完善城市功能，多层面塑造城市景观，城乡一体、山海融合的新格局加速形成。城乡规划体系不断完善，县域总体规划获批实施，新城规划高水准编制，城镇建设用地控规实现全覆盖。新城开发强势推进，入选全省最具发展潜力十大新城，五年完成投资130亿元，县委党校、广电中心、青年大厦等一批项目投用，国际家居精品城、新城学校等一批项目加快建设，形态业态日益丰满，商气人气加速聚集。老城改造稳步推进，城区60号地块改造形象初显，三合潭区块正式挂牌，坎门后沙区块正在招商，大麦屿兴港路完成改造。楚门小城市培育考核连续五年位列全省优秀，清港、芦浦、干江、沙门、龙溪城乡面貌不断改善，鸡山、海山海岛韵味更加明显。美丽乡村依托“一事一议”加快建设，累计实施项目600多个，南北两线美丽乡村风光带基本形成，山里村列入国家级美丽宜居示范村，东沙渔村建成省级历史文化村落保护利用重点村。“三改一拆”“五水共治”、交通治堵、小城镇环境综合整治等专项行动扎实开展，累计拆除违法建筑1200多万平方米，改造旧住宅区、旧厂区、城中村700多万平方米；完成治水项目278个22亿元，农村生活污水处理设施实现全覆盖，获评全国节水型社会建设示范区；“清洁家园”考评连续五年居全市首位；新增停车位8000余个，公共自行车服务系统建成。

——五年来，我们坚持重民生严治理，社会大局更加稳定。始终把增进民生福祉放在工作首位，每年新增财力的三分之二以上用于民生事业，不断提升人民群众的获得感和幸福感。城镇居民、农村居民人均可支配收入继续保持全市前列，预计今年分别达55700元、27500元，是2011年的1.5倍和1.8倍。重点领域改革进展顺利，“小产权房”清理试点、农村宅基地流转试点、户籍制度改革、农民合作经济组织体系“三位一体”改革等在探索实践中不断创出“玉环样本”。公共服务体系日益健全，教育、卫生、文化、社保、养老等各项事业发展更加均衡，玉环中学、教师进修学校、坎门中心小学海都校区等建成投用，分级诊疗工作走在全省前列，省出生人口性别比重点管理县实现“摘帽”，文化发展指数连续两年居全市首位，书城、影城即将投用，省体育强镇实现全覆盖，洋屿移民工程交付使用，保障性住房和养老机构加快建设，城乡低保标准全省领先，“4600”现象全面消除。平安建设深入推进，社会治安持续向好，矛盾纠纷、债务危机有效化解，刑事发案总量连续五年下降，坎门禁毒阳光会所荣获全国禁毒工作先进集体，一批信访积案有效化解，进京非访连续三年实现“零通报”，消防铁拳整治取得实效，成功捧回“平安银鼎”，连续11年被评为省平安县。“六五”普法全面完成，获评省创建法治县工作先进单位。安全生产形势总体平稳，商品生产、流通、消费全程监管格局形成，在全市率先创成省餐饮服务食品安全示范县。

——五年来，我们坚持转作风固根基，党的建设全面加强。始终用习近平总书记系列重要讲话精神武装头脑、指导实践，牢固树立政治意识、大局意识、核心意识、看齐意识。党的群众路线教育实践活动、“三严三实”专题教育、“两学一做”学习教育扎实开展，省委巡视组反馈意见整改工作认真落实。意识形态阵地不断巩固，舆论引导管控有序平稳，全国精神文明建设“五个一工程”奖实现零的突破，“名家大讲堂”“书声玉环”品牌效应持续扩大。干部经常性考察机制逐步健全，拟提拔干部任前财产申报制度全面施行，干部竞争性选拔工作不断完善，干部队伍活力明显增强。乡镇换届有序开展，基层党组织集中活动日制度、乡镇(街道)党(工)委书记领办基层党建项目制度创新实施,被评为全省首批推进"五好"服务型乡镇建设先进县。人才引进成果丰硕,"国千""省千"人才双双实现零的突破,"市500精英计划"人才新增47名。民建、民盟玉环支部成立,新建异地商会6家。正风肃纪铁腕推进,严查严治"四风"突出问题,婚丧喜庆事宜整治、干部"为官不为"专项治理取得实效,查处违反中央八项规定精神问题94起119人。坚持有腐必反、有案必查,五年来全县纪检监察机关共立案623起,涉及公职人员109人,其中乡科级63人。县委常委会总揽全局、协调各方,严守党的纪律规矩,与人大、政府、政协班子坦诚相待、相互支持,政府在依法行政中担当有为,人大、政协在共谋发展中积极履职。党管武装、群团、民族、宗教、侨务、对台、老干部、老龄和关心下一代等工作取得新进展,七度蝉联省级双拥模范县。

五年回眸,我们既有跋涉的艰难,更有成功的喜悦;既有铭心的记忆,更有理性的思考。五年实践,让我们更加坚定地意识到:必须始终把发展作为第一要务。千道理、万道理,加快发展才是硬道理。五年来,我们始终坚持以经济建设为中心,不论形势如何变化都秉持工业强县战略不动摇,不论任务何其繁重都咬定发展目标不放松,通过一系列务实举措,经济社会发展不仅有量的积累,更有质的提升。实践证明,发展是时代永恒的主题!只有坚持一张蓝图绘到底,一年接着一年干,才能在经济发展新常态下始终位列"第一梯队"。五年实践,让我们更加清醒地认识到:必须始终把创新作为第一动力。创新是发展之源、立足之本。五年来,我们始终高举创新大旗,以创新的思维设计发展路径,以创新的勇气破除发展藩篱,以创新的办法攻克发展难题,通过科技创新和机制创新,为全市、全省乃至全国提供了创新的"玉环经验"。实践证明,创新是引领发展的关键一招!只有在创新发展上打开思路、激发潜能,才能在日益激烈的区域竞争中加速实现"撑杆一跃"。五年实践,让我们更加真切地体会到:必须始终把民生作为第一追求。悠悠万事,民生为大。五年来,我们始终把人民放在心中最高位置,坚持一切为了人民、一切依靠人民,切实解决好人民群众最关心、最直接、最现实的问题,让人民群众的日子一年比一年好,让玉环的发展不仅有速度、更有温度。实践证明,谋民利者得民心!只有牢记全心全意为人民服务这一根本宗旨,才能赢得人民群众的信任和拥护,才能最大限度地汇民智、聚民力,从而推动玉环各项事业"蒸蒸日上"。五年实践,让我们更加深刻地领悟到:必须始终把党建作为第一保障。打铁还需自身硬。五年来,我们始终坚持全面从严治党不动摇,扎实推进党的思想、组织、作风、反腐倡廉和制度建设,不断提升党的建设科学化水平,为发展提供了强有力的政治保障。实践证明,抓党建就是抓发展!党建抓实了是生产力,抓细了是凝聚力,抓强了是战斗力。只有落实全面从严治党各项任务,才能共同谱写出玉环发展的"崭新篇章"。

同志们,五年奋斗历历在目,五年变化有目共睹,五年成绩来之不易。这是上级党委正确领导的结果,是全县各级党组织和广大党员干部群众团结进取的结果,是历届县委传承接力、离退休老同志关心帮助和社会各界共同努力的结果。在此,我代表中共玉环县第十四届委员会,向所有为玉环发展做出贡献的同志和朋友们,致以最衷心的感谢和最崇高的敬意!

在肯定成绩的同时,我们也要清醒地看到工作中的问题和短板:面对区域一体化新趋势,交通"卡脖子"问题成为跨越发展的最大掣肘,现代化综合交通运输体系有待进一步完善;面对经济发展新常态,稳增长、增动能、防风险的任务仍然繁重,发展活力有待进一步激发;面对城市建设新导向,支撑发展的重量级项目还不多,产城融合水平有待进一步提高;面对人民群众新期待,优质公共服务资源还比较缺乏，民生福祉有待进一步增进；面对全面从严治党新要求，部分干部庸懒散慢和不敢担当的问题依然突出，干部队伍的精气神和执行力有待进一步提升。对这些问题，我们必须高度重视，切实加以解决。

二、今后五年的总体思路和工作任务

今后五年是玉环高水平全面建成小康社会的决胜阶段，也是玉环优势潜力集中释放的关键时期。我们要在新一轮改革发展中继续干在实处、走在前列、勇立潮头，必须明大势、识大局、谋长远。要充分意识到：叠加的历史机遇是玉环跨越发展的重要前提，我们必须牢牢抓住、趁势而为。历史一再表明，机遇极为宝贵、稍纵即逝。对玉环而言，未来五年是事关跨越发展的重大机遇交汇期，随着撤县设市即将实现、港口开放有望升格以及迎来“高速时代”、融入“高铁时代”，玉环的城市形象将大幅提升，发展空间将空前拓展，连接温台的枢纽地位将牢固确立，沟通浙台的“桥头堡”作用将日益彰显。这些既是实现玉环跨越发展的难得机遇和潜在优势，也是影响各种资源外流的一把“双刃剑”，我们必须辩证看待，充分认清机遇、珍惜机遇、把握机遇、用好机遇，积极有为、大干快上，努力把各种机遇化作现实成果，切实打好主动仗，赢得新胜利。坚实的工业基础是玉环跨越发展的重要支撑，我们必须坚定目标、主动作为。发展实践印证，工业是支撑经济增长的主要力量，工业化是实现现代化不可逾越的历史阶段。回顾玉环发展历程，我们主要靠的是工业，工业是我们的家底，工业是玉环经济的压舱石，正因为工业发达，玉环才在全国百强县中拥有一席之地，才具备了跨越发展的现实基础。而今站在新的起点，处在工业化中后期的玉环必须坚定工业强县战略不动摇，一以贯之打好工业这张“王牌”，以更高水平、更大体量、更有活力的工业来创造新的“玉环现象”，书写玉环跨越发展的全新历史。独有的自然禀赋是玉环跨越发展的重要条件，我们必须放大优势、善谋敢为。城市定位布局，决定着一座城市的发展格局，也决定着城市未来能够企及的高度。从地理环境来看，玉环拥有得天独厚的海湾资源以及山海合一的地貌特质，这些自然禀赋不仅是玉环最宝贵的财富和最独特的优势，也是塑造城市美丽形态、打造宜居环境、激发内在活力的重要依托。因此，在新一轮的开发建设中，我们必须以建设现代化海湾城市为目标，坚持生态立县，突出依海而建、拥湾发展，不断拓展城市发展框架，大力发展湾区经济，充分展现海湾风情，最终让玉环跳出海岛城市格局的困囿，实现从海岛城市向海湾城市的华丽转身。良好的政治生态是玉环跨越发展的重要保障，我们必须格外珍惜、担当有为。政治生态清明，从政环境就优良。县委领导班子始终像保护自然生态一样，以身作则、以上率下引领各级党员干部讲原则、重法治、守纪律、拒腐蚀，积极营造风清气正的从政环境，以良好的党风促政风带民风。可以说，这股难能可贵的正能量，不仅是我们谋求更高层次跨越发展的动力之源，更是我们披荆斩棘实现梦想的底气所在。只要我们继续巩固和发展好政通人和、风清气正的政治生态，大力弘扬讲政治顾大局、守规矩重规范、勤作为敢担当、严自律作表率的优良作风，就一定能在玉环这片充满生机活力的热土上开创一番全新的事业，引领玉环迈入一个快速发展的黄金期。

今后五年的指导思想是**高举中国特色社会主义伟大旗帜，以邓小平理论、“三个代表”重要思想、科学发展观为指导，深入贯彻习近平总书记系列重要讲话精神，紧紧围绕“四个全面”战略布局，大力践行“五大发展理念”，认真落实省委市委决策部署，坚持“港口带动、拥湾发展、产城融合、全域一体”的发展战略，补齐四大短板，实现四大跨越，高水平全面建成小康社会，全力建设美丽宜居、充满活力的现代化海湾城市**。建议今后五年发展的主要指标为:生产总值年均增长7%以上,地方财政收入年均增长7%以上,固定资产投资年均增长15%以上,城镇居民和农村居民人均可支配收入分别年均增长7%和8%以上。为实现上述目标任务,我们要本着“围绕短板谋项目、抓好项目补短板”的原则,实施“重大项目千亿投资计划”,精准补齐四大短板,全力实现四大跨越:

(一)补齐交通体系落后短板,实现从交通末端向区域交通枢纽跨越。继续秉持“交通先行”理念,举全县之力破解制约玉环跨越发展的历史软肋和最大短板。一要高起点超前谋划。把玉环放在温台节点城市去谋划定位,围绕实现“一刻钟上高速、两刻钟上高铁、三刻钟到机场”目标,在建设“五纵五连一环岛”交通网的基础上,因地制宜、适度超前谋划多元形态的综合交通网络,全力构建“内联外通、内畅外快、陆港对接、高效集疏”的“大交通”格局。抢抓全省实施万亿交通工程的历史机遇,主动对接、全力争取,争分夺秒深化各项前期工作,努力实现杭绍台高铁玉环延伸线早立项、早开工、早建成,千方百计搭上“高铁列车”、迈入“高铁时代”,切实缩短与长三角城市群的时空距离。积极谋划瓯玉高速公路和杭绍台高速公路南延至玉环,努力开辟对外新的通道。加快建设环岛公路并力争全线贯通,精心串联起沿途特色景点,全力打造台州最美山海风情走廊。二要高强度全速推进。以补课的心态、赶超的姿态加速实施“交通投资倍增计划”,全面掀起大干快上的热潮,完成交通投资300亿元以上。坚持陆海联动,集中力量推进重大交通基础设施建设,确保乐清湾跨海大桥及接线工程2017年年底通车、228国道玉环段2018年年底通车,力争台州市域铁路S1线温岭至玉环段2017年开工、2021年年底通车,彻底结束玉环无高速、无国道、无铁路的历史;主动融入全省港口一体化,不断完善大麦屿港区集疏运条件,积极谋划大麦屿货运铁路支线工程,全方位开拓海上对外通道,进一步放大对台优势,全力申报国家对台经贸合作区,力争把玉环建设成为两岸交流合作的“桥头堡”。三要高效能科学管理。积极探索“大交通”管理模式,创新综合交通统筹管理、科学调度、协调发展体制机制,有效推进科技创新和信息资源整合,建立不同运输方式的信息采集、交换和共享机制,做到城乡交通便捷高效、快速畅通。常态化开展交通秩序整治,推广立体式、升降式停车场建设,拓展公共自行车服务网点,实现交通拥堵状况明显改善。

(二)补齐产业结构失衡短板,实现从工业大县向工业强县跨越。正视所处发展阶段,持续做大做强工业经济,加快构建与现代制造业相配套的服务业体系,实现产业互促共进、更具活力。一要全力优化产业结构。坚持中高端发展导向,探索信息化和工业化深度融合,推动“玉环制造”向“玉环智造”升级,力争到2021年实现新增产值100亿元企业1家、上市企业总数10家、工业性年投资100亿元、规上企业1000家、规上工业产值1000亿元,推动形成中小企业“铺天盖地”、巨龙企业“顶天立地”、上市企业“开天辟地”的企业培育梯队。千方百计发展现代服务业,以全域景区化为目标,加快旅游资源整合,打造中国国际海岛旅游目的地,大力扶持现代物流、金融服务、电子商务、研发设计等生产性服务业发展,不断提升三产比重,推动产业结构比更趋合理。引入工业理念发展现代农业,鼓励工商资本参与绿色生态农业、现代特色农业和休闲观光农业发展,实现农业生产和经营向智能化、信息化、网络化转型。二要突出科技创新驱动。持续优化科技奖励扶持政策体系,引导企业加大研发投入,助推企业技术创新、产品创新、管理创新和商业模式创新。开放共享公共科技资源,加快众创空间和科技孵化器建设,放大科技·人才活动周效应,实现产学研深度合作。牢固树立人才是第一资源的理念,以最优厚的条件引进人才,以最高效的体制用好人才,以最真挚的感情留住人才,使人才成为引领创新驱动的主力军，到2021年力争新增“国千”3人、“省千”6人、“市500精英计划”50人以上。三要实现招商引资突破。坚持招商引资“一把手”工程，完善招商工作机制和项目库，推动力量向招商集中、资源向招商倾斜、服务向招商整合。鼓励发展总部经济，争取引进台资外资和浙商玉商区域性总部，促进企业在玉环实现研发、生产、销售和运营管理一体化发展。突出产业“建链、补链、强链”的要求，瞄准新能源汽车等行业龙头企业和产业链关键企业，集中力量引进一批标杆型、引领型、关联型重大项目，实现招商引资总量和质量“双提高”、领域和层次“双突破”。

（三）补齐发展空间狭小短板，实现从本岛时代向环漩门湾时代跨越。按照现代化海湾城市的定位，着眼发展空间扩容、城市功能更新和人居环境建设，不断深化城市外延扩张和内涵提升。一要拉开城市发展框架。持续优化城市空间布局，突出海湾、湿地等要素运用，推动城市建设依山傍海、显山露水。注重环漩门湾两岸规划建设，全力主攻新城开发，确保五年完成投资150亿元以上，努力把玉环新城打造成为发展的增长极、投资的主平台、建设的主阵地、城市的新亮点。统筹推进老城改造，加速实施城北开发，高品质完成城区60号地块、三合潭区块、坎门后沙区块建设，彰显老城独特魅力和生机活力。二要拓展产业发展空间。坚持现代产业集聚发展的理念，以海洋经济转型升级示范区和沙门滨港工业城、干江滨港工业城“一区两城”为主平台，全力构建贯通南北的沿海产业带，确保年均工业用地供地66.67公顷以上。加快小微企业创业园建设，五年完成133.33公顷开发，推动中小企业集聚发展和“低小散”企业抱团发展。因地制宜培育特色小镇，加快楚门时尚家居、漩门湾健康养生等特色小镇建设。三要优化城乡人居环境。坚定不移打好系列组合拳，统筹推进 “五水共治”“三改一拆”“四边三化”和小城镇环境综合整治等专项行动，力争走在省市前列，在全市率先创成省“无违建县”，通过省级美丽乡村示范县考核。加大污染治理力度，启动环境敏感区工业企业搬迁入园计划，打造美丽宜居环境。完善城市管理体制，推进智慧城市建设，深化跨部门综合执法，提升精细化管理水平。

（四）补齐公共服务不足短板，实现从底线民生向普惠民生跨越。始终把增加优质公共服务资源供给作为高水平全面建成小康社会的重要一环，确保五年完成投资210亿元以上，实现公共服务供给高质量、均衡性，不断提升群众幸福指数。一要打响优质教育品牌。坚持教育优先发展，基本实现教育总量相对充足、结构基本合理、体制富有活力、环境条件优越、内涵和谐发展目标。加大教育基础设施投入，推动教师队伍梯度成长，促进教育优质资源扩容与优化配置，全力跻身省教育现代化县行列。鼓励社会资本办学，打造现代职业教育园区，推动教育服务地方经济社会发展。二要发展健康养老事业。牢固树立“大健康”理念，大力推进健康玉环建设，实施“医疗卫生事业振兴计划”，以更大的决心推动医疗医保医药联动改革，以更实的举措加大医疗人才引进和本土人才培养力度，以更强的保障加快启动县人民医院扩建、县中医院迁建、县妇女儿童医院新建工程，推动卫生健康事业进入发展“快车道”。围绕“老有颐养”目标，推广“家院互融”“医养融合”“智慧养老”等养老新模式，构建以家庭为基础、社会为依托、机构为支撑的社会养老服务体系。三要推动文体事业繁荣。不断加大文化和体育财政投入，加快博物馆、图书馆、体育馆、档案馆、科技馆等项目建设，推进文化礼堂“建管用育”一体化，开展丰富多彩的文体活动，引导资源向基层倾斜。实施“最美海湾城市文化传播工程”和“文化名家造就工程”，加强文化艺术领军人才引进和培养，深入挖掘县域优秀传统文化资源，打造展示时代风貌、体现玉环特色、具有市场潜力的艺术精品。

三、2017年的目标和工作重点

2017年是新一届县委履职的第一年，做好新一年工作至关重要。重点做好四方面工作：

（一）坚持工业强县主战略，产业联动推进经济转型升级。突出工业经济的压舱石作用，重中之重抓好工业发展，同步带动产业结构优化，实现经济增长稳中有进。一要厚植工业优势。坚持把传统产业转型升级作为主攻方向，发挥转型升级产业基金作用，推动汽摩配、水暖阀门两大主导产业在优化产业链、拓展市场链、提升价值链上下功夫，切实增强行业话语权和竞争主动权。支持企业建设院士专家工作站、研发中心、技术中心等创新载体，加强对新兴产业的政策激励，培育壮大新能源、新材料等战略性新兴产业。实施企业梯次成长计划，推动上市企业集中突破、重点企业培强培优、规模企业加快扩容、小微企业提速成长，力争规上工业增速保持在6%以上。二要推进产业融合。围绕制造业两端做大做强生产性服务业，重点发展科技服务业、现代金融、文化创意、跨境电商、检验检测等业态，支持楚洲人才梦工场、亿联电商产业园、清港文旦小镇等电商平台与企业嫁接融合。积极推动农业"接二连三"，狠抓主体培育、标准创建、生态循环、农业安全和服务提升，引导发展农超对接、农业电商等现代流通业态，切实推动农业提质增效。围绕渔场修复振兴这一核心，推动渔业转型升级，不断做大做强设施渔业和碳汇渔业。三要精准服务企业。坚持将扶工助企活动进行到底，建设"一企一档"服务平台，精准破解企业反映的共性问题和个性难题，提振发展实体经济信心。加强政银企互动合作，发挥小微企业信保基金增信功能，强化创投、风投等金融服务支撑，加强经济运行动态监测，构建良好的金融生态。持续优化政务环境，大力推进网上审批和代理代办，强化事中事后监管，促进审批事项再压缩、流程再优化、效率再提升。

（二）坚持港口开放主平台，陆海联动拓宽对外开放通道。注重港口带动，利用深水港湾和对台优势，不断提升大麦屿港综合实力和带动效应，构建陆海统筹、互联互通的大开放格局。一要提速港口开发建设。以申报国家对台经贸合作区为契机，加快完善大麦屿港基础设施，推进大麦屿能源中转储运项目建设和海峡两岸（玉环）商品交易物流中心招商，吸引码头企业、海运企业、物流企业及临港产业投资落户。积极开展与台湾八县市的交流与合作，稳步推进对台直航工作，按照"成熟一个、推进一个"原则，多角度谋划台湾农特产品展销、海峡两岸经贸合作论坛、对台直航宣传推介等系列活动，让对台工作氛围热起来、人气商气旺起来。二要坚持交通优先发展。全面掀起交通建设热潮，确保全年完成投资35亿元以上。持续优化城乡路网，加快新城连接线（井分线）等工程建设，开工建设漩门湾大桥及接线、228国道清港连接线、城北大道改扩建等工程，加快226省道龙溪至坎门段改建、203省道坎门至大麦屿段公路、沙岙至西滩公路等项目前期，继续实施农村公路五年改造提升计划，努力创建缤纷多彩、各具特色的美丽公路。三要加大招商引资力度。突出"招大、引强、选优"，发挥专业招商组、招商专员、招商联络处作用，力争完成县外投资到位资金40亿元、浙商资本回归资金10亿元。注重项目的带动性和实效性，对投资2亿元及以上项目实行"一事一议"，确保招商有科技含量、转型有优质增量、创新有产业力量。深化全程"保姆式"服务，分类梳理、逐个破解节点难点，确保在谈项目早签约、签约项目早落地、落地项目早投产。

（三）坚持新城开发主阵地，城乡联动加快全域协调发展。尊重城市发展规律、自然格局和历史传承，强化依山、沿海、拥湾、滨湖等具有玉环空间特色的景观塑造，进一步彰显海湾城市特色。一要强化新城龙头带动。突出规划引领、品质至上，以非常理念、非常措施、非常力度掀起新城新一轮建设热潮，不断提升发展能级，充分释放新城活力，全面展现新城魅力。坚持项目开路、服务跟进，确保完成固定资产投资30亿元以上，重点完成玉柴润滑油华东销售中心、总部经济基地、科研中心、物流中心、亿联国际阀门城二期、晶科光伏发电、国贸大厦等项目建设。注重新城天际线和亮化工程打造，推进玉环湖滨水生态绿带、环湖绿道建设，努力呈现一个美轮美奂、错落有致的新城，真正让居者心怡、来者心悦。二要综合整治城镇环境。以小城镇环境综合整治和治危拆违行动为契机，聚焦“两路两侧”、城中村等重点区域，集中连片开展“三改一拆”，加快实施城区主要街道景观立面改造，有序推进城市慢行系统建设，实现老城规划升级、功能提升、形象改善。纵深推进“五水共治”，全面启动消劣和截污大会战，完成县控以上断面“消劣”任务，正式投用大麦屿污水处理厂，实施强塘加固和河湖库塘清淤工程，加快楠溪江引水和漩门二、三期水系连通工程。实施“绿彩玉环”行动，确保新建和改造绿化面积800公顷以上。加大海岸带整治修复和湿地岛礁的保护力度，创成国家级海洋公园。三要深化美丽乡村建设。纵深推进“清洁家园”和“美丽农家”村户联创等活动，积极开展农村生活垃圾减量化资源化处理试点，全面完成省级历史文化村落保护利用和市级美丽乡村精品村建设任务，加快清港、芦浦、干江、沙门、龙溪、鸡山美丽乡村示范乡镇建设，努力把海山规划建设成为“城市后花园”。做好美丽乡村建设和“一事一议”结合文章，大力发展乡村旅游产业，培育一批“草根创客”“新农创客”，不断壮大美丽经济。

（四）坚持以人为本主旋律，上下联动促进全民共建共享。按照坚守底线、突出重点、完善制度、引导预期的要求，倾力办好民生实事，让人民群众共享改革发展成果。一要推进重点领域改革。深化不动产统一登记制度改革，稳步推进“小产权房”面上清理，推广居住出租房屋“旅馆式”管理，打造全省流动人口管理“玉环样板”。深化农村综合改革，引导农村产权项目进入农村产权交易平台，加快构建“三位一体”农民合作经济组织体系。创新投融资机制，探索组建资本运营平台和股权式、债权式产业基金。二要加快社会事业发展。统筹发展各类教育，深化教师人事制度改革，促进师资均衡配置，继续打响玉环中学拳头品牌，投用城北学校、楚门中心小学分校区，提速新城学校、城关中心小学分校区等工程，启动乡镇街道第二中心幼儿园建设。全力扶持文化事业和文化产业发展，加大文化遗产保护传承力度，提升“榴岛四季风”等文化服务品牌，提高玉环文化发展指数。合理配置医疗卫生资源，完善公共卫生服务体系，建成健康信息平台，扶持优质社会资本办医，启用县第二人民医院新院。深化出生人口性别比综合治理，实现人口均衡发展。提升残疾人基本服务水平，建成县残疾人集中托养中心。健全城乡统筹的社会保障体系，发展普惠型福利慈善事业，有效保障群众生产生活。三要提升县域治理能力。全面开展“基层社会治理提升年”活动，扎实推进平安玉环和法治玉环建设，确保“平安夺金鼎”。健全社会公共安全综合防控体系，推动信息互通共享，严格落实风险管控，保持打击犯罪高压态势，不断提高群众的安全感和满意度。完善县领导包案、领导干部大接访等制度，加大矛盾纠纷排查力度，努力实现信访总量下降。严格落实安全生产责任制，实行党政同责、一岗双责、失职追责，继续抓好消防隐患排查整治，确保群众生命财产安全。

四、深入推进全面从严治党

事业发展，关键在党。全县各级党组织和广大党员干部要不忘初心，继续前进，在新一轮改革发展中淬炼铁的信仰、铁的纪律、铁的担当，为建设美丽宜居、充满活力的现代化海湾城市提供坚强保证。

（一）塑造对党忠诚的政治品格。突出理想信念教育，把学习贯彻习近平总书记系列重要讲话精神作为最重要的政治任务，不断增强党员干部的政治意识、大局意识、核心意识、看齐意识，坚定中国特色社会主义道路自信、理论自信、制度自信、文化自信，切实筑牢信仰之基、补足精神之钙、把稳思想之舵。强化基层理论宣讲，提高宣传覆盖面和时效性，推动党的最新理论成果和重大决策部署在基层落地生根。加强党性教育，注重营造严肃认真的党内政治生活氛围，推动党员干部增强党的观念、强化党员意识、提升党性修养，自觉尊崇党章、遵守党章、维护党章，切实做到心中有党、心中有民、心中有责、心中有戒。加强道德建设，教育引导党员干部带头践行社会主义核心价值观，以"美行玉环"活动为载体，培树宣传先进典型，形成见贤思齐、崇德向善的浓厚氛围。坚持党管意识形态、党管媒体原则，牢牢掌握领导权和主导权，强化正确舆论导向，运用好"玉环发布"等政务微博、微信平台，把党的声音传播好，把社会进步的主流展示好，把人民群众的心声反映好，进一步提振党员干部干事创业的精气神、凝聚推动改革发展稳定的正能量。

（二）锻造素质过硬的干部队伍。不断深化干部人事制度改革，认真落实习近平总书记提出的"20字"好干部标准，坚持重实干、重基层、重担当的用人导向，牢牢把握选人用人风向标，让忠诚、担当、干净的人真正有机会，让想干事、会干事、干成事的人真正有地位。着眼打造一支担当发展大任的玉环铁军，努力配强好班长、建设好班子、培养好梯队，继续改进干部交流和竞争性选拔工作，加强优秀女干部、党外干部和后备干部的培养使用，为年轻干部成才搭建舞台、创造环境。以党校为主阵地，创新干部培训途径和方法，不断提高领导干部驾驭经济社会发展能力。探索实施干部综合考评制度改革，全面考察干部德才表现和工作绩效，做到能者上、庸者下、劣者汰。牢固树立"严管就是厚爱"的理念，建立干部监督信息分析研判机制，严格执行领导干部个人有关事项报告、离任经济责任审计等制度，加大信访举报查核力度，用好提醒、函询、诫勉等组织措施，对干部身上存在的问题早发现、早制止、早纠正。关心关爱基层干部，探索建立容错机制，为改革创新者撑腰，为担当的干部担当。加强村干部、大学生村官、外来流动党组织书记队伍建设，造就一批自觉围绕中心、主动服务发展的基层带头人队伍。

（三）打造凝心聚力的战斗堡垒。充分发挥县委领导班子的集体智慧和整体功能，落实民主集中制原则，完善县委常委会议事规则，建设朝气蓬勃、团结和谐、奋发有为、清廉为民的县委领导班子。注重发挥乡镇(街道)党(工)委基层党建"龙头"作用，以基层党建项目化管理为载体，深化"整乡推进、整县提升"行动，层层压实党建工作责任，着力打造一批基层党建示范带和示范乡镇。加强村级组织建设，平稳有序完成村级换届，多措并举整转软弱落后村党组织，不断夯实党的执政基础。统筹推进机关、社区和两新组织党建工作，强化基层党组织的政治功能和服务功能，提升基层党组织的战斗力和凝聚力。严把党员入口关，加大不合格党员处置力度，深入实施党员联户制度，充分发挥党员先锋模范作用，始终保持党员队伍先进性和纯洁性。加强民主政治建设，支持人大依法行使监督权、重大事项决定权和选举任免权，支持政府依法行政，支持政协发挥政治协商、民主监督、参政议政作用，支持法院、检察院独立行使审判权和检察权。坚持党管武装，强化全民国防教育和后备力量建设，推动军民融合深度发展。巩固和发展最广泛的爱国统一战线，持续加强同党外人士的合作共事。认真做好新形势下民族、宗教、对台和侨务工作，一如既往地做好老干部、老龄和关心下一代工作，注重发挥群团组织的积极性、主动性和创造性，团结一切社会力量，调动一切积极因素，推动党的各项事业蓬勃发展。

（四）营造风清气正的政治生态。始终把纪律规矩挺在前面，坚决维护党纪党规的严肃性，科学运用监督执纪“四种形态”，把守纪的“扣子”扣得更紧、执纪的“利剑”悬得更高、制度的“笼子”扎得更密。深入落实中央八项规定精神，紧盯“四风”问题新形式、新动向，坚决严肃查处违规违纪行为。严格落实全面从严治党主体责任和监督责任，认真执行“一案双查”，完善责任追究定期报告和典型问题公开通报制度，使失责必问、问责必严成为常态。始终保持反腐的高压态势，紧盯重点领域、重点行业、重点对象，坚持有腐必惩、有贪必肃、有案必查，以反面典型警醒干部、整肃风气。深化农村基层作风巡察，坚决整治和查处群众身边的不正之风和腐败问题，大力推进基层党务村务“双公开”，着力规范农村基层权力运行。加强廉政教育，引导党员干部把握好“亲”“清”新型政商关系，不断筑牢拒腐防变的思想防线，确保干部清正、政府清廉、政治清明。

同志们，巨笔绘宏图，扬帆风正好。一个充满希望、承载梦想的五年已经开启，让我们更加紧密地团结在以习近平同志为核心的党中央周围，凝聚全县党员干部群众的智慧和力量，锐意进取、开拓创新，全力完成“补齐四大短板、实现四大跨越”的历史使命，为建设美丽宜居、充满活力的现代化海湾城市而努力奋斗！

玉环县人民代表大会常务委员会
工 作 报 告

——在玉环县第十六届人民代表大会第一次会议上

玉环县人大常委会主任　吴柏青

（2017年2月19日）

各位代表：

我受玉环县第十五届人民代表大会常务委员会的委托，向大会报告五年来的工作，请予审议。

过去的五年，是党和国家发展进程中极不平凡的五年，也是我县人民民主稳步发展、法治建设扎实推进、人大工作取得明显进步的五年。在县委的坚强领导下，县十五届人大常委会坚持以邓小平理论、“三个代表”重要思想、科学发展观为指导，全面贯彻党的十八大、十八届三中、四中、五中、六中全会和习近平总书记系列重要讲话精神，按照统筹推进“五位一体”总体布局和协调推进“四个全面”战略布局的要求，服务大局，关注民生，推进法治，切实履行宪法和法律赋予的职责。五年来，共召开常委会会议45次、主任会议91次，听取和审议“一府两院”专项工作报告110多项，作出决议决定42项，提出审议和评议意见30份、抄告单74份，圆满完成了县十五届人大各次会议确定的目标任务，较好地发挥了地方国家权力机关的职能作用，为促进我县经济社会发展和民主法治建设做出了应有贡献。

一、坚持发展导向，积极推动经济社会向好

常委会紧紧抓住事关全县大局、事关长远的重大问题开展监督，全力服务县委战略部署，积极促进经济社会平稳健康持续发展。

依法行使重大事项决定权。常委会把审议决定重大问题与全县经济社会发展紧密结合起来，围绕中心，深入调研，认真审议，慎重决定，分别就玉环县撤县设市、龙溪乡撤乡建镇、玉环县国民经济和社会发展第十三个五年规划纲要、玉环县环境功能区划、土地利用总体规划调整、楚门省级历史文化名镇保护规划、开展第七个五年法治宣传教育、加强水环境保护等重要事项作出决议决定。特别是2015年，常委会精准聚焦我县医疗卫生事业发展短板，作出《关于加强我县卫生事业发展的决定》交政府办理，督促政府下决心、出重拳，多举措推进卫生事业稳步发展。作出决定前，常委会充分运用工作调查、专题视察和专项工作评议等组合监督方式，连续多次开展督查活动。同时，专门针对医疗卫生队伍建设难点问题，组织考察团赴先进地区学习，形成考察报告并上报县委研究同意。在综合各方意见的基础上，作出决定。县政府认真及时抓落实，在决定作出后三个月，就出台了《进一步加快卫生事业发展的意见》，自2016年开始，县财政每年安排350万元，设立卫生人才奖励基金，增加编制805名，在“十三五”期间，准备筹建县乡医疗基础设施7个，大力推进卫

生事业健康发展。

支持和促进经济转型升级。常委会主动顺应经济发展动态变化，督促支持政府更好地推进经济转型升级，促进经济稳定增长。着眼工业经济发展，重点关注中小企业发展难题的解决和落实，先后听取了“机器换人”工业转型升级、促进中小企业发展、海洋经济建设、外经贸发展等专项工作报告，就发展中碰到的难点问题，提出解决的办法和意见建议，支持工业经济转型升级。从2012年开始，常委会连续五年关注小微企业用地难问题，跟踪督促审议意见有效落实。在县政府努力下，加快小微企业创业园建设实施意见正式出台，干江滨港工业城、玉城城北等地的小微企业创业园开工建设，南大岙、里澳、普青等村级创业园逐步建成，小微企业创业环境明显改善。与此同时，常委会还及时聚焦电子商务、港口经济、招商引资、旅游产业发展，听取专项工作报告。在各方面配合下，推动电商平台良好运行，大麦屿港有序开发，对台直航逐步实现常态化，有力支持政府积极培育新的经济增长点。

加强计划和预算监督。高度关注宏观经济运行，开展“十二五”规划纲要中期评估，每年听取审议半年度政府工作报告、国民经济和社会发展计划执行情况报告，就推动发展方式转变，加快经济结构调整，提高自主创新能力等提出意见建议。深化预算监督工作，依法推进全口径预算管理。从2014年开始，将公共财政预算、政府性基金预算、社会保障基金预算、国有资本经营预算，以及县级部门预算和“三公经费”预算提交人代会审查，初步实现政府预算的完整编制与审查。加强预算执行情况和决算审查监督，探索建立财政预算执行在线监督系统，审查批准县级财政决算、债务限额、财政预算调整方案。专项评议税收征管工作，深化乡镇参与式财政预算工作，重点关注国有资产监管、“一事一议”财政奖补、政府性投资项目和融资平台等工作，加强专项资金绩效管理工作监督。注重审计发现问题的整改实效，由审计部门报告审计问题整改落实情况，紧盯整改未到位的问题，确保审计成果有效运用。

积极督促补齐交通短板。聚焦县域交通体系构建，大力支持政府破解制约玉环实现跨越发展的历史软肋和短板，连续五年就交通规划、重点交通工程的建设和管理进行跟踪监督，努力推动我县从交通末端向区域交通枢纽跨越。围绕构建“内联外通、内畅外快、陆港对接、高效集疏”的大交通格局，每年组织代表视察交通重点工程建设情况，重点关注乐清湾大桥及接线、228国道玉环段、76省道复线南延楚门至大麦屿疏港公路、76省道复线改建等项目建设，支持并督促政府积极创造条件，着力化解资金紧缺等难题，扎实推进交通重点工程高效有序完成。

二、坚持民生导向，切实维护人民群众利益

常委会坚持把民生问题作为监督工作重点，把关注民生、体现民本作为依法履职的出发点和归宿点，推动重点民生问题逐步得到落实解决。

重视生态环境改善。水的问题是制约我县发展和民生改善的一大短板，也倍受社会各界关注。常委会把保供水、治污水作为监督工作的切入点，坚持“积小成、得大成”监督理念，坚持不懈连续五年跟踪监督水环境保护和饮用水短缺等问题，致力让群众得到长时长效的实惠。2012年，把水环境保护作为十五届人大的重大监督事项，开展专项工作评议，依法作出决定，建议政府每年确定一项整治重点，通过五年的综合整治，实现水环境状况的好转。2013年，开展饮用水水源保护执法检查，督促支持政府加强饮用水水源保护区环境监管，挂牌成立县水务集团，设立水环境违法犯罪举报奖励基金，确保全县人民饮水安全。2014年，组织县人大代表前往温州永嘉县视察跨境引

水工作，详细了解楠溪江引水工程的建设情况以及远期规划，督促政府在“十三五”实现完工通水。听取“五水共治”专项工作报告，在深入调研、实地视察的基础上，对水环境监管、黑臭河整治、污水处理厂与管网衔接、城乡污水处理设施一体化建设等提出意见建议。2015—2016年，重点关注污水处理设施及管网建设情况，精心组织视察、专项工作评议和专题询问，通过正反典型比对、面对面询问、跟踪督查等多种监督方式组合运用，不断增强监督强度，取得较好的监督实效。在政府的努力下，全县建成污水管网81.2千米、污水提升泵站9个，基本完成152个村生活污水处理设施建设，水生态环境明显好转。与此同时，常委会还开展森林玉环和“四边”绿化专项工作评议，组织代表视察美丽乡村建设，积极关注气象灾害预防体系建设和矿产资源管理等工作，推动县垃圾焚烧发电项目顺利投产，生态环境不断优化。

关注社会事业发展。重视教育均衡发展，开展职业教育专项工作评议，跟踪监督审议意见落实情况，持续关注玉环中学创立运行、职教中心新园区建设、学前教育、义务教育标准化学校建设、中小学学生交通安全保障等工作，督促全县教育资源合理配置、有效整合。通过几年的努力，目前，玉环职业教育集团建设、环山小学改扩建工程着手实施，学前教育的公益性和普惠性有效落实，教育质量取得较大突破，尤其是玉环中学教育质量实现质的飞跃。重视文化有序发展，听取文化先进县建设和公共文化服务体系建设工作报告，助力我县文化事业发展和繁荣，2014年我县成功创建国家级文化先进县。重视就医环境改善、医药卫生体制改革、乡镇卫生院建设等监督工作，听取专项报告，提出意见建议，督促政府重视加强卫生基础设施建设和医技水平提升，有效解决群众就医难问题。同时，常委会密切关注全民健身、社会保险、计划生育、户籍管理制度改革试点、外来人口服务等工作，积极推动社会事业健康发展。

助推城乡协调发展。重视城市发展空间拓展，以大会议案督办为着力点，通过组织视察、听取报告等形式，跟踪监督“三改一拆”拆后规划及利用。持续关注城区60号地块“退二进三”工作、玉环新城规划建设及漩门三期管理等情况，督促政府科学规划，建立长效管理机制，有序开发土地资源，促进城市布局更趋合理。重视农业农村工作，密切关注全县农村集体资产与村级财务管理、农村土地流转、粮食功能区和现代农业园建设、农民建房难、农贸市场提升改造、“三无”船舶拆解等工作，支持政府改善农村发展环境，促进城乡统筹融合。

跟踪热点问题解决。常委会把群众期盼的住房、用气安全等热点问题作为重点监督议题，持续跟踪监督，督促政府积极解决难点问题。连续多年听取和审议保障性住房建设和管理情况的报告，组织视察全县9个已建和在建项目，提出了加强政策宣传、加快工程建设进度、强化质量监管、健全管理工作机制等意见建议，低收入家庭住房困难问题逐步得到解决。针对燃气管理存在薄弱环节和安全隐患，常委会进行跟踪督查，两次听取审议意见落实情况的报告，并对审议意见落实情况进行满意度测评。县政府高度重视，修编了《玉环县天然气综合利用专项规划》，引进储运项目，推进玉城区域改造工程，完成大麦屿、楚门管道天然气改造，建成燃气管线250千米。

三、坚持效果导向，扎实推进民主法治建设

常委会始终把加强法律监督、推进法治建设摆在重要位置，突出重点，精心选题，着力增强法律监督效果，促进“一府两院”依法行政、公正司法。

开展执法检查和专题询问。五年来，先后开展了食品安全、饮用水水源保护、安全生产、大气

污染防治等法律法规的执法检查，并关注国防动员法、刑事诉讼法、人民调解法、宗教事务条例的贯彻实施情况，扎实推进这些法律法规在我县的全面正确实施。在食品安全执法检查中，常委会综合运用听取专项工作报告、工作评议、专题询问等组合监督手段，从2012年开始，连续跟踪监督，多次组织对工业园区餐饮服务管理、学生饮食放心工程、食品药品检测中心建设等进行专题视察。在县政府的努力下，全县食用油质量安全全程监管体系初步形成，工业园区餐饮整治初显成效，县食品药品检验检测中心投入运行，我县成为省级餐饮服务食品安全示范县。

强化司法监督。每年召开工作报告会，全面了解县人民法院、县人民检察院半年度工作情况，关注司法机关行政保障、速裁审判、刑事立案侦查监督、民事执行等工作。通过关于加强县人民检察院民事行政法律监督工作的若干意见，作出同意增加人民陪审员名额的批复，任免人民陪审员113人次，督促支持司法机关依法行政、公正执法。尝试司法监督新方式，在全县范围内对公检法司机关工作人员依法履职、公正司(执)法情况进行专项监督，督促司法部门着力提高依法履职能力，提升社会公信力。加强对任命干部的监督，评议县民宗局局长、县水利局局长的履职情况；采取随机选取评议对象、抽阅案卷、组织代表旁听庭审、听取律师及案件当事人意见、民主测评等形式，2轮共对10名法官和5名检察官的履职情况进行评议，有效促进了司法公正和法官检察官的队伍建设。听取和审议全县"六五"普法决议规划落实情况的报告，推动普法任务的落实，提升全民法治意识。依法备案审查规范性文件183件。

促进社会稳定。常委会围绕"平安玉环"建设目标，切实加强对查处打击经济犯罪活动、网络犯罪、禁毒等工作的监督，督促政府加大打击力度，强化宣传和防范工作，完善工作机制。视察"天网工程"、公安巡特警、看守所工作和交通拥堵情况，促进社会综合治理防控体系建设。听取民间信仰及其活动场所管理情况的报告，就有效打击非法乱建滥建寺观庙宇、积极引导开展健康向上的民间信仰活动等方面提出意见建议。认真做好来信来访工作，五年共受理群众来信来访623件(次)，通过加强对重要信访件的跟踪督查，促进信访事项的办理落实，较好地化解了社会矛盾。

依法做好人事任免。常委会坚持党管干部原则，认真行使宪法和法律赋予的任免职权，通过任前法律知识考试、任前表态发言、颁发任命书、就职宪法宣誓等方式，进一步规范和加强人事任免工作，增强被任命干部的法治意识和公仆意识。五年来，常委会共依法任免国家机关工作人员197人次。

四、坚持服务导向，不断激发代表履职活力

常委会始终坚持人大代表的主体地位，以不断激发代表活力为抓手，改进服务工作，规范活动形式，支持和保证代表依法履行职责。

保障代表依法履职。坚持常委会组成人员联系走访代表，邀请代表列席常委会会议等制度，组织代表参与执法检查、集中视察、专题调研等活动，既注重吸纳代表对"一府两院"工作的意见和建议，确保常委会决策的民主化和科学化，又拓宽代表知情知政、参政督政渠道，增强代表履职的主动性和积极性。组织形式多样的学习培训，进一步提高代表履职能力；执行人大代表辞职制度，加强人大代表担任监督员的管理，督促代表在遵守国家法律、社会公德和履职方面发挥模范带头作用。

搭建代表活动平台。坚持和完善"一府两院"向代表报告半年度工作情况制度。出台人大代表联络站建设意见，建立人大代表联络站13家，并在清港镇推行"网上代表联络站"试点，推动代表联络站正常运行。以代表活动周为载体，把专题视

察作为闭会期间代表活动的主要方式,发挥代表中心组、代表小组作用,深入开展“转型升级十大组合拳主题监督”“关心母亲河溪、查找水污染源、恪尽代表职责”、查找短板等主题活动,不断提高代表履职实效。实行代表履职登记制度,如实登记代表在闭会期间参与活动、为民办事和联系选民等情况。有序开展代表述职活动,进一步密切与选民的联系,接受选民的监督。

加强议案建议督办。创新议案建议办理工作评议方式,在扩大评议面的同时,采用代表中心组初评和专题评议会综合评定的办法,共对33个(次)县级部门开展议案建议办理工作评议,综合测评部门办理情况,公开测评结果,督促代表议案建议有效落实。进一步落实代表议案、建议办理规定,对县十五届人大各次会议提出的1420多件议案建议,实行分类管理,对反馈不满意建议提出二次办理,并进行跟踪督办。每年确定一批重点建议和重点承办单位,作为常委会重点督办件和重点督办单位,由常委会领导分别牵头加强督查。运用大会议案集中办理会、在年中年底两次听取政府办理情况报告、开展“代表建议督办月”活动等,积极探索“交办清单”制度,督查本届以来代表议案建议办理情况,推动已承诺解决问题的落实,切实提高办理实效。

依法做好人大代表换届选举工作。深入学习贯彻中央和省市县委文件精神,加强研究换届选举新情况新问题。依法主持县人大代表选举,认真做好选区划分、代表名额分配、选民登记、推荐连任代表的建议人选、协商确定候选人等各项工作。依法决定县乡人大换届选举有关重大事项,协同召开换届选举工作会议进行动员部署。成立县乡两级选举工作委员会,加强工作指导,把握正确舆论导向,确保换届选举工作顺利进行。严格执行选举法律法规,督查妨碍选举的违法违纪行为,保障代表和选民的民主权利。选举产生220名县人大代表、447名乡镇人大代表,新一届人大代表结构得到进一步优化,整体素质有了新的提高。

五、坚持目标导向,着力提升人大工作水平

常委会主动适应新形势新任务的要求,切实落实关于加强自身建设的决定,不断提高履职能力,优化履职环境。

提升履职能力。注重理论学习,积极投入党的群众路线教育实践活动、“三严三实”专题教育活动和“两学一做”学习教育,坚持举办常委会法制学习讲座、党组理论中心组(扩大)学习会,围绕工作大局,精选学习内容,丰富学习形式,注重学习效果;开设“人大微讲堂”,激发机关干部的学习动力和工作活力。改进工作作风,认真落实中央“八项规定”、省委“六个严禁”,倡导“一线”工作精神,认真走访代表、群众、企业,倾听意见建议,了解基层期盼。加强调查研究,通过人代会意见梳理、网上征集建议等形式,广泛听取民意,增强议题确定的针对性和有效性;围绕工作重点和审议议题,由常委会领导牵头,深入基层掌握实际情况,提高监督质量。

完善工作制度。先后修订完善了联系代表办法、主任会议议事规则、党组工作规则等多项工作制度,完善相关工作程序,推行电子表决器,不断提高议决效率和水平。协助出台《关于进一步加强人大工作充分发挥人大作用的意见》,从加强和改进党对人大工作的领导、推进我县各项工作法治化、发挥人大代表主体作用、夯实人大工作基础等四个方面,对做好新时期人大工作提出具体要求。认真贯彻民主集中制,坚持集体行使职权,凡属重大问题和重要事项均交常委会讨论通过,注重发挥主任会议在常委会日常工作中的作用,坚持各委办月度工作通报制度,进一步提升人大机关工作合力。

注重对外宣传。加强改进人大新闻宣传工

作，以庆祝人民代表大会制度建立60周年为契机，在《今日玉环》开设纪念专版，着力宣传60年来玉环民主法制建设和人民代表大会制度发展进程。注重提升人大宣传质量，在省、市人大常委会主任读书会上，就议案建议办理工作、乡镇人大主席联席会议等作典型发言，信息工作多次获市一等奖，多篇新闻作品在市级获奖。巩固拓展人大宣传阵地，加强玉环人大网站日常维护和更新，在《今日玉环》开辟专版，报道常委会重要监督履职工作，在玉环电视台录播专题询问实况，努力推进人大工作监督。

指导基层工作。坚持乡镇人大主席联席会议制度，五年共召开19次联席会议，专题研讨议案建议的交办和督办、代表教育、联络站建设、闭会期间活动以及换届选举等工作。加强基层人大队伍建设，组织乡镇（街道）人大负责人参加各类业务培训。加强与乡镇（街道）人大的联系，指导乡镇人大开好人代会，支持乡镇（街道）人大开展财政预算监督、评议政府及部门工作等，为推动基层人大工作与时俱进探索新途径、积累新经验。

各位代表，县人大常委会工作取得的成绩，是在县委的正确领导下，全体县人大代表、常委会组成人员和县人大机关工作人员兢兢业业、尽心履职、扎实工作的结果，是县政府、县法院、县检察院和各乡镇（街道）人大密切配合、团结协作的结果，是全县人民充分信任、大力支持的结果。在此，我谨代表县十五届人大常委会表示崇高的敬意和衷心的感谢！

回顾过去五年的工作，我们清醒地认识到，同县委的新要求相比，同人大代表和人民群众的新期盼相比，我们的工作还存在着一些差距和不足。主要是：监督工作实效需要着力增强，发挥人大代表作用、密切联系群众的相关制度需要健全并更好落实，深入基层调研、回应社会关切尚有不足，人大理论研究有待加强，人大新闻宣传工作需要改进。我们要高度重视这些问题，虚心听取代表和各方面的意见建议，自觉接受监督，不断加强和改进各项工作。

各位代表，五年的工作实践，使我们对做好新形势下的人大工作有了更加深刻的体会。

一是必须始终坚持党的领导。坚持和依靠党的领导，是人大工作必须遵循的政治原则，也是做好人大工作的根本保证。常委会始终坚持党的领导、人民当家做主、依法治国有机统一，自觉贯彻党的路线、方针、政策，充分发挥常委会党组的核心作用和党员组成人员的模范带头作用，努力使县委的主张经过法定程序转化为全县人民的共同意志。实践证明，人大工作只有自觉坚持和紧紧依靠党的领导，才能保证正确的政治方向，才能与县委的中心工作协调一致，合力推进，人大制度才能更好地坚持和完善。

二是必须始终坚持服务发展大局。发展是党执政兴国的第一要务。人大工作是党和国家工作的重要组成部分，必须自觉服从和服务于全县经济社会发展大局。常委会坚持在大局下定位、在大局下谋划、在大局下履职，找准人大工作与中心工作的结合点，依法履行职责，促进经济社会科学发展、和谐发展。实践证明，人大工作只有服务大局，以自己法定的工作方式促进发展，才能更好地发挥作用、有所作为、开创新局。

三是必须始终坚持关注民生改善。实现好、维护好、发展好人民群众的根本利益，是人大及其常委会一切工作的出发点和落脚点。常委会坚持民生为先，围绕人民群众普遍关心的学有所教、病有所医、老有所养、住有所居、食有所安等民生问题，加强监督，努力使人大工作反映民情、体现民意、维护民利。实践证明，只有真正将以民为本作为人大工作的本质要求，切实关注民生，努力促进民生的持续改善，人大工作才能得到人民群众的拥护，具有广泛的群众基础和社会基础。

四是必须始终坚持依靠人大代表。人大代表是人民代表大会的组成人员，也是人大及其常委会联系人民群众的桥梁和纽带。常委会在保障代表履行职责、丰富代表闭会期间活动、拓宽代表知情知政渠道、加强代表议案建议督办等方面创新了一系列举措，激发了代表的履职热情，提高了代表的履职能力。实践证明，只有突出代表的主体地位，发挥代表的主体作用，才能进一步畅通民意渠道，使人大及其常委会真正成为同人民群众保持密切联系的代表机关。

五是必须始终坚持创新履职实践。创新是增强人大工作活力、促进人大工作发展的内在要求。常委会进一步创新履职实践，不断改进监督方式和方法。以联动监督增合力，充分激发基层人大监督活力，使监督力量得到整合，监督工作得到深化。以组合监督显刚性，针对同一监督议题，充分调动各种监督手段，持续发力，不断彰显人大监督刚性。以创新方法强实效，注重监督方式方法的改进和创新，探索开展专题询问、议案建议督办合议制、代表联络站等监督方式和工作机制，努力提高人大监督实效。实践证明，人大工作只有与时俱进，开拓创新，才能更好地履行宪法和法律赋予的各项职权，更好地发挥人大的制度优势和职能作用。

各位代表，未来五年，是玉环高水平全面建成小康社会的决胜阶段，也是玉环优势潜力集中释放的关键时期，新目标、新任务对人大工作提出了新的更高的要求。现在，新一届玉环县人民代表大会已经组成，新一届玉环县人大常委会也即将选举产生。我们坚信，在县委的坚强领导下，在全县人民的大力支持下，新一届县人大及其常委会必将担当起历史和人民赋予的光荣使命，以良好的精神风貌和务实的工作作风，不断开创我县人大工作的新局面。

2017年是实施“十三五”规划的重要一年，是推进供给侧结构性改革的深化之年，也是新一届人大常委会履职的第一年，做好今年工作意义重大。我们建议新一届县人大常委会认真抓好以下几项工作：

一要服务大局，促进经济转型。积极发挥人大的职能作用，适时就经济社会发展的重大问题作出决议或决定，促进县委重大决策部署的落实。着眼加快产业结构优化升级，切实加强工作监督，推进“十三五”规划全面实施，促进我县经济转型发展走在前列。重点围绕现代化海湾城市建设中涉及的热点难点问题，适时确定专题，深入开展调查研究，加大落实力度，积极推动“补齐四大短板，实现四大跨越”历史任务完成，保障和促进我县经济科学发展。

二要关注民生，促进社会和谐。始终坚持以民为本，把人民群众普遍关注的重大民生问题作为重点，安排监督议题，开展监督工作。重点关注招商引资、小城镇环境综合整治、特色小镇建设、楠溪江引水工程、教育现代化县创建和教育均衡化发展、科技创新、养老服务等工作，对玉环新城建设、“三改一拆”拆后利用、“五水共治”、矿山管理、生态环境保护、燃气管理、电子商务、食品安全、学前教育、职业教育、公共文化服务体系建设、卫生事业发展等工作进行跟踪监督。坚持把推进交通重点工程建设作为监督工作的重点，继续关注乐清湾大桥及接线、228国道玉环段等工程进展情况。加强计划、预算监督，使更多的公共财政用于保障和改善民生，让人民群众共享改革发展成果，促进社会和谐。

三要发展民主，促进法治建设。选择关系改革、发展、稳定和群众切身利益的法律法规开展执法检查，关注司法改革工作、劳动仲裁、市容管理条例实施情况，促进依法行政、公正司法，保障法律法规在我县的正确实施。深化“两官”评议，探索评议部分公安派出所工作。进一步促进“七五”法制宣传教育决议的落实，增强全社会的法律意识和法治观念，推进“法治玉环”建设。探索加强基层民主政治建设，拓宽民意表达及利益诉求渠道，扩大公民有序政治参与，保障人民的知情权、参与权、表达权和监督权。

四要服务代表，发挥主体作用。重视人大代表的学习和培训，加强代表履职管理，切实增强代表责任意识，着力提高代表履职能力。继续探索闭会期间代表活动的方法和载体，丰富代表活动的内容和形式，为代表履职提供更好的服务和保障。深入推进代表联络站建设，完善科学的代表联系机制，进一步拓宽代表知情知政渠道。严格执行代表议案建议提出与办理的规定，规范办理程序，完善代表建议领办督办、跟踪督办等机制，切实提高办理质量，把办理代表建议作为推动工作的重要途径。

五要改进作风，提升履职水平。全面落实党中央重要决策，重点学习宪法等法律法规和人大制度。坚持“一线”工作精神，保持良好工作风貌。用支持的思维部署监督，对法定监督范围内的问题、关乎群众切身利益的重大事项，要综合运用多种监督手段，切实增强监督的权威和实效。加强与上级人大的工作联系，强化上下联动机制，形成监督合力，提高监督效果。坚持乡镇人大主席联席会议制度，指导乡镇（街道）人大开展监督工作。加强机关建设，更好地发挥服务保障作用。

各位代表，县十五届一次党代会为我县改革发展新征程指明了前进方向，高水平全面建成小康社会的重大使命激励着我们。让我们更加紧密地团结在以习近平同志为核心的党中央周围，在中共玉环县委的领导下，紧紧依靠全县人民，把发展的眼光放得更远，把奋斗的脚步踩得更实，坚定信心、锐意进取，为完成“补齐四大短板，实现四大跨越”历史任务，建设美丽宜居、充满活力的现代化海湾城市而努力奋斗！

政府工作报告

——在玉环县第十六届人民代表大会第一次会议上

玉环县人民政府代县长　吴才平

(2017年2月18日)

各位代表:

现在,我代表县人民政府向大会报告政府工作,请予审议,并请县政协委员和其他列席人员提出意见。

一、过去五年工作回顾

县十五届人大一次会议以来的五年,是全县上下面对经济发展新常态砥砺前行、拼搏进取的五年,也是玉环抢抓历史机遇开拓创新、奋发有为的五年。五年来,我们在县委的正确领导下,在县人大、县政协的监督和支持下,团结和依靠全县人民,坚持以稳中求进为总基调,以项目建设为主抓手,保持定力,精准发力,形成合力,顺利完成了任期内主要目标任务,并荣获国家卫生县城、国家园林县城、全国文化先进县等11个国家级称号,被省政府列为海岛统筹发展试验区,全国科学发展百强县排名从第31位跃升至28位。回顾过去五年,主要取得了以下五个方面的成绩:

(一)经济综合实力再上台阶。五年来,我们坚持聚精会神抓经济,深入实施工业强县战略,加快三次产业协调发展,经济保持了中高速增长,发展质量逐步向中高端迈进,生产总值从359.5亿元增至465.1亿元,年均增长6.7%;财政总收入达74.3亿元,其中地方财政收入42.6亿元,年均分别增长9.8%、14.5%;城镇居民和农村居民人均可支配收入分别达55979元和27446元,继续保持台州市领先;社会消费品零售总额达170亿元,年均增长13.5%;三次产业结构从6.8:61.8:31.4调整为7.1:52.5:40.4。工业经济稳中向好,海洋经济转型升级示范区、沙门滨港工业城、干江滨港工业城"一区两城"加快开发,全县完成工业供地457.4公顷;"四换三名"深入推进,"机器换人"卓有成效,新增驰名商标4件、省名牌产品23个、省出口名牌20个,被列入"浙江制造"品牌培育试点县;连续11年举办科技·人才活动周,国家、省"千人计划"人才分别引进1人、3人,实现国家"863"计划项目、国家知识产权示范企业、院士专家工作站零的突破,新增高新技术企业60家、火炬计划项目8个、省级重点企业研究院2家,每万人发明专利拥有量连续13年居台州市首位,获评省创新型试点县。第三产业迅猛发展,大麦屿港历史性实现国际贸易交割,正式迈入国际港口行列,对台海上客运直航累计运送旅客超15万人次,货运直航实现常态化运行;亿联国际阀门城一期、开发区综合物流园、方林汽车城、大润发超市等建成投用;新引进商业银行5家;创成国家AAAA级景区1个、AAA级景区4个。现代农业加快转型,完成农村经济合作社股份制改革和农村宅基地流转改革,开展农村土地确权登记颁证,县乡两级农村产权交易平台全面运行;建成粮食生产功能区800公顷、省级现代农业园区8个,新增省级农业龙头企业3家;渔业“一打三整治”、农业畜禽养殖场整治走在全省前列。

(二)基础设施建设再掀热潮。五年来,我们坚持集中力量办大事,一批事关我县长远发展的重大项目开工建设,一批影响群众生产生活的关键设施投入使用,累计完成固定资产投资696亿元,年均增长19.5%。交通发展迎来春天,累计完成投入135亿元,76省道复线南延、双港路延伸段、西青岭第二隧道、清港垟根隧道等交通节点工程建成通车,大青岛等4个交通码头投用,辖区内省道、县道公路等级提升全面完成。港口开发迈出新步伐,获准设立浙台(玉环)经贸合作区,建成对台直航客货滚装码头、旅检大楼。电力保障全面加强,500千伏玉环至乐清输电线路投入运行,220千伏九清输变电工程完成总工程量50%,110千伏输变电工程新建、扩建各2座,大麦屿风电场、晶科能源200兆瓦光伏项目实现并网发电。“五水共治”深入开展,河道水环境质量显著提升,累计完成投资23.1亿元,大麦屿污水处理厂投入试运行,新增城镇二、三级污水管网135千米;开展149个村生活污水治理项目建设,建成村级管网934千米、独立式处理终端204座;实施玉坎河生态补水工程,完成河湖清淤238万立方米;漩门三期围垦工程通过完工验收,堤坝用海审批历史遗留问题妥善解决;大麦屿渔港、鸡山渔港扩建工程投用,坎门渔港防波堤整体修复工程主体完工;新建、改造供水管网205千米,楠溪江引水项目前期稳步推进。创新投融资体制,组建水务集团,建立以国投集团为龙头的“1+N”投融资体系,成功发行各类债券57亿元,为重大基础设施建设提供强大资金保障。

(三)城乡人居环境再展新貌。五年来,我们坚持统筹一体促提升,项目建设紧盯不放,专项行动雷霆出击,创成省级生态县、森林城市、示范文明城市、美丽乡村建设先进县和省首批“基本无违建县”。县域总规获批实施,综合交通、城乡污水工程、绿道网等专项规划完成编制,中心城区及城镇建设用地控规实现全覆盖。新城形象日益丰满,五年完成投资130多亿元,县委党校、广电中心、邻里中心等一批项目投用,入选第二届浙江最具发展潜力十大新城。老城改造实现提速,城区60号地块住宅项目完成总工程量65%,三合潭区块“退二进三”项目成功出让,珠港大道A标段建成通车,坎门后沙区块达成投资意向协议,大麦屿兴港路一期完成改建。楚门小城市培育连续5年获全省考核优秀,清港湫涛路、沙门环沙北路建成通车,芦浦西塘权属纠纷等10件历史遗留问题成功化解,干江滨海景观带建设稳步推进,龙溪实现撤乡设镇,鸡山生活垃圾分类处理试点取得成效,海山国际旅游岛定位更加明晰。美丽乡村建设走在前列,清洁家园考核连续5年居台州市首位,推行“一事一议”财政奖补政策,累计实施项目600多个,投入超过14亿元,得到广大农民的一致好评。“三改一拆”强势推进,拆违1200多万平方米、改造近700万平方米,拆后利用率达85.5%,累计消化批而未供土地733.33公顷、盘活存量建设用地414.47公顷,首创的农村土地民主管理经验在全省推广,“小产权房”清理试点走在全国前列。交通治堵稳步开展,城区新增停车位9487个,公共自行车系统建成投用并逐年扩大辐射范围。“十二五”减排目标全面完成,重金属污染重点防控区整治通过省级验收,被列入首批国家级海洋生态文明建设示范区。

(四)民生事业发展再创佳绩。五年来,我们坚持加大投入惠民生,将每年新增财力重点用于民生建设,累计支出149亿元,年均增长16%。教育打赢了翻身仗,高考重点上线率从台州市末位跃居首位,中考成绩屡创新高,玉环电大、教师进修学校、坎门中心小学海都校区、城北学校等一批校舍建成投用,乡镇中心幼儿园实现全覆盖。卫生事业稳步发展,推进县级公立医院综合改革,在全省率先启动分级诊疗试点,被列入全国健康促进试点县、全省综合医改先行先试县;建成县第二人民医院新院,新建、扩建乡镇卫生院7家,每千人医生护士数、医疗机构床位数分别增至4.21人、3.51张,出生人口性别比实现“六连降”。文体事业取得长足进步,榴岛文化广场、文玲书院建成投用,新建农村文化礼堂76家;群众体育蓬勃发展,建成省级中心村体育休闲公园1个、市级全民健身广场11个,实现省体育强镇全覆盖。社会保障水平不断提升,新增就业4.7万人次、社保参保28.9万人次,“4600”现象全面消除;建成保障房2692套,完成分配1910套,洋屿移民小区交付使用;建成居家养老服务照料中心282家,县老年活动中心投用,残疾人、老龄工作获评全国先进。平安建设持续深化,刑事发案总量连续5年下降,进京非法上访连续4年实现“零通报”,坎门禁毒阳光会所荣获全国禁毒工作先进集体,安全生产、食品安全形势总体平稳,消防整治铁拳行动深入开展,成功捧回“平安银鼎”。同时,妇女、儿童、慈善、民族宗教等工作得到加强,国防动员、气象、人防、打私海防、双拥、地方志等工作有效开展。

(五)政府自身建设再显成效。五年来,我们坚持狠抓作风建设不懈怠,深入开展党的群众路线教育实践活动、“三严三实”专题教育和“两学一做”学习教育,严字当头,以实为先,不断提升政府效能。全面落实政府机构改革,组建县投资促进局、卫生计生局、市场监管局,成立县不动产统一登记中心,推进综合行政执法改革。坚持依法行政,规范政府重大决策制定程序,加大政府信息公开力度,在全省率先开展政府合同备案审查。深化行政审批制度改革和“五张清单一张网”建设,设立重大投资项目代办服务中心,试行“负面清单”外的企业投资项目不再审批改革,中介服务规范化管理走在全省前列,基层便民服务规范被确定为台州市级标准。严格落实中央八项规定精神,严肃整治“四风”问题,审计监督力度空前,“三公”经费支出较五年前下降56.4%。开展公职人员参与村级集体经济组织分配、机关干部“为官不为”、婚丧喜庆事宜等专项治理,以良好政风带民风、树新风。

2016年是“十三五”规划的开局之年,也是本届政府的收官之年。一年来,我们践行“五大发展理念”,稳增长、调结构、促改革、惠民生,全面完成年初确定的工作目标,实现经济稳中向好、社会和谐稳定,各项工作亮点纷呈:一是扶工助企深入开展,成绩斐然。把企业的难题当作政府的课题,帮助企业解决问题1900多个,兑现工业扶持资金2亿元,减免各类税费7.8亿元,规上工业产值、规上工业增加值分别增长2.7%、6.8%,一举扭转了规上工业连续13个月负增长的局面,实现工业经济触底反弹、企稳回升。二是交通建设强势推进,态势喜人。全面实施“551”交通规划,乐清湾大桥及接线工程形象进度达80.6%,228国道玉环段工程完成投资3亿元,226省道拓宽沙门至龙溪段提前3个月建成通车,226省道龙溪至坎门段改建工程获省发改委批复,漩门湾大桥及接线工程、228国道清港连接线工程方案通过评审。全年完成交通总投入42亿元,增长23.2%,投资总额和增速连续3年领跑全市。三是培大育强重点突出,捷报频传。设立转型升级产业基金、小微企业信保基金,大力推动个转企、小升规、规改股、股上市,规上工业企业达734家,新增上市企业2家、“新三板”挂牌企业3家,特别是正裕工业在上海证券交易所顺利挂牌,实现我县企业主板上市零的突破,更加坚定了广大企业逆势突围、借势扩张、乘势而上的信心和决心。四是招商引资多头发力,硕果累累。召开招商引资大会,在8个异地商会设立招商联络处,对重大工业投资项目实行“一事一议”“一企一策”,引进重大项目30个、省外产业项目到位资金30.9亿元,浙商资本回归25.4亿元,其中双环产业园、晶科产业园总投资分别达12亿元、31.5亿元,均实现当年签约、当年开工。五是环境整治破立结合，成效明显。对各类环境违法行为“零容忍”，立案处罚146件、行政拘留16人、刑事拘留5人，省控礁头闸、长屿闸断面水质持续改善，PM2.5年均浓度降至29微克/立方米，空气质量居全省第8位；小城镇环境综合整治规划先行、谋定后动，治危拆违势如破竹，重点街区、重要路段的洁化、亮化、美化水平大幅提升。六是文教事业再攀新高，振奋人心。高考成绩取得历史性突破，重点上线人数是五年前的3倍多，以22.5%的重点上线率继续保持台州市第一，其中玉环中学重点上线率高达66.8%，居全市各学校之首，并包揽理科前两名；群众期盼已久的书城、影城建成投用，文化发展指数蝉联台州市第一。七是改革创新大胆探索，走在前列。户籍制度改革被省公安厅誉为“玉环样本”，首创居住出租房屋“旅馆式”管理，成功经验分别在省、市推广；楚洲人才梦工场获评国家级众创空间，连续3年跻身“全国电商发展百佳县”。八是维稳安保周密开展，保障有力。圆满完成G20杭州峰会、第三次世界互联网大会维稳安保任务；成功破获“4·14”非法买卖爆炸物品案，专案组被公安部荣记集体一等功；连续11年获省平安县称号，平安夺金鼎胜利在望。

各位代表，过去五年取得的成绩来之不易，这是上级党委政府和县委正确领导的结果，也是全县上下齐心协力、苦干实干的结果。在此，我谨代表县人民政府，向全县广大干部群众，向在座的人大代表、政协委员，向驻玉人民解放军、武警官兵，向所有关心、支持和参与玉环建设发展的同志们、朋友们，表示衷心的感谢和崇高的敬意！

过去的五年，是玉环发展历史上浓墨重彩的五年，奋斗历程难以忘怀，发展经验弥足珍贵，前行脚步更加坚定。但成绩和荣誉只能代表过去，我们也应清醒地看到，对比先进地区，对照群众需求，我县发展中还存在诸多问题和不足，主要表现在：工业经济大而不强，项目总体数量不多、单体规模不大，“低小散弱”格局有待进一步突破；创新人才引进难、留住更难，科技投入长期不足，新兴产业发展较慢，经济新动能培育有待进一步增强；城市建设、新老城融合步伐不快，功能布局不尽合理，部分区域仍然存在“脏乱差”现象，城市形象有待进一步提升；教育卫生、文化娱乐、养老服务等优质公共资源供给仍然不足，尚不能完全满足广大群众的有效需求，公共服务资源均等化水平有待进一步提高；部分机关工作人员不作为、乱作为现象尚未根本消除，少数干部执行力不强，消极腐败现象时有发生，政府自身建设有待进一步加强。为此，我们必须正视困难、正视矛盾，采取更加扎实有效的措施认真加以解决。

二、今后五年的奋斗目标和主要任务

今后五年，是玉环实现跨越发展的关键五年，也是高水平全面建成小康社会的决胜五年。我们要锚定历史方位、把握历史机遇、扛起历史使命，拿出舍我其谁、当仁不让的豪迈气概，迈出敢为人先、勇立潮头的坚定步伐。

展望未来五年，竞争异常激烈，我们必须直面新挑战，在解放思想中冲破束缚。历经多年快速发展，玉环的先发优势逐步弱化、政策红利逐年消减、资源约束愈发凸显，标兵在前越跑越远，追兵在后越赶越近。面对日益复杂的外部环境，面对日趋激烈的区域竞争，我们等不了、拖不起、慢不得，更不能混日子、端架子、守摊子。为此，我们要克服小富即安的消极心态，正视不足找差距，奋力赶超争上游，以只争朝夕的干劲实现弯道超车；我们要摒弃不靠不要的惯性思维，主动出击跑项目，积极向上争资金，以虎口夺食的拼劲赢得发展先机；我们要摆脱内生增长的路径依赖，招大引强增后劲，内外联动求突破，以海纳百川的胸襟汇聚强大合力。

展望未来五年，希望就在眼前，我们必须抢抓新机遇，在继往开来中裂变扩张。历经多年不懈奋斗，玉环已进入厚积薄发、蓄势待发、千帆竞发的换挡提速期,将迎来潜力集中释放、动力持续增强、活力争相迸发的机遇交汇期。在新一轮跨越发展的征程中,我们要跨过交通区位条件蜕变期,通高速、建国道、铺轻轨、接高铁,以路带港,以港兴城,打造成为温台节点城市和国家对台交流合作“桥头堡”;我们要把握经济爬坡过坎窗口期,集中精力抓经济,重中之重抓工业,打造更高水平、更大体量、更有活力的工业经济“升级版”;我们要珍惜城市形象提升黄金期,拉开城市框架,彰显海韵特色,踢好撤县设市临门一脚,打造独具魅力、别具一格的海湾城市“金名片”。

展望未来五年,目标催人奋进,我们必须勇担新使命,在争先进位中跨越前行。历经多年积累沉淀,玉环人均生产总值已经突破10万元大关,实现更有质量的经济增长、提供更加优质的公共服务、打造更具品质的城乡环境,是发展所需、民心所向、大势所趋。县十五届一次党代会描绘了今后五年发展的美好蓝图,吹响了真抓实干、攻坚克难的冲锋号。我们要以填海之志补短板,实施重大项目千亿投资计划,精准补齐四大短板,全力实现四大跨越;我们要以洪荒之力求突破,深化重点领域改革,激发创业创新热情,为省市乃至全国提供更多的玉环样本和玉环素材;我们要以奔腾之势争一流,紧盯经济社会发展关键指标,在台州跻身全省经济总量第二方阵的进程中勇当排头兵、再创新辉煌。

唯有拼搏奋斗,才能赢得未来;唯有上下一心,才能成就卓越。今后五年政府工作的指导思想是:**高举中国特色社会主义伟大旗帜,以邓小平理论、“三个代表”重要思想、科学发展观为指导,深入贯彻习近平总书记系列重要讲话精神,紧紧围绕“四个全面”战略布局,大力践行“五大发展理念”,认真贯彻落实上级决策部署和县十五届一次党代会精神,坚持“港口带动、拥湾发展、产城融合、全域一体”的发展战略,补齐四大短板,实现四大跨越,高水平全面建成小康社会,全力建设美丽宜居、充满活力的现代化海湾城市。**综合考虑经济社会发展趋势和工作导向,建议今后五年发展的主要指标为:生产总值年均增长7%以上,地方财政收入年均增长7%以上,固定资产投资年均增长15%以上,城镇居民和农村居民人均可支配收入分别年均增长7%和8%以上。根据以上指导思想和目标任务,今后五年将重点做好四个方面的工作:

(一)深化陆海联动,营造区位条件新优势。继续秉持“交通先行”理念,实施“交通投资倍增计划”,举全县之力补齐交通体系落后短板,实现从交通末端向区域交通枢纽跨越。围绕“一刻钟上高速、两刻钟上高铁、三刻钟到机场”的目标,再掀交通建设热潮,完成交通投资300亿元以上。全面迎来“大桥时代”,实现228国道玉环段、226省道龙溪至坎门段改建工程、203省道坎门至大麦屿段公路、沙岙至西滩公路等建成通车,力争环岛公路全线贯通,全力建设“五纵五连一环岛”交通网。加快融入温台区域交通大格局,积极谋划杭绍台高速公路南延至玉环、瓯玉高速公路,开辟对外快速新通道,推动市域铁路S1线和杭绍台高铁早日延伸至玉环,让广大群众在家门口享受“高铁便利”,让玉环发展在新时期搭上“高铁列车”、跑出“高铁速度”。开工建设金台铁路大麦屿支线,进一步完善港区集疏运条件,主动融入全省港口一体化进程。推进海岛统筹发展试验区建设,充分发挥与台湾地缘相近、人缘相亲、文化相连、习俗相通的独特优势,创建国家对台经贸合作区,稳定对台海上客运直航,与台湾多港开通货运直航定期班轮,打造海峡两岸产业深度融合中心,建设台湾创业园、农创园等产业集聚区,争取设立保税港区,将大麦屿港建设成为长三角对台综合枢纽港。

(二)坚持双轮驱动,再创工业经济新辉煌。始终将重大产业项目和科技创新作为支撑经济发展的两大关键动力,加快新旧动能接续转换,补齐产业结构失衡短板,实现从工业大县向工业强县跨越。围绕工业经济“五个1目标”,大力实施“十百千万”工程，改造提升六大传统产业，建成国家级汽车及零部件出口基地、国家级家具产品质量提升示范区和中国小型“专特精”机床生产基地，重点培育新能源汽车、智能机器人等六大新兴产业，构建“6+6”产业新格局，因地制宜培育特色小镇，完成小微企业创业园开发133.3公顷以上，进一步夯实工业发展基础；实施“科技长征”行动，创建省级高新技术产业园区和省知识产权示范县，新增高新技术企业50家，整合现有科技创新平台，建设县科创园、科技馆，持续加大科技投入，争取2021年研究与试验发展经费支出占生产总值比重达到全省平均水平。创新发展现代服务业，大力扶持现代物流、商务会展、金融服务、科技研发等生产性服务业，加快实施“互联网+”战略，发展大数据、云计算、物联网等智慧产业，为工业经济发展提供强大支撑，五年内服务业增加值占生产总值比重达44%。促进农业“接二连三”，增加绿色优质农产品供给，深化农村产权制度改革，落实农村土地“三权分置”政策，鼓励工商资本参与现代农业发展，实现农业生产经营规模化、品牌化、特色化、信息化。

（三）突出融合互动，打造城市发展新空间。围绕建设现代化海湾城市，坚持依海而建、拥湾发展，充分展现海岛景致、海湾风情，补齐发展空间狭小短板，实现从本岛时代向环漩门湾时代跨越。坚持规划引领，推进“多规合一”，完成县域总规修编、县域总体城市设计以及城市亮化等专项规划编制。加快城市开发，确保新城五年完成投资150亿元以上，推动总部经济、健康养生等项目建设，完善公共配套设施，进一步集聚人气商气，努力把新城建设成为城市新亮点；注重老城集中连片开发，探索城中村改造新模式，完成玉城60号地块、三合潭区块、坎门后沙区块建设和玉坎线两侧改造提升，推动大麦屿与主城区一体发展，努力构建城区板块新格局；推动楚门清港相向融合发展、芦浦融入新城板块，加快干江、沙门产城融合步伐；深化龙溪美丽乡村建设，支持鸡山、海山大力发展旅游业，以全域旅游推动全域一体，打造中国国际海岛旅游目的地。提升城市品质，积极推进智慧城市、海绵城市建设，优化城市慢行系统，实现公共自行车系统陆上乡镇全覆盖，以小城镇环境综合整治串联起“五水共治”“三改一拆”、治危拆违等专项行动，全方位改善人居环境。加强要素保障，推进境外引水、输变电、集中供热、天然气利用等一批水利、能源项目建设，实施“万亩造田”项目，推动农村土地征收、集体经营性建设用地入市和宅基地管理制度改革，努力提升县域发展承载力。

（四）把握民生脉动，标注全面小康新高度。把增加优质公共服务资源供给作为重中之重，确保五年完成投资210亿元以上，补齐公共服务不足短板，实现从底线民生向普惠民生跨越。坚持教育优先发展，做大教育资源总量，高标准普及15年基础教育，实现示范性幼儿园城乡全覆盖，确保义务教育学校标准化率达96%，巩固提升高中教育质量，打造现代职业教育园区，创成省教育现代化县，推动教育事业由“有学上”向“上好学”转变。加快建设健康玉环，集中力量打好卫生事业翻身仗，加大卫生基础设施投入，完成县人民医院二期工程，新建县中医院、妇女儿童医院、公共卫生服务中心等项目，推进综合医改先行先试，强化医疗、医保、医药“三医联动”改革，建立健全“双下沉、两提升”长效机制，提升医疗技术水平，让群众看得上病、看得起病、看得好病；完善计划生育配套政策，提高出生人口素质，促进人口均衡发展。推动文体事业繁荣，大力发展文化产业，巩固农村文化阵地，实现乡镇基层公共文化基础设施全覆盖，建成县图书馆新馆、博物馆、档案馆和新城体育中心，确保人均公共文化设施面积高于全省平均水平。完善社会保障体系，深入实施“低收入农户收入倍增计划”，提升扶贫工作精准化水平，支持社会力量参与养老产业发展。创新基层社会治理，以平安创建为抓手，坚决预防和遏制重特大事故发生,实施最严格的食品药品监管制度,创成省食品安全县,保障群众"舌尖上的安全"。

三、2017年重点工作安排

2017年是新一届政府履职的第一年,是实施"十三五"规划的重要一年,也是推进供给侧结构性改革的深化之年,做好各项工作意义十分重大。建议今年经济社会发展的主要指标为生产总值增长7.5%,地方财政收入增长7.5%,固定资产投资增长15%,自营出口占台州市比重17.35%,城镇居民和农村居民人均可支配收入分别增长7.5%和8%,单位生产总值能耗下降和主要污染物减排完成上级下达的任务。

为实现上述目标,我们必须坚持稳中求进、好中求快,大抓项目,抓大项目,坚定不移打好转型升级组合拳、翻开城市建设新篇章、织牢民生保障安全网,着力实施好六大工程:

(一)实施"十百千万"工程,增强工业经济新动能。牢固树立"实业为本、创新为魂"理念,突出工业经济的"压舱石"作用,紧盯大项目,做强大产业,培育大企业,建设大平台,做大做强实体经济。一是坚持平台引领。全力加强"一区两城"工业主平台建设,全县完成工业供地80公顷以上,其中海洋经济转型升级示范区20公顷、沙门滨港工业城13.3公顷、干江滨港工业城20公顷。加快小微企业创业园建设,实现城北小微园一期投用,坎门和干江滨港工业城小微园分别完成投资2亿元和1亿元。推动楚门时尚家居小镇、干江光伏小镇分别创成省级、市级特色小镇。加强电力保障,争取220千伏九清输变电和110千伏五门、古顺输变电工程投运,改造10千伏线路172千米。二是坚持创新驱动。积极谋划建设县科创园,申报省级高新技术产业园区,新增高新技术企业10家、科技型中小企业62家。举办第十二届科技·人才活动周,创新引才、留才机制,引进"千人计划"人才1人,落实市"500精英"人才项目8个,开展共性关键技术研发2项,新增市级以上研发中心10家,万人发明专利授权量达3.5件。健全多元化科技投入体系,引导企业加大研发投入,本级财政科技投入占财政经常性支出比重达5%以上。三是坚持培大育强。实现晶科产业园一期投产,完成双环产业园总工程量80%,新增10亿元重大产业项目2个、2亿元项目5个,确保工业性投资增长15%。实施企业梯次成长计划,推进龙头企业培强、骨干企业培植、规上企业培育和新生代企业家培养,新增"新三板"挂牌企业3家、年产值亿元以上企业10家,实现"个转企"95家、"小升规"60家。推进"三强一制造"建设,深入开展质量提升、"标准化+"、浙江制造培育等行动,新增省级以上著名商标2件、名牌产品2个。开展企业综合绩效评价,实施资源要素差别化配置,倒逼企业转型升级。四是坚持一线帮扶。加大扶工助企力度,建设"一企一档"服务平台,组建专家帮扶团,精准破解共性问题和个性难题,千方百计帮助企业减负担降成本,提振实体经济发展信心。整合工业转型升级政策,降低工业技改财政补助奖励门槛,加大"机器换人"项目奖补力度,启动科技贷款贴息,构建"1+X"政策帮扶体系。大力弘扬"工匠精神",开展"玉环工匠"评选,加快培育技能紧缺人才,多措并举解决企业用工难问题。

(二)实施"产业融合"工程,提升协同发展新水平。牢固树立"产业一体、共生共荣"理念,以工业振兴带动一产、拉动三产,实现三次产业联动提升。一是大力发展生产性服务业。提升电商发展水平,新培育年销售额1000万元以上电商企业10家,实现电商园区网络销售额突破5亿元、跨境电商出口额超5000万美元、电商零售额超25亿元。推动工业设计、研发创新、会展、物流等生产性服务业发展,确保玉柴润滑油华东销售中心、亿联国际阀门城二期、国际家具精品城投用,启动芦浦西塘物流园区建设。强化金融服务支撑,充分发挥小微企业信保基金作用,为中小企业提供10亿元以上的融资增信；推行二次抵押、动产抵押、商标权质押等融资模式，开发订单质押；鼓励引导金融机构向下延伸服务网点，新增社区支行2家、小微专营银行3家；大力推广PPP模式，推动财政性涉企资金基金化改革，探索组建资本运营平台和股权式、债权式产业基金，实质性运作转型升级产业基金；深化政银企合作，探索建立中小企业转贷基金平台，严厉打击金融“逃废债”，确保不发生区域性金融风险。二是大力发展现代旅游业。统筹全域旅游资源，启动建设国家级海洋公园、环岛景观带和漩门湾滨水休闲旅游带。推动漩门湾国家湿地公园创建国家AAAA级景区，清港大雷山、芦浦百丈岩、干江栈头渔村创建国家AAA级景区，支持鸡山创建省级旅游风情小镇，实质性启动海山国际旅游岛建设。编制海景村落保护规划，推动民宿经营规范化、产业化，扶持民宿型农家乐特色村发展。实现全县旅游总产值增长15%以上。三是大力发展精品农业。推进农业供给侧结构性改革，深化农村确权赋权活权改革和农民合作经济组织“三位一体”改革，完成农村承包地确权登记颁证，建立土地使用权充分流转的交易市场。提升农业“两区”建设，建成粮食生产功能区253.3公顷，实施省级现代农业园区项目5个，培育清港文旦省级特色农业强镇。垦造耕地120公顷，不断提升补充耕地质量。加快生态农业发展，实施肥药双控2000公顷，建成省级生态循环农业发展项目2个，创成省级农产品质量安全放心县。发展设施渔业、休闲渔业等现代渔业，加大浅海非法养殖清理力度，推进渔场修复振兴，严打涉渔“三无”船舶。

（三）实施“内引外联”工程，构建对外开放新格局。牢固树立“互联共享、互利共赢”理念，加快交通项目建设，提升对外开放水平，进一步增强发展后劲和活力。一是加快对外通道建设。实现乐清湾大桥及接线工程建成通车，同步规划提升玉环互通、芦浦互通至城区主入口沿线景观，完成228国道玉环段总工程量75%。开工建设漩门湾大桥及接线工程、228国道清港连接线，完成新城连接线（井分线）总工程量80%和226省道龙溪至坎门段改建工程前期。力争杭绍台高铁玉环延伸段工程开工建设，完成市域铁路S1线温岭至玉环段工可报告批复、金台铁路大麦屿支线工可报告编制。创建美丽公路4条，总建设里程52千米，整治提升226省道沙门至漩门段沿线环境。二是加快港口开发开放。抢抓浙江省“五港合一”机遇，努力将大麦屿港纳入全省港口整合第二阵营。大力发展临港型产业，开工建设大麦屿能源（LNG）中转储运项目。加强与宁波舟山港、温州港合作，推进环乐清湾区域集装箱“弃陆走水”，实现港口集装箱吞吐量6.5万标箱以上。继续保持对台海上直航常态化，完成海峡两岸（玉环）商品交易物流中心招商，申报台湾农产品进口指定口岸，谋划台湾农特产品展销、海峡两岸经贸合作论坛、对台直航宣传推介等系列活动，进一步打响对台特色品牌，成为全国对台经贸合作交流新亮点。三是加快招商引资步伐。完善以项目工作专班为核心的“四个一”跟踪服务机制，确保在谈项目早签约、签约项目早落地、落地项目早开工。强化招商平台建设，综合运用招商引资优惠政策，力争引进央企国企及上市公司、行业龙头企业的重大投资项目。实施精准招商，加大“玉商回归”力度，推动回归项目提质增量。充分发挥县乡两级招商专员、招商联络处及异地创业人士作用，全面开展产业链招商、小分队招商，引进省外产业项目到位资金35亿元，浙商资本回归10亿元。四是加快外贸提质增量。优化外经贸扶持政策，组织企业参加各类展会60个，参展企业数不少于700家次，加大出口信用担保补贴力度，稳定传统市场，拓展新兴市场。培育省市出口名牌2个、省名优特出口产品5个以上，实现服务外包出口额增长20%以上。鼓励企业开展境外商标注册、国际认证和专利申请，引导企业在国外建立研发机构和营销网络。

（四）实施“城市更新”工程，建设美丽宜居新家园。牢固树立"全域一体、特色发展"理念,充分利用海岛的独特风光、海港的开放优势和海湾的广阔空间,统筹资源配置,优化功能布局,改善生态环境,建设现代化海湾城市。一是推进新老城融合。完成漩门大坝区域总体城市设计,编制漩门公园详细规划。新城启用科研中心、环保公路公证服务中心,启动漩门湾健康养生小镇建设,实现国贸大厦、半岛·世贸大厦等总部经济大楼投用,完成环玉环湖绿道一期工程,开通城区至新城公交专线,尽早谋划新老城快速通道建设。老城启动三合潭城市综合体建设和玉城南山、塘里等城中村改造,力争建成草碎塘公园,改造提升鲤鱼山公园,贯通车站南路全线,完成玉兴路改造和珠港大道B标段主体工程;开工建设坎门后沙区块、后沙沙滩景观工程,谋划鹰东至红旗沿海景观绿道;完成大麦屿兴中路改建,加快龙山路建设。二是推进城乡统筹发展。加大楚门小城市培育和历史文化名镇保护力度,贯通昌业北路,实现与宝山南路对接;推动芦浦、沙门、海山及玉城城北区块全方位对接沿海高速,大力发展"道口经济";加快清港、干江等美丽乡村示范乡镇创建;推进龙溪山里村省级历史文化村落保护利用重点村建设;深化"清洁家园"和"美丽农家"等活动,推广鸡山农村生活垃圾分类和减量处理试点经验;做好美丽乡村建设和"一事一议"结合文章,建成市级精品村2个。三是推进小城镇环境综合整治。实施一街一品一特色、无违建乡镇创建、地面水面双清洁等12个专项行动,打造具有玉环特色的"精致大气、精品美丽"小城镇。全面完成城镇主入口、主街道及重点建筑立面改造和亮化提升,确保全县广告牌整改到位。深化"三改一拆",重点推进治危拆违攻坚战,拆违150万平方米以上,确保拆后利用率超80%,创成省首批"无违建县"。进一步深化"河长制",全面完成劣五类水剿灭任务,投资11亿元实施"五水共治"项目209个,实现大麦屿污水处理厂、工业废水第三方集中处置项目投用,完成县城市生活污水处理厂提标改造和干江污水处理厂总工程量20%,建成庆澜河生态补水工程。四是推进生态环境优化。实施环境敏感区工业企业搬迁入园计划,开展家具等行业挥发性有机物污染整治,启动一般工业固废和飞灰填埋场工程,推动干江滨港工业城表面处理、金属熔炼园区建设。完成海岸带整治修复项目,绿化面积800公顷以上,实现省级森林城镇全覆盖,创建国家森林城市。以里墩水库等水源地保护区综合整治为突破口,强化全县饮用水水源保护。加快楠溪江引水项目进度,开工建设漩门二、三期水系联通工程。

(五)实施"民生普惠"工程,满足人民群众新期待。牢固树立"民本至上、发展利民"理念,始终将增进民生福祉作为政府工作的出发点和落脚点,持续保障和改善民生,让人民群众有更多的获得感、幸福感和安全感。一是大力发展社会事业。加大教育投入,启用楚门中心小学分校区,完成新城学校总工程量65%,开工建设中等职业技术学校新校区、城关中心小学分校区和陈屿中心小学分校区等项目,启动建设玉城、坎门、大麦屿、芦浦、干江等5所示范性幼儿园,加快沙门中学改扩建、干江中心小学滨港校区前期工作;探索实施教师"县管校聘"制度,促进师资均衡配置。提升医疗卫生水平,创建全国健康促进试点县和国家慢性病综合防控示范区,完善医疗急救体系,启用县第二人民医院新院,开工建设县人民医院二期工程、大麦屿中心卫生院新院;推进医保差别化支付、医疗服务价格调整等综合改革,全面整合公共医疗资源,组建县医疗集团,新建民办医院2家,争取县级医院与沪杭温三甲医院建立紧密型协助关系,实施县乡村卫生一体化管理;深化出生人口性别比综合治理,争创新一轮全国计划生育优质服务先进县。完成县图书馆新馆、县博物馆主体工程各70%,开工建设县档案馆、新城体育中心。二是着力强化民生保障。以创业带动就业,实现城镇新增就业5000人次以上。开展新一轮低收入农户认定工作，稳步提高低保标准，扩大低保覆盖面，促进低收入群体增收。加强医疗救助，保障困难群众医疗需求。推进养老机构床位建设和居家养老工作，建成玉城、龙溪、鸡山敬老院新院，每百位老人床位数达4张，实现城乡社区居家养老服务照料中心全覆盖。确保县残疾人集中托养中心、县气象防灾预警中心投用。建成保障房龙溪一期、汽摩三期、沙门一期和楚门一期工程，改造环湖小区，完成分配200套。三是全力加强社会治理。全面开展“基层社会治理提升年”活动，深入推进“网格化管理、组团式服务”，实现平安夺金鼎。推广“治安小区化”管理，严厉打击抢劫抢夺、入室盗窃等直接威胁人民群众生命财产安全的各类违法犯罪行为。完善矛盾纠纷大调解体系，切实把信访突出问题解决在基层。推广居住出租房屋“旅馆式”管理，继续铁腕整治消防安全隐患，创建消防安全社区20个；严格落实安全生产主体责任，深化安全生产领域改革，加大交通、渔业、家具制造、特种设备等行业领域的安全监管力度，全面开展客渡运公交化改革，确保安全生产形势持续稳定。四是努力办好为民实事。认真办好十件为民实事，着力解决人民群众普遍关心的突出问题。1. 切实加强食品安全监管，城区农贸市场快检体系建成率达95%以上，实现食品小作坊登记率95%以上、产品监督抽检合格率92%以上、追溯率50%以上。2. 全面消除县控以上劣五类水质断面，实现村级污水处理设施全覆盖，同步启动第一批农村生活污水处理设施提升改造。3. 消除地质灾害隐患点2个，建成村级避灾安置点10个，在D级危旧住宅房屋全面解危的基础上，完成C级危房改造。4. 持续推进交通治堵，新建智能停车库1座，新增停车位2000个，公共自行车系统拓展至大麦屿、清港、芦浦及玉城城北区块。5. 实现定点医药机构同城互认，城乡医保参保人员列入同城互认平台，将职工居家医疗护理纳入医保基金支付范围。6. 新增农村文化礼堂16家、市级全民健身广场2个，创建省级小康体育村升级工程10个。7. 适龄妇女免费“两癌”常态化检查1万人次以上，全科医生规范签约服务率达30%以上。8. 全县A级以上景区实现公共无线局域网全覆盖，新建农村电商服务站、城市社区智能投递终端各30个。9. 全面淘汰改造燃煤小锅炉，新建新能源汽车充电桩80个，实现乡镇大气环境质量自动监测站全覆盖。10. 推行行政审批网上申请、在线服务、快递送达，对所有在县行政服务中心审批并办结的批文、证照提供快递免费邮寄服务；实现不动产统一登记提速增效。

（六）实施“铁军锻造”工程，树立满意政府新形象。牢固树立“依法行政、为民服务”理念，按照县委提出打造“玉环铁军”的要求，切实增强政治意识、大局意识、核心意识、看齐意识，加强政府效能建设，提升政府创造性抓好落实的水平，使政府工作赢得人民群众更多的信任和支持。一是把规矩立在心中，建设法治政府。坚持依法决策、民主决策、科学决策，完善重大事项公众参与、专家论证、合法性审查等制度。梳理规范政府职权，落实执法公示制度和重大行政执法决定法制审核制度。健全行政权力监督制约机制，自觉接受人大依法监督、政协民主监督以及监察监督、司法监督和审计监督，加强政府内部层级监督，主动接受社会公众和新闻舆论监督。加强政府信用建设，把诚信施政作为重要准则，进一步提升政府公信力。二是把服务落在细处，建设高效政府。发挥“12345”统一政务咨询投诉举报平台作用，推广运用“互联网+政务”服务，通过县乡村便民服务微信公众号等新渠道，积极探索网络审批服务向基层延伸，大力建设网上政府。深化简政放权，推行行政审批和基层便民服务标准化建设，不断优化审批流程，推进“一号一窗一网”建设，简化审批事项，缩短审批时限，建立证照、证明政府内部查询机制，打造服务对象上门办事“最多跑一次”的玉环样板，当好人民群众和企业的“店小二”。三是把担当扛在肩上,建设责任政府。完善考核办法,强化跟踪督查,加大追责力度,对责任心缺失、不作为、乱作为的政府部门及工作人员严格执纪问责,进一步提高执行力,确保上级大政方针和县委的各项决策部署落实到位。建立容错免责机制,鼓励干部敢于担当、依法作为,营造支持改革、宽容失败的良好环境。四是把纪律挺在前面,建设廉洁政府。全面加强政府系统党风廉政建设,推动中央八项规定精神风化俗成,严防“四风”反弹回潮,牢固树立过“紧日子”的思想,确保“三公”经费零增长。持续强化正风肃纪,用好县级部门巡查等载体,紧盯重点人群和突出问题,加大公开曝光力度。坚持无禁区、全覆盖、零容忍,严肃查处违反“六大纪律”行为,坚决遏制腐败现象发生。

各位代表,玉环是东海之滨的璀璨明珠,是创业创新的深情沃土,是我们可爱可亲的美丽家园。今朝春光无限好,策马扬鞭正当时。让我们更加紧密地团结在以习近平同志为核心的党中央周围,在中共玉环县委的坚强领导下,上下同欲,风雨同舟,全力完成“补齐四大短板、实现四大跨越”的历史使命,全面建设美丽宜居、充满活力的现代化海湾城市,以优异成绩迎接党的十九大胜利召开!

中国人民政治协商会议
第八届玉环县委员会常务委员会工作报告

——在政协第九届玉环县委员会第一次会议上

玉环县政协副主席　陈志鹏

（2017年2月16日）

各位委员：

我代表政协第八届玉环县委员会常务委员会，向大会报告工作，对政协第九届玉环县委员会提出工作建议，请予审议，并请会议列席人员提出意见。

一、过去五年的工作回顾

县政协八届一次会议以来的五年，是玉环经济社会发展成效显著的五年，也是我县人民政协事业不断发展的五年。五年来，在中共玉环县委的领导下，县八届政协常委会以高度的政治责任感和使命感，坚持团结和民主两大主题，认真贯彻落实中共中央、省委、市委、县委的决策部署，围绕中心、服务大局、关注民生、真情履职，充分发挥人民政协协商民主独特优势，不断推进政协工作制度化、规范化、程序化建设和政协文化建设，为玉环经济社会科学发展做出了积极贡献。

（一）以服务大局为第一要务，着力助推玉环改革发展

五年来，紧紧围绕县委县政府中心工作，紧紧围绕我县经济社会发展中的重大议题协商议政、建言谋策，积极推动玉环改革发展。

一是围绕中心建真言。紧扣“全面深化改革”“五水共治”“三改一拆”等事关全局的重大问题，以专题协商、民主监督、调研视察、大会发言、反映社情民意等各种形式，积极议政建言，助推科学发展。连续3年开展助推“五水共治”专项民主监督活动，向各乡镇（街道）全面派驻民主监督小组，政协上下全员参与，通过各种形式向党委政府及相关部门反映情况，并向县政府专送《关于全县“五水共治”工作的建议》。围绕依法行政、社会基层管理等情况深入开展调研，形成“深化行政审批制度改革”“加强社区建设”“规范社会组织培育”等调研成果，为我县行政体制改革提供有益参考。

二是紧扣经济献良策。围绕我县新常态下工业经济可持续发展、生产性服务业发展、海洋经济发展示范区规划建设等议题，积极向县委县政府提出意见建议。紧扣经济发展中的重点、难点深入开展专题调研，向县委县政府呈送“发展玉环特色总部经济”“加快海洋经济发展”“推进科技创新平台建设”等调研报告，提出实施“退二进三”战略、推进小微企业升级等大会发言、提案，积极助推我县经济转型升级。县政协八届五次会议4号提案《关于将美丽乡村建设落脚到推进乡村旅游经济发展的建议》提出后，县政府出台《玉环县民宿产业发展规划》等政策，在资金、项目、机制等方面进行扶持，大力发展我县旅游经济。

三是着眼长远谋实招。密切关注我县“十三

五”规划的编制实施，谋全局、议大事，为我县“十三五”开好局起好步建言献策。牢固树立“创新、协调、绿色、开放、共享”发展理念，聚焦交通发展、城市建设、港口开发、生态保护等事关长远的重大问题，发挥好协商和监督的职能作用，提出高质量的意见建议。围绕“十三五”城乡建设、浙台（玉环）经贸合作区建设、里墩水库源头治理等议题积极协商建言，组织委员实地视察乐清湾跨海大桥、大麦屿港、海峡两岸（玉环）商品交易物流中心等重大建设项目，提出针对性、建设性的意见建议。《关于加强环岛海岸生态景观带保护和建设的提案》提出后，县政府编制实施《玉环县环岛景观风貌保护和利用规划》等6项规划和制度，全面加强环岛海岸带综合管理。

（二）以履职为民为重要使命，积极助力和谐社会建设

五年来，坚持关注民生、服务民生，积极协助党委政府做好保障和改善民生工作，努力为民代言、为民建言。

一是聚焦热点议民生。重点就教育、卫生、文化、社会保障、食品安全等群众最关心、最直接、最现实的利益问题，组织开展各类调研视察活动，提出“优化城区校网调整”“加快卫生基础设施建设”“加强农村基层文化建设”“加快楠溪江引水工程前期工作步伐”“推进养老服务业发展”等许多针对性的意见建议，着力推动相关民生问题的解决。结合《关于加强食品安全监管，保障群众生命健康的提案》，县政府成立县食品药品检验检测中心，建立并免费开放县农产品质量安全检测站和农贸市场食品安全快检室，食品安全管理工作明显增强。

二是反映民情助民生。紧扣民计民生，充分发挥政协信息民意“直通车”作用，及时反映各界群众的意愿、诉求。不断完善社情民意搜集、采编、报送、反馈机制，着力提高反映社情民意信息工作成效，积极培育精品信息，共编报《社情民意反映》60期，专报市政协269篇，其中，被全国政协录用9篇，省政协录用26篇，市政协录用112篇。20多篇信息得到中央、省、市、县等各级领导的批示，其中1篇信息得到中共中央政治局常委、国务院副总理张高丽和国务院副总理马凯的批示。

三是为民服务惠民生。出台《关于委员密切联系群众的若干规定》，充分发挥委员自身优势，真正服务好群众。每年坚持以“服务基层、服务民生”为主题，举办政协委员“界别活动周”活动，深入基层“送文化、送教育、送医疗、送法律、送科技、送政策”，承办省政协“送文化、送体育”下乡系列活动，服务群众1万多人次，受到了基层群众的普遍欢迎。鼓励和引导委员积极投身慈善捐赠、扶贫济困等活动，努力为广大群众和困难群体排忧解难。

（三）以深化协商为履职重点，深入推进政协协商民主

五年来，坚持把协商民主贯穿履行职能全过程，拓展协商内容、丰富协商形式、规范协商程序、增加协商密度，不断提升政协协商成效。

一是整体协商成果丰硕。政协全体会议是政协最全面、最集中履行政治协商职能的重要形式。五年来，委员们在全体会议期间，以分组讨论形式围绕县政府、县法院、县检察院、计划、财政等工作报告，以及我县经济、政治、文化、社会、生态文明建设中的热点、难点问题建言献策，经汇总梳理提出意见建议337条。注重发挥大会发言的直接建言作用，听取委员专题发言和即席发言59人次、书面发言69篇，许多大会发言得到县委县政府的重视。坚持以“四见面”提案办理协商会作为全会协商重点，县委、县政府领导，县政协领导、提案承办单位和提案人面对面就20项重点议题，真诚、平等、理性地开展协商，共同促进许多重大问题的解决。针对《关于从公职人员做起，坚决遏制婚丧事大操大办的提案》，县委县政府出台《关于严格规范领导干部操办婚丧喜庆事宜的暂行规定》，有效遏制铺张浪费之风，得到了省、市相关领导的批

示肯定和新华网、浙江在线等主流媒体的关注。

二是专题协商规范有力。政协常委会议是专题协商的重要平台。八届政协共召开常委会议31次，每年就县委县政府半年度工作、法院检察院半年度工作、县政府系统提案办理情况进行常态化协商，并就经济转型、城乡建设、社会治安、公共服务、环境保护等议题开展专题协商，提出协商意见建议400多条，为推进党委政府科学民主决策提供更加广泛的民意基础和智力支持。例如，常委会议连续2次对“十三五”规划编制进行针对性、集中性专题协商。

三是重点协商收效明显。政协主席会议是重点协商的主要载体。八届政协共召开主席会议43次，其中在深入调研基础上开展重点协商20多次，涉及经济建设、港口开发、深化改革、社会管理、教育发展、社会保障等诸多领域，形成22篇调研报告呈送县委县政府，为党委政府掌握实情、制定政策提供重要参考。对台经贸合作、漩门三期围区管理、城区工业用房整治、河道疏浚淤泥处置等许多协商成果得到了县委县政府主要领导的批示。

（四）以创新实践为重要手段，不断完善政协履职制度

五年来，坚持创新，积极实践，以创新求发展，以实践促工作，不断推进政协工作制度化、规范化、程序化建设。

一是完善协商议政工作机制。完善全体会议、常委会议、主席会议、专门委员会工作制度，推进政协政治协商更加规范有序。与县委县政府联合制订并共同实施《年度协商工作计划》，坚持政府政协协商工作机制，全面提升了协商层次。协助县委县政府出台《关于加强县级部门同县政协专门委员会对口联系工作的意见》，进一步规范对口联系、对口协商工作。各委组围绕“五水共治”“退二进三”、招商引资、新城建设、旧城改造、阳光执法、户籍改革、小产权房改革、教育卫生文化发展等工作，同有关单位进行对口协商、界别协商，对相关工作起到了监督和推动作用。出台《群众有序参与政协政治协商实施办法》，建立界别群众代表数据库，邀请界别群众代表参加政协全会，群众参政议政渠道进一步拓宽。

二是完善民主监督工作机制。协助县委出台《关于加强人民政协民主监督的意见》，进一步明确政协民主监督的基本原则、内容形式、工作机制，为政协民主监督工作提供制度保障。出台《委派民主监督员工作考核办法》，健全工作例会、信息收集、考核奖励、沟通协作和民主监督建议书跟踪回访等制度，先后委派民主监督员402人次，到20多个部门（单位）开展民主监督，送达民主监督建议书39份，促进有关部门（单位）改进服务质量、提高工作效能。组织专项视察90多次，协商提出意见建议，供党委、政府决策参考。积极探索政协民主监督与新闻舆论监督相结合，与县广播电视台联合推出议政性电视专栏《榴岛面对面》，着力“传递民声、建言谋策，汇聚民意、推动发展”，得到了县委县政府领导和社会各界的充分肯定。

三是完善政协提案工作机制。协助县委县政府出台《关于进一步加强人民政协提案办理工作的实施意见》，完善提案交办、办理、协商、答复、督查等多项机制。全力推进“四见面”重点提案办理协商机制建设，答复人由部门主要负责人升格为分管县领导，推行提办双方互动协商模式。隆重召开玉环县政协“四见面”提案协商办理20周年座谈会，认真总结提炼工作经验，并在全省政协提案工作座谈会上作经验介绍。完善“县委县政府领导领办、县政协领导分工督办重点提案”制度，全面推行提案集中协商办理制度，试行公推重点提案工作机制，深化提案公开办理、提案办理民主评议和民主监督小组监督提案办理等制度，提案工作实效明显提升。五年来，以提案形式提出意见建议共1136件，立案991件，委员意见为满意或基本满意的988件，占99.66%；得到解决或列入计划解决的915件，占92.3%。提案中的大多数意见建

议被吸收采纳，并落实或体现到相关政策、规划和工作中。

(五)以团结民主为工作主题，致力推进政协文化建设

五年来，坚持团结民主主题，创设载体，搭建平台，研究政协文化，丰富政协文化，宣传政协文化，着力营造联谊合作、团结和谐的良好氛围。

一是以文化促团结，丰富政协文化内涵。依托县政协书画摄影之友社，隆重成立玉环书画院，举办“西泠印社名家精品展”、浙江省青年书法篆刻作品展等展览活动42次，举办文化艺术沙龙9期，展出作品4200余幅，参观人数近7万人次，丰富了群众文化生活，助推了我县文化发展。玉环书画院被命名为玉环县社会科学普及示范基地。举办玉环县第三届、第四届“兰亭奖”中小学生书法大赛。注重发挥文史资料“存史、资政、团结、育人”作用，编辑出版《图说百年玉环》《玉环史事钩沉》等文史资料。

二是以联谊促和谐，营造民主和谐氛围。坚持举办全县各界人士中秋座谈会、迎新茶话会等联谊活动，努力营造民主求实、联系合作、团结鼓劲的和谐氛围。坚持做好政协民族宗教和港澳台侨工作，组织民间信仰活动场所管理专题调研，组织宗教界委员慈善活动；开展台资企业发展专项视察活动，积极推进海峡两岸交流合作。支持县政协之友联谊会工作，每年组织开展理论学习、联谊交流、建言献策、专题视察等活动。成功举办3届县政协委员运动会，增进委员团结，展示委员风采。

三是以宣传促成效，增强政协工作凝聚力。重视加强与新闻单位的联系合作，通过报纸、电视、电台、网络及移动多媒体等，多渠道宣传政协活动，发挥政策宣传、舆论引导、凝心聚力作用，形成全社会了解政协、支持政协的良好氛围。省政协《联谊报》多次头版报道玉环政协“四见面”提案协商办理、政协文化建设等工作经验和成果，扩大了我县政协工作知名度，推动了与省内外有关县(市、区)政协的交流联谊。

(六)以固本强基为重要目标，扎实推进政协自身建设

五年来，坚持把加强自身建设摆在重要位置，大力推进履职能力建设，着力夯实履职基础，不断提升政协工作科学化水平。

一是加强领导班子建设，提高政协履职能力。充分发挥县政协党组在政协组织中的核心作用，深入学习习近平总书记系列重要讲话精神，积极开展党的群众路线教育实践活动、“三严三实”专题教育、“两学一做”学习教育，努力建设团结、民主、为民、务实、清廉的领导集体。出台《玉环县政协领导走访约谈委员制度》，班子成员共走访约谈委员600多人次。出台《关于加强县政协常委会自身建设的意见》，引导政协常委会组成人员带头学习调研、带头议政建言、带头服务群众。

二是加强政协组织建设，提高参政议政能力。在全市率先设立委员工作委员会，指导、协调、服务界别组、镇(街道)联络处、联络组工作，基层政协组织充满活力。出台《关于进一步发挥政协界别作用的意见》，建立界别活动组，成立政协上海联络组。完善先进界别组联络组评选办法，充分调动各委组工作积极性和主动性。完善委员管理办法，建立委员履职管理系统；完善委员述职考评和辞职制度，全面开展县八届政协委员届中、届末述职活动；坚持开展委员轮训，有效提高委员综合素质和参政议政能力。

三是加强政协机关建设，提高服务保障能力。加强政协机关思想、组织、作风建设，着力改进会风、文风、学风。举办政协机关论坛11期，政协领导和机关干部轮流讲座，机关活力明显增强。加快政协工作信息化建设，改版升级玉环政协网站，优化政协常委会服务平台、提案工作平台、社情民意信息平台，建立政协微信公众服务平台，有效提升机关服务水平和工作效率。

各位委员，成绩来自砥砺奋进，进步源于协力同心。县八届政协取得的成绩，是中共玉环县委正确领导的结果，是县政府大力支持的结果，是县级机关各单位、各乡镇（街道）和社会各界积极配合帮助的结果，是各位老领导、老同志热情关心的结果，也是在历届县政协奠定的良好工作基础上县八届政协各参加单位、广大委员共同努力的结果。在此，我代表县八届政协常委会表示衷心的感谢和崇高的敬意！

回顾往昔，我们深刻地体会到：必须坚持中国共产党的领导，确保政协工作正确政治方向。我们只有不断增强政治意识、大局意识、核心意识、看齐意识，把坚决贯彻党的理论、路线、方针、政策作为重要政治任务，才能卓有成效地履行职能。必须坚持围绕中心，主动服务于全县工作大局。我们只有自觉把思想和行动统一到县委的决策部署上来，围绕中心善谋实干，紧贴发展履行职能，才能使政协工作有所作为、多做贡献。必须坚持践行群众路线，为和谐社会建设献计出力。我们只有把为民服务贯穿于履行职能全过程，在思想上重视群众、感情上贴近群众、行动上深入群众，才能多建利民惠民之言，多献富民安民之策，有效解决群众关心的热点难点问题。必须坚持团结与民主，为玉环改革发展凝聚强大合力。我们只有高举爱国主义、社会主义伟大旗帜，增强包容性，扩大团结面，广纳群言，广集众智，才能把各界群众凝聚起来，力量汇集起来，积极性调动起来，在改革发展中发挥最大的作用。必须坚持继承和创新相结合，不断提升政协工作科学化水平。我们只有在继承历届县政协积累的好经验好做法的基础上，大胆探索政治协商新形式、民主监督新机制、参政议政新举措，才能使政协工作更好地体现时代性、把握规律性、富于创造性。必须坚持加强政协文化建设，为政协事业发展提供强大精神动力。我们只有准确把握兼容并蓄、求同存异、求实创新的政协文化内涵，以文化人、以文聚人、以文励人，才能使人民政协更富亲和力和凝聚力。

五年来，我县人民政协事业取得了较大成绩，但仍存在着许多不足，主要有政治协商渠道需要进一步拓宽，民主监督实效需要进一步提升，调查研究工作需要进一步深入，反映社情民意的质量有待进一步提高，界别工作需要进一步增强等等。对此，需要在今后的工作中深入研究，努力破解，不断完善。

二、今后五年的工作建议

各位委员，各位同志！人民政协事业正处在一个全新的发展时期。中共十八届三中全会提出，要发挥人民政协作为协商民主重要渠道作用；中共十八届六中全会第一次把人民政协民主监督写进党内法规，成为中共加强外部监督的一种有效形式和制度安排，赋予了人民政协新的重要使命。当前，我县正处在区位条件改变、撤县设市即将实现、对外开放扩大等三大历史性机遇交汇期。中共玉环县委审时度势、善谋敢为，提出了在今后五年“高水平全面建成小康社会，全力建设美丽宜居、充满活力的现代化海湾城市”的奋斗目标，为人民政协发挥优势、广大委员施展才华提供了更加广阔的舞台。新的形势和任务，对人民政协提出了新的更高要求，县九届政协肩负着新时代赋予的新使命。在今后的五年里，我们要**坚持以邓小平理论、“三个代表”重要思想、科学发展观为指导，深入贯彻习近平总书记系列重要讲话精神，以“四个全面”战略布局为统领，牢固树立“五大发展理念”，认真贯彻落实县委重大决策部署，紧紧围绕中心、倾力服务大局、真情服务群众，用好政协协商话语权，增强民主监督助推力，提高参政议政实效性，充分发挥协商民主重要渠道作用和协商机构、监督机构作用，为全力建设美丽宜居、充满活力的现代化海湾城市贡献智慧和力量。**为此，向县九届政协建议：

(一)充分发挥人才智力优势,多谋科学发展之策

围绕中心、服务大局是政协工作的基本原则。应充分发挥代表性强、联系面广、包容性大的优势,紧扣我县经济社会发展中的全局性、现实性、前瞻性问题,精准把握县委、县政府关于全局工作的决策部署,紧扣党委政府重点工作开展同步服务,围绕党委政府决策部署的落实开展跟踪服务,选择推动科学发展、全面深化改革中的重大问题开展超前服务。聚焦“十三五”规划实施、“四大短板”补齐、重点领域改革、经济转型升级、城乡统筹发展等目标,努力建睿智之言、献务实之策。密切关注新常态下我县经济转型升级,重点就产业空间拓展、产业结构优化、科技创新驱动、招商引资突破、产业融合、扶工助企等内容,运用大会发言、调研报告、提案等方式,积极建言立论,主动当好参谋。紧密结合海湾城市特色,选择“五水共治”“三改一拆”、新城建设、城镇环境综合整治、美丽乡村建设等重点专项工作开展监督视察,深入调查研究,为推进科学民主决策集众智、出实招。围绕司法公正、提高司法公信力、加强司法工作队伍建设等重要议题,组织开展各种协商活动,为全面推进玉环法治建设提供对策建议。

(二)始终保持履职为民情怀,多办利民惠民之事

人民性是人民政协的本质属性。实现好、维护好、发展好最广大人民根本利益是政协工作的出发点和落脚点。应把协助党委政府保障和改善民生摆在更加突出的位置,围绕重大民生决策搞好政治协商,围绕利民惠民政策落实开展民主监督,围绕群众高度关注的民生热点难点积极参政议政,切实做好为民建言。重点关注教育文化、卫生健康、饮水安全、养老服务等民生问题,深入基层倾听呼声,集聚民智献计出力。坚持组织开展“送文化、送教育、送医疗、送法律、送科技、送政策”等活动,鼓励和引导政协委员积极投身社会公益事业和新农村建设,努力为广大群众排忧解难。创新联系群众工作方法,落实好委员联系界别群众工作,完善县政协领导联系界别、约谈委员和走访群众制度,提高为民履职实效性。公开征集调研课题、协商议题、提案线索,积极利用网络收集和引导民意,使协商议政拥有更加坚实的民意基础。

(三)不断推进协商民主建设,彰显政协工作之要

人民政协是社会主义协商民主的重要渠道。协商是政协处理问题、开展工作最基本的原则,也是政协组织区别于其他政治组织最鲜明的工作方式。应不断加强政协协商民主制度建设,建立健全履职议题事前会商、对策建议事中议商、成果采纳跟踪共商的协商机制,深入开展专题协商、对口协商、界别协商和提案办理协商,推进协商民主广泛、多层、制度化发展。认真组织实施县委县政府县政协年度协商工作计划,坚持以常委会议、主席会议为平台,围绕县委重大决策部署、“一府两院”工作报告和民生重点抓好专题协商。健全各专委会、界别组与党政部门对口联系制度,推动专委会和界别组不断创新履职方式,更为经常、更重实效地开展协商,切实增强履职成效。完善界别协商工作机制,提高界别组织化程度,引导界别积极开展调研视察、民主监督等活动,鼓励以界别集体名义多出协商议政成果,着力体现政协界别特色。

(四)充分发扬务实进取精神,探索改革创新之举

坚持与时俱进、改革创新是做好政协工作的重要途径。应不断推进人民政协理论创新、制度创新、工作创新,为政协工作注入新的生机和活力。依照政协章程强化民主监督职能,健全会议协商监督、专项集体民主监督、委员视察监督、提案监督、反映社情民意监督等监督形式。深入开展委派民主监督员工作,健全工作对接、信息互

通、成果采纳、落实反馈等机制，切实增强民主监督的实效性。坚持以质量为主题，着力提升提案质量、提案办理质量、提案服务质量。深化“四见面”提案协商办理机制，完善提案办理的各个环节和程序，探索专题类提案集中面商、同类提案“打包”督办、难点提案多轮反复协商机制，不断推进提案工作精细化、制度化、信息化建设。加强和改进调研视察工作，健全课题遴选、力量组织、结论论证、成果转化和跟踪反馈工作机制，努力使履职成果转化为县委县政府的决策举措。坚持服务决策、服务群众，及时了解、深入研判、积极反映社情民意，重点推进信息队伍、研讨机制建设，全面提升社情民意信息质量，使其真正成为党和政府舆情汇集和分析机制的重要组成部分。

（五）牢牢把握团结民主主题，广聚团结奋进之力

大团结大联合是人民政协组织的重要特征。应自觉把凝聚人心、汇聚力量放在政协工作的重要位置，坚持多做协调关系、化解矛盾、解疑释惑、促进和谐的工作。积极创造有利条件，努力为民主党派、工商联和无党派人士搭建履职平台，认真吸收采纳他们的意见建议，汇聚助推玉环改革发展的强大力量。认真贯彻落实党的民族宗教方针政策，引导和支持宗教界委员发挥积极作用，助推宗教事务依法管理。做好政协港澳台侨工作，努力促进玉台经贸合作交流，助推大麦屿港开发开放。深化政协文史资料工作，深入开展玉环历史文化研究，积极征编玉环经济社会发展“三亲”史料。加强县政协书画摄影之友社、玉环书画院建设，开展形式多样的文化交流活动，强化文化联谊功能。组织县政协之友联谊会开展有益活动，加强学习、联络情谊、发挥作用。加强政协工作信息化建设，探索政协工作“互联网+”新方式，努力建设“网上政协”。强化与新闻媒体的联系合作，坚持办好《榴岛面对面》电视专栏，加强政协全体会议、常委会议、调研视察、重点提案办理等履职活动和特色工作宣传。

（六）切实加强政协自身建设，筑牢事业发展之基

加强人民政协自身建设，是推进政协事业发展的重要基础。应发挥好政协党组的领导核心作用，增强党的意识、政治意识、责任意识，不断加强和改善党对政协工作的领导。发挥好政协常委会的表率作用，切实加强政治把握能力、调查研究能力、联系群众能力、合作共事能力建设，不断提高常委会工作履职质量和效率。发挥好专委会的基础性作用，健全运行机制，密切对口联系，组织开展主题突出、特色鲜明的委组活动，突出专业优势、组织优势和联络优势。发挥好委员的主体作用，完善委员考核管理办法，健全委员联络、学习培训、履职考评、表彰奖励、正常退出制度，不断提高委员服务管理水平。发挥好机关的服务保障作用，努力建设“学习型、服务型、创新型”政协机关。

各位委员，各位同志！人民政协集协商、监督、参与、合作于一体，是人民民主的重要形式。新形势下的人民政协工作愿景光明，责任重大，使命艰巨。让我们紧密团结在以习近平同志为核心的中共中央周围，在中共玉环县委的坚强领导下，承前启后、继往开来，团结奋进、开拓创新，凝心聚力、共谋发展，为建设美丽宜居、充满活力的现代化海湾城市而努力奋斗！

大事记

1月

1月5日 县召开全面深化改革工作汇报会。

1月12日 玉环海洋经济转型升级示范区首批11家入园企业集中开工。

1月14—15日 县召开“互看互学互比”考评会。

1月17日 76省道复线南延公路正式通车。

1月19日 全县“迎新春、保平安、促和谐”治安大巡防活动正式启动。

1月21—22日 玉环县第十四届党代会第五次会议召开。

2月

2月4日 县举行“十载上海滩·心系玉环岛”玉环上海商会十周年庆典大会。

2月23日 县召开迎接国家卫生县城复审动员大会。

2月28日 台州市委书记王昌荣到玉调研经济社会发展情况。

3月

3月7—10日 中国人民政治协商会议玉环县第八届委员会第五次会议召开。

3月8—11日 玉环县第十五届人民代表大会第五次会议召开。

3月18日 县委理论学习中心组举行(扩大)学习会,特邀著名政治学者、复旦大学特聘教授张维为做客玉环名家大讲堂,作“国际视野下的中国道路”的专题报告。

4月

4月1日 全县农村工作会议召开。

4月13日 全县政法信访工作会议暨“平安夺金鼎、护航G20”动员大会召开。

4月15日 全省“三改一拆”工作现场推进会在安吉召开,玉环县获评“基本无违建县”荣誉。

4月27日 全县“平安护航G20”第一批交办问题落实情况汇报会召开。

4月28日 永和流体智控股份有限公司(即永和智控)在深圳证券交易所中小企业板正式挂牌上市,成为玉环第5家、台州第39家上市公司。

4月29日 县举行重大项目集中开工暨G228国道玉环段开工仪式。

5月

5月4日 县召开经济发展和项目建设汇报会。

5月10日 全县领导干部大会召开。台州市委书记王昌荣，市委常委、组织部部长蔡永波出席会议并通报了省委、市委的任免决定，林先华任中共玉环县委书记。

5月17日 全县“两学一做”专题党课暨学习教育部署会召开。

5月27日 全县交通发展大会召开。

6月

6月2日 浙江省政协副主席吴晶带领省政协港澳台和外事委员会相关负责人以及部分台籍政协委员莅临玉环县考察对台经贸相关工作。

6月7日 省政协督察组到玉环督察户籍制度改革工作。

6月8日 全县“平安护航G20”省市暗访问题交办落实情况汇报会召开。

6月13日 开展“县领导大接访”活动。林先华、吴柏青、吴小平、吴才平等县四套班子领导分赴全县陆上各乡镇(街道)，带案下访、约访群众，并督查信访件化解稳控工作。

6月16日 国家卫生县城复审迎检工作部署会召开。

6月22日 林先华赴全县各地实地督查“国卫”复审迎检工作。施红兵、胡载彬陪同。

同日 2016年高考成绩发布，县高考成绩再创历史新高，高考重点上线397人(不包括艺体类第一批上线学生)，较上年增加60人，其中理科336人，文科61人。高考重点率达到22.5%，在上年取得全市第一的基础上，再次提升2个百分点。同时，理科学生最高裸分737分和735分，居全市第一、第二。

6月24日 县“千人计划”专家创业项目在县科技孵化园集体开业。

6月27日 第三届国土资源节约集约模范县(市)表彰会在北京召开，玉环县荣获“全国国土资源节约集约模范县”称号。

6月28日 县委理论学习中心组(扩大)学习会召开。国务院国资委研究中心特聘专家、上海东方大讲坛特聘讲师王连祥教授作《走远了，别忘了为什么出发》的“两学一做”主题报告。

同日 香港丽星邮轮航线接洽会召开。

6月29日 全县居住出租房屋“旅馆式”管理现场推进会召开。

6月30日 全县领导干部大会召开。市委常委、组织部部长蔡永波，市委组织部常务副部长刘小兵出席会议并宣布玉环县县长调整人事方案。提名吴才平为玉环县县长候选人，林先华不再担任玉环县县长职务。

同日 县庆祝中国共产党成立95周年暨表彰大会召开。

7月

7月7日 县召开G20峰会维稳安保临战阶段工作部署会。

7月12—13日 浙江省委副书记王辉忠到玉环县调研指导“三位一体”改革工作。

7月25日 台州市副市长李跃程赴玉环县参加双环产业园等5个重大项目集中开工仪式。

8月

8月2日 县召开G20峰会维稳安保实战阶段动员会。

8月3日 浙江省政协副主席陈加元一行到玉环县考察调研湾区经济建设。

8月11日 县开展夏季治安大巡防。

8月29—30日 浙江省副省长郑继伟一行到玉环县督查维稳安保有关情况。

8月31日 玉城街道城北小微企业创业园开工仪式启动。

9月

9月7日 全县公务用车制度改革动员部署会议召开。

9月9日 县庆祝第32个教师节暨教育发展大会召开。

9月20—21日 台州市委书记王昌荣到玉环县调研经济运行情况。

9月21日 浙江省军区司令员冯文平到玉环县调研国防建设。

9月30日 县举行全国第三个烈士纪念日向烈士敬献花篮仪式。

10月

10月1日 县举行重大项目集中开工暨晶科光伏产业园项目开工仪式。

10月8日 全县G20峰会维稳安保工作总结暨平安建设推进会召开。

10月9日 县举行中老年"庆重阳"健康生活风采大展示活动。

10月27日 县法学会成立暨第一届会员大会召开。阮聪颖当选县法学会会长。

11月

11月4日 县关工委成立30周年表彰大会召开。

11月11日 全县"七五"普法部署会暨"谁执法谁普法"工作推进会召开。

11月16日 全县2016年新签约重点招商项目工作汇报会召开。

11月21日 全县"除隐患、保安全、促转型、惠民生"治危拆违攻坚战动员大会召开。

11月24日 县开展治危拆违集中行动日活动。

12月

12月7日 吴才平参加全省户籍制度改革推进会,并在会上作典型介绍。

12月8日 台州市委书记王昌荣主持召开市委财经领导小组第五次会议。县领导林先华参加会议并作关于申报国家级对台经贸合作区情况的汇报。

12月13日 台州市居住出租房"旅馆屋式"管理工作现场会在玉环县召开。

12月18—21日 中国共产党玉环县第十五届代表大会第一次会议在县委小礼堂召开。林先华代表第十四届县委向大会作题为《补齐四大短板,实现四大跨越,为建设美丽宜居充满活力的现代化海湾城市而努力奋斗》的报告,王正雷代表第十四届县纪委向大会作题为《坚持全面从严治党,深化监督执纪问责,为建设现代化海湾城市提供坚强纪律保证》的报告。

12月21日 中共玉环县第十五届委员会第一次全体会议召开。会议选举了中国共产党玉环县第十五届委员会常委、书记、副书记,林先华当选为县委书记,吴才平、阮聪颖当选为县委副书记,林先华、吴才平、阮聪颖、杨良强、陈正方、王正雷、郑志源、柯寿建、陈方岳、孙群当选为县委常委。

12月26日 县委常委会议召开。会议讨论研究了县委常委工作分工以及推荐浙江省出席党的十九大、台州市出席省第十四次党代会代表候选人初步人选等事宜。

同日 玉环广播开播60周年、玉环电视开办30周年暨元旦迎新晚会在新广电大楼一号演播大厅举行。

县情概览

玉环概况

【自然环境】 玉环岛古称地胏山、榴屿、玉瑠山，为避五代吴越王钱镠讳，改名玉环。县因岛得名。

玉环县位于，北纬28°01′32″～28°19′24″，东经121°05′38″～121°32′29″。地处浙江省东南部，台州市东南端，东濒东海，南濒洞头洋与洞头县相连，西、西北隔乐清湾与乐清市相望，北、东北与温岭市接壤。人民政府驻玉城街道东城路6号，距台州市区75千米。

辖区东西最大距离33.6千米，南北最大距离33.9千米，总面积405.5平方千米，其中陆域面积378.5平方千米，水域面积27平方千米。另有海域面积1930平方千米。

地势北高南低，丘陵平原相间，山丘面积248平方千米。地形分为海岛丘陵、滩涂冲积小平原。境内岛屿林立，海礁棋布，全境由楚门半岛，玉环本岛及茅埏、披山、鸡山、江岩、大鹿等135个外围岛屿和海礁组成。全县最高峰大雷山，系北雁荡山余脉，海拔443米；最低点在大麦屿街道大岩头前沿水域-104米。

境内河流总长度765千米，河网密度6.2千米／平方千米，径流总量9230万立方米，年排涝量2021万立方米，年最大排涝量5258万立方米。其中，五级河道有玉环湖、九眼塘河、芳清河、楚门河、龙溪河、桐丽河、干江河、青沙河、庆澜河、普竹河、玉坎河等11条。最大的河流为玉环湖，从泗头闸至漩门大坝，流经清港、楚门、芦浦、龙溪4镇，长22千米，流域面积170平方千米。

全县海岸线长298千米，绵长曲折，港湾众多，支流小港遍布全县沿海乡村。县境西南的大麦屿港位于温州瓯江口外、乐清湾内，为国家对外开放港区，是全国沿海八大避风锚地之一，可建港口岸线45千米。东南部海域的披山洋处于台湾暖流、浙江沿岸流、大陆径流三大水系交汇区，水温适宜，水生生物丰富多样，是鱼、虾、蟹等水产种质资源地，蕴藏着各种鱼类、贝类、水母类等水产品400余种，为省级大黄鱼、梭子蟹水产种质资源保护区。

属亚热带季风气候，兼有明显的海洋性气候。常年温暖湿润，四季分明，雨量充沛，日照充足，无霜期较长。多年平均气温17.1℃，1月平均气温7.2℃，极端最低气温-4.5℃；7月平均气温27.6℃，极端最高气温34.9℃。无霜期最长达365天，最短为281天。年平均日照时数1850.5小时。年平均降水量1350.2毫米，极端年最大雨量1844.8毫米，极端年最少雨量859.5毫米。2016年平均气温18.4℃,年总降水量1366.4毫米,无霜期319天。

【建置沿革】 三合潭文化遗址证实,早在3000~3600年前的商周时期,就有先民生息繁衍。商周及春秋时代属瓯越地。战国先属越地,后归楚国。秦属闽中郡。西汉初属东瓯国,武帝建元年间属会稽郡,始元二年(前85年)属扬州会稽郡回浦县。东汉永建四年(129年)之前属扬州会稽郡章安县,之后至西晋属扬州临海郡永宁县。东晋太宁元年(323年)属永嘉郡永宁县,宁康二年(374年)属永嘉郡乐成县。历经南北朝、隋、唐、五代、宋、元、明初,随乐成县(五代后梁时改乐清县)并、设而变更。唐会昌二年(842年)前后设玉瑠镇,北宋为乐清县玉环乡属地。明洪武二十年(1387年),因倭寇扰边,港南岛屿全被迁弃;成化十二年(1476年),港北地区原乐清县山门、玉环2乡6都划归太平县(今温岭市),隶台州府;港南地区被乐清、太平游民私种。清顺治十八年(1661年),为清除反清复明势力,按"迁海令",玉环全境被迁弃。雍正六年(1728年),设玉环厅为温州分府,政务直隶省。民国元年(1912年),改厅为县,属温处道(民国3年改瓯海道)。民国16年(1927年)废道县制,直隶省。民国21年(1932年)属温州行政督察区。

1949年4月玉环解放,设港南、楚门、温西3区。7月,温西区划归温岭县。9月,港南区分设城区、坎门2区。10月,设楚门、坎门、城区、三盘4区。1950年6月,从楚门区分设盐特区,全县调整为5区49乡镇。1952年8月,从城区划出陈岙、双峰、普竹、青屿、古城,从坎门区划出朝阳、古顺,建陈屿区。10月,三盘区分为洞头、大门2区。至年底,全县设7区79乡镇。1953年5月,洞头、大门2区19乡镇析出建洞头县。1956年2月,实行农业合作化,设环山、坎门、楚门3个直属镇,城南、青马、沙鳝、芦浦、里黄、鸡山6个直属乡,及楚门、陈屿2区所辖13个乡镇。12月,恢复坎门区。1957年4月,恢复西台、双龙2乡;10月,恢复古顺乡;12月,建和平、田马2乡,恢复城区,设4区27乡镇。1958年7月,洞头县建制撤销,属地重归玉环县。11月,以区为单位实现人民公社化,设楚门、玉城、坎门、陈屿、洞头、大门6个人民公社,下辖46个生产大队(后称管理区)。

1959年4月,玉环县建制撤销,洞头、大门2个人民公社划归温州,其余并入温岭县,仍属温州辖区;至7月底先后撤销双岭、长屿、民主、工交、鳝塘、九青、南北、枫水8个生产大队,建坎门、环山、城南、青马、沙鳝管理区。9月,环山、楚门、坎门、清港4个管理区恢复镇建制。1960年9月,陈屿公社撤销,并入玉城公社。1961年9月,撤销楚门、玉城、坎门3个人民公社,恢复区公所建制;10月将管理区(生产大队)改制升格为人民公社,同时将和平管理区并入坎门镇。

1962年4月,玉环县建制恢复(不含洞头县地),属台州辖区。11月,玉城区撤销,环山、城南、青马、沙鳝4个公社改为直属公社,原陈屿区恢复。至1967年1月,设楚门、坎门、陈屿3区,楚门、坎门、环山3镇(环山为直属镇),清港、凡塘、龙岩、芳杜、桐丽、密溪、外塘、田马、干江、栈台、海山、芦浦、西台、双龙、里黄、鸡山、披山、陈屿、鲜叠、古城、普青、古顺、福山、城南、青马、沙鳝26个人民公社(原生产大队升格为人民公社,城南、青马、沙鳝为直属公社)。1977年恢复玉城区建制,辖原环山、城南、青马、沙鳝4个直属镇社。1980年1月,环山镇更名城关镇。1982年8月,城南公社更名环城公社。1983年10月至1984年4月,实行政社分设,恢复乡级建制。至1986年年底,设楚门、玉城、坎门、陈屿4区,楚门、清港、沙门、城关、坎门、陈屿、鲜叠7镇,凡塘、芳杜、田马、密溪、龙岩、干江、栈台、芦浦、外塘、海山、青马、环城、沙鳝、西台、双龙、里黄、鸡山、披山、古顺、古城、普青、福山22乡。1987年3月,从鸡山乡析出洋屿岛建新洋乡。1991年3月，从楚门区析出外塘、凡塘、芳杜3乡和清港镇，建清港区。

1992年4—5月实施撤区扩镇并乡，设城关、楚门、清港、干江、坎门、陈屿、鲜叠、沙门8镇和龙溪、鸡山、芦浦、海山4乡。1993年11月，省政府批准设立浙江省玉环大麦屿经济开发区。1994年7月，大麦屿经济开发区与陈屿镇合署办公；9月，芦浦撤乡建镇。2000年6月，建立珠港镇，改城关、坎门、陈屿3镇为镇属办事处。2001年11月，撤销鲜叠镇，辖区并入陈屿办事处。全县设珠港、楚门、清港、芦浦、干江、沙门6镇和龙溪、鸡山、海山3乡。

2005年，玉环大麦屿经济开发区更名为玉环经济开发区。2009年8月，撤销珠港镇及其下设办事处，建立玉城、坎门、大麦屿3个街道。2010年7月，玉环经济开发区从大麦屿整合到漩门二期围垦区。2011年1月，漩门三期围垦区纳入玉环经济开发区。2013年10月，龙溪撤乡建镇。全县设玉城、坎门、大麦屿3街道，楚门、清港、芦浦、干江、沙门、龙溪6镇和鸡山、海山2乡。2016年年底，全县户籍人口总数43.18万人。

【综合实力】 2016年，全县实现生产总值465.13亿元，比上年增长7.8%；人均生产总值107913元；财政总收入74.34亿元，其中地方财政收入42.62亿元，分别增长2.8%和8.9%；全社会固定资产投资194.94亿元，增长19.2%；城镇居民人均可支配收入55979元，农村居民人均纯收入27446元，分别增长8.5%和9.0%。玉环再度跻身中国中小城市综合实力百强县市，居第28位；楚门镇跻身全国综合实力千强镇，居第64位。

【经济成就】 **工业经济**：截至2016年12月，全县工业企业12755家，其中规上企业711家，产值超亿元企业110家。实现工业总产值1458.03亿元，其中规模以上企业产值629.78亿元，分别增长2.2%和2.7%。中国驰名商标7个，浙江省著名商标43个；省级名牌43个，省级出口名牌19个；省级商标品牌基地3个；浙江省政府质量奖提名奖1家。

突出工业经济“压舱石和发动机”的作用，形成了汽摩配、水暖阀门、家具、眼镜配件、药械包装、机床等特色产业集群，机械装备、海洋生化、新能源等新兴产业迅速发展，成为浙江省重要的制造业基地，先后被命名为中国阀门之都、中国汽车零部件产业基地、中国新古典家具精品生产（采购）基地、中国眼镜零配件生产基地、中国无菌医疗器械自动化装备制造产业基地等10大国字号产业基地。浙江省阀门水暖产品质量检验中心、浙江大学台州研究院汽摩配研究所、中国汽车工程研究院浙江分公司等产学研平台相继落户玉环。

汽车零部件产业　全县汽车零部件生产和加工企业1700多家，其中上市企业2家，产值超亿元企业41家，规上企业266家，“国家汽车零部件出口基地企业”5家。拥有减震器类、齿轮、方向盘等37个系列6000多种产品。2016年，全县汽摩配行业实现产值501.77亿元，占全县工业总产值的34.4%。

水暖阀门产业　全县水暖阀门生产和加工企业1350家，其中产值超亿元企业52家。拥有铜阀门及配件、水暖件、柱塞阀三大系列，水嘴、龙头、管件等100多个品种1000多种规格，产品远销欧美、日本、东南亚等130多个国家和地区。2016年，全县阀门行业实现产值316.92亿元，占全县工业总产值21.7%，占全国阀门行业同类产品总产值、外贸出口值和市场份额的50%以上。

家具产业　全县家具企业260余家，其中能生产成套家具的100多家。玉环欧式家具已形成品种繁多、产业链完整、生产工艺和产品档次全国领先的集群发展模式，产品远销俄罗斯、日本、澳大利亚、南非、中东等80多个国家和地区。2016年，全县家具行业实现产值39.45亿元。

眼镜零配件产业　全县眼镜零配件企业350余家，其中产值5000万元以上企业4家。2016年，全县眼镜配件行业实现产值20余亿元，占全国眼镜配件总量的65%左右。

药械包装产业　全县药械包装企业80余家，其中新三板上市企业2家，产值超亿元企业5家，国家级高新技术企业5家，省级科技型企业5家。建立省级企业技术中心1家、省级企业研究院1家，1个产品获国内首台(套)称号。2016年，全县药械包装产业实现产值25.6亿元。

机床产业　全县机床生产企业200多家，其中规上企业8家。全行业有1个项目被评为国家重大专项和教育部科技进步一等奖，2家企业入选省级个性化定制示范试点企业培育单位。2016年，全县机床行业实现产值60多亿元，同比增长17%。

高新技术企业　累计认定国家重点扶持的高新技术企业91家，省级高新技术企业研究开发中心38家。

农业经济：2016年，全县农业总产值62.38亿元，比上年增长4.1%。有农业龙头企业69家，其中省级3家，产值超亿元3家；农民专业合作社486家，其中省级示范性合作社10家。全县共流转土地3433.33公顷，适度规模经营面积2600公顷。全县粮食种植总面积2200公顷，其中粮食生产功能区建设面积落实349.93公顷，粮食总产量1.28万吨。水产品总产量29.19万吨，同比增长5.5%；渔业总产出24.26亿元，同比增长5.7%；渔民人均收入19610元，同比增加4.79%。全县水果总面积4780公顷，总产量5.28万吨，产值3.98亿元。“高柚”牌楚门文旦、“龙额”牌火山茶、“鸡山岛”牌风干带鱼获2016年省农业博览会金奖。

中国文旦之乡　玉环柚(又名楚门文旦)是芸香科柑橘属柚类的优良品种，在全国柚类品质鉴评中获“八连冠”，多次蝉联中国国际农业博览会名牌产品和浙江省国际农业博览会金奖，获国家原产地地理标记注册认证，被中国国际贸易促进会列为首批向欧盟市场推荐产品，被评为中国十大名柚、浙江省十大名牌柑橘。1996年，玉环县被国务院发展研究中心农村发展研究部等组织命名为中国文旦之乡。2012年，清港文旦示范区列入省级现代农业主导产业示范区。2016年，玉环柚种植面积2080公顷，产量1.98万吨，产值1.48亿元。

第三产业：2016年，全县服务业增加值187.84亿元，同比增长10.0%；服务业增加值占GDP比重首次达到40.4%，比上年提高0.8个百分点；服务业完成限额以上固定资产投资123.43亿元，同比增长14.5%。社会消费品零售总额170.01亿元，比上年增长12.2%；全县有商品交易市场52个，市场成交额37.89亿元。

全县有物流企业上百家，其中AAAA级2家、AAA级2家、AA级1家；货运车辆1492辆；航运企业8家，其中客运2家、货运6家。拥有各类码头13座，其中万吨级以上5座。2016年3月，大麦屿港首次实现浙台车渡直航，成为大陆第二个与台湾车渡直航港口；10月，实现国际货物交割，正式成为国际港口(国际代码：CNDMY)。

全县拥有各类酒店150多家，其中星级酒店3家；旅行社16家，其中星级旅行社5家；旅游景区5个，旅游客运公司2家。全年接待旅客总人数807.79万人，旅游总收入85.17亿元。

全县拥有银行业金融机构19家，布局网点112个；保险业金融机构14家，业务经营网点33个；证券营业部4家；小额贷款公司4家。2016年年末，全县贷款余额424.26亿元，存款余额574.72亿元。

海洋经济：2012年5月，省政府批准同意玉环县成为全省首个海岛统筹发展试验区，将玉环定位为城乡统筹发展示范岛、海洋产业转型升级先行岛、对台合作综合试验岛和海洋生态旅游岛。玉环顺利进入全省“一核两翼三圈九区多岛”中的

8个综合利用岛开发序列，历史性进入国家战略层面。同年10月，省政府办公厅批复设立浙台(玉环)经贸合作区，纳入省级开发区管理序列。2013年3月，国家海洋局正式批准玉环县成为首批国际级海洋生态文明建设示范区，玉环海洋经济发展迎来前所未有的机遇。2016年12月，申报国家级对台经贸合作区，并获省市支持。

2016年，全县共安排27个海洋经济项目，其中16个列入省计划，项目总投资约300亿元。沿海产业带建设稳步推进，玉环经济开发区和滨港工业城量区块新开发土地面积112公顷，新增投入5.6亿元，新投产企业12家，新开工企业48家。

【投资环境】 **城市化建设：**完成县域总规实施评估、海岛特色城市风貌研究、海绵城市建设规划编制、中心城区停车设施专项规划，塑造城市特色，倡导绿色发展。推进“数字玉环”地理空间平台应用，“天地图·玉环”完成改版升级，服务能力进一步提升。玉环新城形象得到大幅提升，投用玉环国际阀门城一期、综合物流园第三方物流中心，建成青年大厦等建筑。城区路网体系进一步完善，新建停车位2913个；完成13个社区公园建设，人均公园绿地面积增至10.55平方米。完成10个老住宅小区提升改造，城中村改造15.7万平方米、旧住宅区改造11万平方米、棚户区改造6.84万平方米，全县308户廉租在保对象实现应保尽保。城市生活污水处理率83%以上。汽摩园区滚光中心及废乳化液处置项目等投入试运行，新增城镇污水管网26.1千米。

美丽乡村建设：制定出台《玉环县美丽乡村建设专项资金管理办法(试行)》，推进美丽乡村建设，清港前路等3个村通过省级美丽宜居示范村验收。新增市级精品村2个，启动龙溪山里省级历史文化村落保护利用重点村建设；实施“农家乐特色村倍增计划”，启动创建省级农家乐特色村1个、市级特色村1个。完成村庄整治提升21个村，农村困难群众危房改造261户。63个村(社区)通过美丽农家村户联创复评，14个村(社区)完成创建。建成污水管网2000多千米，独立式处理终端197座，基本实现农村生活污水治理全覆盖。全年完成农村实用人才培训4102人。

重点工程建设：全县46个重点建设项目累计完成投资72.12亿元，完成率105.5%，其中37个市重点项目完成投资45.17亿元，完成市对县考核指标113.0%。乐清湾跨海大桥建设强势推进；红地新能源玉环漩门三期20兆瓦地面分布式发电和晶科电力经济开发区80兆瓦农光互补地面光伏发电电站等两大光伏项目建成后已并网发电；大润发超市、书城、影城等一批重大项目竣工投用。

基础设施建设：港口　大麦屿港为可建30万吨级码头泊位的深水良港，可建港岸线长45千米，港内－10米水深以上的水域面积约62平方千米。已建成码头14座，其中7.4万吨级兼靠10万吨级卸煤码头泊位2座，5万吨级集装箱专用码头1座，2万吨级兼靠3万吨级用途码头1座，在建2座3万吨级码头。大麦屿港为对外开放口岸、大陆对台直航港口。2016年，大麦屿港货物吞吐量3219万吨，集装箱吞吐量55359TEU。全县水运运力共有沿海船舶134艘、29万载重吨；全年完成港口投资1亿元；对台直航进出港航班完成92航次，出入境旅客7832人次。大麦屿港建设目标为“三港一中心”：集装箱支线港、大宗散货中转港、对台贸易港和港口物流中心。

交通　2016年，完成交通建设投资42亿元。甬台温高速公路复线乐清湾大桥及接线工程累计完成工程产值29亿元，工程形象进度完成80.6%；228国道温岭泽国至玉环大麦屿疏港公路(玉环段)工程累计完成总投资2.95亿元，完成路基25.1%，桥梁30%；S226温岭岙环至玉环龙溪段改建工程累计完成总投资4.08亿元，主体工程完成95%；西青岭隧道及接线二期工程完成总投资1012万元，完成形象进度32%；新城连接线(井分线)公路改建工程开工建设;漩门大坝大桥及接线工程已确定设计标准和建设规模;美丽公路创建完成投资2亿元,实施里程70千米;海山大青岛码头工程通过竣工验收。智慧交通建设步伐全面加快,投资近1000万元建设“交通应急会商智能系统”。

水利　2016年,全县水利建设投资1.76亿元,完成计划110%。漩门二期蓄淡围垦工程通过竣工验收;漩门三期围垦工程完成海堤Ⅰ标、Ⅱ标单位工程暨合同完工验收。完成河道综合整治15千米,新建护岸15.9千米,河湖清淤98.1万立方米;山塘除险加固10座,水土流失治理4.42平方千米。加快推进楠溪江引水前期工作,得到省水利厅大力支持。新建供水管网14.8千米,改造旧管网14.76千米,完成“一户一表”改造675户;新增高效节水灌溉面积74.73公顷,万元GDP(国内生产总值)用水量控制在26.28万立方米。

电力　境内有500千伏变电所1座,220千伏变电所3座,110千伏变电所14座,35千伏变电所8座,形成了适度超前的主网架构。全年完成配网建设投资1.17亿元,完成新建配网项目2个、续建项目18个,新增配变容量4.97万千伏安。开展新能源接入服务,完成“晶科”与“红地”光伏配套送出线路建设及设备改造,开展港北风电110千伏送出项目前期工作。2016年,全县供电量39.17亿千瓦时,完成替代电量1.25亿千瓦时,完成率居台州市第二。

通信　2016年,电信FTTH能力数达到24万线,在线用户占用率42.02%;4G/FDD宏站运行站数达442个,网络指标质差小区优良率93.57%,排名全市第一。移动用户总数60.5万户,市场占有率70.5%,移动4G网络基站规模累计800个。联通用户总数近12万,替换3G基站316座,室分65座。

优质服务:县行政服务中心深化审批层级一体化改革,承接台州市下放的153项审批事项;677项行政审批事项授权到中心受理办理,部门集中度100%,授权到位率96%;权力运行系统每月完成审批办件4万余件,行政许可事项纳入率、使用率均列台州市前三。落实房屋权属证明、纳税证明、驾驶证行驶证补换等29项便民服务事项,拓展24项;16个村级便民服务中心分6类建设特色精品村,46个1000人以上的村(社区)基层服务中心创建微信公众号。

【对外开放】　对外、对台交流:2016年,全县因公出国(境)16 批32人次,因公入国(境)38批49人次。加强玉环与韩国唐津市友好交流合作,举办登山联谊活动与“中韩文化沙龙之走进韩国” 活动。举办玉环·台湾“青年微讲坛”、玉台两地迎中秋联欢晚会和披山籍台胞“寻根故乡行”活动,加深玉台两地同胞交流。玉环中学、楚门中学分别与美国奇诺岗高中、埃斯康迪德特许高中结为友好学校;玉环中学、楚门中学、实验学校分别组队去美国、韩国一些名校开展友好交流。

对外经贸:2016年,全县实现外贸自营进出口总额210.11亿元,负增长3.6%,其中出口204.72亿元,负增长3.2%。全年共组织700家次企业参加了广交会、北京卫浴展(法兰克福)、拉斯维加斯五金展等60个国内外展会。新增2个省、市出口名牌;4家被评为浙江省首批80家“品质浙货”出口领军企业,上榜企业总数居全省第三;荣获2016年度浙江省出口品牌建设考核三等奖。推动“新外贸102”计划,通过阿里巴巴——达通出口额达1915万美元,同比增长487%。新批境外投资企业5家,总投资达714万美元。

【社会事业】　科技:玉环先后被评为全国科技工作先进县、全国科技进步先进县、省科技进步县、省科技强县;被科技部等五部委列为全国科技兴海示范基地,被省科技厅列为省级海洋高科技园区、汽摩配产业省级高新技术特色产业基地,被省知识产权局认定为浙江省知识产权示范创建县。累计认定国家重点扶持的高新技术企业91家，省级高新技术企业研究开发中心38家。连续成功举办十一届科技人才活动周，先后与浙江大学、中科院、武汉理工大学等100多家院校、科研单位建立技术合作关系，成功创建台州市首家国家级众创空间——楚州人才梦工场。2016年，县专利授权量1992件，其中发明专利授权183件，实用性专利授权1082件，外观专利授权727件。

教育：系省教育强县、国家义务教育均衡县、国家教育信息化区域综合试点单位。全县共有幼儿园144所，小学37所，初中14所，普通高中4所，职业高中1所，九年一贯制学校5所，十二年一贯制学校1所，电大1所，专修学院1所，特殊教育学校1所，成技校11所，教师进修学校1所，民办学校16所。社区教育三级网络与成人文化教育网络系统完善。2016年，高考重点上线397人，上线率22.5%；普高和职高录取3388人，录取率93.8%；学前三年幼儿入园率99.8%，十五年基础教育普及率99.8%，义务教育阶段入学率和巩固率均为100%，初升高比例100%，普职比例1.1:1。现拥有市级以上名师名校长33名，省特级教师7名，建有名师工作室11个。全年县财政安排教育资金9.77亿元，所有乡镇均为“省教育强镇”。

体育：系全国体育先进县、全国群众体育工作先进单位、全国全民健身先进单位、省体育强县。2016年，制订《全民健身计划（2016—2020）》，成功举办县第八届职工运动会、第21个全民健身节和第8个全民健身日活动。全年举办各类体育比赛90多次，开展体质检测4210人，游泳培训3400余人次。获国家级赛事3金2银1铜，省赛事20金15银19铜；玉环籍运动员朱梦惠参加巴西里约奥运会，取得女子游泳4×100M接力第四名。建成清港游泳馆、1个省中心村体育休闲公园、2个市级全民健身广场、10个省小康体育村升级工程，全县人均体育场地面积达到2.05平方米。玉环新城体育中心完成地质勘探，体育场、体育馆完成初步设计工作，进入省PPP项目库。

文化：系全国文化先进县。共有国家级文物保护单位1个，省级文物保护单位5个；国家级非物质文化遗产名录1项，省级非物质文化遗产名录6项；省级文化强镇2个，省文化示范村（社区）8个。建有农村文化礼堂76家，乡镇（街道）图书分管7家、农信书吧8家、文化e站2家。2016年，书城、影城开业；举办大型公共文化服务活动20多场，送演出下乡140场、送书18823册、送电影3209场送展览91场、送培训3185人次。2016年度台州市国家公共文化服务体系示范区创建县（市、区）考核，玉环县位居全市第二；县文广新局获省新闻出版广播影视系统G20峰会维稳安保工作先进集体、全省文化市场综合执法先进单位。

卫生：系国家卫生县城、国家数字卫生样板示范区、省卫生强县、省农村中医药工作先进县、省卫生应急示范县、省慢性病综合防控示范区、省生活饮用水水质卫生管理示范县、省无偿献血先进县，荣获中国高血压最佳防治城市奖。2016年年末，拥有各类卫生医疗机构276家，每千人拥有床位数3.51张；有卫技人员3292人，其中医生1141人，注册护士1500人，每千人医生护士数为4.21人。2016年，在全市率先实施公立医院去行政化改革和公立医院综合目标考核；全县11个乡镇（街道）均启动全科医生签约服务工作，成立60支全科医生签约服务团队；创新实施“暖心助孕”工程和“爱相随”计生特殊家庭关爱项目，为104对不孕不育和失独夫妇提供助孕服务。

新闻媒体：《今日玉环》免费赠阅，周一至周四八版、周五十二版彩报，设要闻、综合、社会、民生四大版块，并设专刊。2016年，还开辟了“美行玉环·精彩故事”“为民办实事——年中追踪”“探访玉环蓝”等栏目，拓宽了报道的视野。广播、电视综合覆盖率100%。转播调频立体声广播节目1套，有线网络传送标清电视节目141套，高清电视节目40套,3D电视2套,数字广播节目12套。自办广播节目1套,频率FM91.3,开设栏目13档;自办电视新闻综合频道和社会生活频道,开设栏目15档。精心打造电视《333新闻窗》《乡土》《金色港湾》和广播《山水玉环》《我在玉环》等品牌栏目。2016年,举办玉环广播开播60周年电视开办30周年庆祝活动;玉环广播电视新大楼竣工。中国玉环新闻网(yhnews.zjol.com.cn)为玉环县新闻门户网站,2004年4月27日正式开通。2016年,先后推出《浙台首次自驾游》《温暖2016春运》等特色专题,全年刊发本地新闻7000多条。做大做强"玉环发布"品牌,打造信息网络矩阵,玉环发布微博全年累计发布信息超过10000条,月均阅读量约30000人次;玉环发布微信全年累计发布文章1167篇,全年累计阅读量超过270万人次。

城市文明:注重社会文明程度提升,开展"迎接G20 人人讲文明"和"文明有礼·美行玉环"主题教育实践活动;弘扬"好家风家训",积极培育和展示乡贤文化;不断深化邻居节、"我们的节日""春泥"计划等群众性文明创建工作。新增市级文明单位4家、市级文明村13个、市级文明(示范)社区2个。龙溪"诚信老爹"王小先入选中国好人榜,并被评为第七届感动台州人物;4人入选浙江好人榜,20人入选台州好人榜;2人当选首届台州乡贤;1人入选第三届台州十大孝贤。深化经典诵读进村居、进校园活动,进一步弘扬传统文化。积极推进"邻里守望"农村学雷锋志愿服务活动,联合举办了"美行玉环·为爱行走"大型公益暴走活动。

【风景旅游】 拥有2个国家AAAA级旅游景区,1个国家级湿地公园,4个国家AAA级旅游景区。岩雕艺术、观光农业、滨海湿地、休闲捕鱼、渔家美食是玉环旅游的内涵所在。玉环渔家文化和渔家美食具有浓郁的地域特色,"渔家十八碗"等玉环地方特色名菜闻名遐迩。全县有星级饭店和商务酒店150多家,床位数8000多个,旅行社16家,旅游客运公司2家。2016年,全县接待旅游总人数807.79万人次,同比增长24.57%;实现旅游总收入85.17亿元,同比增长30.67%。

大鹿岛景区　国家AAAA级旅游景区。位于玉环东南披山洋面上,距栈台码头6海里,总面积约2平方千米。海上森林、奇礁异石、岩雕艺术为岛上"三绝"。20世纪80年代,中国美术学院洪世清教授以石赋形,以海生动物为题材,创作出秦汉风格岩雕近百件,成为中国"大地艺术"先驱。刘海粟、沙孟海、钱君匋等名人大家为大鹿岛留下珍贵的摩崖题刻、碑铭。

漩门湾观光农业园　国家AAAA级旅游景区。位于玉环与温岭相邻地带,西濒乐清湾,与雁荡山隔海相望。占地面积666.67公顷,是国家发改委生态农业示范基地,也是集现代与生态农业示范、农业科学研究、科普教育和观光休闲于一体的综合性园区。先后被授予全国农业旅游示范点、浙江省农家乐特色点。园内建有文旦园、葡萄园、樱桃园、梨园、杏园等大型果园。在园区核心区建有水景园、垂钓园、百鸟园等,可以让游客在观赏文艺表演的同时享受农业旅游乐趣。

漩门湾国家湿地公园　位于乐清湾东部、漩门湾畔,与雁荡山隔海而相望,总面积31.48平方千米,其中水域面积7.06平方千米,内陆湿地21.54平方千米。2011年12月,被国家林业局认定为国家级湿地公园试点建设单位,是浙江省首个滨海型国家湿地公园。园内有鸟类125种,主要经济鱼类106种,野生和栽培植物472种,其中列入《国家重点保护野生植物名录》植物15种,列入省重点以上保护鸟类31种。该区是世界濒危物种黑嘴鸥在中国的最主要越冬区之一。

玉环县统计局
关于2016年国民经济和社会发展的统计公报

（2017年3月20日）

2016年是我国“十三五”规划的开局之年，是全面建成小康社会决胜阶段的开局之年，也是推进结构性改革的攻坚之年。一年来，全县人民在县委、县政府的正确领导下，践行“五大发展理念”，坚持稳增长、调结构、促改革、惠民生，基本完成年初确定的工作目标，实现全县经济稳中向好发展，产业转型升级有序推进，人民生活水平不断改善，各项社会事业亮点纷呈。

一、综 合

总体经济稳中向好。据初步测算，全县实现地区生产总值465.13亿元，按可比价计算，比上年同期增长7.8%。其中，第一产业增加值33.06亿元，增长3.9%；第二产业增加值244.23亿元，增长6.7%；第三产业增加值187.84亿元，增长10.0%。三次产业结构比例为7.1∶52.5∶40.4，第三产业增加值所占比重比上年提高2.3个百分点。

2016年，全县人均生产总值为107913元，按可比价计算，比上年增长7.6%，人均GDP约合16246美元(按年平均汇率6.6423测算)。

二、农 业

农业生产保持平稳。全县实现农林牧渔业总产值62.38亿元，按可比价格计算，比上年增长4.1%，增加值33.70亿元，增长3.9%。其中，农业产值6.78亿元，增长2.0%；林业产值0.10亿元，增长9.8%；牧业产值1.57亿元，增长8.7%；渔业产值53.24亿元，增长4.2%；农林牧渔服务业产值0.68亿元，增长4.8%。

全年农作物播种面积8326公顷，比上年增长3.2%，其中粮食播种面积2200公顷，增长6.4%；蔬菜播种面积3867公顷，增长4.0%；果用瓜1108公顷，下降2.1%；花卉苗木141公顷，增长6.0%。

2016年主要农产品产量如下：

表1

	2013年	比上年增长%
粮食	12775吨	0.1
棉花	215吨	-0.5
油菜籽	1310吨	5.3
水果	87037吨	-16.0
其中：文旦	26415吨	-38.6
蔬菜	117190吨	3.2

全年完成造林更新面积145公顷，其中人工造林面积118公顷。全县有林地面积17136公顷，森林覆盖率45.3%。全年完成绿化新建和改造577公顷，中幼林抚育447公顷，平原绿化96公顷。新植珍贵彩色树种16万株，建成珍贵树种示范林4个，珍贵树种示范点5个。

全年生猪出栏5.09万头，比上年下降1.2%，家禽出栏160.68万只，增长24.1%。肉类总产量7378吨，比上年增长6.3%，其中猪肉产量5064吨，增长0.9%；禽肉产量1905吨，增长18.0%。禽蛋产量1295吨，下降8.4%。

2016年，主要畜禽产品产量和年末牲畜存栏数如下：

表2

	2016年	比上年增长%
肉类总产量	7378吨	6.3
其中：猪肉	5064吨	0.9
禽肉	1905吨	18.0
禽蛋产量	1295吨	-8.4
生猪出栏数	5.09万头	-1.2
生猪存栏数	2.49万头	-18.1
牛存栏数	671头	-34.5
羊存栏数	5519只	-1.4
家禽存栏数	160.68万只	24.1
家禽存栏数	39.36万只	-24.1

全年水产品总产量29.19万吨，比上年增长5.5%，其中海洋捕捞产量18.18万吨，增长2.6%。全县水产养殖面积共达7993公顷，增长8.2%。其中，海水养殖面积7239公顷，增长9.3%，产量10.69万吨，增长10.9%；淡水养殖面积754公顷，下降2.8%，产量2656吨，增长1.1%。至年末，全县海洋捕捞生产渔船880艘，比上年增加65艘，其中捕捞渔船388艘，比上年减少28艘，海洋捕捞专业劳力5207人，减少396人。

2016年各类水产品产量如下：

表3

	2016年	比上年增长%
水产品总产量	291853吨	5.5
1. 海水产品	288760吨	5.5
其中：鱼类	104283吨	3.5
甲壳类	69264吨	1.7
头足类	19436吨	8.8
贝类	91205吨	8.5
藻类	4295吨	77.0
2. 淡水产品	3093吨	3.3
其中：鱼类	2168吨	1.4
虾蟹	616吨	1.5

现代农业加快发展。全县共有农业龙头企业69家，其中省级3家，市级17家，产值超亿元以上的有8家。现代农业园区完成投资4700万元，粮食生产功能区建成349.93公顷。共有股份合作农场8家和家庭农场59家，市级以上规范化合作社培育70家。无公害农产品37个，绿色食品10个，“两区”内整体认定面积349.93公顷。

全年灌溉面积为8.13千公顷，有效灌溉面积6.34千公顷，农田灌溉水有效利用系数控制目标达到0.577。全县年末共拥有农业机械总动力24.17万千瓦，农村用电量9.76亿千瓦小时，比上年增长1.4%，化肥施用量(折纯)2346吨，比上年下降2.8%。

三、工业和建筑业

工业生产稳中有进。全县实现工业总产值1458.03亿元，比上年增长2.2%，工业增加值226.25亿元，按可比价格计算，比上年增长7.2%。其中年主营业务收入2000万元及以上工业(以下简称规模以上工业企业)有711家，共实现产值629.78亿元，增长2.7%，增加值149.78亿元，增长6.8%。

全县规模以上轻工业实现工业产值80.15亿元，比上年下降1.3%，占规模以上工业总产值的12.7%；重工业实现工业产值549.63亿元，增长3.3%，所占比重为87.3%。

全县主要行业中，电力、热力生产和供应业实现工业产值87.77亿元，比上年下降7.3%；通用设备制造业产值170.52亿元，增长7.1%；汽车制造业产值146.41亿元，增长10.4%；家具制造业产值14.36亿元，下降6.6%。

2016年规模以上工业企业主要工业产品产量如下：

表4

	2016年	比上年增长%
水泥	19.59万吨	-1.6
供电量	40.57亿千瓦时	10.7
饮料酒	88433000升	-4.0

续表4

	2016年	比上年增长%
家具	81.60万件	-10.3
阀门	181295吨	5.1
塑料制品	42174吨	7.3
金属切削机床	7088台	18.5
齿轮	14525吨	13.3
铜材	116701吨	3.57

全县规模以上工业企业实现利税总额69.18亿元，增长7.8%；其中利润总额45.20亿元，增长18.5%。新产品产值129.19亿元，比上年增长4.9%，新产品产值率为20.5%，比上年提高0.4个百分点。

建筑业市场稳中趋缓。2016年，建筑业实现增加值18.49亿元，按可比价格计算，比上年增长0.9%。其中，全县32家具有资质等级建筑企业共完成建筑业产值20.35亿元，比上年增长10.3%，完成房屋建筑施工面积178.77万平方米，增长67.0%，房屋竣工面积106.29万平方米，增长58.4%。

四、固定资产投资

投资保持快速增长。全县完成固定资产投资194.94亿元，比上年增长19.2%。其中，第一产业完成投资0.58亿元，增长17.2%，第二产业完成投资70.93亿元，增长28.5%，第三产业完成投资123.43亿元，增长14.5%。固定资产投资中，国有投资完成85.99亿元，增长3.7%；非国有投资完成108.95亿元，增长35.1%，其中民间投资107.76亿元，增长37.0%。主要投资领域中，基础设施投资完成83.75亿元，增长18.9%，工业性投资完成69.14亿元，增长25.2%，房地产开发投资完成25.27亿元，增长0.8%。

重点项目稳步推进。2016年，全县拥有省、市重点建设项目40个，完成投资45.17亿元，占固定资产投资总额的23.2%。晶科电力80兆瓦农光互补发电工程、文化广场建设工程完工；76省道龙溪段改建完成主线道路主体工程，楚门镇中心小学分校区完成主体工程的81%，玉环新城学校完成总工程量的68%，县博物馆、图书馆进行地室施工及上部主体施工，家具精品城进行室内粉刷；干江滨港工业城基础配套设施和小微产业园、玉环海洋经济转型升级示范区、大麦屿港区LNG储运等一批重大项目顺利推进。

房地产市场呈现升温。全年房地产开发累计完成投资25.27亿元，比上年增长0.8%。房屋施工面积225万平方米，增长9.9%；房屋竣工面积24.71万平方米，是上年的5.6倍。全年商品房销售火爆，其中新开发楼盘华鸿嘉园商品房销售面积达27.11万平方米，滨江壹号、绿地康盛、华龙·阳光星城三个楼盘共计销售面积13.03万平方米，比上年增长111.9%，助推全县商品房销售面积62.55万平方米，增长119.5%，其中期房销售面积52.85万平方米，增长108.4%。

五、运输、邮电和旅游业

年末，全县公路通车里程为676千米，2016年新建数17千米。年末，汽车拥有量达11.87万辆，比上年增长14.2%，其中私人汽车为10.36万辆，增长15.8%。年末拥有机动运输船135艘，其中客船10艘，载客量1197客位；货船125艘，总吨位17.85万吨。港口物流稳步增长，货物吞吐量实现3219万吨，其中集装箱5.5万标箱。

2016年客货运输量完成情况如下：

表5

	2016年	比上年增长%
货运量	2641万吨	11.6
公路	1202万吨	16.1
水路	1439万吨	8.2
货物周转量	1992800万吨千米	7.3
公路	139593万吨千米	8.0

续表5

	2016年	比上年增长%
水路	1853207万吨千米	7.2
客运量	2354万人	-17.3
公路	2159万人	-16.5
水路	195万人	-1.4
旅客周转量	56284万人千米	-15.8
公路	55073万人千米	-17.5
水路	1211万人千米	-0.8
港口吞吐量	3219万吨	4.0
其中:大麦屿港	3080万吨	4.4
集装箱	5.5万标箱	20.4

交通建设迎来大发展。全面实施“551”交通规划，全年完成交通总投入42亿元，增长23.2%，投资总额和增速连续3年领跑全市。76省道复线南延玉环楚门至大麦屿疏港公路工程、对台直航客货滚装码头工程完工；S226(76省道)拓宽沙门至龙溪段提前3个月建成通车，龙溪至坎门段改建工程已获批复；228国道玉环段工程完成路基工程的25.1%，清港连接线工程方案通过评审；乐清湾大桥及接线工程完成形象进度80.6%；玉环县新城连接线(井分线)公路改建工程实现施工建设。

全年邮电业务收入7.92亿元，比上年增长0.9%，其中电信业务收入7.34亿元，增长0.3%，邮政业务收入0.58亿元，增长10.4%。年末固定电话用户数13.15万户，减少7.9%；移动电话用户数79.89万户，增长1.8%。全县电话主线普及率达30.5线/百人。年末互联网宽带用户接入数22.68万户，增长14.6%，移动互联网用户65.27万户，增长3.5%。

海岛旅游快速发展。全年共接待旅游总人数807.79万人次，比上年增长24.6%，实现旅游总收入85.17亿元，比上年增长30.7%。其中，接待国内游客806.83万人次，增长24.5%，实现国内旅游收入84.96亿元，增长30.4%；接待海外游客9566人次，是上年的4.7倍，旅游创汇325万美元，是上年的5.2倍。全县共有旅行社14家，其中四星级品质旅行社4家，三星级品质旅行社1家，旅行社服务网点25家。旅游星级饭店4家，绿色旅游饭店5家。

六、国内贸易和对外经济

消费市场平稳运行。全年实现社会消费品零售总额170.01亿元，比上年增长12.2%。其中城镇零售额127.07亿元，增长12.1%，农村零售额42.94亿元，增长12.3%；餐饮收入8.46亿元，增长8.8%，商品零售额161.55亿元，增长12.3%。全年限额以上社会消费品零售额31.58亿元，比上年增长16.9%，其中汽车类商品零售额6.81亿元，石油及制品类商品零售额10.95亿元，分别增长16.9%和18.3%。

对外贸易有序开展。全年外贸进出口总额210.11亿元，比上年下降3.6%，其中自营出口额204.72亿元，下降3.2%。

2016年对外贸易情况如下：

表6

	2016年	比上年增长%
进出口总额	2101144万元	-3.6
自营出口额	2047205万元	-3.2
阀门	1104365万元	-3.0
汽摩配	607621万元	3.4
家具	56498万元	-29.8
亚洲	410161万元	-2.7
欧洲	793116万元	-1.1
北美洲	497640万元	-2.4

全年共组织700多家企业参加哥伦比亚汽配展、北京卫浴展、广州国际汽配展等48个国际性展会。新增1个省、市出口名牌，已成功创建省、市出口名牌37个，其中“浙江出口名牌”19个，“台州出口名牌”18个。

线上线下交易齐头并进。方林汽车城、大润发超市、国际阀门城建成投用。年末全县拥有各类商品交易市场55个,市场成交额37.89亿元,其中消费品市场48个,市场成交额31.94亿元,生产资料市场7个,市场成交额为5.95亿元。电商发展潜力进一步释放。全年实现网络零售总额20.4亿元,增长48.9%。连续三年跻身“全国电商百佳县”,并位居“2016年中国跨境电商创业二十五佳县(市)”第11位,全市首位。

招商引资取得新突破。全年引进重大项目30个,省外产业项目到位资金30.93亿元,浙商资本回归25.4亿元,其中双环产业园、晶科产业园项目开工建设,总投资分别达12亿元、31.5亿元。全年合同利用外资2.37亿美元,实际利用外资2.13亿美元。

七、财政和金融

全年财政总收入74.34亿元,比上年增长2.8%,其中地方财政收入42.62亿元,增长8.9%;上交中央六税31.72亿元,下降4.4%。地方财政预算支出54.39亿元,增长13.0%,其中一般公共服务支出6.64亿元,增长4.5%;教育支出9.77亿元,增长13.6%;公共安全支出4.64亿元,增长45.3%;社会保障和就业支出3.87亿元,增长17.8%。

年末全县金融机构人民币存款余额559.97亿元,比年初增加54.27亿元,增长10.7%。存款中,住户存款余额325.02亿元,增加44.34亿元,增长15.8%;非金融企业存款余额114.35亿元,减少0.89亿元,下降0.8%。人民币贷款余额422.75亿元,比年初减少4.30亿元,下降1.0%。其中,住户贷款余额218.22亿元,增加22.11亿元,增长11.3%;非金融企业及机关团体贷款余额204.53亿元,减少26.41亿元,下降11.4%。本外币存款余额574.72亿元,增长11.7%,贷款余额424.26亿元,下降1.6%。

资本市场表现良好。全年新增上市公司2家,4月份永和智控成功挂牌深交所中小板,12月份正裕工业在上交所顺利挂牌,成为玉环首家主板上市企业,至此,全县上市公司共达6家。另外有沪龙科技、海德曼智能装备、双友股份3家企业成功挂牌新三板,新三板挂牌企业也增至6家。

八、科技、教育、文化、卫生和体育

科技创新成效明显。全年科技投入达10.51亿元,其中科技研发经费投入7.93亿元,增长8.4%,实现规模以上高新技术产业增加值36.23亿元,增长7.3%。全县有国家重点扶持的高新技术企业70家,省级研发中心38家,市级高新技术企业188家。全年专利申请量3044件,授权量1992件,其中发明专利申请量365件,授权量183件。产学研合作对接不断深化。成功举办2016浙江玉环·哈尔滨科技人才活动周,现场签订了双环传动与新松机器人、中星数控与哈工大等6个合作项目。

教育事业再创佳绩。高考成绩取得历史性突破,重点上线人数是5年前的3倍多,以22.5%的重点上线率居全市首位,其中玉环中学重点上线率高达66.8%,居全市各学校之首。玉环新城学校、楚门镇中心小学分校区开工建设。全县有普通中学23所,在校学生数21373人,比上年增加934人,专任教师2518人;中等职业学校1所,在校学生数3558人,比上年增加337人,专任教师255人;小学10所,在校学生数47731人,比上年减少1991人,专任教师1702人;幼儿园144所,在校学生数25174人,比上年减少1516人,专任教师1415人。全县普通高中高考录取人数1668人,录取率达94.7%。

文化氛围愈发浓厚。榴岛文化广场建成投用,书城、影城开业。有县文化馆1个,从业人员28人,其中专业技术人才25人。组织品牌节庆活动2个;组织各种文艺活动75次,参加人次达12.1万人;举办各类展览15次,参观人次达1.18万人次;举办训练班216次,培训1.11万人次;组织公益性讲座7次。有县公共图书馆1个,总藏量为34.03万册(件),其中图书藏量为30.95万册,当年新购图书7.87万册;全年总流通量达101.25万人次,书刊文献外借53.22万册次。有县人民剧院1个,座席数803个,从业人员5人。

卫生事业稳步发展。推进县级公立医院综合改革,分级诊疗工作走在全省前列,被列为全国健康促进试点县、全省综合医改先行先试县。县第二人民医院新院建成。年末,全县有医院、卫生院14个,其中医院6个;年末实有病床2202张,其中医院有1837张;共有卫生技术人员3860人,其中医生1141人,注册护士1500人。新型合作医疗循序推进,全县参加城乡居民医疗保险人数为336058人,其中成年人236451人,少年儿童99607人。

体育事业取得新突破。玉环新城体育中心完成地质勘探和初步设计工作,清港游泳馆完工运营。年内成功举办县第八届职工运动会、第21个全民健身节和第8个全民健身日等多项全县性大型体育活动。各类竞赛硕果累累。玉环籍运动员朱梦惠参加巴西里约奥运会,获得4×100米混合接力赛第四名;县少体校运动员在国家级赛事中获得3金2银1铜,在省级赛事中获得20金15银19铜;玉环代表团参加台州市第二届体育大佬21个项目比赛,获一等奖18个、二等奖37个、三等奖37个。同时,经过市体育局复评、省体育局统评,县少体校成功创建浙江省高水平体育后备人才基地(2017—2020)。体彩销量高位增长。目前全县共有体彩销售点58家,全年共销售7414.71万元,销售总额居历史第二位。

九、人口、社会保障和人民生活

人口平稳增长。截至2016年11月30日,全县共有14.11万户,户籍总人口43.18万人,比上年末增加1579人。总人口中,男性为21.84万人,女性为21.34万人,人口性别比为102.34:100。全年共出生4106人,比上年末减少10人,人口出生率为9.53‰;死亡2357人,减少336人,死亡率5.47‰;人口自然增长率为4.06‰,比上年上升0.75个千分点。根据浙江省2016年5‰人口变动抽样调查结果,年末全县常住人口62.9万人,城镇人口比重63.8%。

就业再就业工作稳步推进。全年累计新增城镇就业人数9875人,城镇失业人员再就业3177人,其中困难人员再就业384人,城镇登记失业率为2.1%。完成农村电商培训人数1281人,扶持农村电商创业人数174人,电商创业带动就业人数1378人。年末共有市级技能大师工作室4家,省级技能大师工作室实现零突破。全年完成职业技能鉴定各类技能人才共8392人,其中培养高技能人才3155人。发放职业资格证书7359人,其中初级工1357人,中级工2321人,高级工2114人,专项能力证书1567人。台州市"500精英计划"进展有序。有13人被评为"台州市500精英计划",其中B类人才3名,C类人才10名。

社保机制进一步健全。在全市率先完成全民参保登记工作,登记率为100%。被征地农民基本生活保障制度与职工基本养老保险制度并轨工作有序开展,新增被征地农民转保职工基本养老保险490人、直保2417人。加大社会保险扩面征缴工作力度。至年末,企业职工基本养老保险参保15.82万人,基本医疗保险参保11.87万人,工伤保险参保23.93万人,生育保险参保8.24万人,失业保险参保9.61万人。全县共有13.74万人参加城乡居民社会养老保险,有33.61万人参加城乡居民医疗保险。

社会福利体系日趋完善。年末拥有国有社会福利院1个,床位数450张,在院人数315人;编制登记农村养老服务机构10个,床位数499张,收养132人;民政登记农村养老服务机构4个,床位数654张,收养396人。定期补助优抚对象1811人。城市居民最低生活保障家庭3570户,受保5450

人，其中女性1750人，残疾人868人。农村特困人员救助供养97人。现有福利工厂38个，安排残疾职工893人。

居民生活持续改善。全体常住居民人均可支配收入44741元，比上年增长8.9%。其中，农村常住居民人均可支配收入27446元，增长9.0%；城镇常住居民人均可支配收入55979元，增长8.5%。

十、能源消耗和环境保护

节能减排有序推进。全年全社会用电量40.71亿千瓦时，比上年增长11.0%。其中，工业用电量30.79亿千瓦时，增长10.5%；居民生活用电量6.44亿千瓦时，增长12.2%。据初步测算，全县单位GDP能耗下降1.6%，规模以上工业单位增加值能耗下降4.3%。化学需氧量、氨氮排放量、二氧化硫排放量和氮氧化物排放量四项主要污染物均完成年度减排目标。

环境整治效果显著。大麦屿污水处理厂一期投入试运行，干江污水处理厂正式开工建设，沙门滨港工业城污水厂完成验收，一般工业固废填埋场建设明确选址并启动前期工作。全年污水处理厂集中处理率91.1%，生活垃圾无害化处理率为100%。环境质量监测体系不断健全。县环境监察监测应急中心通过工程竣工验收，18个乡镇水质出境断面自动监测站建成投运，港北空气自动站完成升级改造，新增苯系物特征污染因子监测能力。全年大气环境质量优良率达到95%，居全市首位PM2.5年均浓度降至29微克/平方米，连续三年全市最优，并首次位居全省第八。

（1）本公报中部分数据为初步统计数据，引用数据时以年鉴提供的数据为准；

（2）全县生产总值及各产业增加值绝对数按现行价格计算，增长速度按可比价格计算；

（3）自2016年开始，户籍人口统计年报的统计时点为当年11月30日24时；

（4）自2016年5月份起，国家推行营改增政策，在计算地方财政收入增速时，对上年同期数按同口径进行调整。

2016年玉环县领导班子
和县级部门单位、群众团体及乡镇街道负责人名录

【中国共产党玉环县委员会】

书　记:张加波(4月免)
　　　林先华(4月任)
副书记:林先华(4月任书记)
　　　吴才平
　　　阮聪颖(女)(7月任)
常　委:张加波(4月免)
　　　林先华
　　　吴才平
　　　阮聪颖(女)
　　　杨良强
　　　陈正方
　　　朱云法
　　　李利兵(3月免)
　　　王正雷(3月任)
　　　陈昌笋(7月免)
　　　郑志源(7月任)
　　　陈明迪(11月免)
　　　陈方岳(11月任)
　　　施红兵(11月免)
　　　梁绍红(6月免)
　　　叶　楠(6月免)
县委委员(第十四届第五次会议):
　　　王永红　车建军　占江鹏
　　　占福章　吴才平　梁绍红
　　　阮聪颖(女)　孙　群　李利兵
　　　杨良强　吴小平　吴可如
　　　吴坚斌　吴柏青　沈云才
　　　沈宁德　张加波　张国力
　　　陈云岳　陈志鹏　陈亨标
　　　陈明迪　陈昌笋　陈海鸣
　　　叶　楠　陈微春　陈毅法
　　　林仁斌　林先华　卓桂娥(女)
　　　金启光　赵晓华　胡载彬
　　　柯寿建　朱云法　余文权
　　　施红兵　洪方君　黄海虹(女)
　　　符进友　舒　欢
县委候补委员:
　　　沈华栋　陈君钦　陈银考
　　　施明强　龚　强　盛性毅
　　　董俊杰

【玉环县人民代表大会常务委员会】

党组书记、主任:吴柏青(11月免党组书记)
　　　　　　　施红兵(11月任党组书记)
党组副书记、副主任:吴可如
副主任:李茂芳
　　　张海舟
　　　王良青(3月辞)
　　　顾忠全
　　　陈云岳
党组成员:符进友(11月任)
　　　　胡载彬(11月任)
人大常委会组成人员(第十五届第五次会议):
　　　王永红　冯光龙　许火云
　　　许亚栎　许爱平　苏为敦

李瑞元　吴长鸿　余贤平
沈宁德　李益枫　张恢卓
陈宜青　陈素丽(女)　陈高峰(女)
卓桂娥(女)　耿秉行　龚时贤
梁领娇(女)　曾子文　陈海瑾
龚　觅

【玉环县人民政府】

县　长:林先华(7月辞)
代县长:吴才平(7月任)
常务副县长:陈昌笋(7月辞)
副县长:符进友(11月辞)
　胡载彬(11月辞)
　柯寿建
　郭燕飞(女)(11月辞)
　叶　楠(7月辞)
　梁绍红(7月辞)
　杨良强
　庞伟峰(7月任)
　朱晓军(7月任)
　钱智敢(7月任)
　杜年胜(11月任)
　王　超(11月任)
　李丹佳(11月任)

【中国人民政治协商会议玉环县委员会】

党组书记、主席:吴小平(9月免)
　林成辉(11月任党组书记)
党组副书记、副主席:陈志鹏
　吴坚斌
　萧诗跃(11月任党组副书记)
副主席:章　勇
　陈茂荣
　吴玲芝(女)
　陈亨标(2月任)
党组成员:陈明迪(11月任)
秘书长:潘立志
县政协常务委员(第八届第五次会议):
王云勇　王仁锦　池万清
李枝霞(女)　李振宇　张美英(女)
余景府　陈云初　陈伟鹰(女)
陈宗良　陈荣昌　陈祥土
林夏森　金坚勇　郑青松
郑福祥　姚必武　骆战红
骆联盟　徐夏平　郭　建
董服金　董黎光　黄象钢
曾志平　曾志旺　缪金透

【县纪律检查委员会】

书　记:李利兵(3月免)
　王正雷(3月任)
副书记:王志胜(5月免)
　沈华栋
　徐浩晨(12月任)
常　委:李利兵(3月免)
　王正雷(3月任)
　王志胜(5月免)
　沈华栋
　徐浩晨
　陈承锋
　毛素红(女)
　黄友剑
　王新华
　郑海峰(12月任)
◎县监察局
局　长:王志胜(3月免)
◎县人民武装部
部　长:蒋永铭(3月免)
政　委:朱云法
◎浙台(玉环)经贸合作区(大麦屿港区办)
党组书记、主任:陈亨标(11月免)
　柯寿建(11月任)

县委工作部门

【县委办公室】

主　任:陈亨标(3月免)
　　　王志胜(3月任)

◎县委县政府督查室

主　任:陈毅忠(9月免)
　　　王建龙(9月任)

◎县委党史研究室(县地方志办公室)

主　任:金碧辉(11月免)
　　　颜道明(11月任)

【县委组织部】

部　长:阮聪颖(女)(7月免)
　　　郑志源(7月任)

◎县直机关工委

书　记:华汉领

◎县机构编制委员会办公室

主　任:王土才

◎县委老干部局

局　长:林志文(5月免)
　　　刘欲忠(5月任)

【县委宣传部】

部　长:施红兵(11月免)
　　　杨良强(12月任)

◎县广播电视台

党委书记、台长:陈海鸣

◎县新闻信息中心

党组书记、主任:钟光伟

【县委统战部】

部　长:陈明迪(11月免)
　　　陈方岳(11月任)

◎县民族宗教事务局

党组书记、局长:金华松

◎县委台湾工作办公室(县政府台湾事务办公室)

主　任:龚　强

【县委政法委】

书　记:吴才平(7月免)
　　　阮聪颖(女)(7月任)

【县信访局】

党组书记、局长:龚时波

【县农村工作办公室】

党组书记、主任:李卫国

【县档案局】

局　长:林建荣

【县委党校】

校　长:阮聪颖(女)(7月免)
　　　郑志源(7月任)

党委书记、常务副校长:耿礼文

县人大机关

◎办公室

主　任:苏耕云(1月免)
　　　冯光龙(1月任)

◎人事代表工作委员会

主　任:苏为敦

◎农业和资源环境保护工作委员会

主　任:张恢卓(11月免)
　　　陈素丽(12月任)

◎教科文卫工作委员会

主　任:洪丽燕(女)(1月免)
　　　陈高峰(1月任)

◎财政经济工作委员会
主　任:冯光龙(1月免)
　　　陈宜青(1月任)
◎法制工作委员会
主　任:余贤平
◎外事侨务工作委员会
主　任:陈素丽(女)(12月免)
　　　黄友强(12月任)

县政协机关

◎办公室
主　任:潘立志(12月免)
　　　陈志法(12月任)
◎提案委员会
主　任:陈荣昌(12月免)
　　　余景府(12月任)
◎经济委员会
主　任:王云勇
◎科教文卫体委员会
主　任:张美英(女)
◎社会法制委员会
主　任:郑福祥(12月免)
　　　翁长锋(12月任)
◎港澳台侨民族宗教委员会
主　任:黄象刚(12月免)
　　　金　秋(12月任)
◎文史资料委员会
主　任:南　铌(1月免)
　　　骆战红(1月任)
◎委员工作委员会
主　任:陈茂谦(1月免)
　　　余景府(1月任,12月免)
　　　沈心龙(12月任)

"两　院"

【县人民法院】
党组书记、院长:陈微春(11月免)
党组书记、代院长:董仁喜(11月任)

【县人民检察院】
党组书记、检察长:余文权(3月任)

群众团体

【县总工会】
党组书记:沈宁德(5月免)
　　　阮　勇(11月任)
主　席:金哲蒙

【共青团县委】
党组书记、书记:龚　觅(1月任)

【县妇联】
党组书记、主席:卓桂娥(女)

【县科协】
党组书记、主席:陈宗良

【县工商联】
党组书记、主席:祁国伟

【县残联】
党组书记、理事长:徐夏平(9月免)
　　　林荣伟(9月任)

【县关工委】
主　任:吴玲芝
专职副主任:陈天云

【县慈善总会】

会　长:许爱平

专职副会长:吴旭宝

【县红十字会】

专职副会长:金　秋

【县文联】

主　席:李枝霞

党组书记:舒建秋(11月免)

【县侨联】

主　席:戴剑军

县政府工作部门

【县政府办公室】

党组书记、主任:孙　群

◎县接待办

主　任:杨亚敏(1月任)

◎县外事办

主　任:林荣伟(9月免)

◎县侨务办

主　任:盛素荷(5月免)

◎外事侨务办(12月由外事办侨务办整合)

主　任:袁新峰(12月任)

◎县打击走私与海防口岸办

主　任:朱晓初

◎县人民防空办公室(民防局)

党组书记、主任(局长):沈心龙(11月免)

李祖强(11月任)

◎县法制办

主　任:李晓聪

◎县行政服务中心

党委书记:陈昌笋(7月免)

孙　群(12月任)

主　任:孙敏玲(女)

◎县金融办

党组书记、主　任:蔡国庆

【县发展和改革局】

党委书记、局长:车建军

【县经济和信息化局】

党委书记、局长:占福章

【县教育局】

党委书记、局长:陈海晓

【县科学技术局】

党组书记、局长:杨良权

【县公安局】

党委书记、局长:陈正方

政　委:王　胜

【县民政局】

党组书记、局长:陈毅法

◎县老龄委办公室

主　任:黄有强(11月免)

金荣德(11月任)

【县司法局】

党组书记、局长:林世灵

【县财政局(地方税务局)】

党委书记、局长:林仁斌

【县人力资源和社会保障局】

党组书记、局长:舒　欢

【县环境保护局】

党组书记、局长:庄雄平

【县住房和城乡建设规划局】
党委书记、局长:董俊杰

【县交通运输局】
党委书记、局长:王庆飞

【县水利局】
党委书记、局长:王海滨

【县农业局】
党委书记、局长:陈敦中

【县商务局(粮食局)】
党组书记、局长:金富盛

【县文化广电新闻出版局】
党组书记、局长:翁长锋(11月免)
舒建秋(11月任)

【县卫生计生局】
党组书记:赵天杰
局　长:盛性毅

【县审计局】
党组书记、局长:徐福根

【县安全生产监督管理局】
党组书记、局长:曾志斌

【县城市管理行政执法局】
党组书记、局长:李剑毅(5月免)
陈绪统(5月任)

【县统计局】
党组书记、局长:刘欲忠(5月免)
史炜荣(5月任)

【县海洋与渔业局】
党委书记、局长:蒋兴良(9月免)
施明强(9月任)

【市场监督管理局】
党委书记:许文平(11月免)
金启光(11月任)
局　长:许　环(12月免)
金启光(12月任)

【县体育局】
党组书记、局长:于　波

【县林业特产局】
党组书记、局长:吴美英(女)(1月免)
党组副书记、副局长:陈长有(主持工作)

【县风景旅游管理局】
党组书记、局长:金　鑫

【玉环港航分局】
党组书记、局长:陈水明(11月免)
郭国强(11月任)

【县流动人口服务管理局】
党组书记、局长:毛冬明(9月免)

【玉环经济开发区管理委员会】
党工委书记:杨良强(12月免)
孙　群(12月任)
党工委副书记、主任:詹江鹏

【县漩门管理局】
党组书记、局长:史炜荣(5月免)
党组副书记、副局长:林春平(主持工作)

【县机关事务管理局】

党组书记、局长:李潘仁

【县供销合作社联合社委员会】

党委书记、主任:方　华

县政府直属企业单位

【县物产集团总公司】(8月改制完成,划归商务局)

党委书记、总经理:颜敏技

在玉上级垂直管理部门单位

【县国土资源局】

党委书记、局长:蔡其方

【县国家税务局】

党组书记、局长:林国荣

【县供电局(公司)】

党委书记:詹卫军(6月免)
　　　　刘建宙(6月任)

局　长(总经理):朱陆冬(6月免)
　　　　　　　詹卫军(6月任)

【县烟草专卖局(公司)】

党组书记、局长(经理):胡士勇

【县邮政局(公司)】

党委书记、局长(经理):夏为民

【县电信局】

党委书记、局长:丁学聪

【台州海关玉环办事处】

主　任:李建军

【台州出入境检验检疫局玉环办事处】

主　任:马畅武

【台州玉环海事处】

处　长:许永秋

政　委:蔡国军

【县气象局】

局　长:张文明

【中央储备粮玉环直属库】

主　任:沈益荣

【人民银行玉环县支行】

党组书记、行长:叶　程

【台州银监分局玉环办事处】

主　任:林全胜

【工商银行玉环支行】

党总支书记、行长:金　滔(5月免)
　　　　　　　　章海兵(5月任)

【农业银行玉环支行】

党委书记、行长:郑荣伟(1月免)
　　　　　　　钱红英(1月任)

【中国银行玉环支行】

党总支书记、行长:虞颖华(9月免)
　　　　　　　　应宝福(9月任)

【建设银行玉环支行】

党总支书记、行长:梅振辉

【玉环农村合作银行】

党委书记、董事长:王为春

行　长:陈　曦

【农业发展银行玉环县支行】
行　长:於林兵(2月任)

【邮政储蓄银行玉环支行】
行　长:杜津萍(女)

【上海浦东发展银行玉环支行】
行　长:崔智慧(3月免)
　　　刘　建(3月任)

【交通银行玉环支行】
行　长:林宝文(11月免)
副行长:姚　武(主持工作)

【台州银行玉环支行】
行　长:解金福

【中国人民财产保险公司玉环支公司】
总经理:高文军

【中国人寿保险公司玉环支公司】
总经理:陈　敏(4月免)
　　　于贻金(4月任)

【中国石化玉环支公司】
经　理:梁世贤

【中国移动玉环分公司】
总经理:徐日正(5月免)
柯甫朝(5月任)

【中国联通玉环分公司】
总经理:金将兵

【华能玉环电厂】
书　记:李法众(8月免)
　　　沈洪明(8月任)
厂　长:钟　敏(8月免)
　　　李法众(8月任)

乡镇街道

【玉城街道】
党工委书记:金启光(11月免)
　　　　　洪方君(11月任)
办事处主任:李国立(11月免)
　　　　　陈毅忠(11月任)
人大工委主任:曾良荣(9月免)
　　　　　　陈奇亮(9月任)
政协工作联络处主任:曾柳叶(女)(9月免)

【坎门街道】
党工委书记:蔡木贵(11月免)
　　　　　李国立(11月任)
办事处主任:王　坚
人大工委主任:孙龙法(9月免)
　　　　　　林可清(9月任)
政协工作联络处主任:林可清(9月免)

【大麦屿街道】
党工委书记:洪方君(11月免)
　　　　　胡楚峰(11月任)
办事处主任:陈绪统(5月免)
　　　　　胡楚峰(5月任,11月免)
　　　　　林楚法(11月任)
人大工委主任:郑　健(9月免)
　　　　　　陈礼平(9月任)
政协工作联络处主任:游荣根(9月免)

【楚门镇】
党委书记:赵晓华(1月免)
　　　　黄海虹(女)(1月任)

镇　　长:林　杭
人大主席:陈青富(2月免)
　　　　陈金东(2月任)
政协工作联络处主任:陈金东(1月免)

【清港镇】
党委书记:金加树
镇　　长:戴金勇
人大主席:胡再雷

【芦浦镇】
党委书记:王必胜
镇　　长:赵梅英
人大主席:潘寿力

【干江镇】
党委书记:黄海虹(女)(1月免)
　　　　陈君钦(1月任)
镇　　长:罗永柏
人大主席:陈奇亮(9月免)
　　　　李俊峰(9月任)

【沙门镇】
党委书记:陈荣世(9月免)
　　　　骆骏骞(9月任)
镇　　长:骆骏骞
人大主席:沈卫东
政协工作联络处主任:陈　江(9月免)

【龙溪镇】
党委书记:施明强(9月免)
　　　　张国力(9月任)
镇　　长:张国力(9月免)
　　　　郭海滨(9月任)
人大主席:郑学英(9月免)

【鸡山乡】
党委书记:陈银考
乡　　长:周也林
人大主席:李俊峰(9月免)

【海山乡】
党委书记:陈君钦(1月免)
　　　　金荣通(1月任)
乡　　长:金荣通(9月免)
　　　　李益枫(9月任)
人大主席:张西金(9月免)
　　　　张　皓(9月任)

重点工程

◎浙江省乐清湾大桥及接线工程
常务副总指挥:阮　勇
◎76省道复线南延玉环楚门至大麦屿疏港公路工程
常务副指挥:林启严
◎台州港大麦屿港区对台直航客货滚装码头工程
总指挥:陈亨标
◎S226(76省道)温岭岙环至玉环龙溪段改建工程(玉环段)
常务副指挥:林定保
◎温岭泽国至玉环大麦屿疏港公路工程
总指挥:王庆飞
◎玉环县新城连接线(井分线)公路改建工程
总指挥:赵梅英
◎玉环经济开发区基础设施工程
项目联系人:赵仁忠
◎县干江污水处理厂建设工程
项目联系人:孙　宇
◎县污水处理厂提标改造工程
项目联系人:候爱国
◎玉环县珠港大道建设工程
总指挥:王正平
◎车站南路(三潭路-珠港大道段)建设及双港路

（三潭路至珠港大道段）改造工程

副指挥：张志文　谢志强

◎玉环县保障性住房建设工程

总指挥：董俊杰

◎玉环新城学校建设项目

总指挥：占江鹏

◎城北学校建设工程

总指挥：高海明

◎楚门镇中心小学分校区建设项目

总指挥：林杭

◎县博物馆、图书馆建设工程

项目联系人：阙海江

◎玉环新城科研中心（一期）

项目联系人：赵仁忠

◎玉环县残疾人集中托养中心及绿化附属项目

项目联系人：林荣伟

◎县档案馆新馆建设工程

项目联系人：钱兴中

◎县广播电视中心大楼工程

项目联系人：陈海鸣

◎干江滨港工业城基础设施建设工程

项目联系人：骆　波

◎县滨港工业城基础设施建设工程

项目联系人：骆骏骞

◎浙江正裕工业股份有限公司年产650万支汽车减震器项目

项目联系人：苏光锋

◎玉环普天单向器有限公司漩门三期厂房建设项目

项目负责人：金碎桃

◎浙江双环传动机械股份有限公司产业化项目

项目联系人：郭剑宇

◎浙江青茂环保科技有限公司年回收处理2万吨废旧线路板

项目联系人：胡志权

◎浙江东鼎动力科技有限公司年产30万台系列气缸体气缸盖生产线技改项目

项目联系人：高刻松

◎永和流体智控股份有限公司新增年产2200万套水暖器材生产线项目

项目联系人：李文峰

◎玉环县事能达金属制品有限公司厂房新建项目

项目联系人：张　丰

◎浙江玉环漩门湾国家湿地公园工程

项目负责人：林春平

◎开发区陆通综合物流中心建设工程

项目负责人：盛杰恩

◎玉环新城城市广场商业综合体建设工程

项目联系人：曾晓斌

◎楚门镇飞龙家居广场建设工程

项目联系人：王亚平

◎大润发城区大型现代综合购物中心建设工程

项目负责人：冉江宏

◎观光农业园基础设施建设工程

项目联系人：赵洪

◎玉环文化广场建设工程

项目联系人：金建忠

◎亿联·中国玉环阀门城项目工程

项目联系人：蓝金平　李　庆

◎玉环国际家具精品城建设项目

项目联系人：李思祥

◎玉环县海岸带整治修复工程

项目联系人：章晓明

◎坎门中心渔港防波堤台损整体修复工程

项目联系人：林仁碧

◎玉环县沿海排涝工程(十大水系整治工程）

项目联系人：吴华安

◎大麦屿港区LNG储运项目

项目联系人：梁炜立

◎玉环县晶科电力经济开发区80MWp农光互补地面光伏发电电站工程

项目联系人：杨小兵

◎玉环大园头风电场建设项目

项目联系人：黄浩成

◎玉环港北风电场建设项目

项目联系人：谢俊杰

县委·人大

中国共产党玉环县委员会

【概况】 2016年，全县实现生产总值465.13亿元，增长7.8%，人均生产总值107913元；财政总收入74.34亿元，其中地方财政收入42.62亿元，分别增长2.8%和8.9%；城镇居民、农村居民人均可支配收入55979元、27446元，分别增长8.5%和9%。县域经济实力不断增强。全国百强县排名从五年前第31位跃升至第28位，城乡统筹发展水平始终保持全市首位，撤县设市经省政府同意报国务院待批。交通迎来大建设、大发展的春天。建高速、修国道、拓省道、接轻轨全方位铺开，完成交通投资42亿元、增长23.2%，继续领跑全市，乐清湾大桥及接线工程完成形象进度的80.6%，226省道改建工程主体工程实现双幅双向通车，228国道玉环段加速推进，杭绍台高铁温岭至玉环段前期加快，玉环告别无高速、无国道、无铁路的"三无"百强县历史指日可待。教育事业在经历寒冬、一度触底情况下砥砺前行、奋发崛起。高考和中考成绩再创新高，尤其是高考重点率连续两年居全市首位，重点上线人数五年间增长了3倍，玉环中学高考重点率再次居全市学校首位，玉环县被评为国家义务教育发展基本均衡县。

【产业体系持续优化】 始终围绕三次产业协调发展，在做大总量中优化结构，在优化结构中提升质量，实现了发展速度、质量、效益同步提升，三次产业结构调整为7.2∶52.6∶40.2。工业强县战略深入推进，扶工助企活动持续开展，工业总产值突破1450亿元，实现规上工业增加值145亿元。"四换三名"工程全面实施，"机器换人"走在全市前列，连续三年入选全国电商发展百佳县，上市企业、"新三板"挂牌企业、省股权交易中心挂牌企业分别达6家、6家和18家。科技·人才活动周内涵和外延不断拓展，国家级众创空间实现零的突破，每万人发明专利拥有量连续13年居全市首位。现代服务业日趋繁荣，商贸、物流、旅游、金融等业态发展活跃，亿联国际阀门城、开发区综合物流园区等建成投用，新增一批国家AAAA级、AAA级旅游景区，对台客运直航运送旅客超15万人次。现代农渔业稳步发展，农业"两区"建设走在全市前列，水利基础设施不断完善，渔业"一打三整治"成效显著，渔船分类管理制度全省推广，连续三次获评全国平安渔业示范县。

【发展后劲显著增强】 始终抓牢抓紧项目"牛鼻子"，通过创新思路谋项目、克难攻坚推项目、开放招商引项目，发展基础全面夯实，发展后劲切实增强，全年完成固定资产投资194.94亿元，增长19.2%。招商项目库、土地库、政策库、客商信息库不断完善，全年共引进项目30个、投资额245亿元，实际利用外资21311万美元，双环产业园、晶科光伏发电等一批带动效应好、引领能力强的产业项目开工，为制造业转型升级注入新动能。产业集聚平台建设不断加快，以海洋经济转型升级示范区、沙门滨港工业城、干江滨港工业城为主平台的沿海产业带基本形成，完成工业用地供地超97.8公顷，总量居全市第一，小微企业创业园建设有序推进，玉城微创园一期20公顷实现开工，坎门9.53公顷微创园、干江7.07公顷微创园完成供地。水、电、资金等各类要素有效保障，楠溪江引水工程前期稳步推进；新建扩建110千伏输变电等一批电力工程，建成新农村电气化县；以国投集团为龙头的“1+N”投融资体系高效运行。

【城乡面貌日新月异】 始终突出城乡统筹发展，全方位完善城市功能，多层面塑造城市景观，城乡一体、山海融合的新格局加速形成。城乡规划体系不断完善，县域总体规划获批实施，《海岛特色城市风貌研究》《海绵城市建设规划》编制完成。新城开发强势推进，完成投资30.5亿元，县委党校、广电中心等一批项目投用，国际家居精品城、新城学校等一批项目加快建设，形态业态日益丰满，商气人气加速聚集。老城改造稳步推进，城区60号地块改造形象初显，三合潭区块正式挂牌，坎门后沙区块正在招商。楚门小城市培育考核连续五年位列全省优秀，清港、芦浦、干江、沙门、龙溪城乡面貌不断改善，鸡山、海山海岛韵味更加明显。美丽乡村依托“一事一议”加快建设，南北两线美丽乡村风光带基本形成，山里村列入国家级美丽宜居示范村，东沙渔村建成省级历史文化村落保护利用重点村。“三改一拆”“五水共治”、交通治堵、小城镇环境综合整治等专项行动扎实开展，全年拆除违建213万平方米，改造旧住宅区、旧厂区、城中村247万平方米，拆后改造利用率达82.6%，获评全市唯一的全国国土资源节约集约模范县和省“基本无违建”县；147个年度治水项目全部启动。

【社会大局更加稳定】 始终把增进民生福祉放在首位，将新增财力的三分之二以上用于民生事业，不断提升群众的获得感和幸福感。重点领域改革进展顺利，农村宅基地流转试点、户籍制度改革、农民合作经济组织体系“三位一体”改革等在探索实践中不断创出“玉环样本”。公共服务体系日益健全，教育、卫生、文化、社保、养老等各项事业发展更加均衡，坎门中心小学海都校区等建成投用，分级诊疗工作走在全省前列，文化发展指数连续两年居全市首位，保障性住房和养老机构加快建设，城乡低保标准全省领先，“4600”现象全面消除。平安建设深入推进，社会治安持续向好，矛盾纠纷、债务危机有效化解，刑事发案总量连续五年下降，一批信访积案有效化解，进京非访连续三年实现“零通报”，消防铁拳整治取得实效，连续11年被评为省平安县。

【党的建设全面加强】 始终用习近平总书记系列重要讲话精神武装头脑、指导实践，牢固树立政治意识、大局意识、核心意识、看齐意识。“两学一做”学习教育扎实开展，省委巡视组反馈意见整改工作持续落实。意识形态阵地不断巩固，舆论引导管控有序平稳，“名家大讲堂”“书声玉环”品牌效应持续扩大。干部经常性考察机制逐步健全，拟提拔干部任前财产申报制度全面施行，干部竞争性选拔工作不断完善，干部队伍活力增强。乡镇换届有序开展，基层党组织集中活动日制度、乡镇（街道）党（工）委书记领办基层党建项目制度创新实施。坚持党管人才原则，人才引进成果丰硕。民盟玉环支部成立。严格落实全面从严治党“两个责任”，正风肃纪铁腕推进，严查严治“四风”突出问题，责任追究167人，给予党政纪处分50人。坚持有腐必反、有案必查，全县纪检监察机关共立案153起，涉及公职人员24人，其中乡科级14人。县委常委会总揽全局、协调各方，严守党的纪律规矩，与人大、政府、政协班子坦诚相待、相互支持，政府在依法行政中担当有为，人大、政协在共谋发展中积极履职。党管武装、群团、民族、宗教、侨务、对台、老干部、老龄和关心下一代等工作取得新进展，七度蝉联省级双拥模范县。

（罗　剑）

纪律检查

【概况】 县纪律检查委员会(以下简称“县纪委”)与玉环县监察局合署办公，履行纪检、监察两项职能。机构内设办公室、干部室、宣传教育室、党风政风监督室、信访和申诉复查室、案件监督管理室、第一、二、三纪检监察室、案件审理室等10个科室，下属“县绩效管理办公室”“县政府纠正行业不正之风办公室”等2个事业单位。现有正式在编人员40人。据台州市统计局民意调查结果显示，2016年玉环县党风廉政建设满意度测评列全市首位。

【纪律建设】 严肃换届纪律。围绕县乡换届工作，严明“九个严禁”纪律要求，组建3个巡回督查组，对乡镇、街道换届风气开展监督检查，查处2起破坏县乡人大代表选举的行为。严把“党风廉政意见回复”关，全年共回复党风廉政意见征询函6700多人次，严格把好选人用人关。强化纪律保障。围绕县委中心工作，将G20维稳安保、“五水共治”、工业经济发展等18个重点项目纳入监督执纪范围，加大督查、问责力度，坚决纠正有令不行、有禁不止等行为，全年共问责执行不力党员干部12人，责令整改问题14个。深化纪律教育。深入开展党内政治生活准则、党内监督条例等新修订党内法规的学习，不断强化党员干部的党章党规党纪意识。加强换届纪律教育，组织开展《严肃换届纪律文件选编》学习，观看《镜鉴》警示教育片，印发《换届纪律提醒卡》，引导全县党员干部带头严守纪律。开展“立德、守规、崇廉”主题教育活动，挖掘家规家训家风故事，合作拍摄《郭家长风》纪录片，提升党员干部的纪律素养。

【责任追究】 坚持主抓直管。县委带头履行全面从严治党主体责任。县委书记履行“第一责任人”职责，严格落实“五个亲自”要求，6次主持召开县委常委会专题研究部署党风廉政建设工作。县纪委积极督促推动主体责任落实，协助制定《2016年反腐倡廉组织领导和责任分工》，把43项党风廉政建设工作，逐一落实到县党政领导班子成员和相关职能部门身上，确保责任制落实到位。严格履职报告。深化履行主体责任报告制度。年初县委书记带头向台州市纪委汇报履行“第一责任人”职责情况和个人廉洁自律情况。年底全县11个乡镇(街道)、68家县直部门向县委、县纪委提交落实主体责任书面报告，其中11个乡镇(街道)和6家县级部门向县纪委常委会当面报告并接受评议。加强检查考核。建立“两个责任”落实情况常态化检查考核机制，由县党政领导亲自带队深入各乡镇(街道)和重点县级部门开展年度主体责任落实情况检查。制定出台《玉环县党风廉政建设约谈办法(试行)》，把廉政约谈作为落实“两个责任”的有效抓手，全年开展工作提示约谈1263人次、警示提醒约谈281人次。狠抓责任追究。认真落实党内问责条例，持续加大问责力度，以问责倒逼责任落实，对15名履行“两个责任”不力的党员干部予以责任追究，释放失责必问、问责必严的强烈信号。

【正风肃纪】 抓节点，筑牢节日防线。紧盯年节假期，建立节前警示提醒、节中监督检查、节后查处曝光“三位一体”的工作机制，严把执纪尺度，严肃纠正“四风”。全年累计开展正风肃纪监督检查83次，下发各类通知、通报50多个，编发短信30多条，核实公车行驶轨迹700多辆次，发现并查处5起公车私用行为。抓经常，加强监督检查。注重日常监督和专项检查相结合，围绕违规发放津补贴、公款送节礼、“酒局”“牌局”等突出问题，进一步开展落实中央八项规定精神专项检查，发现违反“四风”问题74个，并责令整改。积极发挥县级部门巡察作用，查处违反中央八项规定精神问题6件7人。抓查处，从严执纪问责。加大执纪问责力度，严查顶风违纪行为。全年共查处各类违反作风建设规定问题142件，责任追究165人，给予党纪政纪处分49人，其中属于违反中央八项规定精神问题34件50人。对21起典型问题予以集中通报曝光。

【执纪审查】 改进执纪审查方式。认真践行监督执纪“四种形态”，综合运用诫勉谈话、组织处理、纪律处分等方式，抓早抓小、动辄则咎。2016年，全县各级纪检监察组织共受理信访举报286件；上报反映问题线索204件；廉政约谈1554人次，谈话函询75人，诫勉谈话47人；给予纪律轻处分62人、纪律重处分87人；涉嫌犯罪移送司法机关处理5人。加大执纪审查力度。坚持无禁区、全覆盖、零容忍，加大执纪审查力度。2016年，县纪委共立案153件，同比增长8.5%；涉及公职人员24人，其中乡科级干部14人；给予党纪政纪处分149人。严肃查处了县交通运输局原党委委员、副局长兼县公路管理局局长黄增书等一批严重违纪案件。健全执纪审查机制。充分发挥信访主渠道作用，进一步规范信访办理工作流程，全年化解农村重点信访个案10件，转党纪立案5件。强化执纪审理和申诉复查工作，开展党政纪处分决定执行情况专项检查，纠正执行不到位问题4个。高度重视执纪审查安全工作，严格执行核实性谈话有关规定，确保把审查安全落实到岗、责任到人。建立廉情信息预警系统，运用科技手段助推执纪审查工作。

【作风巡查】 开展农村基层作风巡查。下发《关于做好农村基层作风巡查工作的通知》，明确时间表和路线图。2016年，全县共巡查行政村47个；发现并整改问题191个；查处各类违规违纪问题32件，实施责任追究65人，其中给予党纪处分6人，移送司法机关处理2人；通报曝光典型问题7起。深化县级部门巡察。突出“发现问题、形成震慑”主要任务，完成对5个县级部门、9家下属机构的巡察工作，发现各类问题72个，组织查处22件，问责33人。立案13件，给予党纪政纪处分13人，移送司法机关处理4人。深化“农村涉纪信访化解年”活动。全面排查群众反映强烈、问题突出的信访重点件、重点村、重点镇，建立健全挂牌销号、阳光信访、联动查处等制度，下力气化解一批农村涉纪信访问题。全年共化解涉纪信访重点乡镇3个、重点村10个、重点个案10件。

【监督管理】 推进体制改革。加强派驻监督，充实人员力量，配备派驻纪检干部54人，制定出台《关于加强县纪委派驻机构建设的实施办法》，研究制定履职清单、执纪审查、信访举报等14项配套工作制度，对派驻机构的职责定位、履职效果、措施要求等进行明确和细化。严格贯彻执行“两个提名考察办法”，以县乡两级纪委换届为契机，把好准入关口，选优配强纪委班子。2016年，共会同组织部门提名考察乡镇（街道）纪（工）委书记6名、副书记3名，派驻纪检组组长2名。严格按照上级决策和县委部署，有条不紊做好监察体制改革试点工作。深化团队建设。扎实开展“两学一做”学习教育，通过举办演讲赛、组织知识测试、学习先进事迹等系列活动，强化学思践悟，积极培育团队文化，凝聚团队精神，提高团队能力水平。加强教育培训，举办纪检监察专题研修班，通过研讨交流、查找短板等方式,着力营造比学赶超、争先进位的良好氛围。严格约束管理。强化内部监督管理,深入开展"找问题、正自身"活动,通过开展警示教育、召开专题生活会等活动,认真查摆问题,从严整改提高。组织收看《永远在路上》《打铁还需自身硬》等电视专题片,引导纪检监察干部带头严守纪律规矩。在全县纪检监察系统开展查找风险点活动,进一步完善内控制度,健全监督预防措施,着力规范监督执纪问责工作。加强对纪检监察干部问题线索的处置和报告,严肃查处2名纪检监察干部违规违纪问题。

(仇宝平)

组织工作

【概况】 2016年,全县组织系统围绕全面从严治党这条主线,着力加强领导班子和干部队伍建设,统筹推进各类人才队伍建设,整体提升基层党组织建设水平,为建设美丽宜居、充满活力的现代化海湾城市提供坚强的组织保证。人才"创业助理""党建+社工"、干部人事档案专项审核、机关党建护航G20等特色工作得到市委领导批示肯定。

【"两学一做"学习教育】 组织召开全县学习教育部署会,以专题党课开局,部署开展"万场党课下基层"活动,认真开展"坚定信念、严守规矩、担当有为"等各类主题学习讨论活动,实现党员参与全覆盖。制定党员个人问题清单、整改清单,实施"精准补短、服务发展"专项行动,开展"我是党员我先行""服务中心我带头、推动发展我争先"等系列活动,带动全县党员立足岗位争做贡献。扎实推进"两学一做"回头看,巩固党员学习教育成效,提升全县基层党组织建设水平。

【乡镇换届工作】 坚持及早谋划,注重结构功能双优,对乡镇班子成员的进退去留逐一进行分析研判。周密安排部署,严格规范程序,坚持把"狮子型"干部配备到乡镇(街道)党政正职岗位上。认真做好代表委员人选考察审查工作,细化综合比选过程,把好代表委员人选质量关。加强换届纪律宣传,开展"一片一书"专题学习,组建巡回督查组,全程督查换届风气。及时开展"全员走访、全面排摸、全盘推动、全力落实"活动,促使新一届党委班子尽快熟悉岗位,推动中心工作落实。

【领导班子和干部队伍建设】 深入贯彻落实省委组织部《干部选拔任用"五个办法"》文件要求,规范工作流程。健全经常性考察机制、经常性走访机制,实施网上绩效公示、重点工作专项考核,建立干部工作综合分析研判机制,加大力度整改消化超配职数,完成全县2600多份干部档案的专项审核。

【干部教育培训工作】 深化习近平总书记系列重要讲话精神学习教育,开展宗旨观念、党性党纪、核心价值、勤政廉政等"红色品牌"培训,举办法治玉环、信访业务等主体班次36期,培训干部2690人次,举办"书香玉环"领导干部读书沙龙3期。

【干部监督工作】 制定县乡换届风气监督主体责任清单,深入开展换届纪律学习教育宣传,出台查处违反换届纪律问题若干规定,实行拟提名人选有关事项报告核查,确保换届风清气正。探索建立干部监督信息数据库,提高干部监督实效。牵头开展对5个部门主要领导经济责任"双联审",完成13个党委(党组)书记履行选人用人职责离任检查,强化对"一把手"的监督。

【党管人才工作】 贯彻落实浙江省人才新政,全年新引进高层次人才173名,入选国家"千人计划”、省“千人计划”专家各1人，市“500精英计划”13人，“海外工程师”3人。举办第十一届科技·人才活动周，新挂牌成立严陆光·沪龙科技院士工作站。制定出台《加快推进技能人才队伍建设的实施意见》，编制《玉环县技能人才队伍建设“十三五”规划》，提高政府资金的人才导向性，全年兑现各类人才资金605.3万元。深化高层次人才暖心留人活动，为高层次人才安排专用公寓12套。推行高层次人才创业创新服务联盟制度，省“千人计划”专家创业项目集中开业，4个“500精英”创业项目成功投产。牵头举办第二届玉环青年人才创业创新大赛，楚洲人才梦工场入选国家级众创空间。举办县第九届职业技能大赛，新增省、市级技能大师工作室各1家，新建名家工作室2家。继续举办“青春梦、故乡情”假期沙龙，更新完善玉环籍大学生数据库。

【党的基层组织建设】 继续压实党建责任，持续抓好“书记领办项目”等工作落实，开展农村基层党建“补短板、强长板、促提升”活动，建立健全基层党建督导巡查制度，推动基层党建从“全面进步”向“全面过硬”迈进。大幅增加财政资金投入，村（社区）“四项保障”全面达标，推行乡镇（街道）党员服务中心党员“双重管理”制度与村干部坐班值班制度。扎实开展党员组织关系集中排查和违法违纪党员党代表排查清理工作，制定出台不合格党员认定及处置办法，谋划实施专项工作制度，破解基层党组织换届不及时、党费交纳不规范等问题。开展两新组织“双覆盖百日攻坚”专项行动，实现两新组织双覆盖率100%。大力推广“一刻钟”工作法、“特别家访”等创意组织生活品牌，培树创意组织生活品牌10个，其中三木公司《我是升旗手》、琦星电子《今日我主持》获得全市创意组织生活视频大赛三等奖。

【党代会常任制工作】 持续深化县党代表组团服务机制，成功对接重点服务项目39项，书面答复32项。分乡镇（街道）开展调研视察活动，建立健全党代表、党员列席党内重要会议制度，组织基层一线代表参与关键岗位等各类督评，推动代表活动常态化。

【组织部门自身建设】 紧扣组织工作中心任务开展信息宣传工作，加强网络阵地建设，提高组织工作透明度和影响力。利用“组工微讲坛”、业务研讨会等载体，提升部机关干部业务能力。出台《党风廉政建设工作组织领导与责任分工》，加强岗位风险管理和廉政教育。坚持部领导走访慰问干部家属、鼓励下基层等制度，丰富组工文化日、党支部集中活动日的内容和形式，打造组工“家”文化，增强部机关凝聚力。

（赵梦琦）

宣传工作

【概况】 2016年，全县宣传思想文化战线把握“两个巩固”的根本任务，紧扣县委、县政府中心工作，全面提升理论、舆论、文明、文化及阵地队伍建设工作水平，唱响主旋律、传播正能量、营造好氛围，为玉环县建设美丽宜居、充满活力的现代化海湾城市提供了强有力的思想保证、舆论支持、精神动力和文化条件。

【深入学习贯彻习近平总书记系列重要讲话精神】 理论武装扎实推进。以“四个全面”战略布局和五大新发展理念为引领，深入学习贯彻党的十八届五中、六中全会精神和习近平总书记系列重要讲话精神。制定下发《县委理论学习中心组2016年度学习计划》，健全理论学习层级体系。县委理论学习中心组以县委常委（扩大）会、专题学习会、名家大讲堂等形式组织集体学习12次。加强全县党委(党组)中心组学习的管理,学习计划备案制、学习项目考核制有效落实。通过选配指定书目、编印宣讲资料、组办专题研讨等方式,把“两学一做”学习教育不断引向深入。先后以中国道路、两学一做、舆情应对、全面从严治党等为主题邀请张维为、王连祥、王惠、王向明等名家大咖做客名家大讲堂倾情献讲。加强《理论学习参考》内容选编,面向全县刊发20期、6000余份,刊物权威性进一步巩固。加强中心组学习秘书队伍的沟通管理,成功组办新闻发言人暨理论骨干培训班。为县委中心组成员配备热门理论书籍4季,发放精品理论读物3000余册。向全县党员干部征发《习近平总书记系列重要讲话读本(2016年版)》《2016年党员读本》《党的十八届六中全会辅导读本》等自学读本5万多册。理论宣讲持续普及。面向基层需求、结合形势政策,广泛开展以党中央治国理政新理念新思想新战略、十八届六中全会精神、两学一做、五水共治等主题的宣讲活动,解答基层群众热点难点问题。整合提高宣讲服务的能力,调整更新县委讲师团和文明风尚宣讲队伍,精选优秀课目5大门类80多项。加大宣讲载体的创意创新,以项目促提高,组织开展台州好故事玉环赛区选拔赛、新鲜主播评选、好记者讲好故事等宣讲比赛。创新探索用手机上党课的宣讲新模式——微信课堂,实现课堂由实体向虚拟微转身,成为宣讲的新风尚。培育出一批新的市级、县级社科基地。理论研究不断深化。理论研究越是深入,其指导实践、服务发展的生命力越是强劲。充分重视玉环历史文化的挖掘和弘扬,坚持在历史意义和现实价值的基础上去粗取精、去伪存真、推陈出新,组建“文化研究工程”编写组,从历史、方言、绘画、诗歌、散文等多元视野解析玉环、表述玉环、彰显玉环,编成《史说玉环》《话说玉环》《诗说玉环》《画说玉环》《我说玉环》“说玉环”系列乡土人文丛书。一批理论调研文章、一批优秀教案、一批研究课题先后在市里获奖或立项。县社科联亮点特色工作在全国大中城市社科联工作会议上作专题发言推广。

【加强和改进党的新闻舆论工作】 主题宣传声势强劲。围绕县党代会、县两会等重要会议以及县委、县政府的中心工作,指导全县“两台一报一网”媒体做好“两学一做”、工业强县、县内交通建设、国卫复审、“五水共治”、美行玉环、普法宣传等主题宣传策划,制定中心工作宣传方案6个,推出专栏专题24个,运用评论、访谈、深度报道等多种形式开展主题宣传,累计刊播相关稿件16230余条。新闻管理得到强化。深入贯彻落实习近平总书记在党的新闻舆论工作座谈会上的讲话精神,认真担负起48字党的新闻舆论工作职责使命,牢牢坚持党性原则,牢牢坚持马克思主义新闻观,牢牢坚持正确舆论导向,牢牢坚持正面宣传为主。举办相关活动隆重庆祝玉环广播开播60周年、电视开办30周年。加强新闻宣传管理,严明新闻纪律、明确舆论导向,召开新闻例会和各类专项部署会16次,发布宣传重点提示6期,传达各类新闻宣传口径214条。规范和改进舆论监督,指导新闻媒体加大曝光力度。加强广播电视安全播出管理,健全工作机制,更新完善领导小组,完善工作预案,以G20和互联网大会等活动为契机,开展3次安全播出实战演练。加强采、编、播综合培训,建设一支有担当、能战斗、善创新的新闻工作队伍。积极开展外宣稿件奖励、“三优”(优秀栏目、优秀新闻工作者、优秀作品)评选奖励活动,鼓励和调动全县新闻工作者积极向上多发稿、发好稿。对外宣传浓墨重彩。全年有3000多条新闻稿件被上级媒体录用,其中新华社《国内动态清样》1篇,《浙江日报》头版录用3条,央视《新闻联播》录用1条,《浙江领导参考》1篇,《浙江新闻联播》头条录用4条,央广《中国之声》录用12条,在人民网、新华网、光明网等主要网络媒体中刊发稿件1500余篇。修改完善“海上都市、美丽玉环”城市形象广告片，在央视一套和央视新闻频道并机直播的《新闻30分》栏目投放播出。充分借助央视、新华频媒等中央、省市各级平台，开展玉环形象宣传，现代越剧《我的娘姨我的娘》、纪录片《等你回家——爷爷们给我的家》等在央视播出。印发《2016县情概要》，制作《让世界听见玉环》等宣传片，借助台湾车辆来浙江（台州）自驾旅游考察等对外文化活动，做好宣传推介。媒体融合深化推进。玉环新闻网增强自主策划能力，先后推出《浙台首次自驾游》《温暖2016春运》《礼让斑马线 文明过马路》等特色专题，全年刊发本地新闻7000多条。并加大自我调改力度，先后完善编辑流程和网页设计，新闻标题、新闻时效、新闻推送等方面进一步增强。聚合全县职能部门、行业协会、社团组织的发布及服务功能，做大做强"玉环发布"品牌，打造信息网络矩阵，抢占"指尖上的阵地"。进一步提升新媒体策划能力和编辑能力，不断深入开展"为我家乡点赞"和"美行玉环"系列网络正能量活动，通过线上线下推广活动，微博微信、APP、手机报关注度均有不同程度增长。玉环发布微博全年累计发布信息超过10000条，月均阅读量约30000人次，粉丝数超过5200人，同比增长60%；玉环发布微信全年累计发布文章1167篇，全年累计阅读量超过270万人次，其中数十篇阅读量破万。

【推进精神文明建设】 "美行玉环"农村精神文明建设全面推开。召开"美行玉环"全县农村精神文明建设现场推进会，组织社会主义核心价值观进村居（社区）、文化礼堂，形成传播社会主义核心价值观的浓厚氛围。依托县委讲师团资源，组建"美行玉环"文明风尚宣讲团开展文明风尚集中宣讲活动。深入开展"迎接G20 人人讲文明"和"文明有礼·美行玉环"主题教育实践活动，内容涵盖城市交通劝导、志愿服务、文明餐桌、先进典型培树宣传等多个项目。通过宣传发动、文明劝导和媒体曝光等形式，累计开展文明劝导次数达1000余人次，发放各类宣传资料3万余份，进一步掀起"礼让斑马线"活动新高潮，营造出良好的文明交通环境。深入弘扬"好家风家训"，积极培育和展示乡贤文化，广泛开展乡风评议、结对共建等活动，拍摄家风家训微电影《郭家长风》深受市民群众喜爱，不断深化邻居节、"我们的节日""春泥"计划等活动。"书声玉环——市民经典诵读"活动不断深化。不断改进经典诵读进村居、进校园活动，通过组织开班典礼、赠书活动和亲子诵读经读比赛等形式，进一步弘扬传统文化。同时，加大诵读点培育和建设力度，全年新增美丽国学馆、芦浦镇井头村、大麦屿火叉口村等5家公益诵读点，累计建成20家诵读点，形成每周日开展诵读活动常态化。举办全县经典诵读培训班，进一步提升全县经典诵读的业务水平，促进各村居（社区）经典诵读点之间的交流沟通。各类典型和身边好人不断涌现。进一步加强道德类先进典型、身边好人培树和推荐工作，龙溪"诚信老爹"王小先入选中国好人榜，并被评为第七届感动台州人物，沙门张子训等4人入选浙江好人榜，玉城高克火等20人入选台州好人榜，林招水、梁治初高票当选首届台州乡贤，陈晓静入选第三届台州十大孝贤。不断加大新闻报道力度，积极传递正能量，组织做好沙门大米倾覆众人帮助拾米等先进事迹的策划报道，社会宣传效果持续放大，"最美玉环人"的精神得到进一步弘扬。广泛开展"道德红榜送好人"活动，组织开展道德模范和身边好人进校园、进基层宣讲和交流活动，坎门禁毒阳光会所、"天使护士"姚雪燕、"爱心司机"张金夫、"拉萨警长"郑建华等事迹也在榴岛大地广为传颂。群众性精神文明创建和学雷锋志愿服务活动有序推进。深入开展文明村（社区）和文明镇（街道）、文明单位等基层创建活动，新增市级文明单位4家、市级文明村13个、市级文明（示范）社区2个。深入查找短板，精心设计载体，将城市文明程度指数测评与"文明有礼·美行玉环”主题教育实践活动有机结合起来，在县级以上文明单位中组织开展文明倡议、宣传教育、志愿服务等“三个一”活动，切实增强各级文明单位参与文明创建活动的积极性和有效性。积极推进“邻里守望”农村学雷锋志愿服务活动，联合举办“美行玉环·为爱行走”大型公益暴走活动。

【深化文化体制改革】 公共文化服务体系建设不断完善。在设定建设16家文化礼堂的基础上，创新推进楚门“文化礼堂全覆盖”工程。截至2016年年底，全县文化礼堂数达76家，完成率达275%。同时，玉环县文化礼堂建设成果分别在省、市文化礼堂现场会上作典型发言，被评为“浙江省文化礼堂建设先进县”。图书馆、文化馆总分馆体系日趋完善，基本形成县图书馆总馆+4家24小时自助图书馆—7家乡镇分馆—城市书吧的图书馆总分馆体系。成立文化馆坎门分馆，新建文化站站舍3家，改扩建提升文化站站舍2家。正式投用玉环书城、玉环影城。文化惠民活动丰富多彩。以“榴岛四季风”品牌项目为总依托，举办玉环县2016新年音乐会、“温暖新春”、第七届农民文化节等十余项活动，为市民送上“文化大餐”。举办玉环县第二届农村文化礼堂排舞大赛、全县优秀文艺团队会演等4大系列文化活动，有效地活跃了城乡群众精神文化生活。完成台州市文化馆文化走亲巡演，继续开展“文化嘉年华”公益培训，同时送演出下乡63场、图书馆配送图书6948册。为文化礼堂、文化活跃村、基层优秀文艺团队配送音响设备48件。文艺精品工程培育效果显著。充分发挥文化领军人才的示范引领作用，支持郑频书法工作室、马亚兵书法工作室等承办温岭·玉环文化走亲书法联展、“正本清源”刘松青书法作品展等活动。注重基层文艺创作队伍打造，海上梨园俱乐部、楚洲文化艺术团等基层优秀文艺团队参与县级送演出下乡46场次，为基层文艺骨干提供展示风采、交流学习的舞台。推行基层文化人才培育计划，开展全县文化礼堂排舞培训班，书画名家现场笔会、曲艺创作采风题材交流活动等，多种形式培训基层文艺骨干。推选文艺精品创作工程。选送《小金龙》系列动画片，入选台州市文艺精品创作。文化产业发展态势良好。制定出台《玉环县“十三五”文化发展规划》《关于支持和促进文化产业发展的实施意见》等一系列政策文件，鼓励文化企业做大做强。开展文化产业招商活动，玉环县文化创意中心、玉环县裸心海度假区建设开发项目和东沙文化创意街区等一批文化产业项目实施并落地。积极调研全县文化产业企业及十三五文化产业创业项目，老铜匠获全省文化产业示范基地。积极做好重点攻坚项目文化发展指数统计工作，落实各责任单位，制定考核制度，文化发展指数连续两年保持全市第一。

【建设网络铁军】 舆情管控平稳有序。落实24小时值班制，做好舆情的监测、报送、分析和应对。2016年，共发现网上涉玉负面舆情558起，成功处置22起热点网络舆情或重要网络舆情，编写舆情专报23期、舆情抄告13期，网管日志200多期。做好网络舆情导控平台的日常维护工作，利用导控平台做好网络舆情风险防范，提升涉玉网上舆情预警的时效性和研判的准确性，重点对几起敏感事件进行了网络舆情风险评估与防范，组织网络舆论引导员进行定向跟踪，确保第一时间发现负面舆情、第一时间回应网民关切、第一时间引导负面舆情，较好的稳控了舆情的扩散。做好网络秩序管理，加强对网上政治性有害信息的监管。加强依法治网和互联网法制宣传，积极组织开展属地招聘网站摸底排查、新媒体发展管理基本情况专题调研、旅游网站行业自律自查、跟帖评论专项整治、“清朗”专项行动、全县关键信息基础设施网络安全检查等网络管理工作，联合公安等相关部门，开展机关企事业单位互联网网站安全专项整治行动。微信联盟创新发展。在构建的网络舆情攻防体系基础上，把微信平台作为互联网舆论引导工作的重中之重来抓，积极组建、壮大玉环微信联盟，通过覆盖全县的微信舆论圈，填补微信圈舆论引导工作的盲区，从而把舆情监测与舆论引导的阵地移到了网络的最前沿。以玉环发布为牵头，整合全县40个机关单位微信公众号资源，推出官方微信团；以玉环信息港为牵头，整合全县有影响力的社会微信公众号资源，组建民间微信团；从外来人口、房产物业、出租车行业等易发生涉及社会稳定的重点群体或行业中物色一些政治上可靠、敏锐性强的人员，组建重点群体微信团；以本地本部门骨干网络舆论引导员为核心，挑选政治面貌过硬、熟悉网络舆情的同志为微信团成员，排摸属地具有一定人数规模且比较活跃的重点微信群，组建乡镇部门微信团。打造千人网络舆情情报站和百村网络舆情情报站，实现微信朋友圈舆情监测的全覆盖。重要时期的网管力度不断加强。高度重视G20杭州峰会和第三届世界互联网大会期间的网络空间净化管理工作，制定工作方案，成立舆情工作专班，加强值班，做好舆情监控，及时研判处置会议期间的各类负面舆情115条。加强G20峰会和互联网大会的网上宣传与引导，积极通过属地网站、微信微博等转发相关新闻290多条，总点击量35多万人次。组织全县网络舆论引导员发表各类网评信息680多条，发动玉环核心网评员，撰写《懂得比喜欢更重要，G20值得你期待》《忆江南，最美是杭州！——G20，杭州欢迎你》《我家大门常打开，开放怀抱等你》《G20，来杭州，读懂中国》等网评文章。网络铁军建设力度加大。进一步加强网络舆论引导员队伍的培训、管理，完善奖励机制，组织全县网络发言人赴上海培训。加强网络舆论引导员的日常管理，严格执行申请退出机制，确保队伍的稳定性。切实发挥舆论引导员队伍的作用，2016年，共组织开展58次网评工作，发表各类引导信息7300多条。进一步强化构建分层管理、统一指挥的网军队伍，组建玉环县网络舆情顾问团，积极培育“风雨巡航人”等本土意见领袖。组建重点群体网络舆论引导员队伍，及时了解社会上重点群体的舆论生态，发现网络舆情苗头，及时开展舆论引导工作。进一步推进网军建设向基层拓展，在全县范围内建立村级网络舆情情报站，协作开展网络舆情监测和舆论引导工作。

【落实意识形态工作主体责任】 主体责任有效强化。将意识形态工作作为党的建设和政权建设的重要内容，纳入重要议事日程，县委常委会专题研究意识形态工作，并将文化发展指数、城市文明指数测评、理论中心组学习、网络舆情应对等纳入县对部门和乡镇的考核。坚持党管宣传、党管文化、党管干部和管人与管事相结合的原则，切实加强党对意识形态工作的领导，加强宣传文化领域领导班子和干部队伍建设。坚持顶层设计与基层探索良性互动，持续深化中小学德育工作、文联工作和社科联工作。在宣传文化系统组织开展“两学一做”学习教育，加强对宣传文化系统的领导和培训，自觉增强“四个意识”。贯彻落实《浙江省基层宣传思想文化工作“十百千”典型培育计划》要求，以点带面，推动基层宣传思想文化工作强起来。加强基层社会舆情调查体系建设，建立一支50人的基层社会舆情信息员队伍。重视宣传舆情信息工作，被中宣部采用信息1篇、舆情43篇。基层队伍持续壮大。进一步规范和健全内部机构设置，加强基层宣传文化队伍建设，按要求配足乡镇（街道）宣传委员、宣传干事、文化站工作人员和行政村（社区）宣传文化员。加强宣传文化系统人才队伍建设，深入实施文化人才振兴计划，突出抓好理论宣讲、新闻宣传、网络铁军、文艺人才、文化产业企业家等五支队伍，建立宣传文化人才库，推进名家工作室、文化创新团队、“500精英”文化人才建设。基层阵地建设创新加强。以基层宣传窗口建设为重点，进一步夯实拓展社会宣传基础，实现上接天线传导正能量,下接地气延伸宣传触角。对全县220个村居(社区)内的宣传窗口进行外观美化,新建宣传窗(栏)291个,改建112个。在整合村务公开栏和普法、计生、综治等原有宣传阵地的基础上,统一外观元素设计,形成"玉环宣传"品牌视觉形象。因地制宜、整改注重与村居(社区)环境及文化设施相协调,打造"一村一品"靓丽风景线。围绕县委、县政府中心工作不断扩充宣传资料库,为各乡镇(街道)、各村居(社区)宣传栏提供宣传素材,统一设计制作"五水共治""平安玉环"等主题中心海报9期。

(张　鑫)

统战工作

【概况】 2016年,全县统战系统深入学习贯彻习近平总书记系列重要讲话精神和中央、省委、市委统战工作会议精神,紧扣县委工作大局,开拓创新、真抓实干,各领域统战工作取得了新进展。

【健全统战工作体制机制】 3月,召开县委统战工作会议,县委常委会全年专题研究统战工作4次。协助县委出台《贯彻落实〈台州市委统一战线工作实施办法(试行)〉实施方案》,共列出目标任务7大类32项。配合县委建立县委统战工作领导小组,协助做好市委统战工作专项督查。

【助推招商引资工作】 指导成立武汉市玉环商会、西安市玉环商会和玉环郑州商会等3家商会,异地商会数量增至8个,并全部设立"异地商会招商联络处"。举办玉环上海商会成立十周年庆典大会、在外玉环商人"回乡行"、配合政府部门赴外地召开推介会。

【助推"助企强企服务年"活动】 开展为期一个月的玉环县统一战线"凝心聚力、助企强企"营改增政策宣讲活动,基本涵盖全县所有的商会会员企业。

【护航"G20峰会"】 建立健全民宗领域维稳工作责任制和情报会商机制,成立安保领导小组,做好民族宗教领域的维稳工作。成功处置非法宗教活动21起、各类矛盾纠纷6起、及时制止涉及境外渗透事件4起。

【强化思想政治引领】 开展各类主题教育活动,在民主党派和无党派人士中开展坚持和发展中国特色社会主义学习实践活动,在非公有制经济人士中开展以"四信"为主要内容、以"守法诚信、坚定信心"为重点的理想信念教育实践活动,在宗教界开展"寻梦中国、正言正行"教育实践活动,在港澳台和海外人士中开展爱国主义和中华文化宣传教育。

【做好民主党派和党外知识分子工作】 民盟玉环县支部成立,全县民主党派基层组织增至3个。县知联会组织开展国家级海洋公园项目和海岸带整治修复项目考察调研活动,县新联会设立"同心驿站",每月开展各种形式的学习交流和联络联谊活动,县新生代企业家联谊会建立每季度走访调研会员企业制度,县网联会主动发起"自觉抵制网络谣言,严格遵守'七条底线'"的网络倡议书,县海创会开展"不忘初心"红色主题系列活动,组织留学及回国人员重走乐清湾海上游击队足迹。协助市委统战部召开全市网联会工作会议。

【加强党外代表人士队伍建设】 在浙大举办党外代表人士培训班,45名党外代表人士参加;配合做好人大、政府、政协换届党外代表人士的政治安排,完成第九届县政协委员的协商推荐提名工作。

【依法管理宗教事务】 开展宗教领域五大专项行动，共排查宗教活动场所157处、民间信仰活动场所670处，整治场所重大安全隐患601多处，安装场所公共安全视频监控85处，完成157家宗教活动场所财务审计，167处甲类和127处乙类民间信仰场所登记编号工作。创建“和谐寺观教堂”5处，指导县佛教协会做好换届选举工作。

【促进民族团结事业】 开展民族团结进步宣传和创建活动，指导坎门街道创建市级民族团结进步示范单位。开展少数民族困难群众帮扶行动，共帮扶少数民族困难群众50户，送去慰问金5.54万元，帮扶资金160.5万元。妥善处理撒拉族矛盾纠纷事件1起、各类群众诉求和问题咨询52件。

【深化对台交流工作】 实施对台“一县一品”工程，3月26日，玉环大麦屿港迎来浙江（台州）首次台湾自驾游车辆，玉环县成为继厦门之后实现台湾车辆到大陆的第二个地区。2016年，对台海上客运直航94航次，运送旅客7846人次，对台货运直航进出口货物346个标箱；实现对台小额贸易额1480万元；共有600人次左右到台湾旅游、商务、探亲，到玉环从事经贸、旅游、探亲等台胞共计1300人次。深入推进“乡情延续”工程，开展“百人入岛探亲团”和“寻根故乡行”活动。玉环·台湾“青年微讲坛”活动全年举办第三期。筹建县台胞综合服务中心，建立健全涉台应急处置和综合服务制度。

【拓展港澳海外统战工作】 实施“情系玉环”系列走亲活动，开展香港玉环同乡会“故乡行”，接洽香港温州同乡会访问团考察，累计接洽侨港胞返乡110余人次。组织到香港参加香港玉环同乡会十周年庆典暨青年会成立仪式，助推玉环实验学校与香港汉华中学深化交流，海外联谊工作在全市现场会交流。率先在全县组建海外留学回国创业人士联谊会，牵线旅美交通专家陶现定博士开展《未来交通》市民讲课，组建大麦屿街道侨联。

（刘马军）

机关党建

【概况】 2016年，县直机关党工委按照县委的要求，突出“两学一做”学习教育常态化工作主线，统筹推进机关党的建设各个方面，全面提升机关党建工作科学化水平，为加快全县经济社会发展提供坚强保证。

【强化机关理论武装工作】 创新“两学一做”学习教育载体，推出“微讲坛、大舞台”“好记者讲好故事”“先锋微党课”等载体，收效明显。工委选送的《微讲堂·大舞台》获全国机关党建“两学一做”典型案例优秀奖。对机关党务干部、新党员、入党积极分子开展培训，对交通运输、市场监管、财政3个系统组织培训，共计800人次以上参训。宣传信息工作走在台州各县市区前列，获评省直机关工委信息工作一等奖。

【发挥机关党建政治功能】 找准党建与维稳的契合点，护航G20，峰会期间未发生一起涉干、涉党员负面事件。协力治理为官不为，通过综合施策，全县机关作风持续向好，满意度调查跃升台州市第一，多家主流刊物、媒体持续关注报道。全年开除党籍处分2人、党内警告处分8人。

【规范机关基层组织建设】 督促规范机关党组织“三会一课”见成效，全程参与指导联系单位班子民主生活会。以问题为导向紧抓机关基层党组织建设，21个机关党组织如期完成换届选举；党员党组织关系集中排查整改到位；党费收缴整改见成效，共收缴党费600多万元。按结构要求完成工委选举单位的75名县党代表选举。实施关爱干部健康行动,牵头举办玉环首届机关男子篮球联赛,15支队参赛,110场比赛,历时6个月,反响良好。举行机关女干部庆三八、机关团员青年迎五四系列活动,协力做好学生清明祭扫烈士陵园,举办机关干部子女夏令营活动。

(曹晨筱)

群众信访

【概况】 2016年,县信访局共有工作人员16名,其中行政编制7名,事业编制9名,其中有1名行政编制人员(副局长)于2015年10月开始在坎门街道挂职,1名行政编制人员(办公室主任)于2016年7月开始驻京工作,为期两年。以"两学一做"学习教育为载体,坚持问题导向,狠抓薄弱环节,创新工作机制,强化责任落实。全年共接待人民群众来信来访1404件(人)次;县12345政务咨询投诉举报中心受理群众来电3389件;受理"网上信访"119件。全县信访形势持续向好,成功实现连续四年在京非正常信访零通报。

【全力维护G20峰会信访稳定】 县信访局将G20杭州峰会信访稳定工作作为中心任务来抓,全力以赴抓好各项工作落实。成功实现G20期间"五无一下降"的工作目标。领导高度重视。县委县政府主要领导多次就做好G20峰会信访维稳工作提出具体要求并多次在一系列重要会议上作出部署。县信访联席办召集人亲自主持召开会商会,逐案落实工作责任。信访局牵头多次开展督查和下访活动,压实基层信访维稳工作责任。狠抓源头防控。实战阶段开始实行全员无休上班,开门接待群众来访。县党政领导自8月10日开始每天轮流到县信访局坐堂接访,努力把问题化解在基层。开展重点乡镇(街道)整治。针对部分乡镇(街道)基层基础薄弱等问题,县信访联席办开展乡镇(街道)G20期间专项督查活动。建立平安护航G20维稳安保工作联络制度和督查暗访制度,制定《县领导带队开展"平安护航G20"暗访检查工作方案》,县四套班子领导带头带队督查,每个工作阶段开展针对性督查,确保维稳责任落实到位。加大责任追究力度。印发《关于进一步加强当前信访工作的通知》,细化责任追究办法。对G20前期进京访情况比较突出的乡镇(街道)进行约谈。

【全面构建统一大平台】 县政府办公室下发《关于印发玉环县统一政务咨询投诉举报平台建设实施方案的通知》,明确整合范围、整合措施,编制和职能调整等内容。整合受理渠道。建立玉环县12345统一政务咨询投诉举报中心,整合全20个部门,25条热线,实行双号并存、一号(12345)对外。平台实行365日24小时"7加黑"全天候在线工作制度,成为一条"随时都能打,随时都能接,接了有回应"的党委政府和百姓零距离的连心线。分类交办落实。对诉求件进行分门别类,按咨询件、建议件、投诉件3种类型予以处理。对于咨询件,要求进一步完善查询数据库,尽量做到在线答复;对在线答复有困难、特别专业的问题,通过三方通话形式转接相关职能部门答复。对于建议件,前台受理后分别交派至相关部门供决策参考。对于投诉件,按其特性分为一般件、紧急件、热点件。一般件按正常程序下派至相关单位,经办单位需在5个工作日内给予反馈回复;紧急件须在2小时内反馈即时响应情况。强化回访反馈。中心对事权部门办理的案件进行回访。对于承办单位反馈来的反馈单,均进行认真审核,并及时反馈给来电人,掌握来电人对承办单位办理的结果及态度的满意度,对处理反馈不如人意的,"中心"则认真研究、分析,根据有关政策积极办理,要求有关单位予以重办,或由"中心"牵头联系相关单位共同落实。确保群众投诉"件件有回音,事事有结果”。

【深入开展信访积案化解行动】 结合“两学一做”学习教育，开展“补短板、化积案、创标杆”信访督查“百千万”专项行动。省、市级以上第一批交办信访积案共39件，已化解11件，其中依法处置1件，承诺息访10件，化解率122%。大力推进，全面落实。根据省信访工作领导小组《关于在全省“两学一做”学习教育中开展以“找短板、化积案、创标杆”为主题的信访督查“百千万”专项行动工作的通知》，结合县实际，及时下发通知，制定《关于在全县“两学一做”学习教育中开展以“找短板、化积案、创标杆”为主题的信访督查“百千万”专项行动工作的通知》，明确督查的任务和重点。同时建立县级督查项目库，实行红色、橙色、黄色三色动态管理。整合力量，从严督办。探索建立百人信访督评团制度，并聘请12位市、县级信访监督员，打造中立性、多元化、社会化的第三方信访督查力量，全面参与信访督查“百千万”专项行动。注重结合，务求实效。坚持督查与信访包案相结合，变领导“包案破案”为“督查督办”，督促责任单位落实化解措施。坚持督查与定点约访相结合，根据《2016年度玉环县领导干部大接访活动方案》安排，将县领导定点约访与督查相结合，促进信访问题就地化解。县委、县政府主要领导带领县领导通过下访、约访、督查三结合的形式接待群众来访。全面化解，压实责任。重点信访案件落实领导包案化解，并下发《关于落实省、市信访积案签订稳控责任书工作的通知》要求各乡镇（街道）及重点部门签订稳控责任书，同时定期通报信访督查“百千万”专项行动开展情况，对发现的不严不实问题坚决予以通报，责令限期改进，情况严重并造成一定影响和后果的，予以追责。

【常态开展领导大接访活动】 坚持法治思维，推进程序规范和办理规范，进一步明确信访工作职能定位，整体推进面上信访工作。创新信访协调会商机制。针对信访接待、交办和具体办理之间存在“两张皮”现象，信访局通过“信访协调会”这一有效载体进行“缝合”，并根据各个信访问题的特点，通过规范有序的对话、协调、沟通，整体联动，确保信访问题得到有效解决；每月定期由信访联席办主任牵头召开会商会，针对每周一县领导大接访活动中的疑难信访案件进行会商，推动信访件办理。畅通信访渠道。落实领导干部接访下访工作。根据2016年度县领导下访接访工作方案，6月13日和8月15日县四套班子领导到各自联系乡镇（街道）开展县领导接待日公开接访活动，共接待来访群众56批次108人次。县党政班子领导成员轮流坐班接访制度，实行“2+X”（X≥1）接访：全年轮流在信访局坐班接访共计120批次318人次。推进基层基础建设。进一步夯实基础，力求基层信访工作做到“有人有责任心办事、有制度有效率办事”。5月，组织对新上任的分管领导、信访专职干部进行为期两天的信访理论知识和实践技能的指导，进一步提升其处理矛盾和解决实际问题的能力，加强基层信访工作水平，推动基层基础建设，基层信访工作场所规范化建设进一步增强。同时开展重点乡镇整治工作，通过制定方案、加强指导、严格自查、验收考核等环节抓好整改转化工作，三个重点乡镇均未发生一票否决项目。

【着力提升信访法治化水平】 按照中共十八届四中全会提出的“把信访纳入法治化轨道”的要求，不断探索创新信访法治化的新体制机制。着力提升规范办理水平。针对信访业务工作人员对新系统操作不熟练的问题，县信访局组织各乡镇（街道）各部门进行三批次200人次的业务操作培训。县信访局各业务科室每月对到期信访事项的办理情况进行检查，对发现的问题及时督促事权单位按规定办理到位，确保实现信访事项百分百按期办结和无差错的目标。2016年,没有因规范办理不到位而被通报扣分。着力提升法治宣传水平。省人大常委会通过新《浙江省信访条例》后,印制了2000份新《条例》发放给乡镇(街道)和重点部门,全面开展了宣传活动。组织开展“依法信访”主题宣传月等活动,通过正面典型示范和反面典型示警,强化舆论宣传,传递正能量,引导群众依法有序信访,同时还举办了信访知识竞赛活动,进一步推动信访干部提高思想认识、提升业务水平,积极推进信访问题依法、及时、就地解决。着力提升依法打击水平。对缠访闹访、组织挑头上访、煽动他人上访等违法上访行为的,及时固定证据,实行专案经营,依法进行处置,形成依法处置违法上访的高压态势。

(董珊萍)

党校教育

【概况】 县委党校始创于1955年11月,是一个全额拨款事业单位,由校党委统一领导下的办公室、教育科、科研室、综合服务科、行政科等5个内设科室构成,满编19人,共有在编职工17人,已经建设成为县委轮训培训全县党政干部,学习、研究、宣传马列主义、毛泽东思想、中国特色社会主义理论的重要阵地,在推进全县干部教育培训工作上做出了不懈努力。

【教育培训工作】 2016年,县委党校共举办计划内班次16期,并积极配合各系统部门联合办学11期,强化干部教育培训的主课主业意识,加大持续发力提高教学质量,切实担当“大党建”中的应有职能。充实教学内容,进一步提高培训吸引力和感染力,班次的类型、梯次、专题都有较大增加。开设专题课程130多项,其中党的理论教育和党性教育在主体班教学安排中达到总课时的72%,党性教育课达到总课时的24%。突出按需培训,进一步增强教学实效性和互动性。注重学用结合,根据参训学员意愿和需求设置课程,邀请相关方面专家进行专题讲授或现场教学;综合采用案例式、情景模拟式、访谈式、座谈式等方式交叉教学,强化课堂互动环节,充分发挥学员主体地位和能动性,鼓励支持师生交流、合作科研;同时穿插安排军事训练、拓展训练、礼仪训练等教学活动。创新教务管理,进一步改进和深化学风建设。通过强化精品意识,在专兼职教师中营建一种勤于学习、善于思考、勇于创新的氛围,形成一批精品课、优质课,《增强文化软实力与培育社会主义核心价值观》获市精品课二等奖,《从“四个全面”把握治国理政新思路》《中国道路:我们为什么自信》等专题课程在基层宣讲超过90余场次,受到广泛好评。通过强化创新意识,增强学习培训效果,在培训形式上,坚持理论教学、文体活动、参观考察、课题调研有机结合,特别是“书香玉环”读书沙龙活动,以“两学一做”“大桥经济时代”等为主题,邀请、参会的领导干部达到100多人次,营造起浓厚的学习氛围;在师资力量上,坚持内选外聘,有的放矢,将外聘专家、学者、领导干部、企业家讲学与党校教师教学结合起来;在学习平台上,推出“玉环手机党校”公众号,设精彩专题、党建学习和党校动态等3个专栏,定期推送有关“两学一做”精彩专题专栏,开发制作形象直观、丰富多样的学习资源,及时推送学习内容,包括习近平总书记系列讲话精神解读、党章知识问答、专题片等。通过强化责任意识,提高培训班次管理水平,严格执行签到、请销假等制度,坚持为每个班次配备跟班老师,加强对学员考核,实行课后教学质量评估,确保学有所用、学有所成。

【科研咨政工作】 县委党校在省、市党校系统理论研讨会上共计获二等奖5篇,三等奖4篇,入选2篇。省17批规划课题结题8项,省18批规划课题立项5项。市党校系统规划第13批规划课题结题5项，优秀结题1项；市法学会课题结题3项；市党校系统第14批规划课题立项5项；市社科联立项2项，重点课题1项；市哲学社会科学规划课题立项1项。在《台州社会科学》《台州论坛》《新台州》《干部教育》《玉环政研》《今日玉环》等期刊上发表15篇学术论文，县第二届文化发展“金榴奖”4篇。坚持以《榴岛论坛》集中调研建议，发挥出党校科研参与基层工作、服务本地发展的作用；坚持以《榴岛讲堂》为阵地印发名家名言、转载精品文章，为党建、经济、社会治理等工作提供智力支持。全年共发行6期3000余份，累计收录县内社科成果70余篇、40多万字，传播优质讲稿材料6篇。同时，积极推行新型智库建设，《复合联动：五水共治的机制创新与路径完善》《交往行动理论视阈下的基层协商民主路径开拓》等6篇文章获县委县政府领导批示。

【保障能力建设】 历时三年，县委党校迁建工程全面落成。县委、县政府对党校政策上倾斜、财力上支持、人才上给予大力扶持，安排6000多万元资金用于新校园建设，于2016年4月全面投入使用。主体建筑由教学楼、生活楼和附属楼组成，教学楼一至四层为会议区，设会议室、研讨室；东侧为附属楼，设多功能报告厅1个，可同时满足800人使用；五层为办公区；另有电脑机房、图书室、文体活动室等设施。生活楼一至二层为餐饮区，可同时容纳300人用餐；三至五层为学员宿舍。搬入新校园以来，一方面完备设施，全面更换计算机、电话机、打印机等一系列办公设施，新增LED屏、音响影音设备等，同时致力于信息化建设，搭建教学、科研应用平台，建设电子图书馆，网络、影音等设施具备远程课堂、自主学习功能，为下阶段干部培训和生活提供坚强保障。另一方面管理科学，精打细算、规范严格，探索运行“自主经营管理+菜单式服务外包”管理模式，将餐饮、室内外保洁、绿化养护、保安、水电维修等服务项目进行规范化外包，同时对物业、会务、食宿等方面规定明确的对照标准，特别针对可能出现的突发事件，制定应急响应方案，进行清单式和流程化的管理，尽可能达到“服务专业化、养事不养人”的效果。

【队伍建设工作】 县委党校组织中心组理论学习会、党支部会议和全体教职工大会，采取讲座辅导、案例剖析、观看视频、座谈讨论等形式，开展个人自学和集中学习21次，观看专题教育片5次，引导广大党员干部深入学习《关于新形势下党内政治生活的若干准则》和《中国共产党党内监督条例》等党内法规。梳理校党委和支部在工作中存在的不足，分别制定短板清单，对任务进行分解，明确整改时限，落实整改责任人，确保整改成效。同时，要求全体党员对照岗位职责，罗列个人问题清单，填写合格党员标准，通过自查自省，明确自身问题，有针对性地逐一制定整改措施。开展党费收缴使用管理和不按规定缴纳党费专项整治工作，对2014—2016年党费进行清理，按规定补齐党费，确保每名党员足额缴纳党费。主动配合纪检组做好党风廉政、婚丧喜庆、公务接待等数据的统计和上报工作。在党支部换届选举工作中，严格按照程序进行公示、汇报、选举。重视骨干培养，全年派出教师参加全市党校系统师资培训、十八届六中全会精神师资培训、全省市县党校理论教学骨干培训班等共计5次，提升教师队伍水平。

（刘亚庆）

史志研究

【概况】 2016年，县史志办深入学习贯彻习近平总书记关于党的历史和党史工作的重要论述精神,积极贯彻落实《全国地方志事业发展规划纲要(2015~2020年)》、全省第九次党史会议精神和省办公厅《关于推进地方志事业发展的实施意见》,结合本地实际抓好工作落实。在县委县政府支持下,地方党史二卷已形成修订第六稿,二轮修志进入统稿阶段,《玉环人物志》顺利出版,《玉环道教通览》编撰、玉环年鉴编辑同步推进。充分调动全县各地各线史志联络员的积极性,确保整体工作按计划如期完成。

【积极学习提升素养】 全办党员干部积极参加“两学一做”学习活动。县管干部按自觉参加台州网络学习城学习和县委宣传部、县委党校牵头的“名家大讲堂”学习,全体工作人员参加县委办组织的“半月谈”演讲。选派人员参加全省青年党史工作者学术沙龙、玉环县新闻发言人暨理论骨干培训班、台州市组织的党史二卷培训会、全省地方党史三卷编写工作第二次培训班等。

【史志编撰有序推进】 党史研究:《玉环党史二卷》在第五稿基础上,完成第一编第一、三、四章及文革部分有关目的修改,重新查找档案资料编写第二编五个章节内容,修改第四编。经修订后,形成《玉环党史二卷》第六稿,共29万多字,全书共4编17章47节,并增加了参与编写人员1名。方志编撰:邀请8位编辑参与《玉环县志(1989~2013)》统稿工作,并分期分批召开志稿编辑与编写人员对接会,邀请省方志办主任潘捷军和温岭市地方志办公室主任方先勇对统稿编辑讲课培训,第一轮统稿仍在进行中。《玉环人物志》已顺利出版,分历史人物传略、革命烈士传略、专家学者选介、行家里手选介、党政要员选介五编辑录,图文并茂,涉及历史人物93人(其中黄埔军校学员18人)、革命烈士155人、专家学者53人、行家里手36人、党政要员53人(其中实职正厅以上领导干部12人,解放后历任县主要领导41人),共390人。《玉环道教通览》正在编撰,分道教源流、活动场所、管理组织、道教活动、道教人物、道教文化、丛录七章,已整理全县24个宗教活动场所、87个民间信仰活动场所的文字资料,并拍摄照片。年鉴编征:完成《玉环年鉴2013》《玉环年鉴2014》文稿编辑,正在审核中,基本收集完成《玉环年鉴2015》稿件。

【扩大史志社会影响】 两位县委讲师团成员以“习近平办公室的十八张照片”“习近平治国理政新思维”“玉环人在国内国际的影响”“具有影响力的玉环人”为主题,向机关干部、普通村民、文艺爱好者等开展党史和地方历史文化宣讲30多次。及时跟进更新玉环史志网,每完成一个研究课题,及时将相关可以公开的信息在网上相应的栏目发布,实现全社会史志成果共享,全年共更新信息20条。通过“玉环发布”网络平台推送玉环胜迹、玉环人物,提升玉环知名度。协助海山乡做好乐清湾海上游击根据地纪念馆建设工作。参加龙溪山里村文化村建设评审会。

【史志档案归类整理】 对现有史志档案分大事记、文献、报刊、回忆、专题、人物、综合七大类整理,共整理档案5492件、书车24件,全部编号装盒,制作纸质目录本和电子目录,便于查阅。

(潘明贤)

档案管理

【概况】 县档案局(馆)为县直属正科级,列入参照国家公务员法管理事业单位。局馆合署办公,一个机构,两块牌子,履行全县档案事业管理和县级档案保管利用职能。内设4个股(科、中心)室,在编人员10人。馆藏全宗155个,纸质档案73659卷,纸质档案数字化成果300多万页,声像档案82

盒，照片档案3511张，图书资料12898册。2016年，切实落实“五档共建”部署，以法治档案保障，强化档案业务建设，完善档案服务机制，扎实推动县档案馆新馆建设。

【档案馆新馆建设】 项目总用地面积12000平方米，一期总建筑面积7980.1平方米，主要建设内容包括档案库房、档案机房、电子文件登记备份中心、档案技术用房、公共服务用房、档案局行政办公用房等。2016年上半年，完成新馆建筑方案优化和项目选址意见书，8月，完成工程项目可研批复并召开工程项目初步设计方案评审会，10月，获批建设用地规划许可证及办理土地预登记，11月，完成新馆初步设计批复，12月，完成施工图审查。

【档案信息化建设】 加强机关、团体、企事业单位数字档案室的指导建设，新创建3家示范数字档案室，11家规范化数字档案室。开展馆藏档案的全文数字化扫描工作，全年数字化扫描115万页。围绕“平安浙江”档案安全体系建设要求，着重抓好重点民生领域、重点工程建设项目和进馆单位档案的登记备份，全年备份数量4.77TB。

【依法治档深入开展】 依托浙江政务服务网深化行政权力和公共服务事项在线运行工作，完善全流程电子监察，规范依申请公开受理和办理流程，回复依申请公开事项，实现政务信息网上同步公开，行政权力运行公开透明，全年共完成对浙江电大玉环学院、县进修学校迁建工程等5家重点工程的档案专项验收，形成档案517卷，备份数据21.85GB，重点跟踪辅导全县16家在建的重点工程。

【资源建设不断加强】 扎实开展“三重一特”等优质档案资源建设，全年共接收海都花园重点工程档案及玉环籍名人叶尚青家庭档案共计2000多卷，收集重大活动照片5000多张。完善“五水共治”档案管理，在归档范围、执行监督方面更加规范，深入治水工程一线开展调研走访，主动对接治水单位，指导档案资料的收集整理。全年“五水共治”档案工作主要涉及9家涉水部门和11个乡镇（街道），形成档案3580卷，开展相关业务培训250人次。加大档案编研力度，编印完成《海韵玉环》和《历史的见证——叶尚青家庭档案》。以楚门镇作为试点开展乡镇档案馆建设，健全档案管理体制、现场指导档案归档整理、配备数字档案室设备等，协助开展镇级档案管理及档案安全工作。

【服务民生优化升级】 修订《档案资料查阅办法》《婚姻登记档案查阅管理规定》《土地房产、土地承包、山林定权档案查阅管理规定》等制度。积极为各机关单位编史修志、工作查考、经济建设和广大市民维护合法权益提供档案服务，全年共接待档案利用者3600多人，利用档案6500卷次。与县土地局和农业局对接，及时明确工作责任和要求，对各乡镇（街道）、村经办人开展业务培训和指导，将有关文件材料收集齐全，并按照档案规范管理的要求进行整理，共有103个行政村完成股改档案的整理归档，其中龙溪镇完成2/3的村股改业务档案全文扫描，各行政村形成的村社股改档均移交村档案室集中保管，确保档案齐全完整。

【干部“两学一做”】 结合“两学一做”学习教育，学习贯彻《中国共产党廉洁自律准则》《中国共产党纪律处分条例》等重要内容，严格落实岗位责任制，强化行政执法监督机制。根据“精准补短、服务发展”专项行动要求开展自查，在档案查阅窗口开展党员示范岗、树品牌、亮身份的服务承诺活动，深入开展局机关工作人员月绩效公示制度，晒工作业绩，比工作效率。组织干部职工参加省档案继续教育，充实更新业务知识，提高档案监督指导能力。深入基层开展访贫慰问等活动。

（毛黎媛）

老干部服务

【概况】 县委老干部局是县委、县政府老干部工作的职能部门，负责全县离休和机关事业单位退休干部职工的综合管理。内设机构有办公室、离管科、退管科，下设县老干部活动中心和老年大学。截至2016年年底，全县现有离退休干部4626人，其中离休干部126人、退休干部职工4500人。

【深入学习贯彻中办《意见》精神】 依托"四个阵地"集中引领老干部学习领会精神。以老干部党校为阵地。通过报告会、培训会、专题讲座等方式，邀请县委办副主任金碧辉和县委党校党委书记耿礼文分别为老干部作《学习习近平总书记讲话精神》《学习贯彻五中全会，全面把握习近平治国理政思路》等专题辅导报告。利用老干部党支部阵地。结合"两学一做"学习教育，积极组织老干部学习党的十八届五中全会和《意见》精神。举办全县老干部工作业务培训会1次，向老干部、老干部工作者和离退休干部党支部书记等传达《意见》精神。依托县老干部活动中心阵地。编印《学习小册子》4000多份，向老干部发送；在专题宣传栏开辟专栏，将五中全会精神、《中组部负责人答记者问》等内容制成专版分块予以刊载；定期组织研讨会、学习会，邀请局领导和相关专家学者为老干部作讲座。借助县老年大学阵地。开设老干部政治党课方式，邀请局领导、县委党校党组成员刘定洋、县党史研究室副主任潘明贤和原司法局局长范公浩等分别为县老年大学临时党支部党员、学员等作《中组部负责人答记者问》内容、《党的十八届五中全会精神》《玉环人在国内国际的影响》《反邪教与老年人防骗技巧》等专题党课4次，详细解读《意见》、五中六中全会、国际国内形势等内容，帮助老干部深刻领会精神。

借助"三种渠道"全面引领老干部学习领会精神。组织上门送学。对一些行动不便、生病住院的离退休干部、老党员，由各单位老干部党支部、老干部工作者通过走访、看望、结对子等方式，将《学习小册子》《2016年党员》等学习资料送到老同志手中、家中。注重空间选学。通过局门户网站平台，开设专栏刊载党的十八届五中、六中全会公告、《宣传提纲》《中组部负责人答记者问》和"两学一做"等内容，对部分居住在外地的老同志，采取邮寄学习资料、电话联系等方式告知老同志及时学习。结合活动乐学。通过组织老干部问卷调查、知识竞赛、讲座辅导、征文比赛和书画展览等形式，向老干部宣传五中全会和《意见》精神，提高老干部学习兴趣。

采取"三个结合"引领老干部工作者带头学习领会精神。结合"两学一做"带头学。采取集中学和分散自学相结合，以召开专题会议、培训辅导、座谈讨论等形式，开展五中、六中全会和《意见》精神的宣传、解读，突出老干部工作者先学、先知、先掌握，集中一个月，组织局班子、老干部工作者等原原本本学习五中六中全会、《意见》《中组部负责人答记者问》和《宣传提纲》等内容，做到学透、学深、学用。结合实际贯彻落实学。以座谈、研讨、学习等方式，组织涉老部门、老干部工作者及时学习五中六中全会和《意见》精神。结合开展指导督查学。通过深入乡镇、街道和部门开展调研；及时宣传《意见》精神，总结宣传"大学生村干部与老干部结对""在职年轻干部与原单位老干部结对"等玉环特色做法。8月11日，省委组织部副部长、老干部局局长王文序一行到玉环调研指导工作，县委书记林先华就玉环贯彻落实《意见》精神作专题工作汇报。会同组织部门对乡镇、街道和部门贯彻落实《意见》精神开展督查。

【深入实施"四大行动"】 深化"红色典藏"行动，发挥老干部政治优势，引领老干部弘扬革命传统和优良作风。重点围绕纪念中国共产党成立95周年和中国工农红军长征胜利80周年，突出红色经历、红色故事、红色精神、红色文化、红色基因等主题，加强协调，整合、借助社会资源力量，创设载体。采编"解放战争老兵"故事。会同组织、民政、新闻媒体等单位，组织力量从全县健在南下的离休干部、玉环解放战争期间亲历过战斗的老地下党员、老民兵中寻找筛选"解放战争老兵"，让"解放战争老兵"回忆参加战斗经历、场景，推荐挖掘采编了离休干部王相印、杨仕举等感人故事，"解放战争老兵"事迹刊登在《今日玉环》，并在县市电视台滚动播报。编撰人物史志。会同组织、党史、民政、档案等部门，开展革命烈士、离休干部等红色经历及相关史料抢救性挖掘、采访和收集工作，协助收集155人革命烈士史志材料，正对编撰《玉环人物志》手稿进行二轮修改。编辑"光辉的历程"册子。编辑《光辉的历程——纪念中国共产党成立95周年》小册子。通过县老干部活动中心、县老年大学、走访和上街宣传等形式将《光辉的历程》送到老干部、学员和社会群众手中，共送发册子3000多份。开展"革命故事"宣讲。会同教育、机关工委、档案、关工委等单位，挖掘玉环"红色故事"，组建"五老"红色文化宣讲团。在清明节前夕，依托玉环13个爱国主义教育基地，向中小学生、机关党员干部和企业职工等宣讲"革命故事"达160多场次。同时会同教育、机关工委、关工委等部门，组织"五老"红色文化宣讲团，以"忆榴岛经典·讲革命故事"老干部走进校园，开展"开学第一课"红色革命故事宣讲活动，共宣讲"革命故事"86场次，共有1.3万名中小学师生聆听了红色"革命故事"。同时，开展爱国主义教育宣讲32场次和"老范面对面"进校园宣讲43场次。组织系列纪念活动。印发《关于在离退休干部中开展纪念中国共产党成立95周年暨中国工农红军长征80周年系列活动的通知》，组织开展"怎样做一个终身的好党员"主题征文、"忆榴岛经典·讲革命故事"宣讲、党课辅导报告、文艺演出、书画摄影作品展示、党史知识抢答竞赛、"七一"走访慰问中华人民共和国前老干部党员、收看"七一"纪念中国共产党成立95周年中央电视台实况直播、"庆七一唱支红歌给党听"等9个活动，引领老同志弘扬爱党爱国，激发老同志坚定信念和为党的事业增添正能量自豪感。

深化"走、看、促"行动，发挥老干部经验优势，引领老干部助推玉环发展建言献策。深化"走、看、促"活动。积极创造条件，采取宣传动员、启发引导、典型推动、提供方便等方法，就近就便发挥老干部在玉环经济社会建设中参谋作用。印发《关于在全县离退休干部中深入开展"走基层、看变化、促发展"主题实践活动的通知》，县级层面于5月18日、11月2日分别组织160余位老干部参加"走基层、看变化、促发展"——走进坎门东沙渔村、清港走进垟根活动，参观坎门东沙渔村"美丽乡村"和清港垟根村的文旦基地、前路村的文化长廊等建设情况。同时，全县各单位组织老同志开展"走、看、促"活动达60余次，定期通报情况，积极献言献策。组织"走、看、促"调研。围绕玉环"十三五"规划及重点工作，结合"五水共治"、转型升级组合拳、补发展"短板"、乐清湾大桥时代等内容，多层面组织老同志"走、看、促"调研，召开县级离退休干部座谈会、"加强离退休干部党建工作"座谈会和各类老干部座谈会6次，引导老干部展示阳光心态，感受美好生活，理解、支持玉环的"三改一拆""五水共治"等工作；按照省市部署，鼓励和引导老干部建言献策，梳理老干部的意见、建议，形成《玉环县老干部"走看促"活动总结》《玉环县离退休干部"走看促"活动建言献策》。

深化"争做最美老干部"行动，发挥老干部威望优势，引领老干部践行核心价值观示范作用。开展寻找"最美"系列推荐。按照省市做好"最美离退休干部党支书风采录”采编部署，在老干部中开展“寻找最美离退休干部党支部书记”“千名好支书”“万名好党员”等推荐工作，向省市推荐县公安局离退休干部党支部书记黄甫南、县海洋渔业局离退休干部党支部书记周方友作为“最美离退休干部党支部书记”人选，推荐离休干部郭口顺、退休干部林第昶作为全省“万名好党员”入选人员。在“七一”前夕，郭口顺、林第昶授予全省“万名好党员”称号。同时培树“最美”典型，深化“点亮微心愿”，向省市推荐郭口顺、林第昶作为全省老干部“最美人物”。加强“最美”团队品牌建设。以现有老干部工作室(中心)为基础，向省市推荐坎门禁毒阳光会所、沙门“三老”调解室作为“最美”团队参加全省“最美老干部工作室”品牌评选。开展“最美”事迹宣传。依托局门户网站开设“最美风采”“最美老干部风采”专栏，选择性地刊登老干部感人事迹，引导老干部学先进、找差距、争先锋，发挥老干部典型示范作用。

深化“银色人才志愿”行动，发挥老干部联系广泛优势，引领老干部参与玉环社会传递正能量。深化“银色人才”行动。按照《玉环县“银色人才”建库工作实施方案》要求，乡镇(街道)和部门及时发动组织本单位老干部认真填报《玉环县“银色人才”库基本信息表》，分门别类逐一造册，完善充实玉环“银色人才”库。按宣讲、帮教、科技、医卫、涉农、法律、调解、书画、摄影、文艺、诗词等分成11类志愿服务团(队)，开展志愿服务活动“一季一次”。组织“银色人才”志愿活动。组织坎门禁毒阳光会所的“五老”禁毒帮教志愿服务队12人，参加在黄岩区北门广场举行的“护航G20，增添正能量”银色人才志愿行动广场启动仪式。同时，组织部分志愿服务团队开展“G20保平安”“反邪教”“环保”等宣传活动。组建老干部“网宣员队伍”。在县老年大学和部分老干部中组建玉环县老干部“网宣员队伍”，引导网络宣传员在主流媒体网站上积极发声，传播正能量。

【加强老干部“两项”建设】 突出“五个一”，开展老干部“两学一做”学习教育。印发一套学习资料。为确保全县离退休干部党员“学有资料，做有依据”，4月，组织专人收集编发党章党规、习总书记讲话、老干部相关政策文件等“两学一做”学习资料“套餐”，及时送发给各离退休干部党支部。印发1500余份学习资料送到老干部党员手中。讲好一次专题党课。5月，组织各离退休干部党支部书记为本部门单位离退休干部上“两学一做”专题党课，帮助老党员进一步加深对《党章》《准则》《条例》《习近平系列讲话选编》等党的知识理解。开好一次座谈会议。6月，召开“两学一做”学习教育座谈会，组织邀请部分离退休干部党员围绕学好用好党章、领悟习总书记重要讲话和习总书记在“六一”儿童节前给大陈岛老垦荒队员后代、台州市12名小学生回信的“重要指示精神”等议题。组织一次主题征文活动。3月，印发《关于在全县离退休党员干部中开展“怎样做一个终身的好党员”主题征文活动的通知》，共收到70篇征文作品；5月，优秀征文在《今日玉环》“两学一做”专题上以专版刊登，编辑老干部党员的精彩语句在全县“两学一做”学习教育第4期专栏上刊登，引领全县党员学习；还推荐20篇征文选送市局参加评选和《第二青春》刊登，6篇征文获得市级一二三等奖。实施一次主题实践活动。在全县离退休干部党员中开展“纪念建党95周年，争做合格老党员”主题实践活动，各单位开展“老党员争先进”“老党员守规矩”“老党员展风采”“老党员促和谐”等主题实践活动，引导广大老干部党员争当先锋模范，不断传递正能量。

加强思想政治引领，认真落实离退休干部政治待遇。完善阅文学习制度。在老干部活动中心专门设立阅文室，征订各类杂志、报刊80多种，落实专人及时将文件资料供老干部阅读。认真执行通报情况。年初，召开县级离退休干部座谈会，县委书记张加波和县委常委、纪委书记李利兵分别向老干部通报2015年全县经济社会发展情况、党风廉政和反腐倡廉情况；年底，县委书记林先华和县委常委、纪委书记王正雷分别向老干部通报2016年全县经济社会发展情况、党风廉政和反腐倡廉情况；各单位及时向老干部通报本地本部门情况，切实把老干部思想行动统一到中央要求上来。组织参与重大活动。凡县委召开重要会议，特别是举行重大活动时或重大决策出台前，通过恳谈会、报告会、座谈会等积极邀请老干部参加。在召开县党代会、县“两会”前夕，县委书记张加波和县委副书记、县长林先华分别召开部分老干部座谈会，广泛征求对县党代会工作报告、县政府工作报告的意见和建议。积极邀请老干部参加座谈达7次，广泛征求听取部分县处级老干部的意见、建议。组织实地参观考察。各单位结合“走、看、促”活动，组织老干部县内就近就地参观考察。县级层面组织160人老干部参观考察2批次；乡镇、街道和部门层面组织老干部参观考察了县中心工作、重点工程、“五水共治”、三改一拆和“美丽乡村”等60批次达2000余人次，组织老干部各类座谈会70余次，引导老干部建言献策。开展走访探望慰问。年初，转发省委组织部、省委老干部局《关于在元旦春节期间开展走访慰问生活困难党员、老党员和老干部活动的通知》，各单位走访慰问生活困难党员、老党员和老干部共4800余人次，送去慰问金160余万元。在春节、七一前夕，县领导分组走访慰问老干部和中华人民共和国成立前老党员150余人次、送去慰问金15余万元。坚持日常走访慰问，组织老干部工作者走访易地安置离休干部和离休干部遗属共28人，在三八妇女节前夕走访慰问离休女干部14人，在“夏季送清凉”活动中走访慰问离休干部140余人次，在纪念中国共产党成立95周年前走访慰问中华人民共和国成立前老干部党员60余人次，不定期探望因病住院和在家休养的老干部200余人次，切实做好9位离休干部病逝后善后相关事宜，全年各单位共走访老干部达5500余人次。

创先载体，加强和创新离退休干部党组织建设。开展老干部党建工作调研。会同组织、机关党工委等部门开展离退休干部党工委建设、“我看党的建设”专题调研活动，召开“加强离退休干部党建工作”座谈会，形成《关于“加强离退休干部党建工作”调研报告》；创新老干部党组织建设。在县老年大学、县老干部门球兴趣协会建立临时党支部基础上，进一步加强以离退休干部为主体的涉老社团党组织建设，拓宽党组织覆盖。已在全县老干部地掷球、台球、乒乓球、桥牌和象棋等5个活动兴趣协会中建立临时党组织5个。加强老干部党员教育管理。采取定期学习、集中辅导、交流讨论等形式，强化对离退休干部党支部书记、学习组长常态化教育培训。各单位离退休干部党支部，坚持理论学习、组织生活等制度，健全“三会一课”。创新思想政治工作方式方法，充分发挥局域网站、党员远程教育网等为离退休干部搭建网络学习平台，强化对离退休干部党支部骨干和党员的常态化教育培训。

【深化“三张网”建设】 深化倾情关爱服务，认真做好老干部“四就近”工作。县领导为老干部办实事。原县委书记张加波、县委书记林先华、县长吴才平等县领导重视老干部工作，召开老干部座谈会，听取老干部的意见、建议，对《2016年县级离退休干部座谈会老干部集中反映的问题汇报》作出批示；在县“两会”的政府工作报告中，将新建城乡社区居家养老服务照料中心55个列为8个“为民办实事”之一，投入资金加强建设。整合资源做好社区“四就近”服务。根据离休干部年龄逐年增大、行动不便等情况，特别是离休干部晚年精神生活相对孤独和寂寞，推行亲情关怀、上门服务，要求各社区领导结对服务人员、志愿者定期或不定期上门服务、上门谈心、上门送学习资料，加强与老同志沟通、疏导不良情绪。探索实践“医养结合”模式。在长者公寓内开办洪福堂养生院开设中医科、保障科、康复医学科等。在垟青社区创办“金夕家园”养老中心,实践“医养结合”模式,让老干部在社区得到生活照料。综合利用社会优待、志愿和市场化服务。在乡镇、部门推进年轻干部与原单位老干部志愿结对工作,依托青年志愿者服务中心和义工协会组织,在重大节庆日期间开展为老服务活动,志愿者、义工和各社区服务队深入老同志家中开展各种服务,各个社区都建立各具特色服务队伍,与老同志开展一对一服务。

深化生活关爱服务,认真落实离退休干部生活待遇。落实老干部生活待遇。由县财政安排专项资金保障老干部离退休费,由县社保中心统一报销住院费,认真落实离休人员、机关行政退休干部的津补贴享受同职级在职人员的90%、80%;确保老干部各项生活补贴都按时发放、落实到位,医药费按规定予以报销。5月,召开老同志学习座谈会,听取意见、建议,加强与人力社保、财政等部门协调,落实抓好转制企业离休干部福利费享受的问题,规范两项经费使用。健全老干部医保健康机制。由县财政拨款专项经费220万元用于老干部健康体检,4月、9月分别组织3200余位退休干部职工和退休教师及120多位离休干部进行健康体检,更新老干部健康信息库。按照规定落实浙江省委组织部5个部门联合下发的《关于提高我省部分离休干部医疗待遇的通知》文件精神,提高117位离休干部医疗待遇。不定期组织老干部药品安全、健康养生、医疗保健等专题知识讲座3次。落实老干部住房货币化政策。按照《玉环县住房分配货币化工作实施意见》,由县财政安排1000万元专项用于发放货币化房改补贴;会同住建、财政、人力社保、房管等部门,做好从1975年1月1日至1980年12月31日前参加工作的第九批534名退休干部货币化房改补贴发放的审核、查证等工作。

深化困难帮扶服务,完善老干部关爱帮扶救助体系。对全县各单位生病住院、长期卧床、“空巢”独居、家庭出现重大变故等有特殊困难的老干部开展调查摸底,根据困难老干部的不同情况和困难不同程度进行分类,对符合帮扶条件的困难老干部给予登记、分类入库,实行动态化管理,健全困难老干部信息库。同时,健全完善全县老干部关爱、困难帮扶救助体系,启动县老干部困难补助基金15万元,对各单位上报符合困难补助条件的73位老干部进行核实、公示、审批,以便帮扶补助款最终发放到困难的老干部手中。

【加强“两个”阵地建设】 加强老干部活动中心规范建设。规范活动中心管理。坚持从完善内部管理、规范服务行为入手,重视活动中心内部建设,建立无线网络全覆盖服务、方便老干部;执行机关干部双休日“轮流值班制”,确保老干部活动中心全天候开放;办好《健康文摘》期刊,开展老干部活动室“幸福之家”创建“回头看”工作,全面提升老干部活动中心“满意家园”规范建设,提升基层老干部活动室“幸福之家”服务管理水平。加强基础设施建设。财政划拨20万元修缮老干部活动中心内外墙,财政追加投入8万元用于该中心多功能厅的舞台、音响、灯光、窗帘等更换维修。加强兴趣协会指导。指导老干部门球兴趣协会临时党组织开展“两学一做”学习教育、观看影片、听辅导报告等活动。同时,加强老干部活动阵地团队建设指导工作,召集活动兴趣协会负责人座谈会,开展“送技能下乡”活动,定期组织老干部兴趣协会技能培训、交流和各类比赛活动,组织部分老干部兴趣协会赴国内、省内交流、比赛活动,发挥示范引领作用。

加强老年大学建设管理。加强老年大学临时党支部建设。开辟党建活动室,完善县老年大学临时党支部党建相关制度,将入党誓词、“三会一课”、党员权利义务等张贴上墙,安排组织2次党课,邀请县讲师团成员作专题讲座。同时,组织老年大学党员参加“庆三八”书画作品展、“反邪教”

进社区、“计量”宣传进校园，以及纪念中国共产党成立95周年暨中国工农红军长征胜利80周年的书画笔会、文艺会演、书画摄影作品展、知识竞赛、唱支红歌给党听等活动。加大老年大学管理投入。县财政安排2万元资金，采购教务管理系统及相应身份证阅读器、电脑等硬件设施，规范教务管理，加强过程管理。加强教学管理。优化课程设置，开设文学语言类、书画摄影类、医学保健类等6大类12门专业课程，开设诗词特色专业课程，形成书法、音乐、越剧等精品课程。编印《教师备课本》由教师做好记录，班长负责《班级记事本》记录。健全规章制度，形成《规章制度汇编》《教学管理制度汇编》，组织学员对越剧、太极拳、文学等任课老师的教学进行满意度测评，满意率98%以上。加强校园文化建设。刊出《晚花园》黑板报3期，在书画展厅布置陈列书画摄影作品，编印《古韵园地》诗词册1本。同时，依托老年大学校艺术团、书画研究会、文学楹联社等3个社团组织，组织送戏进村居(赴干江羊坑村、城关垟青社区等)，书画研究会送书画进党校(用于布置县委党校新葺校舍)、书画进教育基地(火山茶基地)、送书画进漩门阀门城竹博园，文学楹联社编印4期《玉环诗词》、4期《玉环楹联》。

开展老干部“文化养老”活动。开展适合老干部特点活动。以兴趣协会为载体，举办“庆三八”门球比赛、“庆五一”地掷球比赛、纪念建党95周年系列活动，以及台球、乒乓球等各类文体比赛。组织老干部参加浙江省第二届社团运动会地掷球比赛荣获女子三人组冠军，第二届社团运动会飞镖比赛获荣老年组男子冠军；获浙江省老年人门球比赛冠军，并获得代表浙江省参加全国老年人门球比赛资格等殊荣。组织“文化养老”活动。拟定“文化养老”活动实施方案，开展全县性的老干部职工台球、乒乓球、象棋、桥牌等比赛；组织老干部参加全县干部职工运动会老年组项目比赛，以及老干部职工的台球、地掷球、乒乓球、飞镖等精英赛。

【加强老干部工作部门建设】 开展“两学一做”学习教育。研究制定《实施方案》，列出《全年“两学一做”学习教育主要任务安排表》，分四阶段29个项目扎实开展“两学一做”学习教育，通过组织观看《冲锋号》《没有共产党就没有新中国》电影，开展“学党章、强党性、做表率”活动，撰写学习心得体会，开展党员“重温入党誓言”、党员登山等活动；邀请县讲师团作专题讲座；开展“支部书记上党课”活动，引领党员学毛泽东《党委会的工作方法》，读经典原著《红岩》。对接“强基惠民村村帮”工作。局领导走访清港镇茶头村中华人民共和国成立前老党员，送去慰问金。结合“五水共治”“点亮微心愿·汇聚正能量”等活动，局领导带队组织机关干部参与大麦屿龙山社区创建国家卫生城市复评、国家“森林城市”创建，完成“强基惠民村村帮”工作。做好“双先”评选推荐。认真做好老干部省市老干部工作先进集体和先进个人的推荐、评选工作，大力宣传“双先”典型，积极营造争先氛围。5月，开展两个《宣传提纲》学习研讨，组织老干部工作者参与“弘扬红船精神，争当‘双优’征文”比赛，陈良为获得省征文一等奖。加强机关党风廉政建设。完善局机关廉政风险干预教育制度，发送廉政风险短信35条次，对党员干部进行党性党风党纪教育。严格执行履行主体责任情况报告、述职述廉等制度，定期做好局机关“三公”经费公示。抓好老干部信息宣传调研工作。加强信息化建设，建好老干部工作网站；做好《老干部建言献策》报送工作，及时向省市局平台上报各类信息，《浙江老干部工作》录用4篇、省局网站录用33篇、《台州晚报》刊登3篇、市局网站45篇等；选送老干部工作调研课题5篇。

(陈良为)

新闻信息

【概况】 《今日玉环》是一份免费赠阅的周一至周四八版、周五十二版彩报。2016年,新闻信息中心不断将报纸采编能力与公信力等优势向互联网和新媒体延伸。现有工作人员55人,其中在编人员16人。内设办公室、财务室、新闻部、周末特刊部、版面合作部、校对室、群工部、广告部8个科室。围绕县委、县政府工作重点,关注新常态下的创新活动,以围绕栏目搞活动,搞好活动养栏目的工作思路,求新求发展,不断锤炼报道深度。通过提升高度、挖掘深度、拓展宽度、调整亮度、激发热度来完成各项工作任务。

【会议报道提升高度】 2016年的"两会"和党代会将规定动作和自选动作有效结合,力求旧闻写出新意。发挥采编新手的不同优势,集中力量进行重点报道,创新"喜迎两会、代表委员心声、喜迎党代会"等众多栏目,同时开设"来自市人代会的报道"等栏目。会前,对全县各行各业的亮点工作进行回顾报道。会后,开设"学习贯彻五中全会精神、学习贯彻十八届六中全会精神(小贴士)、党代会精神'回眸十二五、展望十三五'等栏目",全面贯彻会议精神,营造良好的舆论氛围。5月,全县工业发展大会后,中心连续推出三大评论文章,并推出"全力打造工业强县,改变角色 服务为重"系列报道。连续开设四个子栏目:"贯彻工业发展大会精神"栏目,重点解读林先华书记的讲话精神;"当好主角,唱好大戏""铸玉环发展新辉煌——走进巨龙企业"栏目,侧重报道工业企业;"改变角色 服务为重——一把手访谈",侧重报道涉工部门。

【活动报道挖掘深度】 "美行玉环·精彩故事"汇集成书。该栏目开辟两年多时间,分设"百姓故事""行业故事""一线故事""最美护士""走进最美金婚夫妻"等五个子栏目,成为《今日玉环》围绕栏目搞活动的拳头栏目。不少稿件被评为当月好稿,有的还在省区域报工委年度评选中获奖,两年共刊出160多篇,其中精选80篇优秀作品汇集成册,出版《来自一线的明星》一书。组织记者走基层"抓活鱼"。7月,根据一线建设者战高温斗酷暑,坚守工作岗位,推进县46个重点建设项目的实际情况。中心推出"走近高温下的劳动者"栏目,让记者走进施工现场,感受艰苦作业,写出27篇新闻作品。周末特刊也积极跟进,以独特的视角,记录重点项目的进展与艰辛之美,留下宝贵的历史资料。其中一篇文章在台州市青年媒体记者新闻技能大赛中获奖。国卫复审迎检报道力度大。从开始各类图文并茂的曝光,到最后推出的创卫综合稿——《创卫,融入城市的每个细胞》,无一不倾注采编人员的心血。同时还不惜版面,开设与之配套报道的栏目:"礼让斑马线""无违建县""小城镇环境综合整治行动""打好治危拆违攻坚战,消除安全隐患惠民生""两学一做""在玉环"等,其中"两学一做"栏目还开设了"精准补短、服务发展""省千名好支书""党员微故事"等子栏目。"互看互学互比"深化全年。专设"深化互看互学互比·营造比学赶超氛围"栏目和子栏目"三改一拆在行动""五水共治在行动",全面报道各部门、各乡镇在"互看互学互比"活动中的一些重要做法和好典型,大篇幅持续性地报道此项活动。并在建党95周年来临之际,开设"庆七一展风采 身边的典型"栏目,报道优秀党员和先进党组织。

【民生报道拓展宽度】 新栏目设置接地气。除四版设置为民生版以来,增设的"菜场看民生""微平台、微报料""热线调查""身边的小贴士"等栏目更贴近百姓需求解决百姓所需之外。在一版新开设"为民办实事——年中追踪"栏目,追踪"两会"上政府为民承诺办好"八件为民实事"的落实情况,内容涉及污水治理、养老服务、食品安全等。在玉环空气质量排名全市榜首的背后，是全县近年来掀起的一场空气质量创优“革命”，中心及时抓住焦点，推出“探访玉环蓝”栏目，向百姓讲述“玉环蓝”背后“治、防、管”的故事。该栏目对发生在身边的不文明行为进行及时曝光，全年先后曝光50多件问题性新闻事件，并有40多件得到妥善处理和解决。同时还开设“文明有礼　美行玉环”曝光台与倡议书多管齐下。在2015年开设“清剿火患·火灾隐患曝光台”“整治消防隐患·建设平安玉环”等栏目的基础上，2016年，增设“整治畜禽养殖·消除环境污染”等栏目。周末特刊创新本土化。周末特刊力求创新，本土人文作品不断推出，不少文章具有史料价值。特别是“拍拍拍”专栏，走上良性发展的轨道，好照片、好题材不断涌现，社会活动日益加强，摄影队伍不断壮大。连续推出玉环摄影人的个人摄影专题和重点项目摄影专题。“听潮”版与县作协合作，推出本土文学栏目“笔走榴屿”，刊出超过150篇本土风情类散文诗歌作品，并于6月18日第100期举办“笔走榴屿创作谈”专题文学沙龙。

【多元化报道调整亮度】 中心借助新浪微博、腾讯微博、微信公众号、掌上玉环和《今日玉环》网站等平台，不断开拓发展新媒体。自2014年7月开通新浪微博和腾讯微博以来，工作日每天至少更新3条新闻，截至2016年年底，新浪微博共发表微博数2711条，粉丝725名；腾讯微博共发表微博数2334条，粉丝100名。《今日玉环》网站于2014年5月开通，7月开始正常更新，每天更新报纸上所有的玉环本地新闻以及每周的七彩校园内容，共发表文章8868篇。微信公众号2014年5月开始发送新闻内容，每个工作日选取4～8条新闻发送，每周六发送周末版内容，截至2016年年底，粉丝数共7567名，共发送新闻3900多篇。

【资源互补激发热度】 版面合作运行顺畅。通过整合设立的版面合作部运行顺畅，深化对部门、乡镇的服务意识，充分发挥自身优势，继续与各乡镇、县环保局、县教育局、县卫生局、县电力局、县公安局、县消防大队、县慈善总会、县国土局、县财政局、县人口计生局等联合开设专版，其中刊出《乡镇风采》44期、《生态与环保》18期、《法苑》12期、《教育视窗》12期、《人民医院》7期、《电力之光》12期、《玉环消防》11期、《玉环慈善》3期、《国土之窗》8期、《七彩校园》38期。强化管理规范制度。中心不断修订完善相关制度，强化内部管理制度。重新编印新闻中心规章制度汇编成册，要求每位从业人员熟练掌握制度汇编的各项内容。通过每月一次的“评好稿”业务活动，提高服务水平和办报质量；注重人才引进，公开招聘校对人员和财务人员，以充实采编队伍，提高新闻工作实力、活力和战斗力。自主广告经营良性发展。继续实行自主广告经营，实现广告经营的良性发展，并采取有力的奖励措施，促进广告经营人员能全身心投入广告运营。在玉城街道建立的5个电子阅报栏运行常态化，《今日玉环》多媒体数字报延伸了报纸的服务触角。加强对投递人员的监管力度，对发行工作中存在的问题进行自查和整改，以更好地提高发行质量。同时，还调整和完善城区和主要集镇的发行策略，加大对城区、社区及第三产业的投递力度，无偿为酒店、宾馆、公众消费区等区域送报纸，提升投递质量，提高《今日玉环》知名度。历史数字报运行正常。随着信息传播渠道和方式的不断变化，建立2004年《今日玉环》复刊以来的历史数字报，使之成为加强与受众联系的又一条有效途径。数字报运行以来，受到各方的普遍关注和好评，既整合资源，又培养受众的阅读习惯。

（楼慧慧）

对外宣传

【加强对外宣传】 2016年,开展外宣稿件奖励、"三优"(优秀栏目、优秀新闻工作者、优秀作品)评选奖励活动,鼓励和调动全县新闻工作者积极向上多发稿、发好稿。全年有3000多条新闻稿件被上级媒体录用,其中新华社《国内动态清样》1篇,《浙江日报》头版录用3条,央视《新闻联播》录用1条,《浙江领导参考》1篇,《浙江新闻联播》头条录用4条,央广《中国之声》录用12条,在人民网、新华网、光明网等主要网络媒体中刊发稿件1500余篇。

【加强形象宣传】 修改完善"海上都市、美丽玉环"城市形象广告片,在央视一套和央视新闻频道并机直播的《新闻30分》栏目投放播出。借助央视、新华频媒等中央、省市各级平台,开展玉环形象宣传。以吴棣梅为原型创作的现代越剧《我的娘姨我的娘》在央视11套播出;反映郭口顺老人几十年钟情关心下一代工作的纪录片《等你回家——爷爷们给我的家》在央视12套播出;反映苏泊尔集体董事长苏增福创业故事的纪录片在央视2套《中国财经报道》栏目播出;记录以苏明阀门、博行机械等企业为代表的玉环企业家专注品质、注重品牌发展的纪录片在央视发现之旅频道《品质》和《工匠精神》栏目播出;反映玉环农渔民转产转业、致富创业为主题的纪录片分两集在央视2套《生财有道》栏目播出。

【加强对外文化交流】 印发《2016县情概要》,制作《让世界听见玉环》等宣传片,借助台湾车辆到浙江(台州)自驾旅游考察等对外文化活动活动,做好宣传推介,进一步提升玉环的知名度和美誉度。

(张　鑫)

对台工作

【概况】 县台办是县委、县政府专门负责处理涉台事务和涉台管理工作的党政机关单位。主要承担探亲台胞、台属的接待,台湾渔民的管理,开展对台宣传教育、对台经贸合作、两岸交流交往等工作职能。县台办编制3名,内设综合科,实有人员4名;下属事业单位县台湾同胞接待站编制10名,实有事业人员10名;管理县海峡两岸交流合作促进会和指导县台属台胞联谊会民间团体开展工作。2016年,深入贯彻执行中央对台方针政策,围绕巩固深化两岸经济社会融合主题,结合"乡情延续"和"一县一品"两项工程,贴紧县委、县政府中心工作,认真开展对台交流合作促进年活动,取得一定成效。

【接待服务】 走访慰问台湾省籍同胞、台胞台属、台商60人次,向台北玉环同乡会寄送春节贺卡60多份。做好春节、元宵节、清明节、中秋节等中华传统节日的走访慰问工作,送去慰问金和礼物。接待到玉环从事经贸活动、旅游、探亲等台胞1300人次,办理赴台团队旅游、商务、探亲等600多人次。

【对台宣传】 办好玉环·台湾"青年微讲坛"活动,全年举办三期,邀请一批台湾专家学者、知名人士来玉讲学,推动两地游学交流,支持青年成长。引导"走出去,请进来"参访学习,助推本地各行各业借鉴现代企业管理、职业教育等"台湾经验"。加强县台联会组织"以经促政"各类学习宣传活动,在广大台胞台属中普及开展台海新形势教育。启动编纂《玉环台联三十年》,回溯玉环对台交流史,多方位塑造玉环对台重点县整体形象。成功举办"两岸情·一家亲"2016玉台两地迎中秋联欢晚会,加深玉台两地同胞的相互了解,联络感情,拉近心灵契合。

【对台经贸】 围绕"两大平台"建设,助力推进玉台经贸合作。充分发挥"一县一品"对台直航综合优势,促进浙台(玉环)经贸合作区和县海峡两岸(玉环)商品交易物流中心两大平台建设。助力推动玉台两地经贸合作,助推开展台湾车辆来台州自驾旅游考察活动、两岸游学培训计划等,联合招商、经贸、商务等部门及有关社会团体,调动台湾志工顾问的积极性,重点围绕工业主导产业、现代服务业、现代农业等开展招商引资、参展推介活动。按照"稳小贸,拓大贸"的原则,巩固对台小额贸易业务,出口贸易额达1480万元,与2015年基本持平。

【对台交流】 加强县海峡两岸交流合作促进会、县台联会与台湾有关社团组织的互动联谊交流,举办披山籍台胞"寻根故乡行"活动,邀请台胞二三四代人员到玉环集体参访,增强年轻代台胞的归属感。支持县台联会组建"访台探亲团",鼓励大团组参访和小分队探访有机结合,5月,县台联会组织百余位台属赴台走亲连心,重点走访台北、屏东玉环新村等玉环籍同胞聚居地。6月,首次邀请玉环籍台胞35人组团到玉环"寻根故乡行",回披山故乡参访探亲访祖,叙亲情乡情。筹备建立台湾玉环经贸文化联谊会,与县海峡两岸交流合作促进会加强对接交流,并形成新生代工作合力,开拓玉台交流合作新渠道。

【自身建设】 加强县台胞站建设,探索适应新形势的工作运行体制,积极筹建台胞综合服务中心,让其全面参与到对台交流联络、台胞台属服务等工作中来。认真对待县纪检部门对台胞站的巡查工作,积极督促落实整改工作,并以此为契机,坚持不懈推进作风建设,以点促面贯彻落实全系统的党风廉政建设主体责任。加强信息和调研工作,其中牵头起草的《加强我县对台经贸合作工作的思考和建议》调研报告得到县政协的重视,作为港澳台侨民宗委专报件呈送县政府作决策参考。积极开展台办支部活动,加强涉台保密工作,重视抓好赴台行前教育等工作,有效强化台办系统的日常工作开展。

(林高龙)

玉环县人民代表大会常务委员会

【概况】 2016年,是县十五届人大常委会任职的最后一年,常委会以党的十八大、十八届三中、四中、五中全会精神,按照统筹推进"五位一体"总体布局和协调推进"四个全面"战略布局的要求,服务大局,关注民生,推进法治,切实履行宪法和法律赋予的职责,各项工作取得新进展和新提高。全年共召开常委会会议11次、主任会议19次,听取和审议"一府两院"专项工作报告20个,作出决议决定13件,作出审议意见书3份,提出抄告单12份;组织开展检察官履职评议和人大代表换届选举工作,审议决定重大事项,做好代表工作,切实加强自身建设,较好地完成县十五届人大五次会议确定的各项任务。

【召开县第十五届人民代表大会第五次会议】 会议于2016年3月8日至11日在玉城举行,共有代表215名(其中1名暂停履行代表职务),出席会议代表210名。会议听取和审查县长林先华所作的政府工作报告;审查玉环县国民经济和社会发展第十三个五年规划纲要;审查玉环县2015年国民经济和社会发展计划执行情况、2016年国民经济和社会发展计划草案的报告;听取和审查玉环县2015年财政预算执行情况和2016年财政预算草案的报告;听取和审查县人大常委会主任吴柏青所作的玉环县人民代表大会常务委员会工作报告;听取和审查县人民法院院长陈微春所作的玉环县人民法院工作报告;听取和审查县人民检察院代检察长余文权所作的玉环县人民检察院工作报告。大会首次以电子表决的方式通过上述报告,作出相应的决议。会中,组织县人大代表对玉环新城、乐清湾跨海大桥、大麦屿港区进行了视察,让代表们亲身体验玉环县重点工程建设的成就。大会通过无记名投票方式进行依法选举,选举余文权为玉环县人民检察院检察长,并报请台州市人民检察院提请台州市人大常委会批准;补选陈海瑾、龚觅、曾子文为县十五届人大常委会委员,并进行了宪法宣誓,是玉环县首次对人代会选举产生的国家工作人员进行宪法宣誓。大会共收到代表议案、建议247件,其中议案226件,建议、批评和意见21件。经大会主席团第四次会议确定,2件议案列为大会议案,即《关于尽快实现我县天然气供应的议案》《关于加强全县农村生活污水治理工程监管及后期运行维护管理的议案》。

【支持和促进经济转型升级】 密切关注全县经济发展态势,听取和审议"十三五"规划纲要编制情况的报告,通过"十三五"规划纲要的决议。听取和审议上半年政府工作报告,充分肯定县政府所做的工作和取得的成绩,并就优化产业结构、推进重大项目建设、加快补齐发展"短板"等提出意见建议。重视工业经济发展,听取和审议县政府关于解决小微企业用地难工作的报告,关注新的经济增长点的培育,听取县政府关于电子商务情况报告,向县政府送交抄告单。组织代表视察旅游事业发展情况,督促政府谋划好全岛景区化的整体思路。持续关注大麦屿港开发开放,重点监督海峡两岸商品物流交易中心建设情况。组织视察甬台温高速复线乐清湾大桥及接线工程、温岭泽国至玉环大麦屿疏港公路工程和76省道复线拓宽工程,支持和督促政府解决工程建设中质量保障、规划完善等问题,稳步推进工程建设。重视城市发展,听取新城建设情况、"三改一拆"拆后规划及利用情况等报告,督促政府拓展城市发展空间。

【强化公共财政监督】 听取和审议县政府关于2016年上半年预算执行情况、2016年预算调整报告、2015年财政决算报告及审计工作报告,审查批准2015年度财政决算,同意财政预算调整方案,注重审计发现问题整改实效,推动审计发现问题整改到位。督查财政预决算批复和信息公开,听取县政府关于政府性债务情况的汇报,作出债务限额的决议。加强监督财政资金使用情况,听取县政府关于部分财政专项资金绩效评价的汇报,督促政府规范评价行为,提高绩效评价工作质量,发挥绩效评价工作实效。指导乡镇人大开展预算监督,深入实施乡镇参与式预算,推动预算的科学编制。

【维护人民群众利益】 持续监督水环境改善,重点监督污水处理设施及管网建设和楠溪江引水工程建设,听取污水处理设施及管网建设专项工作评议意见落实情况的报告,并进行满意度测评,支持和督促政府加强水源地保护,加快推进楠溪江引水工程,实行河道水环境常态化整治。持续关注卫生事业发展,以专项调研、听取报告、集中审议等方式,跟踪监督加强卫生事业发展决定落实情况,提出进一步加强卫生事业投入,重视卫生人才队伍建设,深化医疗卫生体制改革,积极营造尊医重卫良好氛围等意见建议。重视教育发展,关注职业教育发展、教师队伍建设情况,组织代表视察城北学校、坎门小学、楚门小学田岙分校、清港小学芳杜分校、玉环新城学校建设情况,听取义务教育标准化学校建设情况的汇报,对校网布局、教育规划、创建难点破解、环山小学和民办民工子弟学校办学等方面提出意见。专题调研县公安局搬迁后的环山小学改扩建工作,形成调研报告供政府决策参考，推动环山小学改扩建方案实施。持续关注食品安全情况，组织视察公共文化设施建设情况。把群众期盼的住房、用气安全、外来人口服务等热点问题作为重点监督议题，听取保障性住房建设和管理情况的汇报；针对燃气管理工作存在薄弱环节和安全隐患问题，跟踪督查燃气管理工作，第二次听取审议意见落实情况的报告，并作满意度测评；听取外来人口服务管理情况的汇报，提出加强日常服务管理、拓宽服务领域、完善居住证和积分制等意见建议。

【开展检察官履职评议】 开展第二轮检察官履职评议，从2016年4月开始，通过抽阅案卷、组织代表旁听庭审、走访座谈、民主测评等方式，对检察官履职评议动员会上随机抽取的2名检察官的履职工作进行评议。抓好评议调查、评议对象自查和面对面评议等环节，认真督促被评议对象开展有针对性的整改，听取评议意见落实情况报告，进行满意度测评，进一步提升检察官队伍司法能力，维护公平正义，构建和谐社会。

【做好司法监督和信访工作】 听取和审议关于“七五”普法规划制定情况的报告，作出关于开展第七个五年法治宣传教育的决议。听取和审议县人民法院、县人民检察院上半年工作报告，督促司法机关坚持司法为民、公正司法原则，改进工作作风，提升办案质效，不断提高司法效率和审判水平。调研县人民法院执行工作情况，督促法院加大执行工作力度，切实维护当事人合法权益。联合县普法办、县司法局举行国家宪法日暨第16个全国法制宣传日活动，突出宪法宣传主题，开展小城镇环境综合整治相关法律法规宣传。依法开展规范性文件备案审查工作，全年共审查规范性文件56件。严格贯彻执行《浙江省信访条例》，全年共受理群众来信来访138件(次)，加强对重要信访件的跟踪督查，促进信访事项的办理落实。

【行使法定任免职权】 坚持党管干部和依法任免相统一的原则，通过发挥人大常委会组成人员中党员的作用，使党组织推荐的人选经过法定程序成为国家政权机关的领导人员。坚持任前了解、法律知识考试、与常委会组成人员见面、表态发言、任后颁发任命书、宪法宣誓等制度和程序，促进人事任免工作更加科学规范。全年共接受人大、政府、法院等工作人员辞职11人，依法任免国家工作人员51人次，从组织上保证国家机关的有序运行。

【保障代表依法履职】 广泛发动省、市、县、乡镇四级代表全部参与人大代表联络站活动，不断拓宽人大代表联络站诉求渠道，使零距离接触群众成为常态化。试行“网上代表联络站”，推动清港“网上代表联络站”建成。畅通知情渠道，邀请代表列席常委会会议，组织代表参与半年度通报会、执法检查、集中视察、专题调研等活动，增强代表履职的主动性和积极性。围绕县乡两级换届选举工作，多次组织专题培训，各代表中心组组织代表开展培训。丰富代表活动，持续深化“代表活动周”，深入开展查找“短板”专项活动，为县委、县政府的科学民主决策提供依据。做好县十五届人大五次会议议案建议的交办工作，紧扣“精准交办”，完善交办机制，依托网上议案管理系统，对代表提交的议案建议进行初步梳理分类和落实承办单位。实施“交办清单”制度，将各主办单位所承办的议案建议、办理要求、办理时限等各项事宜纳入清单，由主办单位负责人签收，压实责任。坚持以“代表建议督办月”活动为抓手，以分线督办、分组督办、会议督办、通报督办等形式，督促议案办理落到实处。实行重点议案建议办理“面对面”，2件大会议案和7件建议，由常委会领导领衔督办，以召开集中办理会或集体面商会的形式进行现场面对面办理，当面沟通交流，当场办理落实，取得较好的办理实效。持续推行答复件分类管理和代表意见征询合议制，真实反映代表意愿。听取政府办理情况报告，开展好议案评比活动。县十五届人大五次会议期间，共收到代表提出的议案、建议247件，经各承办单位的努力全部办结，初次反馈的满意、基本满意率为95.55%；11件不满意件经重新办理，代表表示满意。

【做好人大代表换届选举工作】 常委会深入学习贯彻中央和省市县委文件精神，加强对换届选举新情况新问题的研究，确保换届选举工作的正确方向。依法主持县人大代表选举，认真做好代表名额分配、选民登记、选区划分、推荐连任代表的建议人选、协商确定候选人、投票选举等各项工作。依法决定县乡人大换届选举有关重大事项，协同召开换届选举工作会议进行动员部署，通过举办培训、运用新媒介等形式加强对换届选举工作的指导。成立县乡两级选举委员会，加强对重要情况和工作的协调处理，把握正确舆论导向，确保换届选举工作顺利进行。加强对选举法律法规执行情况的检查，督促查处妨碍选举的违法违纪行为，保障代表和选民的民主权利。选举产生220名县人大代表、447名乡镇人大代表，新一届人大代表结构得到优化，整体素质有新的提高。

【加强自身建设】 坚持常委会法制学习会制度，邀请专家开设换届选举专题辅导讲座，提高常委会组成人员和人大工作人员的法律素养。强化调查研究，重点围绕推动人大工作和改革、发展、民生等热点难点问题开展工作调研。充分发挥常委会组成人员在审议过程中的主导作用，着力提升常委会审议质量，不断增强审议实效。注重工作作风改进。坚持各委办月度工作通报制度，加强工作领导，强化工作配合。切实推进监督公开，做好常委会重大活动的新闻报道，邀请新闻媒体参与主任会议报道，认真做好信息报送。加强人大网站建设，规范网站日常管理。

【推进基层人大建设】 组织召开4次乡镇人大主席联席会议，就人代会会议议案建议的交办和督办工作、县乡两级人大换届选举等工作进行研究和探讨。坚持先进引路，适时推介典型或外地人大的先进经验做法，让乡镇(街道)人大在“先进引路”中不断拓宽工作思路，开阔视野，在学习借鉴中发挥主观能动性，推进乡镇(街道)人大的工作。针对人事变动较大，新任的乡镇人大负责人对业务不熟悉等问题，在换届选举工作中，加强实际操作过程中的指导，帮助研判相关选情及实际出现的新情况、新问题，指导各乡镇人大同步做好新一届一次人代会的筹备工作。支持乡镇(街道)人大开展评议政府及部门工作，发挥代表监督作用，推进乡镇(街道)人大建设。

(高丹雅)

政府·政协

玉环县人民政府

【概况】 2016年,全县实现生产总值465.13亿元,增长7.8%;财政总收入74.34亿元,其中地方财政收入42.62亿元,分别增长2.8%和8.9%;固定资产投资194.94亿元,增长19.2%。社会消费品零售总额170亿元,增长12.2%。城镇常住居民人均可支配收入55979元,农村常住居民人均可支配收入27446元,分别增长8.5%和9.0%。居全国科学发展百强县第28位。

【转型升级】 扶工助企深入开展,兑现工业扶持资金2亿元,减免各类税费7.80亿元,规上工业产值、规上工业增加值分别增长2.7%、6.8%,一举扭转了规上工业连续13个月负增长的局面,实现工业经济触底反弹、企稳回升。对重大工业投资项目实行"一事一议""一企一策",引进重大项目30个、省外产业项目到位资金30.9亿元,浙商资本回归25.4亿元,其中双环产业园、晶科产业园总投资分别达12亿元、31.5亿元,均实现当年签约、当年开工。连续11年举办科技·人才活动周,国家、省"千人计划"人才各引进1人,国家知识产权示范企业实现零的突破,新增院士专家工作站1家、高新技术企业23家,每万人发明专利拥有量连续13年居台州市首位。培大育强成效明显,永和智控、正裕工业成功上市,"新三板"挂牌企业新增3家。金融助企创新开展,设立转型升级产业基金、小微企业信保基金,出台商标专用权质押贷款扶持办法,优化调整"满意银行"评比办法,企业债务危机处置总体平稳。大麦屿港历史性实现国际贸易交割,迈入国际港口行列,对台海上客运直航累计运送旅客超15万人次,货运直航实现常态化运行;台湾车辆首次来台州自驾旅游考察活动顺利开展,玉环成为全省首个、大陆第三个实现台湾自驾车辆"登陆"的地区。整合全县旅游资源,启动创建国际海岛旅游目的地,玉环国家海洋公园项目获国家海洋局批复同意,旅游总收入实现85.17亿元,增长30.7%。楚洲人才梦工厂获评国家级众创空间,全县网络零售额增长53.1%,连续3年跻身"全国电商发展百佳县"。现代农业加快转型,完成农村经济合作社股份制改革和农村宅基地流转改革,开展农村土地确权登记颁证,县乡两级农村产权交易平台全面运行;建成粮食生产功能区349.93公顷,新增省级农业龙头企业1家;渔业"一打三整治"、农业畜禽养殖场整治走在全省前列。

【项目建设】 完成交通总投入42亿元,增长23.2%,投资总额和增速连续3年领跑台州市。乐清湾大桥及接线工程形象进度达80.6%,228国道玉环段工程完成投资3亿元,226省道拓宽沙门至龙溪段提前3个月建成通车，226省道龙溪至坎门段改建工程获省发改委批复，漩门湾大桥及接线工程、228国道清港连接线工程方案通过评审。新城完成投入30.7亿元，县委党校、广电中心、邻里中心、亿联国际阀门城一期、开发区综合物流园等一批项目投用。老城改造实现提速，城区60号地块住宅项目完成总工程量65%，三合潭区块“退二进三”项目成功出让，坎门后沙区块达成投资意向协议。全县完成工业供地97.8公顷，其中海洋经济转型升级示范区一期供地33.8公顷；沙门滨港工业城二期供地27公顷，干江滨港工业城供地8.73公顷。电力保障全面加强，220千伏九清输变电工程完成总工程量50%，110千伏古顺变完成基础回填，古城至灯塔110千伏线路实现投运，晶科能源200兆瓦光伏项目实现并网发电。

【城乡面貌改善】 “五水共治”完成投入7.8亿元，大麦屿污水处理厂投入试运行，新增城镇二、三级污水管网26.1千米；新建、改造供水管网29.6千米，楠溪江引水项目前期稳步推进。“三改一拆”拆违239.7万平方米、改造250.8万平方米，拆后利用率达85.5%。美丽乡村加快建设，美丽公路“十三五”总体规划完成编制，新启动3个精品村和1个省级历史文化村落保护利用重点村建设，完成2个市级精品村创建。小城镇环境综合整治规划先行、谋定后动，重点街区、重要路段的洁化、亮化、美化水平大幅提升。对各类环境违法行为“零容忍”，立案处罚146件、行政拘留16人、刑事拘留5人，省控礁头闸、长屿闸断面水质持续改善，PM2.5年均浓度降至29微克/立方米，空气质量居全省第8位。清洁家园工作顺利推进，村庄整治提升完成9个，台州市考核继续保持第一。

【民生保障提升】 教育打赢翻身仗，高考成绩取得历史性突破，重点上线人数是五年前的3倍多，以22.5%的重点上线率继续保持台州市第一，其中玉环中学重点上线率高达66.8%，居台州市各学校之首，并包揽理科前两名。加强卫生人才队伍建设，卫技人才招聘360人、定向委培55人，每千人医生护士数、医疗机构床位数分别增至4.21人、3.51张，出生人口性别比实现“六连降”，建成县第二人民医院新院。文体事业取得长足进步，书城、影城建成投用。新建农村文化礼堂32家，文化发展指数蝉联台州市第一；群众体育蓬勃发展，建成省级中心村体育休闲公园1个、市级全民健身广场2个，全县人均体育面积达到2.05平方米。社会保障水平不断提升，“4600”现象全面消除；建成保障房806套，洋屿移民小区交付使用；建成居家养老服务照料中心58家，县老年活动中心投用。平安建设持续深化，刑事发案总量连续5年下降，进京非法上访连续4年实现“零通报”，户籍制度改革被省公安厅誉为“玉环样本”，首创居住出租房屋“旅馆式”管理，成功经验分别在省、市推广。

【县政府全体会议】 7月26日，玉环县委全体(扩大)会议暨县政府全体会议召开，县委书记林先华代表县委、县政府作工作报告，县委副书记、代县长吴才平主持会议，吴柏青、吴小平、阮聪颖等县四套班子领导出席会议。会议认真贯彻落实省委、市委全会精神，总结上半年成绩，研究补短板工作，并部署下半年任务。

【县政府常务会议】 1月11日，县十五届政府第27次常务会议召开。会议原则通过《关于进一步加快卫生事业发展的意见(送审稿)》《关于工业经济转型升级有关政策的补充意见(送审稿)》《玉环县转型升级产业基金暂行管理办法(送审稿)》《玉环县农村生活污水治理设施运行维护管理办法(试行)(送审稿)》《玉环县人民政府重大行政决策程序规定(送审稿)》。会议还听取县安委办关于全县安全生产工作的汇报，并集体学习《浙江省重大行政决策程序规定》。

2月29日，县十五届政府第28次常务会议召开。会议讨论研究了《政府工作报告(送审稿)》《玉环县国民经济和社会发展第十三个五年规划纲要草案(送审稿)》《玉环县“十三五”重大项目计划(送审稿)》《玉环县2016年政府投资项目计划(送审稿)》《玉环县2016年重点建设项目计划(送审稿)》《2015年财政预算执行情况及2016年财政总预算草案(送审稿)》。会议还听取县消防大队关于全县消防安全工作的汇报。

3月14日，县十五届政府第29次常务会议召开。会议原则通过《2016年县政府重点工作责任分工抓落实方案(送审稿)》《玉环县三合潭工业区国有土地上房屋及集体土地征收补偿方案(送审稿)》，讨论研究被征地农民养老保险资助金有关事项。

4月20日，县十五届政府第30次常务会议召开。会议原则通过《玉环县加快服务业发展实施办法(送审稿)》，讨论研究政府部门财政专项资金管理清单有关事项。

4月26日，县十五届政府第31次常务会议召开。会议讨论研究发布玉环县三合潭工业区国有土地上房屋征收决定通告有关事项。

7月12日，县十五届政府第32次常务会议召开。会议集中学习《法治政府建设实施纲要(2015—2020年)》，听取县法制办关于提请审议行政规范性文件清理结果的汇报，并原则通过《玉环县2016年度外经贸扶持资金使用办法(送审稿)》《关于推进商标专用权质押贷款工作的若干意见(试行)(送审稿)》《玉环文旦生产经营奖励补助办法(试行)(送审稿)》。

8月24日，县十五届政府第33次常务会议召开。会议讨论研究对上市企业奖励政策进行微调有关事项，原则通过《关于推广运用政府和社会资本合作模式的实施意见(试行)》《玉环县公务用车制度改革实施方案(送审稿)》《关于进一步加强土地节约集约利用的若干意见(送审稿)》《玉环县临时改变房屋用途管理办法(送审稿)》。

11月1日，县十五届政府第34次常务会议召开。会议原则通过《关于支持和促进文化产业发展的实施意见(试行)(送审稿)》《楚门省级历史文化名镇保护实施办法(试行)(送审稿)》《关于推进农家乐休闲旅游业提升发展的实施意见(送审稿)》《玉环县乡村民宿管理办法(送审稿)》《玉环县村级公益事业建设一事一议财政奖补项目与资金管理办法(送审稿)》《关于建立耕地保护奖补机制的实施意见(送审稿)》。

【县长办公会议】 1月11日，县长办公会议召开。会议讨论研究在县殡仪馆引进殡仪服务公司、方正铜业沙门滨港工业城土地出让金滞纳金、海峡两岸商品交易物流中心(旅检大楼)项目内装修分项概算调整等事项。

2月29日，县长办公会议召开。会议讨论研究审定批准2015年度县政府质量奖获奖企业、台州恩都酒店有限公司B楼产权分割等事项。

4月20日，县长办公会议召开。会议原则通过《玉环县“五水共治”2016年度项目计划(送审稿)》，讨论研究明确“双环产业园”建设若干意见、玉环县福寿园公墓历史遗留问题、2015年度招商选资工作考评结果、全县农村生活污水治理运行维护招投标、县公安局搬迁后现址房产转交环山小学使用、调整陈屿中心卫生院迁建工程一期建筑面积、调整被征地农民基本生活保障标准、解决“一户一档”基础信息普查项目资金及招投标有关问题、清港陈年生活垃圾处置等事项。会议还讨论研究了2015年度巨龙、玉龙、潜龙企业评选有关情况，以及2015年度自营出口20强、自营出口增速20强企业有关情况等事项。

7月12日，县长办公会议召开。会议讨论研究在浙江玉环城市建设集团有限公司增设子公司玉环县排水管理有限公司、提高城乡污水处理工程乡镇污水管网建设补助资金比例、扩大县“满意银行”优胜家数和奖励规模、明确庆澜河生态补水工程项目相关问题、历史遗留问题的审批税费处理和办理农转用项目收取审批税费、玉环经济开发区融资申请、玉环县艺术实验幼儿园筹建、清港镇教育用地征地资金问题、县市场监管局机关办公大楼改造工程和档案密集架项目经费追加、落实2015年随军家属货币安置经费、落实“平安护航G20”严重精神障碍患者以奖代补政策和救治救助经费等事项。会议还讨论研究县人力资源配置服务中心变更出资主体、购置业务管理用房,给予玉环、楚门客运中心新购置安检仪资金补助,给予王必华、苏光明行政开除处分,给予陈晓斌、张良土开除公职处分等事项。

8月24日,县长办公会议召开。会议原则通过《玉环县环境质量保障工作方案(送审稿)》,讨论研究晶科能源项目、东风小区5-15号楼房屋维修工程问题、玉环华能灰库生活垃圾填埋场陈年垃圾处置、建设玉环县生活垃圾焚烧飞灰与一般工业固废填埋场项目、城区60号地块土地出让收益结算、划拨安保工作专项经费、拨付燃气用户安全用气“三件套”财政补贴、追加县不动产登记服务中心开办经费、建立玉环县交通运行指数系统项目资金、追加渡口管理资金等事项。会议还讨论研究了给予玉环中学、楚门中学、玉城中学、实验学校等4所学校高考工作专项奖励有关事项。

10月9日,县长办公会议召开。会议讨论研究泽坎线整治涉及14家安置企业土地收回、落实玉环县并入台州市小微企业信用保证基金出资、调整被征地农民社保补贴时间节点、提高城乡居民基本医疗保险普通门诊报销比例、解决《浙江省重点海湾生态修复示范项目》部分资金、玉环县转型升级产业基金等事项。会议还讨论研究玉环县2016年财政预算调整及其他相关事项,玉环县漩门二、三期水系贯通工程设计费谈判等事项。

11月21日,县长办公会议召开。会议讨论研究政府班子工作分工调整事项。

12月2日,县长办公会议召开。会议听取县安委办关于全县安全生产工作情况的汇报、县府办关于落实《国务院办公厅关于对真抓实干成效明显地方加大激励支持力度的通知》有关情况的汇报,讨论研究改建玉环县玉城消防站、三合潭工业区旧城改造项目有关情况、《漩门大坝区域总体城市设计和漩门公园详细规划》设计任务委托、减免湖滨银泰商业大厦项目城市基础设施配套费、回购省围垦造地开发公司17.33公顷工业用地、追加旅检大厅“一关三检”设备购买资金、解决大麦屿边防检查站机关办公楼维修经费和建造军事体能室内训练场、解决龙溪警务室搬迁改造费用等事项。会议还讨论研究双环传动、迈得医疗申请省级重点企业研究院地方配套经费有关事项。

(施辉斌)

人力资源和社会保障

【概况】 2016年,县人力资源和社会保障局招录公务员5名(参公编制),共有干部职工120名,其中行政编制人员17名,行政工勤1名,参照公务员法管理人员83名,事业编制人员16名。局机关内设办公室(挂行政审批科)、公务员管理科、事业单位人事和专业技术人员管理科、工资福利科、劳动关系和职业能力建设科、养老保险科、医疗保险科、人事劳动争议仲裁科(挂信访和法制办公室)等8个科室,共有县社会保险事业管理中心、县劳动人事仲裁院、县就业管理服务处、县人才市场管理办公室、县劳动保障监察大队、城区劳动保障管理所、楚门劳动保障管理所、县人力市场、县企业退休干部职工管理委员会办公室、县人事考试中心(人事培训中心)、县劳动力资源服务中心、县职业技能鉴定中心(县专业技术职务任职资格评价服务中心)等下属事业单位12个。

【就业创业】 开通创业就业“绿色通道”，简化办事流程；开通创业就业服务“直通车”，主动对接创业企业和创业园区，进行点对点跟踪服务。联合团县委开展玉环籍大学生暑期创业实践活动。提供创意启动资金1.2万元，自主完成“我爱玉环”为题的创意项目。全年实现新增城镇就业人数9875人，完成率151.92%；城镇失业人员再就业3177人，完成率158.85%；困难人员再就业384人，完成率153.6%；城镇登记失业率控制在2.15%以内；失业保险净增参保人数3547人，完成率161.23%；农村电商培训人数1281人，完成率142.33%；扶持农村电商创业人数174人，完成率158.18%；农村电商创业带动就业人数1378人，完成率168.05%；新增创业担保贷款1500万元，完成率136.36%。

【招才纳贤】 落实资金激励机制，给予14家单位3874人技能培训和鉴定补贴共220.49万元。新申报“500精英”顺利完成，2016年“500精英”综合评审实际有效申报数43个；出台玉环县“500精英计划”创业和创新带项目资金兑现流程，进一步规范“500精英”政策兑现工作程序，兑现各类人才补助共计349.42万元，在社会上形成良好的示范效应。积极组织企业参加县内外招聘会。举办玉环县春季、夏季人力资源交流大会，吸引521家单位参加，提供岗位10213个。先后7次组织33家企业外出参加武汉、西安高层次人才智力合作洽谈会等县外招聘会，为企业引进人才和解决项目难题拓宽渠道。

【校地合作】 为进一步改善企业人才结构促转型升级，玉环县与武汉交通职业学院签订了校地合作协议，联合创办订单班，双环传动机械股份有限公司与武汉交通职业学院共建“双环学院”，校企之间签订订单培养协议，高校直接根据企业需求定向培养人才，企业根据学校课程安排选派经验丰富的高层技术人员到学校进行实务授课；学生在毕业前一年或半年与企业进行双向选择，签订就业协议。这一合作，不仅解决企业招人难、培训难的问题，还将有效促进高校毕业生就业。

【职业能力建设】 出台玉环县关于高技能人才工作的第一个系统规范性文件：《关于加快推进技能人才队伍建设的实施意见》，明确了各项工作内容、要求及其经费的列支渠道，对实际工作具有很强的操作性。该文件是对分散在技能人才工作各项规定的优惠政策的梳理，为技能人才享受经费资助提供政策保障。实施省级、市级技能大师工作室项目，玉环县浙江双环传动机械股份有限公司的何生祥技能大师工作室被确定为台州市第五批技能大师工作室，并将获得3万元的经费资助。截至2016年年底，玉环县拥有市级技能大师工作室4家、省级技能大师工作室1家。省级技能大师实现零的突破。

【社会保障】 组织开展社银合作，出台社保中心关于推广城乡居民医保个人缴费代扣代缴的实施意见，与县地税局和玉环农商银行共同推出社会保险个体参保网点延伸服务项目。开展“政府-保险机构”合作，实行外伤业务外包，受理外伤案件1764件，其中给予报销1554件，拒赔210件。积极开展机关事业单位养老保险改革数据采集工作，2016年年底，基本完成全县数据采集工作。完成“医保定点医院、定点药店实现同城互认”项目指标。3家社区卫生服务中心和3家药店纳入台州市县医保定点医疗机构、定点药店同城互认单位。台州市范围内的职工医保、城乡居民医疗保险参保人员，可按规定在上述各单位实行刷卡结算。调整被征地农民基本生活保障标准。自7月1日起，玉环县被征地农民(拆解渔船所涉人员)基本生活保障享受标准和缴费标准均在原有基础上上调10.47%。

【公务员管理】 全面启动全县公务员平时考核工作制度建设。全县各单位的公务员平时考核系全部上线运行。公务员考录工作顺利完成:2016年公务员考录,共104人到岗履职。2017年公务员考录工作完成计划申报,计划招考岗位共计103个。

【事业单位人事管理】 事业单位公开招聘70人;解决卫生技术人员紧缺问题,赴西安、内蒙古、杭州、温州等医学院实施校园招聘,聘用55人;面向全国招聘卫技人员214人;完成2016年医生护士定向培养招聘工作,共签订协议55人。分别进行了浙师大高校招聘月招聘、全省统考招聘教师、紧缺型学科及海岛偏远学校教师公开招聘、玉环中学教师公开招聘等工作,共聘用238人。教师定向委托培养8人。完成了3名转业士官择岗考试工作,3人聘用到事业单位。加强国有企业新进人员管理,共4家国企招聘11人。

【工资福利】 完成全县机关事业单位1万多人工资调标工作及临时性补贴冲减工作。全县法官、检察官工资待遇按规定调整。做好机关事业单位工作人员及离退休人员死亡后一次性抚恤金和丧葬补助费的计算工作。

【劳动维权】 组建领导小组,定期召开形势研判会,传达上级会议精神,部署安保维稳工作,顺利完成G20维稳工作。通过开展常规检查、日常巡查,专项执法检查、农民工工资支付情况专项行动等工作,加强劳资权益保障。共受理欠薪投诉举报810起,涉及劳动者5134人,拖欠工资金额9696.5万元,有力维护了劳动者合法权益和社会和谐稳定。及时处置仲裁案件。仲裁院共受理案件2429件,组织集体争议庭审旁听2起。处理案件2401件,调解2195件,裁决167件,撤诉39件,结案率96.1%,调解率为91.4%。为维护社会稳定,协助县人民法院执行局,积极发挥欠薪应急周转金制度效用,2月,为2014~2016年的10件劳动工资案件,10名申请人提供共计14.4万元的结清劳动工资救助,起到较好的社会效果。这在台州市是首创。与此同时,经过3~4个月的努力,于10月底率先在全市推出《劳动保障监察执法文书和相关文书的式样及应用》。该执法文书的出台,不仅有利于提高大队所有监察人员的办案水平,也为全市规范劳动保障监察执法行为,推进依法行政提供有效借鉴。另外,为局本级的劳动保障监察员配备行政执法仪,实现行政执法全过程记录,规范行政执法程序,实现行政执法全程留痕、可追溯,促进严格、规范、公正、文明执法,维护公民、法人和其他组织的合法权益,这在全市是走在前列的。实行集体争议庭审旁听制度,以现场教学模式向企业人事干部输送相关的法律知识,同时也通过交流收集企业的一些意见建议。

(郑　媛)

行政服务

【概况】 县行政服务中心(简称中心),挂玉环县行政审批管理办公室、玉环县公共资源交易管理委员会办公室牌子,为县政府直属事业机构,机构规格相当于正科级。中心负责全县行政审批服务和公共资源交易的组织、协调、指导工作。内设办公室、审批业务科(挂交易业务科牌子)、督查科、市场监管科,县投资项目审批代办服务中心,核定参公编制12名,事业编制3名,实际在编参公人员16名,事业人员2名,聘用人员7名。下属事业单位有县公共资源交易中心,核定事业编制10名,实际在编10名。办事大厅入驻部门34个,窗口工作人员163人。2016年,中心按照各级有关深化行政审批制度改革工作精神,以"简政放权、放管结合、优化服务”为总要求，建立健全工作机制，创新工作方式，深入推进行政审批制度改革工作。

【集中度和授权到位率均列全县前列】 深化审批层级一体化改革，承接台州市下放的153项审批事项。加大监管力度，创新监管方式，形成监管合力，形成审监互动工作机制。行政审批事中事后监管工作经验在全市深化“四张清单一张网”改革推进职能转变工作电视电话会议上作典型发言。677项行政审批事项授权到中心受理办理，部门集中度100%，授权到位率96%。

【企业投资项目部门审批】 出台《玉环县简政放权放管结合优化投资项目服务改革的意见》，明确提出7方面30条具体工作意见。全市首创行政审批制度改革抄告制度，落实奖惩措施。消防备案类企业投资项目部门审批时间仅需11个工作日，全流程控制在48天以内。晶科光伏产业园项目从取得土地到开工建设全流程审批用时27天。扩大投资项目审批代办范围至县域所有投资项目，延伸代办服务内容至投资项目正式投产并取得产权证为止。为双环产业园、LNG项目、晶科能源、干江小微企业园和玉城小微企业园等25个项目开展代办服务，牵头开展联合踏勘、联合测量等组团服务30余次。

【行政审批事项实现互联网审批】 县级部门全部行政审批事项纳入统一行政权力运行系统。权力运行系统每月完成审批办件4万余件，行政许可事项纳入率、使用率均列前三。市场监管、交通等8个部门完成审批数据重复录入全省试点工作。落实房屋权属证明、纳税证明、驾驶证行驶证补换等29项便民服务事项，拓展24项。全年全县实施网上申请、快递送达、网上查询达33119件。

【行政服务标准化建设】 起草出台市级标准《基层便民服务中心服务代办规范（草案）》，纳入全市行政审批标准化建设项目，申报国家级标准。牵头完成户外广告许可办理规范等2个联办件类，淡水养殖业经营、渔业船员证书核发等14个自然人全生命周期公共服务事项类的标准化服务规范、办事指南等文本的起草。在全市率先实施“标准化现场管理”建设工作。台州市“行政标准化现场管理”推进会在玉环召开，工作经验在全省审改工作座谈会上作交流。

【涉批中介机构管理】 出台《关于进一步清理规范行政审批中介服务的实施意见》，分三个阶段推进清理规范中介服务项目及收费行为、加快市场化运作步伐、进一步完善监管体系、探索服务创新等工作。进驻中介实体平台的中介机构有26家，网上备案的中介机构有121家，2016年，到中介服务备案合同370份，涉及合同金额约1097.5万元。引入市场紧缺的2家桩基检测中介机构和1家变压器设计中介机构。

【推进“两规范两提高”建设】 规范便民服务事项进驻和办事流程，规范人员场所和机构设置。全面梳理公共便民服务事项，统一纳入便民服务中心办理。整合资源，推进不动产登记服务中心进驻乡镇街道基层便民服务中心，实现“一个窗口受理、一次性告知、一条龙服务、一站式办结、一次性收费”。16个村级便民服务中心分6类（网格服务、渔业特色、旅游特色、农业特产特色、城市社区生活服务特色、外来人口服务特色）建设特色精品村。46个1000人以上的村（社区）基层服务中心创建微信公众号。

【公共资源交易监管】 县公共资源交易中心增挂“台州市公共资源交易中心玉环分中心”牌子。整合信息系统，中心网站、电子招投标系统、办公系统、询价系统等系统各自独一一个IP地址。近两年新增5名专家进入省库，充实专家库。出台交易场内重要事项登记制度，完善公共资源交易投诉件处理流转机制。公管办以不定期抽查的方式，对行政监督部门履行日常监督职能的情况、招标代理机构的代理行为、交易中心的日常服务、场地管理情况开展检查。

【审批队伍建设】 结合窗口季度考核，重新调整4个临时党支部，并建立分管联系工作制度，做到党建与窗口工作有机结合，实现业务、党建两不误，两促进。以“两学一做”为载体，全年集中开展各类学习活动22余次。结合“四讲四有”（讲政治、有信念，讲规矩、有纪律，讲道理、有品行，讲奉献、有作为），制定“四讲三带头”7条合格党员具体标准，对标争当先锋，打造“最美窗口”。开通微信考勤系统，完善纪律考勤方法。坚持每半天2次的督查力度，全年处理群众投诉事项1起，约谈违反机关效能人员40人次，发放督查告知单20张。

（刘　珍）

机关事务管理

【概况】 2016年是深化机关事务管理改革的关键之年、法治后勤建设的开局之年、公务用车改革和资产集中统一管理的突破之年。县机关事务管理局以“法治后勤、精诚服务”机关后勤服务品牌创建为载体，凸显八大工作特色和亮点。

【公务用车改革】 完成乡镇（街道）、部门涉改公车验收、封存，完成129辆涉改车辆拍卖，评估价308.12万元，实际总成交额497.98万元，拍卖增值61.62%。构建公务用车保障新机制，成立县级机关公务用车保障中心，性质为全额拨款事业单位，撤销县人大车队、县政协车队、县机关车队。保障中心按照“集中管理、平台派车、规范透明、节俭高效”的原则，保障县四套班子领导、法检两长、实职处级离退休老干部公务出行、部门应急重要公务。保障中心保留公务用车45辆，实现一车一司驾。

【办公用房集中统一管理】 启动适应“五统一”要求的办公用房管理模式。规范办公用房产权产籍管理，制定《县级机关事业单位办公用房统一权属管理工作实施方案》，全面完成县级104家行政事业单位双证登记摸底工作。开展办公用房清理整改工作“回头看”，和纪委监察局组成联合督查小组，先后对县公安局、检察院、法院等44个单位进行现场测量、检查。加大办公用房统筹调剂力度。对全县30多个机关单位的200多间办公用房进行整合调剂，对县教育局、县纪委、县财政局等部门办公用房清理腾退的近5000平方米办公用房调剂给县行政服务中心、县财政结算中心、县12345政府热线机构、县“三铁”指挥部等单位入驻办公，切实解决部门用房需求。协调县公安局搬迁后现址房产由环山小学规划使用，争取到玉环电大老园区交县机关幼儿园使用，解决教学用房紧张难题。建立办公用房信息化申报平台，对各行政事业单位房产的现状实行信息化动态管理，逐步实现办公用房管理从人工管理向智能管理的转变。

【公共机构节能工作】 被评为“浙江省节约型公共机构示范单位”。2016年度有40家单位通过节水型机关建设验收。至此，全县57家县级机关已全部建成节水型机关，在全省率先提前4年完成节水型机关创建目标，创建率达100%。加大节能技改力度。通过线路改造和换用高效照明，优化县政府机关大院照明布局。投入12万元，在县府机关大院内将所有日光灯、吸顶灯、球泡均更换为LED节能灯，共计3376盏，使得县府大院的节能成效进一步凸显。

【幼教工作】 硬件设施大幅提升。县机关幼儿园旧址教学用房简陋拥挤，其办学设施接近一般私人幼儿园。为根本性改观办园面貌，打造美丽校园，县机关事务管理局主动向县政府申请将玉环电大老校舍调剂给县机关幼儿园办学。预算投入500万元将占地面积0.47公顷、建筑面积2200余平方米的玉环电大老校舍改造为幼儿教学标准用房。新园区于9月1日正式投入使用，园貌焕然一新，12月，通过“浙江省二级幼儿园”等级评定，实现由三级幼儿园升级至二级幼儿园。幼儿教研成果喜人：3名教师在台州市论文评比中获奖；3名教师在县级幼儿园教师教学技能评比中拔得头筹；3名幼儿参加全县幼儿科学幻想绘画评比分别荣获一、二、三等奖；承办全县幼儿园“城乡联动”大型教研活动；开设专题音乐讲座。

【护航G20工作】 突出护航G20峰会，构建完善的安全体系，机关大院安全全年实现“零”事故，被评为“市级治安安全先进单位”。完善风险防控制度体系，进一步完善突发事件处置、反恐应急、灭火疏散、上访处置和假日值班等5大预案，制定《紧急信息报送快速反应工作机制》与《反恐怖防范督导检查工作机制》，演练落实。打造平安大院，投入经费12.22万元，对县府新大楼入口大厅、老六楼入口大厅、机关东院2号会议室、小礼堂二楼大会堂分别安装监控系统；改造原有监控系统，从8路升级到41路，内存容量从一星期增加到1个月，将县府机关大院、机关东院的模拟监控更换为高清监控，更换110联动报警系统。监控探头实现大院全覆盖。

【机关后勤信息化平台运行】 树立“互联网+”思维，统筹推进机关事务管理信息系统建设玉环机关后勤信息化申报平台建设投入试运行，开展数据采集和信息录入工作，建立起科学、高效、规范的公共机构节能监管、办公用房管理、公车统筹调配管理机制。分阶段推进信息化平台建设工作，形成管理、审批、服务、监督一体化管理体系，使乡镇（街道）、部门资料申报更便捷、服务工作更优化。

【后勤保障工作】 着力改善膳食服务。补齐食堂就餐排长队短板。启用持卡人照片识别新型智能打卡机，升级就餐卡。抓绿色厨房建设，建立阳光厨房。经过一系列改革，保障县政府机关大院与科技综合大楼60多个单位近1300名工作人员日常健康就餐。会务保障满意度提升。全年共服务会议1375场，6.64万人次。完成县党代会、县“两会”、县招商引资大会暨项目集中签约仪式、县重点骨干企业座谈会、县春节团拜会等重大会议、重大活动的后勤保障。维修效率大幅提升。完成水、电、木、工等维修3100次，空调维修1487次，实现机关大院、科技综合大楼供电、供水、消防、电梯、空调等设备安全运行无事故。四通印务公司以科技引进加快创新转型步伐，新增投入8万元添置保密文印设备，完善保密文印管理。文印质量始终保持全县领先。

【后勤队伍建设】 将“两学一做”学习教育的内在要求与“法治后勤、精诚服务”品牌理念紧密结合，与当年“补短板”紧密结合。围绕县委关于“两学一做”学习教育的统一部署，扎实开展系列教育。完善组团文化建设，加强组织关爱。组织“红五月、忆青春”大型群团活动，融洽团队关系；完成了妇委会换届工作；分批次组织干部职工疗休养；组织重阳敬老活动，加强对职工的关心关爱，明确了关爱职工的具体事项和标准，促进队伍的和谐团结。各大节点开展走访慰问离退休干部、妇女同胞、困难群众、孤寡老人20人次，组织党员志愿者下联系村开展“心连心”活动。

（郑超逸）

海 事

【概况】 台州玉环海事处是交通运输部直属机构派出的副处级涉外管理机构，主要负责玉环县沿海水域及乐清湾温岭市部分水域的水上交通安全监管、防止船舶污染海域及口岸查验等职责，设有综合办公室、船舶监督（危管防污）科、政务受理科、海巡执法大队4个职能部门，并设立楚门（坎门）办事处，负责楚门、坎门辖区的船舶签证和现场动态执法工作。台州玉环海事处监管业务庞杂，管理对象既有各类货运船舶又有客渡运船舶，既有国际客轮又有大型电煤船舶，是台州海事局一线监管业务最全面的海事处。

【落实客渡运安全监管】 针对2016年上半年玉环海事处排查的鸡山至栈台航线渡船存在抗风等级低的隐患，玉环海事处积极做好服务，主动对接台州船检处，重新计算2艘渡船船舶稳性，并通过船检的现场核查。该类渡船的抗风等级由6级升为7级；针对客渡船船员变动频繁、配员不足的隐患，年初邀请浙江省交通职业技术学院教师到玉环开办沿海小型海船适任培训综合培训班，涵盖基本安全培训，客船船员特殊培训以及小型海船船员适任培训等内容，分别培训船员65人次、37人次、35人次；5月，对辖区36名船员进行高速船船员特殊培训，有效解决辖区客船船员队伍不稳定的情况。按上级要求对客渡船开展全面的安全检查，对跨辖区航行的客滚船与温州乐清海事处开展了联合检查，全面纠正船舶缺陷；同时通过各种渠道向地方政府反映辖区客渡运存在的安全隐患，将节日前、中监管发现的隐患和问题以《台州玉环海事简报》的形式向当地政府发送，针对重要节假日大鹿岛景区接待能力不足造成客运紧张的突发情况，玉环海事处积极汇报县委县政府，协调边防、武警、乡镇、安监多部门力量源头控制入岛人数，落实分管领导带队，执法人员到现场维持秩序，调度乡镇渡船参与运输，防止客船超载现象发生。

【涉污监管工作】 玉环海事处原有危险品码头3座，均为油品码头。中石化坎门应东油库码头运营正常，玉环东沙油库码头因码头防污染评估工作尚未开展暂停其作业，该码头委托宁波大学完成评估报告编制。外黄门油库码头因业主经营原因已停止营业近3年（港口经营许可证也已过期）。同时，在重点时段做好客船旅客夹带危险品查堵工作。结合航运公司走访，船舶现场检查做好船舶排放控制区监管及宣传工作。另外，加强对船载易流态货物（玉环海事处主要为脱硫石膏，无其他货物）的严格监管，杜绝一般干货船装运易流态货物运输行为（华能玉环电厂上半年发电量锐减，脱硫石膏的产生量也随之减少，主要通过陆路运输完成）。同时，玉环海事处在台州局的支持下与台州船检处进行积极沟通，推动省船检召开专题会议，发布《一般干货船装运散装干货的检验指南》，推动辖区3艘一般干货船进行装运散货的改装，并由台州船检实施附加检验并发证。加强辖区应急物资维护保养管理，政府溢油应急物资委托维管情况进行现场检查，并于5月6日组织开展对辖区专业清污公司清污应急反应的日常测试，通过测试验证清污公司的应急响应。

【季节性安全监管履职到位】 完成元旦、春节、清明节、端午节、五一节、中秋节等重点时段监管，实现各重大节假日期间零事故零险情。台汛期间，开展对辖区重点水域、船舶及设施防台隐患的大排查大整治，建立动态数据库，严格落实台风季节值班值守、领导带班和应急待命制度，加强通信设备、应急车船、救助设施等应急保障装备的维护保养，确保信息联络畅通，应急反应到位。全年成功防抗“莫兰蒂”“马勒卡”“鲇鱼”等台风。

【完成G20峰会水上维稳安保工作】 G20峰会水上维稳安保工作系玉环海事处2016年工作的重中之重，玉环海事处局高度重视该项工作，结合辖区实际情况，认真贯彻落实有关会议、文件、指示要求，严密部署、统筹协调、狠抓落实，把规定动作做到位、让自选动作有特色。周密部署，全面落实工作责任。成立以主要领导为组长的领导小组，加强行动组织领导，并于实战和决战阶段前召开专题部署会，对G20峰会水上维稳安保工作进行了具体部署，强化措施落实。严防死守，筑牢水上安全防线。按时完成对辖区营运客渡运船舶的专项安全检查，强化客渡运船舶安保工作，并对主要客渡运站点实施“站高峰”，同时，严厉打击非客船载客行为。加大危险品和防污染作业管理力度，决战期间做到危险品船“每船必查”。严格落实海上砂石生产及运输作业安全管控要求，安排执法人员加强重点水域现场监管，对责任不落实、措施不到位、管理不严格的，坚决采取果断措施。率先探索落实“行政处罚、行政强制、司法移送+促成拆解”的“3+1”执法机制，严厉打击水上违法行为，重点打击“两船”违法行为。进一步完善与公安边防、海警、港航、海洋渔业等部门的联动协作机制，开展联合执法行动，着力构建水上安全“多元共治”格局。决战决胜，确保实现工作目标。全处干部职工放弃双休，坚守岗位。严格落实应急值守，按要求制定实战和决战阶段计划，配足、配强决战阶段应急值守人员，确保信息畅通、反应迅速、处置高效。全面强化预警预控，多渠道播发安全信息，加强与气象、水文等部门的沟通，及时启动恶劣气象海况预警预控机制，密切关注台风动态，做好防抗台准备工作。通过全处上下的共同努力，G20峰会期间，辖区未发生任何沉船、人员伤亡和海洋环境污染事故，实现“两确保”工作目标。

【“中远之星”安全监管】 “中远之星”轮转换经营方式，取得“航班稳定、客源稳定、运行稳定”的良好开篇。3月26日，台台直航更是喜迎60余年来首批台湾自驾游车辆，这也使台州玉环成为继厦门之后，大陆第二个同时也是浙江第一个实现台湾车辆“登陆”的地区。玉环海事处总结往年对台直航船舶安全监管的经验，加强与玉环县委、县政府和其他口岸查验单位间的信息互通和密切合作，通过开展安全约谈和船舶安全检查、强化现场监管、组建青年志愿服务队和护航先锋队等服务举措，保障对台直航船舶通航安全，推动两岸直航稳步发展。通过主动走访，利用手机、AIS等及时告知“中远之星”客轮有关辖区潮汐、大雾等气象海况情况和港区船舶进出港等通航环境情况，落实客轮进出港、靠离泊现场安全监管方案和突发事件保障方案，加强对客轮进出航道的巡查，及时清除航障，规范通航秩序。实施乐清湾水域定线制，开展乐清清湾水域VTS覆盖区零事故行动。玉环海事处借助口岸查验单位入驻机会，继续提升海事良好的服务与安全监管品牌；同时，督促落实代理单位相关的职责，加强同口岸联检单位的协同协作，全力保障客轮安全。

【玉环少年海事学校影响力】 根据《浙江省水上交通安全知识进校园活动方案》，为有效提升学生水上安全意识，实现水上安全知识进校园常态化，结合海岛居民民生需求，玉环海事处创建了台州市首家少年海事学校——“玉环少年海事学校”。少年海事学校开课后，玉环海事处创设“水上交通安全知识课堂”，带领学生进行水上巡航并参观VTS，抽调科室骨干组建师资力量，开展水上安全知识教育活动，并通过精选海洋书籍、陈列航海模型等方式，营造了解海洋、感知海洋的氛围。同时为了全面延展辐射面，积极开拓宣传新渠道，玉环海事处于4月底正式发行玉环少年海事学校2016年首期校刊，并开展第一届少年海事学校竞技比赛、滚装轮渡“体验日”等系列活动，各媒体争相报道，在全社会逐步构建爱海护海敬海的良好氛围。

（赵子悦）

侨 务

【维护侨界和谐】 社区侨务工作扎实推进。为指导乡镇街道更好地开展为侨服务工作,在玉城街道、坎门街道、楚门镇成立3个街道乡镇侨务工作站,本着因地制宜的原则,从归侨侨眷的实际出发,筑牢开展社区侨务工作的基础。楚门社区侨务工作站积极开展活动,组织侨眷到台湾考察,中秋节给各侨胞侨眷赠送月饼。坎门侨务工作站组织各侨胞侨眷及书法爱好者开展“迎新春送春联”活动。坎门侨务工作站站长李支凌在坎门渔海文化中心举办个人书画篆刻展;在坎门街道红旗社区开展为期六天的少儿书法义务培训。做好涉侨审批工作。涉侨审批工作作为“为侨服务”的一项基础工作,以“公正、方便、热情”的态度做好有关华侨子女入学、华侨身份认定、三侨生加分审批、华侨回国定居办理等工作。加强侨法宣传落实。加强侨法宣传,能营造全社会依法护侨的氛围,促进侨界和谐稳定。把侨法宣传融入街道、社区的活动中,利用会议、活动、发放宣传册等形式,印制宣传纸巾,并结合党务公开栏等载体,进行广泛宣传。

【促进内外侨情沟通交流】 完善侨情数据,积极开展重点人士调查。重点人士调查采取的是电话调查、发邮件调查以及上门调查相结合的方式。已完成重点人士再调查60多人。全市侨政工作会议和市侨商会二届二次会长团会议在玉环召开。为了更好地推进涉侨重点人士调查工作,落实“千侨工程”各项措施,3月15—16日,在玉环召开全市侨政工作会议。全市9个县市区外侨办副主任、侨务工作人员近30人参加了会议。9月23日,市侨商会二届二次会长团会议在玉环召开,30多人参加会议,并走访漩门湾湿地公园等。重视联络联谊。玉环籍香港中文大学教授邵启满获国家自然科学奖二等奖,收到习近平等党和国家领导人的接见,县市外侨办领导上门拜访。回乡省亲的玉环籍旅美交通专家、美国华盛顿哥伦比亚特区政府高级工程师——陶现定博士,为广大市民做了《未来城市未来交通》的主题讲课。春节期间向海外侨胞发送贺卡50多份,寄去祝福,传递乡情和友情。共接待来自美国等国家的侨胞回家探亲、考察投资14批次,20多人,通过日常慰问、交流谈心、座谈聊天等方式加强对侨胞侨眷日常生活的关注。

【服务经济社会发展】 推进涉侨引资工作。由华侨颜芩出资创建的台州期望商贸有限公司,推出“半月盏”燕窝品牌,实行线上、线下共同销售,线上设淘宝、美团、微信等平台瞄准“互联网+”时代,线下在韩国、杭州、玉环等地开设实体店通过传统产业模式开拓市场。提升涉侨引智工作。通过重点人士再调查,通过邮箱、接待等方式宣传引进人才的优惠政策、引资项目等,继续加强与海外高层次人才的接触交流。引导捐赠工作。浙江龙生公司老挝籍华人肖赛香捐资20多万元用于社会事业发展等。侨眷梁治初热心公益事业,30多年累计捐款500余万元,安置10多名残疾人的工作。

(孔美霞)

外 事

【概况】 县外事办公室是县政府办公室对外挂牌单位,因机构改革,2016年12月,县外事办公室、县侨务办牌子整合更名为“县外事侨务办公室”。

【国际友城交流合作】 加强与友好关系城市——韩国唐津市交流合作。3月,由韩国唐津市政府登山爱好公务员组成的登山队一行8人到玉环进行友好交流，县外事办、友协组织了海风户外登山队9名队员，陪同联合攀登温州雁荡山最高峰--百岗尖。4月，韩国唐津市研修团一行6人访问玉环，玉环县与唐津市举行友好交流会，就税务、城市建设规划、海洋渔业、卫生工作进行座谈交流；研修团还参观考察玉环新城、漩门湾湿地公园、大麦屿港、县人民医院等。唐津市选派第二任交流公务员来玉环进行为期一年的交流，玉环县选派1名公务员赴唐津一年的研修交流。县外事办和县总工会联合举办"中韩文化沙龙之走进韩国" 活动，韩国唐津市互派交流公务员作韩国文化介绍。

【"千校结好"工作】 推进"千校结好"计划，促进教育对外交流。加强指导，发挥学校的主动性，"千校结好"工作有新的局面，全县新结境外友好学校2对，楚门中学与美国埃斯康迪德特许高中缔结为姐妹学校，玉环中学与美国奇诺岗高中结为友好学校，全县结好总数达10对。双方师生互派交流日益增多，有的学校开展冬令营和夏令营活动。1月，县实验学校学生游学团一行14人到韩国参加中央大学首尔国际冬令营活动。7月，县实验学校学生游学团一行37人到美国参加夏令营活动。2月，玉环中学师生一行33人(其中学生30名)到美国加利福尼亚州姐妹学校——艾维森特许学校友好交流，玉环中学师生一行22人(其中学生20名)到美国姐妹学校——洛杉矶艺术与企业学校友好交流。4月，玉城中学师生一行40人(其中学生38名)到美国伊利诺伊州的友好学校罗克路德中学进行友好交流。7月底至8月初，楚门中学师生一行30人(其中学生28名)到美国埃斯康迪德特许高中交流访问。

【因公出入国(境)管理】 进一步强化党政干部因公出国(境)管理工作。严格执行上级因公出国管理的各项要求，严格规范管理，出访报批材料完整、规范，继续加强外事纪律教育。共审核上报因公出国(境)16批次32人次，其中到香港3批次8人次。同时做好县领导出访报批工作，确保县领导按时出访。做好护照、签证与省外侨办直办工作，完成护照签证8批次22人次。及时掌握出访人员的出访信息，进行回国管理，做好护照收缴和因公出访总结等的上报工作等，护照收缴率100%。进一步加强外国人来华审核工作。管理和服务并举，严格审核邀请方相关资质和邀请来访目的，重点对其来访任务和人员结构进行严格把关，对初次申办的企业实地调查，共审核办理邀请外国人来华38批次、49人次。抓好事后管理工作，督促邀请方及时反馈结单。开展APEC商务旅行卡推介。编印APEC商务旅行卡宣传资料，通过多种形式进行宣传。通过县工商联年度会议向工商联会员发放宣传资料150份，委托县新生代企业家联谊会向其会员发放宣传资料120份，借助县商务局召开的外贸政策介绍会发放宣传资料160多份。

【领事保护工作】 开展领事保护宣传。在"中国玉环"政府信息公开网站县外事办网页介绍领事知识，转发《中国领事保护和协助指南》《中国公民出国提醒》《中国企业海外安全风险防范指南》，供市民和企业查阅；不定期转发"海外安全提醒信息"供公众参阅；加强因公出国境团组的领事保护知识教育宣传；与县商务局联合举办海外领事保护知识讲座，有部分外向型企业、开展"千校结好"工作的学校、各渔业村(公司)负责人参加，邀请了省外侨办领事处处长莫志良作辅导讲座，发放《寻求领事保护的常见问题》(摘编)120多份，指导提高海外风险的防范处置能力。

【涉外事件处置】 执行《玉环县涉外突发事件应急预案》，提高涉外应急管理能力；研究下发《玉环县外事办公室关于加强重大涉外突发事件和紧急敏感情况报告工作的通知》,建立健全紧急信息报送快速反应相关工作机制。依法、及时、妥善处理涉外事件,服务"平安玉环"建设。5月,协助县公安、民政部门妥善处置日本籍客商在玉环非正常死亡突发事件,接待安抚死者家属。

【翻译人才库建设】 翻译人才库的人才数量有英语、韩语等语种翻译12人,实行动态管理,积极挖掘翻译人才,储备4人,不断适应对外交流的需要。

(杨婷婷)

打击走私与海防口岸

【概况】 县打击走私与海防口岸管理办公室,与县府办合署办公,正科级行政单位。核定内设机构3个数,分别是口岸管理科,打击走私与海防科,下设玉环县海防设施建设协调中心全额划拨公益一类事业单位,单位实有人员总数12名。

【口岸工作】 2016年,口岸各相关单位最大限度地挖掘大麦屿港区的运营潜力,改善服务,提高效率,实现口岸外贸货物吞吐量的稳步增长。在检查检验单位依法、严格的检查监管(护)下,台州口岸大麦屿港区内支线业务蓬勃发展,"下水"外贸集装箱达6003个标箱,较上年同期增长64%;通关量进出口货物近490万吨,同比增长22%,入出境船舶219个航次,同比增长20.99%,出入境人员(旅客+船员)15211人次,同比减少50.63%,其中对台客运直航已稳定运行88个航次,运送旅客7721人次;货运直航运送330个标箱,台州口岸大麦屿港区实现外贸货物一年来口岸安全和畅通,口岸全年实现了"零发案率"。

【反走私工作】 组织协调全县各相关部门,扎实开展打击走私专项斗争和联合行动,不断深化全县进出口企业守法诚信体系建设,全县各级共签订反走私工作责任状1608份,协调各相关单位组织开展打击走私"国门利剑2016"联合专项行动、打击成品油走私"春雷2016"行动、"海上联合执法"等行动,出台《玉环县反走私综合治理工作规则》,举办两场"2016年度进出口企业守法诚信体系建设业务培训会",对全县280家一般认证企业进行培训。共组织各类宣讲会、培训会7场次,接受宣传教育企业690家共计1000余人,分发各类宣传资料3000多份,发送宣传短信2500余条。

【海防工作】 依据上级文件指示精神,逐项推动工作落实,切实形成党委政府统一领导、海防管理委员会协调,各部门密切配合,陆海联动、军警民联防的工作机制。杭州G20峰会召开期间联合县边防大队、县海洋与渔业局、玉环海事处等8个部门开展为期1个月的军警民海上联合执法行动。此外,定期地召开海防联席会议和海防联络员会议,建立各沿海乡镇(街道)海防工作领导小组、重点海防村(社区)海防管理工作小组,完善海防信息联络员队伍。

(孙珍丽)

政协玉环县委员会

【概况】 八届政协共设办公室、提案委员会、经济委员会、科教文卫体委员会、社会法制委员会、港澳台侨民族宗教委员会、文史资料委员会、委员工作委员会等1办7委。县政协机关下设行政科、秘书科、联络科3个行政科室,及县政协工作研究室、县政协文史编辑部2个正股级事业编制机构和玉环书画院,事业编制4名。2016年,县政协机关共实有在编人员14人,其中行政编制8人,事业编制4人,行政工勤人员2人(县政协主席、副主席、秘书长和专职常委及退出现职的原常委会组成人员均不占县政协机关和原所在单位的编制，在全县总的编制中实行单列）。全年召开全体会议1次，常委会议7次，主席会议10次。

【八届五次会议】 中国人民政治协商会议第八届玉环县委员会第五次会议于2016年3月7日至10日在玉城举行。会议审议通过常务委员会工作报告和八届四次会议以来提案工作情况的报告。会议认为，过去一年，县政协常委会在中共玉环县委的正确领导下，贯彻落实中共十八大、十八届三中、四中、五中全会精神，围绕中心，服务大局，真情履职，为玉环经济社会发展做出了积极贡献。与会人员列席县十五届人大五次会议，听取并讨论林先华县长所作的《政府工作报告》，赞同《玉环县国民经济和社会发展第十三个五年规划纲要（草案）》，赞同县人民法院工作报告、县人民检察院工作报告及其他报告。会议认为，《政府工作报告》总结上年和"十二五"期间政府工作客观全面，分析问题切中要害，提出的"十三五"发展目标和工作任务，思路开阔，措施有力，鼓舞人心。会议还视察县重点工程和新城开发建设情况。会议强调，县政协各参加单位和广大政协委员要牢牢把握团结和民主两大主题，围绕中心、服务大局、服务群众，用好政治协商话语权，增强民主监督助推力，提高参政议政实效性，为实现玉环"十三五"新跨越，高水平全面建成小康社会，加快推进玉环经济社会发展而努力奋斗。全体会议期间，召开了八届二十六次、二十七次常委会议。

【八届二十四次常委会议】 该会议于1月19日上午在玉环大酒店二楼多功能厅召开。县政协主席吴小平主持会议，副主席陈志鹏、吴坚斌、章勇、陈茂荣、吴玲芝出席会议。县委常委、常务副县长陈昌笋，县人大常委会副主任王良青应邀参加会议。常委们听取县"十三五"规划编制情况的通报，并围绕"十三五"空间布局、产业发展、生态建设、民生改善、重大项目建设等进行了协商讨论，提出许多宝贵的意见和建议。吴小平指出，"十三五"规划纲要关系到未来五年的发展，要将广大群众真正关心和符合实际需求的项目写进纲要。要集中有限的财力和物力办大事、办好事，确保各条线上项目工作顺利开展；要坚持"工业立县"不动摇，突出工业在发展中的主导地位，充分做好转型升级和创新；要将交通、海洋经济、港口建设等放在重要位置，筹谋好、规划好、建设好。会议通过有关人事任免事项，通报县政协2015年度先进界别组联络组、好提案、先进民主监督小组、优秀委员、优秀民主监督员和优秀信息员评选结果。

【八届二十五次常委会议】 该会议于2月1日在玉环大酒店二楼多功能厅召开。县政协主席吴小平主持会议，副主席陈志鹏、吴坚斌、章勇、陈茂荣、吴玲芝出席会议。县委常委、常务副县长陈昌笋，县人大常委会副主任李茂芳应邀参加会议。会议通过关于召开政协第八届玉环县委员会第五次会议的决定；审议通过政协第八届玉环县委员会第五次会议关于提案统计截止时间的决定；审议通过政协第八届玉环县委员会第五次会议议程（草案）、日程；审定政协第八届玉环县委员会第五次会议各项名单；审议通过政协第八届玉环县委员会常务委员会工作报告及报告人；审议通过政协第八届玉环县委员会常务委员会关于八届四次会议以来提案工作情况的报告；协商提出政协第八届玉环县委员会常务委员补选候选人建议名单及选举办法（草案）；协商讨论"十三五"规划编制情况。

【八届二十八次常委会议】 该会议于6月27日在玉环大酒店二楼多功能厅召开。县政协主席吴小平，副主席陈志鹏、吴坚斌、章勇、陈茂荣、吴玲芝、陈亨标，秘书长潘立志出席会议。县人大常委会副主任李茂芳、副县长符进友应邀参加会议。与会人员实地视察了沙门墩头村文化礼堂、沙门里山村邻里中心和居家养老中心、楚门石角村便民服务中心和南拳基地、清港垟根村文旦大院、清港王家村、同善塘河及清芳公路等"一事一议"项目实施情况。会议期间，常委们听取和协商"一事一议"财政奖补政策实施情况，并就"一事一议"工作展开协商讨论，提出了许多意见建议。会议认为，"一事一议"项目实施的突出优点是高效、惠民和聚资，在短短的几年时间里完成600多个项目，改善县村居环境，建设成绩有目共睹。会议指出，"一事一议"项目建设推行的创新模式具有灵活性，属于特事特办，但也要与时俱进，及时关注当前建设过程中日益暴露的问题，在保持先进做法的基础上，不断完善，不断改进，确保实事做得更实、好事办得更好。会议要求，充分发挥联席会议作用，更科学地管理规模以上项目；制定可操作性的差异化财政补助政策，平衡村与村公益事业发展；加强资金安全监管，充分发挥财政资金效益。

【八届二十九次常委会议】 该会议于8月10日下午在玉环大酒店二楼多功能厅召开。县政协主席吴小平，副主席陈志鹏、吴坚斌、章勇、陈茂荣、吴玲芝、陈亨标，秘书长潘立志参加会议。县领导林先华、吴才平、杨良强、郑志源、吴可如，县人民法院院长陈微春，县人民检察院检察长余文权，县政协之友联谊会名誉理事长颜志复、理事长高仁满，在玉省政协委员林启根应邀参加会议。陈志鹏主持会议。会议听取和协商县委、县政府半年度工作情况通报、县人民法院半年度工作情况通报和县人民检察院半年度工作情况通报；审议通过《关于同意吴小平同志辞去政协第八届玉环县委员会主席职务的决定(草案)》。常委们认为，在当前经济下行压力持续加大情况下，县委县政府精神振奋，集中精力，全力助推实体经济发展，保持经济稳增长，成绩来之不易，十分值得肯定；县人民法院、人民检察院工作任务重、负担大，为维护社会大局稳定做出积极贡献，对政协工作的支持也在与日俱增。

【八届三十次常委会议】 该会议于12月5日在玉环国际大酒店七楼会议室召开，为期1天。县政协党组书记林成辉，党组副书记、副主席陈志鹏，党组副书记萧诗跃，党组副书记、副主席吴坚斌，副主席章勇、陈茂荣、吴玲芝、陈亨标，党组成员陈明迪及秘书长潘立志参加会议。县委常委、副县长杨良强，县人大常委会副主任李茂芳陪同视察或应邀出席会议。与会人员实地视察坎门街道双龙村"立改套"项目及山体公园、玉城街道三合潭工业区块旧城改造项目、大麦屿街道庆澜塘河系整治工程、玉城街道西滩村农村污水治理项目等工程项目实施情况。会议期间，常委们听取了县政府关于县"五水共治"工作情况的通报及关于县政协八届五次会议提案办理情况的通报，并对重点提案办理单位县环保局、县治堵办、县"三改一拆"办、县农办，提案办理"大户"县教育局、县水利局6个单位进行民主评议。林成辉指出，"五水共治"工作是一项长期的系统工程，全县各级政协组织和广大政协委员应按照县委、县政府的决策部署，不断深化助推"五水共治"专项集体民主监督，做到精准定位、把握原则、明确导向、突出主体，全力协助县委县政府攻坚克难，让"五水共治"真正抓出实效。就如何进一步做好提案和提案办理工作，林成辉强调，广大政协委员要坚持创新，不断提升提案工作水平，共同推进提案工作规范化、制度化、程序化；各提案承办单位要进一步重视政协提案办理工作，切实加强与提案人的沟通联系，把提案办理质量和实效放在首位，努力提高提案办理的落实率和满意率。

【中秋座谈会】 该会议于9月13日上午在玉环大酒店二楼多功能厅举行。县委书记林先华,县委常委、县委统战部部长陈明迪,县人大常委会副主任张海舟,县政协副主席陈志鹏、吴坚斌、章勇、陈茂荣、吴玲芝、陈亨标,县政协之友联谊会理事长高仁满出席会议。县政协副主席陈志鹏主持会议。来自民主党派、无党派、台侨胞、工商联及经济界、农业界、科技界、教育界、外籍人才等各界人士代表欢聚一堂,庆佳节、话友谊,并围绕经济转型升级、科技创新驱动、城乡建设规划、公共事业发展等事关县经济社会长远发展的热点、难点问题,及新形势下如何支持政协事业发展和扎实做好统战工作,提出许多有前瞻性、创新性、建设性的意见建议。县委书记林先华强调,各界人士要,按照"参政有高度,议政有深度,监督有力度,联谊有广度"的要求,围绕中心、服务大局,把工作的切入点和立足点放在助推经济建设中心和发展大局上来开展;发挥政协委员和统一战线联系广泛的优势,密切联系群众、团结群众,多收集基层的意见和建议,多做理顺情绪、化解矛盾、鼓舞士气的工作,让群众自觉参与到维护稳定,促进和谐的工作当中来;发挥政协委员示范、引领、带头作用,关注民生,服务群众,汇集社情民意,以实际行动,把玉环建设好、发展好。

【政治协商】 充分发挥政协全会全面协商议事功能,围绕县委、县政府重大决策部署,就政府工作报告、"十三五"规划纲要、计划工作报告、财政工作报告等,深入讨论协商,积极建言献策,汇总形成7个方面89条意见和建议,呈送县委、县政府供决策参考。召集全体政协委员,组织大会发言26篇,安排即席发言10人,在工业经济转型、城乡建设、环境治理、文化建设等各方面,提出很多具有前瞻性、建设性、可操作性的意见和建议。深入实施专题协商,会同县委、县政府共同制定并实施《2016年协商工作计划》,围绕"十三五"规划编制工作、"一事一议"财政奖补政策、县委县政府半年度工作情况、县法院检察院半年度工作情况及"五水共治"等议题,共提出意见和建议52条,其中,针对"十三五"规划编制工作,连续召开八届二十四、二十五次常委会议认真讨论研究,梳理汇总22条意见建议呈送县委县政府。务实开展对口协商,坚持贯彻落实《关于加强县级部门同县政协专门委员会对口联系工作的意见》,着力增强各专委会与相关部门的联系互动,围绕小微工业园区、"两馆两城"建设、教育基础设施建设、后沙旧城改造等内容开展视察调研,有力推动相关单位落实工作。

【民主监督】 全面推进委派民主监督员工作,选派83名政协委员组成7个监督小组,分别入驻玉环经济开发区管委会、县教育局、县水利局、县行政服务中心等7个单位,深入查找派驻单位存在的问题,提交《关于加强公司变更登记管理简化注销程序的建议》《关于"美丽公路"项目的有关建议》《关于推进网格化空气质量实时监测系统建设的建议》等民主监督建议书7份,有力推动派驻单位落实和改进工作。大力落实助推"五水共治"专项集体民主监督工作,按照省政协开展"三级政协联动、万名委员同行、助推完善和落实'五水共治'长效机制建设"专项集体民主监督的统一部署,组建10个民主监督小组通过一线听、实地看、广泛议等形式,深入查找"五水共治"工作存在的薄弱环节,实时向相关部门反映治水情况。扎实推进专项视察监督,各专委会紧扣社会热点和事关发展的重大问题,开展电子商务示范园建设、公安经侦工作、文旦产销情况、精准扶贫工作等专项视察,有效监督、有力推动相关工作开展。有效开展联合监督,继续与新闻媒体合作办好《榴岛面对面》电视专栏,《尊重自然规律,科学引种绿化树种》《让土壤远离重金属污染》《加强管线整治,告别“空中蛛网”》等12期节目播出后，形成了广泛的社会影响。

【参政议政】 深入开展调研，按照深入一线、力求翔实、做专做精的要求，精心安排6个调研选题，形成《关于进一步完善我县“一事一议”财政奖补制度的建议》《加快推进我县卫生基础设施建设的建议》《关于提高玉环文旦品质，发展精品农业的建议》《加强我县对台经贸合作工作的思考和建议》等调研报告报送县委、县政府。《政协论坛》先后刊发《关于里墩水库饮用水水源地保护的考察报告》《关于玉环旅游业发展战略的思考》等文章，引起县委县政府的高度重视。积极反映社情民意，不断完善社情民意信息采集、研讨、编辑、通报等制度，充分调动各界别组、联络组反映社情民意信息工作的积极性，切实提高信息工作实效。全年共编报社情民意信息51期，被全国政协录用3篇，省政协录用1篇，市政协录用13篇。其中《“中国制造2025”之一，环保达标与产值能耗达标互为掣肘影响企业发展，基层建议及时调整相关考核政策》得到中共中央和国务院领导批示，《关于进一步重视做好烈士陵园修缮和维护工作的建议》《关于完善购买服务机制提升公交服务质量的建议》得到县委、县政府主要领导批示。倾情倾力服务群众，开展政协委员“界别活动周”，组织工商联组、经济组、文体新闻组、教育组、医卫组等10个界别组通过“送文化、送卫生、送科技、送教育、送法律、送温暖”，深入基层、深入群众开展走访指导、咨询服务、慈善公益等活动，服务群众2000多人次。

【提案工作】 深化县委、县政府领导领办，县政协领导督办重点提案制度，重点做好“四见面”提案办理工作，紧扣饮用水安全、交通不文明行为整治、拆后土地利用、乡村旅游经济发展等社会热点开展协商，努力促进相关问题化解。如八届五次会议4号重点提案《关于将美丽乡村建设落脚到推进乡村旅游经济发展的建议》提出后，县政府高度重视，出台《玉环县推进农家乐休闲旅游业提升发展实施意见》和《玉环县乡村民宿管理办法》，有力推动了乡村旅游经济发展。针对八届五次会议3号重点提案《关于大力推进拆后土地利用的建议》，县三改一拆办会同相关部门和各乡镇(街道)，大力推进拆改结合，玉环拆后土地利用工作居台州市前列，成功创建省“基本无违建县”。不断完善提案公开办理、提案办理民主评议、提案办理“回头看”等工作，努力提升提案工作实效。县政协八届五次会议立案166件，全部按时办结，委员意见为满意150件，占90.36%；基本满意14件，占8.43%。已经解决或基本解决142件，占85.54%；正在解决或列入计划解决13件，占7.83%；暂缓解决11件，占6.63%。

【文史工作】 以玉环书画院为阵地，先后举办“2016年县政协书画摄影作品展”“庆国庆67周年书画作品展”“中国梦·山海同辉”玉环松阳两地摄影展等活动，全年共展出作品400余幅，参观13674人次。以县政协之友联谊会为平台，组织开展联谊交流、建言献策、专题视察等有益活动，切实维护团结和谐的良好氛围。继续做好文史工作，编辑出版《玉环史事钩沉》(卷一)，努力挖掘、研究和传播本地历史文化。整理编辑《玉环县八届政协履职实录》，将八届政协委员的大会发言、提案、调研报告等真知灼见汇编成册。积极开展漩门一期大坝“三亲”史料前期调研、征集工作。抓好对外宣传工作，升级维护县政协网站和微信公众平台，在省政协《联谊报》刊发《玉环县“四见面”提案促办民生短板》等文章，不断提升政协影响力。加强与台湾同胞、港澳同胞、海外华侨、宗教界人士的联系沟通交流，倾听他们对家乡建设的肺腑之言，为他们反哺家乡创造良好条件。举办县政协第三届运动会，进一步丰富政协机关干部职工和政协委员的精神文化生活。

【自身建设】 全面开展“两学一做”学习教育，全年共召开专题学习会10余次，通过学先进、找差距、摆问题、求改进等方式，不断提高政治意识和思想觉悟，牢固树立为民服务思想。强化委员管理服务，举办2016年玉环县政协委员培训班，不断提升委员的综合素质和履职水平。扎实落实《玉环县政协领导走访约谈委员制度》，对170多位委员进行走访约谈，了解委员思想、工作、学习、生活情况，听取委员对玉环县经济社会发展和政协工作的意见建议。实施县八届政协委员届末履职考评活动，为换届推荐优秀委员留任建议人选提供依据。不断优化机关内部建设，严格执行中央八项规定和省委“28条办法”“六项禁令”，着力解决“四风”方面的突出问题，有序推进县政协机关公务用车制度改革，完善“三公”经费管理、委员管理、机关管理等相关制度，树立务实清廉的机关形象。

（董捷卡）

社会团体

总 工 会

【概况】 县总工会围绕中心、服务大局，着力突出工会维护保障职能，不断健全组建机制和维权帮扶机制，加强协调劳动关系的力度，探路搭建“网上工会”，促进和谐企业创建，普惠服务广大职工，推动县工会工作实现更大的创新和发展。

【围绕“一岗双责”，落实党风廉政建设主体责任】 充分发挥班子集体作用，在班子成员更替，党组不健全的情况下，牢牢防控廉政风险点。强化责任担当。主动配合第三巡查组做好巡查工作，提交各类材料200余份，严格对照、即知即改。推进党组中心组理论学习，组织集中学习20次，坚持把党风廉政建设责任制与推进中心工作有机结合。

【围绕筑牢基础目标，建强基层工会组织成效明显】 “两学一做”深入推进。共开展2次专家宣讲、5次党员“微课堂”、3次先进典型学习会、7次日常教育。开展“六有”“六好”基层工会评选活动。2家乡镇(街道)总工会和10家基层工会入选台州市级示范。顺利完成基层工会换届选举。12个乡镇(街道)、开发区总工会换届选举圆满完成，每个乡镇(街道)总工会配备一名兼职副主席，一线职工在乡镇(街道)工会代表大会及其委员会中的比例从70%提升到90%。

【围绕调结构促转型，打造工匠型蓝领职工成效明显】 广泛开展社会主义劳动竞赛，22家单位开展重点工程劳动竞赛，4家作为典型单位。发挥劳模引领作用，组织71位劳模开展义务植树、企业义诊、放流鱼苗等多项公益活动，发挥示范引领作用。起草《关于改善和提高劳模待遇》的相关文件，切实帮助劳模解决实际问题。重点开展职工素质教育提升工程。启动安全合理化建议、选树“榴岛工匠”，职业技能培训等活动，为550名职工提供各类培训160余课时，同时，建立微信群提供交流平台。

【围绕帮扶救助目标，实施职工关爱工程成效明显】 持续开展“冬送温暖”活动。两节期间为140位特殊困难劳模、困难职工发放慰问金20余万元。与多家单位共同开展2016“回家”大型主题公益活动，为500名返乡职工报销车费，给1000名职工赠送团圆礼。同时，走访600名跨海大桥建设留守职工及其他特殊岗位留玉职工，送去慰问金及新春年礼10万余元。深入开展“夏送清凉”活动，为4家重点工程、7家企业的特殊高温岗位职工送去各类防暑药品120份、各类清凉饮品550余箱。在职职工住院医疗互助活动持续开展，第八期参保人数达87250人，圆满完成8.5万人次的参保任务，全年累计支出补助金469万元，受益职工2091人次。

【围绕普惠服务目标，构建和谐劳动关系成效明显】 职工服务卡提质拓面。承办台州市职工服务卡暨蓝领贷工作现场推进会。自2014年年底职工服务卡发行以来，累计发卡8157张，发放贷款550笔8093万元。疗休养管理规范化。相继制定出台《关于〈加强浙江省职工疗休养管理工作意见〉的补充意见的通知》及《关于〈玉环县职工疗休养管理工作实施办法〉的补充通知》，加强对基层工会职工疗休养工作的指导和监管。前置维权阵地。三级维权服务站(点)提供法律咨询服务581人，处置劳动争议32件，为47名职工挽回经济损失169万元。

【围绕文化引领目标，发展职工文化成效明显】 节庆活动丰富多彩。持续继续开展春节猜灯谜下象棋、“三八节”主题系列活动、“中国梦·劳动美”巡演等日常节庆活动，惠及职工3000余人次。玉环县第八届职工运动会落幕。来自119家机关、企事业单位的3300名职工共同参与篮球、拔河、田径等18个大项57个小项的体育竞赛，产生各类奖项456个。“线上工会”持续发力。搭建“职工社区”(即工会粉丝活动平台)，以“线上招募会员、线下互动服务”的方式，“订餐式”提供优质服务。与29家企事业单位实现项目化合作，为850余位职工提供20余项长达166课时的体验式服务。

(林　茜)

共青团

【概况】 共青团玉环县委员会是玉环县委和团台州市委领导下的社会团体，是全县各级团组织的领导机构。共有行政编制5名，后勤人员编制1名，其中在编行政人员3人，聘用人员2人；下属机构有玉环县青少年宫1个。

【青少年思想政治教育】 以重大事件、重大纪念日、最新理论成果学习教育为契机，开展各类主题教育实践活动。在“五四运动”97周年之际，启动“我爱玉环——青春助力全岛景区化建设”项目，发布“我爱玉环”主题系列青年文创产品12款，围绕主题开展一系列活动，以激发最为朴素的家乡情怀为起点，引领广大青年以主人翁的姿态参与“美丽玉环，海上都市”建设。不断培树优秀青年典型。在少先队建队67周年之际，在全县少先队中开展“红领巾相约中国梦”系列活动，灌输培养少年儿童对党和社会主义祖国的朴素感情。广泛开展“雷锋月系列活动”“国际禁毒日大型宣传”、祭扫革命烈士墓等主题教育实践活动。在团县委官方微信公众平台开设“玉环好青年”专栏，先后培树了“全国最美青工”“全国农村致富带头人”“全国向上向善好青年”“台州市优秀青年”“台州市十大杰出青年”等青年典型，进行专题报道，突出“肯实干、善创新、勇担当”的宣传导向，让广大青年学有榜样、赶有方向，激发广大青少年热爱祖国、建设家乡、奉献青春、建功立业的高涨热情。

【团的组织队伍建设】 加强团的基层组织建设。以“双网互动”为统领，不断推进青少年综合服务平台建设。玉城街道青少年综合服务站被认定为浙江省示范性“青年之家”综合服务平台。开展非公有制经济组织团建“百日攻坚”行动，新建非公企业组织30家。启动学校共青团改革。全面实施团员发展和管理“提质控量”专项工作，严格控制团学比。到2017年年底，实现初中毕业班团学比控制在30%以内；2018年年底，实现高中阶段(含中等职业学校)毕业班团学比控制在60%以内,以后进一步降低。开展“团建优品”项目竞赛。激发基层团组织工作创新突破,对乡镇街道、部门、学校团组织的团建工作进行全方位的评议,促进基层团建工作。竞赛中涌现出了坎门街道团委“东沙7号”青年创业创意市集、干江镇团委“益举益动”项目、芦浦镇团委“清单工作法”等优秀项目。加强团干部队伍建设。制订团干学习计划,举办青年干部读书会、基层团干学习会、新任团组织负责人培训会等,邀请省、市、县各级领导和专家对团干部进行培训,全面提升团干部综合素质。在基层团组织中广泛开展“团干部如何健康成长”大讨论活动。全面实施“1+100”团干部直接联系青年制度,每位专职团干常态化联系100位基层青年,更加有效地倾听青年声音、服务青年需求。

【强化服务机制构建能力】 整合各类资源,服务青年就业创业更有效。深化“创享帮——玉环青年身边的创业伙伴”项目。与坎门街道联合推出“东沙7号”创意市集,为全县青创项目提供一个展示交流的平台,服务青创项目30余个,吸引游客近千人。举办创客学院,共开展13个班次819人的培训,成功考取网店客服证176人。为创业青年提供银行金融贷款和风投资金,与农合行共同推出的新生贷项目,全年累计发放贷款12295万元,覆盖610个创业项目。开展“青年之声·创享未来”主题创业沙龙。举办青年人才创业创新论坛暨创享帮“创业英雄会”活动,以开启英雄榜的模式,让创业青年进行比“武”会友,分享感悟。打造线上线下互动平台,服务青年更便捷。用活新媒体平台,建成县乡两级团属新媒体平台,微信公众平台“玉环新青年”吸引粉丝近4万人,通过平台发起的活动110余个,各类活动报名人数12000余人,已经成为共青团联系基层青年,社会化开展活动最有效的途径。探索推出“花young部落”——玉环青年社团孵化项目,在微信平台开发“花young部落”功能板块,并推出两期“花young部落”公益兴趣小组培训项目,涉及音乐、美术等21个青年喜欢的公益培训项目,共培训410人次。开展有效的青春公益众筹项目,深化青少年权益维护。举办“美行玉环,为爱行走”大型公益暴走行动,近700人参与,为玉环县血液病儿童募捐近10万元。开展“美行玉环·杯水公益”大型党团众筹志愿服务行动,为全县高温作业的人员筹得2000个定制水杯等价值5万元的物品。依托“亲青筹”平台,为楚门星星点灯农民工子女关爱基地募集7000元书籍更新费用,为“青春变奏曲——青少年生命教育公益行动”募集38540.68元的公益金,该项目目前已经培育讲师35名,开展85场中小学生讲座,受益达12123人次,该项目还获了多个省市奖项。开展农民工子女暑期关爱行动,依托“星星点灯”外来务工子女关爱基地、县青少年宫等服务阵地,加大公益活动开展力度,服务青少年3800余人次。深化推进重点青少年群体服务管理和预防犯罪工作,加大结对帮扶工作力度,同时联合陈警官巡防工作室,开展各类法制宣传教育、禁毒宣传教育等工作。

【围绕党政中心开展工作】 在经济转型升级中争先。举办2016年玉环青年创业创新大赛。通过微信、户外广告、传统媒体等方式对20个获奖项目给予全方位的宣传报道、创业场地对接,及总数十万元的奖金,120万元的风投奖励,涌现出“新能源微公交租赁”“欢乐书客”“库得阀门ERP系统”等优秀项目。举办第二届“加油,青柚团!”玉环籍大学生暑期创业实践活动,组织126名玉环籍大学生围绕“我爱玉环”主题比创业、做公益,让大学生们主动参与到家乡的建设中,并启动“家燕归巢——玉环未来人才储备计划”,针对在校玉环籍大学生,提供暑期见习岗位超过220个。举办创业家思享汇共12场,邀请成功企业家与创业青年分享在创业过程中的经验和感悟,并帮助解答创业青年在创业路上遇到的困惑。同时,发挥好“青年文明号”“青年岗位能手”作用，加快行业提效增速。在社会建设中有为。围绕党政中心，结合青年兴趣点，推出“我爱玉环”大型城市定向大赛，使青年在寓教于乐的过程中主动参与党政中心工作。分别围绕“青春助力国卫复审”“文明有礼、美行玉环”及“七一”“平安玉环”等主题开展大赛，累计微信报名3300余人，直接参与人数900余人。举办“美丽玉环超级解说员”大赛，成立一支优秀解说员组成的志愿解说员队伍，助力全岛景区化建设。深化“平安小达人”项目，开展“平安小达人”亲子游园活动及“平安创意跑”行动，全面助力平安玉环宣传建设。开展“志愿治堵千人行”“文明出行、礼让斑马线”“陈警官巡防工作室”等项目化工作。注重发挥青年社会组织的公益性、专业性优势，推动有条件的青年社会组织承接政府购买社会服务，2016年，玉环县青年服务中心承接了县委宣传部、县委人才办等24个单位22项公共服务购买项目。在生态建设中建功。在广大青少年中大力倡导绿色生活、低碳生活理念，开展深化“我们种树吧，让爱生根”——2016年大型公益植绿行动、举办“我与小树同成长”为主题的亲子植树活动，通过社会发动，组织150个家庭400多人参加，共植树2000多株。持续开展“保护母亲河”行动，以项目化的形式鼓励基层团组织开展行动，推动水环境改善。广泛开展“垃圾分类”“废物利用”“五水共治”知识宣传进校园活动，通过小手拉大手，吸引更多群众参与生态环保建设。

（林美琴）

妇　联

【概况】 县妇女联合会是党领导下的妇女群众组织，是党和政府联系妇女群众的桥梁和纽带，承担着组织妇女、引导妇女、服务妇女、维护妇女儿童合法权益的重要职能。

【打造“互联网+妇联”工作新格局】 开辟玉环“美丽系列微课堂”新阵地。根据群众需求，接连打造31个500人微信听课大群，群群爆满，覆盖全县11个乡镇，惠及10000多户家庭。在内容上，相继推出“水陆杂语”“安妮时间”“我们的节气”等多个群众爱听且受益面广的专题栏目，截至2016年年底，累计送课150节，通过技术转播1500多次。并以灵活自主的线上讨论补充集中微课的不足，以多彩缤纷的线下活动填补线上交流的不足，形成了“微课堂”系统内部的高效运转和良性循环。牢牢把握网络宣传和舆论导向主动权。从微课堂建成开始，就通过选拔培训“群助理”统一管理群内事务，发布群规群纪，加强负面言论管理，集聚网络正能量。随着微课堂规模日渐壮大，一方面通过“政府购买服务”的方式，将“微课堂”委托给第三方专业团队运营，另一方面直接管理“美丽微课堂女神选修课”“巾帼先锋微课堂”等几个有针对性、有统领作用的核心大群，做到舆论监管全面有重点。对于需要集中宣传的精神文件，在“微课堂”全面宣传铺开，反复解读强调，真正做到精神传达“0时差，0误差”。如在“平安夺金鼎”系列活动之中，各个大群大力开展平安知识竞答活动，群众参与率高，知晓率高，真正走活宣传教育“一盘棋”。提升“智慧女性微创业”核心驱动力。举办全县妇女手工作品评比大赛，60多个创意作品汇集玉环公园门口，接受群众笑脸贴、专家点评等，通过推介为产品找市场，为妇女找项目。新创建女性居家创业示范点10个。不断丰富“贪吃妈妈”“巧手妈妈”“围裙妈妈”等“妈妈微创业队伍”的创业专栏，联合玉环广播、玉环发布创新推出微创业“明星妈妈”星发布6期，女性特色创业项目42项。建立“女性微创业联盟”微信群，开展创业故事分享交流15场，通过“线上传播、实时交流、线下买卖”等方式，帮助更多女性实现微创业。不断挖掘女性微创业人才,组建一支富有工作激情和丰富微创业经验的微创业导师团队。举办"她论坛"大型女性微创业展示交流会,评出各类女性微创业明星10名,并给予创业奖励。此外,通过整合资源,利用"微课堂"平台,推出"线上实名订单,线下定点提货"的新形式,既帮助创业女性拓展市场,也使更多群众得到实惠。

【打造巾帼志愿服务好口碑】 理顺"八大品牌项目"谋蓝图。以"微课堂"为主干,以"居家养老""文艺宣传""爱心墙""康乃馨援助""女性微创业""玉环红娘""玉环娘姨""家教咨询"等八大项目部为枝干,组建八大志愿项目部,主枝干相互协同照应,分工明确。每个项目部根据情况不同,各有部长,副部长1至2名。每位部长均通过公开招聘,统一考察,差额录用并授予"巾帼志愿品牌项目执行官"称号。由各项目部自行从已注册的巾帼志愿者中招兵买马,自建团队,线上线下,随时通气。如年初重点启动的空巢老人居家养老项目,志愿者们20多次深入各地进行帮扶,活动事迹也被广泛报道。"文艺项目部"60多名成员充分发挥正能量,精心自编节目,5次深入全市各地开展文艺会演。"康乃馨援助"项目部全年为县特殊学校、福利院、清港和沙门的民工子弟学校等180多名儿童送去衣物等各类慰问品价值近3万元。同时,以突出关安爱妇女儿童、家庭、环境为重点,开展"礼让斑马线""端午爱心粽""反家暴"入户宣传、"小城镇整治"等其他各项活动17场。完善软硬件配备促发展。在原有的160多平方米的巾帼志愿者之家的基础上,新开辟家教咨询室,姨娘调解工作室,并加强了红娘工作室和家暴庇护所的人员力量。在可行性调查之后,全面铺开"美行玉环·爱心墙"建设工作。通过网络公益众筹等形式,发动全民共同参与筹建,先后在楚门镇、玉城街道等10个低收入人口集中的地区建起10面"爱心墙",号召有能力的家庭把家中七成新的闲置物品送到"爱心墙",鼓励有需要的群众从"爱心墙"免费选取需要的物品。在"墙主"带领下,开展相关活动50多场,妇女的爱心和善行不断接力和传扬。树立典范扩影响。县巾帼志愿者之中涌现一大批长期从事志愿服务工作的优秀典范。特别是35次在全县各地开展的"居家养老"服务,事迹被各级媒体争相报道,在全县树立身边的志愿榜样。在组织为新疆阿克苏儿童织爱心毛衣的活动中,志愿者们为该地区送去新织的爱心毛衣100多件。年底,开展优秀志愿者评比活动,评出"玉环红娘"巾帼志愿服务项目部等10个优秀团队、陈晓静等10名"最美志愿者"。

【打造家风家教工作新模式】 创新开展最美"金婚家庭"寻找活动。创新"寻找最美"活动,在全市11个乡镇同步开展,经层层推荐和选拔,共评出63对"金婚夫妇"。联合今日玉环、玉环发布和玉环新闻网等媒体,不断选刊感人的"金婚故事",并在玉环妇联公众号上同步连载。联合多家单位在漩门国家湿地公园举办"金婚盛典",邀请近50对金婚夫妇参加。同时,大力推进玉环红娘工作力度,登记男女会员1602人。促成牵手158对,结婚64对。举办的"意传情·花为媒"首届玉环红娘单亲男女相亲会,当天促成牵手6对。网上网下助力儿童健康成长。充分利用"微课堂"平台,将传统家庭教育以微课的形式讲座搬到网上。线下依托"心灵花园"专业心里志愿者团队,通过封闭式团体成长小组、工作坊等体验活动,帮助家长自我成长、构建和谐的亲子关系。拓展原有的市级"悦悦亲子课堂",打破地域限制,将亲子课程送到沙门镇等全县各地,开展包括儿童安全教育,"助力G20·礼让斑马线"等系列亲子活动12场,新建留守流动儿童图书室1家。组织全市120名0~3周岁儿童参加"萌宝运动会"。在"六一慰问"活动中,县妇儿工委共筹集资金22.4万元,走访慰问了27所学校的76名贫困学生。发动社会各界捐款赠物折价总值19.64万元，共计42.04万元。不少志愿者主动加入各慰问行列，在全县范围展开“微心愿”认领活动，联系“爱心妈妈”参与结对，帮助达成微心愿26个。创新经典诵读方式感悟传统美德。邀请县委宣传部副部长徐春法主讲《我们的节气》系列微课。通过网络报名，组织20户家庭参加“美丽国学馆”系列国学课，以教授国画、亲子诵读、共学经典的形式，教授《三字经》《弟子规》《百家姓》等传统经典文化。持续性举办寻找“好家风、好家训、好家庭故事”系列活动，首期“百条好家训”邀请本地书法家写成卷轴，举办的征文活动共收到征文70多篇，评出优秀征文20篇。在有条件的3个村居继续开展“晒被子·晾孝心”比赛。

【服务妇女工作】 多策并举帮助城乡妇女创业就业。共为24名妇女发放农村小额贴息贷款100万元，为16名妇女发放创业扶持款10万元。进一步提升玉环“月嫂”服务品牌，邀请宁波卫生职业技术学校教授来玉开展2期月嫂培训，210名妇女再获职业技能资格证书。乡镇培训全面开花，大力举办妇女夜校，仅清港一镇，开展妇女夜校3期，总155节，覆盖清港镇内7个教学点5160位农村妇女，内容涵盖识字扫盲、计算机操作培训、金融安全等多个方面。多方联合推动妇女岗位建功创优。继续开展“巾帼文明岗”争创活动，分别联合市场监督管理局、旅游局，开展商品交易市场和旅游行业进行挖掘创建。新增市级文明岗23个，其中商品市场4家，旅游行业5个。新推荐省级文明岗3个，全国级1个。主动作为完善妇女维权格局。及时出台“十三五”妇女儿童规划。大力开展婚姻家庭咨询师培训，邀请省妇干校老师到玉环开展为期4天的培训，参与培训56人，获证39人。不断强化基层维权站点建设，对民政窗口的婚姻调解室，陈大姐热线等给予支持帮助。新组建“玉环娘姨”队伍1支，共53人，全年接待来访来信案件126件，处结率100%。大力开展反家暴宣传，组织现场咨询、有奖知识问答，主题表演、以及志愿者宣传队入户宣传等活动，并在各地建立“反家暴”宣传一条街，统一印制宣传展板，分发主题宣传折页、指甲钳、围裙等10000余份，潜移默化提高广大妇女的维权意识。继续推动适龄妇女“两癌”免费筛查常态化，帮扶救助29名患者，送去慰问金5.9万。年底开展的尚善基金慰问，共为124名贫困妇女送去慰问金12万元。

（潘玲惠）

科　协

【概况】 县科学技术协会是党领导下的人民团体和科技工作者的群众组织，由县级学(协)会、研究会、县属企事业单位和镇乡(街道)科协组成，是党和政府联系科学技术工作者的桥梁和纽带，是推动科技事业发展的重要社会力量。2016年，县科协以科普工作为抓手，以提高公众科学文化素质为目标，团结和带领广大科技工作者，努力开创科协工作新局面。

【开展科技兴企工作】 指导浙江沪龙科技股份有限公司建立院士专家工作站。邀请南京林业大学院士张齐生及其团队参加玉环家具产业科技创新论坛，作《家具产业先进制造技术集成与转型升级路径》专题讲座，吸引100位企业负责人和30家企业的技术人员参加。邀请东北大学院士闻邦椿及其团队、南京理工大学教授范元勋分别到浙江中兴减震器制造有限公司、浙江琦星电子有限公司开展技术指导。

【推进科普惠农工作】 实施“金桥工程”项目申报验收工作，9项县级“金桥工程”全部通过验收。指导各乡镇(街道)农函大辅导站开展各类培训活动，培训学员1943人。陈显荣、林招水被评为“浙江农民大学优秀学员”。陈国庆、高卫东和郑通辉荣获浙江省农民高级技师职称。高卫东和林招水被评为“首批台州市农村科创之星”。

【举办大型科普活动】 举办以“创新引领 共享发展”为主题的2016年科技(科普)活动周大型广场科普活动。围绕“创新放飞梦想 科技引领未来”主题，开展全国科普日活动。开展“12·15”中国科协会员日活动，服务科技工作者。全年开展科普讲座、科普进乡村等29次科普宣传活动。

【指导开展青少年科技活动】 邀请中科院科普讲师团专家张继明和傅前哨教授为学生作科普报告。发动全县中小学生参加各类科技活动，在第29届台州市青少年科技创新大赛中累计获19个奖项，在浙江省暨台州市第三届青少年科学嘉年华中累计获奖110人，在第二十一届全国青少年信息学奥林匹克联赛台州赛区中累计获奖11人。6位学生获得市少年科学院“小院士”“小博士”称号。

【逐步完善科普信息化工作】 整合“玉环科普”微信公众号、“玉环科协”官方微博以及“科普短信”，开展微信公众号“全民科学素质行动线上有奖竞答”活动，参与人次7798人次。面向青少年、农民等五大重点人群加大科普信息定制化推送服务，全年累计发送科普短信、科普微博、科普微信47480条次。

【推进学会协会活动】 推进学会换届选举工作。换届数占学会总数比例90%以上，年检一次性通过90%以上。指导玉环县农村卫生协会召开第五届会员代表大会，协会更名为玉环县基层卫生协会。林学会陈青英被授予“2016年十佳浙江省优秀科技工作者”称号。

(毛倩倩)

工商联

【概况】 县工商联是县委领导下的以非公有制企业和非公有制经济人士为主体的人民团体和商会组织。2016年，有驻会干部5人，下属镇乡(街道)基层商会9家，异地商会8家，村级商会2家，其他商会2家。

【助力非公经济人士健康成长】 开展政治理论学习，提升非公经济认识政治素质。2016年3月4日，习近平总书记在参加全国政协十二届四次会议民建、工商联界委员联组会时，就毫不动摇坚持我国基本经济制度、推动各种所有制经济健康发展发表了重要讲话。县工商联把学习贯彻总书记重要讲话精神作为首要政治任务，迅速传达学习，各商会做好宣传工作，组织会员企业家认真学习、深刻领会，切实把思想和行动统一到中央的决策部署上来。开展主题教育活动，坚定非公经济人士理想信念。通过组织开展理论学习、实践活动等形式，激发非公经济人士爱党、爱国、爱事业的热情。“七一”期间，工商联全体党员赴红色圣地嘉兴南湖开展党员活动，与玉环北京商会党支部进行党性交流。5月，组织县新生代企业家联谊会、杭州市玉环商会青联会、县海创会40位青年企业家，远赴井冈山红色圣地，进行为期5天的红色教育培训。龙溪商会党总支组织党员赴四明山抗日根据地旧址开展红色教育；武汉玉环商会党支部前往大悟开展纪念建党95周年系列活动，接受爱国主义教育；干江商会赴江西庐山革命根据地接受红色教育等活动。弘扬光彩事业精神，增强非公经济人士社会责任。引导非公经济人士弘扬“扶贫济困、乐善好施、发展企业、回馈社会”的光彩事业精神，努力建设一支物质富裕、精神富有的民营企业家队伍。春节前，县工商联联合县总工会、县广播电视台再次共同启动2017"爱·回家"大型公益主题活动,分"送回家车费""赠团圆年礼"和"晒新年心愿"三个部分,向500名外来职工每人赠送200元的回家车费,为1000名职工赠送价值100元的年货,圆梦部分外来职工的"微心愿",温暖外来职工的回家路。看望老工商业者,慰问玉城、芦浦等地困难群众和学生。同时,各商会也纷纷伸出爱心之手。玉城商会向恩惠老人乐园赠送大米和捐款;大麦屿商会为陈屿敬老院的老人和特困户送去了温暖;坎门企业家协会会员企业向县慈善总会等捐款339万元;楚门商会向披山岛驻军送去慰问金,向楚门二中赞助办学经费;清港商会"六一"慰问贫困儿童16名;龙溪商会为突发亡故的镇消防队员捐资15万元;干江商会为干江镇初级中学资助教育发展基金8万元;武汉商会为遭受洪涝灾害的新洲、黄陂等地捐款捐物,赠送药品41万余元,用行动彰显社会责任,为受灾群众送上温情和爱心;上海商会爱心基金慰问全县乡镇敬老院,并为贫困户送上20万元慰问金;杭州市玉环商会青联会公益基金对玉环中学和玉环坎门中学的10位困难家庭学生捐赠生活补助;县新生代企业家联谊会开展爱心捐款,为白血病患者萧云臆捐款4.4万元,为贫困户吴育文捐款3万元;芦浦、沙门等商会也都开展一系列的慰问活动,善心之事不胜枚举。

【助推非公经济持续健康发展】 搭建培训学习平台,提升会员整体素质。邀请税务师事务所专家,开展玉环统一战线"凝心聚力、助企强企"营改增税收政策宣讲活动,送服务、送政策到商会,为企业防范"营改增"新难点提供帮助。大麦屿商会联合街道工会、团委和劳保所,采取周末和夜间学习相结合的方式,组织人员举办"办公自动化"培训;清港商会邀请经济界专家,举办"企业品质管理"主题讲座,为加快企业自身转型升级步伐启发思想,提升企业管理干部业务水平;芦浦商会与芦浦镇联合举办的"2016年玉环县漩门湾经济高峰论坛",特邀袁英华、陈大江、聂志红三位重量级嘉宾出席论坛并主讲;龙溪商会举办《从国际形势,看"一带一路"战略》专题讲座。各商会主动当起了助企强企的"店小二",有效提高会员的整体素质。搭建联谊交流平台,促进商会合作发展。主动加强与基层商会、异地商会以及在外创业人士的联络联系和沟通交流,为全面加强协作,密切友好往来,相互交流经验牵线搭桥。7月,首次召开全县基层商会半年度交流会议;10月中旬,首次在杭州召开全县异地商会及基层商会会长交流会;10月底,组织县工商联执委赴湖北武汉与武汉玉环商会联谊交流。基层商会层面,8月,楚门商会和龙溪商会正式签订协议,缔结友好商会,为两地相互了解,相互帮助,加强合作,支持企业发展搭建一个新的平台。搭建形象宣传平台,展示非公人士风采。工商联通过《玉环商界》、门户网站、电视、广播等媒体积极展示商会风采,宣传企业形象。各个基层商会也分别通过开展各种丰富多彩的活动,提升玉商的社会影响力。沙门商会举办迎五一"滨港—民泰银行杯"登山比赛、"我的另一个家"演讲比赛,清港商会举办第二季"跑山跑水跑清港""清港商会杯"全民篮球赛,坎门企业家协会举办"庆国庆"演出。

【不断加强参政议政综合能力】 充分发挥非公有制经济代表人士中的人大代表、政协委员的作用,动员他们通过信息专报、政协发言、议案提案等形式,围绕党委政府的中心工作,本着"履行职能,突出问题,选准角度,发挥优势"的原则,从非公有制经济的实际出发,开展调研活动,广泛听取广大非公有制经济人士的意见和建议,围绕带有全局性、普遍性的重大问题,提出前瞻性、针对性、可操作性的建议和提案。县"两会"期间,代表、委员们共提交了各类建议、提案近百件,《关注我县新生代企业家成长和发展的建议》《关于创办回归创业园的提案》等高质量的建议、提案得到了县人大、政协的高度肯定。

【不断夯实商会组织“根底”基础】 建立标准，规范商会建设。下发《关于开展2016年度“五好”商会创建“五好”示范商会评选活动的通知》，围绕“五好”要求，组织人员进行了资料检查和实地走访。健全组织，壮大商会队伍。贯彻落实《全国工商联关于加强县级工商联组织建设的若干意见》精神，按照“夯实基础，延伸手臂，成熟一个，发展一个”的原则，积极推进基层组织建设。6月，成立武汉玉环商会，为在武从事制造、家具、服装等各行业的玉环籍企业家搭建政府与会员沟通交流平台。9月，成立西安市玉环商会、玉环郑州商会，为玉环在西安、郑州的企业家搭建平台，为切实维护在西安、郑州玉环人的合法权益，助推在西安、郑州玉商健康发展，发挥积极作用。积极搭建新生代联谊交流平台。关注年青一代队伍成长，指导成立了县新生代企业家联谊会龙溪分会、玉环上海商会青年联谊会、沙门滨港青年创业沙龙，加上原先成立的玉城商会青年部、杭州市玉环商会青联会，年青一代新生力量的展示平台更加广阔。注重提升，加强机关建设。以开展“两学一做”学习教育为契机，着力提高机关工作人员的政治理论水平和业务素养，不断推进机关干部队伍建设。开展作风建设“回头看”，持之以恒、弛而不息地抓好作风建设。修订机关各项规章制度，机关办事程序进一步规范，办文办会质量进一步提高，工作执行力和效能全面提升。

（陈　斌　张　钦）

文　联

【概况】 县文学艺术界联合会(简称县文联)，是中国共产党领导的由全县各文艺家协会以及乡镇(行业)文联等自愿结合的人民团体，成立于1985年1月22日。现有县作家、美术家、书法家、摄影家、音乐家、舞蹈家、戏曲家协会、县诗词学会和楚门镇文联、县教育文联、县公安文联等11个团体会员以及12个二级文艺团体。拥有各级文艺会员703人，其中国家级会员36人、省级会员146人，市级会员289人。有编制4名，计划内合同工1名。创办有《玉环潮》文艺季刊、玉环文学艺术网等。

【文艺精品创作】 围绕县委、县政府中心工作，开展丰富多彩的文艺精品创作、展演活动。组织各文艺家协会创作出版《玉环文艺丛书》美术、书法、摄影三卷，完成《玉环文学作品选》小说、散文、诗歌、诗词楹联四卷内容编辑及出版招标工作；组织承办2016“美丽玉环”全国摄影大展作品征集，举办“画说玉环”——县首届美术写生作品展、县美术教师绘画作品展，协办“和合台州”车帝麟书法篆刻回乡展、台州市“拉高标杆争先进位”主题宣传曲艺大赛和台州市文联“送书下乡”文化志愿服务、浙江省首届海岛火山茶高峰论坛既2016年玉环火山茶第五届开采节等活动，与各地、各部门(乡镇)联合举办第三届“中国梦·海洋情”中华海缰摄影联展，“中国梦·山海同辉”玉环、松阳摄影联展，县“立德　守规　崇廉”主题征文和书画展活动，“生命阳光”主题有奖征文，“大美玉环”全省摄影大赛，“玉医”杯主题摄影比赛，“经信杯”工业企业市级摄影比赛，“美丽玉城”市级摄影比赛，“交通运输杯”省级摄影比赛，首届环宇光学杯“美丽玉环·寻美干江”旅游摄影大赛等各类主题文艺活动。2016年，全县各文艺家协会共有60多位会员作品在省级以上各类专业期刊和文艺赛事中刊登、获奖。其中，浙江省第十六届摄影艺术展玉环28件作品入展，并获2银8铜1推荐，县摄影家协会再次被省文联、省摄协共同授予省展“优秀组织工作奖”，并且连续十年位居全省县市级第一，成为省摄影艺术展览史上唯一的“五连冠”；县作家协会史洁舲2首诗歌入选《浙江诗人地理》2016年卷，叶长林《生命的回溯》发表在《浙江作家》2016年第7期；县书法家协会张华飚书法入展“沙孟海奖”第九届全浙书法大展，张华飚、郑频作品在“吴昌硕奖”第五届浙江省篆刻大展获一等奖、谢景雪三等奖，“中国梦·乡村行”第二届“浙江书法村”作品联展玉环8人入展，位列“省级书法村”榜首；县美术家协会占必青、蔡敏坚2人作品入展浙江省纪念中国共产党成立95周年群星中国画展；县音乐家协会叶益平作品被《中国当代作曲家、词作家〈歌曲〉精品歌曲CD选集》收录。

【人才队伍培育】 通过邀请名家讲座、外出观摩学习、采风创作交流、沙龙联谊等不同形式的主题创作活动，不断提升会员创作水平，扩大文艺人才队伍。组织举办2016年度县文艺界人才培训班，邀请名家名师开展专题讲座、现场教学，100多位文艺骨干参加培训。县作家协会组织会员参加“诗意浙江”朗诵会和平桥诗会，开展“读寒山诗篇 走寒山诗径”采风活动，与台州“江海诗歌”联办“海洋诗”研讨会，举办“听潮”文学沙龙等，与《今日玉环》“笔走榴屿”专栏刊发本土作者玉环风情类文学作品150余篇；县美术家协会邀请台州市美术名家为美术教师作品展点评，组织会员到石峰山、上栈台村采风创作；县书法家协会积极发挥坎门书法研习会的品牌影响力，不定期举办笔会交流、研讨学习，鼓励会员多出作品、力出精品，并免费为社区、企业等书写作品；县摄影家协会邀请摄影名家傅拥军、孙君媚等到玉环摄影名家大讲堂作培训讲座，利用玉环摄友茶吧、《今日玉环》拍拍拍群体以及各乡镇组织的摄影工作室等阵地开展创作交流和名家评片等；县音乐家协会组织会员赴仙居开展“相约春天、拥抱自然”联谊采风，与部门乡镇联合举办“声乐大讲堂”“年轻的心”流行音乐晚会、“2016年兴业杯玉环县少儿童声大赛”“玉环美丽星课堂”声乐微课堂等；县舞蹈家协会组织会员到杭州、上海等观摩学习，邀请名家到玉环举办中国舞教师培训班等；县戏曲家协会鼓励会员参与联谊交流、送文化下乡等活动，不断扩大玉环鼓词地方特色文化的影响力；县诗词学会利用《玉环诗词》季刊阵地，不断强化与本地会员、外地诗词朋友的交流切磋；各乡镇（行业）文联、二级协会充分发挥自身优势，开展了多种形式各具特色、丰富多彩的文艺交流、培训学习等，基层文艺活动蔚然成风。

【文艺阵地建设】 强化文艺阵地建设，认真做好《玉环潮》文艺季刊编辑发行和玉环文学艺术网更新维护工作，为会员提供作品展示、信息服务。在玉环电大、沙门镇水桶岙文化礼堂、火山茶博园、翰潮书画院等设立县文联文艺家社会实践基地、书画沙龙基地，不断拓宽服务领域。发挥基层文联优势，楚门文联以《曲桥》文学季刊和《楚门里》生活周刊为平台，打造楚洲文化品牌，利用文玲书院开设“名家文化艺术讲堂”等文艺活动；县教育文联组织多次举办会员采风交流活动。同时做好基层文艺志愿服务活动，县摄影家协会连续多年在春节期间为村民免费拍摄打印“全家福”活动；县书法家协会坚持为社区、文化礼堂义务送春联，县戏曲家协会在社区举办新春戏曲演唱会、送文艺到海岛到渔村，县音乐家协会送文艺进军营志愿服务活动等，为群众送上有声有色的文艺大餐。

（王佩芬）

关 工 委

【概况】 县关工委的主要职责：抓住有利时机，积极开展青少年思想道德教育；搭建学习平台，大力实施帮扶帮困工程；开展关爱活动，努力营造青少年成长成才环境；夯实工作基础，不断加强关工委自身建设。2016年，全县在部门、乡镇（街道）、中小学、村居、企业建有关工委组织508个，县关工委设名誉主任5名，主任1名，副主任27名，其中专职副主任2名。全县有19518人从事关心下一代工作。

【引导青少年树立和践行社会主义核心价值观】 开展爱国主义教育。清明节期间，在玉环烈士陵园举行祭扫烈士陵园活动，邀请13位“五老”（老干部、老专家、老教师、老战士、老模范）人员作多场专题宣讲，对全县中小学生和企事业单位青年职工进行爱国主义和革命传统教育。坎门、楚门、清港、海山等地学校就近就地组织学生参观爱国主义教育基地。楚门镇关工委还组织“五老”人员前往温岭市坞根镇，瞻仰红十三军革命烈士陵园。举办“学党史、学国史、争做三爱好少年”百场报告会。县关工委“五老”报告团成员杨仁忠、曾三钦等人深入学校、社区、企业开展党史国史宣讲教育活动，让广大青少年深刻认识中国共产党的先进性，进一步坚定为实现中华民族伟大复兴的“中国梦”而奋斗的理想信念。举行主题征文比赛。在全县广大中小学生中组织开展以“学党史、学国史、争做三爱好少年”为主题的征文比赛，并评选出10篇优秀作品上报台州市关工委，获得二等奖1名，三等奖3名，优胜奖6名。弘扬垦荒精神。5月30日，习近平总书记给大陈岛老垦荒队员的后代、椒江区12名小学生回信，要求他们弘扬垦荒精神，并祝他们节日快乐，祝全国小朋友节日快乐。5月31日，中央电视台记者到椒江采访并在当晚7:00中央1台新闻联播头条播出。台州市委、市政府及市关工委要求各级党委政府和关工委认真学习贯彻精神。县关工委积极响应，6月4日，在青少年宫组织少年儿童代表开展“弘扬垦荒精神，励志开拓创新”主题活动；6月8日，组织楚门镇118 名“五老”人员举行“回信”贯彻学习会，全面学习老垦荒队员的垦荒精神。7月13日，县关工委专职副主任陈天云为参加机关干部子女夏令营活动的青少年作《弘扬垦荒精神，做“三爱”好少年》主题宣讲。培树先进典型。开展“美德少年”“三爱少年”等活动，宣传好先进人物的典型事迹，发挥好典型模范表率作用，传递社会正能量。如，楚门镇关工委举行“美德”好少年、“教子有方”好家长、“孝老”之星、“五好”员工评选和表彰活动，大力弘扬社会正气。

【提高青少年懂法知法守法用法意识】 深化法制宣传教育。以第三届“关爱明天、普法先行”青少年普法教育活动为抓手，深化“学法律、讲法治、守法规”主题教育活动，精心打造“老范面对面”法制教育品牌，开创法制教育新形式，以互动交流作为宣传手段，以信息化作为辅助工具，着力提高法制教育效果和质量。被评为2011—2015年全县法治宣传教育先进集体。认真开展禁毒宣传月活动，推进禁毒宣传“五进”工作，各级各关工委利用不同的宣传形式有效提高宣传效果。在6月26日国际禁毒日来临之前，县关工委、县禁毒委等有关单位举行主题为“拒绝毒品、绚丽青春”的宣传活动，将宣传月活动推向高潮。强化法制帮教工作。3月，组织“五老”人员到县看守所为失足青少年作法制专题讲座，深入浅出地宣讲法律知识，引导他们远离不良行为和违法犯罪。推进未成年人保护组织代表队伍建设，主动承担起询问涉案未成年人保护组织代表的职责。7月，县关工委、县法院等九家单位联合印发《玉环县涉罪未成年人观护教育工作暂行办法》，形成关爱涉罪未成年人的工作合力。9月28日，县人民检察院购买社工服务帮扶涉案未成年人。9月，县关工委以“阳光驿站”建设为调研主题深入基层进行调查研究，县关工委领导会同各乡镇（街道）司法所相关负责人走访了玉城街道等9个乡镇的16个已授牌的“阳光驿站”。发挥已建的16个青少年阳光驿站的作用，严格落实帮教制度，使失足失范青少年能够改过自新，重新回归正途。11月，组织“五老”关爱工作团相继赴省未成年犯管教所和台州戒毒所对玉环籍及在玉环法院审判的服刑青少年和吸毒人员开展结对帮教，让他们感受到来自玉环人民的关爱和温暖。发挥教育阵地作用。充分发挥玉环烈士陵园、坎门英雄基干民兵营、林森火纪念馆等14个爱国主义教育基地的阵地作用。9月26日，县关工委组织20多名“五老”参观乐清湾跨海大桥、文玲书院以及楚门天宜社会工作服务社。

【营造青少年健康成长的良好环境】 助学帮困工作落地有声。联合县慈善总会启动“暖冬行动”，对全县20多位贫困孤儿、患病儿童、服刑人员子女等开展慰问活动，让他们感受到党委政府的关怀与社会的爱护。走访慰问了上年暑假期间受“福彩牵手”资助的15位大学生们，为他们送上节日的问候和慰问金。暑假期间，做好2016“福彩暖万家·助圆大学梦——百名贫困大学新生专项资助活动”，县关工委联合县慈善总会从100多位贫困学子中走访筛选15位极度贫困学子上报台州市关工委获得资助，对其他贫困学子与县慈善总会协调联系予以资助，让他们顺利跨进大学校门。8月25日，举行“圆梦助学”爱心结对座谈会，两位爱心人士与三位贫困大学新生在县关工委的牵线搭桥下达成关爱帮扶关系。9月20日，在芦浦中学、芦浦小学举行第四届“鸟巢关爱工程”奖学金、助学金发放仪式，70位优秀学子和贫困生获得5万元的奖学金或助学金。关爱帮扶活动有声有色。县关工委认真贯彻“绿水青山就是金山银山”的战略思想，帮助青年农民掌握绿色、循环、生态的现代农业生产技术，联合县农办、清港镇等单位在台州科技职业技术学院举办涉农领军人才培训班；联合海洋渔业局开展渔业技能与水产品安全培训；联合鸡山乡关工委开展渔业安全培训，提高他们的职业技术水平和创业创新能力。3月，被评为2015年度全县农村劳动力素质培训工程先进单位二等奖。加强新居民子女关爱工作，六一节来临之际，给坎门朝阳小学等农民工子女送去节日礼物，与孩子们共享节日欢乐；暑假期间，举办爱心学校，让民工子弟平安快乐度暑期。“心灵花园”平台魅力四射。自1月举行“心灵花园”志愿者之家动员会后，30多名志愿者走进县儿童福利院，分5组与5位孤儿结对心助，开展每周一次沙盘游戏心理治疗，让他们得到心理改善，走出心灵困境，取得明显成效。5月，开展“心灵花园”走进县特教学校活动，逐步拓展结对心助范畴，让这个平台惠及更多的特殊青少年群体。同时，还举行了个案分析指导会、“你好！心灵”青少年心理援助公益项目活动、第二次志愿者全体会议、纪念“五四运动”97周年大会暨“我爱玉环”——青春助力全岛景区化建设行动启动仪式、“六一”牵手福利院孤儿联欢活动及沙盘咨询经验分享会等等，提高志愿者的业务能力，激发他们的热情和活力，有效加强团队建设，如今志愿者队伍已发展到60多位，个个钟灵毓秀、奋发有为。台州市关工委领导于五月底视察“心灵花园”后，给予了高度评价。国庆前夕，联合县民政局在县福利院建立工作站，结对福利院的在校孤儿，每周进行一次心灵辅导，并将心助对象拓展至特殊家庭的特殊儿童，为他们提供公益的心理咨询服务。10月，组建“特教心谊会”，开展心灵花园志愿者与特教老师的学习交流活动。10—11月，开展志愿者培训活动，鼓励志愿者参加心理咨询师（三级）资格考试，并给予一定补助。“绿网工程”建设稳步推进。积极发挥“五老”网吧义务监督员的作用，配合职能部门做好网吧监督，净化青少年的网络环境。2—8月，楚门镇关工委组织“五老”网吧义务监督员深入传奇网吧、蓝天网吧、知天下网吧等15个网吧经营点，进行督查指导。

【增强吸引力、凝聚力和战斗力】 进一步壮大关工委队伍。深入学习贯彻中共十八届五中全会和习近平总书记对关心下一代工作的重要指示精神，大力弘扬“五老”精神，动员更多老同志参与关心下一代工作，为“五老”参加关心下一代创设舞台，提供服务，加强保障。县关工委进一步完善“五老”骨干名录，有效发挥“五老”作用；沙门镇关工委及时把从领导岗位上刚退下两名人员充实“五老”骨干队伍里，增强关心下一代工作活力。开展县关工委成立三十周年纪念活动。3月，召开纪念关工委成立30周年部署会议，与会人员尽智尽力，集思广益，为纪念30周年活动及画册编写出谋划策。此后，成立画册编委会和组成编辑组，认真搜索资料，撰写文字资料，拍摄补充图片，编辑画册，并多次组织“五老”人员对画册的结构和内容进行了热烈的讨论和不断修改。11月4日，召开县关工委成立30周年纪念表彰大会。台州市关工委主任吕振欧、常务副主任陈夜明应邀出席大会；县领导林先华、郑志源、陈云岳、胡载彬、吴玲芝参加大会。会议还表彰了县关心下一代先进集体、先进个人。不断拓展宣传报道渠道。加大宣传信息工作力度，做好信息上报工作，宣传关心下一代工作先进事迹和典型经验，营造有利于青少年健康成长的良好氛围。

（林　颖）

残联

【概况】 县残疾人联合会是国家法律确认、政府批准的由残疾人及其亲友和残疾人工作者组成的人民团体。主要履行代表、服务、管理三种职能：代表残疾人共同利益，维护残疾人合法权益；团结教育残疾人，为残疾人服务；履行法律赋予的职责，承担政府委托的任务，管理和发展残疾人事业。在编人员20名，聘用人员8名。本级设办公室、综合科，下属县残疾人劳动就业服务所、县残疾人康复指导中心两个事业单位。

【完善残疾人事业政策保障体系】 县委、县政府十分重视残疾人事业发展，将残疾人事业纳入经济和社会发展大局加以部署，把残疾人工作列入重要议事日程，进一步完善残疾人事业政策保障体系，制定出台《关于加快推进残疾人全面小康进程的实施意见》《玉环县困难残疾人生活补贴和重度残疾人护理补贴实施细则》《玉环县残疾人事业发展“十三五”规划》等政策文件，为全县残疾人事业科学发展提供政策保障。同时县委、县政府不断加强对残疾人工作的领导，将残疾人工作纳入《2016年县政府重点工作责任分工抓落实方案》，与各乡镇人民政府、街道办事处签订《2016年度残疾人工作重点任务责任书》，抓好重点工作任务的落实。

【完成县残疾人集中托养中心主体工程建设】 坚持以“重工期、抓质量、控投资、保安全”为目标，落实高标准、高规范、高要求现场施工管理，从安全绿色文明施工、技术质量、现场施工、成本控制等各个方面进行全方位管理，完成县残疾人集中托养中心主体工程建设及电梯、智能化、附属工程、强电、太阳能等招标工作，全年完成投资额2200万元，完成任务的100%。

【提升残疾人生活质量】 强化残疾人基本生活保障，实行城乡一体的最低生活保障标准，全面消除“4600”现象，将2133名城乡低保残疾人纳入重点保障范围，全额享受低保救助金。坚持补短板、广覆盖的原则，贯彻落实困难残疾人生活补贴和重度残疾人护理补贴，全县4660名符合条件的残疾人，有4050人自愿申请重度残疾人护理补贴，补贴对象比例86.9%。同时为1840名困难残疾人发放生活补贴，着力解决残疾人因残疾产生的额外生活支出和长期照护支出困难。完善覆盖城乡残疾人的基本保障救助机制，逐步提标扩面，提高保障水平，为693名一家多残及60周岁以上的残疾人每月发放150元的定期生活补助；为837名因灾、因病等发生临时性生活困难的残疾人由基层残联直接进行救助；全年投入资金60万元，为52名无房户、危房户的贫困残疾人家庭修建房屋，帮助其解决住房困难。充分利用助残日、春节等重大节日，组织开展送温暖慰问活动，累计走访慰问残疾人900人次，发放慰问金50多万元。

【实施残疾人康复民生工程】 免费为贫困残疾人提供助听、助明、助行服务，验配助听器92台，验配助视器20只，实施白内障复明手术516例，实施髋、膝关节置换手术36例，装配假肢20条，发放轮椅、拐杖等各类辅助器具220件，基本满足各类康复服务需求。开展无障碍设施和康复训练器材进家庭活动，为114户贫困残疾人家庭进行无障碍设施改造，提供康复器材安装、康复训练指导等服务。加强精神病治疗与管理，为530人免费提供药品，为105人提供住院治疗补助，促使精神病人得到规范、有效的治疗和管理。全面实施残疾儿童康复服务和补贴制度，实行分类康复治疗及训练，为58名聋儿、脑瘫儿童、智力残疾儿童和孤独症儿童提供康复训练和辅助器具配置，补助康复经费112万元。召开台州市脊髓损伤者“中途之家”工作现场会，向全市推广玉环“中途之家”建设经验。党组书记、理事长林荣伟作工作经验介绍，“中途之家”负责人作活动介绍，市残联理事长张加正最后作总结讲话。列入全国残疾预防综合试验区创建试点县，加强三级预防工作，探索和创新残疾预防工作模式，减少残疾发生，减轻残疾程度。

【推进残疾人劳动就业工作】 出台一系列扶持残疾人就业创业优惠政策，促使全县残疾人就业工作步入制度化、规范化发展轨道，依法保障残疾人的就业机会和权利。开展就业年龄段就业状况调查，对全县5998名就业年龄段残疾人逐一排摸，对其就业状况、未就业原因、就业意愿、培训情况进行造册登记。严格执行按比例就业政策，分散安置823名残疾人就业，其中新增41人；稳定集中就业队伍，对全县44家超比例安置的福利企业发放奖励资金85万元；大力扶持、引导残疾人自主就业创业，帮扶185名残疾人从事农村种养业、手工业、加工业及个体就业。创建小康阳光庇护中心8家，为112名精神、智力残疾人提供庇护性就业。加大资金投入力度，强化残疾人技能培训，举办蛋糕制作、电商创业、农技等各类培训12期，培训335人，其中电商创业培训70人。教育补助353人次，发放补助资金43万元。

【基层残疾人文体生活】 开展送文艺、送文化产品下乡活动，文艺下乡5场，赠送液晶电视30台、收音机96台。举办残疾人读书会、残疾人棋艺大赛、中医养生讲座、戏迷联谊、“品味端午，情牵残疾人”迎端午活动，吸引300多名残疾人参加活动。成立残疾人舞蹈团，选拔13位残疾人入团，定期组织排舞集训，参加各类文艺演出。同时借助社会力量丰富残疾人文体生活，联合县卫生计生局、楚门镇政府、楚门天宜社会工作服务社共同举办楚门老街公益跑活动，携手县文联开展“生命阳光”主题征文活动，积极倡导全社会扶残助残的美德，展示广大残疾人自强自立的精神风貌。组团参加台州市第三届残疾人运动会，取得7金、13银、8铜、团体总分第三名。

【完成基本服务状况和需求信息数据动态更新工作】 贯彻落实中共中央、国务院关于残疾人事业的新部署新要求，进一步加强残疾人事业基础管理工作，严格按照时间节点和具体要求，完成残疾人基本状况36项调查指标和村居（社区）基本公共服务11项调查指标的登记录入工作，详细掌握全县11266名持证残疾人的基本服务状况和需求，进一步找准、补好残疾人全面小康进程中的短板，准确掌握全面建成小康社会进程中残疾人的基本服务状况和需求。

（沈光朝）

法治·军事

政 法

【概况】 2016年,全县政法工作以"护航G20 平安夺金鼎"为目标,以法治为引领,深入推进平安玉环、法治玉环和过硬队伍建设,创新社会治理,坚持补齐短板,全力维护社会稳定,为玉环开局"十三五"规划提供良好的社会环境、法治环境和服务环境。

【深化平安建设】 牢固树立"发展是第一要务,平安是第一责任"的意识,始终把深化"平安玉环"建设作为构建和谐社会的基础工程摆上突出位置。突出服务中心,围绕"三改一拆""五水共治"、交通治堵、小城镇环境综合整治等重点项目,坚持"什么问题突出就解决什么问题"的原则,实行治安重点地区挂牌整治。开展"打霸拔钉清障护航""禁网行动"等一系列专项行动。全县各类案件发案同比下降25.5%,刑事发案同比下降26.5%,社会治安持续向好。开展"2016安盾"系列执法行动,持续组织安全生产领域"打非治违",开展消防安全"百日攻坚"和"铁拳"整治等一系列行动,安全生产形势总体平稳。将"平安三率"提升纳入县对乡镇部门平安责任制考评体系,组织开展全民平安巡防日、平安纳凉晚会等活动,切实提升平安建设的知晓率、参与率和满意率。围绕夯实基础抓创建。深入推进平安乡镇(街道)、平安村(社区)、平安家庭创建,系统推进平安交通、平安医院、平安学校等平安细胞工程,有力夯实创建基础。

【注重维稳处突】 以问题为导向,以"问责制"为牵引,深入推进主动型维稳机制建设,有效保障社会大局和谐稳定,完成G20杭州峰会、十八届六中全会、第三届世界互联网大会等重大政治活动和敏感时期的维稳工作,为G20杭州峰会成功举办贡献玉环力量。围绕"一条主线",筑牢杭州峰会"护城河",出台《玉环县G20峰会维稳安保工作责任追究办法》,成立统筹协调小组及办公室,成立工作专班,实行实体化运作,挂图式作战,组织开展"十大行动""14+2项专项整治行动"等系列专项行动。健全完善主动型维稳体系,深化社会稳定"三色"预警办法,全面实施重大决策社会稳定风险评估,完成涉稳重点人员教育稳控转化试点工作。全年发布定期社会稳定"三色"预警7期。完成三合潭工业区改造工程、港北风电场等34个项目重大决策社会稳定风险评估,确保三合潭工业区改造工程、风屿山征收、公车改革等决策项目顺利推进。西滩村玉环海岸经济发展公司围垦纠纷案件基本案结事了。

【强化综合治理】 坚持严打不动摇,依法打击暴力恐怖、黑恶势力、“两抢一盗”、欠薪逃逸、恶意“逃废债”等违法犯罪活动，积极构建立体化社会治安防控体系；持续开展“打霸拔钉清障护航”专项行动，大力整治村梗地霸涉黑涉恶欺行霸市行为，查处村居干部违法犯罪7人，铲除唐冰峰、严超等一批黑恶势力团伙，保证重点工程建设顺利推进；全力保障换届选举，扎实开展“两代表一委员”候选人背景核查，共完成4311人次的党代表、人大代表背景核查工作，梳理不宜担任人员264人；专项整治“黄赌毒”，深入开展治安大巡防活动，推进“天网工程”建设，深化农村“治安小区化”管理，加强专业巡防队伍和群防群治队伍建设，社会治安持续向好。大力推进“浙江省平安建设信息系统”和“网格化管理、组团式服务”“两网融合”。加强网格信息采集队伍建设，全县调整网格913个，全面实行“一格一员”“一格多员”的网格管理模式，建立专职网格员389人、兼职网管员665人。建立信息采集“以奖代补”机制，落实“以奖代补”经费60万元。抓好专业版“平安通”推广应用，完成“平安通”的应用929个，占网格总数比例100%。着力推动公众版“平安通”——平安浙江APP的下载应用，全县注册数实现64419人，开通率9.6%，受理并处理APP爆料事件856件。

【加大执法监督】 开展涉法涉诉信访案件集中化解稳控“百日行动”，坚持集中排查与滚动排查相结合，政法部门联合排查，共排摸梳理涉法涉诉信访案件31件，并依据案件性质、复杂程度、前期处理情况及信访人现实表现等，明确重点案件和普通案件，逐级落实保安领导和化解稳控责任单位，其中，由公安局长包案1件，公检法分管领导及其他班子成员包案14件，其他为中层以上包案16件。依法导入法定程序的信访案件19件，已依法终结的5件，签订息访协议6件，无理访1件。为切实抓好落实，定期召开涉法涉诉信访分析会5次，并建立百日行动工作微信群，有效确保信息互通、动态掌控，合力化解稳控。此外，做好涉法涉诉初访初信处置工作，对律师参与化解和代理涉法涉诉信访工作进行部署研究。全年日常接待来访23件次，依法对信访事项进行分流，导入司法程序。加强司法救助工作，定期召开司法救助工作小组审议会，2016年，共司法救助39件45人，发放救助资金106.3281万元((含省财政补助18万元)，其中，经救助息访的21件、执行结案的16件。

【加强队伍建设】 按照习近平总书记提出的“政治过硬、业务过硬、责任过硬、纪律过硬、作风过硬”作为锤炼政法干警的终极目标。积极开展“两学一做”教育工作，学习党章、《中国共产党问责条例》《中国共产党廉洁自律准则》《中国共产党纪律处分条例》等党内法规和规范性文件以及中共十八届六中全会精神和习近平系列讲话精神，进一步增强政法干警党的观念、法治理念。坚持开展岗位练兵活动，继续深化导师制和AB岗工作制，要求干警定期上报学习交流情况，促进“老、中、青”“传、帮、带”工作的有序开展，推进法律知识学习检测全警化、常态化，切实提高政法干警履职能力。继续开展政法干警“进百村入万户、创平安促发展”主题活动，召开全县政法队伍建设会议暨政法干警“进村入户”主题活动推进会，100名政法干警和治安(安全)形势相对复杂的100个村、社区、企业负责人到会开展一对一结对。

(林晴雯)

法　院

【概况】 2016年，县人民法院新招录公务员9名，退休3人，外调1人。共有干警126名，其中行政编制112名，事业编制14名。全院共有政治处、监察室、办公室、立案庭、刑庭、少年庭、执行一庭、执行二庭、执行综合科、民一庭、民二庭、知识产权庭、速裁庭、行政庭、审监庭、司法鉴定科、港北法庭和法警大队等18个机构。全年新收各类案件18751件，办结18622件，同比分别上升26.12%和33.81%，一线法官人均结案477.38件，高出全省平均水平83.39%，排名全市第一、全省第五。

【刑事审判】 审结刑事案件997件，判处被告人1324人。其中，判处5年以上有期徒刑54人。严惩严重影响社会治安和群众安全感的各类犯罪行为，判处“两抢一盗”犯罪293件369人，审结涉黄赌毒案件150件228人，寻衅滋事案件89件141人。打击非法行医犯罪2件3人，妥善审结徐财春破坏计算机信息系统等新类型案件，有效保障社会民生。审结危险驾驶犯罪246件246人，交通肇事罪33件33人，加大对危害公共安全犯罪的打击力度。依法审结职务犯罪案件11件13人，深入推进反贪反腐工作。落实宽严相济刑事政策，对428名主观恶性不大、罪行较轻的被告人依法判处缓刑，3年以上辩护率95.40%，注重减少社会对立面。审结未成年人犯罪案件54件64人，严格执行犯罪记录封存制度，切实保护未成年人合法权益。

【民商审判】 审结民商案件9406件，结案标的金额36.59亿元，一审服判息诉率95.23%。成立专业合议庭，稳步推进破产企业审判工作，全年新收企业破产申请11件，公司清算申请3件，审结2件，审结破产债权确认纠纷、破产撤销权纠纷等破产衍生诉讼案件82件，对涉困企业实现差异化处置。继续强化知识产权司法保护，“三审合一”审结知识产权纠纷109件，知识产权民事案件获批适用简易程序审理，其中通过简易程序审结民事案件12件。妥善审理全市首例因恶意提起知识产权诉讼损害责任纠纷案件，一例侵犯商业秘密案例入选全省年度十大知识产权保护案例。

【行政审判】 审结行政诉讼案件57件，审查非诉案件1127件，集中清理国土行政非诉案件1095件。妥善处理行政附带民事诉讼等新类型案件。探索行政案件协调处理机制，与县法制办等14个行政单位召开行政审判与行政复议联席会议，优化行政审判环境。

【执行工作】 执结案件7031件，同比上升48.9%，实际执行率45.66%。制定《关于力争用两年时间基本解决执行难问题的实施办法》，成立基本解决执行难工作领导小组，增设执行集控中心、执行事务中心。强化流程节点和执限管理，严格审查终结本次执行程序适用，恢复执行终本案件851件，实现债务金额1.25亿元。集中清理2016年以前的执行案款，发放824笔2161.57万元，解决历史遗留问题。依托上级法院“点对点”“总对总”平台，与不动产统一登记机关网络专线对接，开通企业信息查询专线，建立、完善财产查控机制。部署开展涉金融案件集中外地执行、对特殊主体的专项执行、强制腾房、拒不申报财产行为等专项行动，提高执行效率。加强执行惩戒力度，曝光“老赖”980人次，其中公职人员43人，纳入全国失信被执行人自然人名单5885人次，企业组织458家，司法拘留278人次，因涉拒不执行判决罪移交公安机关立案侦查2人。

【服务大局】 服务经济建设，与农村合作银行联合搭建“拍卖宝”贷款平台，支持小微企业扩大再生产。妥善处理企业破产案件，其中保地公司获浙江金融资产交易中心注资实现房地产项目复工，锦盛百货、天鸿饭店破产工作得到有效控制。审结涉拆迁、小产权房诉讼案件6件，清理国土领域非诉执行积案，罚款到位金额259万元，助力“治危拆违”“三改一拆”攻坚战。判处环境污染刑事犯罪12件16人3单位，为小城镇环境综合治理、“五水共治”提供司法保障。服务“两代表一委员”换届选举工作，审查党代表候选人2130人次，人大代表初步人选1770人次，政协委员初步人选280人次，共审查出88人有异常情况。

【司法改革】 制定司改实施方案，成立改革工作领导小组，首批遴选入额法官36名。将刑事认罪认罚从宽速裁机制与批量案件庭审集中化、远程视频庭审、录音录像记录工作相结合，简化刑事审判流程，该机制作为“台州法院经验”的一部分向最高院作书面汇报。继续推行无书记员到庭的庭审录音录像记录模式，适用率达85.18%。开展庭审实质化改革，践行庭前会议制度及侦查人员、鉴定人员、专家辅助人员出庭制度，严格落实证据裁判、非法证据排除规则，一例适用非法证据排除规则的案例被评为全省法院优秀案例。规范审委会讨论制度，实现审委会评议全程留痕。

【三大机制】 推进“大立案”机制。在全省率先实现律师服务平台向法律工作者开放，推行网上立案、跨域立案、手机立案，累计网上立案1716件，保持在全省前列，并受省高院委托拟定网上立案登记工作规定草案，获省高院肯定和市中院通报表扬。试用电子送达、对接市民卡采集银行账号等手段延伸立案服务。推进“大调解”机制。民商审判在大速裁格局基础上，设立诉调衔接中心，集法官助理、人民调解员、人民陪审员以及妇联调解人员之力，落实市中院对民商事诉前调解前置工作的意见，保护弱势群体的合法权益。推进“大服务”机制。启动“一站式服务前移模式”，在诉讼服务大厅增设导诉台、法官接待室、送达中心、保全中心、档案窗口。

【队伍建设】 学习《中国共产党章程》《中国共产党纪律处分条例》《中国共产党党员领导干部廉洁从政若干准则》等党内法规和规范性文件以及十八届六中全会精神和习近平同志的系列讲话精神，开展“两学一做”“深化队伍建设年”“向黄志丽法官先进事迹学习”等专项教育、实践活动，开展“转作风、塑形象、促和谐”民主评议活动。坚持审判执行运行态势动态分析制度，严格“简易转普通”“审限扣除”审批手续，专项督查、包案清理超12个月、超18个月未办结案件。以速裁庭、执行综合科为对象开展审务督查，继续落实院领导月巡查制度，开展会风会纪专项整顿行动，继续落实案件督查制度、“禁三同”制度、司法鉴定拍卖环节监督制度，对党风廉洁问题实行“一案双查”。

【司法公开】 继续推进审判流程、庭审活动、裁判文书、执行信息四大公开平台建设。进一步落实裁判文书上网实施办法。实现庭审录像率98.91%，庭审录像上网1502件，网络直播58件。自觉接受人大、政协及社会各界监督。制定关于进一步加强人大代表联络工作的规定，定期走访座谈，发送工作短信，赠阅本院刊物，举行专项公众开放日活动。尊重检察机关监督权，定期听取当事人、人民陪审员、执法监督员、律师及法律工作者对一线法官的评议意见。丰富社会监督渠道，发布《今日玉环》法院专刊12期，编发《榴岛法苑》3期，召开新闻发布会6次，邀请参加公众开放日活动269人次。

（林月莹）

检　察

【概况】 2016年，县人民检察院新进人员7人，调出退休1人，共有干警87人。其中行政编制82人，事业编制5人。设政治处、监察室、办公室、反贪污贿赂局、反渎职侵权局、侦查监督科、公诉科、未成年人刑事检察科、民事行政检察科、职务犯罪预防科、控告申诉检察科、检察技术科、行政装备科、案管中心和法警大队，另设监所检察科和楚门检察室2个派出机构,共有17个内设机构。

【三项检察固民生】 围绕“五水共治”、创新驱动等转型升级组合拳,全面深入推进环保检察、金融检察和知识产权检察,服务玉环发展大局,保障群众切身利益。环保亮剑,海陆共进。对破坏环境资源犯罪案件的法律监督,从陆地走向海洋,以“海陆模式”,筑牢生态屏障。继续强化与环保部门的沟通联系,并将该良好的合作模式运用到海洋与渔业部门,建立协作机制。全年共监督行政机关移送破坏环境资源案件9件41人,其中涉嫌非法捕捞水产品案件7件36人,涉案人数占全市总量42%。共批准逮捕破坏环境资源犯罪案件5件8人,无一错捕;提起公诉10件14人,均被法院作出有罪判决。营造良好金融环境,护航非公经济发展。与浙江双环传动公司开展共同预防,积极探索创新服务民营企业工作,构建“亲”“清”检企关系。设立检察工作室,派出干警蹲点服务;针对企业职务犯罪风险,建立“三色”预警机制。构筑“三微”模式,人性化服务民营企业。建立“检企之家”微信群,让双方开启“微交流”;改变单一的坐堂授课模式,采取语音、视频等多种形式给企业员工送上“微课堂”;与公司联动,为20余名“小候鸟”献上“微爱心”。立足玉环非公经济发展实际,将相关做法延伸到该县家具、汽摩配、阀门等六大支柱产业。在办理涉企案件过程中,坚持“轻拿轻放”,坚决防止“案件办了、企业垮了”。慎重采取拘留、逮捕等强制措施,慎重查封、扣押、冻结涉案民营企业财产。积极探索非羁押性审讯,努力防止办案对企业正常生产经营活动造成负面影响。如在查办的民政系统职务犯罪窝串案,涉及非公企业十余家,没有发生一起因办案而影响企业正常生产事件。维护知识产权,助力创新发展。玉环是全国汽摩配、阀门水暖的重要生产基地,涉及知识产权项目众多,侵权案件时有发生。该院在打击侵权行为的同时,切实保护企业经营发展,帮助其建章立制,从源头上防范。如在办理玉环迈得公司被侵犯商业秘密一案中,一审判决后,及时对该公司进行回访,听取意见,并对企业如何加强知识产权保护提出检察建议,该案被评为全省十大优秀知识产权典型案例。

【公平正义护和谐】 严打犯罪,维护社会稳定。始终把人民群众的平安需求作为工作的出发点和落脚点,充分履行审查批捕、起诉职能,严厉打击危害人民群众生命财产安全的各类犯罪。2016年,受理提请批准逮捕案件657件853人,批准逮捕519件656人;受理移送审查起诉案件1198件1557人,提起公诉957件1212人。强化监督,维护公平正义。始终把营造公平正义的法治环境作为根本任务,积极履行法律监督职能。加强刑事诉讼监督。监督立案4件5人;纠正漏捕5人,纠正漏诉3人;排除非法证据1件,发出纠正违法通知书2份,均被采纳。加强民事行政诉讼监督。提请抗诉5件;支持起诉68件;向法院发出执行监督检察建议2件,均被采纳;向行政部门发出行政执法监督17件,其中16件得到采纳。加强刑罚执行和监管活动监督。开展社区服刑人员脱管、漏管专项检察活动,共检查375人次;审查社区矫正审前社会调查材料43件43人,会同司法行政部门提出不适宜社区矫正意见10件10人;发出检察建议收监执行21人;成功办理羁押必要性案件22件22人。加大财产刑执行力度。积极与有关部门磋商,在全市率先会同法院、公安局、司法局出台有关规定,监督该类案件近500件。具体做法被省院、市院发文推广。

【惩防并举倡廉洁】 严厉查处危害民生民利的职务犯罪。全年共立案查办职务犯罪案件8件8人移送起诉5件5人,生效判决6件7人。尤其注重深入查办行业系统内窝串案,如县公管系统正副局长三人被查处。同时,进一步完善追讨追赃机制,切实挽回国家损失。在追逃追赃过程中,注重攻心为上,不战而屈人之兵。如玉环县民政局原局长陈青平受贿案,在其潜逃两年期间,该院在不断加大追逃力度的同时,向其家人释法说理,使其家人打消疑虑,积极协助规劝其本人自首。9月,陈青平在家人陪同下,携带赃款100万元到该院投案自首。新华社、法制日报、检察日报等媒体对该案的办理进行了报道。强化源头预防。对国家重点工程——乐清湾跨海大桥及接线工程开展同步预防,截至2016年年底,该项目建设未发现干部违法违纪情况,施工过程中也没有发生安全事故,得到市县领导高度肯定。深化警示教育基地的宣教作用,共对11家单位,500余位党员干部进行廉政教育;开展预防宣讲28场次,受教育人数1900余人;接受行贿犯罪档案查询457次,涉及463家单位841人。

【关护少年助成长】 在确保案件质量的同时,坚持宽严相济刑事政策,依法决定不批准逮捕185人,不起诉172人,刑事和解16件。尤其注重未成年人特殊检察制度的贯彻落实,以帮扶涉案未成年人为抓手,牵手社会力量,开展专业帮扶。牵手天宜社工服务社。9月,与楚门天宜社会工作服务社合作推出涉案未成年人帮扶项目——“牵手”,推行“把专业的事情交给专业的人来做”。这是浙江省检察机关首次以政府购买服务方式,在未成年刑事检察工作中引入专业社工力量,对涉案未成年人进行社会化帮扶。“牵手”项目被省院、市院发文推广,法制日报、浙江法制报等各级媒体争相报道,最高检、省院微博微信等新媒体相继转发;省院黄生林副检察长在全省未检工作会议上予以高度肯定。项目开展两个月以来,各项工作运行良好。开展心理测评19人次,以合适成年人身份参与讯问22次,开展家访与辅导19次,组织参与培训和义工服务11人次。建立观护教育基地。在该院的积极推动下,全县各乡镇(街道)均设立了未成年人观护教育基地,并率全市之先将帮教工作纳入乡镇(街道)年度考核。已有8家企业被确定为首批观护教育基地,为不捕、不诉未成年人提供帮教场所,避免出现脱管脱教现象。关爱未成年被害人。对性侵未成年人案件,做到每案主动与被害人家长联系,了解孩子的心理变化,必要时联系心理咨询师提供服务。全年共为3人开展心理疏导。同时,及时了解被害人的家庭情况,帮助符合司法救助条件的未成年被害人申请司法救助。成功为3人申请司法救助金共计人民币7.8万元。

【阳光检务聚民心】 强化阳光检察意识,丰富阳光检察形式,规范公开形式,完善公开内容,各项工作均有序开展。打造媒体宣传矩阵。形成传统媒体、官方网站、微信、微博多层次全方位的媒体矩阵。全年,在国家级媒体发布信息6条,省级媒体21条,市级媒体30余条;发布微信109条,更新微博187条。深化检察服务大厅功能。进一步推进网上网下“一站式”服务,全年共接待律师阅卷260人次,接待群众查询412人次;在“人民检察院案件信息公开网”上公开案件程序性信息1713条,法律文书1407份。自觉接受社会各界监督。加强与人大代表、政协委员及人民监督员的联系。举办检察开放日活动3次,设立人民监督员办公场所,并邀请所有台州市人民监督员及部分省级人民监督员走进该院,了解检察工作。向代表、委员、人民监督员发送检务短信49条,及时告知该院的工作动态及重大案件信息。

【提升素能建队伍】 作风建设,以纪律促提升。积极开展“两学一做”教育工作,学习党章党规,加强党性锻炼。检察长带头谈体会、带头讲党课,为全体干警作出示范和表率。结合学习王盛先进事迹,进一步端正干警司法理念。落实党风廉政建设的各项任务,强化组织领导与责任分解,将党风廉政建设纳入检察工作整体格局之中,统一部署,统一实施。切实开展对2015年度“三类”案件的核查工作;对涉案款物清理、办案工作区规范使用、公车使用、财务列支、食堂管理、上下班工作纪律执行等情况等开展检务督察。岗位练兵,以学习促提升。继续深化导师制和AB岗工作制,要求干警定期上报学习交流情况,促进“老、中、青”“传、帮、带”工作的有序开展。同时,着力培养学习型公诉干警,创造性推出“检察官在行动”系列活动,组织青年干警走进环保局、禁毒大队、交警大队、市场监督管理局等部门,参与具体执法活动。活动中,干警就近年来办案中遇到的相关专业性问题向专业部门虚心求教,了解行政执法全过程,为如何甄别证据提供实践基础,并就执法部门在调查取证中存在的问题提出纠正意见和建议。

(陈玮玮)

公 安

【概况】 2016年,全县公安机关继续坚持中心指向警务、民意导向警务理念,深入实施主动警务战略,牢牢把握玉环跨越式发展新常态,主动防风险、精准补短板、切实优服务,持续打造“规范+智能”的玉环公安升级版,实现社会大局持续稳定、治安安定,工作质态得到明显提升。全县接各类警情213408起,同比下降12.73%;火灾警情同比下降31.32%,实现零亡人,交通事故死亡人数与上年持平,发破命案5起,破案率100%。有民警550名、职工52名、26个内设机构和7个公安派出所、4个边防派出所、5个辖区交警中队、1个刑侦直属中队。

【打赢维稳安保攻坚战】 严格落实重点人、事、物管控,建立律师参与信访、纠纷类警情清零等矛盾纠纷隐患化解机制,稳妥处置外马道76省道南延海涂征用补偿、新华丰超市关门停业、环湖小区非法维权等一批隐患问题,破获全国涉爆001号督办案件,抓获犯罪嫌疑人28人,缴获“鱼雷”11232枚,“4·14”非法买卖爆炸物品案专案组被公安部授予集体一等功。严格整治消防、交通、网络等安全隐患,设立消防安全指导科,连续部署开展消防安全百日、夏季消防安全大检查、消防“铁拳”等攻坚行动,行政拘留56人,断水断电查封2039余户,拆除影响消防安全的违章建筑21.8435万平方米,顺利完成楚门红照路段省级事故黑点和东青路市级事故黑点整治验收,推进GPS车载定位系统、智能道路监测系统建设,查处各类交通违法行为380894例,同比上升6.8%。扎实推进反恐标准化建设,自主研发“涉恐关注群体信息管理平台”,完成16家重点保卫单位标准化改造,深化“135”快速反应圈建设,建强21支反恐最小作战单元、虎鲨突击队,开展业务培训和实战演练11次。

【护航玉环发展新跨越】 深化法治保障,强化执法“闭环”管理,全面梳理执法权力清单498项,接轨浙江政务网公开办理行政许可事项49项,实行受立案分离和立案归口管理,全年共起诉刑事案件1269起1636人,同比分别上升15.57%和13.61%,起诉准确率达到100%,执法投诉同比下降30%,被评为全省建制县级公安机关执法优秀单位。强化定点保障,开展“打霸拔钉清障护航”专项行动,整治村梗地霸涉黑涉恶欺行霸市行为,铲除唐冰峰、严超等一批黑恶势力团伙,查处村居干部违法犯罪7人。10月28日,全市打黑除恶信息化建设现场会暨打黑除恶工作推进会在玉环召开。共完成4311人次的党代表、人大代表背景核查工作,梳理不宜担任人员264人,圆满完成县十五届党代会安保工作。从严打击恶意欠薪逃逸、非法吸收公众存款等涉众型经济犯罪行为,破获省督赵阿武合同诈骗案、省督李加增隐匿会计凭证案等一批重大涉经类案件,顺利移诉“台州恩都酒店有限公司”非法吸收公众存款案。优化服务保障,开通看守所、行政审批科等单位微信办事预约37项,推行政审批制度改革,试点居民身份证异地办理,圆满完成为期三年的户口清理整治专项工作。

【强化社会治安掌控力】 推进“春雷”、打击“黄赌”“禁毒”、侵财“首战攻坚”等专项行动,抓获各类违法犯罪人员4112人,相继攻克了省督案件“玉环郑通霞被诈骗114万元案”、市督案件“2016年玉环入室盗窃系列案”“港北盗窃别墅系列案”等一系列大案要案。强化明暗结合、警民联合的立体化治安防控体系,积极开展全县“护航G20夏季治安大巡查”,组织设卡巡逻773次,出动警力6657人次,发动民兵、平安志愿者等社会力量12618人次。创新居住出租房屋“旅馆式”管理,制订《玉环县乡村民宿管理暂行办法》,深化监所安全建设,实现连续54年安全无事故,全市公安监管工作会议暨监所医疗卫生专业化、看守所“四防一体化”建设现场会、全市公安机关居住出租房屋“旅馆式”管理现场会、全市居住出租房屋“旅馆式”管理工作现场会在玉环召开。

【提振公安铁军精气神】 开展“两学一做”学习教育,举办“无限忠诚·走在前列”主题演讲和征文比赛,出台《玉环县公安局民警日常违规行为记分办法》《全县公安机关考勤管理办法》《退回试岗暂行规定》等一系列严管队伍规定,严格执行《玉环县公安局明察暗访办法》,由局领导带队开展督察20次,督察记分116人295分。推进“酒局牌局、停车行车、借钱借物”三项教育整治,获全省公安队伍正规化建设优秀单位。深化群英会典型平台建设,成立丁国盛、刘小江工作室,出台《玉环县公安局公开选拔中层后备干部实施方案》,完成全局26个党支部改选工作,耗资450万元建成警官俱乐部,成立玉环公安文联,举办“护航G20、文化进警营”慰问演出、散文诗歌朗诵会、“悦读会”“悦艺会”“悦跑会”以及摄影采风等活动。2016年全局共有1个集体荣立一等功、1个集体荣立三等功,3人荣立个人二等功、15人荣立个人三等功,38个集体、148人受到嘉奖,9个集体、60人受到通报表扬。

(董佳晟)

司法行政

【概况】 县司法局是主管司法行政工作的县政府工作部门。2016年,玉环县司法局共有司法行政专项编制49名,聘用人员编制60名,内设7个职能科室,分别是政工科、办公室、普法宣传教育科、法律服务市场管理科(行政审批科)、基层工作管理科、社区矫正执法大队、法制科。下属事业单位有县法律援助中心、县人民调解中心和县公证处,事业编制分别为2名、3名和6名。

【普法宣传】 制订玉环县“七五”普法规划,成功举办“七五”普法启动暨“12·4”国家宪法日广场宣传和文艺演出;积极落实“谁执法谁普法”工作责任制,召开全县“七五”普法部署暨“谁执法谁普法”工作推进会,将部门法治宣传教育工作纳入县级单位工作目标责任制考核办法。抓好重点人员普法,全县领导干部和公务员网络学法稳步推进,青少年普法教育形式多样,外来人员普法工作精彩纷呈。重点培育“一地一品”法治文化阵地,依托全县公园、村居(社区)文化礼堂等场所,完成清港法治文化园、大麦屿刘园社区法治文化园、大麦屿长山咀村普法宣传栏、玉环经济开发区隆中企业法德长廊等阵地建设。拓展法治宣传教育平台,打造全县一体化普法网络,形成了10项成熟的法治宣传项目,其中县法院《普法大课堂》、县检察院《涉案未成年人帮扶“牵手”》、县公安局《陈警官说防范》、县人大法工委、县司法局和县广播电视台《我在玉环·空中法律服务站》在台州市优秀法治宣传评比中包揽前四名,全部荣获一等奖。《实施趣味普法,实现全民普法总动员》项目被评为全省"六五"普法创新项目。自制的《法伴人生路,学法正当时》宪法公益广告,被省司法厅采用,在全省司法行政系统内推广。玉城街道坪青社区、坎门街道红旗社区、大麦屿街道尤蒙岙村以及芦浦镇井头村等4个村(社区)获得省级民主法治村(社区)称号。

【人民调解】 建立健全县级人民调解委员会,受理跨乡镇、跨部门疑难复杂的调解案件;完善乡级人民调解委员会,起草出台《关于加强玉环县乡镇(街道)人民调解委员会建设的实施意见》,完成各乡镇(街道)调解组织的调整,加强各级人民调解员学习培训,各乡镇(街道)、村居(社区)调解组织在调解队伍、制度、业务、和设施建设得到进一步加强。狠抓人民调解案卷质量,每季度在全县开展优秀人民调解案卷评比活动;深化人民调解"以奖代补"工作,将"以案代补"与省司法信息管理平台录入相结合,规范各乡镇、村居(社区)网上平台案件的录入工作。坚持每月和重要时期开展社会矛盾纠纷排查与化解工作,截至12月,全县各级人民调解组织共调处矛盾纠纷2464件,成功2464件,成功率100%,其中调处非正常死亡案件97起,涉及人数98人,涉及赔偿金额4602.878万元。

【社区矫正】 截至12月底,全县在册社区服刑人员356名,年度累计共在册711人,其中在册的管制对象1人,缓刑对象291人、假释对象46人、暂予监外执行对象18人;全年共完成社区矫正审前调查49起,因不符合保外就医条件和违反监督管理规定提请收监11人,收监往年应收未收对象2人,无发生脱漏管和严重再犯罪情况。积极落实政府购买服务要求,与楚门天宜社工组织合作建立社会力量参与社区矫正的全新管理模式从楚门试点向全县推广铺开。加强信息化建设,建立可视化指挥系统,实现与9个司法所的视频联网,搭建在线学习教育平台;创新社区矫正学习方式,开设"黄丝带讲堂",课程全程录制,并制成学习短片,提高教育矫正实效;探索社区矫正标准化流程管理,创立"玉环模本",推出《社区矫正执法证据标准》《矫正人员学习劳动评分标准》,被台州市矫正管理局采纳推广。G20峰会期间矫情平稳,玉环县司法局荣获浙江省司法厅通报表扬集体。

【法律服务】 建成投运三级公共法律服务体系,即1个县级公共法律服务中心、9个镇级公共法律服务站、2个工业园区法律服务站、1个官兵法律服务站、1个空中法律服务站和317个村级公共法律服务点。落实公共法律服务制度化建设,研制《玉环县公共法律服务"十三五"规划》,为当前和今后一段时期推进具有玉环特色的公共法律服务的行动计划和编制实施方案提供综合性、基础性、指导性依据。加大法律援助办案力度,扩大法律援助覆盖面,切实做到应援尽援、能援多援、援则优援,并完善法律援助案件质量监督评估机制,实现监督检查常态化,提升法律援助案件质量水平。全年共办理援助案件492件,解答来电来访法律咨询1301余批次,人数达1716人次,挽回经济损失355万元。拓展公证业务,做好知识产权保护公证,并将重点工程建设项目列入公证优先服务范畴,开设"绿色通道"。全年共办理终结公证3410件,其中国内民事、经济2793件,涉外民事591件,涉港澳台民事26件。

【直属司法所】 9个直属司法所参与基层综治工作,化解矛盾纠纷,预防和减少违法犯罪。积极创建浙江省星级规范化司法所,大麦屿司法所、玉城司法所被评为浙江省五星级规范化司法所,新城司法所、干江司法所、坎门司法所被评为浙江省四星级规范化司法所,龙溪司法所、清港司法所、楚门司法所、沙门司法所被评为浙江省三星级规范化司法所，率全市之先实现星级规范化司法所全覆盖。玉城司法所被台州市表彰为全市司法行政系统嘉奖集体。

【队伍建设】 开展司法行政系统“强素质·提能力”活动，司法行政队伍业务能力不断提高，多名所长被评为全省、全市先进；局公务员执法岗位持证上岗率达88%，下属事业单位达100%。开展依法行政、公正执法专项监督活动，全面提升队伍执行力和司法行政公信力。“两学一做”学习教育活动顺利开展，创新开展“党员先锋突击队在行动”活动。

（*汤　文*）

武　装

【概况】 中国人民解放军浙江省台州市玉环县人民武装部隶属军队建制，接受台州军分区和玉环县委、县政府双重领导，是玉环县军事领导指挥机关，是中共玉环县委的军事部，兼玉环县人民政府的兵役机关。

【党管武装工作】 县委、县政府坚持把武装工作纳入目标管理，纳入议事日程，坚持召开县委议军会议和全县武装工作会议，分析武装工作形势，研究解决武装工作难题。7月28日，组织县四套班子领导过“军事日”，并召开县委议军会议，选调情报侦察职工、民兵训练基地建设经费、驻玉环部队20余名随军家属安置等事项均得到了研究落实。

【思想政治教育】 针对军队改革过程中干部职工和专武干部队伍思想可能出现的波动，坚持以举旗铸魂为根本，引导大家排除干扰，主动将心思精力向工作聚焦，确保思想不乱。跟进抓党的创新理论武装。坚持用习近平主席系列重要讲话精神统思想、辨是非，不断增强理论武装成效。突出原文解读。组织干部职工原原本本学习传达全军政治工作会议精神和省军区政治工作座谈会精神，人人撰写心得体会，做到学有所获、学有所悟。突出平台牵引。依托省军区“红船大讲堂”、每季度党委中心组理论学习等平台，组织全程跟学，开展讨论辨析，不断巩固理论基础。突出活动深化。研究落实救助军属、助学兴教等扶贫开发行动；在组织跟学和常态自学的基础上，利用2天时间组织党委中心组带机关和基层专武干部，围绕学习宣传中共十八届六中全会精神进行理论集训。突出抓改革强军主题教育。以改革强军为主题，组织开展“知恩、知责、知足、知止”和“新体制、新职能、新使命”大讨论，学习《做人做事做官十忌》等系列文章，开展“坚决服从改革大局、忠实履行职能使命”“进退走留听党的、担当尽责看我的”等专题教育，八一节前夕，在玉环新闻网和《今日玉环》微信公众号推出“八一光荣榜”；组织纪念长征胜利80周年讲话精神专题学习和“图片展进校园”活动。抓“两学一做”学习教育。部机关专题召开党委会研究细化方案，认真组织动员部署统一思想；突出学做成效，开展集中读书、承诺践诺、手抄党章、专题党课、助学帮困、参观见学、讲评督导等活动，不断强化广大党员的身份认同和党性觉悟。

【军事训练】 部党委坚持科学统揽，广大干部职工主动担当，始终以昂扬的精神状态抓好以军事斗争准备为中心的各项重点工作落实，确保标准不降。抓军事斗争准备。对接细化民兵训练基地专项指挥所方案，依案抓好训练基地升级改造，现基建工程已完工，正在展开配套设施和文化氛围布置等工作。完成全县基干民兵整组点验，突出“三个现地”抓好重要目标防卫分队协防演练。抓实以“四率”达标为重点的渔船常态化规范化建训管用的海上民兵分队和海上应对行动三等备勤。

抓战备秩序规范。突出民兵侦察情报建设，优化海上民兵信息船和陆上民兵信息员队伍，投入16万元为情报信息员构建手机情报信息网和为部分海上侦察情报民船购置侦察设备，推进全县侦察情报军地共享、陆海衔接、规范高效发展。完善战备基础设施，落实人员、装备、物资三个“过一遍”，统一规范部机关“三室三库”。规范各类值班，结合信息化建设，完成作战值班专用视频系统升级改造。修订完善各类应急行动处置预案，常态抓好应急处突演练。抓基础业务训考。组织50余人次参加分区组织的首长机关业务基础、情报侦察、基层武装部长集训考核，组织568人次分别开展专武干部业务集训、县属民兵应急连、民兵连长、海上民兵分队“船老大”和随船骨干集训，组织33人次参加上级组织的跨区联训，不断提高各级各类人员遂行任务的能力。

【安全管理】 充分认清安全工作在军队改革和G20杭州峰会召开之年的分量，抓牢这一托底工程，确保问题不出。严格落实安全制度。每月定期组织安全教育、安全训练和安全形势分析，突出“人、车、枪、弹、密”等国防动员部明确的17个方面重点，扎实抓好隐患排查，重大活动前组织安全风险评估，严格落实重要岗位和任务分队人员政治考核。健全完善安全设施。安装大楼门禁系统和6套高楼逃生系统，更新完善国防大厦消控报警设施，9月初，组织机关大楼消防紧急疏散和大楼高层逃生演练。加强营门警卫，细化内部安保方案预案，组织开展防暴恐演练，严防发生被袭事件。严密抓好G20安保维稳工作。召开驻玉部队联络员会议，明确相关情报协作方案。加强值班室与县相关部门的沟通联络，确保一有情况能及时掌握。及时组织动员部署，制订安全隐患大排查计划，组织排查整治。从8月10日起，组织8名民兵加强部机关大楼警卫和前指力量，组织40名民兵配合公安设卡盘查和巡查。9月1日起，组织98名民兵分散配置、全时备勤，开展日常演练和检查巡查，随时做好出动准备。

【后勤建设】 倡导厉行节约、反对浪费，严把接待程序，严抠经费使用标准。以“五个领域”整治规范、行业风气清理整治和执纪情况自查自纠为抓手，持续严抓整治规范。在财经领域，共清退2015年1月以来公务接待、公务用车经费12189元，接待费较上年下降83.7%，补齐物资集中采购手续35笔，补交水电费、房租费25466元。坚持经费向打仗和建设倾斜，先后投入22万元经费用于购买民兵装备器材和规范化及信息化建设，投入7万元抓好坎门女子民兵哨所和县征兵体检站的维修改造。

【国防动员】 建立国防动员和军民融合每季度通报制度，协调县海洋渔业局成立渔船动员办公室，会同县经信局遴选推荐8家企业参加台州市军民融合发展推进会。9月，完成国防动员潜力数据调查。根据义乌“四队会议”和“乌镇会议”精神，筹划应急力量“四队”兼备体系建设。以玉城街道“红旗党支部”为蓝本，落实评星挂牌，分层分批逐步推进基层规范化建设和民兵预设党组织建设。突出抓基层专武干部训教管和选拔配备，落实12月2日军分区专武干部队伍建设座谈会精神，召开军地联席会议，对照省市《关于加强全省专职人民武装干部队伍建设的若干规定》研究落实具体措施，与县委组织部联合下发《关于进一步规范专职人民武装干部兼职问题的通知》。

【兵员征集】 抓好征兵宣传工作。先后投入7万余元利用广播、电视、报纸、网络、楼宇和户外LED屏轮番滚动发布，投入5万余元制作40块宣传展板和征兵宣传册进校园大力开展征兵宣传，培训民兵连长并开展“一对一”上门宣传，组织“迎老兵送新兵”座谈会、联欢会，营造热烈浓厚的征兵氛围;协调提高优待标准。协调县民政部门落实全日制大学生入伍一次性奖励24659元,优待金每年27228元,退役安置金26000元。推动双拥优抚政策全面落地,县域内实行军人乘坐公交、轮渡免费政策,激发适龄青年的参军热情;严把征兵质量标准。开通大学生征兵绿色通道,优先选送高学历青年。

防 空

【概况】 县人民防空办公室是玉环县人民政府人民防空工作的主管部门,平时负责组织全县人民防空建设,战时组织开展城市人民防空袭斗争。2008年,增挂玉环县民防局牌子,实行“一个机构、两块牌子”。2012年,由议事协调机构的常设机构调整为与玉环县人民政府办公室合署办公。现内设综合科,下属人民防空工程管理所(增挂行政审批科牌),共有正式在编人员11人。

【人防工程建设深入发展】 抓自建,完成人防051工程建设年度目标,做好民防应急疏散基地指挥保障中心前期立项报批有关工作。抓结建,2016年新建防空地下室建筑面积*万平方米。抓审批,加强主动服务,行政许可项目和易地建设审批在2日内办结,无技术性问题的项目当日办结审批,2016年,办理易地建设项目审批18个,竣工备案项目6个,施工图审核等项目5个。

【人防应急准备建设能力稳步提升】 深化警报体系建设,并依托“5·12”和“9·18”警报试鸣,检测警报设施运行状态,参试率、完好率、鸣响率均达100%。抓好“5·12”民防应急疏散演练。2016年,组织机关干部、企业职工、学校师生、村居(社区)群众约1.7万人参与,继续实现民防应急疏散演练乡镇(街道)全覆盖,并在此基础上,首次组织高层住宅居民楼住户和玉环经济开发区的干部职工开展避险演练,实现演练课题和演练区域新的突破。加强人防专业队建设,完成人防专业队年度整组,并组织人防专业队员115人在县民兵训练基地进行准军事化集训。

【人防宣传教育不断深化】 深化人防宣教五进工作,已覆盖玉环24个社区、6个村居、18所初级中学和12所小学,并组织东方中学、楚门小学、清港小学、龙溪小学等部分中小学生到人防教育基地接受教育,受教育人数达到3000人次。同时发放宣传资料3000余份,展出主题宣传橱窗12期,组织三场进社区(村居)文艺演出,并依托“居安思危 关注人防”主题有奖征文、人民防空有奖知识竞赛、组织参与应急疏散演练等载体,推进防空防灾安全知识的普及应用。

【基层人防建设巩固提高】 加强重点镇人防规范建设,加强社区人防建设,加强重点镇民防应急指挥中心建设,2016年新建1个,并积极推进指挥中心与公安、消防、急救、防汛等平台的互联互通,有效整合基层应急应战资源。

(陈德利)

武 警

【概况】 从2015年四季度到2016年三季度,中队连续四个季度取得按纲建队流动红旗。中队在支队冬季体能竞赛、军事比武、勤训轮换中,均取得团体第二名,队长彭良建获得干部组全能第三,3名战士跻身战士组前10名;12月,中队弘扬传统建队的先进事迹在《中国武警》头版头条刊登报道;中队长彭良建被总队表彰为“基层优秀带兵干部”、指导员诸葛运被总队表彰为新闻报道先进个人二等奖、排长黎霜被支队表彰为“基层优秀带兵干部”。12月2日,总队张建超副司令员莅临中队检查指导,对中队建设高度肯定。

【组织建设】 4月,中队干部调整后,及时按程序改选支委和两大群众组织,坚持依托组织抓建设。充分利用“两学一做”学习教育契机,以“三会一课”等7项组织生活制度为基本形式,加强党员干部教育管理,共解决5个方面9个问题。中队党组织召开35次支委会、8次支部党员大会、23次党小组会议、组织党课教育14次,重温入党誓词过专题党日活动3次,较好地落实了组织生活。党员承诺践诺落实较好,群众普遍肯定,14名党员年终测评均为合格以上。支部“一班人”能坚持民主集中制,遇事常沟通、讲原则,凡涉及中队建设规划、骨干选配、考学入党、重大经费开支等敏感问题,都坚持集体研究、公开透明。2名战士考学,7人参加集训学技术,14人留队,16人参加G20任务,吸收预备党员,官兵普遍认可。每月组织1次“民主恳谈会”,拓宽民主渠道。

【思想政治工作】 坚持思想建队,不断坚定理想信念、筑牢军魂,积极发挥政治工作服务保证作用。坚持活用载体提升专题教育质量,“主题教育”和“两学一做”学习教育成效明显。先后组织辩论赛、征文演讲比赛、强军格言征集、参观乌根烈士陵园、重温“忠诚卫士誓词”、重温入党誓词、手抄党章100天、党员承诺践诺等活动,提升教育效果。坚持做好官兵思想工作,充分运用“三互”“双四一”等载体,构建“家庭、社会、部队”三位一体的思想工作模式,以快制快开展思想工作,做到3个早,即情况早发现、措施早落实、难题早解决。坚持做好宣传报道,多篇文章在浙江在线等媒体刊发,12月份通讯文章《老先进的好家风》在武警报头版头条刊发。

【遂行任务能力提升】 结合部队全面深化改革的实际,中队坚持聚焦战斗力标准,在练兵备战、善谋打仗上下功夫。始终重视练兵打仗抓训扎实。结合执勤模式改革、应急班特战特训、郭兴福教学法推广等实际,下大力研训抓训。突出教练员施训,将教头组训能力提升作为大事来抓。三季度纲要考核,支队考核组对中队骨干教学能力给予了高度评价。突出干部带头,队长彭良建坚持学在前、练在前,军事比武勇夺干部组第三。突出全员参训,中队在支队冬季体能竞赛、军事比武、勤训轮换中均夺得第二名,训练成果比较突出。高度重视中心工作执勤圆满。紧盯减员增效这个关键,在优化执勤模式上下功夫。积极争取公安局专项经费购买助勤犬、制作移动犬舍、购买教具,养犬助勤。全年中队出动兵力120人,完成60批次60名在押犯外出就医勤务;出动42批次84名兵力,完成544名犯人押解投牢任务,目标连续54年安全无事故。始终重视落实制度战备经常。圆满完成G20安保、备战抗台抢险等多项任务。坚持每周1次以上应急班拉动训练,确保战备制度正规。从玉环县公安局反恐办几次拉动情况来看,均能在十分钟以内到达集结地域完成战斗准备,体现出了较强的战斗力。

【严格行政管理】 将精细管理作为依法从严治警的载体和抓手,在严格标准中推动中队健康、全面、可持续发展。坚持依托大项活动抓管理。全年依托上级活动开展了5次作风纪律整顿、3次执勤教育整顿、1次保密清查、1次要害人员政治考核。将不利因素转化为有利因素,增强管理效益。坚持聚焦安全排隐患,借助“暑期百日安全竞赛活动”“安全工作八个规范“等载体,做好安全隐患排查整治工作。全年,完善了物流门联管联控系统、实现队所监控联通“4+1+4”模式、完成实体围墙改建、加装窗户限位卡扣、完成安全政治环境建设、强化个人保密意识,排除6个方面的安全隐患。坚持落实“早提醒、日巡查、周分析、月讲评”和“零报告”制度,闭合安全工作回路。开展重拾传统抓养成活动,着眼规范紧抓工作落实质量,坚持用《中队精细化管理实施细则》为标尺,一把尺子量到底,着力解决严下不严上,战士班长两个标准的问题。

【后勤保障质量继续提升】 强化后勤服务保障意识,不断提升综合保障效益。坚持强化后勤队伍培养教育。全年先后选送6名战士参加两品保管员、炊事员、冲锋舟驾驶员、驯养员培训,为后勤队伍可持续发展奠定了基础。注重狠抓"一长五员"队伍教育管理,加强业务培训,提升后勤人员综合素质。坚持多措并举提升管理效益。以"伙食精细管理年""车辆交通安全月""爱国卫生月"等活动为载体,在落实措施提升后勤管理效益上下功夫。坚持聚焦战斗力标准搞好保障,争取了一批救生圈、雨靴、头戴式搜索灯等器材,为完成抢险救援任务奠定了基础;"八一"期间,与共建单位积极取得联系,争取了一批价值1万余元的沙袋等训练器材,用于应急班训练;向公安局争取经费率先推进犬防工作落地;每三个月检查并更新一次战备食品、每周检查战备器材物资数质量及性能情况。

(诸葛运)

边　防

【概况】 2016年,是玉环边防大队党委持续发力、提档升级的一年,大队在支队党委的坚强领导下,坚持问题导向,研判形势,补齐短板弱项,部队全面建设保持稳中有升、科学发展的良好势头。

【打造核心堡垒】 大队党委班子始终保持本领恐慌,坚持抓党建、抓班子,勤学习、勤思考、勤调研,真抓实干,一心一意抓好部队建设。勤学习,努力提升班子能力素质。以"两学一做"活动为载体,坚持每月落实党委中心组学习制度,坚持参加"领导干部夜校"学习,积极过好领导干部双重组织生活。深入学习《党章》《廉洁自律准则》《纪律处分条例》《问责条例》《新形势下党内政治生活若干准则》《中国共产党党内监督条例(试行)》和习近平总书记系列重要讲话,组织观看反腐倡廉专题片《永远在路上》《警钟》。6个党支部按期换届、规范选举。召开"两学一做"专题民主生活会,班子成员之间扯袖红脸,认真查摆问题,互相帮扶整改。补短板,努力实现部队全面发展。大队秉持勤能补拙的工作理念,将开展"两学一做""两项"活动以及工匠精神、找短板大讨论活动相结合,坚持边学边查边改,重点围绕勤务指挥室运行、安保维稳、执法监督管理、战时思想政治工作、固定资产清查等大项工作,通过实地调研、征求意见、座谈讨论,深入查摆剖析突出问题和薄弱环节,制定详细整改计划,定期定人定岗定责,根据联系点分片帮扶指导,补齐短板弱项。全年,大队大项工作、安全保密、执法检查等各类工作组到基层单位帮扶指导30余次,帮扶整改疑难杂症80余件,督办事项11项。重示范,努力发挥党员模范作用。紧密结合"两优一先"评比活动,注重发挥党员先锋模范作用,叫响"主官带头干、党员主动干、官兵齐心干"口号,激发责任感和荣誉感,带头遵守条令纪律,落实工作要求。安保期间,大队军政主官多次深入一线执勤卡点、码头等重点要害单位,部署做好卡点源头管控、车船人员物品安检工作,鼓舞了士气,提振了精神。党员官兵在执勤卡点、无人岛踏查、打击成品油违法犯罪、非法捕猎水产品案件中,冲锋在前,模范作用明显,受到上级表彰肯定。大队2人因安保事迹突出受到总队首长点名表扬,45人次受到各级表彰嘉奖。

【打赢安保硬仗】 面对安保工作维稳压力大、工作要求高、辖区管控难的实际,大队保持严慎细实的工作态度,勤分析、勤研判,打防结合,重点攻坚,完成各项安保工作。立体管控,解决防范难题。利用“传统＋科技”手段，构建全方位、全时段、全覆盖的治安防控体系。联合红袖章义务巡逻队、综治办、村居联防队等群防组织，强化所队联勤联动，加强重点时段重点路段的巡逻排查。实行勤务指挥室24小时实行值守、管理和监控，运行“鼠标+键盘”的科技巡控，对重点地段、人员集中场所以及防控重点部位全方位落实巡逻、安防举措。全面掌握辖区所有无人岛屿信息，实行分层次管理、武装巡航、登岛勘察等管控措施。严格执行逐车、逐船、逐人验证要求，严密筛查人、车、物安全隐患。全年边防辖区共发刑事案件376起，治安案件458起，发案量同比上年下降18.65%。共调处矛盾纠纷430余起。精准发力，解决打击难题。紧紧围绕各项安保工作，深入开展“固边系列”“夏季攻势”和“打击侵财首战攻坚”等专项整治行动，聚焦群众关切的治安热点和重点问题，持续强化对违法犯罪行为的打击力度。围绕“拉车门”“盗销电动车”“入户盗窃”等重点犯罪，组织强有力侦查攻坚班子，强化专业研判，集中经营侦查，相继侦破干江入户系列盗窃案、干江“1·17”放火案以及大麦屿拉车门系列盗窃案等一大批重特大系列性犯罪案件。大队共破刑事案件53起，查处治安案件317起，破案率同比上年上升5.45%。联动融合，解决管海难题。同步部署开展“净海”专项行动，主动加强与各涉海部门联动，签订《海上维稳安保协作备忘录》。争取驻地党委、政府牵头支持，联合渔政、海事等建立信息共享、工作例会、联合执法等工作机制，共同开展涉海政策法规宣讲，深入排查海上突出治安隐患，整治海上违法犯罪活动，全面加大对辖区海域及出海船舶的执法力度。共查处禁渔期非法捕捞水产品案件3起、掩饰隐瞒犯罪所得案件1起，刑事拘留28人，取保2人，查获无合法齐全手续成品油6起1215吨，查扣走私冻品约30吨，查处无证驾驶机动船舶案件10起，查处边防行政案件452起，大队所属海域平稳，未发生一起案事件。

【催生干劲活力】 坚持思想教育随警作战、宣传鼓动随势而为、人文关怀及时跟进的工作思路，抓基础、抓平常、抓到官兵心里去，激发参战士气。和风细雨，政治育警有成效。巩固和完善“专题授课+交流讨论+实践活动”的组合教育模式以及“多层次多主体”教育授课方法，拓展典型实践活动载体，认真学习党的规范性文件和各级会议精神，紧跟上级脉搏。联合温岭边防大队进行主题教育区域协作，共享教育资源，开展警营文化建设参观见学活动。组织开展书记讲党课、官兵小讲坛、主题谈心周、演讲辩论、参观爱国主义教育基地、应知应会内容测试等配套项目，扎实推进“讲党性、迎考验”主题教育、改革强警和“两学一做”学习教育和集中警示教育整顿活动。坚持文化育警，开展电影放映周和趣味运动会，举办“看党旗飘扬、做合格党员”演讲、摄影书画、诗歌朗诵赏鉴会、音乐沙龙、台球友谊赛和“4VS4”篮球对抗赛等一系列官兵喜闻乐见、健康向上的文体活动。联合县局刑侦大队开展篮球友谊赛，积极参与驻玉部队篮球邀请赛等活动。化解难处，关心关爱有士气。认真贯彻部局经常性思想工作座谈会精神，以落实经常性谈心工作为重点，以党小组、三互小组为载体，严格落实思想汇报制度、党员思想汇报制度，重点了解和掌握所属官兵在想什么，干什么，需要什么，如实摸清官兵思想动态，准确掌握官兵思想脉搏。全年，大队党委正副书记先后20余次深入基层一线与官兵开展面对面谈心，调节并排除5名官兵因家庭变故、工作压力大等问题带来的困扰，组织基层未婚干部参加玉环县民政局举办的“青春联谊会”，培养8名入党积极分子，发展4名预备党员，为5名家庭困难官兵申领支队“关爱基金”，选送1人成功考取部队院校，为3名官兵积极协调争取玉环县家属未就业补助共计15万元，并组织全体官兵进行体检。积小为大，队伍素质有提升。坚持“以练促战、练战结合”的工作思路，以开展岗位实战技能练兵为契机，叫响“主官带头、全员参与、立足岗位、注重实效”的练兵口号,建立落实常态练兵机制,搭建学习交流平台,组织官兵进行轮战轮训、实战技能集训、政治业务和后勤岗位技能练兵,开展基础体能、擒敌实用技术、应急棍术、警棍盾牌操、警械器材使用、军械调取和抓捕演练等实战科目训练。挑选推荐20余名业务骨干到总队、支队和市局参加各类培训活动。探索推行弹性机动的勤务运转模式,进一步明确职能定位,强化实战演练和区域拉动,有效提升快速反应和应急处突能力。

【夯实安全根基】 始终坚持底线思维,认真学习贯彻经常性思想工作座谈会和总队“9·30”电视电话会议精神,深刻汲取案件事故教训,定期对安全工作问诊把脉,严抓严管严改,及时落实安全措施,确保部队总体安全。按纲抓建严治警。严格贯彻落实“狠心就是善心,严管就是厚爱”的理念,坚持按纲抓建、从严治警。对条令条例、部局“两个规定”和《基层建设要则》进行再学习再提高,严格执行“三规范三统一”要求,狠抓队伍精细化管理和日常养成,统一规范基层单位的台账设置。广泛开展“条令学习月”“大排查、大清理、大整改”“安全大检查”“安全隐患大排查”和作风纪律整顿等活动,逐级签订《安全工作责任状》和承诺书,严格落实每月安全形势分析、安全风险评估等制度。不断加强和完善督查工作机制,累计查纠整改部队管理方面问题10个,下发正规化管理综合情况通报4份,8人次受到批评扣分。规范执法抓主体。针对基本执法环节大问题没有、小问题反复的现象,紧紧依托执法突出问题排查整改、执法规范化建设强制达标项目和执法执勤安全教育整顿“回头看”活动,抓住执法主体这个根本,督促提升执法素质、规范执法基本动作。逐级签订《2016年党风廉政建设暨安全工作责任状》,落实执法责任主体。定期召开执法廉政监督员会议,征求意见建议共25条。建立法制交叉检查和法制员每周巡查制度,落实“日清、周查、月评、季考”制度,开展案件评查11次共360余件,对每起接处警视频进行检查。强化法制监督服务效能,全程介入审核指导非法买卖成品油、非法捕捞水产品和系列盗窃案等重大案件办理,提升打击成效。选送5名干部到县局业务部门跟班学习,9名官兵参加并通过初中级执法资格考试,1名民警通过国家司法考试,推荐4名民警参加高级执法资格考试,1名同志荣获浙江省“一打三整治”先进个人,执法主体“软实力”显著提升,全年未发生一起复议诉讼或信访案事件。激浊扬清树正气。始终把严执纪敢问责作为手段铁腕治警,持续强化作风纪律,牢固树立号令意识、看齐意识、服从意识。针对手机安全保密环节差错不断,把手机使用管理纳入重点,通过扣发通信费、“三互”小组捆绑、挂钩评先评优等方式,下大力气解决涉嫌暴露军人身份信息难题。刚性执行《大队正规化管理奖惩实施办法》,定期评价分析管理现状,主抓基层单位主官责任落实,督促提高执行力。定期分析士官队伍现状,及时通报不良现象,严肃纪律规矩,提出改进措施,及时纠偏治违。

【提升保障水平】 面对基建项目增加、部队经费保障等难题,坚持有为争有位,积极回报沟通,多方法多渠道开源节流,努力提升服务保障能力。争取支持有所突破。利用走访汇报、警地座谈等各种时机展示汇报工作业绩和困难需求,成功争取地方财政预算480万元和专项经费20万元,比上年增长10%。加强联系沟通,基层所协辅警力量获得地方人大代表和政协委员的提案呼吁,并争取给予增加协警数量12名。科学管理高效严格。践行勤俭节约要求,严格落实公务卡支付结算制度,进一步规范经费物资管理,提高使用效益。开展停止对外有偿服务、财务工作大清查“回头看”以及油料供应专项检查等活动,与部队房屋租赁单位签订限期搬离责任状,逐项登记筛查固定资产做好盘盈盘亏,以坚决有力的态度和措施持续攻坚。营房基建按期完成。按照“布局合理、方便实用、整洁美观”的原则,紧贴部队营区功能规范建设要求,多方论证调研,听取官兵意见,在支队党委的统一领导下,确定了各单位营房改造项目方案。鸡山所、干江所、坎门所营房改造项目已如期完成,大队部营房改造顺利开工。投入1.5万元完成3个兵器室报警系统改造,排除安全隐患。投入五万元建成干江所两个蔬菜大棚、三个鸡鸭舍,以及田间地块的硬化处理,五小生产初具规模。

(包勇军)

消　防

【概况】 县消防大队成立于1994年,为副团级建制单位,下设玉环中队和玉城中队。大队部位于经济开发区漩城路11号,共有现役官兵30人、合同制队员18人、文职人员20人、外聘人员5人,执勤消防车12辆、行政车4辆。2016年,大队共接警出动1554起,出动车辆2893辆,出动警力15689人,抢救被困人员128人,抢救财产价值1137万元。

【党委自身建设】 以创建“率先垂范、真抓实干、创先争优”领导班子和打造“三有三好”干部队伍品牌为引领,进一步提升了党委班子驾驭全局的能力。坚持集体领导,发挥“龙头”作用。牢固树立一盘棋的思想,认真执行党委议事规则,充分发挥基层党组织的战斗堡垒作用和党员的先锋模范作用,队伍士气高涨,班子精诚团结。以教育为契机,提升队伍整体素质。结合“忠诚、担当、敬业”专项教育、“改革强警”主题教育和“两学一做”专题教育活动,确保新常态下党员队伍始终听党话、跟党走。同时,大队狠抓党员素质提升工程,组织开展“学党章、明职责”大讨论活动,引导党员自觉执行党内制度规定,做合格党员。突出廉政建设,确保队伍风清气正。严格贯彻落实“两个责任”,认真落实“一岗双责”,充分发挥教育和管理职能,不断强化官兵的廉洁自律意识。玉环大队先后部署开展“5·15”警示教育、观看廉政片、参观廉政教育基地等活动,强化官兵感性认识。同时依托社会群体,发挥社会监督力量,召开廉政监督员座谈会,并开展大走访和执法回访活动。大队主动查处干部违纪案件一起,做到了把纪律挺在前面,注重抓早抓小。

【不断深化“创满意”活动】 不断创新服务举措,内提队伍能力素质,外推便民利民措施,开拓思路,不断提升人民群众满意度。创新服务发展举措。进一步简化审批流程,清理消防行政审批前置条件,分类规范申报资料。加强窗口建设,推行消防窗口服务“全天候受理”制度,实行“微笑式服务、说理式执法”。前移服务关口,强化建设项目方案阶段的技术服务,确定专人对工程前期审批、中期指导和后期验收跟踪服务,对重点项目提前介入、全程跟进、贴身指导。全面推行“阳光执法”。充分运用消防监督管理系统、社会公众服务平台和互联网消防办事平台,全面公开执法依据、内容、过程和结果。消防行政审批事项向申请人公开、行政处罚事项向社会公开,执法告知率、信息公开率达到100%,自觉接受社会监督。严格落实执法回访制度,向每名申请对象发放《执法回访反馈表》和支队纪委联系卡,畅通群众诉求反映渠道,共回访执法对象36家,未收到关于执法不廉、服务不周的反映。狠抓执法能力建设。部署开展消防监督执法检查“回头看”活动,重点治理在执法过程中暴露出的突出问题,特别是对因为业务水平不高导致的执法瑕疵,开展自查自纠,不断提升执法人员素质,提高法制水平和办案质量。

【不断推动消防工作社会化】 坚持政府主导,强化责任落实。以G20峰会安保为契机,坚持“党政同责、一岗双责、失职追责”，层层签订《消防工作目标责任书》，全面推动消防安全责任落实。县委县政府先后5次召开消防安全工作会议，县四套班子领导20多次参与消防工作部署，带队开展消防检查、暗访。各乡镇（街道）主要领导主动参与各类消防会议、整治、检查，全县已开展7轮交叉检查，60多次暗访，下发督办单118份。安监、商务、文化、教育、建设、民政、卫生计生、旅游等重点部门落实归口管理，畅通信息渠道，建立了情况通报、信息共享和联合执法协作机制，加大履行消防工作职责的力度，切实将消防安全工作纳入到部门和行业监管中。县府办印发2016年度县对乡镇（街道）和县级机关单位消防安全目标管理责任制考核办法和细则，建立消防工作考核评价体系，将考评结果作为领导干部政绩考评的重要内容。县纪委、效能办、督查室加大追责问责力度，对消防工作开展不力的乡镇、部门主要领导进行约谈。紧盯突出问题，强势清剿火患。紧盯重点行业、重点场所、重点时段的消防安全隐患，连续部署开展消防安全百日攻坚专项行动、夏季消防安全大检查、“清雷”“风暴”“利剑”“净雷”等一系列行动，突出对居住出租房、合用场所、人员密集场所以及家具、医药包装、汽摩配等区域性火灾隐患开展高压整治，对隐患较大的单位进行挂牌督办，消除了一大批火灾隐患。在居住出租房、合用场所整治中，共排查出租房25493家，整改24443家，整改合格率为95.9%，排查合用场所11981家，整改11228家，整改合格率为93.7%。严格执法打击，共刑事拘留7人，行政拘留95人，办理居住出租房类行政处罚154起，断水断电查封3600余户，拆除影响消防安全的违章建筑40万平方米。对芦浦镇医药包装行业开展强势整治，根据火灾隐患等级，摸清底数，分类治理，该停产的坚决予以停产整改，该拆除的坚决予以拆除，确保不留隐患。共排查医药包装企业111家，改造消防通道81处，实施防火分隔85处，安装简易报警87家，取缔8家，关停37家，不予供电43家，拆除违章建筑4万余平方米。强化体系建设，推动联防联勤。县平安办、综治委、安委办将消防工作纳入平安建设、社会管理、综合治理和安全生产目标管理等考核，全县消防安全“网格化”管理进一步推进，网格排查机制进一步健全。全县12个消防安全委员会和消防工作站，11个公安派出所消防工作办公室，8支政府专职消防队，151名联片乡镇领导，305名村居消防安全负责人和专（兼）职消防安全管理员，1585名消防安全网格员“五位一体”的基层消防监管组织已初步建成。辖区共有175家重点单位、17个社区、3个街道按要求建立微型消防站并通过初步验收，建成率分别为83.3%、56.7%、100%，并已全部纳入消防统一指挥体系，与各类基层网格组织建立应急响应机制。县级210家消防安全重点单位根据行业相近、区域相近原则成立13组区域联防队伍，组内单位间日常消防互查互检、培训演练，区域应急联动能力明显增强。聚焦全民宣传，增强消防意识。按照消防宣传“七进”的要求，充分利用社会资源，提升消防宣传教育实效性。抢占宣传阵地。充分利用玉环电视台、玉环消防微信微博、玉环消防报等媒体平台作用，每天黄金时段播出消防安全提示和消防公益广告，定期发布火灾动态新闻和典型火灾案例。聘任30余名“社区消防宣传大使”，广泛动员社区群众自觉学习消防安全常识，提高发现消除火灾隐患、扑救初起火灾和逃生自救互救的能力。开展分层培训，县消安委常态化组织专职宣传人员到部门、乡镇、企事业单位、学校等地分层次开展消防安全教育培训。共为1000多家驻地单位开展培训，组织疏散逃生演练520多次，培训人员达7.3万余人。打造培训基地。建立县级和楚门镇、清港镇3个消防安全教育中心，开展“千校学消防”“百企进红门”等活动，利用教育培训中心开展消防教育700多课时，培训各类人员5300多人次，极大提高了消防常识普及率。

【切实提升部队战斗力】 始终坚持让人民满意、让人民放心为目标,矢志不移谋打赢,倾心尽力练精兵,部队灭火抢险、应急救援能力显著提高。截至12月27日,大队共接警1433起,其中火灾扑救289起,抢救和疏散人员111人,抢救财产价值1052.1万元,没有发生亡人火灾。熟悉、演练固基础。坚持从实战出发,扎实开展辖区道路"六熟悉"、重点单位灭火救援演练等工作,部队攻坚克难能力不断增强。针对高层建筑、人员密集场所等单位火灾危险性强、处置难度大的特点,进行深入调查研究,有计划、有步骤组织实施辖区"六熟悉"工作,修订完善灭火救援预案,并科学安排时间对所有重点单位定期进行演练。全年,共普查保养消火栓508个,开展重点单位演练210次,熟悉单位350次,制作完善预案60份,修订单位、小区、行政村作战信息卡400个。实战、实训提素质。深入开展装备业务理论学习、装备性能测试和装备操作熟悉,切实提高装备完好率和装备管理人员的业务素质。同时对辖区的微型消防站和专职消防队定期组织拉练,有效提升专职消防队灭火救援能力。细抓、严管保稳定。结合实际,对文职、外聘人员的一日生活制度、请销假、办公秩序等方面作具体的规范和要求,并与绩效考评挂钩;围绕车辆、执勤和训练安全等重点问题,结合月队伍形势分析会,堵塞漏洞严防各类事故。

【不断提高后勤保障能力建设】 积极向地方党委、政府请示汇报,加强与各相关职能部门的沟通协调,推动完善消防经费保障机制。主动作为,提升经费保障管理水平。共争取到地方正常业务经费899.2万元(其中:正常业务经费为280万元,四项补助经费为90万元,合同制文职人员经费为310万元,装备器材购置经费80万元,消防车辆专项经费139.2万元)。依照财务管理规定,严密审核每笔凭证,确保资金安全管理。全力保障,大力推进后勤基础建设。在县委、县政府、县公安局的关心支持下,用地总面积约6681.42平方米,建筑总面积4500平方米,总投资约3700万元的玉城消防站迁建项目成功立项。投入80万元用于消防器材装备购置;投资40余万元用于红门影院建设。

(蓝康俊)

农业·林业

农　办

【概况】 2016年，县农办共有工作人员14名，其中行政编制6名，参公编制3名，事业编制3名，聘用人员2名。内设综合科、社会发展科、经济发展科；下属事业单位两个：县农村发展研究中心、县扶贫办公室。作为县委县政府农村工作领导小组的常设办事机构，负责贯彻落实中央、省、市、县关于“三农”工作的方针政策，研究提出统筹城乡协调发展的政策建议，提出加快农村经济社会发展和深化农村改革的措施意见；负责全县统筹城乡发展工作的指导协调和检查考核；组织协调全县村庄整治工作和新农建设；参与促进农民转移就业工作，指导全县农民素质培训工作；研究提出效益农业、农业产业化经营、乡村休闲旅游、农村外向型经济和农村一、二、三产业发展的政策建议，并协调有关事项。

【农村经济发展】 农村居民人均可支配收入27446元，增长9%；农林牧渔业增加值33.7亿元，增长3.9%。全县有省市县三级农家乐特色村（点）15家。进一步扩大农村小额贷款发放面，发放小额贷款170万元，惠及低收入农户25户。制定出台《玉环县推进农家乐休闲旅游提升发展实施意见》和《玉环县乡村民宿管理办法》，明确农家乐、乡村民宿奖励资金和民宿办证、评级流程，解决民宿合法经营问题。完成《玉环县民宿产业发展规划》编制。继续实施“农家乐特色村倍增计划”，启动创建省级农家乐特色村1个、市级特色村1个。

【美丽乡村建设】 新增市级精品村2个，新启动3个精品村建设，续建21个精品村；启动龙溪山里省级历史文化村落保护利用重点村和大麦屿石峰山、上青塘2个一般村建设，完成沙门水桶岙、楚门东西2个一般村年度建设任务。完成村庄整治提升21个村，实施项目35个，均通过验收。探索实行村级差异化补助政策，制定出台《玉环县美丽乡村建设专项资金管理办法（试行）》，对项目资金实行差异化补助。

【农村生活污水治理】 建成主支管网2000多千米，独立式处理终端197座，新增受益农户5.2万多户，基本实现农村生活污水治理村级100%覆盖和农户100%覆盖的“双百”目标。实施农村生活污水治理设备“第三方”运维模式，制定出台《玉环县农村生活污水治理设施运行维护管理办法（试行）》，分港南、港北两个标段开展招投标，中标单位2家，运维期限3年。

【农村综合改革】 深化供销合作社和农业生产经营管理体制改革构建“三位一体”农民合作经济组织体系完成年度任务，组建县级农合联和8个乡镇(街道)农合联，分别拥有会员149家和577家。其中坎门街道立足实际，建立渔业“三位一体”综合服务中心，为该街道283艘渔船和32家涉渔企业提供服务。农村产权交易实现突破，各乡镇街道(除海岛乡以外)均消灭交易空白，其中楚门镇中山菜场的15年经营、坎门街道东风股份经济合作社综合服务大楼10租赁权两个项目以拍卖形式，年交易额分别达到420万元、435万元。结合全省农村宅基地流转试点工作，在全市率先出台《玉环县农村宅基地流转细则》，大麦屿街道新塘村2间宅基地成为全市首笔在农村产权交易平台上完成流转的项目。

【美丽农家村户联创活动】 农村环境卫生保洁“三有”工作机制和门庭“三包六清”责任进一步落实，63个村(社区)通过美丽农家村户联创复评，14个村(社区)完成创建，参创比率达80%以上，“村带户，户促村”的创建模式获得良好成效。

【清洁家园】 安排清洁家园集体经济薄弱村专项奖补资金560多万元，同比增加近45万元，惠及近200个村。强化后进村转化措施，将每月督查中排名末三位的村(社区)列为全县督查整改村(社区)，整改后均达标并摘帽。继续开展农村生活垃圾减量化资源化试点工作，新增试点村35个。

【农民素质培训】 突出抓好农村实用人才培训，加强培训机制建设和培训实效，全年总计培训4102人，其中农村实用人才2649人，农业专业技能提升757人，转移就业技能提升696人。

(颜斌辉)

农　业

【概况】 县农业局是主管全县农村经济发展的县政府工作部门。编制数89名，其中行政编制18名，在编13名。参公编制20名，在编17名。事业编制51名，在编48名。局招临时工 11名。2016年，新招录参公人员1名、事业编制人员2名。内设5个职能科室。办公室(挂行政审批科牌子)、法规科教科、产业发展科、人事监察科、农产品质量安全监管科。下属机构：县农业行政执法大队、县农技推广中心、县土肥站、县种子管理站、县植物保护检疫站、县农村经营管理站、县农业机械管理总站、县农村能源办公室。管理县政府蔬菜领导小组办公室、县畜牧兽医局。全县实现农业总产值62.38亿元。

【两区建设、休闲农业】 县粮食生产功能区建设任务253.33公顷，实际完成320公顷。制定2016年省级现代农业生产发展项目管理办法，完成现代农业园区的储备项目申报工作。品牌休闲农业快速发展。参加浙江名优农产品推介活动等各类农博会，成功举办第五届中国·玉环火山茶开采节等农业节庆活动。龙溪山里被列入“2016年中国最美休闲乡村推介名单”。形成以玉环湿地海域风情、清港垟根生态水果精品、龙溪动漫花谷慢生活、古城石峰火山茶文化等一批农旅结合的休闲农业格局。全县已有各类休闲观光农业农业区(点)14家，其中省级休闲观光农业示范点1家，市级休闲观光农业示范园区2家。“高柚”牌楚门文旦、“龙额”牌玉环火山茶、“鸡山岛”牌风干带鱼获2016年省农业博览会金奖

【粮食生产】 全县粮食播种总面积2200公顷(同比增加6%)，总产1.28万吨。旱粮扩种面积

173.33公顷，完成考核指标的172%。新增保障型蔬菜基地建设13.33公顷。文旦、盘菜、广柑等特色产业向良种化、标准化、规模化、品牌化稳步迈进，0.007多公顷的中草药、0.021多公顷的茶叶和0.007多公顷的花卉种植成效初现。

【生态循环农业】 现代生态循环农业扎实推进。开展2016年度省级生态循环农业储备项目实地踏勘，并对实地踏勘情况汇总后组织开展论证会。建设3个沼液贮肥池，通过农村能源后续服务组织运行，养殖场就地消纳和养殖场与种植业专业合作社协议对接等形式，消纳沼液3.6万吨。肥药双控”全力推进。推广病虫害统防统治533.33公顷；农药减量技术应用面积866.67公顷；农药减量4.9吨；农药废弃包装物已回收0.6吨；加拿大一枝黄花防控面积达5.33公顷，使用除草剂0.7吨。全面治理年存栏生猪50头以下生猪散养户和年存栏水禽1500只以上水禽场，已治理生猪散养户10家、关停33家、清理生猪1.1万多头，治理水禽场5家、关停32家，清理禽类18万羽。全县已验收养殖场54家，其中规模化生猪养殖场39家，生猪散养户10家，水禽场5家。对不规范运行的养殖场，坚决予以关停、整治，共关停68家，整治46家。

【农业生产设施化】 在全县农产品土壤重金属污染防治普查的基础上，完成2011年标准农田质量提升项目(129.45公顷)的评定工作。建立2个耕地地力长期定位监测点，开展相关肥效试验。根据省局文件要求，按照“全价购机、县级结算、直补到卡”的方式，由农户先购买机具后申请补贴。办理玻璃温室、微耕机、水泵、增氧机等设备210台套。整合40万财政支农蔬菜专项资金实施蔬菜钢架大棚建设项目。全年计划开展水稻机插面积433.33公顷，实际完成水稻机插面积433.33公顷，目标完成率100%。新建稻谷烘干中心1个，其中新建烘干用房612.8平方米，仓库300平方米，购置烘干机1台。

【农产品质量安全及动植物疫病防控】 农产品质量安全检测，总体合格率稳定在98%以上，主要食用农产品“三品”(无公害农产品、绿色食品、有机农产品)认证率达53.75%，标准化实施率达63.1%。农业生产标准化实施面持续扩大。农业标准化生产程度达61%以上，形成了一个产业标准、一张模式图、一套讲解光盘、一本操作手册、一个示范园的“五个一”农业标准化推广机制。全县应免畜禽免疫密度达到100%，重大农业植物疫情防控面达到100%，种子种苗产地检疫监管率达到95%以上，动植物疫情及病虫害防控措施全面到位，未发生区域性重大动植物疫情和流域性漂浮死猪事件，农作物病虫害得到有效控制，未造成大面积损失。

【农业经营、农业科技培训和推广】 全县共有农业龙头企业69家，其中省级3家，年产值超亿元3家。农民专业合作社486家，其中省级示范性农民专业合作社10家，市级规范化农民专业合作社70家。完成玉环九山农产品专业合作社联合社和玉环县东升水产养殖专业合作社2家省财政农民专业合作社项目的验收工作。全县共流转土地面积3433.33公顷，其中水田1673.33公顷，占总流转面积的48.7%；适度规模经营面积2600公顷。开展了2016冬春农业科技大培训(杨梅、葡萄、生猪、柑橘、畜禽)系列培训、县农业业态发展暨农业标准化培训等10余次培训，培训人数达350人次，发放培训资料400余份。先进实用技术集成与配套应用更加到位。共新引进水稻发、甘薯等农作物新品种14个，继续示范水稻新品种甬优15、甬优17，面积133.33公顷。推进自动化控制设施和智能化技术装备应用，建设1个农业物联网示范点，农业地理信息系统建成。农民信箱系统功能不断拓展。农民信箱注册用户达到1.8万,推广农民信箱APP2881个,全面完成万村联网建设307个村。

(王克荣)

林业特产

【概况】 县林业特产局主要负责贯彻执行国家森林法、森林法实施条例及有关林业行政法规政策,管理保护全县林业、特产资源,实施绿化造林和沿海防护林建设,引进、推广林业特产适用技术及开展玉环柚品质管理。内设综合科、林政科2个科室,直属行政机构县森林公安局(县公安局森林警察大队),下属县林业技术推广站、县森林病虫防治检疫站、县特产技术推广站、县文旦研究所、县果品检测中心5个单位。在职干部、职工39人。

【大力推进绿化建设】 根据县委、县府《关于落实2016年全县绿化造林任务的通知》,2016年,绿化新建和改造计划540.73公顷,实际完成577.07公顷,其中平原绿化96.4公顷,完成省市计划152%,位列全市第一。根据县委办、县府办《关于开展"绿彩玉环"行动的通知》,建成珍贵树种示范林4个,珍贵树种示范点5个,示范单位5个,居全市前列;新植浙江楠、闽楠、舟山新木姜子、银杏等珍贵树种16.3万株,完成计划数的136%。大力开展森林系列创建活动,完成2个森林城镇、3个省级森林村庄、5个市级森林村庄的创建,全县森林城镇创建率82%;森林村庄创建率42.4%。

【开展"以水灭火"】 积极开展森林消防"引水上山、以水灭火"工程建设,以楚门镇为试点,投入300多万元,实施"路网""水网"建设,建成林区道路11千米,蓄水池47只,配备高扬程接力水泵22台,取得显著成效,楚门镇"引水上山,以水灭火"工程建设试点工作,受到省市的充分肯定。积极探索森林消防与护林项目政府购买服务工作,通过向社会购买服务,组成陆上队伍9支,"以水灭火"做法和经验受到孙景森副省长的批示:探索森林消管护服务社会化,走出了自己的路子并已初见成效。

【综合治理森林"三防"】 依法规范林业执法行为,以G20峰会安保和世界互联网大会为契机,全面提升打击能力,根据区域特点和警力人数,在全县设置警务区4个,加强林地巡查及涉林案件查处力度;强化办案功能区信息化建设,建立掌指纹一体化采集平台,为全县公安系统最先进的标准化采集平台之一。组织开展清火、清毒、清网和清案等"利剑"专项严打行动,共查处案件18起,行政罚款6.98万元。继续抓好林业有害生物防控,实施"绿剑"林业检疫执法年行动,苗木产地检疫率达100%,案件办理质量明显提升,全年查处违规使用松木及松木制品案件9起。8月,在玉环召开的全省"绿剑"林业检疫执法年活动现场会上,玉环县作经验介绍;11月,全省森防站长培训班会议上,再次作典型发言。完成林业有害生物普查工作,历时3年,组织普查技术培训5次,全年林业有害生物防治作业面积799.07公顷,无公害防治率达100%。大力推进湿地公园生态修复,完成湿地公园试点验收,湿地生态环境得到极大的改善,野生动植物的种类和数量明显增加,鸟类资源较开展国家湿地公园试点前增加17种,其中全球濒危物种黑脸琵鹭最多一次监测到86只(2016年全球同步调查记录为1848只),受到省林业厅的高度表扬。9月,玉环漩门湾国家湿地公园顺利通过了试点验收,成为台州市首个、浙江省第七个正式通过验收的国家湿地公园,也是2016年浙江省唯一一个。

【加快产业发展】 全县水果总面积4780公顷,总产量5.28万吨，较上年减产28.8%；产值3.98亿元，较去年增长23.1%。其中玉环柚面积2080公顷，产量1.98万吨，比上年减产45%，产值1.48亿元，比上年增加8.5%。其中新发展水果面积37.93公顷。研究制定文旦产业发展扶助政策，出台《玉环县文旦生产经营补助办法》《玉环文旦标准化生产体系实施细则（试行）》《最具推介价值的玉环文旦品牌评比实施细则（试行）》等扶持政策，致力于扩大销售平台、引导标准化生产和品牌建设等，促进玉环文旦产业健康长效发展。

（管箫筝）

海洋与渔业

【概况】 县海洋与渔业局是县政府主管海洋与渔业综合管理工作的综合职能部门。2016年，共有在职干部职工102名，其中行政编制12名，事业编制全额拨款（含参公）87名，自收自支3名。内设机构有4个，分别为办公室、海洋科、渔业科、行政审批科。下辖6个事业单位分别为县海洋与渔业执法大队、县水产技术推广站、县海洋资源管理中心、县海洋环境监测站、县渔船安全救助信息中心、县水产品质量检测与病害防治中心。全县实现水产品总产量29.19万吨，同比增加5.49%；实现渔业总产出24.26亿元，同比增加5.7%；渔民人均收入19610元，同比增加4.79%。

【浙江渔场修复深入推进】 以问题为导向做好补齐短板大文章，利用一切手段，大力打击“三无”渔船抬头态势，特别是5月20日以来，严格按照省、市关于“幼鱼保护攻坚战”与“伏季休渔保卫战”的部署要求，全面实施禁用渔具专项整治，严格“船证不符”渔船核查工作。在相关乡镇（街道）、各有关部门和局全体干部职工的共同努力下，全县开展幼鱼保护行动55次，打击取缔拆解“三无”渔船103艘；清缴地笼网6927顶、滩涂串网9711米；立案123起，其中刑事立案8起，移交公安（边防）刑事拘留29人、行政拘留3人、司法定罪2人；没收非法渔获物64.7吨，查获涉嫌走私油案件4起1192吨。自2014年在全省最先完成“船证不符”整治以来，未发现新增“船证不符”渔船。多渠道推进渔民转产转业培训，开展渔船船东船长安全培训5次，培训人员597人；举办职务船员及普通船员培训3期，培训727人，发证435本。组织水产健康养殖技术培训十期，培训559人次。

【海洋管理工作有序运行】 日常工作平稳开展。根据省局统一部署和安排，完成玉环县大陆海岸线调查项目并通过专家组验收。指导相关单位开展浙江省玉环县海岸带整治修复项目建设工作。县第一宗经营性用海（沙门1号区块）项目招拍挂工作顺利完成。全年共办理海域使用权许可6宗，计23.76公顷；续期1宗，计5.32公顷。公开出让用海1宗，计3.37公顷；注销2宗，计1.41公顷；征收海域使用金96万元。完成海域使用论证2宗。科学规划优化项目。完成县海洋与渔业“十三五”发展规划的编制与发文。进一步强化海洋与渔业项目管理与项目库建设，出台《玉环县海洋与渔业综合管理和产业发展专项资金管理办法（试行）》和《玉环县2016年渔民转产转业专项资金以奖代补项目申报指南》，进一步充实海洋与渔业项目储备库，新收集储备项目23个。严厉打击非法用海。在县农办取消年度资金计划的前提下，深入推进海边“三化”，督促沿海乡镇（街道）做好海边“三化”各项工作。强化用海巡查，联合国土、农业部门，对小乌岛非法养殖生猪进行依法取缔，2005年立案的横趾山岛非法用岛案件移交县公安局，该案件主要嫌疑人被发起网上通缉。全年共组织各类海域海岛巡查83次，出动人员250人次，陆上巡查3080多千米，海上巡查684海里，无立案。

【海洋生态文明有效提升】 深化海洋生态文明建设。加快《玉环县海岸带整治修复项目》开展进度,完成项目建议书、可研性报告并获发改批复,海岸带整治修复项目全面启动,累计完成投资5000万元,完成项目进度30%。完成国家级海洋公园选划及总体规划编制与申报,成功获国家海洋局命名。推进治水促转型。完成披山省级海洋特别保护区巡护道路建设工程,开展保护区渔业资源基础数据的调查。认真开展披山海域、陆源入海排污口、重点港湾、主要入海河流的海域环境时段监测。3艘400总吨位以上渔船全部安装滤油设备,所有24米以上的渔船发放“渔船垃圾公告牌”,逐船配备垃圾桶。完成稻鱼共生轮作减排200公顷,养殖池塘生态化改造35.33公顷。开展配合饲料替代新鲜或冰冻小杂鱼行动,示范推广面积53.33公顷。组织开展渔业资源苗种增殖放流4958万尾。健全海洋防灾减灾体系。在应对台风等自然灾害中,以渔船救助系统为基础,确保与省、市局主会场的通讯畅通,有力保障防台指挥工作的顺利开展。完成海洋防灾减灾观测设施建设工程项目选址工作,进一步加强涉海工程环评报告审核工作。制订并落实2016年赤潮监控计划,共发现赤潮1次,未造成经济损失。

【捕捞渔业转型有序推进】 在台州市海洋渔业系统内率先完成11艘报废拆解渔船年度工作任务。成功研发海捕虾烘干技术并推广至56艘渔船,使拖虾船逐步摆脱对“虾粉”的依赖。探索远洋渔业发展路径。加强渔业油补新政的宣传,为建立完善渔区基础设施与海洋文化项目储备库工作做好基础,并做好2015年度油补资金发放工作,发放2015年度渔业生产成本补助资金9643.025万元,做到资金发放准确,按时到位。

【养殖渔业建设稳步发展】 开展乐清湾传统小网箱养殖情况的社会调查,完成小网箱养殖现状和容量调查报告。清港循环水集约化养鱼、芦浦低坝高网养殖、海山低坝高网养殖3个中央现代渔业项目,以及沙门蟹类设施养殖1个标准化项目建设进展顺利。启动披山深水网箱养殖项目作为2017年第一批中央现代渔业项目。

【水产加工产业跨越发展】 向省局加工规划和市局十三五规划申报水产品精深加工、电子商务、休闲旅游等新业态项目20个。引导传统养殖业和加工业发展电商58家。3个国家海洋科技创新项目顺利实施,其中丰润“N-Z酰氨基葡萄糖项目完成工程量80%、金壳“利用海产废弃物制备高值化海洋生物多糖项目”完成工程量12%、海生源成功Q板挂牌融资。

【渔业安全管理不断深化】 全年共发生渔业安全事故3起,死亡3人,直接经济损失45万元,三项指标同比均下降25%,安全生产形势总体平稳。坚持分类管理。全县分类渔船只总数444艘(部分渔船在买卖过程中,还未分类),其中A类147艘、B类201艘、C类96艘,分别占33%、45%、22%。严格落实渔船进出港管理制度,实施C类渔船每日点名制度。严格落实渔业安全管理督查制度,不断提高乡、村两级渔业安全监管水平。突出“预防为主”。积极开展全国“安全生产月”活动。实施作业渔船网格化管理,落实定点停靠和定人联船制度,推行跨村(公司)、跨乡镇(街道)统一编组模式。严格执行渔船准入制度,登船检验率100%。抓好渔船安全生产季节性、突发性预警信息发布。积极开展宣传培训、应急演练工作。筑牢安全防线。开展渔业捕捞许可证“二定三到位”年审,完成全部渔船的核查工作。加大排查治理力度,对重大节假日等重点时段进行专项监管,开展春(雾)季、冬汛安全生产专项整治。水产品强网清源。聚焦G20开展大量宣传工作,落实“三大一严”专项工作,开展海捕虾专项整治、滩涂清涂使用违禁药物专项整治，对养殖水质较差的漩门三期、玉环湖等地开展重点品种的抽检送检工作。完成2016年省级养殖产品可追溯试点2个。

【服务保障体系日趋完善】 渔船救助信息服务体系逐步完善。强化渔船数据库动态监管，建立健全应急响应机制，对渔船进行实时监控。及时发布气象预警信息，组织指挥海上抢险救灾。拓宽渔船救助信息渠道，共接有效报警41次，均得到及时处置。更新渔船终端设备420台，完成年度任务的105%。渔业保险工作稳步推进。已入保渔船466艘，投保渔民3974人；赔付219起，赔款599.27万元；全年办理小额信贷11笔，金额430万元。以财政补助的形式拓宽水产养殖保险试点范围和保险品种，入保养殖户（企业）7家，保额约788万元。渔业基础设施显著加强。坎门中心渔港防波堤台损整体修复项目已完成主体工程。坎门现代渔港经济区项目已完成规划设计成果。坎门中心渔港避风锚地项目前期论证完成项目招投标，启动项目建议书编制。渔业科技服务能力加速提升。开展基层渔技推广体系改革与建设补助项目实施工作。通过养民之家以点带面抓示范，在相关渔业乡镇及部门放置渔技增设移动电子图书馆至10台，立足"玉环渔技推广"微信平台及县水产技术推广站微网站等信息化平台，构建多元渔技推广体系与网络。

【维稳工作卓有实效】 扎实开展信访工作。2016年，贯彻落实上级信访维稳联席会议精神，稳步开展信访工作。建立健全信访工作机制和责任分工，持续推行每月1次局长接访活动和每周1次局班子成员接待日以及网上信访活动。做好第三届世界互联网大会、G20峰会、全国两会、县党代会、县两会期间及日常信访信息排摸和报送工作，发现信访苗头积极引导信访人理性或通过司法途径反映和解决问题。承接并及时办结县转信访件，做好政策解释和帮助解工作，使上访人满意和理解。严格管控民间涉日"保钓"活动。紧抓民间涉日"保钓"活动的防控工作，强系统内渔船基础数据管理，加强渔船动态监管，建立健全应急响应机制，对渔船进行实时监控。更新渔船终端设备420台。紧抓防控宣传工作，开展"定人联船"督导机制。充分利用渔船柴油款补贴发放工作和一系列产业扶持政策与违法行为挂钩。紧抓预警机制建设，实行24小时全天候值班制度。紧抓应急处置工作预案落实。成立事故应急处置指挥部，将管控任务落实到船，责任到人，将中国渔政33023船、中国海监7035艇纳入管理，统一调度，配合边防做好海上保钓应急劝返处置工作。

【党建工作稳步推进】 全面落实党建工作责任制，坚持党委理论中心组和学习型组织建设，切实推进党务公开工作。抓党建促作风转变，全局共26项行政审批事项均做到"两集中、两到位"，网上办件率逐步提高，全年共受理各类办事服务事项2284件，办结率与群众满意度双100%。行政处罚网上公开稳步推进，完成公开73件。

【党风廉政层层落实】 制定实施《2016年度党风廉政建设和反腐败工作意见及责任分工》和《党风廉政建设"四清单一承诺"制度》，实现党风廉政建设全覆盖。加强对关键权力行使的监督，全年廉政约谈1人，延长行政警告1人。严格执行"三重一大事项"、集体决策和集体会审制度，2016年共上报"三重一大事项"84件。

（陈　威）

经济·贸易

工业经济

【概况】 县经济和信息化局是负责研究提出全县工业经济和信息化发展战略、行业规划，进行统筹协调，指导行业结构调整，负责调节近期全县国民经济运行的综合管理部门。现有在编人员41名，内设办公室、行业与经济综合科、投资与技术装备科（行政审批科）、企业发展科（中小企业科）、能源与资源管理科、信息化科，下属中小企业服务中心、能源监察大队、墙体改革办公室、工业和信息化服务中心4个单位。2016年，全县工业总产值累计完成1458.03亿元，同比增长2.17%，其中规模上工业产值629.78亿元，同比增长2.68%。限额上工业性投资完成69.14亿元，同比增长22.16%。

【抓政策兑现】 及时兑现企业各项奖励资金包括国拨资金、省切块资金和本级财政奖励资金。对申报2015年度技术改造项目的企业完成现场验收，兑现技术改造专项奖励资金1636.6万元，共涉及69家企业。根据《关于印发浙江省重点企业研究院建设与管理试行办法》和《关于公布2015年新建省级重点企业研究院名单的通知》精神，奖励双环传动和迈得科技各500万元。兑现2016年省、市首台套产品，市级企业技术中心和市级企业重点技术创新项目奖励资金152万元。兑现2016年浙江省装备制造业重点领域首台（套）产品省级财政奖励100万元。兑现苏泊尔股份、苏强格液压、骆氏减震件、三木控股、正裕工业等五家企业2014年度总部经济企业及销售回归资金900多万元，启动2015年度总部经济企业及销售回归申报。

【抓精准服务】 以“助企强企”服务年活动为载体，集中为企业开展服务800多次，帮助解决困难问题414个。逐步开展工业企业综合绩效评价管理工作，制定工作方案，采集、测算相关数据，实施分类评价。做好规模企业“一企一档”服务平台建设工作，对50家小微企业信用评级，并出具30家企业的评级报告。

【抓转型升级】 深入实施“三改一拆”（旧住宅区、旧厂区、城中村改造和拆除违法建筑三年行动）行动，把“三改一拆”作为加快产业升级的抓手，为企业“机器换人”、转型升级赢取用地空间。推荐玉环大润发商业有限公司大润发超市玉环店建设等5个项目申报台州市“6+1”竞赛活动项目。全年共完成旧厂区改造66.61万平方米，完成年度计划35万平方米的190.31%。强势推进金属行业提升区建设，组合熔炼企业174家，原产能28.17万吨。督促各企业尽快完成包括建筑施工许可在内的各项施工前报批程序，引导各部门完善审批服务工作，提升审批时效，联同环保等部门联动，形成强有力的环境整治气势，促使企业加快建设进度。

【抓有效投资】 开展工业项目集中推进月活动，1～12月，备案在库的工业性项目共有537个，同比增长175.38%，计划总投资额106.88亿元，同比增长169.29%，其中亿元以上项目7个。全县31个台州市“三个一批”重点技术改造项目，计划总投资24.35亿元，2016年，计划完成投资8.98亿元，实际完成投资9.24亿元，完成全年计划的102.9%，其中16个项目已竣工投产。其余项目都按年初计划完成形象进度。全县8个市重点工业投资督评项目计划总投资7.08亿元，计划完成投资2.235亿元，实际完成投资3.331亿元，完成全年计划的149.04%。组织企业参加多场省、市级“机器换人”现场会和新产品推介会，联合县财政局并邀请“机器换人”专家组13家企业购置的46台(套)工业机器人完成现场验收评审。

【抓两化融合】 在推动企业“五化”建设的基础上，采取点面结合，典型示范，及时确定一批信息化示范(试点)企业和两化融合示范(试点)企业，充分发挥信息化带动工业化效应，促进信息技术在企业生产，销售全过程中的广泛应用，积累经验、逐步推广，推进信息化与工业化深度融合。浙江琦星电子有限公司、浙江沪龙科技股份有限公司2家企业入围浙江省电子信息50家成长性特色企业。开展玉环门户网站的站群系统的扩容，扩容后支持120个部委办局的子站迁入和整合，完成69家现有的部门等门户网站实施整改迁入，加固网络安全。调研综合办公需求，初步完成围绕一企一档及工业指标等数据，整合在线能源监测数据，建设跨平台跨终端的综合信息平台设计思路。

【抓企业培育】 在小微扶持上。制定《2016年度“小升规”培育实施办法》，上报浙江省及台州市2016年“小升规”企业36家，全部企业都按省市要求进入浙江省小微企业运行监测平台，推荐5家企业参选省“小升规”创业之星。在技术创新上。鼓励设立企业技术中心，整合科技资源，建立公共服务技术创新平台，推进产学研合作，促进科技成果转化。2016年，新增1家国家企业技术中心，1家省级企业技术中心，10家市级企业技术中心，11项省重点技术创新项目，11项市重点技术创新项目。7产品备案浙江省工业新产品，1个产品获国内首台(套)称号，2个产品获省首台(套)称号，5个产品获市级首台(套)称号。2家企业获市民营制造三十强企业，1家企业列入省2016年高端装备制造业骨干企业，2个项目被评为浙江制造精品，玉环家具研发展示中心荣获市十佳创业创新服务平台。在企业培训上。按照“企业高层、企业中层、企业全员”分级分类开展多形式的企业管理培训工作。先后开展智能制造生产管理班、青年企业家传承与创新研修班、三龙企业领袖能力提升班、浙大财经学院高级财务班等企业经营管理培训，组织功勋企业家考察，加强企业家素质提升，共计培训930人次。

【抓要素保障】 在用地保障上。出台《玉环县加快小微企业创业园建设实施意见(试行)》，启动玉城街道城北小微企业创业园和干江滨港工业城小微企业创业园建设。在用电保障上。建立高压用电企业贡献率数据库平台，分类确定优先保障和相对控制用能的企业名单，实行“分档有序用电”，优先满足贡献率高的企业用电，控制能耗相对高的地贡献率企业用电，建立电力供应要素倒逼机制。协同电力公司完成电力直接交易试点等电力能源保障工作。开展供电线路维护检修工作，已对闸涛变、干江变等变供区工矿企业实行有序用电。启动防寒潮保供电的应急保障机制，顺利渡过寒潮来袭。在节能降耗上。做好能源监察。完成2015年度重点用能企业能源监察回访工作。指导6家2016年市级能源监察单位开展资料申报，对公共场所执行夏季室内空调温度控制标准开展监察。组织金泰等三家公司创建节水型企业；组织华能公司申报2015年省财政专项资金(节能部分)，动员110家企业开展智慧能源管理平台建设。组织双环等5家企业开展清洁生产示范项目验收。调整用能结构。完成玉环晶科的80兆瓦农光互补光伏电站项目和台州红地新能源的滩涂40兆瓦地面光伏并网发电项目并网。帮助中油龙昌大麦屿LNG储运项目完成节能审查。全面实施“禁实禁粘”工作，墙体材料验收面积达65.74万平方米，新墙材生产能力达1.92亿块标砖。开展“节能宣传周”活动。6月14日，联合各部门在玉环步行街开展了节能宣传活动；定制宣传页、《节能法》小册子、雨伞、鼠标垫、纸巾盒、指甲钳、环保袋等节能宣传品，向市民分发；还通过报纸、海报、网页、微信、短信平台等方式开展节能降耗宣传。

(冯勤锋)

商务贸易

【概况】 县商务局(玉环县粮食局)是根据上级党委和政府机构改革的精神，由原先的外经贸局、经贸局的内贸、发改局的粮食三大管理职能划入设立的政府组成部门，于2012年5月30日正式挂牌成立。下设7个科室(办公室、综合科、商贸发展秩序科、市场建设调节科、对外与公平贸易科、投资合作科、粮食调控管理科)，4个下属单位(县散装水泥办公室、县商业管理办公室、县粮食中心化验室、县粮食收储公司)。原挂靠在本单位的县经济合作办公室于2014年12月29日经县编委批准，正式独立为县政府直属正科级事业单位，参照公务员法管理。机关在职人员51人，离退休人员46人。2016年，全县实现外贸自营进出口总额210.11亿元，负增长3.6%，其中出口204.72亿元，负增长3.2%；实现社会消费品零售总额31.58亿元，增长16.9%，其中限上社零总额28.74亿元，增长19.1%；实现网络交易额约20.4亿元，同比增长超过48.9%。

【加大市场拓展力度】 展会扶持力度进一步加大。发布了2016年度重点支持的国际性展会目录，对参展企业给予30%～70%的财政补助；全年共组织700家次企业参加广交会、北京卫浴展(法兰克福)、拉斯维加斯五金展等60个国内外展会，并补出2000多万元资金用于企业参展观展。品牌培育持续推进。对照评选资格条件，积极帮助企业申报省、市出口名牌评比，2016年，共新增2个省、市出口名牌。在省商务厅公布的2016年度浙江省首批80家“品质浙货”出口领军企业中，县4家企业榜上有名。荣获2016年度浙江省出口品牌建设考核三等奖。鼓励开展境外投资。新批境外投资企业5家，总投资达714万美元。外经贸监测预警工作成效显著。监测点每月催报、审核企业报表并撰写分析报告，3月还举办汇率走势分析及避险讲座，帮助企业充分运用汇率产品规避各类风险；密切关注重点出口市场、重要出口产品、重点出口企业动态，累计发布各类预警信息180多条。

【完善商贸市场体系】 城乡市场建设不断推进。完成干江镇洋坑菜市场布点工作，做好黄标车淘汰审核收尾工作，实现社零增速位列台州市第一目标。完成粮食大厦消防整改和东门粮管所的危房整治，解决系统内两大历史遗留安全问题。根据县委县政府要求，打响了商务(粮食)系统“除隐患、保安全、促转型、惠民生”治危拆违攻坚战。成品油行业管理水平不断提升，积极推进“十三五”规划加油站点的落地工作。同时在G20决战阶段和世界互联网大会期间严格落实24小时值班制度，每天分组对全县加油站、商场超市、粮库进行地毯式排查。完成成品油行业年检工作，全县共有成品油零售企业37个：其中，加油站15个，加油点17个，加油站船5条。牵头各部门打击成品油非法销售行为，已单独开展执法检查30余次，联合政法委、公安局、安监局、市场监管局开展联合检查5次，发现并落实整改10余处，取缔非法经营户13家，拆除加油机4台，没收成品油25826公斤，其中汽油9652公斤，柴油16174公斤。商贸服务市场不断规范，积极开展单用途商业预付卡管理工作，完成华丰、六和两家超市预付卡检查工作，并处理了两起预付卡投诉事件。深入开展鸡山小学“圆梦微心愿、传递微爱心”等文化宣传活动。

【夯实电子商务基础】 及时兑现扶持政策。审核兑现电商换市奖励资金588万元；完成8家电商标杆企业和12家小微成长型示范企业评选工作，对入选的企业最高予以8万元的奖励和5万元的融资贴息。大力发展跨境电商。多次与楚洲人才梦工场、阿里巴巴国际站台州公司对接，引进2家阿里巴巴国际站服务商，建立一家“一拍档”公司，59家企业参与跨境电商孵化计划，并参加了阿里巴巴国际站“一拍档”和“互联网+跨境”业务培训和运营团队的建设；2016年，通过阿里巴巴一达通出口额达1915万美元，同比增长487%，推动“新外贸102”计划。连续三年跻身“全国电商百佳县”。完善园区基础设施建设。继续拓展电商园区仓储、运营、生活配套等服务功能，清港文旦小镇电商创业园新增2700平方米仓储面积，楚门楚洲人才梦工场建成跨境电商服务中心。开展电商人才培养。出台电子商务三年培训实施方案，计划2015—2017年培养电商人才6340人次。2016年，积极协助团县委等部门以及各乡镇（街道）与电商培训机构合作开展各类电商培训，如牵线eBay上海分公司和坎门街道，举办“汽摩配行业跨境电商培训”；与阿里巴巴国际站合作举办“橙功营”跨境电商培训等“以训代宣”活动。据不完全统计，各类活动参与人员已超过5000人次。通过一系列培训活动，企业家对电商的认识不断深入，电子商务发展氛围不断浓厚。

【加强粮食调控和散装水泥管理】 全面抓好粮食仓库改造升级项目。投资438.2万元资金，对楚门、坎门、漩门、龙溪粮库4个危仓老库进行维修改造，并在12月底全部竣工投入使用，使粮库存粮环境得到明显改善；同时于5月完成军粮站低温仓改造建设，使军粮储存质量得到保障。积极落实粮食收购政策。出台《关于抓好2016年粮食生产工作的通知》，明确晚稻工作订单要求，全年签订早晚稻订单合同24份，数量3556吨。提前、足额落实好收购和奖励资金，全年共收购订单粮食3004.66吨。积极完成粮食年度轮换。及时制订2016年粮食轮换计划，详细了解粮食市场价格变化，深入分析市场行情，在合适的轮换确定时间采取补差等方式进行粮食轮换，比2015年节约轮换费用706万元。落实新增储备，圆满完成上级下达的新增储备任务。保证散装水泥行业稳定有序。出台《玉环县散装水泥专项资金暂行办法》，加大对散装水泥市场的监管力度。引导、鼓励混凝土企业积极主动开拓农村市场，供应集镇和新农村建设使用预拌混凝土100.5万立方米，散装水泥使用量61.94万吨，产量17.25万吨，散装率88%。完成散装水泥专项资金贴补工作和新建预拌混凝土公司前期准备工作。

（徐慧婉）

招商引资

【概况】 县人民政府经济合作办公室（简称“县经合办”），挂“玉环县投资促进局”牌子，为县政府直属正科级事业单位,参照公务员法管理。经县人民政府授权,承担指导、协调全县经济合作交流和招商引资工作。人员编制7名,其中参公事业编制5名(领导职数1正2副,中层职数2名),全额拨款事业编制2名(中层职数1名);编外人员3名。内设经济合作科、投资促进科2个职能科室,下属机构玉环县招商服务中心为公益一类事业单位。

【工作业绩】 2016年,全县共引进外来投资56.23亿元,同比增长134%。其中引进省外产业项目投资到位资金30.93亿元,同比增长23.7%,目标完成率108.7%;列入市对县"招商选资"考核产业项目30个,其中亿元项目22个,目标完成率103%;引进外资2.12亿美元,目标完成率757%。

【主要做法】 坚持领导带头招商。县党政主要领导定期带队赴上海、北京等地走访投资商推介玉环,积极组织相关部门为重大招商项目落实优惠政策及奖励措施,全力营造亲商、爱商、安商的招商工作氛围。强化招商基础工作。不断完善招商选资项目库、土地库、客商信息库、在外玉商信息库,严格落实项目月报信息、考核、重大项目盯引库及市级专报等工作,促进项目储备、洽谈、签约、落地等梯级开发工作;编印《玉环县2016年招商政策汇编》,为项目建设提供政策支持;举办全县招商业务培训,进一步提高乡镇(街道)招商干部的业务水平。加大招商工作力度,积极"走出去"。先后组织招商干部赴北京、广州、上海、常州、宁波、温州等地开展招商选资活动,在新兴产业、临港产业、对台合作产业、新能源、小微企业创业园等方面均取得突破,晶科能源玉环基地、城北小微企业创业园等重大项目已开工建设;航空产业园、华电玉环海上风电、漩门湾健康养生小镇、高端医疗服务、玉环大麦屿能源(LNG)中转储运等一批重大项目都已签约;大力"请进来"。9月13日,举行了全县重点招商项目集中签约仪式,邀请客商100多位,签约项目17个,投资额495亿元;加强乡镇专职招商委员、异地招商联络处及在外创业创新人士联络,利用联动招商工作机制和在外玉环创业人士资源优势,形成纵横交叉的网格化招引工作新机制。同时,派驻一名干部到深圳驻点办参与招商工作。积极推进PPP模式招商。总投资5.8亿元的浙能集团污水处理PPP项目坎门污水处理厂、大麦屿污水处理厂已完工运行,干江污水处理厂已开工建设;总投资13.2亿元的县中等职业技术学校迁建工程PPP项目已正式签约;总投资1.3亿元的玉城街道停车场PPP项目正在积极推介。加快重大项目建设进度。总投资10亿元双环产业园项目已开工建设;总投资25亿元晶科能源玉环基地120兆瓦农光、渔光互补项目完成投资10亿元并网发电,1吉瓦晶科光伏玉环产业园项目完成建设进度12%;总投资15亿元亿联阀门城二期完成竣工验收;总投资34亿元华鸿首府一期工程已结顶,二期工程已完成1~5层主体结构;总投资2.69亿元飞龙家居广场项目完成建设进度85%,累计完成投资约2.3亿元;总投资5.2亿元陆通综合物流中心1~8#楼建成投入使用,14~15#楼完成竣工验收,9~12#楼、16#楼进行主体建设,17~21#楼完成桩基工程,13#楼进行基础施工。项目快速推进标志着项目服务机制不断完善。

(谢旭青)

中石化玉环支公司

【概况】 作为向全社会提供公共服务的央企,中石化玉环支公司以追求"顾客和员工双满意"为目标,"诚信经营、精细管理",在保障市场、提升质量、绿色低碳、改善服务上下功夫,努力创建一流油气销售企业。2016年,成品油经营总量14.92万吨,汽油销售增长率、非油品增长率和油品损耗管理水平均列台州前列。

【创建顾客满意企业】 公司承担着玉环地区工、农、渔、交通等各行业近80%的成品油供应任务，一直以讲政治、负责任的态度，坚持把保障玉环成品油市场供应作为企业的首要责任。依托企地联营公司这一平台，借地方政府的力量，在省市地公司领导的共同努力下，在县政府和有关部门的支持下，通过近几年艰苦不懈的努力，公司的网络发展取得了阶段性成果。无论是在玉环城市干道、国省道，还是偏僻乡村、沿海，到处都有中国石化加油站的身影。3月9日，公司又以4355万元顺利拍得龙攻门加油站建设用地，位于省小城市培育试点镇——楚门镇76省道复线东侧，总面积3300平方米，预计年销量1万吨。

【打造诚信经营企业】 始终把“诚信经营”放在首位，严守“每一滴油都是承诺”。加强油品全过程数质量监管，确保油品100%合格、100%足量。同时，公司认真贯彻“易捷万店无假货”的要求，通过加强产品全过程管控，确保便利店销售商品优质、安全，维护易捷品牌的良好形象。在油品市场激烈竞争面前，积极走访、沟通老客户，做好售前、售中、售后的服务工作，发掘新客户，提量增效。成品油销售总量14.92万吨，同比增长3.8%，完成年度计划101.4%，其中零售12.37万吨，同比增长2.3%，完成年度计划99%；直销2.55万吨，同比增长12.1%，完成年度计划114.6%。非油品总营业额2146万元，同比增长25.9%，完成年度计划111.8%。IC卡共发卡 17854万张，充值额51918.25万元，同比增长0.18 %。

【构筑安全绿色企业】 将安全、绿色、低碳作为塑造核心竞争力的重要内容，引入公司发展战略。积极响应政府“节能减排”的号召，近年来投入大量资金对全县所有加油站进行油气回收改造和安装油污水处理装置，以实际行动践行“绿色低碳”。为改善汽车排放，积极实施车用油品质量升级，继2015年实施国Ⅳ柴油升级后，2016年又进行国Ⅴ汽、柴油的升级，进一步降低空气中pm2.5含量。为确保G20峰会期间安全工作万无一失，进一步强化油站现场作业安全管理，做到操作规范、现场有秩、监管无盲区，确保各项安全工作措施落到实处。8月30日上午，浙江省副省长郑继伟、省政府副秘书长李云林，在县委书记林先华、县委副书记阮聪颖等领导陪同下到玉环东海加油站，针对G20峰会期间的安全保供工作进行督查。郑省长听取了支公司梁世贤经理对东海加油站全体员工持证上岗、散装汽油管控、停用站内的所有自助加油机等情况的介绍后，对公司高度重视安全生产工作表示赞赏。

【营造和谐正气企业】 作为向全社会提供公共服务的国企，公司通过微博、微信等新媒体，提高企业透明度，增进企媒共识。在企业内部，全力打造样板片区建设，以站容站貌整洁有序、员工状态良好饱满为切入点，逐步推进加油站“一站一策”、基础管理、油站家文化建设、“6S”管理等各项工作的全面提升，确保零售和管理双提升，努力打造成“以小博大，提质增效；安全舒适，顾客满意；融会贯通，团结奋进”的玉环特色的样板片区。

（李　莹）

供销合作

【概况】 县供销合作社联合社共有在编人员14人，其中参公12人，事业2人，机构保持稳定，系正科级参照公务员管理的全额拨款事业单位。下设4个部室1个中心：办公室（监事会办公室）、财务监察审计部、供销服务部、信用服务部、三位一体综合服务中心（公益一类事业单位）；下辖4家全资企业:玉环供销资产经营有限公司、玉环商城、县农村经济发展有限公司和县港北供销合作社有限公司;参股企业1家:县农信担保有限公司。2016年,县供销联社抓住“三位一体”综合改革的重大机遇,以中发〔2015〕11号、浙委发〔2015〕17号以及玉县委〔2016〕4号文件为指导,围绕为农服务,深化体制机制改革,强化社属企业管理,拓展服务“三农”领域,综合改革工作取得初步成效,为农服务能力不断提升。

【健全完善农民合作经济组织体系】 在玉城、大麦屿、楚门、清港、芦浦、干江、沙门、龙溪等8个乡镇(街道)完成农合联组建,在鸡山乡、海山乡设立县农合联办事处,坎门街道渔合联在筹建中。5月30日,召开县农合联成立大会,成立县一级农合联和农合联执委会,共吸收单位会员126名,个人会员23人,选举产生理事会理事25名,监事会监事7名。10月,县三位一体综合服务中心正式投入运行,设生产服务、供销服务、信用服务、专家服务、信息服务5类服务窗口和专职工作岗位11个。此外,坎门街道渔业三位一体综合服务中心、清港镇农合联三位一体综合服务中心也已投入使用。

【加强基层组织建设】 新领办农民专业合作社47家,总数达到95家,其中玉环县九山农产品专业合作社联合社和玉环仙鹅茶叶专业合作社获得国家级示范性专业合作社认定,实现玉环“全国性示范合作社”从无到有的突破;新设立农村综合服务社10家,总数达到37家,服务范围进一步扩大,并完成农村综合服务社的星级评定申报。

【推进消费合作社建设】 在玉城街道南大岙村成立全省首家消费合作社,全县已经有2家消费合作社完成工商登记,另有20多家消费合作社在筹建中。

【做好农业社会化服务】 依托县供销社农业技术综合服务中心,为粮食种植户提供机耕植保、测土配方、农残检测、农资供应、农技咨询、产品加工等综合服务,全年水稻服务面积200多公顷。依托下属的农资经营网点做好春耕备耕保障工作,购入优质化肥、农药,保证供应品种、数量、质量,满足广大农民生产需要。

【拓展农产品销售渠道】 举办“玉环农汇”微商城推广运营和“玉环网上供销社”平台的运营,打响“玉环农汇”微商城品牌;做好基层农产品电商的品牌建设和运营,“果兄瓜妹”“菇婆特产”“花即花季”等电商品牌脱颖而出;新建立农村电子商务服务站10个,促进农村特色农产品销售;稳步拓展大宗农产品销售,文旦业务销售稳定,冷链初加工业务有所突破。

【发挥融资平台作用】 以下属的农信担保公司和九山资金互助社为依托,与银行合作开展贷款担保业务,办理涉农贷款担保56笔、金额2491万元,九山资金互助社以建立信用合作的方式,搭建起资金融通的平台,发放互助资金贷款223笔、金额1608万元。

【提升社有资产运营效益】 5月27日,注册成立全资的供销资产经营公司,对系统社有资产进行重新整理,提高资产的使用效益,实现社有资产保值增值。与县财政按3:7的比例共同出资1000万元组建县农合联资产经营公司,密切社有企业与农民经济上的联系。

【做好安全生产工作】 认真落实安全责任,全年召开安全综治会议10余次,组织安全检查30余次。开展第十五个“安全生产月”活动,大力宣传安全生产和安全防范等相关知识。开展安全隐患专项整治工作,督促社属企业每月进行检查,完善每日巡查制度，落实烟花爆竹配送和回收保管制度，强化日常安全管理，确保消防安全工作落实到位。

【加强党建工作】 根据县委工作要求，结合供销社实际开展“两学一做”学习教育，以党章党规、系列讲话为基本内容，深入开展学习讨论，广泛征求意见和建议，列出问题清单，制定整改目标，落实整改措施；制订2016年党委理论中心组和党员干部学习计划，通过三会一课、周一学习夜、专题学习会等形式认真落实，全年共开展中心组学习12次，机关政治理论学习31次；认真开展党组织关系集中排查工作，理顺党员组织关系，健全完善党员档案，同时，按要求做好党费补缴工作。

（叶潇蔚）

烟草专卖

【概况】 县烟草专卖局（分公司）组建于1987年12月，现有在职员工107人（含领导岗位3人），平均年龄37.35岁。在学历结构中，研究生2人，本科51人，专科39人，大专以下15人。在机构设置上，共设办公室、财务科、专卖监督管理科、业务科等4个职能科室；下设3个专卖管理所，3个市场部，1个专卖稽查中队，1个送货部。2016年，全年共销售卷烟30341.97箱，实现销售额11.77亿元，单箱销售额为38793元/箱，实现税利3.37亿元。

【专卖管理显潜力】 发挥专卖监管优势，真正“打出空间”“管出增量”。通过数据分析，精准判断卷烟动向，全年共查获各类违法案件118起，违法卷烟7103条，罚没款达16.36万元，其中5万元以上案件16起，同比提升45.45%。外流卷烟被查54起，涉案卷烟202条，无发生5万元以上或涉案卷烟数量20万支以上的卷烟外流案件。全年破获网络案2起。辖区内持证户4346户，正常营业4093户。

【业务经营创佳绩】 在经济逆势中确立“保税利、增结构和稳定市场状态”的营销策略，突出对标引领作用，实现经济效益稳步提升。同时，突出自查整改，巩固终端建设成果，共建设现代终端821户，其中标准现代终端达到589户；库存采集平均上传率98.94%，准确率达97.97%。

【基础管理上台阶】 强化管理创新，用存量调整促增量提升。全年采购项目共25项，公开招标率88.72%，共面向社会公开3条，面向本单位公开119条。对标工作中，业绩类指标总分7.2，全市排名第4，管理类指标总分3.5，全市排名第13，两类指标总分10.7，全市排名第8。同时，积极运用“互联网+”思维开展科技创新活动，QC课题《三员协同移动办公平台研发》先后获得全省烟草行业一等奖、中质协优胜奖、全国烟草行业二等奖，并获国家版权局授予的计算机软件著作权。

【队伍建设展新貌】 以“两学一做”学习教育为契机，加强学习教育，党员干部党性修养提升。全年共开展各类学习活动28次，发放学习书籍159册，有效塑造了党员干部积极向上的精神风貌。此外，大力激发队伍活力，重点塑造了三支质量过硬的队伍。“精·玉青年”队伍。先后开展“微信运动竞赛”“精·玉青年入店服务”等活动，将青年创新力与中心工作充分结合。“一线营销员”队伍。对90户卷烟零售户、90位消费者进行走访调研，将服务群众最后一千米走到实处。“璞玉公益”队伍。与清港镇民办小学结对，在学校创建“璞玉之音”音乐室；通过党员竞技积攒公益基金，帮助10户困难零售户实现“微心愿”，展现了企业良好的社会形象。

（张梦怡）

旅　游

【概况】 县风景旅游管理局是县主管旅游行业和风景名胜区的职能部门，现有正式在职人员19名，下设四个职能科室，办公室、规划建设(行政审批)科、市场开发科和行业管理科，负责全县旅游产业、风景名胜区和旅游度假区的规划、建设和管理，规范旅游市场秩序，发展旅游产业。2016年，全年共接待旅游总人数807.79万人次，同比增长24.57%，实现旅游总收入85.17亿元，同比增长30.67%。

【旅游规划日趋完善】《玉环县国际海岛旅游目的地规划》《玉环县“十三五”旅游发展规划》通过评审，明确玉环“海洋海岛旅游”目标定位和“一核两环三组团”产业布局。编制《玉环县推进“全岛景区化”建设三年行动计划(初稿)》，以“旅游核心项目建设工程、旅游服务体系配套工程、旅游品牌形象推广工程、旅游服务质量提升工程、旅游管理体制优化工程”等5大工程为载体，计划通过三年努力，初步构建富有特色、功能完整的“中国国际海岛旅游目的地”。

【项目品质有所提升】 旅游景区品质有所提升。大鹿岛岩雕艺术馆顺利开馆，大鹿岛景区通过国家AAAA级旅游景区复评。东沙渔村、干江白马岙景区成功创建国家AAA级旅游景区。漩门湾国家湿地公园顺利通过试点验收，成为台州首个通过验收的国家级湿地公园。乡村旅游产品有所提升。龙溪裸心海度假综合体建成并投入使用，台州蓝波湾旅游开发有限公司获评浙江省运动休闲旅游优秀项目，玉环火山口旅游开发有限公司获评浙江省休闲农业与乡村旅游示范点，垟根文旦专业合作社获评浙江省果蔬采摘旅游基地，干江镇下栈台生态渔村获评台州市乡村旅游示范点。旅游服务设施有所提升。全县A级旅游景区公共无线网络全覆盖及旅游集散中心、旅游购物中心、海鲜美食排档等调研选址工作有所推进，完成10个旅游厕所建设，县域旅游公共服务设施逐步完善。

【市场营销成果丰硕】 整合县域旅游资源，编排推出“湿地、艺岛、尝鲜”“赏湿地花海、游海岛仙境”“渔岛风情体验”等二日游特色线路，利用微博微信等平台发布软文、旅游指南，对游客进行引导；对接省总工会，编排推出多条浙江省职工疗休养五日游线路，印制发放《浙江省职工疗休养宣传册》，引进疗休养团队；组织旅游企业赴四川、重庆、杭州等重点旅游客源地进行推介，抓住G20峰会假期等契机推出多项配套政策，开拓旅游市场；在全媒体品牌推广的基础上，策划举办“玉环文旦旅游节”“大美玉环”全省摄影大赛、2016玉环“漩门湾”湿地马拉松、“穿越山海·看美丽玉环”2016玉环大雷山牧马人穿越之旅、“2016玉环自驾旅游文化节”等特色旅游活动，品牌知名度得到一定程度的提升。

【市场秩序不断优化】 深化旅游人才队伍建设，依托校地合作平台，分别与县中等职业技术学校、浙江旅游职业学院联合举办导游讲解员培训班、旅游企业中高级管理人才培训班，提高县旅游从业人员的服务与管理水平，一定程度解决地接团队无人带、企业管理水平低等问题。深化旅游服务品质督查，通过开展“旅游市场专项整治”“旅游安全生产专项整治”“不合理低价游专项整治”“导游专座专项督查”等行动，优化旅游消费环境。2016年，全县共查处旅行社违法使用无资质旅游车案件1起，受理并及时结案旅游投诉11起。

(李苑茜)

财政·金融

财政　地税　国资

【概况】　县财政局是主管全县财政工作的县政府工作部门；县地方税务局是主管全县地方税收工作的省地方税务局直属机构，实行垂直管理；县国有资产管理办公室是全县国有资产的监督管理机构，经县政府授权，按照国家有关规定代表县政府行使国有资产出资人职责和监督管理职能，为县政府直属机构。县财政局、县地方税务局、县国有资产管理办公室合署办公，内设办公室、人事教育监察科、政策法规科、预算局、、预算执行局、财政监督局(绩效评价科)、综合科、农业科、企业科、经济建设科、会计科、政府采购监督管理科(控制社会集团购买力办公室)、国有资产综合管理科、行政审批科(县行政服务中心财税窗口)、计划财务科、征收管理科、纳税服务科、税政管理科、规费管理科、信息化管理科等21个科室和稽查局一个直属机构，下设城区税务分局、楚门税务分局、坎门税务分局和大麦屿税务分局4个基层单位，下属县会计核算中心、县数字财政管理中心、县电子税务管理中心、县财政项目预算审核中心、县行事资产管理中心、县国有资产投资经营集团有限公司、县财务开发公司(县中小企业信用担保有限公司)、县财税服务公司等8个局属企事业单位。截至2016年年底，县财政局、地方税务局、国有资产管理办公室共有公务员(含参公)193人，事业编制50人，临时工51人。全县实现财政总收入74.34亿元，增长2.8%，完成预算的116.5%。其中一般公共预算收入42.6亿元，同口径增长9%，占财政总收入的57.3%。一般公共预算收入中，税收收入37亿元，同口径增长5.3%。2016年地税部门共组织各项收入42.11亿元，同口径增长9.80%，其中税收收入23.67亿元，同口径增长6.81%。全县同期财政支出(一般公共预算支出)54.39亿元，增长13%。当年财政收支平衡。

【全力组织收入】　始终把确保财政收入平稳增长作为财税工作的重中之重，努力克服宏观经济持续下行、支柱产业严重减收等多重压力，加强收入征管，主动争取多方支持，确保财政收入平稳增长。扩大信息管税覆盖面，推动“金税三期”成功上线，实现征管系统的顺利过渡；扎实开展营业税专项清理和营业税欠税清缴工作，专项清理942户，清理入库7720万元，做大营业税税基，1—5月，完成营业税入库3.7亿元，增长31.92%。加强财税政策分析研判，坚持收入月分析制度，紧密跟踪“营改增”改革进展，及时掌握税源动态。加强耕地占用税、土地增值税清算等税收征管工作，主动服务企业，积极争取股权转让和限售股减持等一次性税源，地方十税入库11.29亿元，同比增长

34.11%。规范政府非税收入的征管行为,对收入收缴全程跟踪,实现执收单位、代理银行、财政部门信息共享核对机制,充分发挥财政票据“以票管费、以票控收”的作用,确保财政收入持续增长。深化国地税合作,推动国地税服务深度融合、执法适度整合、信息高度聚合。2016年,国税、地税委托对方代征税款分别为1622万元和3992万元。依法整顿税收秩序,全年稽查查补入库3661万元。全年规费入库16.07亿元,增长15.40%,其中社保费收入15.07亿元,增长18.25%。

【促进民生改善】 全年教育支出9.77亿元,生均公用经费标准提高,完善义务教育经费保障机制,对教师实行考核奖制度,扶持民办学前教育事业发展,推进教育信息化建设,促进基本公共教育服务均等化。加大社会保障力度,社会保障和就业支出3.87亿元,完善养老服务体系建设,全面提高最低生活保障、失地农民养老保险和残疾人生活补贴等财政补助标准,推进机关事业单位养老保险制度改革,社会保障财政投入长效机制不断完善。提升医疗卫生服务能力,医疗卫生与计划生育支出3.39亿元,支持基层医疗卫生机构服务能力提升、县级医院优质医疗资源下沉和对卫生人才实行奖励,落实全科医生签约服务经费,支持实施基层首诊分级诊疗,将城乡居民基本医保财政补助标准、基本公共卫生服务经费筹资标准分别提高至年人均440元、45元。建立稳定的支农投入机制,“三农”支出27.35亿元,创历年来新高,大力推进农村综合改革,目前已经争取到美丽乡村转型升级、中央财政支持农民合作社创新、村级公共设施运行管护机制、农村公共服务供给新途径、扶持村集体经济等五个改革试点。

【服务经济建设】 助推产业优化升级,安排工业、农业和服务业产业引导资金共1.72亿元,争取上级各类扶持资金3.39亿元,全年共兑现县级财政扶持资金4.72亿元,以奖励、贷款贴息和政策补贴等方式,集中支持重点产业,扶持培育新兴产业创新发展,增强县域经济发展内生动力。设立小微企业信保基金,财政首期出资5000万元,帮助企业拓宽融资渠道,防范和化解企业资金链风险。落实减税降费政策,顺利实施“营改增”,停征和归并一批政府性基金,扩大18项行政事业性收费免征范围,结构性减税降费政策全面落实,落实高新技术企业所得税优惠金额8858万元,减免各项税费7.58亿元。支持重点项目建设,千方百计筹措资金扩大有效投资,充分发挥投资对经济增长的拉动作用。全年财政投入交通建设5.34亿元,投入水利建设1.66亿元,投入保障房建设7394万元,投入城市基础设施建设12.72亿元。全年争取上级海洋经济补助资金1.03亿元,一事一议财政奖补资金2310万元,支持基础设施建设和农村环境的改善。

【推进改革发展】 深入贯彻落实新《中华人民共和国预算法》关于预算编制、执行、调整和决算的有关规定,切实做到依法行政、依法理财。大力推进预算管理改革,提高综合预算编制水平。加大政府性基金预算、国有资本经营预算与一般公共预算之间统筹力度,政府预算体系进一步完善。积极推进预算公开,全面公开除涉密信息之外的财政预决算信息和“三公”经费信息。按照“四张清单一张网”建设要求,建立并完善专项资金管理清单,推动专项资金监管系统全覆盖。财政专项资金分配流程改革项目扩大至31项,涉及资金1.5亿元。加大存量资金盘活力度,清理存量资金19.3亿元,全部列入政府预算统筹使用,提高财政资金使用效益。强化预算绩效管理工作,引进第三方机构参与财政支出绩效评价,开展部门整体支出和财政政策绩效综合评价试点,预算绩效管理实现部门全覆盖。全年共有50个预算单位521个项目进行自评,涉及财政资金31.1亿元,14个预算单位开展整体支出评价,涉及财政资金2.8亿元。积极推动政府投融资平台公司转型,积极争取政府新增债券6亿元,同比增加3.5亿元,置换债券32亿元,有效缓解财政收支平衡压力和政府偿债压力。此外,部门预算、国库集中支付、公务卡管理、非税收入征管等一系列改革措施深入推进。

【加强国资管理】 稳步推进行事资产管理,严防国有资产流失,促进国有资产保值增值。顺利完成全县206家行政事业单位国有资产清查工作,强化行政事业单位门面房出租管理工作,截至年底,共成拍52个标的,总计面积4921.18平方米,成交金额589.29万元。探索多元融资渠道,做大做强投融资平台,全县国有企业共实现金融机构融资授信28.91亿元,实际到位资金13.41亿元。由县财政初期安排3亿元,以县国投集团为出资人,成立转型升级产业基金,致力撬动金融资本和社会资本投入县内主导产业、战略新兴产业和朝阳产业。全面实施运作水环境综合整治PPP项目,对县内5座污水处理厂实施PPP市场化改革,治理玉坎河水系全流域的污水,项目总投资5.83亿元。

【完善财政监督】 积极构建“内控、内审”和“外控、外审”相结合的财政监督机制,组建内部控制组织管理架构,成立内部控制委员会,建立“1+8+X”内部控制制度体系,强化内部流程控制,防止权力滥用。初步建立和试运行国库集中支付动态监控体系,县财政局、县审计局两家单位开始试运行。积极防控职务犯罪,在全省范围内首创构建检察院、国税局和地税局三方联动防控职务犯罪体系。认真贯彻落实中央和省委关于厉行节约的各项规定,全县财政拨款安排的“三公经费”支出执行数3233.7万元,下降13.7%,其中公务接待费857.3万元,下降4.2%;公务用车购置及运行费2280.8万元,下降18.2%;因公出国(境)费95.6万元,增长54.9%。

【加强队伍建设】 坚持以加强队伍建设为抓手,继续深化正风肃纪,持续推进党风廉政建设,扎实推进财税文化建设,不断提升干部队伍素质,增强财税队伍的凝聚力和战斗力。全面启动“两学一做”学习教育推动机关党建工作纵深推进,优化基层党组织机构设置,将“三会一课”等党的组织生活形式落到实处。依托财税文化平台,开辟廉政文化园地,推进廉政文化建设,营造崇廉尚廉良好氛围。认真落实中央“八项规定”精神和省委“六个严禁”等相关规定,推进党风廉政责任制和领导干部一岗双责,在系统内部开展经常性作风效能检查,狠抓队伍建设,严纠不正之风,通过局领导值班巡查、分组日常检查等方式,加强“四风”问题排查消除,有效遏制“四风”问题反弹回潮。加强干部教育培训,全年围绕党性修养、廉政建设、财经改革、财税基础等内容共组织培训41期,达到1167人次。

(吴前哲)

国家税务

【概况】 县国税局为垂直管理单位,负责和主管中央税、中央和地方共享税及国家指定税种的征收管理。新招录公务员19名,退休3名,调出4名,调进4名,共有正式干部职工173名,临时编制53名。现有办公室、人教科、监察室、机关党办、政策法规科、收入核算科、纳税服务科、征收管理科、纳税评估科、税源管理一科、税源管理二科、进出口税收管理科(进出口税收管理分局)12个职能科室,1个稽查局和1个信息中心。全年共组织国税税收46.58亿元,其中列入地方财政收入17.58亿元,同比增长46.79%,增收5.6亿元。

【组织收入】 深化经济税收联动分析。加强组织领导,强化税收分析人才配备和绩效考核,完善税收分析工作机制，大力提高税收分析质量。结合营改增、中央地方增值税收入分成变化等工作，积极开展专题调研。多措并举清理欠税。与欠税企业开展“一对一”约谈；积极联系银行、国土、房管等单位，防止恶意欠税，力争杜绝新欠，大力清理陈欠，确保税款足额按时入库。1—12月，共组织国税税收46.58亿元，同比增长4.03%，其中列入财政总收入44.25亿元，同比增长3.25%；列入地方财政收入17.58亿元，同比增长46.79%，增收5.6亿元。稽查查补总额5889.13万元，入库总额5887.07万元。

【服务发展】 全面落实各项税收优惠政策。1—12月，共完成减免税额41238万元，其中高新技术减免所得税额7534万元，社会保障减免税额4611万元，企业节能环保减免税额4078万元。实行税库银一体化，全面开展出口退税无纸化工作，切实推行全新的出口退税分类管理，进一步加快退税进度，1—12月，全县共办理出口退(免)税28.2亿元，有力促进玉环外贸经济健康发展。确保营改增各项工作稳步推进。及时成立全面推开营改增试点工作领导小组，制定工作方案和应急措施，并与地税部门联合制定营改增征管衔接方案，共同做好全面推开营改增试点前期工作，打响零点行动、首日申报等多项战役。组织开展试点工作“回头看”，确保试点工作平稳顺利运行。5—12月，共入库营改增税收3.22亿元，其中新扩围营改增税收2.78亿元。

【依法治税】 严格规范执法行为。认真组织开展2015年度税收执法督察工作，继续加强税收执法责任制，全年执法准确率保持100%；认真开展税务重大案件审理，严格把关，截至12月底，共审理税务重大案件19件，应查补税款、罚款共6495万元。配合市局开展疑点信息核查，共核查10项52条。强化税务稽查。抓好税收专项检查和行业税收专项整治工作，突出举报案件和重大涉税违法案件查处，深入开展打击发票违法犯罪活动。全年共下达稽查任务235件，查补税款5889万元。选案准确率99.36%，查补入库率99.94%，发票协查选票准确率94.12%，协查函按期回复率为100%，发票协查合规率100%，查处大要案案件4件。

【税收征管】 强化税收风险管理工作。全年，风险管理组织入库税款11159.6万元，推送风险纳税人总户数1003户，已完成风险管理全流程户数898户，风险分析识别命中率100%。稳步推进信息管税建设。创新搭建正交试验法税收风险监控管理平台，配合市局做好台州市第二批重点税源评估对象筛选工作。推广增值税电子普通发票，落实取消增值税发票认证工作。认真做好发票查验工作，共有1054户企业参与查验，共查验发票36031份。税源专业化管理得到强化。加强反避税和非居民税收管理，2016年，反避税工作实现总局立案并顺利结案1件，共查补企业所得税1623.36万元。全年实现非居民税收收入1.54亿元，取得历史性飞跃。组建专家团队和风险管理团队，对524户企业开展所得税汇算清缴后续审核工作，共查补税款1.25亿元。实施出口退税风险防控机制，建立预警评估上报制度，全年共组织预警评估户数27户，其中3户出口退税企业存在高报退税率，共补缴入库330万元。全年完成风险管理全流程898户，风险分析识别命中率100%，风险管理入库税款1.12亿元。

【纳税服务】 规范服务管理。推行二维码一次性告知，引导纳税人体验指尖办税，落实简并征期办法，实行“双人导税”，升级领导值班制度，实行“1名带班领导+1名值班长+2名业务骨干”轮流在办税服务厅提供咨询服务；建立错峰预约纳税人申报机制、24小时自助办税制度，不断提高服务水平。加强纳税人权益保障。积极处理投诉举报工单，全年共收到12366工单32笔，已全部妥善处理；强化对技术服务单位监管，切实维护纳税人合法权益。积极开展税收宣传工作。通过微信平台发布各类税收相关资讯193期，800余条，累计关注用户3994人。举办新办企业培训2期，累计培训纳税人100余户，收集各类需求建议30余条。推广“浙江国税”APP。开展动漫税校。走进2016年“我参与，我活动，我快乐”中小学生夏令营，为近百名来自各个中小学的学生普及营改增知识。

【队伍建设】 切实加强党的组织建设。建立局领导联系点制度，每个支部都有一名联系领导，促进支部建设；建立党建工作考核机制，制定实施党支部工作目标考核办法，夯实党建工作基础；认真核查党员相关信息，及时录入基层组织信息管理系统；抓好基层组织集中活动日活动，促进党支部活动正常化、规范化、制度化。加强人事教育日常工作。积极开展国地税联合干部相互挂职交流工作，已完成2名国税干部到地税挂职。开展2015年度6名录用公务的定级转正工作。建立“领导小组—工作项目组—部门联络人”的数字人事三级工作体系，上线数字人事系统。文明创建不断推进。加强“玉德兴税”国税文化建设。广泛开展创业助力团、“红领巾动漫税校”“庆三八”等活动，切实巩固“两个全国号”的创建成果。

【党风廉政】 积极构建廉政教育“大宣教”格局。认真组织干部学习《问责条例》等相关廉洁从政规定，分解党风廉政建设和反腐败工作责任，并层层签订党风廉政责任书；开展旁听法院庭审、参观廉政基地、观看廉政宣教片等活动；经市局统一要求，组织全局干部职工重新填写廉政档案；组织干部职工参与《准则》《条例》的网上测试。1—12月，共发出婚丧嫁娶风险提示3条，出入境风险提示18条，编发廉政短信息100余条。坚持聚焦“四风”问题。严格落实中央八项规定，认真进行办公用房清理腾退，开展节假日公车使用、廉政风险落实情况专项检查，组织开展执法监察工作，解决“四风”问题，保持违反八项规定精神零报告。严格执行婚丧喜庆和出国报告制度，共有20名干部按规定做出廉政承诺。注重信访举报案件管理，严格管理案情线索的报送内容、程序和时限。加强巡视整改和自查自纠工作。召开深化巡视整改和全面自查自纠推进会，组织各科室进行逐一自查，县局党组成员对分管科室进行逐一点评，并做好下一阶段的具体部署。抓好廉政风险防控机制建设。制订2016年度反腐倡廉宣传教育工作计划，弘扬社会主义核心价值观，结合“两学一做”，加强党风党纪、廉政法规和从政道德教育。邀请县机关党工委书记专题讲解党内两项法规；组织全局干部职工收看《郑义门》《永远在路上》等电教片。承担台州国税“税悦清风”微信平台日常维护工作，运用玉环国税微信公众平台“廉政建设”专项板块，拓展廉政文化建设的空间和渠道；坚持每周推送“廉政短信”，利用“税青书屋”“税青平台”等学习平台，扩大主题教育影响力，进一步筑牢拒腐防变的思想防线，形成风清气正的从政氛围。

（谢米乐）

金融办

【概况】 县人民政府金融工作办公室（简称“县金融办”）是县政府直属承担行政职能的事业单位，机构规格相当于正科级。经县政府授权，县金融办负责全县金融工作的指导、协调和管理服务。2016年，在编人员7人，内设综合科（金融发展科）、上市指导科两个科室。

【金融领域改革创新】 激励银行创“满意银行”。

制定新《玉环县"满意银行"评议办法》和《玉环县"满意银行"奖励办法》。新办法中满意银行评奖家数从3家增至6家；存款奖励从5亿元增至8.5亿元；优秀银行金融机构班子成员奖励从20万增至120万元。银行机构为县实体经济和债务危机处置服务。建立服务小微企业的信保基金玉环分中心。为解决小微企业融资难、融资贵的问题，县金融办主动出击，多次与市里协调对接，在市、县领导的倾力支持下，台州市小微企业信用保证基金运行中心玉环分中心的设立获得市金融办批准，由县出资5000万元，县农合行捐资1000万元并入市信保基金统筹运行。获批后同步启动玉环分中心人员招聘、办公场地选址等事项，并在9月29日率先揭牌运作。信保基金已与县工商、农商、农行、台州、泰隆、民泰、浙商等多家银行签约合作。至2016年12月30日，累计为353家小微企业贷款承保，承保金额7.22亿元。引导银行创新金融产品。对开展商标专用权质押贷款业务的贷款人，县政府按实际收取商标专用权质押贷款利息的10%给予贷款风险补偿。2016年，累计发放商标专用权质押贷款32笔，累计质押商标81件，金额达3.51亿元。同时补偿2015年银行8笔商标质押贷款，补偿金额共计5.13元。

【金融防范措施】 控制两链风险。事前加强预警机制，通过走访企业、银行等方式了解企业经营状况，对潜在的资金链、担保链风险进行监控，在源头上防止风险产生；事中发挥县企业应急周转金作用，帮助生产正常但资金暂时紧张的企业保持银行贷款正常运转，渡过发展难关，2016年，共帮助8家企业累计周转3.9亿元的银行到期贷款资金；事后加大两链问题处置力度，多次参与县政府或工作组组织的银企协调对接会，按照共进共退原则，建立共扶机制，妥善处置10多家企业债务危机，使发展良好但受两链影响的企业得以平稳发展，全力防范企业金融风险蔓延。协调法院加快处置银行不良资产，不良率下降至1.49%。开展金融维稳。县金融办联合相关单位开展全县范围内的互联网金融风险专项整治工作，对P2P网络借贷、资产管理及跨界从事金融业务、非银行支付机构、保险、金融广告及以投资理财名义从事金融活动和股权众筹等六大领域的20多家单位进行互联网风险排查。开展非法集资的宣传工作，通过在电子大屏播放防范非法集资相关知识的方式，加强市民对非法集资危害性的了解，促进地方金融秩序稳定。

【推进资本市场对接】 全力开拓资本市场。为鼓励企业对接多层次资本市场，县金融办在集中精力为企业排忧解难的同时还向县政府申请对上市政策进行微调获得通过，新增浙江股权交易中心创新板挂牌奖励1万元；取消股权激励股票的托管地限制；明确上市公司募投项目用地奖励的兑现时间问题。企业直接融资工作捷报不断。4月，"永和智控"成功挂牌深交所中小板，成为全县第5家上市企业。"沪龙科技""海德曼智能装备""双友股份"3家企业成功挂牌"新三板"，"新三板"挂牌企业增至6家。此外还有"卡布里尔刀具"和"奕友电子"等18家优质企业申报挂牌浙江股权交易中心创新板。"永和智控"上市后成功募集资金3.28亿元；"中捷资源"定向增发35亿元的方案于2016年11月中旬通过证监会审核。"迈得医疗"和"海昌药业"成功实现新三板定向增发4050万元和1045万元，直接融资获得巨大成效。强化培训，营造氛围。为加强企业对资本市场的了解，进一步拓宽融资渠道，9月中旬举办中小企业多层次资本市场培训交流会，邀请中信证券专家讲授上市、"新三板"和浙江股权交易中心挂牌相关业务知识。

（陶　梓）

人民银行玉环县支行

【概况】 中国人民银行玉环县支行(以下简称“县人民银行”)是中国人民银行派出的分支机构,在玉环县辖内行使中央银行职能,贯彻执行货币信贷政策,履行金融监管、支付结算、支付清算、国库经理、征信管理、货币金银、反洗钱以及外汇管理职责,发挥在防范和化解县域金融风险中的作用,加强对县域经济金融发展的调研工作。现设办公室、信贷调统部、综合业务管理部3个内设机构。2016年,有在编人员21人。其中,具有中级专业技术职务7人,具有初级专业技术职务5人。

【开展“金融助企强企”专项行动】 为有力推动辖内工业经济转型升级和创新发展,根据县委县政府关于开展助企强企服务年活动的部署,制订出台《玉环县2016年“金融助企强企服务年”活动实施方案》,积极部署辖内银行开展“三推、三增、三访”银企大对接活动,组织开展规上工业企业景气专题调研,摸清工业企业存在的融资难、融资贵结症所在,以创新金融服务为突破口,以搭建“政、银、企”三位一体的融资服务平台为支撑,以“一对一”的金融专业服务为主要形式,提高信贷投放的针对性和有效性。全县银行业金融机构信贷人员走访客户15387户次,排摸428户企业12.97亿元和3070户住户6.2亿元的融资需求,已解决286户企业7.27亿元和2700户住户3.68亿元的贷款需求;主动对接投资项目21个,落实融资需求43.11亿元。

【推进信贷业务创新】 大力支持科技金融、电商金融、小微金融发展。通过风险补偿、贷款贴息等方式对金融支持科技发展进行定向激励支持,将支持电商发展的贷款贴息政策纳入《玉环县推进电商换市奖励办法》,将扶持小微企业发展的金融机构奖励政策纳入《玉环县加快现代服务业发展实施办法》。推动玉环农商银行设立3家金融服务与电子商务融为一体的“丰收驿站”实体服务点,支持新建京东农村电商服务点18个、村邮电商服务点5个,基本实现县域所有乡镇街道服务点全覆盖。推进商标权质押贷款、应收账款融资增量扩面。会同县金融办、市场监管部门制定《关于推进商标专用权质押贷款工作的若干意见(试行)》,累计办理商标专用权质押贷款65笔累计金额2.3亿元。积极开展应收账款融资推介活动,累计成交金额14.25亿元。推动台州市小微企业信用保证基金运行中心玉环分中心的设立。引导邮储银行与双环小贷公司联合推出“中小微企业转贷引导基金”。积极探索发展绿色金融信贷产品。引导玉环农商银行围绕新农村和美丽乡村建设,与晶科能源控股集团下属的玉环农光互补发电公司合作,推出绿色“光伏贷”业务。

【推进跨境人民币业务发展】 组织辖内银行业金融机构开展“跨境人民币业务促进进出口稳定增长”宣传活动。会同商务局联合中国银行玉环支行和建设银行玉环支行举办汇率避险产品及跨境人民币业务讲座通过举办政策宣传会,并利用新闻媒体、银行网点、微信等方式,增进社会各方对跨境人民币业务和汇率改革的理解和认同,稳步推动跨境人民币结算业务。2016年,全县跨境人民币业务量达36.65亿元。

【服务外汇管理改革转型】 贯彻落实省市外汇管理工作会议精神,围绕“扩流入、控流出”这一中心工作,以外汇管理“五个转变”为指导,健全各项工作机制,夯实内部管理基础,促进各项便利化改革,服务和支持实体经济发展。开展货物贸易和资本项目专项核查,对辖内133家新办企业进行辅导期管理,27家企业开展货物贸易外汇现场核查,其中18家被降为B类企业,3家被注销名录。开展跨国公司外汇资金集中运营试点业务。促使辖内某公司于11月份办理一笔从越南子公司归集800万美元至中国银行玉环支行外汇主账户业务,使该项试点业务在辖内有了零的突破。开展银行外汇业务合规性现场检查和国际收支现场核查,做好大额购付汇监测约谈工作。先后对纳入约谈名单的1家银行、3家企业就"控流出"进行监测约谈,起到延缓购付汇的作用,并对其中一家企业采取降为B类的措施。

【大幅提升国库履职效率】 做好国库集中支付制度改革,改造"先支付、后清算"的集中支付流程,实现政府全部收入缴入国库,全部支出从国库单一账户直接拨付给最终收款人。做好金税三期财税库银横向联网电子缴税系统上线工作。实现国库集中支付电子化管理改革,提升国库管理水平,保障财政资金安全运行。优化完善非税收入收缴流程,做好非税收入电子化收缴改革。在现有模式的基础上积极探索实现非税收入直缴入库,加强非税收入缴库监督管理。

【建立失信联合惩戒机制】 按照国务院《关于建立完善守信联合激励和失信联合惩戒制度加快推进社会诚信建设的指导意见》精神,推动落实失信联合惩戒机制建设。推动县委办出台《玉环县国土资源利用诚信管理办法(试行)》,建立国土资源利用失信行为联合惩戒机制。联合县食安办出台《玉环县食品安全金融征信体系建设工作方案》,建立全县食品安全诚信联合激励惩戒工作机制。联合县市场监管部门按照《企业信息公示暂行条例》的相关规定,对未按规定报送公示2015年度报告被列入经营异常名录的2972家企业和501家农民专业合作社在全县银行业金融机构内予以通报,要求在金融服务和信贷支持等方面予以限制或者禁入。

【开展金融消费维权服务站(示范点)创建工作】 为切实加强金融消费权益保护工作,全面实施金融消费者权益保护三年行动计划,联合县消保委组建玉环县消费者权益保护委员会金融消费维权义工队,有效整合全县各地相关志愿者服务组织资源。联合县市场监管局、县消保委成立玉环县金融消费维权服务站(示范点)领导小组,印发《关于开展金融消费维权服务站(示范点)创建的通知》,通过活动开展和综合考评,推选工商银行玉环支行营业部、玉环农商银行城关支行、台州银行玉环支行3家金融消费维权工作表现和业绩突出的银行网点,作为玉环县第一批金融消费维权服务站示范点,并于12月2日会同县市场监管局、消保委等部门召开金融消费维权服务站(示范点)授牌仪式。

【优化县域支付结算环境】 按照《台州市电子支付推广应用三年行动计划(2016—2018年)》的相关要求,积极引导辖内各家银行广泛参与电子支付推广与应用,深化农村支付环境建设。已完成楚门镇中山村等7个"市级电子支付示范村"创建工作。实现助农业务全覆盖,使农村地区支付渠道进一步拓展。按照人民银行台州市中支开展"百优"助农服务点评选活动要求,在辖内403个助农取款服务点中开展评比并上报辖内15个优秀助农服务点。

【开展"两学一做"学习教育】 高度重视中共十八届六中全会的学习,通过党组中心组理论学习会、支部学习会和全体员工学习会,认真学习六中全会公报和县委宣传部《理论学习参考》系列解读文章,学习掌握《关于新形势下党内政治生活的若干准则》基本精神和《中国共产党党内监督条例》基本要求。以"两学一做"学习教育和"我是共产党员"主题教育为契机,认真深入学习党章党规和习近平系列重要讲话。组织部署支行党组、党支部、党小组以及全体党员深入查补短板,开展班子成员上党课和“走近军营”“面对面学先进”等党日活动，分别围绕“保持党员本色，强化看齐意识”“勇于担当作为，发挥党员作用”“弘扬和合文化，加强党性修养”三个专题组织讨论会，引导全体党员在“补短板、促发展”上改作风、强担当、有作为，切实提高“两学一做”学习教育成效。

（张先川）

工商银行玉环支行

【概况】 中国工商银行股份有限公司玉环支行设立于1984年，下辖营业部、坎门支行、楚门支行、陈屿支行、城中支行、清港支行、龙溪支行、玉城支行8个网点和综合管理部、经营管理部、风险管理部、公司业务部、个人业务部5个职能部门。

【打造高端发展的领先银行】 在利率市场化、银行脱媒化的趋势下，坚持高端化发展是未来银行可持续发展的必由之路。夯实负债业务，做好稳存增存工作。通过主动对接招标单位，加强重点维护走访，提高“黏性”；通过利用“代发工资营销支持系统”定期监测，为客户提供诸如工银货币、节节高、天天惠等特色产品。大力发展私人银行业务。通过做好队伍建设，强化分层服务；通过非金融活动，推进精准服务，如开展“喜来登红酒品鉴会”“佛心汇”新年祈福活动、“趋势研讨·顺势同行”资本市场分析展望等加强核心产品配置。促进资产业务转型。通过努力对接县政府，跟进重点项目；通过积极尝试PPP、产业基金等新兴融资方式逐步适应新形势、新要求。

【打造小微金融的样板银行】 玉环县是工行小微金融的“发祥地”之一，打造小微金融的样板银行，这既是落实总行小微金融发展战略的具体要求，也是顺应台州小微金改的客观需要，更是玉环支行克敌制胜的“金字招牌”。一方面，用好目标客户库，大力发展小微市场。通过大力发展贴现业务、抢占开户源头、通报国际结算指标清单库、做好客户库分析排摸。另一方面，在台州分行召开小微企业融资新产品发布会后，玉环支行快速响应，积极动员，掀起信保贷业务营销的高潮，并成为全市首家申请办理破亿元的支行。

【打造风险控制的杰出银行】 正值“三期叠加”的关键时期，经济运行面临着许多不确定、不稳定的因素，各类风险隐患蠢蠢欲动，风险压力持续放大，只有把控好风险，筑牢内部管理的防线才能推进稳健、安全的运营。加强信用风险防控。通过明确职责，内化信贷文化；通过信贷审议小组和“四比五链”表等工具把好准入关；通过严防“假按揭”“假贷款”和做细做实风险排查，控制多头融资和及时对不良客户进行降额跟踪。做好不良贷款清收处置。通过加大现金清收力度，加快与法院的诉讼联系，争取依法清收时间；通过加快呆账核销，打包处置等手段，化解不良风险。做好内部风险控制。通过加强员工思想动态排查，认真做好反洗钱工作，建立案防长效机制，推广销售双录，规范营销行为。

【打造党建引领的和谐银行】 在中共中央强调“国企党建”的要求下，玉环支行以党建引领为方向，协同推进各项工作，营造出员工满意的和谐银行。落实党风廉政建设。通过深化“一岗两责”，行班子在工作中做到抓党建和抓业务同谋划、共发展；通过学习《关于新形势下党内政治生活的若干准则》和《中国共产党党内监督条例》等文件不断转变工作作风。营造党建氛围。通过开展“两学一做”专题教育活动，布置党员活动室和开辟三面文化墙，召开“党建引领文化”座谈会，提升党员的党性宗旨。争先文化落地厚植。通过开展PK和劳动竞赛，不断激发和调动员工的工作热情；通过开展各类丰富的活动,如郊游野炊、DIY烘焙、中秋晚会凝聚员工向心力;通过开展“衣旧情深”捐衣活动、“圆梦助学基金”捐款、“美行玉环”交通文明劝导、“新玉环人民工子弟学生关爱”活动,践行公益,履行社会责任。

(许庭榕)

农业银行玉环支行

【概况】 中国农业银行玉环县支行地处城关玉兴东路与广陵路相交的繁华要道,交通便利。现辖有8个营业网点,在册员工204人,设有综合管理部、风险管理部、运营财会部、个人金融部、公司业务部、国际业务部等6个内设机构。

【主体业务稳步发展】 核心业务稳定发展,市场份额大幅提升。各项存款较年初增加12.02亿元,增量排名连续四个季度稳居四行第一,四行份额比年初分别提升3.29个百分点。其中,个人存款比年初增加6.18亿元,总量稳居四行第一;对公存款比年初增加5.83亿元,四行份额提升5.63个百分点,位居四行第一。本外币核心存款日均比年初增加11.29亿元,增量列四行第二,四行市场份额上升1.02个百分点。新增各项存款8.5亿元,增量四行第二,市场份额较年初下降0.03个百分点。其中,个人存款市场占比较年初上升0.23个百分点。日均存款较上年增量7.04亿元,市场份额较年初上升0.34个百分点。各项贷款稳定发展,市场份额实现上升。各项贷款比年初减少4.43亿元,四行市场份额分别比年初上升2.79个百分点。中间业务收入稳定发展,总量稳居四行第二。实现中间业务收入7801万元。

【客户扩面】 重大项目营销卓有成效。S228项目荣获市分行重大项目营销三等奖,上报玉环县老城改造投资有限公司等项目。机构客户实现新的突破。成功营销一批日均存款增量千万以上的交通类项目,海昌药业等四家新三板客户和玉环县不动产登记服务中心等一批源头性客户;成功上线法院执行款系统。个人客户提质明显。年末个人贵宾客户比年初净增1509户,增长3.75%;电子渠道分流率93.3%,提升1.1个百分点。

【普惠金融】 持续在农村区域加强农行普惠金融服务宣传,吸引农户就近到“惠农通”服务点办理各项基础业务,做实做细行惠农通业务。惠农卡有效发卡达到1293张,在聘农村信息员达到24名,新建金融便利店1家,新设三农工作室达到8个,新增金融自治村6户,农户贷款比年初净增4847万元。

【基础管理】 以“清雷防险”行动为载体,深化“三化三铁”创建,运营管理进一步规范。抓好员工行为管理管理,落实大堂经理等关键岗位关键员工轮岗。不断优化劳动组合,减少柜员充实到客户经理、大堂经理等岗位,完成柜员和客户经理的轮岗工作。加强安全生产管理,实现全年安全无责任事故、无重大违规。

【队伍建设】 在全县工业经济大会上,作为唯一一家金融机构作典型发言。认真开展“两学一做”“拉高标杆 补齐短板”“知法、守法、懂法”“两个加强、两个遏制”回头看、“五个一”等活动,完善案防分析会制度、负责人行为履职考核,持续开展二级支行巡查。深化青年员工职业发展规划,有针对性跟踪培养,推进每月柜员业务素质提升擂台赛,按季开展营销PK赛,服务明星评选。丰富文化活动载体,关心关爱员工,组织实施员工体检、短期疗休养,举办“我是农行”演讲比赛、网点晨会PK赛、临柜产品知识竞赛、羽毛球比赛等活动,进一步活跃团队氛围,提升队伍凝聚力。对外开展党建结对乡镇、关爱福利院儿童、国道送清凉、助跑马拉松等活动，进一步提升农行社会形象。

（陈义林）

中国银行玉环支行

【概况】 2016年，中国银行玉环支行新招聘员工4名，共有员工178人，均为编内合同工。支行本级内设四个部门，即综合管理部、公司金融部、个人金融部、营业部，下辖七个二级支行，即楚门支行、清港支行、坎门支行、大麦屿支行、龙溪支行、城中路支行、沙门支行。2016年年末，支行本外币存款余额61.47亿元，本外币贷款余额45.58亿元，全年实现国际结算业务总量13.27亿美元，实现净利润9947万元。

【完善考核机制】 支行以市行考核方案为基础，及早完成对辖内支行、本级部门的年度绩效考核指标及内控考核方案并进行层层传导；出台网点负责人及员工资金池奖励方案，充分调动员工工作积极性。财务条线及时跟进预算过程管理，定期分析预算偏差，针对全年盈利能力下降的严峻形势，组织条线开展大讨论、大分析，拿出实际措施确保完成每季度收口指标。

【拓展存款来源】 支行分别从提升银政服务抢存款、深化银企合作争存款、紧盯结算业务抓存款、日积月累增储蓄存款四方面着手，不断拓宽存款来源，保持存款的稳定增长。全年争揽3笔企业IPO募集资金共6.5亿元；营销东海舰队某项目工程和玉环晶科能源有限公司基建项目开立基本账户；行政事业单位存款日均余额较年初增加 1.92亿元；对公表内理财日均余额较年初新增2.7亿元；储蓄存款日均余额较年初新增3.52亿元。

【优化信贷结构】 支行主动适应经济新常态，围绕省行的授信战略和行业政策，及时调整信贷策略，积极营销大企业集团授信，深耕公司存量客户，做大零售贷款，在动态调整中优化资产结构，提高经济效益。公司条线深挖本地优质上市企业资金需求，为永健控股叙作9800万元授信总量，为正裕工业叙作1.35亿项目贷款；秉承上市公司"走到哪里，授信支持到哪里"的理念，营销双环传动在嘉兴和江苏两家异地支公司的银团贷款共2.7亿元；全年与三家企业叙做商标专用权质押贷款，累计投放11笔，累计金额5490万元；有序推进应收账款融资服务，实现8笔219万元。个金条线在玉环县零贷规模萎缩的逆势中，积极争揽楼盘项目，开拓房贷市场，拼抢按揭贷款份额；在标准类贷款稳固市场份额的基础上，大力拓展高收入非标类贷款，营销推广公积金贷款等创新产品。个贷余额较年初新增5754万元，增幅3.18%。

【强化资产管控】 支行公司条线多策并举，全方位做好不良清收处置和潜在风险化解。如通过对担保企业的担保责任追索，顺利收回玉环方正铜业有限公司不良资产中的2200万元本金及对应50.77万元利息；在不到一个月的时间内及时收回浙江苏友不锈钢厨卫有限公司1500万元的逾期贷款。全年公司条线累计清收处置不良资产本金19077万元，其中现金清收本金3580万元、核销处置8247万元、批量转让7249万元。支行个金条线稳扎稳打，充分发动各基层员工的力量，落实专人以电话沟通、上门催讨等方式开展，一人一户地盯啃，一点一滴地收回。如营业部就组织清机组人员利用周末时间开展上门催讨，效果显著。全年个贷现金清收716万元，核销56万元；信用卡核销303万元，现金清收本息141万元。

【拓展国结业务】 在巩固好国结传统业务的同时，支行还在创新产品业务上动脑筋、下功夫，通过业务部门与基层网点的协调联动，在合适的时机为合适的客户叙做合适的产品。2016年，支行的人民币CCS货币互换业务、组合式区间宝、EUR/USD卖出期权业务等人民币汇率产品完成情况均居台州市中行系统前列。面对同业的激烈竞争，支行充分运用专业优势，继续拓展跨境人民币业务。相继为苏泊尔股份办理一笔2.46亿元红利汇出业务和两笔5.81亿元、5.24亿元的大额跨境人民币股权转让款业务；为艾迪西流体办理一笔3.7亿元的跨境人民币股权转让款汇入业务。

【服务实体经济】 支行多次开展金融消费者权益保护宣传活动，进一步引导金融消费者关注金融知识及金融消费权益，普及金融知识工作。3月29日，支行携手玉环县外汇管理局、玉环县商务局、台州海关举办“玉环县进出口企业通关政策及汇率避险专题讲座”。6月、7月、8月支行分别开展“货币金融知识宣传月”“个人征信知识宣传月”和“防范电信网络诈骗宣传月宣传活动”。 9月19日，支行邀请人民银行携手开展以“反洗钱法颁布10周年——打击洗钱、人人有责”和“普及金融知识，提升金融素养，共建和谐金融”为主题的集中宣传日活动。11月，支行又集中开展“加强信息保护和支付安全，防范电信网络欺诈”宣传活动。

【抓好党建引领】 支行认真落实省行“重党建”工作思路，坚持党建工作与中心重点任务紧密融合，及时开展“两学一做”专题学习教育活动，将学习教育活动转化为经营发展、内部管理和队伍建设的动力。扎实推进独立党支部建设、党员之家建设、党员亮身份等各项党建工作，不断增强党组织的战斗堡垒作用和党员的先锋模范作用。通过各种方式树典型扬正气，营造比学赶超的良好氛围，全行涌现出多位先进个人和集体，如浙江省分行“中银卓越行长”“优秀共产党员”庄惠颖，“模范劳动者”蔡文青、冯娇苏、龚红花，“先进基层党组织”城中路支行等。

【强化内控案防】 支行把学习党章党规与各项内控规章制度结合起来，将党建贯穿于员工思想和作风建设的始终。支行党总支班子成员切实履行“两个责任”，带头做表率，抓思想政治工作、抓党员教育工作、抓选人用人管理，带头签订《党风廉政建设责任书》并层层落实，将“赚钱不出事的”内控合规理念传达至支行的每个业务终端，在全行形成齐抓共管的氛围。认真开展“学案例、防风险、讲操守”学习教育活动、员工异常行为排查工作等，防范业务差错、事故，及时识别案情“苗头”，在全行营造“人人讲合规、事事从规章”的合规文化。同时进一步加强监督执纪问责，继续加大纪律处分、管理者问责和通报的力度，做到令行禁止。

（潘　阳）

建设银行玉环支行

【概况】 中国建设银行玉环支行，支行本级内设营业部，下辖7个二级支行，即环山支行、珠城支行、双港支行、大麦屿支行、坎门支行、楚门支行、清港支行。

【抓本外币存贷款工作及中间业务】 截至12月底，支行本外币核心存款40.18亿元，各项贷款余额为 25.68 亿元，中间业务收入5089万元。理财产品新增2.04亿元，超额完成全年计划。全行单位人民币结算账户新增318户，完成年度计划的102.5%，四行新增占比46%，四行新增占比第一。全面推进各项业务综合发展。优化网点布局，改善基础设施，对清港支行进行标准装修。该行行领导重视网点转型工作，多次召开专题分析会，研究部署网点转型重要任务。分管行长带队，带领公司部、资金结算部及国际业务部等相关人员，扭转网点重私轻公局面；按照总行业务发展“向两头延伸”的战略导向，依托“三综合”工作推进，客户经理下沉网点，加大网点对公业务份额，努力做大做强对公业务。经班子科学测算，准备撤并单产能力较低的双港支行，提升该行营业网点整体单产水平。继续加大业绩考核，力促完成各项任务。通过数据通报，形成网点间“学比赶超”内部竞争格局。对公业务方面：支行成功对两个重大项目授信21亿元，分别为浙江乐清湾高速公路有限公司所实施的“乐清湾大桥及接线工程”项目授信15亿元和华能罗源发电有限责任公司实施的华能罗源电厂新建工程项目6亿元。在2016年开门红旺季营销活动中，该行获得市分行跨境人民币业务拓展奖、国际业务及金融市场业务收入先进奖、跨境人民币双向资金池拓展奖。截至12月底，完成国际结算量21803万美元，国际收支量16360万美元，跨境人民币结算量16527万元，外汇中间业务收入达369万元。该行对公外汇客户74户，占全市总数的19%。新增国际收支客户12户，占全市新增总数的16%，客户总数和新增数均居全市首位。国际结算量、国际收支量、跨境人民币业务业务量、国际结算收入、外汇资金业务收入总量均居全市第四名。该行2016年小微企业贷款累计投放16.89亿元，新增信贷户10户。个人金融方面：支行做好客户日常认养工作，走市场、进社区，开展精准营销、批量掘金。个人日均存款新增31万元。个人贷款发放量为25383万元，计划完成102%；CTS新增4585户，计划完成153%；个人有效客户新增2889 户。代发工资新增1159户，完成贷记卡净增3970户。完成信用卡一般分期 4692万元。个人网上银行活跃户 3852户，微信银行活跃户新增4578户，完成率70%。累计销售实物黄金17586克，账户金798.95千克；代理保险完成销售6480万元，计划完成81%。移动金融替代率为58.16%，计划完成91%，零资产客户激活8894户，计划完成83%。个人贷款发放量完成25383万元，计划完成102%；CTS新增4585户，计划完成153%。

【推进合规经营方略，努力提升资产质量】 2016年，支行不良贷款余额1276万元，不良率0.46%，较年初下降6839万元，四行占比第一，公司类不良贷款创造零不良的历史记录。树立风险意识，防范信贷风险，严控中小企业信贷风险。该行切实地做好风险摸排工作，新营销客户不论金额大小分管行长亲自带队开展贷前调查。加大对企业法人或实际控制人的出入境、工商、司法、征信信息进行实时监控，突出关注客户的行业性风险、经营性风险、关联性风险和品行性风险，密切关注受“中捷系”担保链影响的2个客户经营状况。推进平行作业，加强基础管理，加强信用评级覆盖，严格信贷客户贷前审查，加强信贷资产风险防控。该行实施贷前平行作业以及授信业务风险评价。完成10笔大中型客户，金额为71820万元；小企业客户30笔，金额为31636万元；个人大额贷款12笔，金额为2337万元；小企业贷中贷款条件落实93笔，金额为38846万元。重视贷后管理，加强对客户在支行付息及账户余额监管，建立信贷资产质量重点观察客户并严加管理。切实做好押品管理，加强风险分类基础信息维护、风险分类，提高评级覆盖率，风险管理水平同比得到明显提升。

【完善组织架构，全面落实党建及和谐支行建设】 党建方面，下半年换届选举产生四个党支部，新增一位预备党员，新增支部书记以及支部委员，构建支行强大组织堡垒。认真落实班子成员“一岗双责”，将党风廉政建设纳入业务发展风控体系。积极开展党建工作，学习《中共共产党自律准则》《中共共产党处分条例》等重要文件，认真落实中央八项规定。实施领导干部个人重大事项报告制度，执行中层干部任职谈话和任前廉政考试制度。组织开展党风党纪教育活动，组通过党员大会、一把手上党课、纪委书记上讲堂等形式，落实上级行党风廉政建设精神。支行加强行外人士的廉政监督，签订信贷客户廉政协议，促使廉政建设向客户群体延伸。加强后勤保障，做好一线服务工作。加强行务用章管理，规范档案管理，通过部门组织自查以及上级行检查，严格用章流程，防范用章风险，坚决抵制违规用章行为；加强消防安全知识培训，开展消防安全实战演练，突出义务消防员的先锋作用，落实消防安全各项规章制度，建立并完善安全管理台账。构筑和谐劳动关系，推进民主管理，加强支行工会、团支部建设。7月，支行召开第五届职代会暨第六届会员代表大会，大会选举产生新一届工会委员会；9月，选举产生新一届团支部新委员及团支书。精心组织开展元宵晚会活动，密切干部和群众的关系，营造和谐氛围。支行自编节目"四大才子"在市建行晚会节目中获得二等奖。"三八节"组织妇女同志们到野外参加趣味活动，放松心情，减轻员工工作压力。参加县人民银行举办的趣味体育竞赛活动，增强员工身体素质，丰富员工业余生活。组织员工体检，保证员工身心健康。行领导层走访特困户职工，带去生活补助，给他们带去组织温暖。为优秀员工以及工龄超25年老员工打开晋升通道。其中，晋升六级专业技术职务、部门负责人 、部门副职、营业网点负责人、营销主管各一位，晋升政策主要向一线员工倾斜。

（翁建军）

玉环农商银行

【概况】 玉环农商银行是由股东入股、以服务"三农"、小微企业为宗旨的股份制金融机构。主要业务品种分为公司业务、个人业务、电子银行业务、银行卡业务、资金业务、国际业务等。内设办公室、信贷业务部、市场拓展部、电子银行部、合规风险部、财务会计部、科技信息部、人力资源部、审计部、保卫部、营业部11个部门，下辖非独立核算支行11家，分理处和储蓄所23家，全行从业人员520人。2016年年末，全行各项存款余额128.71亿元，较年初增加18.07亿元，增长16.33%，存款增量及总量稳居全县银行业首位。各项贷款余额80.13亿元，比年初增加4.5亿元，增长5.95%，其中，涉农贷款余额77.35亿元，较年初增加3.94亿元，小微企业贷款余额42.22亿元，较年初增加6.45亿元。不良贷款余额为11754万元，不良率为1.47%；实现利润总额2.55亿元，上缴税收9203万元，地方入库税收贡献居全县银行业首位。

【顺利完成股份制改革】 8月3日，玉环农商银行正式挂牌开业，标志着股份制改革顺利完成，公司治理结构更趋完善。县委副书记、县长吴才平，县委常委、常务副县长柯寿建等县领导到场祝贺，并寄语要将玉环农商银行打造成政府满意、群众满意的本土银行。

【深化合作强黏性】 积极参与推动"三位一体"改革，通过开展信用等级评定、共建"三位一体"便民金融服务点、农信书吧，主动提供优质、高效的配套金融服务。积极对接县运管局及全县12家驾校，率先全省开办"先培后付"驾培系统业务，并与11家驾校成功对接合作。积极对接县法院，率先全省上线了诉讼费退款系统。积极对接县地税局及社保中心，上线"个体参保网点延伸服务"，让客户在柜面即可凭身份证办理个体参保业务，提供"一站式"参保服务。积极对接县广电局、乡镇劳保所、学校等，分别推进有线电视、城乡医保费、学费等代扣缴项目落户，为客户提供便捷的金融服务。

【支农支小不改向】 积极开拓市场，扎实推进整村授信工作，采取"批量授信、集中上门签约"的形式，着力解决群众在扩大经营规模、提高生产能力活动中的融资难题。大力推进金融支持美丽乡村建设及城中村“三改一拆”工作，促进城镇化建设。延伸获客渠道，加强与县总工会合作，以“一卡一贷”服务模式打造普惠金融名片，“贷”动职工创造力，切实为职工提供优质服务；加强与国税局合作，推出“税银贷”服务，把纳税信用和信贷融资有机结合起来，助力守信小微企业可持续发展；与县装修协会签订合作协议，推广装修贷款；推出“光伏贷”有效支持绿色融资需求；大力发展“白领通”“抵押贷款”等产品，为客户提供便捷多样的消费金融服务。创新担保方式，与人寿财险公司合作开办个人履约保证保险贷款，切实解决客户担保难、担保贵等难题；联合台州市信保基金玉环分中心，开办“信保贷”业务，为中小企业提供全新的贷款模式。

【创新动能不减力】 打造玉环丰收家园平台，为客户提供综合服务信息，并通过策划“丰收家园特惠商户加盟会”，发布本行吉祥物、组织各类营销活动，进一步提高收家园的知名度。顺应消费市场发展趋势，满足客户多样化需求，推出并大力拓展福农卡。组织开展“一路畅行全员营销月”活动、上线微信预约功能，扎实做好ETC营销。有序推进丰收驿站建设，其中丰收驿站与农信书吧的组合模式得到省供销社及县领导的高度肯定。继续深入推行“柜面业务分离、临柜人员分流”行动计划，通过“大数据”分析，对全行柜组设置和柜员配置现状进行了测算和可行性论证，并以此结果为导向实行网点服务时间优化、柜组优化及柜面人员精简。推行全员“驻勤”营销，推广CRM系统在柜面营销的综合应用，提升产品品质和服务，提高客户黏度。

【防控风险不放松】 坚持“三做三不做”经营理念和“慎三禁五”贷款准入原则，严控大额贷款，有效规避风险。推广应用客户风险识别预警系统，提升监测的有效性和针对性。加强与公检法部门合作，提升司法处置效率和效果。加大不良贷款处置力度，继续深化大额不良贷款清收处置领导领办制度；召开不良贷款听证会，逐笔落实化解处置措施，对清收不利支行进行约谈、督促整改和从严问责。加大依法清收力度，创新举措提升清收处置成效。大力推广反洗钱工作“集中化”处理模式；加快非核心业务外包服务。建立数据双活中心，提高数据信息运行环境的安全性。开展“平安护航G20”金融安保工作，做好各类应急预案演练。组织开展“清雷防险”行动、“两加强、两遏制”回头看、内部评价等检查，严格落实“一案双查”。借助计算机辅助审计系统，提高非现场审计水平，提升审计质效。

【队伍建设不削弱】 从严加强领导干部日常监督管理，强化领导干部党风廉政建设主体责任，保持正风肃纪高压态势。通过教育动员部署会、组织开展主题党日活动、专题学习讨论、专题测试、专题党课等形式，扎实开展“两学一做”学习教育。围绕“补短板”“五个思考题”，广泛征求意见，找准找实问题，落实补短板的工作措施。开展干部挂职团委和派驻乡镇工作，加强中层干部、后备干部培养，持续实施“百优”培养计划；建立干部、会计、客户经理等各条线、阶层人员“后备库”，实行聘用和淘汰机制。加强教育培训管理，逐步落实年度各项培训计划，提高员工队伍素质。以文化走廊文化墙、各类文明规范服务创建及评优活动为抓手，进一步推进企业文化建设。充分发挥工会、团委等组织桥梁与纽带作用，开展演讲、登山、乒乓球、羽毛球等群众性文体活动，积极营造团结协助、乐观向上的和谐氛围。

（郑钧月）

农发行玉环支行

【概况】 中国农业发展银行(以下简称“农发行”)是国内唯一的全国性农业政策性银行,承担国家规定的农业政策性金融业务。作为农业政策性银行,与其他金融机构相比而言。农发行是国有独资银行,首要职责是执行政府意志,服务国家战略。经营目标突出社会效益,强调承担社会责任,注重提供公共产品和公共服务。同时兼顾自身经营效益,按银行“三性”原则经营决策,坚持保本微利,保持财务可持续。业务范围严格界定在“三农”领域,业务由国家经特定程序批准或交办,业务阶段性重点根据国家战略和宏观调控需要动态调整,部分业务农发行在客户选择上具有一定的自主权。资金来源主要依托国家主权级信用,发行金融债券,同时在市县域范围内吸纳一部分企事业单位存款,不能接受居民储蓄存款。客户对象主要是公司类客户。利率比较优惠,主要按央行基准利率执行。2016年年末,农发行玉环县支行各项贷款余额46997万元。全行在岗员工11名。农发行最突出的特点是其政策性,是国家层面扶持“三农”的金融安排,实行政策性目标、市场化运作、专业化管理,确保风险可控、财务可持续。农发行玉环县支行的业务范围主要包括中央储备玉米贷款、中央储备小麦贷款、特种储备粮贷款、最低收购价小麦贷款、中储粮直属企业国家临储小麦贷款、中储粮直属企业国家临储玉米贷款、中储粮直属企业国家临储大豆贷款、县级储备粮贷款、县级储备油贷款、地方储备粮轮换贷款、农村路网及贫困地区公路建设中长期贷款等。

【业务发展方面】 2016年,农发行玉环县支行坚持以业务发展为中心,突出工作重点。业务发展方面,获省分行批复同意10亿元农村公路中长期贷款项目,实现政府性项目单纯为公路项目的突破,实现了项目贷款获批金额不超过5亿元的突破。在玉环县满意银行评比中收获佳绩,在全县19家银行金融机构中脱颖而出,荣获“满意银行”评比第三名。支持“三农”发展有无限空间,也为农发行注入了不竭动力。农发行玉环县支行将坚持以农为本,根植“三农”,服务“三农”,加快推进治理体系和治理能力现代化建设,努力形成在“三农”领域的专业优势和品牌特色,把农发行打造成政府的银行、支农的银行、现代化的银行。

(耿晴圆)

人保财险玉环支公司

【概况】 2016年,中国人民财产保险股份有限公司玉环支公司(以下简称“玉环人保”)共有员工85人,其中本科学历以上52人,占55%,内设机构10个,分别为:办公室、客户服务部、理赔分中心、车商一部、车商二部、银保部、直销业务部、营销一部、营销二部、营销三部。外设机构2个:楚门营业部、坎门营业部。玉环人保围绕经济补偿、资金融通、社会管理三大职能,全年共承担各类风险责任6087余亿元,处理各种赔案1.9万余起。完成保费收入17890万元,增长率10.36%;赔款支出10884万元,综合成本率85.02%。

【加快业务发展】 车险方面:发展思路,提升车险新续转保率,下半年坚持两条腿走路,坚持新保和存量续转保业务齐头并进。在新保方面,继续按照市场主动跟随策略,贴近市场做业务,同时要主动联合辖区市场主体,根据市场实际适当下调渠道手续费率。在存量续转保方面,进一步扩充续转保呼出团队人员,专门调配1名中层干部负责团队管理,加强员工技能培训,强化激励考核,加大呼出力度,提升呼出效率;加强对担保等员工个人代理业务，提前5天仍未投保的，交由专门团队进行维护，取消代理维护费；加强对车险续保辅助系统的落地应用考核，按照能力曲线在对员工提前签单进行奖励的同时，通过赠品营销加大对客户提前签单（提前10天，提前20天）的营销力度，重点提升续保工作的提前效应；强化员工续保率考核，三季度奖励配备将与员工的续保率挂钩，设定最低续保率值的部门保费任务完成奖，确保业务的稳定。强化续保管控和脱保分析，定期对各部门脱保情况进行点评公布，营造全员续保氛围；加大辖区存量转保业务的资源配置，将触角延伸到同业基盘，做足本地存量业务，努力实现辖区存量市场份额的倍数效应；充分发挥VIP客户俱乐部的应用，积极整合VIP客户增值服务和团单优惠内容，使之成为展业的有力竞争手段。继续与相关渠道开展联合营销和团购活动，同时将专门组织开展针对员工分散性业务的周末团购活动。抓好商业非车险业务发展：积极开发新渠道、新业务，主要是把握好新国十条带来的契机，将政保合作作为一项长期项目来抓，通过积极参与政府各项活动、定期开展职能部门拜访等举措加深巩固双方合作，大力挖掘政府保险资源，继续加强出租房综治保险项目、食品安全责任保险项目、社保意外险外包项目、出口信用险项目、校园方责任险项目、政府性工程险项目等关键项目的跟踪。紧贴市场、主动出击，通过做好针对性的拜访展业、重点配置销售费用、实行承保政策倾斜等措施，着重加强竞回和转保业务的拓展，事半功倍，快速缩短与当地市场增速的差距。做好企财险、出口信用险、产品责任险、货运险等重点险种的发展，通过结合车险集团客户团单形式以及转介绍等营销手段的应用，维护续保业务的同时挖掘客户资源，拓展新保业务。做好业务和销售渠道的创新发展，紧跟形势和当地市场动态，加快新兴业务市场的培育和开发，在业务技术层面保持公司的竞争优势，实现业务的可持续发展。持续推进商非团队建设，通过不断引进优秀人才和加强业务培训来整合充实团队力量，并结合车险团单增值服务等积极开展保险进社区、保险进企业等主题营销活动，提升展业竞争力。提高农网产能建设：借助政策性农房保险、种植业养殖业保险等加深与政府部门的合作，稳步推进农村保险市场的开拓，重点开发一些有条件的村（居）保险业务，以点带面，逐步渗透；结合农网“拉网式”培训工作，对辖区内经济基础较好的农村进行重点布局，培育发展三农保险业务骨干；结合当地农村集体经济较为突出的特点，利用团单模式发展农村小额人身意外险及家财险等产品。

【提升盈利能力】 费用差异化。继续加大对优质业务的资源配置，降低高风险业务的资源占比，如增值服务项目、车险赠品以及佣金费用向优质业务倾斜。做好承保风险管控。车险上严格执行上级公司各项承保政策，规范出单录入；同时结合公司实际情况，针对产品责任险、船舶货运险等赔付率相对较高的非车险险种，对标市场，在保证保费价格竞争力的基础上，通过提高免赔、限制扩充责任条款使用等方式强化承保条件管控。强化理赔管控。强化未决案件清理责任到人，努力提高未决赔案的估损准确性。积极加强同法院、交警等部门的合作，强化对反保险欺诈工作的考核力度。做好防灾防损工作。要及时出台车险非车险防汛工作预案，保证防汛防灾工作的制度保障；借助防灾工作档案，及时整理并明确重点风险企业名单；针对防灾工作人员提前开展防灾知识培训，提高其工作技能，确保防灾检查工作实效性得到保障；积极同防汛办等当地政府职能部门进行沟通联系，寻求政府力量的支持。

【夯实经营管理】 加强内部管理。继续抓好各项关键指标的对标管理，加强各对口部门指标完成落实情况及按时上报情况的监督。加强客户服务。继续抓好标准化服务建设,着重加强日常督导以及更新完善考核机制,营造标准化氛围并培育员工标准化意识,使之成为一种习惯。提升企业文化。继续深化员工幸福感工程,继续推进学习型组织建设,定期举行读书会,推荐相关书籍供员工阅读,以提升中层管理能力和员工业务技能为目的有计划地开展各项学习培训,在队伍建设挖潜以及工作流程优化上下功夫,通过调整组合等方式,提高生产能力。

(应敏军)

中国人寿玉环支公司

【概况】 2016年,中国人寿玉环县支公司共有省编员工38名,退休职工5名。公司设个险销售部、团体业务部、银行保险部、教育培训部、客户服务部、综合管理部6个部门。其中个险销售部下辖珠港镇营销服务部、楚门镇营销服务部、清港营销服务部、陈屿营销服务部、干江镇营销服务部、龙溪镇营销服务部、沙门镇营销服务部等7个农村网点。公司保险顾问831名,其中个险渠道650人(含新收展121人);团险渠道51人;银保渠道130人。全年新增有效保单22979份,同比增长20.28%;全年支付各类赔款(给付)共计12784.17万元,同比增长33.02%。

【加快发展为第一要务】 2016年,公司完成首年标保3953.77万元,完成率118.20%,完成率居全市系统第一名,对比上年同期增量379.52万元,增长率11%;完成新单保费(含短险)18899.79万元,完成率143.04%,完成率居全市系统第一名,对比上年同期增量3336.73万元,增长率22%;完成期交保费9828.82万元,完成率136.02万元,完成率居全市系统第一名,对比上年同期增量3040.57万元,增长率达45%;完成十年期以上保费4698.23万元,完成率111.54%,完成率居全市系统第二名,同比增量1241.79万元,增长率36%;完成短险保费2685.72万元,完成率119.52%,完成率居全市第一名,同比增量508.21万元,增长率24%。公司实现保费收入43268.25万元,同比增长2.37%;主要竞争对手保费收入7625.53万元,同比增长9.19%;市场份额62.79%,占据市场主导地位,发展速度有所放缓。

【提高商业保险社会责任】 公司利用自身服务网络、队伍规模、专业基础、产品创新等优势积极参与大社保建设,在助力多元社会保障方面发挥了大型商业保险公司应有的贡献。大力拓展补充工伤保险,弥补社保工伤保险保障的不足,全年赔付率达79.88%;针对农村低收入人群,以乡镇平台合作及销售人员自营相结合的方式继续拓宽农村小额保险的参保面,参保人数近7万人,当年赔付率达81.96%,与计生政策有机衔接,不断优化完善计生家庭保险,参保人数逾5.8万人,受惠家庭超过投保面的三分之一;提高中标业务的服务质量,让中标业务成为公司的口碑项目。残疾人保险服务项目自2014年中标以来,运营三年,每年服务人数超过6000人,综合赔付率达87.59%,特殊人群,绿色通道优待服务。民政局低保户、中华人民共和国成立前"三老"、部分抚恤优待对象保险服务项目自2015年中标以来,运营两年,每年服务人数超过5000人,综合赔付率143.84%,通过上门服务、快速理赔,增值服务以及及时响应业主反馈意见完善提高等举措。社保局城乡居民、职工基本医疗意外伤害保险服务项目于2016年中标,查勘、理赔、结算、给付等服务对接按照双方签订的合同履责到位,在年度末综合评价上,得到社保局优秀的评价。充分考虑社会风险因素,加大社保空白项目的填补。2015年"1·14"解放塘农场火灾后,公司及时向相关部门提出申请,并报备公司的配套产品方案与服务计划,两年时间里,借助公司服务人员众多的优势，进村入企，挨村挨企宣传与推广火灾保险，该保险得到村居乡镇的重视，参保面逐步打开，实现市场零的突破。2016年，与公安局出租房“旅馆式”管理模式成功对接，对全县“旅馆式”总台管理的出租房以及高风险企业实施统保，保障面全面打开，为建立全县消防综合治理责任机制积极主动承担央企保险公司的社会责任。

【加大服务创新】 与时俱进，持续优化服务载体，提高e时代客户体验感。中国人寿总公司国寿E宝账网络平台及云助理平台推出运行一年多以来，公司持续在业务人员与客服人员中强化学习运用及体验，并通过客户临柜及销售群体展业对客户群体进行积极引导，增强客户运用中国人寿服务端的体验感，给客户带来便利，提升客户满意度。提高一站式接处服务时效，提高客户满意度。柜面推进一站式服务，全年新单业务接处件22979件，处理保全业务24018件，处理理赔业务193106件，接处少儿医保基金业务188023件，接处城乡及职工医保意外住院基金业务1566件，业务量同比大幅增长，单笔业务处理时效也大大提速，客户临柜满意度99%。做实做精“国寿1+N”服务，完善差异化服务体验。公司利用中国人寿系统资源，全年为在册钻卡客户免费提供江苏太湖干部疗养院、杭州五云山疗养院、杭州陆军疗养院等高端健康体疗服务；并依托中国人寿长期医疗合作资源，推出高端客户特发病基因检测及长寿基因检测；为金卡客户免费提供椒江万康体检中心健康体检服务，围绕客户需求提供专业化、个性化服务，客户黏性持续增强，客户满意度持续提升。充分利用中国人寿省、市、县讲师团资源及医学、经济等外缘教授师资，多元化举办“国寿大讲堂”，全年共计举办大型经济分析报告会6期，理财报告会12期，两性健康保健讲座6期，产品发布会若干期，为客户提供专业资讯，作好客户的顾问服务。同时，结合县老年化社会老年服务的不足，推出国寿苏州阳澄湖半岛养老养生社区项目，通过现场考察、VR体验、保单规划等方式为若干客户提前规划养老养生服务，前瞻服务得到客户普遍好评。

【加强基础管理】 开展内部控制流程的穿行测试工作。公司所设岗位分别围绕总公司下发的160项风险点进行穿行测试，岗位任职风险识别及监测符合上级公司的监管要求，内控环境良好。按照保监会、上级公司的相关规定，延续2015年的专项工作成果，继续在“加强内部管控，加强外部监管；遏制违规经营，遏制违法犯罪”工作中抓全员风险教育、抓每月风险检查、抓问题及时整改。公司顺利通过各个阶段的内外部专项检查。抓好防范和处置非法集资工作。从队伍专项宣传、职场合规文化布置、重点人员访谈摸底、问卷调查、网上考试等几个方面入手，筑牢防线，全年未发生该领域风险。抓好员工再教育，打好员工思想保卫战。在党员层面持续开展“两学一做”专题教育实践；在员工层面依托国寿E学平台持续推进年度人均90学时以上制式教育，获台州系统“学习型县支公司”。把握党、工、妇、团抓手工作，打造文明人文环境。以省级文明单位建设为主导，以市级文明窗口单位建设为辅助，以志愿者服务为提升，跟县内各项创建紧密关联，点面结合，公司各个层面参与各类创建月月有活动，参与面达100%，公司文明建设水平纵深提高，人文环境持续优化。

交通·供电·通信

交　通

【概况】 2016年,县交通运输局内设办公室、法制科、运管科(行政审批科)、建管科、计财科5个科室,下辖7个事业单位,分别为县公路管理局、县道路运输管理局、县隧道管理所、县交通工程管理所、县渡口安全管理办公室、县交通设计室、县交通工程质量安全监督站。负责涉及综合运输体系规划的协调,会同有关部门组织编制公路、水路相协调的综合运输体系规划,指导交通运输枢纽规划实施。负责组织拟订并实施公路、水路等行业规划、政策,监督执行相关技术标准;拟订全县交通运输方面的规范性文件、发展规划和产业政策,参与拟订物流业发展战略和规划。指导公路、水路运输行业有关体制改革。负责全县道路、水路运输市场监管。参与协调各种运输方式的综合平衡,引导运输结构优化;负责全县道路、水路交通运输及相关业务、城市客运、出租汽车、汽车租赁、汽车驾驶学校、运输服务的行业管理,组织拟订相关政策、制度和标准并监督实施。指导城乡客运设施规划实施,指导出租车行业管理工作。负责全县公路、水路建设市场监管。拟订并组织实施公路、水路工程建设有关政策、制度,监督执行相关技术标准;指导全县公路、水路建设,组织、协调并监管工程建设、工程质量和安全生产。指导全县交通运输基础设施管理和维护。负责指导全县道路运输、水路运输行业安全生产和应急管理工作。负责路政、航政、运政管理工作。按规定协调国家重点物资运输和紧急客货运输,负责省道干线路网的运行监测和协调,指导农村公路路网的运行监测和协调工作。负责提出全县公路、水路固定资产投资项目的规模、方向和资金安排建议;指导交通建设融资平台的建设。指导协调交通物流等有关服务业工作;做好全县交通物流业发展。指导交通运输信息化建设和交通运输行业技术进步,开展相关统计和发布相关信息。指导公路、水路行业环境保护和节能减排工作。

【主要工作成绩】 在建项目无障碍施工。全年完成交通建设投资42亿元;甬台温高速公路复线乐清湾大桥及接线工程累计完成工程产值29亿元,工程形象进度完成80.6%,完成路基82.9%,桥涵77%,隧道93.9%;228国道温岭泽国至玉环大麦屿疏港公路(玉环段)工程累计完成总投资2.95亿元,完成路基25.1%,桥梁30%;S226(76省道)温岭岙环至玉环龙溪段改建工程累计完成总投资4.08亿元,主体工程完成95%;西青岭隧道及接线二期工程完成总投资1012万元,完成形象进度32%;玉环新城连接线(井分线)公路改建工程于11月28日正式开工建设;海山大青岛码头工程于

12月30日通过竣工验收；县经济开发区综合物流园区项目完成投资9400万元，建成投用。前期项目进展顺利。玉环县综合交通运输“十三五”发展规划获县人民政府批复；S226玉环县龙溪至坎门段改建工程获省发改委批复项目建议书；规划203省道玉环坎门至大麦屿段公路工程完成“工可”报告（送审稿）编制，已上报省厅等待组织“工可”报告审查；228国道清港连接线工程完成项目建议书批复，已向县发改局报送“工可”报告等待批复；漩门大坝大桥及接线工程已确定设计标准和建设规模；玉环至温州大门大桥工程（玉瓯高速公路）已列入台州市综合交通运输“十三五”发展规划，并于杭绍台高速公路二期连接。美丽公路火热创建。玉环美丽公路创建完成投资2亿元，实施里程70千米，并制定玉环县美丽公路总体规划，“一环一带“美丽公路格局初步形成。为民办实事普惠民生。提升农村公路技术等级15千米、实施大中修20千米、实施安保工程20千米、建设港湾式停靠站40个均已全部完成，漩门湾大桥加固工程于9月底完工。实施“农村公路提升5年计划”，坚持公交优先发展，首次争取农村公交客运补贴500万元，新增新能源公交车5辆，新增公交线路里程30千米，建设公交首末站3座，开通定制公交并运行有序；制定下发《玉环县客运出租汽车服务质量考核工作（试行）》考核办法。行业精细管理不断加强。以“打非“为着力点，严格落实道路客运、货运、水运实名制工作，确保运输市场秩序持续好转。共查扣违章车辆259辆（涉嫌非法营运车辆64辆），处理案件247起；规范出租车经营行为，实施驾驶员集中轮训，检查出租车6502辆次，查处违章车辆150辆，查找失物1227起，找回670起，挽回经济损失234.2万元；加强路政管理，配合S226拓宽路段2套非现场执法设备安装实施工作，结合“五水共治”持续推进“四边三化”工作，共查处超限运输车辆53辆，卸载969.83吨，每天清理边沟68千米；全面实施隧道照明节能改造，更换LED节能灯527盏。智慧交通建设步伐全面加快，投资近1000万元建设“交通应急会商智能系统”，完善交通运输体系的会商和综合指挥能力，实现国家、省、市级交通信息共享。投资7000万元，建设公路应急中心1处、公路站房2处，新增非现场执法系统4套，实现科学、高效、精细管理公路。党风廉政建设持续深化。扎实推进党风廉政建设，开展岗位廉政风险教育，深化“两学一做”学习教育，严控重点工程领域廉政风险防范，不断优化作风建设；围绕“四张清单一张网”建设，规范权力运行，强化权力监督，不断提高工作效率；深化“最美行业”创建，树立行业标杆引领行业风尚，打造“最美风景”，不断提升行业形象。

（葛海占）

港航管理

【概况】 台州市港航管理局玉环港航分局（简称“玉环港航分局”）是县人民政府下属的港航行政管理部门，全局在职人员42人。根据国家相关法律法规的规定，行使港口行政管理、航运行政管理、航道行政管理和船舶法定检验“三政一检”职能。2016年，在完成货物吞吐量3219万吨，完成集装箱吞吐量55359标准箱。全县共有沿海货船134艘、29万载重吨。完成港口投资1亿元。直航进出港航班完成92航次，出入境旅客7832人次。

【强化职能管理】 全力推进长三角对台综合枢纽港建设。对台直航客运每周一班稳定运营。2009年至2016年年底共航行502个航次，出入境旅客151371人次。后方新对台旅检大厅主体工程全面完工。位于大麦屿港区的两岸车渡基地成功投入运营，并于3月26日迎来首批台湾自驾游客人。直航货源不断拓宽，直航前景持续向好，全年完成对台进出货物346标准箱。全力推进集装箱“弃陆走水”工作。通过印制分发《大麦屿港集装箱运输宣传手册》,并多次召开座谈会、推介会、电视及报纸等方式加大集装箱扶持政策的宣传推介力度,实现本年度外贸集装箱同比增长31%。争取将大麦屿港纳入全省港口资源整合平台。为争取大麦屿港纳入到全省港口整合平台,多次陪同市、县领导赴省政府、省海港委汇报相关情况。

【机制创新】 落实“三政一检”即港政、航政、运政、船检工作。重点加强危险货物和客运服务的安全监管、水运企业委托经营管理、航道巡查及船舶质量检验,1—12月,共出动检查人员578人次,检查企业172家次,完成港口危险货物安全装卸作业132艘次。加大岸线执法力度。全年共出动航道检查45次,出动航政艇28艘次,车辆21次,航查里程达1386千米。没有发生违规占用岸线事件。加强安全生产专项工作。7月,经县编办同意成立安全监督科,负责港航安全管理工作。G20杭州峰会期间,根据上级要求,全力以赴完成玉环大麦屿—乐清(轮渡)、栈台—大鹿岛两条航线旅客上船实名制登记工作,并在“G20”召开前,开展港航安全隐患大排查大整治专项活动;由班子带队,分组开展不间断全覆盖的安全生产隐患排查治理和执法检查工作,全面消除事故隐患。在市局领导的重视下,通过多轮与编制单位讨论与修订,此规划于2016年5月编制完成。本轮规划的指导思想是:坚持以中共中央提出的“四个全面”统筹全局,以浙江省秉承的“八八战略”为总纲,打出港航发展转型的组合拳。立足于全国和浙江省步入新常态的格局,充分利用“一路一带”国家战略的辐射作用,提升港航结构,将港航发展打造成玉环县在新常态下的新增长极。并且结合台州市和玉环县提出的实际规划,激发港航发展新活力,积极打造学习型、责任型、创新型、服务型的“四型港航”。此轮规划编制工作通过多次与编制单位对接与修改,做到与“丝路港城”“五港合一”内容的融合,明确了玉环大麦屿港区功能定位,为玉环港航“十三五”期间的具体工作指明方向。为响应国家“一带一路”战略规划和深入挖掘大麦屿港的内在潜力,更好地建设发展台州港大麦屿港区,特委托浙江省海洋文化研究会两岸经济文化研究团队从事该课题的研究编制工作,通过双方多轮的讨论和修改,本报告已经完成。在《乐清湾区统筹发展规划》中关于产业功能布局、港口发展定位、海洋开发保护、城镇发展建设等方面的表述,与乐清市相比,内容上也不够准确。因该规划事关玉环县与相邻县市的发展协调大计,县领导非常重视此项工作,多次召集局相关人员讨论,并联系县发改局与省相关部门进行沟通和衔接,及时反馈县港口的目标定位、发展方向等相关内容,建议编制机构将玉环港口发展的内容作相应调整,目前此项工作已经取得阶段性进展。

【队伍建设】 全面开展“两学一做”活动,开展深入学习习近平总书记系列重要讲话精神,学习党章,学习党的基本理论、基本知识,开展党性教育等活动,不断提高党性修养,有效地强化党员的纪律意识和规矩意识。同时开展学习研讨交流活动,结合各自的工作业务实际,交流学习认识和体会,将学习教育成果最终体现在工作中,将学习的主旨贯穿于整个主题教育。结合七一建党节,组织党员重温一次入党誓词,强化党员的宗旨意识和党性观念,引导广大党员更加坚定理想信念,继承党的优良作风,发扬爱国主义精神,立足岗位,敬业奉献,强化主题教育效果。经多次会议讨论、领导沟通,在5月底制定出台《玉环港航分局党组2016年党风廉政建设组织领导和责任分工》,文件对领导班子的分工及责任进行明确的划分。根据局各科室、所的工作内容,明确局各科室、所岗位的工作职责,制定相关工作制度,提出工作目标,落实实施办法,出台一系列相关文件,并与各科室、所签订责任状,明确各自责任。制定并出台《玉环港航分局绩效考核管理办法》《机关效能督查办法》《上下班制度管理规定》等规定，对绩效考核、上下班制度进行完善。为确保各规定确实有效的实施和执行，领导班子以不定期抽查、检查等方式开展督查，机关作风有明显提高。

（林德华）

浙台（玉环）经贸合作区

【概况】 浙台（玉环）经贸合作区是2012年省政府批准设立的，以玉环县行政区域为规划建设范围，突出大麦屿港区和玉环经济开发区为两大核心区块，重点打造“一港、一城、三平台”。浙台（玉环）经贸合作区管委会于2013年4月成立，内设综合办公室、招商办公室、对台直航办公室、规划建设办公室、对台经贸服务办公室5个科室。2016年11月23日，成立浙台（玉环）经贸合作区（台州市大麦屿港区开发工作领导小组办公室）党工委，同时撤销台州市大麦屿港区开发工作领导小组办公室党组。

【对台直航】 稳定对台客运直航。2016年，共稳定运行94个航次，运送旅客7846人次，其中台湾旅客1496人次，为历年来最多。拓展对台货运直航。通过走访对台贸易企业，深入推介货运直航，运送346个标箱，较上年增长78%。市场得到开拓，货源从台州拓展到义乌、江苏、河南等地。4月，新增大巴车SKD业务，累计出口大巴车64台，挖掘机等其他车辆58辆。推进两岸车辆互通。3月26日，正式开展台湾车辆来浙江（台州）自驾旅游考察活动。

【对台经贸文化交流】 在巩固、深化浙台经贸合作区的基础上，积极推动和申报国家级对台经贸合作区，并以此为契机，不断探索两岸合作新模式，深入推进两岸合作交流，加快合作区开发开放水平。举办第三期玉环·台湾“青年微讲坛”，邀请台湾农业专家来玉结对交流，促进两岸农业合作；组成“百人探亲团”，分两批到台走访玉环去台人员，并与二、三、四代年轻台胞建立联系，以增进两岸民间情感交流；联合县台办举办玉台两地迎中秋联欢晚会，拉进两岸亲情联系；组织“发展玉环渔海休闲旅游经济论坛”，充分交流两岸渔海休闲旅游经济发展经验和理念；积极谋划海上济公文化之旅，对接台湾观光旅游产业协会，弘扬济公民俗文化，推动两岸民间文化交流。

【招商引资】 联系客商，争取项目合作。主动对接台湾义联集团、台湾鹏展旅行社、台湾海峡公共事务协会等重要台商，推进海峡两岸商品交易物流中心招商工作。继续推进大麦屿（LNG）储运项目规划选址等前期工作，已列入《浙江省能源发展“十三五”规划》，成为2016年浙江省政府重点建设项目，已完成项目可行性研究报告等26个报批支撑性文件的编制，进入选址论证阶段。参加2016厦门第十九届中国国际投资贸易洽谈会（简称“厦洽会”），全力推介浙台（玉环）经贸合作区及大麦屿港区，全面、形象地介绍了玉环的投资环境和招商项目。

【港区基础设施建设】 按照计划紧抓落实，不断完善港区基础设施建设。2016年，对台直航客货滚装码头及后方陆域工程完成投资4660万元，累计完成投资3.63亿元。码头后方堆场及附属工程已通过交工验收，推进衔接码头竣工验收相关事项。海峡两岸商品交易物流中心（旅检大楼）工程完成投资4700万元，累计完成投资1.55亿元，现已通过竣工验收。大麦屿西山矿山爆破工程已开采158万吨，累计开采250万吨，占开采进度80.1%，保障港区工程和县域政府性工程的石料供应。大麦屿西山脚安置小区市政配套工程完成前审批立项等前期工作,启动施工建设。

【队伍建设】 以开展"两学一做"学习教育为契机,进一步强化单位作风建设,定期召开党支部会议、廉政专题讲座及"微讲坛",认真组织学习习近平总书记系列讲话精神等主题并开展专题讨论。抓好单位信息、外宣工作,提前全面完成县两办信息考核任务。完善并严格执行财务、公车、公务接待等制度,规范单位各项操作程序。

(林 伟)

供 电

【概况】 2016年,县供电公司发展总投入1.33亿元,固定资产投资1.3亿元,全年实现售电量39.17亿千瓦时,营业收入26.62亿元,全员劳动生产率(增加值)93.54万元/人·年,实现利润2338.41万元,资产总额7.5亿元,综合电压合格率99.92%,供电可靠率(RS1)99.93%。

【安全生产保持平稳】 落实本质安全要求,强化安全责任,严格安全管控,全年未发生影响考核的安全事故。加强日常管理,开展春秋季安全生产大检查,规范安全工器具编码标识。出台《安全稽查工作规范(试行)》,加大安全稽查力度。开展"电能质量客户回访"活动,视频《质量月活动走进大企业》获得省公司优秀主题作品一等奖。创建县级示范资产全寿命周期管理体系,顺利通过省公司评审。G20期间加强安保措施,做到严防死守,实现了"四个零"的目标,完成保电任务。

【电网发展全面提速】 完成玉环县"十三五"电网发展规划和配网建设改造三年行动计划编制。开展新能源接入服务,完成"晶科"与"红地"光伏配套送出线路建设及设备改造。完成110千伏水龙变检修和110千伏古城至灯塔线路工程投运,推进220千伏九清输变电工程,110千伏古顺、五门输变电工程建设,有序开展徐都、里黄、盐坑、漩二输变电工程、港北风电110千伏送出项目前期工作。全年完成配网建设投资1.17亿元,完成新建配网项目2个、续建项目18个,新建改造10千伏线路65.89千米,新增配变容量4.97万千伏安,增强了配网供电能力。

【经营管理稳步提升】 全年电费回收100%,建立风险客户档案,提升电子账单应用率。推广远程预付费控业务,总户数占比全市第一。公司《优化资金支付方式,提升资金管理水平》入围省公司财务专业典型经验。强化通用制度执行,构建依法治企长效机制。规范人事档案管理基础工作,打造"全面化、标准化、精细化"的人事档案室。推进楚门五星级、环山四星级供电所创建工作。出台《加强班组长管理的实施意见》,推进班组长动态管理,促使队伍结构优化。制定《职能部门主任助理聘任及管理操作方案》,补充人才培养通道。出台《员工创新成果管理操作规范》,从组织保障、培育流程、激励机制等方面,加强企业创新管理。

【服务能力显著增强】 加强营销业务管控,组建管控团队,建立日督办、周通报、月评价管控机制,明确乡供部、供电所、专业部门三级管控职责和工作时限要求。挖掘县内用电需求,多渠道宣传电能替代,推广校园和企业燃煤锅炉淘汰改造的电能替代项目,完成替代电量1.25亿千瓦时,替代率136.27%,完成率排名全市第2位。推进"互联网+电力营销"新型服务方式,开展电子渠道推广,丰富缴费渠道,全面实施线上受理和服务快响作业模式。

【"三个建设"持续深化】 深入学习贯彻中共十八届六中全会和全国国有企业党建工作会议精神,

落实《准则》和《条例》，严肃党内政治生活，从严加强党内监督。高标准推进“两学一做”学习教育，开展“三亮三比”主题活动，广大党员干部“四个意识”进一步增强。启动集体企业直签员工党组织关系转移工作。开好公司第三次党代会和七届一次职代会，完成10个基层党支部换届选举。完善职工民主管理平台和厂务公开机制，拓展“爱心互助会”的功能，开展“三八”健身活动和“国网书香”女职工读书征文活动，各类兴趣小组活动扎实推进。加强对青年的关心关爱，召开青年员工座谈会、举办迎新晚会，通过专题团课、团队心理辅导课、安规消防专题课的开展，不断激发团队正能量。

（董省毕）

华能玉环电厂

【概况】 华能玉环电厂是全国首座投入商业运行的国产百万千瓦等级超超临界火力发电厂，是中国华能集团公司投身绿色能源发展，积极履行社会责任，建设的“资源节约型、环境友好型”企业。作为国家“863”计划百万千瓦超超临界发电技术课题研究的依托工程，华能玉环电厂的成功建设，使全国电力工业在设计、制造、安装、工程建设管理、调试、运行管理等方面取得长足进步，大幅度缩短与世界先进发电技术的差距，成为国家实施节能减排战略方面的成功典范，引领全国百万千瓦超超临界机组的规模发展。9月，获得环保领域具有广泛社会影响的“中华宝钢环境奖”。

【安全管理】 深化本安体系运行，扎实开展“安全生产标准化管理年”活动，创建安全生产考核积分制，圆满完成G20保电任务，安全生产管理水平得到稳步提升。全方位推进状态检修工作，设备可靠性显著提升。着力推动锅炉燃烧调整，机组安全性和经济性得到提升。年度省经信委调度运行考核“优秀”。积极推动脱硝热解炉热源改造、宽负荷高效回热系统改造等节能新技术的应用实施。继续以百万机组能耗指标创优为引领，持续开展小指标达标攻坚工作。2016年，继续保持安全生产良好势头，有效保障生产安全、经营安全、政治安全和形象安全，“华能安全”品牌价值彰显。

【经营管理】 在电力市场“量价齐跌”、燃煤价格不断上扬等严峻经营形势下，主动顺应新常态，全力提质增效，取得了较好的经济收益，为当地经济发展注入新动力。燃料工作以“综合效益煤种采购策略”为指导，合理优化内贸、进口采购比例，加强厂内煤种掺配，持续推进“燃料管理标杆电厂”创建，燃料管理水平不断提升。不断加强港口、环保、税费等领域政策解读，加强预算管理，强化费用精细化管理。主动投身电力市场化改革，取得大用户直供交易电量54.35亿千瓦时，超容量占比份额，获得利用小时奖励340小时，并成功将3亿千瓦时直接交易电量转为基数电量。积极走访省内大用户，与26家企业签订用能意向协议，为省内企业提供绿色能源。

【环境保护】 绿色环保设施改造投入不断提升。2016年，完成#1、#4机组超低排放改造，能耗环保指标优异，实现全厂超低排放，提前完成浙江省政府下达的改造任务目标。狠抓环保设施投入率和稳定性，加强全过程管控，确保主要污染物达标排放，圆满完成G20杭州峰会期间空气质量保障任务，在地方企业环境行为评价中获评“绿色”最高等级。全年超低电价补偿增加收入3630.41万元，环保经济效益贡献显著。

【党的建设】 贯彻落实中共十八大、十八届历次全会及习近平总书记系列重要讲话精神，突出从严治党主线，全面落实“两个责任”，管党治党责任全面落实。以改革创新精神全面推进思想建设、组织建设、作风建设、反腐倡廉建设,党建科学化水平进一步提升。扎实开展“两学一做”学习教育,注重与中心工作相结合、与强化基层党建相结合。深化“三型”党组织建设,进一步推进从严治党。“两委”如期完成换届,党费收缴使用管理更加规范。

【廉政建设】 强化廉洁从业警示教育,组织开展“反腐倡廉宣传教育月”活动。增强纪检体系人员配置,签订《党风廉政建设责任书》。切实落实“三转”,强化监督执纪问责,创新开展重点领域监督检查及“回头看”,实现工作向“现场”延伸。深入开展作风建设监督检查,共建立“八项规定”等10余个监督台账。常态开展“四种形态”纪律谈话66次,对出现的苗头性、倾向性问题做到早发现、早提醒。截至2016年,全厂未发生违法、违纪案件。

【企业文化建设】 坚持“三和三力”的“家”文化理念,以文化凝聚人心。大力推进企业内外宣传,筹划开展“玉电十年”系列活动,有力提升企业知名度和美誉度。倡导“健康生活,快乐工作”理念,成功举办第八届职工文艺晚会,为当地市民献上一份视觉盛宴。关心爱护职工群众,坚持为职工群众办实事、解难事,让职工群众共享企业发展成果,被全总授予“全国模范职工之家”称号。积极履行社会责任,创新工业旅游方式,开展地方帮扶救助,企地关系和谐发展。

(丁　尧)

邮　政

【概况】 2016年,中国邮政玉环分公司围绕“三个一流”和“三个一把手工程”,坚持以问题为导向,以效益为核心,按照“一强化、二加快、三提升”的主要目标,稳中求好,好中求快,克难奋进,在重点业务和扎稳根基取得明显突破,业务发展步入良性健康效益发展轨道,全年累计完成业务总收入5829.51万元,同比增长10.05%,收入规模全市第三,实现净利润546.22万元,完成市分公司下达的业务收入和利润目标。

【金融业务逆势奋进】 围绕“头号工程”的发展要求及“2000亿”的行动纲领,通过强化考核激励、注重过程管控、优化管理模式,以及系统化开展客户提升、项目营销、主题活动等,不断强化“四项能力”“头号工程”实现逆势奋进:实现业务收入3217.8万元,增长5.12%;年末邮储余额达17.45亿元,年累计净增3.43亿元,其中海城路网点余额规模达到3亿。全年日均储蓄余额达14.83亿元,点均净增4874.7万元,列全省第9位;累计实现标准保费2.11亿元,点均标准保费3012.6万元,列全省第3位。中邮期交保费1018.8万元。

【强化专业管理】 实现业务收入508.18万元,同比增长30.8%,其中,快递包裹收入225.91万元、标准快递收入45.72万元、国际小包收入212.78万元。10月,提前完成全省“50万件”分解目标,四季度日均收寄量达1260件。搭建框架,提质增效。建立以专业局为中心、经营部为片区营销主体、营揽人员为触角的网格化三级分层管理营销体系,提升专业团队的能力。根据本地市场情况,组建港北包裹中心、港南包裹中心2个经营部,配备片区经理2名、专职揽收员6名、揽投员17名,结合商务投递队伍,整合邮路,创立“营揽一体化”的营销模式,寄递支撑能力逐步增强。建立以收入规模和盈利水平为导向的考核奖励体系,实行按件计酬,激发营销活力。加强客户开发,抢占市场。重点拓展电商包裹市场,加大对“轻小件”电商客户的重点培育。开展客户节活动,针对省内

"T+1"重点产品，推出免费试寄体验服务。聚焦特色产业，拓展重点客户，针对医药包装、眼镜、电商园区等当地特色产业市场，在客户节推出试寄即"寄一件送一件"的优惠活动以及开展"中秋感恩"包裹快递业务客户答谢会。抢抓"双11""双12"等节日商机，"双11"（11月11—20日）期间共收寄包裹业务量16237件，业务量同比增近800%，日均达1624件，全年累计开发基础客户85个。加强客服管理，支撑发展。配备客服3名，全程主动跟踪反馈邮件状态，提升用邮体验。

【农村电商提质增效】 农村电商继续"扩面、圈地"，累计建成邮乐购站点234个，其中A类掌柜站点221个，占比98.22%，列全市第二。发展村邮乐购会员12164户，全年目标完成率达101%；代购完成6675笔，全年目标完成率达102.7%。量质并重推广，培养掌柜忠诚度。制定《2016年玉环邮掌柜联络员考评办法》，对各支局所、投递班邮掌柜联络员，代理金融业务网点邮掌柜联络员规范联络机制、量化联络、培训、发展会员等数量。开展星级邮掌柜评选活动，对掌柜办理代购、车险、助农存款等业务的进行考核激励，调动掌柜积极性。通过与网点的积分兑换绑定，电商团队、金融网点、邮掌柜三位一体共同宣传，有效提升邮掌柜的影响力，提高"掌柜们"的忠诚度和活跃度。电商与金融、包裹等业务有效融合。开展"万场活动进商超"活动，培养电商团队+金融业务局+农村支局（金融网点）的专业团队，通过进村走访宣传，开展优惠活动，吸引村级会员参与，每场活动后由金融、电商、包裹专业共同跟进维护，确保实现全年度"每个村邮乐购店发展100名金融会员"目标。农村电商与商品批销、农产品进城有效融合。优化完善批销工作，开展掌柜"年货节"等活动，批销规模达232.4万元。推进农产品进城"万斤"项目，尝试玉环文旦"万斤农产品进城"项目，累计销售文旦5250公斤，销售额4.76万元，以"互联网+特色农业"构建农产品进城的"绿色动车"。

【实现转型升级】 函件业务，实现业务收入401.13万元，完成计划100.28%，同比下降15.14%；封片卡申报160万元。重点抓创新转型，跨界融合，首次携手县电力公司成功合作开发《皮皮鲁送你100条命》儿童剧商演。报刊业务，实现收入454.74万元，完成计划120.94%，同比增长24.59%。重点抓好商务期刊（课堂内外）、教育报刊、政务图书等重点营销项目，年度报刊大收订一次性流转额达1210万元，其中校园报刊完成246.97万，完成计划的141.1%，列全省第二；期刊完成362万，完成计划的108.09%，列全省第十。在全市率先完成"两学一做"政务类图书营销项目。集邮业务，对接"互联网""文化""热点"关键词，找准发展方向，实现业务收入321.22万元，同比增长65.65%，完成计划169.06%。年初，针对个人收藏市场，首次成功开展集邮品鉴会，"猴年"生肖贺岁主题邮品收入90.6万元实现"开门红"。抓住社会热点题材实施特色营销和组合营销，联动开展G20峰会、奥运题材产品、建党95周年等主题营销，销售邮品130万元。以商务定制消费市场为方向，开发《双环形象年册》《达柏林阀门有限公司个性化邮票》《玉环楚门中学形象年册》《质量监督协会企业形象年册》等。增值分销业务，增值业务实现收入470.95万元，分销业务实现收入39.97万元。累计代办车险3124辆，完成全年计划100.77%，在全市率先完成车务代办计划；全年累计保费1123.74万元。

【不断优化升级】 加强投递网建设，推进普邮与商务投递的融合，合理调整投递道段和作业时间，整合普邮邮路11条，转岗包裹揽投11人，新增车辆18辆。配备PDA30台，实现投递信息实时化。加强网运改造升级，在楚门支局设立快包封发点，加快港北小包出口时限。增设邮件传送带，加快邮件卸车封发的速度。“巩固和加快E邮站等电商服务网络建设”被正式列入十大为民办实事项目；有计划、有步骤、有考核地推进建设运行管理工作，累计建成E邮站82个、农村电商服务站35个，E邮站正常运行率达90%。

【财务管理更加注重利润导向】 全面实施省级会计集中核算，做好“ERP”各模块上线运行工作，强化资金集中管理，提高资产运营效率和效益。强化经营单位、职能部门和金融网点的预算执行管理和准利润考核。通过加大能力建设投入、合理配置成本等方式，加大对“三个一把手工程”的资金投入。通过规范用户欠费核算，加强欠费管理。

【人力资源更加注重一线能力培训】 完善分层分级培训工作机制，开展金融、车险、邮掌柜等各岗位业务培训22次，参培者415人/次。创新培训形式，举办“奋斗在今朝”演讲比赛培养理财经理口述能力，开展储蓄员礼仪通关提升个人素养和服务沟通技巧。开展投递员、储蓄员技能鉴定，组织大练兵，提高业务技能。通过加强专业培训，实现员工技能提升，员工个人市场开拓能力明显提高。

【经营管控更加注重“三大工程”】 核心资源充分倾斜“三大工程”。人、财、物等核心资源向“三个一把手工程”优先配置和倾斜。金融方面，增强金融专业局力量，将基层锤炼的新生力量充实到策划岗、培训岗，金融局共8人，团队在过程管控、活动策划上专业能力明显增强。包裹快递方面，实行网格化管理，增配2名片区经理，8名专兼职揽收员，团队逐步完善健全，经营能力不断提高。坚持效益优先，最大限度地发挥企业资金、成本费用、薪酬激励等资源的效用，逐步建立多层次、立体化的激励考核机制。

【风控安全管理更加严密】 重点做好G20峰会期间安全保障工作，确保邮政“万无一失”。高度重视企业资金、邮件、车辆、消防、信息安全等的风险管控。加强对邮政营业窗口邮件收寄验视工作，邮件规格质量等制度执行落实情况的检查考核，确保邮政安全和通信生产质量安全。加强舆情监控和信访工作，做到事前管控转移，确保良好舆论氛围和企业稳定。

【推动党建带动业务发展】 建立健全党建工作述职报告、党建责任清单等各项制度，落实党风廉政建设责任制，履行“一岗双责”，落实“两个责任”。设立党委办公室，配备一名兼职党委办公室主任，全面负责党建工作，顺利完成各基层党支部集中换届工作，完成党费补缴及规范党费每月收缴制度。规范党委中心理论组学习和整治“四风”问题回头看专题教育民主生活会，开展“两学一做”学习教育学习常态化。突出效能监察作用，开展省内互寄快递包裹T+1时限达标等重点工作的效能监察。成立党员志愿服务队开展“两学一做强作风 服务基层促发展”活动，3个党支部分别与金融网点结对，奔赴一线帮扶网点走访宣传，提升党员服务能力；G20期间、双十一、双十二及生产旺季发挥党员先锋队作用，党员帮扶包裹封发一线。

【营造“幸福和谐”家园氛围】 扎实开展劳动竞赛、操作比武、合理化建议征集等各类团队活动，增强企业发展的“同心圆”效应。大力倡导家文化，丰富员工业余文化生活，组织员工参加职工运动会，举办“登顶大雷山 挑战不可能”爬山活动，提高凝聚力和向心力。开展团日活动，“学雷锋日”志愿服务进广场，发挥青年志愿者参与公益服务与企业宣传的积极性。开展“玉环邮政好家庭”、精品“示范小家”等各类创争评选活动。

（叶　玮）

电 信

【概况】 中国电信玉环分公司是为全县提供通信保障和通信服务的单位，经营移动业务、宽带、固话等综合信息服务。2016年，玉环电信围绕县委、县政府经济工作目标，认真贯彻落实上级公司各项决策部署，充分发挥信息化建设主力军作用，不断加快通信基础设施建设，深化企业战略转型。在抓好通信建设和信息化建设的同时，加强精神文明建设，把创建文明单位工作放在重要位置，连续30年保持"省级文明单位"称号。

【行业应用助推信息化水平】 完成教育"十三五"战略协议签约，将依托电信云计算优势资源，助力推进玉环教育信息化深度合作；完成政务云的初步搭建，和教育局合作共建玉环教育公共资源管理平台并初步确定教育桌面云的合作；完成和县农业局"互联网+农业"战略协议的签订；联合卫计局申报省智慧健康示范推广项目；在视联网建设方面，覆盖全县59个单位，在全省率先完成验收。

【提升网络建设和支撑能力】 2016年，FTTH能力数达到24万线，在线用户占用率42.02%。退铜200余吨，退网41个。全县4G/FDD宏站运行站数达442个，4G+站数33个，4G网络指标质差小区优良率93.57%，排名全市第一。加强社区经理团队建设，通过末位淘汰制和人员储备，保持队伍活力；紧盯装维各项考核指标，落实快装快修服务目标，加大工单管控，严查虚假回单，全年7个月装维服务考核排名全市前三。

【全力做好服务提升】 宣贯"服务倒三角"理念，围绕一线需求做好支撑服务。对代理商做好支撑服务，打通并优化提卡、铺卡流程，明确提卡、铺卡责任人，提高支撑效率，同时，定期召开新开网点代理商营业员培训班，提升营业员的业务能力。持续提升服务质量，每月定期开展服务质量检查并召开服务质量例会，在支局营业厅开展总经理接待日活动。严格推行宽带无条件受理和宽带"五心"服务，落实快装快修服务目标。通过加强服务培训、加大服务指标考核力度、提升服务处理技巧等方式，持续提升服务质量，各项投诉考核指标均位于全市前三。

【有效加强渠道建设】 优化营业厅经营模式，通过招投标方式引进优秀的代理商。加快商圈建设，全县五个商圈建设达标；门店家数从年初的42家提升至44家，星级代理商数量增加至AAA级1家，AA级6家；大力开展以店包片工作，根据实际情况划分了20个片区，片区长全部竞聘上岗，其中新建社区店6家，改造社区店5家，门店全部建设了智慧家庭体验区、翼支付体验区。

【促进团队和谐发展】 组织员工参加全国"万步有约"健身走活动、"绿色长征"活动、县第八届职工运动会等；组织游园、登山、乒乓球赛、篮球赛、摄影比赛等活动，丰富员工的业余生活，提升团队凝聚力和向心力；继续全面落实"五必访五必贺"等关爱员工举措，开展高温慰问和营销一线慰问等，共计慰问800余人次；补助省级特困员工5人、慰问困难党员6人次；定期开展各类员工座谈会，了解员工工作和心理动向；组织业务培训35次、趣味劳动竞赛7次、开展技能比武5次。

【加强精神文明建设】 组织员工参与各类社会募捐，共募捐2万多元；组织志愿者参加各类服务11次，参加人次119人次，充分体现企业的社会责任。

（陆垚成）

移动通信

【概况】 2016年,中国移动玉环分公司贯彻落实市公司工作思路,结合玉环实际情况,围绕能力提升,以市场、网络、管理、文化四大体系建设为抓手,完成年度经营目标,三个文明建设卓有成效,展示企业持续发展的能力与潜力,继续保持市场快速增长、效益稳步提高、网络高效稳定、管理优化加强、文化扎实强化,迈出"健康、和谐新跨越"的关键一步。

【用户发展】 用户发展良好,市场占有率稳步提升。公司累计用户总数60.5万户,用户市场占有率70.5%。运营收入良好,继续保持良好发展态势,全年收入4.25亿元,

【完善服务】 完善流程、制度,建设标准化服务体系,营销、客服、营业三条线推行三级督导体系,在客户关键的各个接触点上提供细节服务,全面开展便捷服务、满意100活动,建设人性化服务。

【网络保障】 完善4G网络覆盖深度,建设4G精品网络。2016年,全县移动4G网络基站规模累计800个,实现全县所有行政村的全覆盖,形成一张覆盖广、品质优的4G精品网络。玉环移动将继续以用户感知为导向,以品质网络为目标,编织一张无缝衔接的移动4G精品网络。

【文化建设】 着力建设和谐型、学习型、活力型企业,创新企业文化内涵。通过组织理论学习、建设廉政体系、加强班子建设及员工思想道德教育等措施,保障公司健康发展。通过会议、支部学习、显示屏、讲座等多种方式及时组织学习十八大精神,完善管理层学习制度,实行骨干人员轮流讲课制度;签订《党风廉政建设责任书》,落实检查考核制度;实行党支部民主议事制,做到民主决策;强化民主监督制度,强化对供应商管理,增强职工民主监督;加强党支部工作目标规范化管理,实行专项效能监察,开展学习型组织和学习型党支部建设;承当社会责任,秉承核心价值观,积极参与各项社会事业,做优秀企业公民。

(陈爱民)

联　通

【概况】 中国联通玉环分公司是中国联通在玉环的一个分支机构,现有在职员工100人,实行总经理负责制,机构设置为楚门经营部、城关综合区域,集团客户营销中心、综合支撑部、星级中心、建设维护中心、营业中心,主要经营固定通信业务,移动通信业务,国内、国际通信设施服务业务,数据通信业务、网络接入业务和各类电信增值业务,与通信信息业务相关的系统集成业务等。截至2016年年底,玉环联通服务的用户总数近12万户,年收约达到8800万元。

【通信网络建设】 2016年,是玉环3G设备替换工程大建设的一年,共替换3G基站316座,室分65座;新建室分3G/4G8座,玉环农信社新大楼SF、玉环大润发SF等,有效的保证大众聚集地及集团需求;共新增LTE设备232套,扩大了玉环4G网络覆盖面,提高用户4G网络使用感知;疑难站点建成11座,超额完成该任务。完成匠心网络建设基站6座,室分7个(7座楼宇)。

【客户感知服务】 持续推进服务网点的覆盖面工作,实现渠道服务网点无缝覆盖,要求在所有联通村必须建设服务网点(有明显的联通宣传),为用

户提供就近服务；在现有的乡镇一级服务网点的基础上，将服务网点建设到村一级，预计全县将新增服务网点120个，真正实现用户“交费不出门，入网不跨村”的网点服务目标，完善服务网点的布局，严格保持千人村“一村一店”的基本面，保证服务基本框架。已开发上线“手机上网记录查询”系统，用户通过手机营业厅、网上营业厅可轻松查询到手机上网的时间、具体网址等内容，让用户明明白白消费。提供各种流量消费提醒服务，在主动向用户提供现有流量日提醒、周提醒、月提醒的基础上，还免费提供流量套包临界、套包外流量定额提醒等服务。针对流量需求大的用户，推出10元、20元等多档流量包业务、4G/3G一体化套餐等，让用户用得放心，从根本上满足客户大流量需要。

（韩玲燕）

经济管理

发展计划与经济

【概况】 县发展和改革局是全县国民经济和社会发展、改革的综合管理部门，担负着主管全县国民经济和社会发展战略、发展规划、年度综合计划、总量平衡、结构调整、投资项目管理、价格监管、体制改革等重要职责。内设办公室(政策法规科)、国民经济综合科(农村经济科)、体制改革科、固定资产投资科(外资科)、产业发展科、海洋经济工作办公室、价格管理科、收费管理科、行政审批科等9个职能科室和1个参公管理机构——价格监督检查分局。下设县重点工程管理办公室、县重点项目前期工作办公室、县第三产业办公室、县价格认证中心(价格监测中心)、县年审收费办公室、县沿海产业带办公室、县市民卡中心等7个事业单位，现有干部职工66人。

【经济运行监测】 县发展和改革局围绕县委、县政府中心工作，紧扣发展、改革、价格等主线，强化规划引领，牵头完成海洋经济、现代服务业等"十三五"专项规划编制工作。加强经济监测分析，完善重点企业经济运行监测网络，落实对75家重点工业企业、43家重点服务企业的季度监测，力促经济持续健康平稳发展。全年实现生产总值465.13亿元，同比增长7.8%；城镇居民和农村居民人均可支配收入分别为55979元、27446元，同比分别增长8.5%、9.0%。

【深化体制改革】 深化小城市培育，楚门镇连续五年在全省小城市考核中位居优秀行列。加强特色小镇谋划创建，时尚家居小镇列入浙江省特色小镇培育名单和台州市首批特色小镇创建名单，全年完成固定资产投资11.14亿元；漩门湾健康养生小镇被列入第二批市级特色小镇创建名单，全年完成固定资产投资5.43亿元。深化投融资体制改革，完成11.7亿元城投债券申报发行；创新项目融资方式，建立完善PPP项目库，推出涉及交通、旅游、教育、五水共治等领域的21个项目，并面向社会公开选择合作伙伴。推进公车改革工作，基本完成全县党政机关、参公事业单位公务用车制度改革。完成政策性农村住房保险，全年参保户数为64997户，总投保金额97万余元。加强市民卡管理，以市民卡为载体打造智慧平台，实现智慧教育、智慧医疗和智慧交通，不断满足市民生活的便捷需求。

【扩大有效投资】 全年完成固定资产投资194.09亿元，同比增长19.5%，增速排名居台州市首位。重大项目前期工作进展顺利，积极开展台州市域铁路S1线温岭至玉环段、杭绍台高铁玉环延伸段前期工作，规划研究金台铁路大麦屿支线(货运)；

完成大麦屿能源(LNG)中转储运项目核准前置工作。积极申报省、市重点建设项目,全年新增省重点项目13个,全年省重点项目总数达25个,创历史新高;列入省“411”重大项目5个、省海洋经济重大项目16个、省重大工业项目计划2个、省服务业重大项目4个。继续开展“服务基层、服务项目”专项行动,加强项目审批服务,全年完成政府投资项目审批222项,备案183项,出具服务联系单36项。

【重点工程建设】 全县46个重点建设项目累计完成投资72.12亿元,完成率105.48%,同比增长22.45%。其中37个台州市考核项目累计完成投资45.17亿元,完成率112.97%。牵头组织全县扩大有效投资重大项目集中开工活动,四批重大项目集中开工共涉及23个项目,总投资近94亿元。积极推进项目建设,乐清湾跨海大桥建设强势推进;红地新能源玉环漩门三期20兆瓦地面分布式发电和晶科电力经济开发区80兆瓦农光互补地面光伏发电电站等两大光伏项目建成后已并网发电;大润发超市、书城、影城等一批重大项目竣工投用。

【海洋经济发展】 推进海洋经济建设,编制2016年度海洋经济重大项目计划,27个重大建设项目完成投资58.06亿元,完成年度计划的102.8%。稳步推进沿海产业带建设,玉环经济开发区和沙门滨港工业城基础设施建设新增投入5.6亿元,新增开发面积112公顷,新投产企业12家,新开工企业48家。强化循环经济工作,5个项目入选省循环经济991行动计划,总投资约1.55亿元。稳步推进园区循环化改造,全年完成投资14.7亿元,同比增长22.5%。积极争取专项资金,获得省海洋经济专项资金1.03亿元,玉环湖环境生态整治工程获得100万元省循环经济专项资金支持。

【第三产业发展】 2016年,全县服务业实现增加值187.84亿元,增长10%,居台州市第二,占全县GDP比重首次突破40%,对经济增长贡献率达到49%。推动服务业重点项目建设,大润发超市竣工开业,实现城区大型购物中心“零”突破。修订完成《玉环县加快现代服务业发展实施办法》,加大服务业政策支持力度,兑现2015年度全县服务业引导资金。首次组织全县服务业重点企业负责人赴上海交通大学培训学习。加强服务业重点企业培育,1家企业入围2016年度浙江省服务业重点企业,9家企业被台州市发改委认定为台州市服务业重点企业,28家被认定为玉环县服务业重点企业。出台县服务业重点企业和优秀企业家评选办法,完成2015年度县服务业重点企业和优秀企业家评选。

【强化价费监管】 落实2015年度供水价格和污水处理成本的定期监审。完成规范性文件清理工作。落实行政事业单位收费清单日常管理工作,共调整行政事业单位收费清单公示内容22项,撤销收费公示单位1家;调整的22项行政事业性收费具体表现为4项取消、4项暂停、6项免征、8项变更。完成全省景区门票价格专项整治工作,对全县5家A级景区进行了价格调查。积极处理价格投诉举报,全年48起投诉举报件完成100%以上。强化价格鉴定工作,共办理涉案财物价格认定422件,涉案标的1585项,涉案金额876.78万元,案件办结率100%。

【机关作风建设】 加强机关党建工作,落实全面从严治党主体责任,扎实开展“两学一做”学习教育,积极打造“发改讲坛”党课新平台。继续实施“强基惠民村村帮”活动,组织在职党员深入楚门镇筠岗村开展党员志愿者服务活动,发挥党员积极参与基层建设作用。提升机关服务能力,加强信息宣传工作,县两办信息均超额完成任务,排名全县前列。及时公开政府信息,全年主动公开各类信息156条。加强县党代会和“两会”议提案答复办理工作,17件主办议提案均及时答复,满意(基本满意)率100%。

(郑　伦)

玉环经济开发区

【概况】 浙江玉环经济开发区前身为玉环大麦屿经济开发区,建于1992年6月,1993年11月,经省人民政府批准升格为省级经济开发区,2005年,更名为玉环经济开发区。2008年12月5日,经玉环县委常委会决定,玉环经济开发区从大麦屿整合到漩门二期围垦区,主要负责开发漩门二期围垦区、县汽摩园区、观光农业园等区块。2010年7月,浙江玉环经济开发区整合提升方案得到省政府正式批复。2011年1月召开的县十三届五次党代会决定,将漩门三期纳入玉环经济开发区发展空间,规划控制面积85平方千米。2016年,玉环经济开发区以"项目提速年""百日会战"等活动为主载体,坚持项目开路、服务跟进,在建设质量、发展速度上展现出较大优势:在50家省级开发区综合考核评价中以357.3的总分排名第21位,比上一年上升14位,综合排名创历史新高。

【规划编制日渐完善】 完成2015—2020年开发区土地利用总体规划修编;实现北区BXE023～02、BXE023～04、BXE036单元控规报批;完成开发区漩门二期2016年度水域规划实施方案。

【招商引资取得实效】 启动晶科产业园(9.2公顷)、晶科光伏发电二期项目建设,完成示范区小微企业创业园(9.53公顷)土地出让,完成新城幼儿园供地,完成特色小镇概念规划的初步方案评审,深化总部经济11号楼初步设计方案,完成保诚生态文化园概念方案优化更新;继续对接树兰学校等招商项目。

【城市建设推进有力】 累计完成社会固定资产投入30.7亿元。玉环新城形象得到大幅提升,城市格局越发丰满。公建项目方面,投用县委党校,建成县广电中心、邻里中心、环保公路公证综合服务中心,完成新城学校总工程量30%,实现新城科研中心交工验收,完成新城体育中心项目建议书批复。商业项目方面,投用玉环国际阀门城一期、综合物流园第三方物流中心,建成青年大厦,实现华龙·阳光星城一期交房、二期桩基施工,完成苏泊尔·滨江壹号一期主体装饰工程、二期实施地下室工程,完成玉环国际阀门城二期竣工验收,完成中西医结合肾病医院、玉柴润滑油华东销售中心主体结顶,推进半岛·世贸大厦、国贸大厦、百步纳商务楼、玉环国际家具精品城内外装饰工程,启动建筑业大楼、华达大厦地下室施工。基础设施方面,建成风屿北路二标段、风屿北三路、六号路、北区九眼港桥(施工便桥),启动金湾东路及支路、漩门二路等道路施工,启动家具城配套设施、科研中心广场及配套设施工程,完成漩门三桥西北侧、76省道外侧15米段、滨江大道北线人行道外侧、龙王塘河至分水段沿湖、南浦路人行道、新塘河等绿化工程。景观生态方面,启动北区污水提升泵站及污水主管工程,推进玉环湖生态整治工程,完成玉环湖慢行系统工程招标;推进南区水环境综合整治工程,其中新塘河试点工程——生态修复完成工程量25%,启动包括桥梁景观亮化、大楼亮化等新城亮化工程。

【区域经济稳步增长】 工业:经济指标稳步增长。2016年,全区实现工业总产值94.71亿元,增长5.77%,实现销售收入87.67亿元,增长4.03%,其中规上总产值81.42亿元,增长6.87%,销售产值74.44亿元,增长5.05%。税收收入4.18亿元,增长4.88%。出口交货值25.91亿元,增长1.76%。全区共有规模上企业91家,其中产值亿元以上企业26家,同时,新评三龙企业47家,入选县三名企业

9家。科技创新持续发力。通过实施三名工程和品牌战略，推进质量强区，质量强企。2016年，全区获评省高新技术企业8家，省科技型企业8家，省名牌产品企业4家，省著名商标企业4家，市高新技术企业7家，市名牌产品企业7家。农业：配套设施逐步完善。完成五号地块标准农田工程、六号地块低洼区块吹填工程、七号地块土地开发项目验收；完成一号文旦地、三号地块农户管理房基础浇筑及安装，基本完成农业区1～4号地块自来水工程安装作业；完成浙江省农业综合开发玉环县文旦特色园项目(2014—2016年)项目2015年项目工程量80%；完成生态循环农业秸秆生物反应设施及配套项目，完成观光园认知园项目(温室大棚)建设。特色品牌效益初显。做好2016年度省级生态循环农业发展项目、县级项目上报以及生产技术指导服务工作；湿地公园农业区内部水稻田区、蔬菜园区、地方特色果园等形成完善区块格局，培育成功珍珠李、红美人(柑橘)、火龙果、白沙枇杷等一批特色种植品种，打响湿地水果知名度与美誉度。同时，借力漩门湾旅游宣传平台，进一步打响漩门湾农业品牌。旅游业与生态保护：旅游产业有序推进。完成县漩门二期蓄淡围垦工程竣工验收。湿地公园、观光园两大景区累计完成政府性投资1.77亿元，通过玉环漩门湾国家湿地公园(试点)验收，完成神农庄两证办理，正推进室内装修，完成湿地科普宣教中心土建工程75%；完成湿地公园主入口生态停车场项目、玉环柚科技研发推广服务及农业设施项目招投标；建成观光园认知园项目，完成栽培废料等废弃物收集处理房主体施工；完成湿地公园绿道网项目总工程量70%，营造湿地花田花海20公顷；开启智能景区建设，举办漩门湾迷你马拉松，累计接待游客36万人次。生态保护成效初显。建立湿地公园保育区鸟类栖息地监测网点，配合巡查加强对湿地野生动植物资源的保护工作。同时，主动借力“世界湿地日”“爱鸟周”“世界野生动植物日”等公益宣传活动，不断加大面向入园群众的环保科普力度；2016年，根据监测数据，漩门湾湿地公园范围内鸟类数量继续保持为154种，其中国家级保护鸟类15种(国家Ⅰ级保护鸟类1种，国家Ⅱ级保护鸟类14种)，省级保护鸟类18种。

【三期建设出形象】 完成玉环县漩门三期围垦工程建设，启动分部验收；示范区累计完成政府性投资1.94亿元，实现供地15.93公顷，完成示范区吹填及软基处理(一期)工程验收；首批入驻11家企业完成土建工程50%，第二批入园12家企业启动建设9家；完成晶科产业园(9.2公顷)项目主体工程75%，完成示范区小微企业创业园(9.53公顷)场地平整；建成示范区婺州路、上海路等4条道路，推进杭州路、天津路等9条道路建设；完成解放中闸工程，完成示范区解放中河排涝及景观工程(景观)招标；完成示范区污水泵站及管道工程、示范区保障性住房项目招标；启动二、三期水系贯通工程方案设计。“造田造地”区块，实现晶科光伏发电、红地光伏发电项目并网发电；启动晶科光伏发电项目二期；完成3—2土地开发项目(土地整理)工程量40%，完成3—4土地开发项目80%。

【社会管理跃台阶】 通过开展“迎新春、保平安、促和谐”治安大巡防、夏季治安大巡防等系列行动，全年累计开展治安巡防2830次，设卡检查140次；全年辖区发生治安案件29起，同比2015年治安案件数下降57%；扎实开展辖区内危房违建现象整治活动，依法全力打击违建行为，全年共查处、拆除各类违规建筑71起，拆除面积约243093.14平方米，超额完成目标任务501.22%；完成治危拆违14处，总计11998平方米，超额完成任务数的133.31%；完成拆后利用18处，累计拆后利用总面积达242110平方米，拆后利用率达81.38%。

（王鸿义）

审 计

【概况】 县审计局有正式编制28人，设办公室、财政金融审计科(挂行政事业审计科牌子)、经贸投资审计科、经济责任审计科等4个职能科室，下设事业单位2个，分别是经济责任审计中心(国家建设项目审计中心)、计算机审计中心。完成审计项目52个。审计查出问题资金金额55.01亿元，审计决定处理处罚资金5186万元(其中，应上缴财政17万元，应归还原渠道资金34万元，应减少财政拨款或补贴4612万元)。国资上缴1.23亿元、专户清理上缴5409万元、税收入库1176万元。移送处理2起案件、移送处理人员1人。提出审计建议120条，被采纳审计建议79条；提交审计信息64篇，被批示、采用23篇。

【专业审计】 财政审计：完成2015年财政预算执行情况和其他财政收支审计、地方税收征收管理审计和乡镇财政收支与负债专项审计调查，重点剖析税收征管以及国有资产管理和财政信息化系统运行情况。7月，向县人大常委会报告财政同级审工作报告，11月，报告财政同级审中发现问题的整改情况。继续开展公务支出公款消费审计情况专项审计调查，全年审计29家一级预算单位，延伸审计52家下属单位。完成县物产集团总公司2012年1月至2016年3月财务收支审计和县教育局2013—2014年财政收支审计，规范财务收支行为，降低国有资产流失风险。政府投资审计：继续推进500万以上政府投资项目必审制，全年完成政府投资审计项目37个，其中，竣工决算审计6个，结算审计项目31个，送审工程造价4.79亿元，审定工程造价4.33亿元，核减工程造价4612万元，核减率9.6%。

【经济责任审计】 对县住建规划局、县交通运输局、县水利局、县机关事务局和海洋渔业局等5个单位5名县管领导干部开展经济责任审计。7月，会同县纪委、县委组织部对县2015年度的8个经济责任审计项目整改落实情况开展联合督查。督查结果显示，要求被审计单位必须及时整改的问题整改率100%，审计建议需要改正的问题落实率94.1%。通过整改落实，收回应交财政资金396万元、归还原渠道资金225万元，调账金额682万元，医院收回让利款8388万元。

【政策执行审计】 完成学前教育政策落实情况专项审计调查、“五水共治”政策措施落实跟踪专项审计调查——县饮用水水源保护和医疗废物监管专项审计调查。选派审计干部赴路桥区开展保障房跟踪审计、赴绍兴市参加全省浙商回归跟踪审计、赴三门县实施台州市医疗保险基金审计。重点关注政策措施执行效果和资金使用效益，防范资金管理风险，推动各项惠民政策贯彻落实。《医保信息系统存在信息共享短板致使医保基金流失风险频发》专报得到省长车俊和副省长熊建平批示。配合做好县委书记、县长任期经济责任审计项目，浙商回归政策落实情况跟踪审计项目和2015年度保障性安居工程跟踪审计的后勤保障和相关服务指导工作，确保审计监督落到实处。

【审计管理】 强化审计整改管理：成立局整改督查领导小组，全面推动“审计整改落实年”活动落实，推进“审计整改督查管理系统”应用。会同县纪委、县委组织部进行整改督查，通过整改追回单位资金1275万元、上缴财政资金1.89亿元，促进被审计单位完善内部管理制度5项。由分管领导带队开展整改情况回访，重点对全县11个街道(乡镇)进行全面督查，针对发现的资产管理方面产权不清、往来款长期不清问题形成专报报送县政府并得到县领导批示。强化计算机审计管理：

继续落实审计项目省、市、县三级实行计算机联网管理，全面推进计算机技术与审计业务的深度结合，大力培养专家型人才和审计能手。上报《大数据审计在地税审计中的应用案例》入选进大数据审计案例。完成台州市审计数据分析平台一期项目建设，进一步完善计算机审计管理应用。强化结果公告管理：贯彻落实《浙江省审计机关审计结果公告管理办法》，不断健全完善审计结果公开制度，推动落实审计结果全面公开。通过《今日玉环》、官方门户网对外公告审计结果37个，首次在门户网站上公开8个审计结果整改情况，进一步提升审计公信力和影响力。

【干部队伍建设】 制订《玉环县审计局党组理论学习中心组2016年度学习计划》《玉环县审计局"学党章党规、学系列讲话，做合格党员"学习教育实施方案》，深入开展"学党章党规、学系列讲话，做合格党员"专题学习教育活动，全年开展学习讨论活动35次。制订《玉环县审计局机关工作人员平时考核实施办法（试行）》，进一步加强局机关工作人员日常管理。制定《玉环县审计局公务出行保障实施办法》，落实审计人员公务出行保障工作。加强干部日常管理。年初，根据人员综合素质进行岗位调整，内设机构新增计算机审计中心。加强干部培训，派送审计干部参加县级以上各类培训班42人次。注重从一线实践中锻炼年轻干部，提升年轻干部实务能力，派出审计干部参加省市交叉审计及县纪委案件协查14人次，青年审计干部担任项目主审或审计组长占30%。

（郑新泉　江晨红）

统　计

【概况】 县统计局是负责组织领导和协调全县统计工作的综合管理部门。内设办公室、统计业务科、综合法规科、行政审批科、能源统计科、投资统计科等6个科室；下设县社会经济调查队、县普查中心、县第三产业统计中心、县统计执法稽查大队等4个事业单位，正式在编人员35人。

【突出中心，狠抓重点，全面提升统计服务水平】 加强监测重点经济指标。认真做好对GDP、工业、服务业、投资、城乡居民收入等指标的跟踪监测。每月按时上报县级GDP核算基础数据，根据基础数据对GDP趋势作出研判，做好监测预警工作。加大对能源运行和节能进展情况监测力度，突出能源数据变动异常企业的监测分析，完成对全县710家规上工业企业1—12月能耗的动态监测。编印月度统计信息卡片，发布2015年统计公报、出版《2015年玉环简明统计资料》《2015年玉环统计年鉴》《玉环统计》等统计服务产品，利用统计信息网等平台，及时向社会提供统计数据。积极深入基层走访调研。以"助企强企服务年"为契机，局领导带队开展走访调研，与玉城、坎门、大麦屿、楚门、沙门等乡镇（街道）负责人就如何把握统计数据与经济形势匹配、工业用电量增幅与工业产值增量匹配及如何合理分配解决乡镇规上工业归属地统计等问题进行探讨，指导乡镇（街道）准确把握产值、增加值率等计算方法，研究解决基层统计工作中存在的困难和问题。同时，深入企业开展调研，累计走访规上工业企业50余家，涉及家具、汽配、阀门等行业，重点了解企业经营情况和困难，为企业统计人员进行业务指导培训。逐步推进"三新"统计工作。根据国家统计局《关于加强和改进"三新"统计工作的通知》，玉环县局深入浙江文旦小镇·电商创业园、玉环县众创人才创新服务中心、玉环县电商园等电商园区开展调研，了解玉环县电商企业组织架构、业务运作流程等情况，加强企业依法统计理念的宣传，提高数据上报质量。玉环县进入国家一套表电商企业有3家，填补玉环县没有限上电商企业的空白。

【立足当前,着眼长远,切实抓好基础统计工作】 严把投资项目入库。截至2016年年底,新增投资项目5000万元以上39个,5000万元以下434个,房地产项目1个,针对新入库项目,严格执行规范化管理。同时,与发改、经信、建设等部门建立有效的合作机制;通过网络、报纸等查找新项目,及时了解项目立项、开工、实施情况;将备案审批的企业项目信息及时反馈给各乡镇(街道)、县级重点项目信息反馈给指挥部或主管部门,让他们第一时间收集上报。建立明细查询制度。针对一项目一档案工作中碰到关于发票数量比较多的问题,玉环局采取明细账凭证代替烦琐的发票,在每一份明细凭证中可以找出相对应的发票。便于在一项目一档案工作中让相关企业或者单位准备台账,台账采取电子版本,台账在每个月上报数据之前认真填写,以利于企业或者相关单位对于每个月上报数据更真实的填写。强化统计能源监测。加大对能源运行和节能进展情况监测力度,突出能源数据变动异常企业的监测分析,关注各乡镇能耗指标完成状况,协同经信部门做好各乡镇等价能耗和重点企业能耗的通报工作,全力推动节能降耗工作进一步深化。坚持把"四上"企业联网直报审核报批作为反映经济社会跨越发展的重要抓手,精心指导各乡镇积极做好基础性工作,严格执行"预报制度"和"逢进必查"的相关要求,确保"达标"企业及时纳入联网直报统计。全县月度新开工工业企业6家,年底小升规工业企业69家,超额完成市对县考核目标。

【统筹规划,综合协调,全面开展"三农普"工作】 建立机制,落实责任。成立玉环县第三次农业普查领导小组并设立办公室,明确工作分工,制定工作机制和考核办法,下发工作计划和流程表,始终将普查的规范要求、计划落实与县农普办保持一致,及时召开农普办主任会议和农普办工作人员会议,贯彻上级农普会议精神,学习农普业务知识,切实加强普查队伍的建设。加强宣传,营造氛围。在县主流媒体《今日玉环》开辟农普专栏,并开通"三农普"内外网站,微信公众号、QQ群,编印《玉环农普》简报6期,动态信息台州市农普内网录用210条,被省农普内网录用113条。在县农普办走廊墙面制作"三农普"风采栏,收集展示县级和乡级农普重点亮点工作照片。开展"农业普查宣传月"活动,在县观光农业园开展宣传月活动启动仪式,通过60辆自行车骑行宣传和设点发放宣传品等方式营造农普宣传氛围,同时,县乡两级通力协作,采用分发普查宣传品、悬挂标语、LED显示屏播放、张贴宣传海报、出动宣传车等多种形式进行宣传,努力营造农普宣传声势。统筹兼顾,清查摸底。为确保划区绘图和清查摸底工作保质保量完成,精心制作县、乡两级《"三农普"工作竞赛》展板。县级层面,在竞赛展板上,采用贴小红旗的方式体现乡镇(街道)的划区绘图、清查摸底、普查登记三项工作进展情况,并将进度照片第一时间在QQ群里共享,使各乡镇相互对照工作进度;乡级层面,要求各乡镇(街道)在乡镇政府醒目位置放置以村居(社区)为对象的工作竞赛展板,便于乡镇农普办掌握村级工作进度,形成一级抓一级,层层抓落实的普查工作格局。

【拓宽渠道,依法治统,深入推进统计法制建设】 开展统计法制宣传。县统计局分别通过12·4全国法制宣传日在玉环公园入口摆设宣传台和12·8全国统计法制宣传日开展微信答题赢话费活动等方式宣传统计法律法规,提高群众的参与度,拉近统计与群众之间的距离,促进相互间的理解、联系和合作。另外,通过制作一系列的广告宣传牌和发放统计普法宣传手册,用生动、自然的方式引领读者详细了解日常统计工作点滴,让公众更加了解统计、熟悉统计。加强统计执法稽查。创新统计执法形式,通过将局内统计法制基础建设、基层规范化建设、统计巡查、统计执法大检查与定期检查等各项工作有机结合起来，在内部建立统计执法监督制约机制。通过采取定期执法和突击执法相结合、统计监督检查和专业统计数据质量检查相结合等方式达到多样化执法手段的目的。结合民生情况等热点问题，针对个别统计法制观念淡薄、内部管理混乱的单位实行重点执法稽查，全年统计稽查单位35个，立案33个，处罚金额9.20万元。强化行政执法监督。抓好评议考核制，把法定职责分解落实到各科室和行政执法人员，并把评议结果作为科室负责人政绩及评选先进的重要依据。建立《玉环县统计局错案责任追究制度》，明确过错责任追究范围和规范过错责任追究程序，对在行政执法活动中违反法定程序或者滥用职权的，要追究科室负责人和直接责任人员的责任。通过统计局信息网，将行政执法依据、依法程序，执法权限、收费(罚款)标准、办结案期限、办案结果、承办机构、执法人员以及对违法执法行为的举报电话等向群众公开，接受群众的监督。

【重心下移，注重实效，持续夯实统计基层基础】 扎实推进统计规范化建设。县统计局通过融合县、乡统计机构力量，严格落实工作责任、深化督导创建机制，确保全县乡镇和企业统计工作规范化建设工作有序推进。9月，召开全县乡镇统计工作规范化建设会议，明确各乡镇完成本辖区内20%企业的规范化建设目标任务，并统一印发企业创建所需的辅导资料，由乡镇开展业务培训，引导企业做好统计工作规范化建设。同时，通过不定期召开统计基层基础建设交流会，积极推行乡镇统计基础规范化建设交流会制度，对各乡镇(街道)在规范化建设工作中的好经验、好做法进行交流。全面开展统计继续教育。虽然统计从业资格考试被取消，但根据《统计法》，加强统计从业人员继续教育工作是一项基础性也是必要性的工作。县统计局把统计继续教育和统计执法、统计基础建设相结合，认真组织玉环县的统计继续教育，不断提高统计人员的业务素质。2016年，从业人员继续教育报名人数达到2310人，学习人数2277人，合格人数2196人，其中四上企业608家。全力推进学习型机关建设。通过举办专题培训班、召开中心组学习会、机关学习会、参加名家大讲堂等形式，深入推进学习型党组织和学习型机关建设。分批组织全局业务骨干赴国家统计中心各训练基地开展业务轮训，局中层及以上业务骨干赴衢州龙游、江山考察学习基层基础规范化建设、特色小镇和其他特色统计工作，进一步提升统计队伍的思想政治水平和业务能力。

(应谷一)

国土资源管理

【概况】 县国土资源局内设有6个科室，隶属事业单位有9个及12个基层管理所，现有干部职工108人。2016年，围绕“守住红线、节约集约、改革创新、维护权益”工作主线，以打造“法治国土、阳光国土、高效国土、智慧国土、廉洁国土”为目标，获得新增建设用地指标奖励33.33公顷，创建工作经验介绍入选国土部百个创新案例。

【建设用地保障】 完成县乡两级土地利用总体规划调整完善和新增建设用地项目储备库建设。上报规划调整方案16个，调整方案共涉及125个项目，总面积261.33公顷。争取计划外指标201.33公顷(其中，通过创建“全国国土资源节约集约模范县”，获得专项指标奖励33.33公顷)，极大地缓解了全县用地指标紧张的状况，有效保障重点工程和民生项目建设需求。组织、编制上报征地、农(未)转用16个批次，征收集体土地面积35.67公顷、收回国有土地面积82.13公顷，全部做到土地征收主体合法、程序严格依法履行到位、被征地农民社会保障落实到位全年供地204.74公顷，其中工业用地97.77公顷,其中漩门三期海洋经济转型升级示范区33.83公顷,沙门滨港工业城26.97公顷,干江滨港工业城8.7公顷。近五年(2011—2015年)平均供地率达到85.98%。出让60宗89.6公顷的国有建设用地使用权,收取土地出让金8.31亿元。完成无房户、危房户用地供应1767户。

【节约集约用地】 出台《玉环县进一步加强土地节约集约利用的若干意见》,以玉城街道太平塘为重点,开展城镇低效用地再开发87.4公顷,消化利用2006—2015年批而未供土地67.72公顷,盘活存量建设用地85.76公顷,闲置土地开工率达74.46%,处置率为100%。完成利用"三改一拆"拆后土地具体建设用地项目供应22.11公顷,完成任务的132.66%。前三年(2013—2015年)新供建设用地项目按期开工率达93.95%。

【石料供应保障】 严把矿山企业准入关,进一步缩减矿山数量,提高矿山规模,逐步淘汰脏、乱、差的小型矿山,促进矿业结构的调整与优化。全面排摸县矿产资源需求的实际情况,编制新一轮《矿产资源规划》。全县共办理采矿登记1宗,延续2宗,注销2宗,转让1宗,现持证矿山10家,其中经营性矿山6家,工程性矿山4家,年均开采量1500万吨,收取采矿权出让金1080万元。

【实施不动产统一登记】 完成不动产统一登记机构整合、人员划转、数据整合、资料移交、平台建设、流程再造、窗口改造等工作,于9月20日起顺利实施不动产统一登记,并且在全市首创,将房产交易过户业务一并整合到不动产登记服务中心进行统一办理。通过"玉环发布"微信公众号、《今日玉环·国土之窗》、玉环电视台、电信视频广告等渠道做好不动产统一登记的宣传,收到良好效果,仅"玉环发布"微信宣传文章的阅读量就达到了近13000次。不动产统一登记实施以来,各项业务办理较为顺畅,实现了人员不散,流程不断,业务不乱的工作目标,共办理不动产相关业务12414宗,其中首次登记2181宗;变更登记386宗;注销登记2153宗;转移登记1014宗;其他6680宗。

【清理小产权房】 基本完成渔岙村涉及买卖的"小产权房"清理工作。完成套房回购1205户,回购金额8600万元。完成自建自住立地栋房屋回购4幢,回购金额48.5万元。9幢16户排屋已回购办证14户,回购金额1528万元,收缴非法所得2943万元。在基本完成渔岙村小产权房清理试点工作的基础上,逐步推进全县小产权房清理工作。完成对5个乡镇(街道)11个村涉及小产权房前期的土地房屋测量、建筑成本评估、房屋安全鉴定及消防评估等工作。

【宅基地流转】 在2015年出台《玉环县农村宅基地流转实施办法(试行)》的基础上,2016年,制定《玉环县农村宅基地流转细则》,建立农村产权交易平台,要求空闲宅基地流转、宅基地转为经营性建设用地流转等项目必须进入农村产权交易平台进行公开交易。同时,不断压缩审批流程,明确相关监管、审查、批准等责任部门,明确受、让双方或接受抵押方的权利义务和责任,达到规范交易活动的目的。全县共办理宅基地流转487宗,涉及用地面积5.14万平方米;办理农房抵押472套,涉及建筑面积10.8万平方米,抵押金额2.18亿元。

【耕地保护】 完善耕地保护奖补机制,制定《关于建立耕地保护奖补机制的实施意见》,确定奖补标准为永久基本农田每年每亩70元、永久基本农田示范区每年每亩100元。开展永久性基本农田划定,划定永久基本农田8200公顷,其中示范区面积2020公顷,并通过省厅数据质检。大力实施"万亩造田",完成漩门湾3-4地块土地开发项目,累计新增耕地130.8公顷，连续21年实现耕地占补平衡。完成耕地质量提升工程立项面积1049.93公顷。完成大麦屿农村综合整治项目建设，并通过县级验收新增耕地2.64公顷；完成干江镇甸山头村和龙溪镇灵山头村2个农村土地综合整治复垦项目立项，拆旧区面积3.45公顷，顺利完成年度任务。完成干江镇工业用地建设占用耕地耕作层剥离工作，剥离面积9.2公顷，剥离后耕作层用于小屿门农村综合整治项目耕地质量提升。

【生态保护】 投入地质灾害隐患点防治资金600万，完成市对县考核任务的芦浦镇漩门村老鹰窝崩塌地质灾害隐患点治理及验收。全县共17处市级重要地质灾害隐患点，其中11处完成工程治理，2处正在治理施工中，2处正在搬迁中，2处正在监测中，使68户248人脱离了地质灾害威胁，并连续20年实现地质灾害人员零伤亡。

【国土资源行政执法】 严格开展卫片执法，上级下发2015年玉环县土地卫片图斑614个，涉及土地面积429.45公顷，矿产卫片图斑4个，经查处整改，最终违法占耕比为1.33%，为全市最低。打击违法维护秩序，出动巡查2010次，发现违法行为33宗，涉及占地面积2.49万平方米，全部当场予以制止，有效打击和震慑了私挖滥采和毁林挖山等违法行为。立案查处土地违法案件42宗，涉及土地面积5.61万平方米，其中耕地2.81万平方米；立案查处矿产案件8宗，没收非法所得255万元，并处罚款63万元。通过新闻媒体、门户网站公开曝光了15起土地违法案件和5起矿产资源违法案件。实施诚信管理，出台《玉环县国土资源利用诚信管理办法(试行)》(以下简称《办法》)。建立国土资源利用诚信档案，对国土资源利用单位和个人存在违反土地、矿产资源管理法律法规和违背诚实守信的不良信用信息进行收集、处理以及监督管理。联合法院、纪检、经信等数十部门联合，对列入国土资源诚信档案的当事人实施惩戒措施。《办法》出台以来，已发放《不良信用信息通知书》171份，已全部自行整改到位，整改率100%。不断深化土地民主管理内涵，制定《玉环县土地民主管理示范村创建活动方案》，进一步推广村级土地民主管理。同时，将其与农房“立改套”、农村土地综合整治、旧村改造、“三改一拆”拆后利用等重点工作有机结合，切实破解农民建房难题。经过严格的考评，共评选出82个可看、可学、可比的示范村，在全县范围内形成人人关心创建、人人参与创建的良好氛围。

【切实维护群众利益】 坚持把维护群众利益作为国土资源工作的根本出发点和落脚点，把维护群众合法权益落实到国土资源管理的各个环节。开展“精准对接，组团服务”。主动对接乡镇，收集基层存在的涉土问题，由局党委班子成员带领务骨干到各乡镇开展组团式服务，通过实地踏勘、现场对接的形式，为群众想点子、出实招、解难题，共破解11个乡镇(街道)、开发区涉土问题83个。开展“走基层送服务”活动20余次，为行动不便的老人、山区、海岛群众送去土地使用证，收到企业、群众的锦旗8枚、感谢信9封。受理群众信访件57件，同比下降63%，其中受理群众来信35件，同比下降47%(重复来信4件，同比下降81%)；受理群众来访22批/51人，同比减少4.3%和44.6%(其中重复访零件，集体访零件)；信访案件办结率为98.2%。

【队伍建设】 开展“查能力、查状态、查纪律、查服务”，集中整治“慵、懒、散、漫”提效能行动，切实维护国土部门良好形象。制定《“抓苗头、转作风”廉政谈话机制》，强化对全县国土资源系统干部职工的日常教育和监督管理，增强廉洁自律意识，提高廉洁从政水平，进一步推进党风廉政建设，到目前共开展干部职工谈话360多次，其中针对党风廉政建设方面轻微、苗头性等问题警示提醒约谈7

人次。聘请行风监督员开展“隐身式”作风效能监督,对上班时间工作人员去向、工作效率、服务态度等情况进行督查。对发现的问题,及时在全系统予以通报,尤其是对违反各项作风效能规定的,严格追究责任并作严肃处理。联合县纪委派驻第四纪检组、县文学艺术界联合会,围绕“立德、守规、崇廉”这一主题,举办“国土杯”征文比赛,树立“立德、守规、崇廉”的良好国土形象。组织开展“两学一做”教育活动,其中局长蔡其方在“两学一做”学习教育工作动员部署大会作了1次党课,邀请县纪委宣讲团成员郑海峰作关于《中国共产党廉洁自律准则》和《中国共产党纪律处分条例》的学习教育工作专题讲座。邀请县党校校长耿礼文关于习总书记系列讲话精神讲座1次。组织全局党员学习《中国共产党问责条例》,组织观看廉政教育宣传片《郑义门》《镜鉴》和《永远在路上》等,对王盛事迹和大陈岛垦荒精神进行“两学一做”专题讨论。

【党风廉政建设】 出台年度《党风廉政和反腐败建设工作要点及责任分工》《反腐倡廉建设和作风建设组织领导与责任分工》等文件;党委书记、局长与各科室所(分局)签订责任书,科室所(分局)与工作人员签订责任书,形成一级抓一级,层层分解落实的责任体系。严格落实中央“八项规定”和省委的“六个严禁”,建立廉政风险干预信息库,及时敲响廉政警钟,实行廉政风险问责。利用“玉环县党员干部廉政风险干预系统”平台、玉环县国土资源局“廉政之声”短信平台,定期向中层干部、班子成员发送廉政风险干预短信。

(方　烨)

市场监督管理

【概况】 县市场监督管理局是主管全县工商行政管理、食品药品监督管理、质量技术监督工作和承担县食品安全委员会办公室日常工作的现政府工作部门。内设机构有18个职能科室、3个直属机构、8个派出机构,7个下属事业单位。全系统共有干部职工256人,其中行政编制156人,参公编制29人,事业编制71人。

【加强检验检测能力建设】 县食品药品检验检测中心于2016年3月2日成功获批国家发改委第二批县级食品安全检验检测资源整合试点建设,获得中央和地方财政补助共811万元,用于实验室建设和仪器设备采购,全面提高硬件配置。成功通过检验检测机构资质认证复审及农产品质量安全检测机构的联合审查,复评认证能力415项,扩项51项,是全市第一家通过省质监局和省农业厅共同联合审查发证的检验检测机构。2016年,共完成定量检测2278批次,超额完成每千人2批次食品抽验任务。县质量技术监督检测中心共完成监督抽查319批次,产品质量委托检测1300余批次,定量包装产(商)品净含量监督检验97批次及2万余台件计量器具的检定与校准工作;严格贯彻企业减负政策,降低水暖用内连接阀门收费标准至1500元/批次,共受理检测820余批次,减免企业费用41万元。

【创新监管方式】 力促县政府出台《关于加强餐饮服务重点单位主体责任痕迹化管理的指导意见》,是全省第一个县级餐饮服务主体痕迹化管理规范性文件,标志餐饮痕迹化监管模式正式成形,并在全省现场会作推广。出台《关于印发玉环县食品安全金融征信体系建设工作方案的通知》,采集全县10类食品相关经营主体信息,导入台州市金融服务信用信息共享平台,监督责任主体诚信经营,建立食品安全金融征信体系,该项工作被列为省食品安全治理体系现代化建设创新试点工作。首创农贸市场“食品安全状况等级公示体系”，科学评定安全等级，并在摊位醒目位置设置公示牌，引导消费者主动寻找“笑脸”经营户，倒逼责任主体规范经营，县城关中心菜市场324个摊位已全部公示状况等级。

【维护市场秩序稳定】 相继开展守护舌尖安全“利剑”、护航G20维稳安保等行动，严厉打击违法行为，维护市场秩序稳定，共查处各类案件216起，罚没款额261万元，其中大要案75起，移送公安机关10起。尤其是打击传销案件取得重大突破，成功破获一起“中国人际网国网”传销活动案，捣毁传销窝点4个，抓获非法传销人员47名，其中刑事拘留4人、取保候审1人，冻结涉案资金250万元，此案件是2016年全市系统破获的唯一一起传销案件。

【优化市场准入环境】 全面深入推进商事登记制度改革，实行“五证合一”、简易注销、注册登记全程电子化改革措施，服务大众创业创新。2016年，共办理“五证合一”9697家；新增内资市场主体9916户，同比增长84.4%，其中新设公司（含分公司）2475户，同比增长54.5%；简易注销企业137家。启动企业名称查重申报系统，实现“一站式”自助申报，共核准各类市场主体名称8587条，同比增长31.8%，其中远程核准冠“浙江”名称142条、冠“台州”名称1019条。10月21日，被国家工商总局授予外资投资企业登记管理权，外资企业在玉环本地即可办理营业执照。

【全力助推小微企业发展】 引导小微企业向新兴产业发展，建立健全“个转企”工作常态化、规范化、长效化机制。新增七大产业小微企业635家，完成目标任务的120.7%；新增“个转企”企业197家，完成目标任务的110%，其中转公司制163家。在玉环县众创人才科技创新服务中心（楚门梦工场创业园区）建立全县首家服务创业创新示范点，设立“市场监管事务服务室”，组团为园区小微企业提供商标广告、年报申报、品牌培育、产品质量、检验检测等方面“一站式服务”，助推小微企业健康有序发展。

【拓宽企业融资渠道】 搭建股权质押、动产抵押和商标专用权质押三大助企融资平台，盘活企业静态资本和无形资产。共办理股权出质登记15件，出质股权数额17462.16万元，授信金额54856.88万元；动产抵押登记49件，授信金额37578 万元；商标质押33件，质押商标81件，质押金额3.55亿元，质押贷款金额数居全市第二。

【落实年报工作】 全面落实2015年度年报公示工作，企业年报率达82.2%，个体工商户年报率达88.4%。按照“双随机一公开”原则开展企业公示信息抽查工作，并招标委托第三方审计服务机构，随机抽取100家企业进行审计，共有3378家企业及农专社被列入经营异常名录，其中列入未移出3274家。

【开展商标培育工作】 新增注册商标837件，国际注册商标72件，总量达3737件，占全市总量的23.6%，年增数和注册总数均居全市第一；新增省著名商标4件，市著名商标8件，其中小微企业获省、市级著名各商标1件，累计有驰名商标数7件，省著名商标数43件，市著名商标55件。浙江双友物流器械股份有限公司被评为浙江省商标品牌示范企业，实现县省级商标品牌示范企业零的突破。浙江达柏林阀门有限公司获评省知名商号企业。

【强化“三强一制造”战略】 深入实施质量强县战略，获批创建国家级家具产品质量提升示范区，国家质监总局领导到玉环指导工作；力促县政府出台《玉环县质量强县“十三五”发展规划》，将“十三五”质量发展规划列为政府重点规划；新增17家企业导入卓越绩效模式；获市政府质量奖企业1家，县政府质量奖2家企业，5家企业通过县政府质量奖复评；指导督促5家企业首席质量官完成《质量改进与提升绩效报告》，其中浙江艾迪西流体控制股份有限公司首席质量官撰写的《RE无铅缩口角阀品质与工作绩效改善项目》获市质监局通报三等奖；建成省、市级中小学质量教育基地各1个和市级先进质量管理孵化基地1个。加快推进名牌强县战略，列入浙江省第二批“浙江制造”品牌培育试点县；力促县政府出台《关于工业经济转型升级有关政策的补充意见》等一系列政策措施文件，对通过“浙江制造”产品认证的企业一次性奖励50万元，奖励力度居全市之首；该县两个产品列入浙江省第一批“浙江制造”品牌重点培育产品目录；新增省名牌产品3个；市名牌产品9个，截至2016年年底，累计有省级名牌43个、市级名牌109个。全力实施标准强县战略，新增省级块状产业标准化重点项目1个；建成市级农业标准化推广示范项目1个，县级农业标准化推广示范项目2个；完成台州凯文物业管理有限公司物业服务标准化试点项目的市、县二级立项，并开始实施；起草《住宅小区物流代收服务》县级地方标准并通过审定。

【加强特种设备安全监管工作】 力促县政府出台《玉环县人民政府关于进一步加强特种设备安全监管工作的意见》，实行特种设备分类分级监管制度，落实乡镇(街道)履行四项基本监管职责。加快推进特种设备注册登记工作办理，共受理特种设备开工告知795台，办理特种设备注册登记586台。全面完成涉氨制冷企业摸底排查工作，共排查涉氨制冷企业45家，整治合格率86.7%。全面开展特种设备安全隐患排查和“两超”设备清理工作，出动检查人员392人次，检查使用单位389家，其中排查一般隐患318起，重大隐患53起，整改率100%；受理各类投诉、举报、重大问题告知35项，立案2起，实现全县特种设备定检率99.7%，注册登记率99.3%。

【推进民生计量工作】 开展计量器具强制检定工作，实现辖区内重点医疗设备、居民家庭水表电表燃气表、加油机、农贸市场电子计价秤强制计量检定全覆盖。开展计量使用单位专项整治行动，调查环境监测计量器具使用企业27家，设备199台；检查物流企业强检计量器具管理的企业(点)73家，计量器具217台。

【加强药械监管力度】 对医疗器械生产、经营、使用单位开展体系、飞行、专项、执法等多种检查，完成国抽、省抽质量摸底等各项监督抽验69批次。持续加大对药包材的整治力度，通过地毯式排查、网络稽查、厂内核查、加大抽检力度等手段，共查办涉及药包材产品案件15起，规范药包材行业经营秩序。加强ADR/MDR监测工作，共监测到药品不良反应673例，医疗器械不良事件204起，分别完成目标任务数149.6%、226.7%。开展医疗器械流通领域违法经营行为整治行动，要求全县232家医疗器械经营单位上报自查报告，并对自查发现问题开展专项检查，对轻微违法行为予以警告，对严重违法行为予以立案查处，共依法注销6家经营异常单位。

【创新消费维权服务】 探索建立12345、12315、12331、12365、96317政府热线“五线合一”热线办理机制，并在全市首创月报制度，对五条热线提供的数据进行综合分析，构建“一报一公开”工作机制，提高工作效率。共受理消费者投诉举报1600件，为消费者挽回经济损失近70万元，诉转案6件。针对通讯服务行业消费纠纷较多现象，在3家通讯运营企业建立首批消费争议快速处置“绿色通道”，要求企业在接到投诉后三个工作日内快速办结。全市首创《金融消费维权服务站(示范点)投诉处理办法及考评办法》,并建成3家金融消费维权示范点,组建金融消费维权义工队,制度化规定服务站的工作职责和管理办法,更好地促进金融消费市场健康有序发展。

【重视网络交易安全】 持续开展网络数据清理和亮证贴标工作,共完成网络标识5034条,抽查准确率100%。开展网络经营专项行动,线上检查网站2900余家,实地检查网店137次,删除违法商品信息14条,责令整改网站17家,提请关闭独立网站3家。针对3·15晚会曝光饿了么等外卖平台隐患情况,迅速展开网络平台外卖专项整治,检查进驻美团、饿了么平台商家109家,发放整改书35份,查处不正当竞争案件1件。

【推进民生实事项目落地】 在全市率先开展基层责任网格建设,截至2016年12月31日,共吸纳村级协管员398名,其中专职协管员55名,占比13.8%;专项拨款139万元用作报酬保障,又追加30万用于规范化建设,改善基层办公条件,共6个乡镇(街道)食安办已通过市级考核验收。完成坎门海城农贸市场、清港下湫综合市场省级“放心市场”创建工作。完成7家城区农贸市场追溯体系、4家农贸市场免费对外开放检测室,超额完成农贸市场双体系建设。建成阳光厨房100家,完成目标任务数128.2%;累计完成“阳光厨房”建设总数190家,实现全县餐饮重点单位覆盖率76.6%,其中建成玉城街道双港路和楚门镇湖滨路二条示范街,打造成“阳光厨房”一条街。推进小作坊备案工作,关停、取缔小作坊8家,备案登记91家,实现小作坊备案登记率100%;加强小作坊食品抽检,抽检小作坊食品77批次,抽检合格74批次,合格率96.1%;推行小作坊食品追溯体系建设,统一采购二维码打印机75台,筛选小作坊业主50家作试点,安装追溯平台APP,积极探索构建县食品生产加工小作坊从原辅料进货、食品生产到销售的全过程追溯体系。

【加快基层所规范化建设】 坎门所(原四星)、开发区所(原三星)通过四星级和三星级规范化市场监管所创建验收。另外清港所作为全省基层规范化建设的代表,向国家食品药品监管总局局长、国务院食安办主任毕井泉作了专题汇报。

【提高依法行政水平】 在全市首创行政执法文书系统,具有行政执法文书文号在线自动编号、在线加盖公章、修改、事后查询、直接领用等多种功能,实现文书领用模式从“找人要”向“自己领”的转变,行政效能大大提高。截至2016年12月31日,该系统用户达77人,实现办案人员使用全覆盖。

【深化智慧监管】 在全市率先开发政务内网移动手机版,实现随时随地可处理政务;制定《全县“智慧监管”移动执法系统日常巡查应用情况的通报》,督促各单位切实提高巡查录入率,推进移动执法系统在日常工作中的应用;配发蓝牙打印机,实现执法文书现场出具,提升办公效能。共巡查各类主体43925家次,巡查录入率78%。

【提升市场监管公信度】 开通“玉环市场监管”微信公众号,通过“你点我检”进家庭活动、安全用药月宣传等活动,扩大市场监管部门对外影响力,截至2016年年底,共有微信粉丝8209人。强化应急管理机制建设,制定《食品药品安全事件防范应对规程(试行)》《突发事件舆情应对预案》《媒体采访接待工作规范》《舆情监测网评员管理办法》等5项制度文件,实现局应急管理制度基本建立。建立舆情监测网评员队伍,对微信、微博等网络平台舆情进行实时监控,及时破除网络谣言,第一时间发现台州19楼“香飘飘奶茶舆情案件”、朋友圈“干江地沟油事件”等多起涉负舆情,并及时辟谣。

【推进党风廉政建设】 紧密结合“两学一做”学习教育活动，深入开展党纪党规专题教育活动。健全系统中层干部廉政档案，三局合并后，重新上报汇总中层干部廉政档案77份。对局领导和全体中层干部个人岗位的廉政风险点逐一进行排查，整合廉政风险点209个。逐步完善作风效能日常督查机制，共开展作风效能专项督查5次，发现问题13起，约谈干部职工11人次。

（陈梦怀）

安全生产监督管理

【概况】 县安全生产监督管理局是负责全县安全生产综合监督管理的政府工作部门。2016年，调出参照公务员法管理人员1人，共有在编人员28人，其中行政编制15人（含工勤1人），事业编制13人（含参公8人）。内设办公室、综合安全监督管理科、企业安全监督管理科、职业安全监督管理科4个科室；下属单位2个，包括安全生产监察大队和安全生产技术咨询服务中心。全县发生各类事故50起，死亡38人，受伤17人。

【制定安全生产工作长期计划】 制订《玉环县安全生产“十三五”规划》，将安全发展和职业病防治工作一体纳入规划，并明确“十三五”期间全县安全生产工作的主要任务和保障措施。

【开展“强基础、优服务”活动】 结合全县“助企强企服务年”活动总体部署，围绕“为企业安全送服务”主题，安排8个活动项目，寓监管于服务之中，夯实企业安全管理基础。

【加强综合安全监管】 发布安全预警信息、开展综合督查，紧盯渔业船舶、城镇燃气、道路运输、消防等重点行业领域的安全管理工作，督促行业主管部门落实监管职责。

【首创安全生产社区化管理模式】 试点创新安全生产社会化服务手段，以玉城街道小水埠村为试点单位，在该村设立安全站，引导该村企业统一引进安全生产中介服务公司，以“打包服务”的方式，定期接受专家安全服务，帮助企业开展建章立制、隐患排查、教育培训等工作。

【深化安全生产标准化创建】 在引导企业创建安全生产标准化的基础上，培树10家安全生产标准化运行较好的企业为安全管理示范企业创建试点。按照“规上企业安全生产标准化应创尽创、规下企业安全生产标准化至少达到65%以上，可燃爆粉尘、涉氨制冷企业安全生产标准化创建达到100%”的要求，引导143家企业创建安全生产标准化。按照到期企业复评率100%的目标，组织275家企业开展安全生产标准化复评。

【强化安全生产宣传】 围绕高空坠落事故警示教育主题，拍摄全省首部安全生产微电影《代价》。创新“安全生产月”活动形式，组织策划“安全牵万家”大型广场服务广播现场直播活动，开展非煤矿山坍塌事故应急救援演练。开展全国《职业病防治法》宣传周活动。

【实施“订单式”培训】 完成无纸化考试系统建设，根据分行业、分企业培训要求，灵活安排培训内容、培训时间和培训地点，在有条件的村居、社区开设流动课堂。同时，根据行业相近、区域相邻原则，实行分行业培训。2016年，培训企业负责人和管理人员2708人、从业人员5.6万人。

【开展矿山安全风险辨识】 组织安全专家为矿山

企业实施“会诊”，实地开展采场内外安全“体检”。根据体检结果和专家量化分析结果，将矿山企业分为A、B、C、D四类，并实施分类监管。

【实施立体式防控】 完善“智慧安监”平台，细化安全隐患排查项目，强化隐患整改的交办和督查，为企业提供个性化隐患排查指导意见。针对因电火灾多发态势，引进“智慧用电”火灾技防系统308套。

【推进职业健康监管】 以优异成绩通过国家职业病危害防治评估。完成家具制造行业职业病危害因素治理台州市级试点工作。赋予用人单位更多的建设项目职业病防护设施“三同时”自主管理权，减轻了用人单位负担。开展用人单位职业卫生基本情况调查摸底工作，排摸出存在职业病危害的企业1006家。组织142家职业病危害严重、较重的用人单位开展职业病危害现状评价，完成率达100%。规范职业病前期预防信息管理，依法督促、指导618家企业完成职业病危害项目申报。引进杭州、温岭等地的2家职业健康检查机构采取优化流程、上门服务等方式，体检接害劳动者10370人，努力做到“应检尽检”。

【开展安全生产执法监察“阳光行动”】 开展交叉执法，每季度组织一次乡镇(街道)安监所异地交叉执法检查，加强乡镇(街道)安监所之间的交流，并将发现的问题交办当地乡镇(街道)处理。开展机关干部全员执法，组织全部执法人员参与行政执法工作。随机抽查各乡镇(街道)的规上和规下企业，邀请专家一起开展安全生产检查。

【做好“平安护航G20”工作】 落实320万元，完成19家(处)省市县三级政府挂牌重大安全隐患单位的整改。推进事故多发易发行业领域安全专项整治，集中整治安全隐患，改善各行业领域安全生产条件。持续在各行业开展隐患排查整治，排查一般事故隐患11478项，已整改11357项，整改率达98.95%。

【加大日常执法检查力度】 开展安全生产领域“打非治违”“2016安盾”系列专项执法行动，严厉打击安全生产领域违法违规行为，全年共办理案件98件，查处各类非法违法、违规违章行为519起，组织检查组1653个、检查人员11351人次，检查企业6360家次，处警告357次，责令改正、限期整改、停止违法行为2168起，责令停产、停业、停止建设22家，行政拘留39人，罚款405.06万元。

(王华辉)

城建·环保

建设规划

【概况】 县住房和城乡建设规划局(县测绘与地理信息局),是主管全县住房和城乡规划、建设及测绘与地理信息管理工作的县政府工作部门。共有干部职工223名,其中行政编制13名、事业编制105名、聘用人员105名。内设办公室(挂政策法规科牌子)、人事监察科、住房保障与城乡建设科、建筑业管理科(挂稽查科牌子)、城乡规划编审科、城乡规划管理科(挂行政审批科牌子)、测绘与地理信息科、公用事业与市政园林管理科等8个职能科室,下属建筑工程管理处、市政园林管理处、地理信息服务中心、液化气管理站、村镇规划建设管理站、住房保障服务中心、建设工程质量监督站、城建测量队、房地产管理处、公共建设管理中心等10个事业单位。

【规划编制】 完成县域总规实施评估,为新一轮县域总规编制提供技术支撑。完成县域海岛特色城市风貌研究、海绵城市建设规划编制,塑造城市特色,倡导绿色发展。完善停车设施空间布局,完成中心城区停车设施专项规划。根据小城镇环境综合整治要求,组织编制各乡镇、街道整治规划。结合旧城更新需求,修编城区局部控规。

【规划编审】 主动对接重点招商引资项目,加强土地出让前规划研究,提升招商项目设计水平,优化招商项目审批服务,促进招商项目早落地、早动工、早见效。重点服务三合潭工业区"退二进三"、县经济开发区健康养生小镇和晶科能源等重大招商引资项目。

【规划管理】 玉城城北太平塘、芦浦金山等13个小微企业园区规划完成报批,出具漩门三期海洋经济转型升级示范区、沙门滨港工业城等产业园区工业地块规划条件21个,涉及出让土地66.67多公顷,为工业强县战略提供规划保障。对符合规划、消防、环保要求的工业项目,在建筑密度、容积率、绿地率、建筑高度等指标方面进行放宽,力促土地利用效率提高,有280余家企业通过该政策审批获益,其中有220多家建好厂房并通过验收。

【基础测绘】 县域主干道天地一体全景影像数据系统完成建设,"一区两率"(城市建成区、城市建成区绿化覆盖率、绿地率)调查通过验收,港北片1:500数字化地形测绘竣工验收,地理县情普查阶段性目标全面完成。推进"数字玉环"地理空间平台应用,税务部门以地控税系统集成至平台,"天地图·玉环"完成改版升级,综合管线系统投入试运行,服务能力进一步提升。

【生态建设】 深入推进"五水共治",大麦屿污水处理厂投入试运行,干江污水处理厂开工建设,县城市污水处理厂提标改造进程过半。玉坎河系水环境综合整治PPP项目正式实施,玉坎河系沿线截污基本完成,城区污水管道提升工程全面完工,城镇污水管网新增26.1千米,全县153个村生活污水处理设施完成建设,逐步移交第三方运维公司管理。结合"四边三化",推进城市绿廊、绿道建设,建成三潭河、玉坎河沿河"游步道",完工榴岛文化广场,13个社区公园建设进一步优化完善,城市公园绿地面积实现人均10.55平方米。

【畅通工程】 结合"交通治堵",进一步提升城市承载能力,车站南路(珠港大道至绿地名苑段)完成建设,城北学前路基本完工,坎门金辉路、文辉路和渝汇环岛南路建成通车,解放塘及汽摩园周边路网建设有序推进,道路体系进一步完善。开展城中路、榴岛大道城市街景提升改造,完成泰安路、黄泥坎隧道入城口等5个"交通岛"市政绿化提升改造,区块面貌焕然一新。加快停车泊位建设,新建停车位2913个,停车难问题切实缓解。

【民生保障】 住房保障工作扎实推进,坎门一期保障房竣工验收,即将实施分配,汽摩三期、龙溪一期基本建成,沙门一期完成土建,楚门一期主体完工。开展全县危旧住宅房屋治理改造,城镇危房完成改造,D级危房基本解危。廉租保障"应保尽保"308户,农村困难群众危房改造261户。深入推进区块改造,完成10个老住宅小区提升改造,城中村改造15.7万平方米、旧住宅区改造11万平方米,棚户区改造440户6.84万平方米,人居环境明显改善。推进美丽乡村建设,完成建城区"三三制"补助工程41项,带动村级基础设施投入6300多万元。清港前路、芦浦大坑、龙溪大密溪等3个村通过省级美丽宜居示范村验收。

【城市融资】 玉坎河水系水环境综合整治PPP项目,列入财政部第二批政府和社会资本合作示范项目,经营权通过公开招投标形式交由专业公司运作,经营权出让5.8亿元。破解资金短缺难题,发行城投企业债券,完成资金募集11.7亿元。推进坎门海都花园西侧等地块存量土地出让,加快收储资产盘活、资金回笼,服务建设需要。

【建筑业管理】 结合"平安护航G20"、实施"飞检"行动专项工作,重点加强建筑工程质量安全监管,全面落实安全生产责任制,对162个在建工程实施高、频、密检查,累计停工、限期整改工程项目36个,将企业清出县内市场1家,记录不良行为企业3家,记分处罚16人次,行业市场秩序切实规范。加强建筑行业农民工工资保障情况检查,开展全方位、地毯式排查,解决拖欠36批次300余人,切实维护社会稳定。

【燃气行业管理】 结合县人大2015年年底对燃气管理工作的审议意见,全力开展抓好燃气行业综合整治工作,瓶装燃气销售统一实施"实名制",实行四点半"实瓶不出站"和"实瓶不过夜"制度,完成燃气储配企业视频监控系统和场站一键报警系统建设,实现可追溯管理。加大联合执法力度,取缔不合规经营站点28个,查处各类钢瓶1050个,配置送气三轮车287辆,设置钢瓶燃气中转点6个。同时在天然气应用方面,通过车载形式,大麦屿LNG储备站及坎门、楚门临时供气点建成投用,目前玉城、坎门、大麦屿、楚门、清港等部分居民和企业,已使用上清洁、安全、高效的管输天然气。

【房地产业管理】 重点贯彻实施好1月1日开始试行一年的《关于促进我县房地产市场平稳健康发展的若干意见》,加快商品房去库存步伐。全年房地产销售面积60.79万平方米,同比上年增长185.1%,销售增幅排名位居全市前列。房地产累计完成投资15.4亿元,同比增长29%,其中住宅投资13.4亿元,同比增长25%。全县可售商品房消化周期从2015年年底的27个月缩短为15.9个月,其中商品住宅从21个月缩短为11.5个月。完成房屋登记业务转移交接,实现全县不动产统一登记平稳过渡。

【物业管理】 加强玉环物业管理实施办法实施检查,健全完善配套制度,切实提高物业企业管理服务水平,1家物业公司被评为市级物业服务优秀企业,2个物业小区被评为市级物业管理示范小区。开展全县物业小区安全隐患整治行动,完成地下车库防汛装置增配,采取企业自查、联合督查、整改回头等形式,完成影响消防安全等不规范问题整改200余处。建立健全物业维修资金分配制度,及时处置各类事项投诉,满意率98%以上。

【队伍建设】 结合"两学一做"教育活动,依托基层党组织集中活动日、周一学习夜,以专题党课、主题讲座、征文演讲等为主要形式,深入学习习近平总书记系列重要讲话精神和党纪规章条例,干部职工立德、守规、崇廉意识不断增强。结合县纪委纪检组派驻,定期开展党风廉政实施情况巡查,监督管理切实强化。

【党风廉政】 正风肃纪深入开展,廉政约谈全面实施,防"四风"反弹回潮成效明显。健全工作监管,开展公务接待、办公用房专项检查,按时完成公车改革,配合推进经济责任审计工作,完成房管处等下属单位内部审计。围绕"三审""两交易""一服务",规范权力运作,保障房"阳光工程"落在实处,城乡基础设施工程全面受监。

【服务便民】 结合全县开展的"助企强企服务年"活动,出台系列服务新举措,包括开展上门服务、提速项目审批、优化审管措施、破解住宿难题、实行服务"三龙"企业全程代办、对"三龙"企业建设工程竣工测绘免收测绘费等,特别是全程代办,还专门成立了3个工作小组,通过这一形式,及时帮助有关企业办好建设口的各环节手续,以进一步提升住建部门的办事效率和服务口碑。新举措实施以来,已惠及企业80余家。

(潘翔鹏)

城市管理

【概况】 县城管执法局以"打造城市管理精品、提升城市整体形象"为目标,紧扣中心工作,坚持问题导向,聚焦热点难点,实干当先,主动作为,完成各项目标任务。玉环成功创建省"基本无违建县",连续七年在全市城管执法系统工作目标责任制考核优秀,连续四年在全县经济社会发展目标责任制考核优秀。

【"三改一拆"再获新成效】 以"无违建县"创建为抓手,统筹"五水共治""治危拆违"等活动载体,保持拆违高压态势,加快拆后土地利用,全年累计拆除违法建筑239.68万平方米,实施"三改"250.81万平方米,拆后利用土地253.75万平方米,拆后土地利用率达85.49%,"三改一拆"工作全市考核优秀。"无违建县"创建持续有力。排查"蓝色屋面"及建(构)筑物91处2.16万平方米并已完成整治87处,排查缓拆违建153处5.35万平方米并已处置80处;圆满完成"两路两侧""四边三化"41处省级问题点位整治,拆除各类违章广告437处3.84万平方米,整治消防安全隐患违建151.98万平方米。"一户一档"基础信息普查全面完成。巩固龙溪镇试点成果,率先全市在全县317个村居(社区)启动"一户一档"基础信息普查,投入资金686.2万元,得到省市肯定。拆后土地利用高效推进。拆后改造步伐提速加快,完成67个拆后土地利用项目和11个村居（社区）的最美“无违建”示范村项目库创建，玉环环线、漩栈线等省、市精品示范路创建扎实开展，有效改善城乡环境。

【市容秩序再现新面貌】 增强城市管理精品意识，深化城区网格化管理，落实“门庭三包六清”责任，严抓市容秩序整治，获全市市容秩序考核第一，顺利保障玉环通过国卫复审。专项整治有力。强化占道经营、餐饮业环境污染、铁屑抛洒滴漏等市容秩序综合整治，做好“三线”路容路貌整治和绿化养护管理，开展饮食业排污“百日攻坚”大行动，共暂扣各类物品980余件，立案查处145件，查扣铁屑运输车辆69辆，查处燃气违章案件26件，提前完成城区238家饮食业排污整治任务。加强便民疏导点和服务点规范管理，建成坎门红旗等2家疏导点。牵头实施全县城乡管线整治三年行动，整治管线项目71个，清理多类空中管线长度达600多千米，新建弱电管道490孔/千米、强电管道18千米，实施上改下弱点线缆1140多孔/千米、强电入地线缆8千米，在全市管线整治考核中名列第2名。城市治堵助力。推进智慧城管建设，完善城区一期智能泊车管理并启用二期，公共自行车服务不断优化，实现城区扩面拓展。加强人行道违停和智能停车无标签行为抄告，发放温馨提示单4500余张，劝离2800多起，抄告9850起，立案查处6970起；施划人行道停车位380余个、非机动车位50余个，设置人行道阻车石180余个，城区静态交通环境有效规范。

【城乡环卫再有新提升】 不断完善“户集、村收、镇运、县处理”运作模式，城乡环境卫生面貌明显改善，县清洁家园活动实现连续五年全市考核首位。城区环卫工作见形见效。生活垃圾保持日产日清，清理玉城和坎门城区山体垃圾、房前屋后建筑垃圾1160余吨，清理小广告1500余处；环卫设备设施不断更新，购置生活垃圾收集车10辆、垃圾桶2000只，同步做好城区公厕和生活垃圾中转站周边的环境整治及除“四害”等工作。“清洁家园”活动长效开展。完善“清洁家园、美丽乡村”考核办法和农村环卫设施补助方案，启动全县农村星级公厕申报，长效推进网格化督查考核，加强一线业务指导，有力提升全县清洁家园整体水平，农村生活垃圾分类试点取得实效。垃圾处置管理更加规范。推进建筑垃圾消纳场规范化建设管理，共消纳建筑垃圾24.73万立方米，消纳泥浆11.95万立方米，建筑垃圾消纳场成为全市典型；全县生活垃圾处置25.70万吨，日均垃圾量达702.3吨。县生活垃圾无害化处理经省专家组评定达2A级标准。数字城管助推环境整治。成功启用智慧城管，实现“数字城管”升级换代，立案53306件，结案率100%，有力助推城乡环境提升。

（李为杰）

环境保护

【概述】 2016年，县环境保护局以改善环境质量为目标，全力构建“治理、监管、协同、参与”四大体系，全年各项工作取得新进展，大气质量优良率达95%，PM2.5连续三年全市最优，并首次进入全省前十并列第八，出境断面水质考核良好，饮用水源持续保持安全，四项主要污染物均完成年度减排目标。

【生态建设大力推进】 制订断面水质提升攻坚计划，礁头闸、长屿闸生态补水及中水回用工程先后开工建设，长屿闸断面顺利实现消劣目标；清港、龙溪、沙门、海山四乡镇省级生态文明建设示范镇和清港洋根村国家级生态文明建设示范村规划顺利通过评审，“南山南”生态慢行道等生态项目建设加快推进。

【环保基础设施日益完善】 大麦屿污水处理厂一期投入试运行，干江污水处理厂正式开工建设，沙门滨港工业城污水厂完成“三同时”验收；一般工业固废填埋场建设明确选址并启动前期工作；大麦屿滚光废水第三方集中处置项目、汽摩园区滚光中心及废乳化液处置项目均已建成并投入试运行。

【污染整治有序开展】 启动干江表面处理园区前期工作，42家表面处理企业签订入园意向协议书；眼镜滚光行业108家企业完成废水委托处置；大麦屿鱼粉企业重组项目建成完工、干江鱼粉厂停产到位；金属熔炼企业190多家整合为23家进入园区生产；完成350家工业企业和110家企业非道路移动源调查；整治淘汰工业企业燃煤锅炉78台；完成1家家具企业及1家橡胶企业VOCs试点整治；超额完成黄标车淘汰工作，审核发放黄标车淘汰补贴资金206万元，淘汰黄标车(老旧车)2185辆，完成任务数(2050辆)的106.6%。

【执法监管更加有力】 创新网格化监管模式，按县、镇、村三级划分成10个镇级网格和223个村级基层网格，台州市网格化工作现场会在玉环县召开，玉环县作为唯一代表就网格化工作在全省环境监察会议上作典型发言；首次开通12369微信举报平台，全年共受理信访投诉、举报案件969件，办结959件，办结率98.97%；保持对环境违法行为高压严打态势，先后开展亮剑、百日执法等系列执法行动，全年共查处各类环境违法行为239起，立案查处案件共146起，限期整改、停产、关闭企业数306家，作出行政处罚决定103起，罚款438万元，移送公安机关案件19件，行政拘留16人，刑事拘留5人；抓好G20杭州峰会环保护航任务，排查环境风险隐患10余次，检查企业200多家次，整改环境安全隐患30项。

【服务发展全面落实】 开展“助企强企”服务季活动，共走访服务600余家次，为754家规上企业进行业务咨询和技术指导；制定实施《玉环县排污权租赁管理办法(试行)》，为28家企业出具总量削减替代平衡方案，完成222家企业排污许可证的总量审核，核定分配218家排污单位初始排污权，并征收初始排污费399万元；督促19家电镀企业完成刷卡排污建设，实现污染物排放浓度、总量“双控”。

【环境宣教辐射更广】 《中国环境报》发表文章8篇，省、市级媒体刊发正面信息39次，县级媒体发布信息700余条，环保自媒体“玉环环保”微信、微博关注量达4000多；组织开展“我和小树一起长大”、环保夏令营等主题活动近70起，其中“聚‘酵’众人力量，同‘皂’绿色家园”活动在全市青少年公益项目比赛中获得了第一名；成功创建省级绿色学校2所、市级绿色学校2所、市级生态文明教育基地1个。

【环保能力逐步提高】 县环境监察监测应急中心通过工程竣工验收，18个乡镇水质出境断面自动监测站建成投运，港北空气自动站完成升级改造；打造环保“1+2”执法单元，建立一周一训练、一月一拉练的综合训练体系，扎实完成环保部部署的环境执法大练兵任务，获全市大练兵第一名成绩。

【队伍建设不断深化】 严格落实“一岗双责”要求，层层签订党风廉政建设责任状；每月开展2次内部效能督查，全年发布督查通报6次；开展警示提醒约谈和工作提示约谈，共警示约谈6人，工作提示约谈5人；全力抓好“两学一做”学习教育，开展专题讨论3次，全体党员认真查找并整改问题160多项，局党组、党总支以及各党支部整改问题68项。

(刘定弟)

中央储备粮玉环直属库

【概况】 中央储备粮玉环直属库是国家1998年建设的500亿斤批次中央直属储备粮库之一，是台州市唯一储存中央储备粮的央企。隶属于中国储备粮管理总公司，职责和使命是“确保中央储备粮数量真实、质量良好，确保中央储备粮调得动、用得上”，努力践行“维护国家利益，服务宏观调控，严守安全、稳定、廉政底线”的中储粮核心理念价值。内设仓储业务、财务、综合3个科室，职工22名，其中中共党员13名。

【加强仓储管理，进一步夯实“两个确保”基础】 积极开展科学保粮活动，四项仓储新技术得到熟练应用，综合利用机械通风降温、谷冷应急降温和空调器夏季控温技术开展储粮控温工作，使库存粮食常年温度保持在20℃以下，局部最高温度保持在25℃以下，实现控温储粮率100%。坚持按“以防为主，综合防治”的方针开展储粮害虫防治活动，不仅低剂量熏蒸有效率达到100%，而且用药量为221吨/公斤，远高于150吨/公斤的浙江辖区低剂量熏蒸要求。积极探索新技术的试验应用，智能气调技术的推广应用为实现绿色储粮提供了技术保障，剔除粮食出入库因素，平房仓气调应用比例达到67.9%，实现免熏储粮率37%。智能化系统全面投入运行，实现安全监控全覆盖和粮情、库存粮食数量管理在线监测，发挥“千里眼”的作用，管理手段和工作效率、智能化程度得到明显提升。继续对11个平房仓仓内空间墙体进行带铝箔PEF隔热板密闭改造，不仅美观，而且进一步提高了仓房密闭隔热性能，为仓储技术节能降耗应用发挥了很大作用，平房仓PEF板五面贴比例达到100%，为辖区最高。鼓励员工积极开展小改革、小发明、小创造，将平房仓淘汰下来的环流风机用于立筒仓固定式环流风机改造，不仅解决了立筒仓移动式风机数量紧缺、操作烦琐、存在安全隐患的问题，而且大大节约了费用。建章立制，仓储管理制度化、标准化、精细化水平进一步提升。结合实际，新修订了10个管理制度和岗位职责。坚持执行仓储包仓制检查考核制度，定期开展仓储包仓制工作检查考核，并做好检查“回头看”，狠抓发现问题整改落实工作，确保检查有实效，使检查考核制度成为提升仓储管理水平的有力抓手。撰写了4个仓储设施维修改造项目技术规范，将项目改造思路付诸实施，为项目招投标和建设管理工作提供依据和技术指导，在实际建设中严格按照技术规范进行监督施工，并作为验收结算的重要依据。抓好仓储设施维修改造项目管理工作，确保规范安全、保质保量、如期完工。仓储设施维修改造项目包括道路维修改造、挡粮门改造、仓房气密性改造、平房仓粘PEF板保温隔热改造和新建机械库，总投资298.8万元。严格按照总公司、分公司固定资产投资管理办法和仓储设施维修改造项目管理实施办法进行项目管理实施，按照项目特点编写技术规范，按规范程序组织开展项目招投标，签订建设合同和安全协议。严格按照技术规范、施工组织方案和合同进行项目管理。认真抓好施工质量管理，组织相关人员进行技术规范学习，落实专人和责任人常驻现场。实施质量安全三级管理制度，现场管理人员具体抓，常驻现场监督管理；安全责任区责任人和责任保管员不间断巡查，发现不合理、不规范及时向负责人提出建议并追究落实；项目管理小组负责全面协调，确保工程质量、施工进度和施工安全。通过努力，所有项目开工率、完工率均达到100%。

【努力服务宏观调控，稳步开展轮换购销业务】 完成转储玉米和跨省玉米出库计划。严格按照国粮局关于超期玉米销售出库有关规定操作，销售客户相关资质符合，出库手续齐全，没有出现违规销售出库和投诉现象。严格执行分公司统一轮换购销决策,与浙江中储粮收储经销公司密切配合,积极联系沟通,统一轮换购销工作开展顺畅。严格执行分公司购销指导价政策,实时分析市场形势和进行信息共享,与浙江中储粮收储经销公司联合比价议价,选择合理价格进行销售采购,实现效益最大化。2016年,市场形势极为不利,受去库存政策影响,陈粮价格一路下滑,小麦新粮质量符合轮换要求的粮源偏紧,补库成本居高不下,导致轮换利润逆差增大。在此不利情况下,与收储公司密切配合,多方面、跨地区扩大粮源进行比价,在确保轮换补库粮食质量的前提下,以相对优惠的价格补库,实现控亏减亏的目标。积极响应分公司事业部制改革决策,做好市场信息调查,为事业部决策提供依据。在事业部的统一指导价下,积极开拓市场,采购立足产区一手粮,稻谷销售立足本地区市场,挖掘客户资源,抢抓市场良机,取得了不错的效益,不仅在年底顺利收官,而且为明年购销工作赢来"开门红"。

【加强教育培训,提升思想素质】 认真落实全年理论学习计划,深入学习中共十八届三中、四中、五中、六中全会精神,习近平总书记系列重要讲话精神,总公司、分公司年度工作会议精神,吕军董事长党课报告,习总书记"七一"讲话等文献,要求全体党员认真做好学习笔记,切实把握习总书记治国新政的内涵要义,加深对中储粮改革发展思路、奋斗目标、任务要求等的理解,将思想和行动统一到党中央和总公司、分公司党组的各项决策部署上来。强化中储粮核心理念宣贯,通过库务公开栏、党员活动室、粮库局域网、微信群等载体广泛宣传,进一步营造中储粮核心理念宣传氛围。开展"七·一"主题活动,组织全体党员赴浙东浙南部队会师纪念馆接受爱国主义教育活动,进一步增强党员使命感、责任感。认真学习贯彻十八届六中全会精神,制定《中储粮玉环直属库学习贯彻落实党的十八届六中全会精神实施方案》,明确学习时间、学习内容,强调学习效果,确保会议精神贯彻落实到位。支部书记组织召开十八届六中全会专题学习会议,就《关于新形势下党内政治生活的若干准则》和《中国共产党党内监督条例》作重点解读,进一步强调党员要牢固树立"四个意识",当好"四有"党员。

【加强党建标准化建设,强化党组织战斗堡垒作用】 深入开展"两学一做"专题学习教育。成立领导小组和办公室,制定学习教育实施方案,通过个人自学与集中学习相结合、理论学习与研讨交流相结合、典型引领和警示教育相结合,认真开展"两学一做"学习教育,进一步提高党员党性修养。严格落实《党建目标考核实施办法》,将思想建设、组织建设、班子建设、作风建设、反腐倡廉建设、党员管理和群团工作等七个方面35项考核任务分解落实到岗到人,推动党建工作进一步标准化、规范化。坚持民主集中制原则,严格执行"三重一大"集体决策制度,所有"三重一大"事项都由办公会议或支委会讨论通过后执行,涉及员工切身利益的一律提交员工大会表决,并以印发文件、会议通报、公示栏张贴等形式及时进行企务公开或党务公开,接受员工群众监督。坚持"三会一课"制度,认真做好党支部星级自评、党员民主评议以及党员发展工作。推进党风廉政建设,坚决落实从严治党要求。严格落实"一岗双责",层层签定党风廉政责任书,廉政教育常抓不懈,不断筑牢党员干部拒腐防变的防线。

【加强企业文化建设,提振员工队伍精气神】 组织全体员工开展为期三天的军训,通过准军事化的训练,有效贯彻落实总公司从严治企从严管理、打造中储粮"铁军队伍"的要求。组织学习"最美央企人""国企敬业好员工"先进事迹,倡导全体员工学习先进人物忠于事业、任劳任怨、刻苦钻研、无私奉献的精神。积极选送员工参加总公司、分公司组织的岗位技能竞赛、文体比赛,获得分公司轮换购销岗位一等奖、网络管理员岗位二等奖、书法比赛一等奖、"永远跟党走"主题演讲比赛三等奖、乒乓球比赛中年男子单打冠军荣誉。切实加强对工会工作的领导,工会组织被玉环县总工会评为2015年度先进基层工会。加强文明单位创建,积极参与创建国家卫生城市活动,号召全体员工积极参与"迎接G20　率先做示范—做文明有礼的台州人"活动,从"礼让斑马线、文明过马路、排队守秩序、礼仪待宾客"做起,以实际行动展现企业良好形象。

【深化全面预算管理,有效控制风险】 全面预算管理进一步上台阶。以增收节支为核心,深化全面预算管理,确保"无预算不开支、有预算不超支",真正发挥全面预算管理在企业经营管理的统领功能作用。制定全面预算管理考评办法,层层签订《全面预算管理责任书》,将预算任务分解到各个部门,适时对科室预算工作进行考评,考评结果与奖惩挂钩。财务科每月10日前向各科室通报预算执行进度情况,督促各部门做好预算执行比较,发现问题及时解决;每季度召开预算执行情况分析会,对预算执行偏差较大的情况分析原因、落实责任、督促整改;每年全面总结上年度预算执行情况,并对下一年预算进行讨论安排。风险防控积极有效,财务管理规范有序,会计核算基础扎实。轮换购销业务开展严格遵守先款后货、先货后款的原则,建立风险数据库,努力降低资金风险。对订立的购销合同价格、数量进行审核,及时结清货款,规避资金风险。在贸易购销过程中严格落实"五个严禁"和分公司及直属库相关制度,强化企业购销经营过程中的闭环管理,健全内部风险管控体系,做到业务操作无缝衔接。通过增强企业内部管理控制,确保粮安、钱安、人安。全年未出现购销合同纠纷,未出现经营资金风险等其他风险事项,企业经济运行总体呈现平稳、健康的良好态势。降本增效成效明显。大力宣传,时刻提醒,增强员工降本增效意识和紧迫感、责任感。严格日常管理,坚决执行有关改进作风、节约办企的各项规定,从源头上控制费用开支。通过一系列强化管理措施,费用管控上取得显著成效。做好两金及往来款清理。认真学习总公司两金清理工作要求和分公司两金专项清理工作实施细则,对照清理工作重点和具体内容,结合本库实际和结算资金效能监察和《中储粮浙江分公司直属企业粮食购销风险管理办法》。全面清理排查可能存在的各种资金风险隐患,及时堵塞漏洞,完善内部控制制度,维护资金安全和完整,提高资金使用效率和效果。

【开展安全生产文化建设活动,营造"我要安全 我会安全"浓厚氛围】 切实落实安全生产责任制。成立以主要负责人为组长,其他班子成员为副组长、中层干部为成员的安全生产领导小组,负责安全生产工作计划部署、问题研究、安全生产建设等的决策落实。明确库主任为安全生产第一责任人,科室负责人为区块安全生产责任人,每位员工对本职及分配范围内的安全生产事故负责,分管领导、安全员、科长、班组长负事故连带责任,以签订安全生产责任书为依据,形成安全生产人人有责、人人担责、奖惩分明的管控格局。同时对外来作业单位及个人逐一签订安全生产协议,明确安全生产管理职责及责任承担。以G20峰会为契机,全面提高生产和安保能力建设。加强了对外来作业人员、务工人员的准入管理和安全生产法规教育及安全生产制度遵守,派出专人驻守现场,及时纠正各类违规行为;投入巨额资金对涉及安全生产附属设施、机械设备等进行改造提升,安全隐患得到有效整治,安全生产条件进一步提高,同时加高加固了围墙防护设施,配备了大门防汽车冲撞装置,建设了消防站。建立安全生产旁站监管制度,“安全卫士”保障安全生产。成立以库领导、中层干部为主要力量的安全生产旁站监管队伍,行政管理人员全部参加,二人一组,共分七组,每组由一名科级以上干部带班,监管人员佩戴“安全卫士”红袖套,每日轮流在库区进行旁站管理,没有特殊情况不得回办公室。重点对作业现场进行检查监督,检查作业单位及个人安全生产资质条件是否具备、防范保护措施是否到位,设备设施是否正常,现场管理人员是否驻场管理,作业人员是否违规违章操作,作业现场是否及时清扫、完成作业后是否整理有序,卫生包干区是否清洁达标,监控系统是否正常运转等。检查监督以视频监控与现场驻站、流动巡查相结合的方式进行,对发现的问题及隐患,第一时间通知或当场告知相关人员立即整改落实,并责令责任人将整改落实情况及时反馈,做到“立行立改”。认真开展安全生产隐患自查自纠。安全生产领导小组每月定期组织相关人员对水泵房、配电房、发电机房、药剂房、氮气房、储粮仓房等重点部位及配电箱、机械设备、电线电缆、消防器材、防汛抗台物资等配备情况进行全面检查,对可能存在的安全隐患进行仔细分析排查,确保上述重点部位安全和设施设备状况良好、储粮药剂使用、存储安全。五是积极开展“我要安全、我会安全”企业安全生产文化建设活动。结合实际,出台方案,广泛动员,精心组织,认真抓好活动每个环节的任务落实。共开展了全员安全承诺、“家人的呼唤”、落实安全生产责任制、防汛防台应急演练、安全培训、“安全卫士”、安全生产合理化建议征集、安全生产命题征文、安全知识测试等活动。通过活动,全体干部员工安全意识显著提高,安全管理从要我安全向“我要安全、我会安全”转变,有效实现安全管理全员参与、全员负责为目标。

(黄丹婷)

水　利

【概况】 县水利局的主要职责是负责保障水资源的合理开发利用；水资源的统一管理；节约用水；水资源保护；水利工程的监督管理；河道和水域保护；水旱灾害防治；指导农村水利建设；水行政审批和执法管理；水土保持工作；水文工作。发布水文水资源信息、情报预报和水资源公报，指导水文站网建设和管理；指导水利科技、教育、外事和信息化工作，提出有关水利价格、收费的建议。共有工作人员98人，设办公室、水政水资源科、规划建设科、行政审批科4个职能科室，下属14个事业单位，2个企业。玉环水利工作按照省、市、县党委、政府以及省水利厅关于水利工作各项决策部署，以“水利惠民”为根本，以“五水共治”为抓手，扎实推进防汛防台、强塘工程、水环境整治、水资源管理、节水型社会建设和水行政执法等工作，不断加快水利改革发展，努力提升水利支撑和保障能力。全年完成水利投资1.76亿元，完成计划110%，其中“五水共治”完成投资1.50亿元，完成计124.9%。完成河道综合整治15千米，新建护岸15.9千米，河湖清淤98.1万立方米，山塘除险加固10座，水土流失治理4.42平方千米，拆除涉水违章建筑8.28万平方米，办理审批项目64件，新建供水管网14.8千米，改造旧管网14.76千米，完成“一户一表”改造675户，完成小型农田水利项目47项，完成新增高效节水灌溉面积74.73公顷，万元GDP用水量控制在26.28万立方米。

【防汛防台抗旱】 全年，汛情平稳，主要影响有“尼伯特”“莫兰蒂”“鲶鱼”等3个台风，没有发生特别严重灾情，总体上属于风调雨顺年份。降雨量属于正常年份，全县平均累计降雨1413.7毫米，是2015年同期1448.2毫米97.62%，是多年平均1421.8毫米99.38%。全面落实防汛责任，组织防汛检查。进一步落实防汛防台抗旱首长负责制和明确各部门工作职责，全面部署防汛防台抗旱工作。及时更新防汛责任人和转移人员数据库，落实防汛防台责任人和水利工程保安责任人，并于主汛期前在《今日玉环》等媒体上公布。防汛检查工作做到早部署，早落实。部署开展防汛大检查工作，通过自查、检查、抽查结合方式彻查隐患和薄弱环节。同时结合玉环实际，在主汛期前开展山塘防汛安全等专项检查，对检查出的病险山塘等及时落实整改措施，并通过防汛督办方式确保整改措施落到实处。通过防汛检查，加强基层防汛体系建设，及时更新责任人数据库，完善工作机制，推进水损毁工程修复。完善防汛预案修编，落实防汛抢险物资。十分重视防汛预案编制工作，印发《关于做好今年防汛防台预案修编工作的通知》,要求乡镇、防指成员单位及时制定有针对性、可操作性的防汛预案。县防指对11个乡镇预案进行及时批复,并对防指主要成员单位预案进行备案。重视防汛演练,在芦浦镇漩门村老鹰窝地质灾害点开展演练,演练主题为人员转移。制定《玉环县防汛抢险物资管理办法》,完善防汛物资采购、储备管理和调拨机制。深化基层防汛防台体系规范化建设,提高基层防汛能力。进一步完善基层防汛体系,通过完善防汛物资管理制度和抢险队伍建设,健全避灾场所,推进基层指挥防汛建设,编制村级防汛形势图等工作,成功防御台风侵袭,确保安全度汛。加快防汛信息化建设,提高水情测报能力。水雨情遥测站通过浙江省防汛通信平台实现省市县三级实时共享,水雨情信息准确,数据传送畅通,并委托专业公司对水雨情等遥测系统进行及时维护,确保水雨情测报信息系统运行情况正常,被台州市水文站评为2015年度报汛无错站。切实加快推进水利信息化建设,通过开展"智慧水务"建设,完成村级终端安装327套、水位计67个、雨量计233个、视频监控点37个。同时,还开展办公综合平台系统建设、数据中心建设、水利工程航摄及应用服务等工作,完成投资400多万元。

【水利基础设施建设】 加快推进县重点工程建设。省重点工程——玉环县漩门三期围垦工程作为全县在建水利工程,按照工程建设年度目标,抓好工程质量、投资、进度控制,落实安全生产和安全度汛责任,圆满完成年度目标任务。漩门三期围垦工程于12月16日完成海堤Ⅰ标、Ⅱ标单位工程暨合同完工验收,标志着漩门三期围垦工程整体工程完工。漩门二期蓄淡围垦工程于1月21日通过竣工验收。实施重要水利工程除险加固。完成小间水库抢险加固工程主体工程,完成双庙水库除险加固招投标工作。继续实施山塘除险加固五年计划,完成九青岙山塘、西坑山塘、大竹坑山塘等10座山塘除险加固,完成任务的166.7%。完工验收解放北闸改造工程、解放中闸新建工程及大麦屿防护工程海堤南堤工程。竣工验收坎门海港防波堤台损修复工程和海山东升塘除险加固工程。开工建设小普竹塘、黄门防浪堤除险加固工程。开展农田水利建设。按照《玉环县水利基本建设投资计划管理办法》,有序地实施县级小型农田水利项目建设,完成小型农田水利项目47项,补助资金400万元,主要是对溪坝、泵站渠道、小型山塘、斗闸等进行建设和除险加固。实施节水灌溉工程,完成新增高效节水灌溉面积74.73公顷,完成率为112%,总投资181万元。

【水环境整治】 实施"清水绕百村"工程。完成桐丽河、龙溪河、芳清河、干江河、茅埏河等5个水系整治工程河道综合整治15千米,新建护岸15.9千米,植物护坡2.8千米,完成投资5145万元。实施河湖清淤工程。按照河湖库塘清淤工作要求,不断完善工作机制,加大工作力度,事先摸清每条河道底细,一河一策,因河制宜,明确每条河道治理方案,实现"对症治理"。完成河湖清淤98.1万立方米,其中河道86.6立方米,湖泊(玉环湖)11.5万立方米,完成年度任务的105%。实施河道畅通工程。2015年启动实施重点河道畅通工程,印发《玉环县重点河道畅通工程建设计划表》,明确2014—2017年项目名称、建设内容、投资等,计划用3年时间,投入8900多万元,通过实施100多个河道卡口治理、20多处水系连通、20多条河道拓宽等工作,打通阻水"关节",力促全县河道行洪排涝畅通,截至2016年,已完工65个,在建20多个。实施生态补水工程。玉坎河生态补水工程通过完工验收,实现将玉环湖湖水引到玉坎河,引水规模为7.5万立方米/天,该工程是玉环治水史上首次大规模跨区域、跨流域水资源调度。同时,2016年还开工建设庆澜河生态补水工程,将玉环湖湖水引到大麦屿街道庆澜河用于生态补水。开展河道保洁管理。在全县积极推行河道保洁专业化、市场化管理，按照《玉环县河道保洁长效管理和资金补助办法》《玉环县河道保洁长效管理考核评分细则》要求开展保洁，全县450千米河道实现保洁全覆盖，投入补助资金430万元，其中县级400万元，省级30万元。加强水土流失治理。完成水土流失治理面积4.42平方千米，其中水保林1.32平方千米，封育治理3.10平方千米，实施小流域治理1条。全年完成水土保持方案审批共办理26件，对在建生产建设项目进行水土保持监督检查，并做好监督执法记录表格，对每个开发建设项目全年至少监督检查二次，特别是做好项目基础施工阶段监督检查，对存在问题项目填写监督检查信息表。

【水资源保障】 切实加大水法规宣传力度。认真开展“世界水日”“中国水周”“浙江防汛防台日”“台州防台风日”“节水宣传周”等专项宣传活动，形式多样，注重实效。开展“节俭养德、节水为荣”为主题库区宣传活动、“保障水安全”植树护水活动等专题宣传活动，在《今日玉环》、玉环新闻网、县电视台、县广播电台等新闻媒体宣传有关水利方面工作。在全县乡镇及重点水利工程发放主题宣传画、悬挂水法宣传标语横幅30多条。通过开展形式多样水法规知识宣传活动，努力提高公众爱水、惜水、保护水资源意识。加快推进楠溪江引水前期工作。3月，省水利厅陈龙厅长到玉环调研水利工作，专题听取玉环楠溪江引水相关工作汇报，并明确表态省水厅将大力支持玉环楠溪江引水。8月10日，浙江政协信息专报(第84期)刊登《加大楠溪江引水工程协调力度 更好保障海岛群众饮水需求》专刊，黄旭明副省长批示，要求省水利厅牵头协调。同时，玉环还积极主动加强与乐清方面的对接，针对乐清市提出关于玉环楠溪江引水涉及5个方面的问题，及时进行答复。严格落实最严格水资源管理制度。以“三条红线、八项指标”为目标，全面落实最严格水资源管理制度，取水用水管理取得明显成效。2016年，各项目标任务均达到目标要求，全县总用水量控制在1.2222亿立方米，万元工业增加值用水量为14.15立方米/万元，比2015年下降38.52%，农田灌溉水有效利用系数控制目标达到0.577，生活和工业用水量控制在0.6147亿立方米，万元GDP用水量控制在26.28立方米，比2015年下降3.87%，达到全市控制最低水平，城镇供水水源地水质达标率达100%。加强水源地保护和取用水管理。加强取用水管理，对全县取水单位下达2016年度计划用水指标。全县公共制水企业和年取水量1万立方米以上的15家取水户全部安装取水实时监控设施，并接入省水资源管理信息平台。设置15个水源水质监测点，其中饮用水水源地监测点9个、地表水监测点5个、地下水监测点1个。委托台州市水利勘测设计院对监测点水质每季度检测一次，并发布水资源质量通报。深化节水型社会建设。进一步深化节水型社会建设，抓好工业、农业和生活节水等工作，开展节水示范单位、企业创建，建成节水型机关40家，至此，全县56家县级机关、253家事业单位已全部建成节水型单位建设，为省内率先、提前四年完成节水型机关创建目标。积极推广节水新工艺，加快节水器具改造，完成县前社区创建节水型社区390套节水型坐便器更换。完成2个节水型小区、2家节水型学校、3家节水型企业创建工作。努力保障供水安全。坚持“用足境外水、留好境内水”调水方针，年度供水总量为3214万立方米，同比增长4.9%，其中境外引水1503万立方米，县内水库供水1711万立方米。完成“一户一表”改造675户，新建供水管网15千米，改造供水管网15千米，管网漏损率控制在7.92%。通过加大出厂水水质检测密度和力度，并及时公布水质检测结果，加强管网排污，减少二次污染。开展农村改水建后长效管理，落实农村改水建后长效管理经费80万元。

【水利服务和管理】 加大水政执法力度。采取日常巡查和执法相结合,对水利设施及水利资源开展重点巡查和管理,严厉查处各类水事违法行为,水行政处罚做到及时准确,接到举报电话、信件39起,及时处理39起,立案10起,结案10起。通过强化执法管理,维护正常水事秩序,树立水法权威,提高全社会水法规意识。同时,加强与部门乡镇(街道)联动,开展联合执法活动,纵深推进涉水"三改一拆"工作,全年共拆除涉水违章建筑82751万平方米。开展水利工程标准化管理。以创建全省水利工程标准化管理示范县为契机,积极探索水利工程管理新方法、创新水利工程管理新机制,精心谋划,扎实推进,努力实现水利工程管理的制度化、专业化、信息化和景观化。印发《玉环县全面推进水利标准化管理实施方案的通知》,明确两年要完成115年项目标准化管理创建,其中省级项目为62个,市县级为53个。文件公布115个项目的管理责任主体,落实管理单位。玉政函〔2016〕133号批复60个工程划界方案。印发玉环县人民政府办公室关于全面推行水利标准化管理工作的通知,建立全面推行水利标准化管理工作联席会议制度。通过努力,完成2016年度创建任务。优化水利项目审批流程。按照要求,继续推进行政审批制度改革,减少行政审批事项,审批项目从原32项减为20项。缩短行政审批时间,完成审批提速工作,进一步简化审批程序,优化审批流程,审批承诺时限从20天缩减至最少1天内完成,达到台州市最短承诺时限。审批窗口全年受理办理审批项目64件,按时办结率100%。

【党风行风建设和内部管理】 落实党风廉政建设责任制,进一步明确水利局党委党风廉政建设主体责任。着重从组织领导、制度建设和宣传教育等方面加强党风廉政建设和反腐败工作,及时调整党风廉政建设和反腐败工作领导责任分工,建立健全相关制度,基本涵盖行政管理各领域,做到以制度管人、管事、管财,同时,建立廉政风险防控机制,做到防患于未然。切实加强机关作风建设。严格落实领导干部重大事项报告、民主生活会、民主评议、经济责任审计、党内情况通报等制度,及时发现并解决干部作风中苗头性、倾向性问题。通过深入开展"两学一做"学习教育和"守规矩、有作为、讲奉献"教育实践活动,加强机关内部管理,切实转变工作作风,使广大党员干部牢固树立廉洁从政意识,时刻绷紧清正廉洁这根弦,严格遵守中央和省市县各项廉政规定。通过开展"千人万项"蹲点指导服务水利建设行动,领导干部及技术人员勤下基层,深入水利工程一线,以问题为导向,全力做好水利技术指导和服务工作,切实帮助破解工程施工难题。认真办理议提案完成29件主办件、13件协办件办理。努力做好收发文、档案、机关保密、节能降耗和后勤服务工作,进一步完善公务接待、财务管理、公务用车等管理制度。被省"五水共治"简报录用2篇,省水利厅简报录用1篇,台州市五水共治简报录用3篇,被省水利网录用23篇,市水利网录用68篇。及时归档文书、业务档案,并开展档案日常查阅和借阅工作;建立和完善各项保密规章制度,抓好保密工作日常事务,认真完成县委保密办部署的专项保密工作任务。及时办理信访件3件,未发生重复非正常上访事件。

(蒋招君)

气　象

【概况】 县气象局实行上级气象主管机构与本级人民政府双重领导,承担本行政区域内气象工作的政府行政管理职能,依法履行气象主管机构的各项职责。前身为玉环县坎门气象站,始建于1956年,是国家级基本气象站,坐落在海岛坎门东头山顶,属国家6类艰苦基本站。单位内设办公室和气象减灾科2个管理机构,气象服务中心和防雷中心2个直属事业单位，玉环县防雷设施监测站和玉环县气象防灾减灾中心2个地方机构。2016年年末，共有在职及离退休人员32人，其中行政编制5人，事业编制8人，地编事业1人，省局核定技术人员等14人，离退休4人。全县建成区域气象自动站20个（包括披山、鸡山、大鹿岛、海山等）、农业小气候站3个、大气电场仪3个、实景监测站2套，并建有PM2.5监测站、紫外辐射监测仪、负氧离子仪、土壤水分站、船舶站和气象综合监测预警平台各1套。还建设了遍布全县各乡镇（街道）办事处、村级、学校、社区、企业等气象预报预警电子显示屏45个，另与水利局合建公共气象防汛电子显示屏2个，同时还建立了包括乡、村、重点单位和各级负责人在内近3000人的紧急异常天气预报预警短信平台1座，乡镇气象协理员、村级气象信息员、社会各界人士组成的志愿气象信息员队伍近500人。承办玉环农网和玉环气象网。县防雷减灾办公室和县人工影响天气办公室挂靠县气象局。

【加快推进气象现代化建设】 气象监测系统建设。按上级要求完成各区域自动气象站的升级迁建以及雨雪冰冻站、酸雨监测仪、总辐射观测项目的建设。同时，克服海岛县困难，深入研究，在大雷山、鸡山、海山等3个区域站接入双套太阳能供电系统，在鸡山、海山、干江等6个区域站接入双雨量传感器，两项举措在全国区域自动气象站系统内均属首例，在中国气象报、CMA网站等均有刊登。区域站运行保障。完成8个区域气象站的标校任务，自动气象站、大气成分站维护及时，中尺度站运行正常。共计处理故障10次，维护中尺度自动气象站50站次，大气成分站维护4次。全县所有区域站维护运行情况在全市最好，数据正常率一直位居全市前列。安全隐患设施修复。年初坎门站围墙因年久失修出现坍塌，多次组织相关人员对坍塌围墙进行勘察，在台汛期来临前抓紧维修抢建及时排除安全隐患。强化科研能力建设。科技局批复立项的《玉环温度精细化预报平台建设》和《玉环灰霾天气特征分析及预警平台建设》2个科研项目仍在进行中。

【深入开展公共气象保障服务】 台风暴雨等重大气象服务。年度天气较为复杂，气象灾害频发，在1月20日的雨雪冰冻、“莫兰蒂”“马勒卡”“鲶鱼”等台风以及G20重大气象服务期间，8次进入应急响应状态，按照应急预案的要求，严格执行相关规定，圆满完成了台风等重大气象服务期间的预报预警服务工作。在此期间，应急值守班、气象服务产品制作发布、应急人员名单上报、事后灾害调查总结、气象服务数据整理上报等工作均有序开展。全年上报各类决策服务材料150期，发布各类预警短信86次，预警平台发布短信204条，约53万人次。农事期气象保障服务。2月初，制作《玉环县气象局2016年气象为农服务周年方案》《2016年玉环县气象局决策气象服务周年方案》，对全年的为农服务有了全盘把握。在春播秋收的重要农事季节，有针对性地做好不同时段的农业气象灾害预报预警。在低温冷害、暴雨、连阴雨、大风等灾害性天气来临时，及时通过发布预警短信、电话直接联系等方式，将气象信息告知农业部门和农业大户，向农业大户发放了“气象服务联系卡”，方便农业大户及时联系和获取气象服务。同时，在春播期每周制作《春耕春播气象服务专报》，每月提供《气候影响评价》和《农业气象情报》，针对性地开展农气服务。重大活动气象保障服务。始终把气象保障服务工作当作头等大事来抓，主动为两会、漩门湾湿地马拉松、运动会等提供气象专题服务。针对不同期间市民的不同需求，开展相应的气象服务内容，如在清明期间提供森林防火气象服务，中、高考期间提供人体舒适度指数服务，五一旅游黄金周期间的旅游气象条件预测等。专业气象保障服务。自2009

年开始和大鹿岛、滚装轮渡、华能电厂、供电局等9个气象敏感单位,有针对性地开展专业气象保障服务,不间断的提供他们所需的气象信息。按照省气象局的要求开展气象资料提供和网上免费提供气象证明服务,全年共完成气象灾害免费证明24份。环境气象保障服务。PM2.5等监测数据在玉环气象网滚动播发,开展雾霾等重污染天气监测预警服务,及时发布雾霾监测季度报告。主动配合芦浦镇政府、龙溪镇政府完成负氧离子的测定工作,为玉环县创建省级森林城镇提供有力的科学依据。及时发布雾霾监测季度报告。旅游气象保障服务。每天为滚装轮渡公司发布天气预报,保证轮渡安全运行;每天为大鹿岛航线发布预报,在保证安全的前提下,使当地的旅游资源得到了充分发挥。

【着力提高气象防灾减灾能力】 加强防雷安全监督职能。确定全县51家防雷重点单位,对全县应检重点单位进行了防雷防静电设施检测,在检测中对于不符合防雷技术要求的限期进行整改并及时安排复检。全年共接收技术评价148份,跟踪检测276份,覆盖率100%;出具竣工检测报告170份;定期检测报告110份;开出48份防雷装置存在问题通知书并要求限期整改,受理防雷装置设计审核项目271件,核准271件,办结率100%,发放《防雷装置竣工验收意见书》111本。履行社会安全管理职能。全年发布雷电监测分析公报2期,雷电预警5次,预警短信1.5万条次。全年发生雷电灾害2起,在第一时间开展雷灾调查,经统计经济损失达上百万元。及时处置3起违规施放氢气球行为,消除易爆安全隐患。促进防灾减灾体系更加健全。推进乡镇落实气象灾害防御和公共气象服务,明确乡镇(街道)气象协理员职责。继续开展气象灾害应急防御能力建设,完成4个气象防灾减灾标准化村(社区)建设。暴雨精准化监测预警工程纳入玉环县2016年"五水共治"工作责任书,已启动建设方案编写,已与水利、住建等部门沟通,并向常务副县长汇报,与五水办、财政、发改等部门沟通,为立项打好基础。广泛开展防灾减灾科普宣传。以"3·23"气象日、"5·12"防灾减灾日为契机,首次联合团县委等部门,依托"玉环新青年""玉环发布"等本地高影响力公众号,推文宣传气象防灾减灾科普知识,推广"玉环气象"公众号,推动"互联网+"气象服务。举办"开放日活动",对外开放玉环气象台、坎门国家基本站、气象科普展示馆供市民参观学习,近距离了解气象观测、预报、科普等工作。与国土部门合作进行地质灾害与气象方面的宣传讲座。做好媒体宣传和报道工作。通过气象短信平台、电子显示屏、气象网、96121等手段做好气象服务工作,接受电视台和电台等媒体采访40多次,数次电话连线采访,向全社会发布气象信息。全年接受媒体采访40多次。发表通讯报道52篇,其中CMA3篇,中国气象报1篇,省局多轨道5篇,浙江天气网3篇。

【不断推进气象工作政府化】 气象工作纳入县重点工作。积极贯彻中央、国务院和省委、省政府的部署要求,根据气象工作面临的新形势、新要求,多次向县委、县政府领导汇报,引起高度重视,将"气象公共安全服务体系建设"纳入4月、5月县重点工作。气象灾害防御纳入乡镇职责。6月,玉环县机构编制委员会专门发文《关于明确乡镇(街道)气象灾害防御职责的通知》,在各乡镇(街道)增加"气象灾害防御准备、气象灾害防御知识宣传、应急联络、信息传递、灾害报告和灾情调查等工作"职责,进一步加强气象灾害防御工作,有效地强化气象"四员"队伍作用发挥。为特色农产品申报低温冻害标准。组织推进气象标准和业务规范编制,在中国气象标准化网申报《玉环柚低温冻害》标准,通过省气象局确认,中国气象局已完成初审。深入基层答复政协委员提案。高度重视政协委员《加强气象为农服务》提案。5月5日，在副局长带领下，到清港镇与提案领衔人沟通，当面答复提案，并以此为契机，加强农业灾害性天气监测预报，在苔山塘文旦基地增设气象显示屏，全面提升气象为农服务水平。深化气象行政审批改革。根据国发〔2015〕58号、国发〔2016〕11号、浙委改〔2016〕1号和浙财农〔2015〕263号文件的精神，为减轻企业负担，玉环县从3月1日开始率先在台州市停止行政审批前置服务收费。原新建改扩建项目由业主和防雷站签订委托协议，防雷站直接向业主收取防雷技术评价和跟踪竣工检测费用，改为气象局委托防雷站技术服务并政府买单，不再向业主收取任何费用。此项工作简化了企业办事环节，促进了审批改革。"十三五"气象发展规划编制。于2015年12月开始组织骨干人员编写"十三五"气象发展规划，后经上级指导，多次修改，5月，形成初稿，11月，县政府发文同意批复。规划的主要框架，按照省局下发的模板进行编写，主要建设项目分为：业务类、服务类、专业类、基础类四大类工程，建设期限主要分布在2016—2019年，2020年用来进行验收等工作。

【注重开展气象文化建设】 思想文化建设。开展职业道德和党风廉政教育"双月"活动，提升职工职业道德素养。4月26日至5月6日，职工利用业余时间，通过手机微信关注"中国政府网"微信公众号、下载国务院客户端，认真学习"2016政府工作报告解读"专题并积极参与答题。5月30日，全体职工参加台州市气象局举办的"微党课"演讲比赛并获得3等奖。职业技能培养。共举办"气象报告厅"讲座10期，提升业务质量的同时，也展示了职工的聪明才智。在三八妇女节来临之际，局工会组织全局女性职工开展巧手学烘焙活动，营造和谐文明的工作氛围。文体活动丰富。大力提倡劳逸结合，积极鼓励职工参与各项文体活动，多名职工积极参加台州马拉松，玉环"漩门湾"湿地马拉松，以及玉环县职工运动会，其中女子100米获得第三名的佳绩。

【狠抓落实党风廉政和作风建设】 召开专题学习会。召开"两学一做"专题学习会4次，局班子成员带头，组织全体党员干部对《党章》《中国共产党廉洁自律准则》和《中国共产党纪律处分条例》等党内法规及习近平总书记系列重要讲话精神进行了再学习，引导党员干部坚定理想信念，树立正确的从政道德，增强廉洁意识，筑牢思想防线。观看廉政影片。5月21日，组织全体党员在玉环大剧院观看红色经典党史宣传教育片，5月24日，在局会议室观看《郑义门》，通过观看教育片，引导党员干部弘扬中华民族优秀传统文化，汲取家规家风中的精华，提高廉洁自律和拒腐防变的坚定性与自觉性，增强自身免疫力，营造风清气正的社会环境。开展廉政宣讲。把廉政宣讲工作摆在重要位置，作为深入抓好党风廉政建设的重要载体，一把手宣讲《学习习近平在中纪委五次会议重要讲话精神，不断把反腐败斗争引向深入》，分管领导宣讲《新形势下如何做好气象廉政和气象文化工作》，切实把开展党风廉政建设宣传教育活动与各项工作结合起来，努力做到政治坚定、作风优良、纪律严明、勤政为民、恪尽职守、廉洁从政。重视"找短板、做好店小二"活动。立足现实、把握大局、着眼长远，通过"上级点、群众提、自己找"相结合的形式，扎扎实实完成了"找短板""补短板"的工作任务，将"店小二"精神贯穿于各项气象工作之中，不断增强干部职工当好"气象店小二"的意识，提高服务意识、廉政意识，自觉做到廉洁勤政，兢兢业业做好本职工作。主动向纪委汇报工作。6月14日，局主要负责人及班子成员到县纪委，向县委常委、纪委书记王正雷，纪委副书记沈华栋汇报气象局履行党风廉政建设主体责任情况，得到王书记的充分肯定。

（周小华）

科教文卫

科 技

【概况】 县科学技术局为县人民政府主管全县科技工作和地震工作的职能部门,内设机构3个,下属全额拨款事业单位3家,自收自支事业单位2家。2016年,全县科技工作认真贯彻全国、省、市科技工作大会会议精神,紧抓“双倍增”“两提高”目标任务,打好科技创新组合拳,努力实现科技创新布局、科技创新主体、科技资源配置三方面大转变,积极引导企业加大科技投入,使科技工作在“十三五”开局之年取得了新的突破。

【公共科技平台】 浙江大学台州研究院汽摩配研究所与县企业共同研发发条式链条涨紧器总成自动装配流水线、三角盘智能装配检测设备、“液压式张紧器单向阀检测设备”和“发动机SV链轮装配设备”等项目,解决企业技术困境。中国汽车工程研究院浙江分公司完成检测试验任务380多项,服务金额达到1000多万元,为企业产品研发提供了大量数据支持。玉环县中科院应用技术成果中心研发的智能调光型电子镇流器路灯控制系统,成功运用到县道路中,较电感镇流器节能48.7%;其研制的“通用型自动测漏”和“通用扭矩球阀自动安装”等检测设备,以及高温退火炉及真空手套箱等实验设备的研发,将帮助县企业进一步提高工艺和检测水平。2016年,楚洲人才梦工场被国家科技部认定为国家级众创空间,实现了市国家级众创空间零的突破,同时获得省优秀众创空间、台州市众创空间称号。入驻创意团队47家、创意人员200余人,为600多家企业提供了包括科研攻关、3D打印、品牌创意、跨境服务、电商培训、创业孵化、网站开发、店面装修、知识产权等服务,累计销售产值达4亿多元。

【科技孵化器】 省“千人计划”、台州市“500精英”张·格瑞斯·丽颖博士创办的技术培训学校和技术咨询销售中心、省“千人计划”林钢博士创办的机械设备公司、国家“千人计划”、台州市“500精英”杨健博士创办的激光技术运用公司在县孵化园集体落地投产,为县机械加工制造业提供一流技术支持。积极鼓励青年创业创新。为青年创业搭建平台,联合举办青年人才创业创新大赛,参赛项目团队达41家;探索“青年创业金融池”项目,为创业人才的好项目提供贷款担保资金;健全“创业助理”制度,通过保姆式服务,为青年创业人才、创新团队开辟绿色通道。

【高新技术产业】 新增国家重点扶持的高新技术企业23家、省级研发中心2家、省级企业研究院1家、省科技型中小企业65家、市级高新技术企业

46家。环天机械的大型往复压缩机流量无级调节系统关键技术应用项目荣获2016年度中国机械工业科技技术进步奖；组织推荐省级新产品申报158项，立项106项；智能物流货物捆绑系统获得市科技进步二等奖。

【专利工作】 2016年，专利申请量达到3044件，授权量达到1992件。其中发明专利申请量达到365件，授权量达到183件。双友物流器械获得国家知识产权示范企业认定，为全县首家。组织申报省专利示范企业3家，复审2家。新增市级专利示范企业2家。

【科技合作与交流】 相继与中科院系统、安徽大学、浙江大学等高校院所举办6个系列、10多场次科技成果对接活动，提供工艺诊断、方案设计、项目实施等全方位服务。4月，沪龙科技股份有限公司与中国科学院严陆光院士签署成立“院士工作站”研发合作协议，确定机器人高性能伺服系统、新能源汽车驱动系统等4个合作项目。11月7日，在哈尔滨召开2016浙江玉环·哈尔滨科技人才活动周，来自玉环县机床协会和阀门协会的40余家制造业企业负责人和哈工大、哈工程大学、天津大学等20多人高校专家和教授进行科技对接，现场，共签订双环传动与新松机器人的全方位合作协议，中星数控与哈尔滨工业大学“精密机床委托开发协议”等6个合作项目。

（徐琼璐）

教　育

【概况】 县教育局是县人民政府主管全县教育工作的职能部门，下设办公室、组织人事科、纪检监察审计科、基础教育科、安全监督管理科、职教成教科、计划财务科、教育会计核算中心、教育技术中心、招生自考办、教育督导室办公室、教研室、教育工会等13个科室。全县共有学校233所，其中电大玉环学院、教师进修学校、理工专修学院、特教中心各1所，普通高中4所，十二年一贯制学校1所，职业高中1所，成技校11所；义务教育阶段学校68所，其中，小学49所(11所为民办)，初级中学14所，九年一贯制学校5所(3所为民办)；幼儿园144所(127所为民办)。全县普通高中在校生5544人，职业高中在校生3558人，特殊学校学生154人；初中在校生15829人；小学在校生47731人，其中，外来民工子女21896人，占32.08%，民工子弟学生在公办学校10185人，占13.99%。义务教育阶段巩固率100%，初升高比例为99.84%。小学、初中入学率、巩固率均达100%，三残儿童少年入学率达100%。全县基础教育阶段教职工共8042名。幼儿园在园数25174人，学前三年入园率99.8%。在编在职教职工3795人。社区教育三级网络构建基本完成，初步形成由基础教育、职业教育、成人教育、特殊教育和地方性高等教育组成的具有地方特色的现代国民终身教育体系。

【学前教育工作】 龙溪镇、干江镇、芦浦镇、沙门镇和鸡山乡等5个乡镇创成台州市学前教育合格乡镇。干江镇公立幼儿园、沙门镇中心幼儿园、县机关幼儿园等3所公办幼儿园新校园投入使用。创成二级幼儿园3所、三级幼儿园8所，等级幼儿园覆盖面达90%。楚门东方红幼儿园、坎门渝汇蓝湾幼儿园、坎门娃哈哈幼儿园等21所新建改建符合标准的民办幼儿园通过审批。开发教师信息管理平台，启动“十三五”幼儿教师专业发展培训计划，扎实推进优秀园长、优秀教师“扬帆工程”，组织幼儿教师资格证考前辅导，考取164人，全县幼儿教师持证率达80%，较上年提高16个百分点。联合多部门出台《玉环县住宅小区配套幼儿园建设和管理实施办法》。

【义务教育均衡发展】 继续推进“阳光招生”工作,面向外来务工人员子女实施积分入学制。开展玉城街道城北片区小学生源整合工作,平稳有序地推进城北学校入学事宜。积极开展困难学生资助工作,春季受资助学生1796人,资助金额107.7万元;秋季受资助学生1722人,资助金额100.8万元。中考全市前3000名达到274人,较上学年增加40人;普高录取分数线、总平均分、总分优秀率、总分优良率、总分合格率均居台州市前列。

【普高教育优质发展】 高考成绩再创历史新高,高考重点上线397人(不包括艺体类第一批上线学生),较上年增加60人,其中理科336人,文科61人。其中玉环中学重点上线316人,重点率达到66.8%,较上年提升6.5个百分点;楚门中学重点上线41人,较上年增加19人;玉城中学重点上线31人,较上年增加5人;实验学校高中部,重点上线9人,较上年增加7人。全县普高教育质量整体提升,实现玉环教育史上的三个“历史最好成绩”:在全县高考重点率上,以22.5%的高数值,再创历史新高,再居台州第一;在尖子生培养上,两位学生历史首次包揽了台州理科状元和榜眼;在学校高考重点率上,玉环中学历史首次名列台州各高中学校之首。

【职教成教】 职高学生高考单考单招上线168人,上线率85.2%,其中5人考取本科;录取率82.78%,比上年上升6.25个百分点。积极创建“浙江省学习型城市”和省成教品牌项目,其中,玉环县社区学院《社区老年人“阳光历奇”教育》、坎门文技校《“健康知性,美丽人生”妇女家政服务》等项目,获市教育局审核待省级认定。组织27名社区教育管理人员赴温州城市大学参加社区教育和老年教育管理干部培训。成立浙江老年开放大学玉环学院,完善老年教育体系。全年扫盲任务数3100人,完成3450人,超额完成工作。

【校园文化】 深入贯彻实施《浙江省教育厅关于全面加强中小学校园文化建设的通知》及《玉环县推进中小学校园文化建设实施方案》文件精神,组织专家完成了32所美丽学校创建验收,6所寄宿制学校的“美丽寝室”创建验收。学生社团蓬勃发展,全县有336位学生获“玉环县美丽学生”称号,玉环中学校广播站等98个团队获“玉环县美丽团队”荣誉称号。组织了优秀校本教材和校本教材推广应用奖的评比活动,产生了一批具有校本特色的学科拓展课程,极大地活跃了校园文化。

【素质教育】 出台《玉环县中小学生“两体一艺”和生活技能等级评定实施意见》,在全县义务教育阶段学校开展中小学生“两体一艺”和生活技能等级评定。选送学生参加省艺术节,共获一等奖3项,二等奖1项,三等奖5项,创历史最佳成绩。制定县校园足球试点学校评审细则,组织开展首届校园足球试点学校申报命名工作。通过学校申报、教育局审核等流程,命名了坎门中学等10所学校为县级校园足球试点学校。义务教育“一校一品,百花齐放”局面进一步呈现。

【课程改革】 进一步深化课程改革,出版并在全县推广使用学科拓展性教材《读写导航》《数学思维之旅》《美丽玉环》等。汇编《课程改革在路上——玉环县小学拓展性课程改革成果集萃》,总结近几年课程改革成果。以课程改革为突破口的素质教育,使课堂教学与综合素质培养逐步融合,让学生的兴趣爱好得以保护,让学生的发展更具特色。

【教学评价】 出台《玉环县中小学教学质量量化评价考核方案(试行)》。小学低年级开展模块游考活动,高年级组织对音乐、体育、美术、英语口语、科学实验操作实施实践性抽测。第一次对民工子弟学校的质量抽测进行网络阅卷。以中考成绩作为高中各校起始成绩,动态评价高中学段各校教学成绩。调整中考、高考、学业水平考试等质量在学校考核评价所占的比重,在全县层面上制定中考、高考、学考等各项指标,启动职高文化课质量监测,提升了学校“以教学为中心”的质量意识。

【教师素质】 全力推进教师继续教育工作,全年完成教师自主培训250079学时,校本培训114418学时,指令性培训71968学时。加强校长学校建设,举办4次集中学习活动,选送14位教学副校长到上海名校挂职锻炼;5位校长被评为县名校长,1位校长被认定为市名校长。针对年轻教师,实施曙光工程,在全县范围内遴选103位培养潜力大的青年教师与市、县55位名优教师结对。针对中青年教师,深化《县名教师名班主任队伍建设实施意见》,构建省、市、县、校四级名教师名班主任动态的金字塔型人才培养体系。

【队伍结构】 争取新增教师编制290个,有效缓解教师紧缺问题。全年组织5场招聘会,共招录新教师160人。实施中学紧缺型学科及小学全科教师定向培养计划,签约9名高中毕业生,委托师范院校培养。继续推进教师、校长交流制度,全县交流42人,其中,骨干交流9人,普通交流33人。校级领导调整13人,新任、提拔11人。

【教育激励措施】 按人均每年6000元的标准设置教师年度考核奖。全年向202名县级及以上名教师、名校长、名班主任、骨干教师发放考核津贴共109.3万元。积极推荐教职工参加省、市各类先进评选,其中1人被评为省中小学师德楷模、1人获省农村突出贡献奖、1人获省春蚕奖、3人获市农村突出贡献奖、6人被评为市优秀教师、2人被评为市先进教育工作者。

【基础建设】 全年教育系统重点建设项目24个,完成年度投资3.38亿元。其中,城北学校完成竣工验收;楚门镇中心小学分校区完成主体工程建设;新城学校进入主体施工阶段;城关中心小学分校区和陈屿中心小学分校区前期工作有序推进。县中等职技校迁建工程采取PPP模式,借助社会力量开展建设工作。依托台州市为民办实事工程,完成干江中学和龙溪中学的田径场改造。彻底排查现有校舍的安全隐患,完成69个校舍加固项目。积极落实薄弱学校改造计划,投用沙门果丽小学教学楼。

【教育技术装备】 全年投入4860万元用于装备采购,当年生均投入值为702.95元,高于全省平均水平。全年更新班级多媒体325套,计算机800余台,新增图书6.8万册。争取省补配套资金,配发300套数字移动终端,改造150个教室的照明环境,投建6个创新实验室。顺利通过国家教育信息化区域综合试点现场验收。搭建教育管理和教育资源公共服务平台,组建玉环教育数据中心。清港镇初级中学通过市级数字化校园验收。新增13个录播教室,并承办全市异地同构交互课堂创新教研活动。

【师德行风】 开展“两学一做”学习教育,深入推进党风廉政建设。组织全体师生积极参与做好提升玉环县党风廉政建设满意度调查工作,发放教师建设满意度调查卡5000张,向学生发出“小手拉大手、廉洁一起走”倡议书6万多份。廉政文化创特色建品牌成效显著,有5个项目送省、市评比。全县共有省级廉政文化进校园示范点1个,市级7个;市级廉政教育基地1个,县级2个。教育内审工作实现全覆盖,完成24所学校校长经济责任审计和学校财务收支、专项资金审计工作。

【学校安全】 深化安全教育实验区创建工作,全县2673位教师与93866名学生在平台上参与安全及法治知识授课和学习。与县广播电台深度合作,开展"平安校园在我心，安全教育伴我行"活动，连续播放防溺水、消防、法治等6个专题教育内容，学生安全知晓率达96%。尝试购买社会化服务，引入第三方中介机构，对学校开展"校园安全体检"，排查隐患500多处，解决隐患排查不专业瓶颈问题。

【教育宣传】 加强"玉环微教育"媒体宣传功能，积极主动传播教育正能量，一周定期归集宣传信息，多热点、多形式地刊出《微周刊》。按要求完成2016年度的县两办信息报送工作，刊编《今日玉环·教育视窗》12期，协调开展《名师论道》节目12期，刊编教育宣传画册《在路上》和《进行时》。积极提升网络舆论管理水平，营造清朗和谐的教育网络舆论环境。

【玉环中学】 玉环中学创办于2012年9月，占地13.93公顷，总建筑面积6.7万平方米，系全日制、寄宿制公办重点高中，为浙江省二级普通高中特色示范学校。2016年，学校有36个班级，在校学生1434人，教职工140人。教职工中有省特级教师3人，市名师工作室4个，有全国优秀教师、省春蚕奖、省教坛新秀以及省级优秀教师等共10人，台州市名师、教坛新秀、台州市教学大比武及优质课评比一等奖获得者等共20多人。学校与省内名校合作办学，创建名师工作室，注重教师专业发展，精心定制教师专业发展规划，为促进教师专业化发展搭建了广阔平台。玉环中学领导班子带领广大教师围绕"有特色、现代化、示范性、国际化"的省海岛普通高中"的办学目标，培养具有"执中合德、立行致知"品质的时代公民的育人目标，坚持"执中合德、立行致知"的办学理念，不断深化内涵发展，提高教学质量，努力把玉环中学办成省市一流的高品位学校。

【楚门中学】 楚门中学创建于1946年3月，占地面积12.4公顷，建筑面积55056平方米，系省一级重点中学、省高中特色示范性学校、省文明学校、省现代教育技术实验学校、省教科研百强学校、省教科研先进集体、省绿色学校、省治安安全先进单位、台州市文明单位。2016年，学校有34个教学班，1407名学生，152名教职工，其中正高级1人，高级教师42人，中级教师51人，研究生学历23人，市名师、市先进教师6人，县名师、县优秀教师近30人；获玉环县高考工作优秀奖、玉环县第一批"美丽校园"、玉环县德育优秀学校等荣誉。学校坚持坚持"厚德、博学、强身"的校训，以"把人字写端正，把人字写辉煌"的办学理念，积极推进教育创新，教育质量稳步提升，得到上级领导的好评和社会的肯定。

【玉城中学】 玉城中学系浙江省二级重点中学，省普通高中特色示范学校，省文明学校、省体育特色学校、省治安安全单位、省中学共青团工作示范学校、省中学生体育协会篮球分会会员单位。2016年，学校有高中31个教学班，1427名学生，正式在职教职工153名，教职工中有高级职称50人，中级职称61人。学校拥有先进完备的教学设施，建成多网合一的数字化校园。学校在长期办学过程中，逐步形成"文化引领、制度创新、发展内涵、形成特色"的办学思路，提炼出"一德二能"的育人特色，确立"多姿的师生、多样的成才、多重的课程、多元的发展"的特色发展方向，以"项目建设— 学科建设—文化建设"为核心策略，努力打造"人本校园"和"人文校园"。学校被评为浙江省绿色学校、台州市治安安全单位；学生运动队获台州市第二十六届普通高中特色示范学校运动会团体总分甲组第五名、健美操甲组二等奖，2016—2017中国初高中篮球联赛（浙江赛区）高中女子组第三名，台州市第10届中学生篮球联赛第二名。

【县中等职业技术学校】 县中等职业技术学校系省一级重点职业技术学校、首批国家级重点中等职业学校。系省中等职业教育改革发展示范校立项建设学校、浙江省现代教育技术实验学校、省先进制造业技能型人才培养培训示范基地、“财经商贸”省级示范实训基地、省职业教育先进集体、省模范职工小家、台州市职业教育先进单位、台州市高技能人才培养示范基地、台州市双拥单位。建有模拟银行、ERP沙盘、小键盘与点钞机、财会电算化、计算机中心、金工车间、电工电子等实验室，建立了50多个校外实习和就业基地。学校有教职工143人，其中专任教师134人；63个教学班，在校生2500多人。学校以现代制造、财经商贸、学前教育为三大支柱专业，设有模具设计与制造、数控技术应用、数控车床装配与维修、金融事务(会计)、学前教育、国际商贸、电子商务、物流管理、网络管理与维护、平面设计与装潢等三大类十个专业。其中，数控技术应用为省示范性专业、省级骨干专业，金融事务(会计)为省示范性专业，学前教育为台州市示范性专业。学校为玉环县首家职业技能鉴定所，举办多形式多种类的社会培训，为玉环经济社会发展输送了大批技能型人才。

【浙江电大玉环学院】 浙江电大玉环学院系全国示范性基层电大。教职工33人，兼职教师40多人。开设开放教育和现代远程教育等学历教育模式的本科专业19个、专科专业14个，在读本、专科学员约2000人。学院紧密围绕“教学、科研、社会服务”三大任务，坚持以质量求生存，以服务为核心，以品牌建设为目标，打造当地现代远程教育基地、成人教育中心、社区教育龙头，实现学历教育与非学历教育并举，为当地培养更多经济建设和社会发展应用型人才，为构建和推进终身学习型社会建设做出更大贡献。继续实施“农民大学生”培养计划，进一步提升电大教育为新农村建设服务的功能。学院与县域18家企事业单位合作，开展95期60个项目的职业技能培训，参与人数达10487人次。同时，积极开展老年教育工作，开设“保健养身”“运动健身”两门课程，现有学员115人。

【县教师进修学校】 教师进修学校系教育局直属的县级教师培训机构，创建于1978年，2014年3月搬迁至新校区。在编教师23人，其中高级职称10人。学校以“进德修业、知行合一”为校训，秉承“引领教师专业成长”的办学理念，坚持做有效的培训，已初步建立起覆盖全学段、公民办并重、师干训并进的多层次培训体系。学校不断创新培训方式，突出新教师培训工作创新，幼儿园教师培训平台搭建，干训模式探索，与多所高校建立伙伴关系，引进优质培训资源，培训成效明显。

【环山小学】 环山小学系县属实验小学，省级城镇示范性小学。现由本部与一年级校区两部分构成，占地1.4公顷。学校有55个班级，学生2430人，教职工145人，其中浙江省特级教师1名，浙江省名教师培养对象2人，浙江省教坛新秀1人，台州市名教师3人，玉环县名师工作室2个，玉环县名教师11人，获得县级以上教坛新秀、骨干教师、教学能手等70多人次。学校秉承“勤奋文明、求实创新”的优良校风，追求教育创新、教学创新与管理创新，致力于培养“全面发展、生动活泼、健康文明、志存高远”的学生。深入开展课程改革，打造儒家文化教育特色，探索“雅言雅行”教育，初步形成了“三特”(办学有特色、教学有特点、学生有特长)、“二性”(实验性、示范性)、“三园”(求知的学园、活动的乐园、生活的花园)的现代化学校办学格局。

【县中心幼儿园】 县中心幼儿园系浙江省一级幼儿园、省绿色学校。学校占地面积1公顷，建筑面积7000多平方米。有15个班级，在园幼儿514名，在编教师39人，其中高级教师2人，一级教师21人，教师大专学历占100%，本科学历达90%。幼儿园秉承“一切为了孩子”为宗旨，致力于创建“幸福”教育特色，遵循“快乐第一、发展第一”的教育理念,以培养“健康、活泼、快乐、幸福”的儿童为教育目标,现已成为一所特色突出、高水准、高质量的幼儿园。

(陈钟钧)

文　化

【概况】 2016年,县文化广电新闻出版局新招录事业单位工作人员1名,共有行政编制10名,事业编制85名。内设7个职能科室,下属有8个事业单位和1个国有企业单位。文化发展指数连续第二年居台州市首位,2016年度台州市国家公共文化服务体系示范区创建县(市、区)考核指标排名玉环为全市第二,玉环县老铜匠铜制品有限公司成功申报省级文化产业示范基地,“扫黄打非”进基层工作在全省现场会上作典型经验发言。

【公共文化服务】 社会化运作持续深入。起草《玉环政府向社会力量购买公共文化服务管理办法》等文件;做好浙江省第三批公共文化服务体系示范项目创建工作,加大对楚门镇试点的支持力度,同时,根据各乡镇(街道)的实际情况,因地制宜,采取项目委托、局部委托和整体委托三种模式进行乡镇综合文化站运营模式创新探索。主题、节庆文化活动精彩纷呈。以“榴岛四季风”品牌项目为总依托,精心策划“海岛之春”“幸福暖冬”元旦春节元宵文化系列活动,开展“悦读汇”之时光书影、文化志愿者写赠春联、第二届“蒲公英”少儿才艺大赛、第二届玉环美术教师美术作品展、“文化嘉年华”公益培训成果展演、玉环本土新年音乐会、2016玉环新年音乐会等活动,为市民送上新年“文化大餐”;举办“嗨翻一夏”60场公益活动,开展第十二届未成年人读书节、亲子诵读比赛、悦悦亲子课堂、走读玉环、我爱好诗词、书韵茶艺课堂等各类活动;举办第七届农民文化节、第二届农村文化礼堂排舞大赛、声动玉环·新鲜主播大赛、“年轻的心”流行音乐晚会、2016年优秀文艺团队会演等4大系列20余项具有较大影响力的文化活动,有效活跃城乡群众精神文化生活,提升玉环文化内涵。文化惠民工程不断深入。深入开展“文化下乡”活动,送演出下乡132场、送图书21450册、送电影3209场、送展览讲座117场。举办3期“文化嘉年华”公益培训,开设舞蹈、国画、书法、瑜伽、烘焙等课程,培训各类学员1200余人次。采购音响设备48套配送到文化礼堂、文化活跃村、基层优秀文艺团队。向市民发放120张影院免费观影券。对外文化交流更加活跃。加强文化走亲和交流,完成台州(县市区)文化馆际“文化走亲”巡演3场;路桥、椒江、玉环、上虞4地文化走亲巡演4场。举办温岭·玉环文化走亲书法联展、潮起东海三门·玉环书画作品展等。各乡镇(街道)、村居(社区)之间的文化走亲活动也较为频繁。

【文化设施网络】 县级层面,加快推进“两馆、两城”建设。县图书馆新馆、县博物馆完成桩基工程;书城影城在春节前投用;探索开展数字文化馆和数字文化馆广场建设。乡级层面,图书馆总分馆体系不断完善,新建1家社区文化e站、1家24小时自助图书馆和1家乡镇图书分馆,同时各个网点实现通借通还,在全市率先将市民卡数据导入图书馆系统,实现“零门槛”市民公共图书馆建设;成立全市首家文化馆分馆;实施文化站整改提升工程,新建5家、改扩建2家乡镇(街道)综合文化站。村级层面,扎实推进农村文化礼堂建设,完成建设32家,超额完成年度考核任务;深化城乡公共阅读空间打造,建成3个农家书屋流通点。

【文化人才培养】 发挥文化领军人才的示范引领作用。支持郑频书法工作室、马亚兵美术工作室承办温岭·玉环文化走亲书法联展、“正本清源”刘松青书法作品展等活动。两家工作室共挖掘培育成员15名，均为县内优秀的中青年书法篆刻、美术创作骨干。注重基层文艺创作队伍打造。开展文艺团队会演、安排基层优秀文艺团队参与县级送演出下乡，为基层文艺骨干提供展示风采、交流学习的舞台。推行基层文化人才培育计划。举办各类基层文化人才培训、开展全县文化礼堂排舞培训班、书画名家现场笔会、艺术家创作采风题材交流活动等，多种形式培训基层文艺骨干。

【文艺精品创演】 77项文艺作品或节目获得台州市级以上奖项。其中，县文化馆舞蹈队获浙江省第十届排舞大赛新创组第一名，"森山杯"浙江省首届青少年朗诵大赛获4金3银，《新丝路·新童歌》第十二届中国少年儿童歌曲卡拉OK电视大赛省赛获2银，国画作品《东海渔村》入选浙江省纪念中国共产党九十五周年群星中国画展。

【文化遗产保护】 文物方面，第一次全国可移动文物普查全面收官，采集登录文物数据742件/套（不含古籍），其中文物系统内658件、文物系统外84件，完成文物藏品卡片编写；公布新一批市级文保单位和文保点；启动文物征集工作和西跳碉楼抢救性修缮工作；制定出台《玉环县文物保护管理员聘用管理办法（试行）》，起草《玉环县非国有博物馆扶持办法》。非遗方面，完成《玉环县非物质文化遗产保护发展规划》编制；玉环鼓词入选第五批省级非物质文化遗产名录项目；新建2个县级首批非遗传承基地；举办6场"2016传统曲艺乡村行"巡演活动、2期民间文艺人才课堂；推荐坎门二中参加全省非遗传承教学基地优秀案例评选活动，报送的坎门鱼龙灯项目《鱼龙舞动，青春飞扬》入选优秀案例。

【文化产业】 制定出台《关于支持和促进文化产业发展的实施意见（试行）》；组织优秀文化企业参加第十一届义乌文交会、文化产业论坛等活动；成功申报玉环县首家省级文化产业示范基地；裸心海度假区、东沙渔村旅游开发、放牛班文化创意园等重点项目合计招商引资金额达2个多亿；培育扶持翰潮书画院、大鹿岛岩雕艺术馆和玉环光阴故事文化艺术有限公司等一批新生文化产业崛起。

【文化市场监管】 圆满完成G20峰会维稳安保工作，深入开展"扫黄打非"进基层工作和"净网、清源、秋风、护苗"专项整治行动，出动执法人员1659人次，检查2151家次；立案39件，受理举报18起；依法取缔非法大蓬演出6处、无证游商地摊38处、无证销售地面卫星设施场所5家、"黑网吧"3家、黑电台1家，收缴非法音像制品12284张、非法书报刊68本、非法卫星地面接收设备50个、电脑显示屏及主机43台，发放知识产权、法制、禁毒各类宣传品4500余份。开展浙陕文化市场综合执法对口交流协作活动。

【机关作风建设】 强化学习教育，以"两学一做"学习教育活动为契机，以普通党员领学、党课大家讲、专题讨论等模式，积极开展廉政学习教育。强化短板整改，由局领导分组带队，深入基层调研一线，走访乡镇（街道）、村居文化活动阵地、文化企业、文艺团队、文化界名人，深入开展文化系统"查短板、找差距、促发展"活动，坚持问题导向，对照查摆，真抓实改。强化正风肃纪，开展机关作风建设明察暗访活动6次，严格落实平时考核制度，开展应知应会考试等，切实提升工作作风，强化机关效能。

（毛　玮）

体　育

【概况】 县体育局是县人民政府直属事业单位，主管全县体育工作。内设办公室、群众体育与体育市场产业科、训练竞赛科3个职能科室,下辖县少年儿童业余体校、县体育中心、县国民体质监测与体育科研中心、县体育总会办公室4个事业单位。

【群众体育】 举办县第八届职工运动会。5月18日,第八届职工运会开幕式暨第二十一个全民健身节启动仪式在县体育馆举行。该届县运会于6月7日结束,分部门组和非公企业组开展比赛,共设16个大项,来自各乡镇(街道)、部门、企事业单位的68个基层工会3360多人参加。群体活动丰富多彩。成功举办全民健身节、全民健身日、县第八届职工运动会、县篮协举办篮协大联盟“玉旋杯”篮球超级联赛、大麦屿街道“农行杯”4VS4街霸篮球挑战赛等联赛等大型活动,丰富各界人士体育生活。举办1期三级体育指导员培训班,组织参加国家级社会体育指导员培训;新增三级社会体育指导员106名,2016年年底,全县共有三级以上社会体育指导员1025人。

【竞技体育】 2016年是玉环体育史上具有里程碑意义的一年,玉环籍运动员朱梦惠参加巴西里约奥运会比赛,获得4×100米混合接力赛第四名。县少体校运动员参赛屡获佳绩,全年在国家级赛事中获得3金2银1铜,在省级赛事中获得20金15银19铜,女篮代表浙江省参加全国篮球传统项目学校联赛获第五名。

【体育社会化和产业化】 通过网上报名、电话报名和现场报名相结合的方式,彻底解决游泳培训报名彻夜排队报名难题。累计开展体育中心游泳馆、玉环中学游泳馆二地6期24班次游泳培训,共计培训学员3000多人次。加强全县体育彩票销售站点的整顿和管理,截至2016年12月31日,全县58家体彩销售点,全年体育彩票销售量达到7414.71万元,销售总额居历史第二位。

【体育科研】 开展2016全县老年人体质检测、县职工运动会篮球、拔河等项目运动员检测、“六一”幼儿体质检测、机关事业单位职工体质监测大普查等工作,累计检测1972人次,合格率为91.7%。继续开展学生体质三年跟踪监测工作,全年累计检测2238名学生,合格率为86.9%;累积三年数据,对县中小学生体质下滑进行深入探究,分别对各学科段、男女生分项检测数值作出科学评判,提出针对性建议,供领导决策。

【场地设施】 全县城乡体育场地设施品质再提升。玉环新城体育中心完成初步设计批复;清港游泳馆已投入运营;建成沙门镇里山村、坎门街道渝汇社区、龙溪镇梅岙村、龙溪镇大密溪村、大麦屿街道陈南村、海山乡小青村等6个市级全民健身广场和海山南滩村、虹四村、大岙村等10个省级体育小康村。村社区场地品质不断提升。全县新增标准篮球场6个、三人制篮球场3个,为县基层创建体育工作打下坚实基础。全年成功创建10个小康体育村提升工程,均建有1个标准灯光篮球场。据全县新增体育场地专项调查统计,至2016年年底,全县人均体育面积达到2.05平方米以上。体育场地建设。建成沙门村省中心村体育休闲公园工程、坎门街道双龙村和芦浦镇道头村市级全民健身广场。根据工作安排,2016年新城体育中心完成了地质勘探、体育馆初步设计工作。

(叶灏苒)

卫 计

【概况】 县卫计局是县人民政府下属的卫生和计划生育行政主管部门。主要执行有关卫生和计划生育工作的方针政策和法律、法规;负责疾病预防控制工作,指导全县基层卫生和计划生育、妇幼卫生服务；监督管理全县医疗机构和医疗服务；组织实施国家基本药物制度，落实生育政策监测计划生育发展动态；制订卫生和计划生育科技发展规划，承担医疗保健、爱国卫生运动和公共卫生工作。下属机构有县人民医院、县第二人民医院、县中医院、县妇幼保健计划生育服务中心、县卫生监督所、县疾病预防控制中心、3个街道社区卫生服务中心、6个镇卫生院、2个乡卫生院、县计划生育综合执法大队、县流管中心、县计划生育协会、献血办、爱卫办、农卫办、卫校、保健办、科技情报站、改水站。在编人数共2048人。

【卫计改革】 机构运行稳步向前。在全市率先实施公立医院去行政化改革。成立县医管会，组建并正式运行县二医法人治理结构（包括理事会、监事会等），探索建立现代医院管理制度，实现理事会领导下的院长负责制。在台州市率先实施公立医院综合目标考核。县医管会印发《玉环县县级公立医院绩效评价办法（试行）》，县级综合医院药占比控制在42.6%，较2015年下降7个百分点，患者就医负担明显减轻。此外，率先出台《玉环县缓解群众常见疾病基层配药难工作方案》，县级医院提供基层常见疾病在采购使用的非基本药物目录，基层医疗机构针对群众需求有针对性进行采购。全县各基层医疗机构使用非基本药物比例从3.1%上升到8.6%，有效缓解群众基层配药难。另外，全县11个乡镇（街道）均启动全科医生签约服务工作，共成立60支全科医生签约服务团队。2016年，全县重点人群签约95202人，签约率为82.8%，任务完成率为103.5%；有效签约人数32766人，有效签约率为34.4%，任务完成率为118.7%，均超额完成市定考核指标。

【医政管理】 全县三家县级医院门急诊总人次208.6万，出院人次4.4万，基层医疗机构门急诊人次129.8万。省市县合作办医不断加强，县人民医院与温州医科大学附属第一医院合作逐步加强，设立“温医一院专家日”，每月第二、第四个周六，温医一院定期选派专家到玉环开展坐诊查房、疑难病会诊、手术指导等医疗服务；县第二人民医院与浙江医院、浙江肿瘤医院等开展重点专科合作；县中医院定期邀请省中医院、省中西医结合医院、杭州市六院专家来院坐诊、手术。挂牌成立台州中心医院坎门住院分部、清港门诊分部。50多位急危重手术患者、2100多位门诊患者，在家门口享受到省级专家的服务。

【计划生育】 计划生育服务转型发展。全县共出生3987人，计划生育率96.49%；强势推进出生人口性别比综合治理，全县查处非法鉴定胎儿性别窝点6个、非法销售终止妊娠药物案件2例，涉案9人，行政处罚1人、刑事处罚6人，出生性别比实现“六连降”。全面推进村级“网格化”管理，加强计生“星级村”建设，基层基础不断夯实。改革生育办证服务，全年受理两孩及再生育审批登记2611例。积极落实计生扶助政策，创新实施“暖心助孕”工程，计生利益导向机制日益完善。共为104对不孕不育和失独夫妇提供助孕服务，现已生育21对，在孕7对。推广“党建带计生，支部+协会”工作模式，实施“爱相随”计生特殊家庭关爱项目，促进区域协作，不断提高流动人口计生服务管理水平。

【慢病管理】 自2015年设立慢病五大防办（心脑防办、糖尿病防办、肿瘤防办、口腔防办、精神卫生防办），至2016年年底完成国家心血管病高危筛查调查25207人，检出高危对象5990人；完成高危干预5310人，高危对象长期随访干预4038人。同时着手开始国家级慢性病综合防控示范区建设。圆满完成平安护航G20安保工作，全面开展可疑精神病人线索排摸，完成重性病人危险性评估、肇事肇祸病人管控、五人看护小组建立，制订《玉环县严重精神障碍患者应急处置预案》,组织开展二轮专科医生下乡,复诊病人940人次,对791人次进行免费健康检查,为1052例社区服药病人提供免费精神药品,应急处置121例有危险性行为的严重精神障碍患者;截至2016年年底,全县共严重精神障碍患者2122例,报告患病率为4.9‰,规范管理病人为1622例。

【疾病防控】 狠抓艾滋病、手足口病、人感染H7N9禽流感等传染病防控,全年未发生甲类传染病疫情和突发公共卫生事件,全年累计报告乙丙类传染病病例17种5083例,无甲类疫情发生,同比增长68.9%。参加浙江省中盖结核病项目;启动艾滋病"三位一体"(疾控中心管理、县级医疗机构治理、基层卫生医疗机构日管随访)管理模式,艾滋病抗病毒治疗由疾控中心转到县人民医院关爱门诊,乡镇卫生院负责HIV感染者和艾滋病病人的随访管理,并新设立玉城街道社区卫生服务中心和楚门镇卫生院两个检测点,全县HIV抗体检测点达到15个。

【卫生监督】 完成"省学校饮用水卫生安全健康工作评价指标试点",实现乡镇(街道)卫生监督协管智能终端全覆盖,打击查处非法行医案件25起,移送公安2起;开展城镇集中式供水水样监测129份,合格率为98.5%,卫生监督综合考核位居全省县(市、区)第一。对住宿场所、美容美发场所、游泳场所、影剧院、集中式空调通风系统量化分级评定、公用物品监督检测等开展专项检查,全年检查各类公共场所单位1833家次,发放公示牌215张,发放临时证123份,对48家公共场所单位立案查处。

【妇幼保健】 实施出生缺陷干预工程,拓展计划生育家庭妇幼保健服务。全县参加免费孕前优生健康检查7570人,目标人群覆盖率达94.6%;户籍孕产妇系统管理率达97.4%,户籍儿童系统管理率达97.8%;全县孕产妇高危管理率100%,未发生孕产妇死亡病例。县妇保所、县人民医院、县第二人民医院设立再生育咨询门诊,加强对高龄妇女的健康咨询和指导。

【队伍建设】 赋予医疗卫生单位用人自主权。县医管会下发《玉环县县级公立医院用人自主权实施细则》,进一步完善卫生选人用人机制。全年,5次组团赴温州、杭州、安徽等地招录卫技人才,面向全国共招录卫技人员360人,招录人数较上年同比增加233%;招录定向培养人员55人,占全市定向培养人数的55%;千人医生护士数增至4.21,超额完成市对县考核指标。强化重点学科人才培育。加强高素质卫生人才柔性引进,挂牌成立黄品同、郑琦"省级名医工作室"2个;在省卫生计生委的帮助下,邀请省级医院专家担任评委,开展首届重点医学学科、创新专科及学科带头人、创新型人才评选活动,确定各类学科29个,评选学科带头人、创新人才29人。搭建青年卫技人才成才平台。县卫计局与县委人才办、县人力社保局、团县委联合举办青年卫技人才大比武活动。共有9个学科、139名选手参加比赛,19名一、二等奖获得者入围"玉环县卫生计生系统医学领军后备人才库"。

【体系建设】 卫生服务体系日益健全,推进"十三五"卫生重点项目建设,县第二人民医院新院投用、县人民医院扩建、县中医院迁建、县妇幼儿童医院新建、大麦屿中心卫生院迁建、海山乡卫生院迁建等工程。同时,鼓励支持优质社会资本办医,构建多元化办医格局。

【爱国卫生】 农村改水工作共采得水样129份,合格127份,合格率为98.45%,其中出厂水23份,合格23份,合格率为100%,水源水13份,合格13份,管网末梢水93份,合格91份,合格率为97.85%;同时,省病媒生物综合防制项目试点建设县验收评估会在玉环召开,玉环经验在会上作典型发言；不断巩固国家卫生县城创建成果，通过国家卫生县城复审，楚门镇国家卫生镇创建工作通过省级考核；启动实施全国健康促进试点县创建，深入开展健康教育，通过健康促进学校和健康促进医院的创建，积极开展多种形式的健康教育与健康促进活动；推动社区中健康档案管理，在全县建立40.93万份户籍居民个人电子健康档案，建档率达95.14%。

（叶　静）

广播电视

【概况】 县广播电视台为县委直属正科级差额拨款事业单位，主要担负着全县广播电视宣传、广告发布、有线电视网络规划建设运营等职责。现有员工227人，其中事业编制107人，编外人员120人。设有7个内设机构和5个下属机构，分别是办公室（总编室）、计划财务办公室、乡镇站管理办公室、广播中心、电视中心、广告中心、传输中心、城关有线广播电视管理站、楚门有线广播电视管理站、坎门有线广播电视管理站、陈屿有线广播电视管理站、清港有线广播电视管理站。自办电视新闻综合频道和社会生活频道，开设栏目15档，分别是《玉环新闻》《333新闻窗》《金色港湾》《警方在线》《榴岛先锋》《乡土》《榴岛面对面》《我们逛街去》《住在榴岛》《有话直说》《记者再报告》《世界大不同》《天天慧生活》《知音人间》《食客养生堂》，每天8:00开播至晚上24:00结束。自办广播节目1套，频率FM91.3，开设栏目13档，分别是《玉广新闻&新闻广角》《玉广新闻&博闻天下》《913快报》《在路上-听天下》《山水玉环》《我在玉环》《校园零距离》《在路上-晚高峰》《闲话微生活》《刷刷朋友圈》《广播书场》《环球文化旅游》《开心大赢家》，每天6:00开播至次日2:00结束。2016年，有线网络传送标清电视节目141套，高清电视节目40套，3D电视2套，数字广播节目12套。是玉环广播开播60周年电视开办30周年的华诞，也是玉环广播电视大楼的竣工投用之年。全台干部职工围绕“新闻立台、网络强台、文化建台、活动兴台”目标任务，顺利完成新大楼建设、电视频道整合、G20杭州峰会安全播出、有线网络收费方式改革等年度任务，实现“十三五”的良好开局。

【玉环广播电视中心大楼竣工】 开局即决战，多线并举，全力推进大楼建设。新组建搬迁工作领导小组，形成基建、工艺、搬迁三线作战、合力攻坚的强大声势。完成广播总控及制播系统、虚拟设备及演播室在线包装系统、电视演播室音视频集成系统、摄像机、融媒体综合生产平台和高清硬盘播出系统、亮化工程、汽车坡道雨篷、物业、办公生活家具、食堂、窗帘项目等11个标段的招标，总标的5207.22万元。抓好竣工验收前的扫尾补漏工作，完成汽车坡道防水整改，完善消防设施配置，做好排烟风机房设备防腐等工作，9月2日，顺利通过竣工验收。推出“工艺项目建设推进季”活动，对10项广电工艺项目进行挂牌督办，9月底前，完成全部工艺项目主体施工，10月，全部完成各个工艺项目联调工作，11月底前，分批完成8大项70多人的系统培训，12月18日，新大楼投入试运行。投用当天，举办广电开放日活动，组织全县8所中小学校的小记者参观新大楼。12月26日，在新建成的1000平方米演播厅举办“相约广电载梦起航”玉环广播开播60周年、电视开办30周年暨元旦迎新晚会，县四套班子领导、各乡镇街道部门的负责人出席活动。大楼累计完成投资8735万元，投资计划完成率达72.79%。

【主题报道亮点纷呈】 围绕县委县政府中心工作，全力抓好纪念建党95周年、G20杭州峰会、五水共治、三改一拆、助企强企服务年、两学一做、“找短板、补短板”等报道，策划各类系列重大主题报道10多组,全年播出广播新闻4164条,电视新闻4952条,电视教社专题180期,广播专题节目890小时,讲好玉环故事,坚定发展自信,为全县“十三五”开好局、起好步营造良好的舆论氛围。围绕县“助企强企服务年”活动,及时开设“助企强企服务年” 专题报道,推出“助企强企·走进巨龙企业”“助企强企·乡镇巡礼”“助企强企·部门在行动”等大型系列报道3组,“找短板 谋新篇”“‘数’说工业”等专栏5个,播出稿件258条。围绕“两学一做”和纪念建党95周年,会同县委组织部、宣传部策划推出“好记者讲好故事”主题实践活动,从5月初开始到10月底结束。活动设置“美行玉环 精彩故事—身边人身边事”新闻竞赛、“庆祝建党95周年‘信念筑魂 实干筑梦——好记者讲好故事’”演讲赛、下基层开展巡回宣讲、“好记者讲好故事”作品评析会系列活动,采制播出相关报道65篇,举办大型宣讲会3场,听众2000多人,社会反响良好,成为“两学一做”活动宣传的一大亮点。

【频道频率重大调改】 11月14日,广播调频立体声节目完成调改,引进《刷刷朋友圈》等7档新栏目,盘活节目时段,进一步增强节目的信息量和吸引力。12月30日,对电视频道进行全新解构,分设新闻综合频道和社会生活频道,结束玉环电视开办30年来仅有一个频道的历史。为了化解频道增加后采编力量不足的矛盾,通过政府购买服务模式,引进《有话直说》《记者再报告》《世界大不同》《天天慧生活》《知音人间》《食客养生堂》等6档新栏目,盘活早间时段,丰富频道内容。

【融合媒体提升品质】 推出“掌上广电——走进县党代、县两会、县级机关”等系列活动,APP客户端的下载量和点击量明显增多,全年发布视音频节目600多个,引领“用手机看玉环新闻,听玉环广播”的视听新风尚。举办 “礼让斑马线”文明交通劝导启动仪式、三八妇女节“反家庭暴力法”宣传咨询活动、“安全牵万家”广场咨询活动等广播现场直播报道4场次,推出“安全教育伴我行”“回家”等大型公益行动3个,在大剧院成功举办“声动玉环·新鲜主播”大赛,有效扩大玉环广电品牌影响力。

【舆论监督声势强劲】 《333特别关注》节目围绕水库库区污染、小餐饮店、畜禽养殖、污水治理、非法行医、瓶装燃气安全、黑车营运、居家养老照料中心等群众高度关心的热点难点问题,采制播出《污水治理遇到的尴尬》《生态补水 治理玉坎河多年“顽疾”》《我县外来民工子弟能上公办学校吗?》《有建无管 公共健身器材遭遇尴尬》《洗车服务需规范经营》《铁屑抛洒滴漏何时休》等批评性报道18期。同时,结合国家卫生县城复评工作,推出《“创卫”进行时》专栏,每天一条,对农贸市场不卫生、流动摊贩、占道经营等现象进行关注,有效推进问题的解决,有效发挥舆论监督的作用。《榴岛面对面》紧盯政协提案,共播出12期,成为政协民主监督和媒体舆论监督的品牌。

【精品创作再创佳绩】 成功承办台州市新闻奖评选会,全台有17件作品获奖,在获奖总数、一等奖数量和上送作品件数上位居台州县级台首位,取得近年最好成绩。24件广播作品和13件电视作品获市级以上奖。广播青少栏目《校园零距离》荣获国家广电总局颁发的2015年度少儿节目精品扶持项目鼓励奖,广播短消息《“超级跑男”陈盆滨开启“100天100个马拉松”人类极限新挑战》荣获中广协会城市台(上海经济区)委员会2015年度优秀节目一等奖,广播新闻专题《纪念抗日战争暨世界反法西斯战争胜利70周年特别直播节目》等4件作品获台州新闻奖暨台州市广电新闻奖一等奖;电视社教专题节目《渔家艺人曾焕祥》荣获第四届全国市县电视台推优活动一等奖,电视作品《陈盆滨:用双脚丈量远方》荣获浙江省广播电视对外传播节目“金鸽奖”二等奖,电视典型报道《山里·“山外”》等3件电视作品获得台州市广播电视新闻奖一等奖。

【外宣工作奋力争先】 在中央、省、市电台播出新闻稿件683条。其中,中央人民广播电台《中国之声》用稿12条;浙江人民广播电台《浙江之声》用稿142条(次),全省县级台排名第23位,荣获2016年度全省广播新闻协作先进集体二等奖;台州新闻广播用稿162条。中央电视台《新闻联播》用稿1条;浙江卫视用稿101条(头条1条),全省排名25位,获2016年度全省电视新闻协作先进集体二等奖;台州电视台《台州新闻》播出265条;通过中国黄河电视台输出,在美国斯科拉卫视网播出电视外宣专题20期。配合浙江之声完成“万朵鲜花送雷锋”活动人物推荐、报道和全省新农村建设带头人金牛奖玉环站的投票活动。完成多媒体终端加SDH传送新闻节目的技术调试,成为台州市第一个采用数字化方式实时上传新闻的县级台。

【惠民工程提质增效】 “广电低保”工程全面完成,为3080户低保户免除有线电视收视费,覆盖率99%,其中“广电低保”数字化提升工程覆盖低保户3052户。农村应急广播体系建设更趋完善,召开农村应急广播建设暨网络改造座谈会,向各乡镇下拨应急广播维修工费24.6万元,完成8个村应急广播系统的维护,新装高音喇叭30余只,指导各地维护维修应急广播系统33起,利用应急广播系统向全县19个渔业村及各大港口、码头、水产市场等重点区域,组织密集的“海洋禁渔”宣传。中央及省节目无线数字化覆盖工程如期完工,新建300W数字电视发射机2部,更新改造田螺基机房节目源、天馈线、塔桅、防雷接地、空调、供配电系统,3月17日,开始对15套电视节目进行试播覆盖,顺利通过上级组织的验收,建设进度位居全省66个建设单位前八。通过2016年度全省广播电视对农节目服务工程考核,广播中心连续第9年获考核优秀等级,对农活动“她论坛”农村女性微创业论坛获省三等奖。

【产业发展步伐加快】 全县新增数字电视主终端2142台,副终端5743台,新增高清终端8032台(其中以旧换新3189台),办理移机34户。截至12月底,全县有线数字电视终端253279台,其中数字电视主终端128467台,副终端124812台,高清终端19610台。完成云宽带、云电视业务推广工作,在广电联建房和石井小区成功推广。完成玉城外马、黄坭坎、城东、梨头嘴村,坎门东沙社区,大麦屿鲜迭社区、仰天湖、上青塘、桥头、福杨村,清港柏台、朱家前、小路村,龙溪陈岙、马头山村等15个村(社区)的旧网改造工作,改造用户线路3596户(12个村完成双向化改造)。组织海山乡大岙村、南滩村、虹田村、抛西村、礁头村、新城滨江一号小区、华龙阳光小区、楚门绵绣苑小区、坎门渔汇四期、大麦屿火叉口老人协会、沙门听雨轩小区、干江大岙里小区、学苑小区等入网工程13个。6月15日,对海山乡本岛有线电视网络进行了彻底的改造,完成大岙、南滩、虹田、抛西、礁头村有线网络建设,新建用户线路908户,网络带宽由230M扩展到862M。

【改进服务优化流程】 推出有线电视收视维护费银行代收费服务,利用市民卡,委托县农商银行各网点代收。启动清港镇有线电视网格化服务试点。将全镇42个村(居)14615户用户,根据用户数量和终端密集度,划分为4个大网格42个子网格,网格内用户安装、报修、咨询等业务由管片客服包干,责任到人,实行点对点精准服务。优化全县有线电视故障维修流程,利用BOSS系统对报修工单进行动态化监管,做到从用户报障到维修完工全流程记录,全过程管控。全面启用96371服务热线,受理范围由玉城街道延伸至全县,受理用户来电16740人次,下发派工单7191件。全面开展有线电视运营服务备案工作，对照全省统一的50项标准，逐一予以整改完善，形成规范的服务流程。9月18日，完成全省有线广播电视运营服务备案工作。

【安全防线筑牢防严】 以“广电保安播 护航G20”为载体，策划开展安全播出“十个一”系列活动，层层落实责任，全面查找短板，通过制度落实自查、机房设备普查、环境安全清查、网络维护巡查、信息系统检查等“五查”，补齐播控、无线发射、节目源管理等环节的短板问题41项。对漩门大坝有线电视市到县环网重叠交叉光缆进行迁移割接，使全县有线电视网络传输最大的短板问题终于得以解决。开展机房和网络巡查5次，组织应急演练3场次，专题培训2场，参与重要保障期安全播出值班值守1200人次。通过严防死守，圆满完成G20杭州峰会、十八届六中全会、第三届互联网大会等重要保障期的安全播出任务，未发生一起责任事故。

【队伍素养明显提升】 全年组织集中学习30次(其中电化教育4次)，上党课2次，观看《郑义门》《永远在路上》《榜样》等电教片4部，“两学一做”工作受到市委组织部督查组的高度肯定。创新推出“广电微讲堂”活动，邀请中央电视台《朝闻天下》主播何岩柯、英语频道主持人林东威、省安全播出监测中心副主任方土富、索贝公司、新视达公司专职专师以及本台中层干部等举办讲座9场次。选送13人参加全省广播电视业务骨干培训、对农服务工程节目评析会、全省播音员主持人培训会、全省电视主持人研讨会、中广联合会城市台委员会节目研发创新研讨会、媒体融合发展研讨会、全市党建远教电教骨干培训班以及浙江之声见习。与浙江传媒学院签订战略合作协议，在玉环建立实习基地。开设全县新闻战线首个新闻名家工作室，填补历史空白。召开特约通讯员座谈会暨新闻业务培训会，向18位首届特约通讯员颁发聘书和采访证件，有效延伸宣传触角。

【作风建设动真碰硬】 深化机关党建工作，完成6个党支部的换届选举工作，规范党费收缴工作，新发展党员3名，预备党员转正2名，全面开展党员组织关系排查工作，联系补办回执7份，开出党员组织关系接转证明3份。继续深化正风肃纪工作，上报 “三重一大”事项35个，组织“四条禁令”“上班纪律”“护航G20平安保安播”“公车加油”等明察暗访5次，发现问题4个，廉政约谈干部2名。严格执行操办婚丧喜庆事宜报告制度，有9名工作人员按规定进行报告，连续四年实现“零违规”。召开行风监督员会议，重新聘任16名行风监督员。及时办结纪委信访件1件，台州市政府热线电话投诉件26件。严格人事管理纪律，公开招考1名硕士研究生，补充招聘编外人员13名。通过视听玉环网站、玉环政府信息公开网站、广电微信群、各类会议、宣传栏、广播电视媒体等形式，发布广电信息113多条。

【内部管理规范有序】 继续深化全国文明单位、省级巾帼文明岗、省级青年文明号等创建活动，深入开展“弘扬五四精神 凝聚青春力量”“万朵鲜花送雷锋”“美行玉环”等群团活动。出台《领导干部联系基层制度》《财务管理制度》等一批新制度。严格落实收支两条线，财务报销实行财务人员预审制度。清理规范工会经费管理，房租收入足额上缴财政专户，来客接待实行对等接待、对口接待，陪同人数从简，接待费下降53.2%，包干经费无超标。规范政府采购行为，完成有线电视器材各类采购157批次，器材入库金额287.18万元。

(应军军)

社会生活

民　政

【概况】 县民政局是县政府主管社会行政事务的职能部门，内设科室办公室（行政审批科）、救灾科、优抚安置科、基政事务科，下设双拥办、干休所、烈士陵园管理所、老区办、核对与社救中心、社会福利中心、地名办、福利企业办、殡葬执法大队、婚姻登记处、救助站、福利彩票管理中心、慈善总会、殡仪馆等14个局属单位，共有干部职工70余人。

【社会救助】 深化低保救助改革，落实低保提质扩面，截至2016年年底，全县共有低保对象3765户5704人，最低生活保障标准由695元/月提高至705元/月，全年共发放低保金2518.49万元，发放两次物价补贴共74.1万元。加大城乡贫困居民医疗救助力度，率先推行住院定额兜底救助政策，救助金按人均18元的标准列入预算，累计支出811.95万元，7023人次受助。继续开展救急难工作，全年共对1287户、3218人困难群众发放临时救助金327万元。加强避灾场所规范建设，新增村级避灾点20个，全部通过房屋质量鉴定。儿童福利方面，将所有事实无人抚养儿童和重残重病儿童都纳入保障范围，保障标准和保障面位居全市首位。

【养老服务】 加强养老机构建设，新增居家养老服务照料中心58家，达到城市社区100%覆盖，农村社区90%以上覆盖；新增养老机构1家，增加床位257张，其中护理型床位168张。落实社会福利机构及养老机构消防安全工作，会同消防部门组织夏季消防安全检查、消防安全百日攻坚专项行动、平安护航G20人员密集场所消防安全专项整治行动、冬春消防防控专项行动等活动；全县养老机构进行分类处置，关停3家。省养医结合示范点—长者公寓与玉环洪福堂养生院的合作进一步密切，先后为老人建立健康档案300余份，免费康复治疗50多位老人300余次，为市民免费体检人数达2736次。

【基层政权】 出台全县村（社区）事务准入制度和准入事务清单，明确县级单位事务进入村（社区）的申请和审批流程，准入事务清单共涉及20个部门41项事务。开展"三社联动"试点工作，以社会组织服务中心为依托，通过社区社会组织培育和公益创投项目实施，已实施社区、社会组织、社会工作联动等7个项目。全面开展村规民约、社区公约制定修订工作；完成全县306个村（社区）"对口见学"活动；国务院新的撤县设市标准和程序相继出台，玉环县严格按照新的设市标准和程序，重新做好报批工作，并在规定时限内报送到民政部。

【优抚安置】 做好优抚对象生活和医疗保障工作,共发放优抚补助金1842.3万元、医疗救助补助40万元、临时生活困难补助50万元。探索引导社会力量参与优抚服务工作,成立12支双拥优抚对象志愿者服务队(全市首创)。深入开展拥军优属慰问活动,向驻玉环部队赠送价值100多万元实物慰问品,向140名困难优抚对象赠送慰问金14万元,向部分优抚对象发放春节补贴65万元。顺利完成退役士兵安置工作,共接收退役士兵和转业士官173名,发放一次性经济补助469.7万元,并妥善落实转业士官安置职位。

【殡葬管理】 推行生态葬法,出台《玉环县关于推进节地生态安葬的通知》,分别对骨灰存放、树葬、花坛葬、壁葬、海葬等生态葬法进行奖补。开展青山白化治理,在重点区域和治理点种植柏树1000多株,夹竹桃1600多株,切实完成复绿工作。完善殡葬管理网络信息平台建设,实现殡仪馆、乡镇(街道)、墓地单位网络联动。加大违建私墓巡查力度,利用清明、冬至等节点会同各乡镇(街道)开展巡查,现场制止扩修坟墓22起,违规建墓4起,拆除私墓3起。县重点工程殡仪馆扩建工程土建已完成。

【社会管理】 开展社会组织党组织集中组建工作,党建覆盖率达100%。推进"三社联动"工作,依法登记的枢纽型、支持型街道社会组织1家、社区社会组织13家。在全市率先探索政府购买社会组织服务机制,已有39家符合编入条件的社会组织被编入目录。加强社会组织服务平台建设,在全市率先建立县级社会组织服务中心,采用"政府资金支持,专业团队管理,社会群众受益"的运营模式,为社会组织提供孵化培育、政府购买、公益创制等服务。已入驻孵化12家草根社会组织;购买社会组织服务项目资金300多万元,服务6万多人次;开展公益创制项目22个,涉及为老服务、助残服务、青少年服务、救助帮困及其他公益服务等5大领域,受惠群众6万多人次。

(肖　勇)

老龄工作

【概况】 2016年,全县60岁以上老年人80554人,占人口总数18.66%,其中70岁以上老年人35327人,100周岁以上老年人21人。县老龄工作委员会(简称县老龄委)由29个成员单位组成,下设办公室(简称县老龄办),行使各成员单位联系、协调、督促检查以及有关决定事项等职能,对11个乡镇街道老龄委进行工作指导。

【编制五年规划】 在上年底调研工作的基础上,对人口老龄化形势进行分析评估,针对老龄事业发展情况,走访民政、社保、卫生、文化、体育和教育等单位,了解实情、听取意见和建议,形成调研报告2篇,上报台州市老龄办。11月,根据省老龄委《老龄事业发展"十三五"规划》的要求,结合玉环老龄事业实际情况,形成《玉环县老龄事业发展"十三五"规划》(意见征求稿),此《规划》在宜居社区等方面,作了重点规划。12月,经分管副县长召集、县府办牵头,由县发展和改革局、县民政局、县人劳社保局等成员单位的评议、审核,形成《玉环县老龄事业发展"十三五"规划》(送审稿)。

【创办老年实事】 县政府将县老年活动中心建设和老年人意外伤害保险写入政府工作报告,列入政府年度工作。县老年活动中心工程,建设总投资930万元。经过立项、资产评估、危房鉴定拆除、工程设计、预算、招标等环节,2015年年初开工,于2016年年底完工,并试运行。中心占地面积9553平方米,建筑面积3141平方米,建有门球场2个,地掷球场2个,气排球场1个,室外休闲场地1个，室内分设多功能会议室、电化教室、舞蹈室、书画(展览)室、乒乓球室、台球室、棋牌室等。老年人意外伤害保险，努力扩大覆盖面。开展保费测算，调整实施方案。全县60岁以上老人参保率达100%，其中80岁以上老人和60岁以上低保老人参保全覆盖，实行政府购买，赔付率达110%。走访慰问老年人，分春节和老人节前后两个时段。慰问金划拨23万元，对百岁老人65人次和416名困难老人进行走访慰问。县四套班子主要领导等参加慰问。深化实施农村、社区老年活动中心创星级奖补措施，补助经费100万元。对达到“二星级”以上的村级活动中心进行一次性2万元补贴，从而激发基层老年活动中心创星级积极性。落实老年电大实体化办学。县老年电大联合浙江老年开放大学玉环学院开设老年课程班，当年开设老年养生保健知识班1个，入学人数达50多人，助推县老年教育事业发展。

【营造敬老氛围】 推进“敬老文明号”创建。协同卫计部门推进医疗系统“敬老文明号”创建工作；组织对省、市、县三级“敬老文明号”单位走访检查和指导。继续实施“敬老文明号”服务承诺和社会监督平台，聘请“两代表、一委员”和新闻媒体监督。强化对命名单位特别是省级“敬老文明号”的跟踪督查，提高创建水平。推荐申报国家级、省级、市级“敬老文明号”各1家。截至2016年，全县省级“敬老文明号”2家，市级“敬老文明号”6家。开展敬老月活动。制定敬老月和艺术活动周方案，联合县老干部局、县老体协举办全县中老年“庆重阳”健康生活风采展示活动。联合县妇联、县文明办等单位举办玉环县首届“最美金婚家庭”表彰等活动。联合县文广新局开展送戏、送电影、送书和送文体器材下乡活动。组织志愿人员开展服务技能培训、为老人体检、家居清洁、理发、洗脚等志愿服务。广泛开展敬老宣传。全年经常性宣传与敬老月阶段性宣传相结合：经常性宣传与广告公司签约，在建成区步行街LED视频滚动宣传敬老内容，在主干道路用灯箱宣传“二十四孝”知识。此外，还在浙江老年报、体坛报、台州日报等宣传老龄工作。尤其在敬老月期间，在县主流媒体和城乡主要路段安排敬老宣传内容。创新性宣传方面，研制《玉环老龄》微信订阅号，丰富老龄宣传途径，玉环老龄网站进行改版，对接新媒体，提升优化网站品位。

【基层老龄工作】 加强协会组织建设。按照全国老龄办、民政部《关于进一步加强城乡社区老年协会建设的通知》和“乐龄工程”建设要求，组织对全县老年协会建设情况调研。突出班子队伍、经费来源、设施建设管理、作用发挥四大方面掌握情况，开展问题协会整治和重点帮扶，为推进规范化建设打好基础。协同民政部门对全县老年协会进行登记备案，乡镇街道老年协会登记1个，备案10个，社区老年协会和91%村居老年协会已备案。大部分村、社区协会组织老人参与“五水共治”、森林防火等公益活动工作，参加河道山林巡查、管理。强化老年协会队伍建设。举办一期360人参加的协会负责人培训班。内容包括老年协会任务、居家养老、意外伤害保险、火灾防范及自救等。同时开展居家养老业务知识指导，发挥老年协会理事参与居家养老照料中心建设的作用。推进电大教育。学员队伍不断扩大，入学人数比上年略有增加。电大分校实体化办学得到落实，已进行法人登记。组织电大辅导员专题培训，各教学点教学活动经常开展；扩大第二课堂师资队伍，深入基层照料中心讲课210多场。继续推进农村老年活动室建设，落实奖补制度。开展老年活动中心巡查管理，组织先进活动中心(室)评选，新增“二星级”老年活动中心30家。结合往年需奖补的20家，实施奖额100万元。至年底，全县四星级1家，三星级52家，二星级163家。深化银龄互助，90%村开展互助活动，其中63%以上村

(居)、社区活动经常化。继续开展独居空巢老人暖巢行动,制定工作方案,安排16个村和社区开展试点,加强工作指导和经费支持,落实"一对一"和"多对一"帮扶,148人得到有效帮助。

(陈相林)

慈善事业

【概况】 县慈善总会是县民政局下属事业单位,下设11个乡镇(街道)慈善分会和1个慈善义工分会,截至2016年已建立40个村(社区)级慈善工作站。其主要职责为筹募和管理各类慈善基金,接收慈善捐赠,组织各类社会救助活动,承办政府委托的社会福利事业。总会于本年度调入一名事业编制,调走一名行政编制,共有干部职工9人,其中在编5人。

【积极搭建慈善募捐平台】 2016年,全县各级慈善组织共募捐善款1330.38万元,其中各类慈善冠名基金307.00万元,定向捐赠382.37万元,乡镇街道慈善分会募捐收入366.08万元,增值收入219.54万元。拓展各类慈善基金。主动出击,着力挖掘相关企事业和村社区的爱心参与,新建玉环县城市管理慈善基金、干江镇下岸宫慈善基金、玉环中学爱心基金;与各乡镇、街道慈善分会联合开展全年性的企业劝募活动,分乡镇、有针对性地走访有爱心意向的实力企业,座谈了解企业的发展情况和慈善捐赠意向。主动对接县经信局,将企业的慈善捐赠工作纳入"一企一档"管理,引导企业积极参与慈善冠名活动。举办书画摄影义捐义拍活动。在县文联成立30周年之际,联合县委宣传部、县文联举办书画摄影作品义捐义拍活动,共征集书画艺术作品156件,拍卖筹集到善款9.7万元,组织爱心书画家于春节前夕深入乡村慰问救助困难群众。成立婷婷白血病专项基金。干江贫困女孩莫婷婷因患白血病向社会募捐,在医治无效去世后,婷婷父母将剩余的20多万元善款转赠于县慈善总会,总会为其成立婷婷白血病专项基金,用于救助县内其他贫困白血病患者。深入建设慈善扶贫基地。在玉环汽车配件实业有限公司的大力支持下,深入开展慈善扶贫基地建设,不断扩大基地规模,增加扶贫农业种养植品种,全年共雇请当地困难群众2109人次从事农业生产,支付劳动薪酬和农地租金28.7万元,帮助当地困难群众在家门口生产脱贫。

【致力救助贫困群众】 县慈善总会共救助支出1205.12万元,救助5473人次。其中助医311.76万元679人次,助困557.67万元3661人次,助学147.35万元594人次,助老9.47万元371人次,助残9.98万元124人次,捐助社会公益建设151.19万元,赈灾2.50万元;"南北协作"15万元定向帮助台州市北三县开展慈善助学。"爱心圆梦·慈善助学"活动。连续第13年帮助贫困大学生圆上大学梦。共安排助学金额102.9万元,309位贫困学生受到帮助,其中应届大学生44人,往届大学生175人,高中学生90人。高克火、刘爱琴夫妇连续第7年慷慨助学,无偿捐资31.2万元爱心结对90位学子;双环传动股份公司成立爱心基金,捐资6.4万元与玉环两个海岛乡的19位贫困学子爱心结对,帮助他们完成学业。"慈善关爱·大病救助"活动。深化大病救助,对身患先天性心脏病、白血病、恶性肿瘤等重大疾病的困难群众实施"大病救助"315万元,受助群众达569人次。深化实施"农村低保户尿毒症患者免费血透"救助活动,单项救助支出55.8多万元。深入开展"爱心大联动"。9月1日,县委办、县府办联合印发《关于开展"中华慈善日"爱心大联动活动的通知》以"以法兴善,助力脱贫"为主题,积极引导各机关企事业单位、乡镇街道和村社区在坚持自愿的基础上开展"慈善人人捐",鼓励各单位在"人人捐"基金平台上开展爱心送温暖活动，有效调动各单位参与慈善活动的积极性。共捐得“人人捐”爱心款10.09万元。开展“心手相连，慈善暖冬”慰问。新春之际，县慈善总会安排专项慰问金100多万元在全县范围内开展“慈善暖冬”慰问，邀请县四套班子领导、县关工委、县文联、爱心企业家、愚公基金等社会各界慰问特困群众350多名。总会还与沙门镇联合举办2016年“慈善年夜饭”活动，为沙门镇敬老院的老人、辖区孤寡老人和低保户等100多人送去了慈善关爱。积极组织慈善送温暖活动。5月，总会与爱心企业家高克火在玉环汽车配件实业有限公司联合组织一场爱心捐赠活动，300多名员工为白血病儿童田国歌捐赠善款3.5万多元；“六一”儿童节，总会组织工作人员慰问县儿童福利院的孤儿们，送上爱心衣服、食品、生活用品等，让他们也感受到六一节日的快乐。

【宣传弘扬慈善文化】 “一报一网”信息公开。刊出《今日玉环》慈善专版4期，及时公布慈善捐赠救助信息和工作动态。“玉环慈善爱心救助平台”及时发布求助者信息，接受社会各界网上和网下双向捐赠，每月更新捐赠和救助信息，引导更多的社会公众了解慈善、参与慈善。开展“9·5首个中华慈善日”活动。积极开展首个“中华慈善日”主题宣传活动，走进县特殊教育学校，为该校的92名学生送去学习用品。在各乡镇街道同步开展上街设点宣传活动，发放“中华慈善日”主题扇、宣传纸巾、慈善伞、慈善宣传彩页等各类宣传品3000多份。专门制作“慈善法”和“中华慈善日”大型户外公益广告，深入宣传“慈善法”，引导更多的社会公众了解慈善，参与慈善。开展“慈善法”知识竞赛。为宣传普及刚施行的《中华人民共和国慈善法》，重点选取慈善组织、慈善募捐、慈善捐赠、慈善服务、信息公开、促进措施等基础知识，精心设计知识竞赛题，联合微信公众号《玉环发布》和报纸《今日玉环》开展有奖竞赛，共安排资金6000多元，2000多位社会民众参与，获奖110名。深入开展慈善公益宣传。继续在玉环步行街、玉环商城和温州轮渡码头等大型户外LED慈善公益轮播；在环山小学等人群密集处和城乡公交走廊的公交亭设置宣传栏，将慈善捐赠的基金设立、基金使用、税收抵扣等慈善政策广而告之。慈善文化进校园活动。县慈善总会新增2所学校为第四批慈善文化传播基地，六一前夕，前往龙溪中学和清北小学，向学校授牌，并为龙溪中学的19名孤儿和单亲学生送上助学慰问金，为清北小学的203位外来务工子女学生赠送学习用具，同时向两所学校的每个班级赠送慈善宣传彩页、慈善宣传纸巾、慈善伞等公益宣传品。

【强化慈善队伍建设】 开展慈善法培训。《慈善法》出台后，县慈善总会第一时间组织全体同志认真学习了慈善法；5—6月，总会两位领导分别赴宁波市和台州市参加省市两级《慈善法》学习培训会。开展慈善义工协会的升格筹备。经过半年多方沟通协调和努力，县慈善总会义工分会经批准已升格为县慈善义工协会，在原有义工骨干的基础上，新增一批义工，已完成慈善义工协会会员登记、主管部门同意成立义工协会的批复、启动注册资金到位。并积极参加由市慈善总会举办的台州市“工行杯”慈善义工公益歌曲合唱比赛，荣获三等奖。领导调研与对外交流学习。在新任分管副县长朱晓军对慈善总会的工作调研会上，县慈善总会详细汇报概况和乡镇分会及村级慈善工作联络站的组织框架，以及当前开展的重点工作和面临的困难与挑战，朱副县长对企业劝募、商会基金、资金增值以及慈善指标纳入“三龙企业”评选等工作作出了重要指示。11月，天台县慈善总会到玉环调研慈善财务管理平台，玉环总会专门整理汇编《玉环县慈善总会财务交流资料》，相互交流工作经验，学习探讨共同进步。

（庄倩倩）

民族宗教

【概况】 玉环县现有佛教、道教、天主教、基督教4个宗教派别,宗教团体有县佛教协会、县道教协会、县天主教爱国会、县基督教三自爱国会和县基督教协会,宗教活动场所157处。据统计,截至2016年9月9日,共有土家族、苗族、回族、壮族等少数民族30个,县内常住少数民族居民1334人,登记在册的暂住和流动少数民族人数3万余人。

【夯实宗教工作基础】 开展"两学一做"学习教育,学习贯彻落实全国、全省、全市、全县宗教工作会议精神,深入推进民族宗教法规政策以及基本知识的学习宣传,依托"民族宗教基本知识宣讲活动"这一平台,深入开展"民族团结进步宣传""民族宗教政策法规学习月"等活动,通过召开会议、座谈会、培训会等方式,向广大党员干部、宗教工作者、信教群众及少数民族人士深入宣传党的民族宗教理论和政策,加强局机关干部党的思想建设、组织建设、作风建设和业务建设,增强依法管理民族、宗教事务的能力。在全县宗教界广泛开展"寻梦中国·正言正行"教育实践活动,以宗教界的正言正行占领宗教领域意识形态主阵地。组织宗教教职人员参加台州市宗教界读书会、全省县级宗教团体负责人培训班,提高宗教教职人员的素质。共开展各类宣讲10期,受教育人数达912人。

【全面做好宗教领域五大专项行动】 7月,县委召开全县宗教工作会议,会议对宗教领域五大专项行动进行专门动员部署,县委、县政府同步下发《关于开展宗教领域五大专项行动的通知》。全县宗教活动场所和民间信仰活动场所安全整治专项行动。通过全面排查和整改,对全县157处宗教场所排查出的安全隐患,已全部整改到位;对全县670处民间信仰场所排查出的安全隐患,已基本整改到位;全县827处场所签订《宗教活动场所和民间信仰活动场所安全管理责任书》,签订率达100%。8月,对全县157处宗教场所、167处民间信仰甲类场所的活动场所500余名负责人和安全管理员开展培训。全县佛道教领域治理专项行动。成功处理3起佛道教问题教职人员事件,并对6名涉事出家人予以清退。佛、道教教职人员全部建立电子档案。全县宗教活动场所财务监督管理专项行动。对全县157处宗教活动场所财务报表进行审核,对审核出的问题进行整改落实。同时,按5%的比例分教派抽取8个场所,委托会计师事务所进行财务审计,对审计出的问题进行整改落实。全县防范抵御宗教向学校、医院传教渗透专项行动。县教育局、县卫生局建立以局一把手任组长的整治非法宗教活动工作领导小组,分别制定下发《开展防范校园传教活动的专项整治行动工作方案》和《防范抵御宗教向医院传教渗透专项行动实施方案》,教育、卫生部门分别与学校、医院签订了防范抵御宗教渗透责任书等。7月,及时制止城关农场、大麦屿上青塘背针对中小学生在暑假期间的"小子班"培训。全县宗教活动场所视频监控联网应用工程建设专项行动。第一批11个场所的视频监控联网应用工程已全部完成安装,其中10个场所与公安网成功对接。第二批74处场所将在12月底前全部完成。

【推进宗教事务依法管理】 创新民间信仰活动场所分类管理工作。在早期民间信仰分类登记编号管理基础上,通过构建三级监管网络、两个互动平台,明确职责强化管理;完善省网信息数据库,力推"e同心"平台,助力基层信息管理,实现动态考核管理机制;建立消防器材社会化托管、财务会计代理制、创设联名账户、强化建设和活动审批等制度,规范场所管理;引导场所实现自治,采取自我管理与制度规范兼顾的管理措略，化解规范化管理与民宗及乡镇宣统力量薄弱的矛盾等三方面开展规范化管理探索，促进民间信仰场所管理的制度化、规范化，并形成长效机制。大力推进民间信仰事务管理工作。根据省、市民宗系统的统一部署，扎实稳步推进登记编号工作，完成167处甲类场所登记编号工作的颁证及授牌工作，建立了场所信息库，让合法的宗教活动场所都拥有统一的“身份证”，通过二维码识别的方式，让广大市民能够更好地了解场所的历史文化及具体信息，使“假僧假道”现象得到有效遏制。如期完成126处乙类民间信仰场所登记编号工作报市局通过。完成全县157处宗教活动场所的财务审计，场所全部完成联名账户的申请工作；完成场所班子成员的更新、更替，场所负责人年龄在65周岁以下的占100%；做好场所的安全升级工作，在6月底前全部签订安全责任书。推进“和谐寺观教堂”创建活动。加强组织领导。成立创建工作领导小组，制定创建工作方案，狠抓宣传发动，开展督促指导。充分发挥宗教团体作用指导各宗教活动场所制定实施方案，宗教活动场所对照创建标准进行自查，发现问题，采取有效措施及时进行整改。突出宣传教育。把宗教法律法规作为宣传重点，营造强烈的创建氛围。制定出台宗教政策法规学习宣传相关文件，县民宗局负起“牵头抓总”的职责，总结和推广好的做法和经验，推动全县宗教政策法规学习宣传活动扎实有效开展。狠抓制度落实。指导帮助各宗教活动场所建立健全学习、财务、治安、消防、文物保护等各项规章制度，开展宗教界人士财务管理法规知识培训，组织学习《宗教活动场所财务监督管理办法》，提高宗教团体、宗教活动场所主要负责人和财务管理人员的财务管理意识和水平。重视创建考评。制定创建考评办法，制定考核细则，对全县宗教活动场所开展“和谐寺观教堂”创建工作进行评比，营造比、学、赶、超，争当先进的浓厚氛围。深入开展以“教风”为主题的“和谐寺观教堂”创建活动，共申报市级“和谐寺观教堂”创建对象5处。

紧抓宗教领域稳定工作。建立健全民宗领域维稳工作责任制和情报会商机制，成立以局长为首的安保领导小组。在县宗教领域开展消防安全百日攻坚专项行动，8月，县民宗局、县消防大队联合举办消防安全知识暨现场消防演练培训会，对县157处宗教场所、167处民间信仰甲类场所的活动场所500余名负责人和安全管理员开展培训。积极做好涉及民族宗教方面的突发性事件的处置工作，重视民族宗教事务信访工作，年内未发生信访件，没有出现重复来信来访等现象。加强流动穆斯林群众的教育引导工作，全年没有发生影响社会稳定的穆斯林事件。深入县天主教爱国会、天主教场所和地下私设聚会点，开展天主教地下势力情况专题调研工作，做好对天主教信徒“佘山朝圣”的管控和维稳工作，5月，圣母月期间无人到佘山朝圣。审批各类非通常宗教活动24起、成功处置非法宗教活动21起、各类矛盾纠纷6起、及时制止涉及境外渗透事件4起，有效维护县域民宗系统的和谐稳定。

【发挥宗教界正能量作用】 鼓励宗教界积极发掘宗教文化的积极因素，引导宗教界继承和弘扬中华传统优秀文化。3月，指导县道教协会在楚门文玲书院开展第十届“老子文化书法交流会”，进一步弘扬道教文化。12月，指导县佛教协会在楚门镇极乐庵举行讲经法会；指导县基督教协会在玉城街道开展义工培训。积极开展“同心同行 共建和谐”活动和宗教慈善活动，8月，道教协会协同干江镇宣统办为干江1名困难大学生和1户特困户捐款各5000元；开展“五水共治”慈善捐款1万元；佛教协会慈善捐款4万元。12月，妈祖协会在坎门街道举办“世界妈祖同一人　天下信众共一家”的年会。

【民族团结进步工作】 落实各项民族优惠政策，特别是少数民族考生的中、高考加分审核工作，做到不错核、不误核。共审核并上报中考加分学生2人。在少数民族困难人员的帮扶工作上，走访慰问全县少数民族困难户30户，送去慰问金35400元。为坎门1户少数民族特困户争取市民宗局5000元项目帮扶资金。根据省政府办公厅下发文件精神，落实好与跨市民族乡(镇)结对帮扶工作，县少数民族联谊会与文成县少数民族联谊会进行友好结对。为温州苍南桥墩镇龙井村20名困难少数民族人员送去慰问金2万元，并提供10万元项目帮扶资金；为平阳县青街畲族乡提供150万元的项目帮扶资金。11月16日，县少数民族联谊会第三次代表大会顺利完成换届选举。选举产生第三届理事会会长为祁瑞华(回族)，大会采用等额举手表决的方式选举产生县少数民族联谊会第三届理事会理事9名，全县71名少数民族代表参加选举。全年，共组织开展少数民族联谊学习3次，提升少数民族人员的素质。完善涉及民族因素矛盾纠纷的调处机制，妥善化解和依法处置涉及民族因素的矛盾纠纷。妥善处理撒拉族矛盾纠纷事件1起，有效维护民族团结和社会稳定。

（办公室）

流动人口管理

【概况】 县流动人口服务管理局为县政府直属正科级事业单位，负责对全县流动人口服务管理工作的组织协调、指导督查、宣传教育及流动人口的维权服务。2016年，共有全额事业编制8名，聘用编外人员40名。县流动人口服务管理局按照省、市关于完善和创新流动人口管理服务的工作部署要求，以深化平安玉环建设为统揽，以贯彻实施新修订的《浙江省流动人口居住登记条例》为契机，不断提高流动人口管理服务工作水平。

【创新工作方法】 探索推行居住出租房屋“旅馆式”管理，成立房东协会，设立“旅馆”总台，通过完善管理层级、创新管理手段、落实管理责任，实现居住出租房屋安全准入、租前审批、自治自律、规范管理。截至2016年年底，全县已有75个村(社区)建立了“旅馆式”管理平台，并配备房管通和专(兼)职工作人员，其中有16个正式运行。创新开展IC卡居住证试点。制订《玉环县流动人口居住证申领及相关配套政策暂行规定(征求意见稿)》，明确相关单位职责和业主履行登记义务，规范申领条件，并对新证功能和信息整合进行论证研究，一期开放IC卡式居住证邮政储蓄功能。8月22日，首批IC卡居住证成功发放。

【夯实基层基础】 突出基础信息采集，以全员登记、底数掌控为目标，加强日常排查，定期、不定期开展专项排查和集中治理，强化薄弱环节整治，提高信息登记的准确性、时效性，确保流动人口居住登记率、登记信息准确率、居住出租房屋登记率、人房关联率分别达到省市平安考核的要求。继续推广使用“流管通”等移动采集设备，推进出租房屋二维码管理，探索微信公众号等新型管理模式，有效提高管理效能。全县采购“流管通”342台和考核机26台，通过全年基础数据大排查工作，流动人口居住登记率、登记信息准确率、居住出租房屋登记率、人房关联率达到省市平安考核“四率”要求，全县共登记在册流动人口256095人，全年新采集流动人口数280052人。

【优化管理服务】 修订完善流动人口积分制管理政策，降低计生准入门槛，增加玉环“三龙”企业普通员工和高层次引进人才的分值，解决优秀人才子女入学难问题，为企业留人分忧解难。全县共派发各类宣传折页近5万份，张贴海报1000多张，8家移动“心”广场共播放84场次积分制宣传动画，70辆城区公交车滚动播放积分制视频达20

多万次。共审核通过新玉环人子女入读公办学校2676人,比上年增长20%,其中小学1849人,初中827人,涉及“三龙”企业员工子女446人,其中普通员工269人,中层及以上领导177人。有效地促进全县义务教育阶段公办学校教育资源的协调配置。加强对新民小区消防督查工作,大力宣传消防安全法律法规和常识,增强新民小区出租方、承租方的消防安全意识。普及安全用火、用电、用气知识和逃生自救、报警、疏散技能,切实提高流动人口消防安全意识和自我保护能力,及时有效地排除新民小区消防隐患。积极开展夏季火灾防控、冬春火灾防控专项工作,联合派出所对各新民小区进行全面检查,督促新民小区完成消防整改,开展消防演练,确保消防安全。

【强化党建引领】 排摸出18名“隐形流动党员”,预备党员转正5人,发展预备党员11人,吸收入党积极分子21人。启动外来流动党员“两学一做”学习教育,组织开展专题讲座、主题演讲赛、爱国教育等形式多样的学习活动,29个地缘型流动党组织集中组织学习116次,覆盖外来党员4200余人次。以“离乡不离党 异乡展风采”为主题,各地缘型流动党组织开展跨区域代办1890件;开展“五水共治”“美行玉环”“护航G20、平安夺金鼎”、义务巡防、法治宣传等志愿活动175场次,志愿者达290人;帮扶困难群众512人,帮扶金额35.658万元,帮助就业364人;成功调解各类矛盾纠纷545起,涉及金额524多万元。积极培树典型,举办第六届“十佳新玉环人”评选活动,经过前期报纸、网络投票和联席会议投票,尹良坤等10人获得第六届“十佳新玉环人”称号,石彦鹏等10人获得第六届“十佳新玉环人”提名称号。通过表彰先进,宣传典型,树立流动人口的新形象、新楷模,引导和激励广大流动人口全身心投入我县现代化海湾城市建设。

【促进和谐共融】 开展“寒冬暖心、春风助岗、盛夏送凉、金秋助学”四季送关爱活动。春节期间,为82名先进或困难新玉环人、党员送去慰问金8万多元,协助湖北蕲春、咸安、秭归等党支部开通返乡直通车,并开展春节返乡慰问,送去保温杯、洗漱用品、春联等礼物。春节后,发动各乡镇(街道)流管所及外来流动党组织帮助返城务工人员找工作,为795名新玉环人实现就业。积极开展关心下一代工作,联合县体育中心为全县84名外来民工子弟提供免费游泳培训;开展民工子弟学校和新玉环人子女“六一”慰问,赠送价值1万多元的学习用品和体育器材;9月,新学年伊始,走访3所民工子弟小学,送去助学金及学习用品近万元。

(陈通巍)

乡镇·街道

玉城街道

【概况】 玉城街道位于玉环本岛东北部、县域中心。东临漩门湾三期围垦区,与干江镇、鸡山乡隔水相望,东南接坎门街道,西南邻大麦屿街道,西濒乐清湾、北连芦浦镇。辖区陆地面积70.16平方千米 ,有田螺尖山脉其支脉有26座山麓,海拔357.3米为玉环本岛最高峰。海域26多平方千米,其中有江岩、小乌岛屿及箬笠、正礁、猪娘、莲花四个明礁,为沿海半山区丘陵地形。下辖11个社区,61个行政村,10个经济合作社。户籍常住总人口187804人,其中常住外来人口83418人。2016年,工业总产值406.16亿元,同比增长6.88%,农业总产值5.24亿元,同比增长2.03%,第三产业已登记个体商贸、服务业11094户、企业36家,营销总量已占社会经济总值30.4%,财政总收入26.8亿元,其中地方财政收入15.4亿元。

【经济运行稳中有升】 工业以汽摩配、阀门为主体。推进"助企强企活动,重点指导微小企业"空间换地,零地枝改,提高土地利用率,缓解企业用地压力,同时为"规下"150家企业用地进行调查与申请。城北微小企业园已动工兴建。鼓励企业优化升级,产业结构调整,协助45家企业新产品开发,增强行业竞争力而申请立项技改。完成工业性固定设备投资等5.3亿元,同比增长2.1倍;推进企业实现"机器换人",缓解"用工荒"压力;"小升规"企业16家;整治20家锅炉企业;回归企业引资1.6亿元;浙江昌亨机械有限公司和中国农业大学校外创新创业实践基地。稳定粮食种植面积,高标准农田基本建设,已基本完成涉及鳝塘、乌岩、外马等8个村的新建小闸、河道护岸、疏浚、两岸植树、植草的操作道建设,受益面积333.33公顷;扶植村级集体经济发展试点玉水等3个村;林地植树、育林176.33公顷;已在乐清湾海岸带整治修改项目及人民塘水系整治;扎实推进渔业"一打三整治"专项工作,"三无"非法渔船81艘,累计拆除78艘。大力推进"电商换市"跨境电商平台,促第三产业发展,同比增长12%。

【城乡统筹力度加大】 持续纵深"五水共治",已全面完成三合潭河、天开河等16条河道清污,长达14,5千米,清污土12万立方米;启动东方河3个卡口,西青塘北闸9个卡口的续建工程;关停非法养殖场27家,关闭人民塘沿边5个废品回收站和一座水泥窑厂等污染源;已完成前塘垟及其周边5个村,后蛟片6个村及城区内的石井村等5条支河流排污工程。纵深推进"三改一拆",拆除违建面积29.17万平方米。高速公路玉城段征迁已全部完成。强势推进消防整治,基本完成100

人以上,30人以上、10~29人居住出租房消防隐患整改。重视爱国卫生、制订卫生工作条例,在村级做到道路、公厕天天清洁,坚持春季灭鼠、夏季除四害工作,有效地遏制了外源性登革热的传染流行。创"国卫县城"通过省级验收复评。城北学校建成,镇中心校分校基本落实选址。

【社会管理突出稳定和谐】 妥善处理锦盛超市、后蛟两大群体性事件,有效地维护辖区的稳定。积极开展扶残帮贫工作,新增低保对象88户173人,发放各类救助资金512.8万元。狠抓劳动保障的监察工作,处理案件64起,追回工资300余万元。便民服务中心作用有效发挥,共办理群众各类事项67563件,办结率和满意率均达到100%。

【文明行进多元化】 启动狮城、环岛北路沿线村以及玉水、瑶岙、玉潭村民宿聚集区的美丽乡村建设,并完成马道水街、龟山村口两个路景美化试点。新增内马、龟山两个村的文化礼堂,街道以此为契机,打造文化品牌,提高精神文明水平,来推动丰富文化礼堂建设的内涵。龟山村文化礼堂经省文化礼堂检查小组通过验收。街道启动实施农村精神文明建设"十二村"项目,包括村史明新志、村训领新风、村课传新念等活动成效显著。5月16日,玉环县环保志愿者协会玉城分会正式成立,同时建设街道综合文化站。先后组织人员参加"美丽玉环、台州好故事玉环赛区"演讲大赛;举办讲道德、守规矩——"美行玉环"文艺演出走进农村文化礼堂;举办"美丽玉城"摄影大赛,用摄影艺术的独特魅力全方位展示玉城街道的自然风光、历史人文,建设成就提高知名度、美誉度。组织街道排舞队参加县第二届农村文化礼堂排舞大赛,并获得金奖和组织奖。推荐林兆海参选第七届"感动台州"人物评选,及参加"浙江好人榜"评选。继续深化"书声玉环——市民经典诵读"活动。组织文艺团队十一次下乡文艺演出。组织公益性如婚姻家庭和妇女儿童权益等讲座七次多达3000余人次参加听课。

【党的建设持续加强】 贯彻落实"两学一做"教育,强化街道155个党组织和3850名党员参加学习,发放3800多套《习近平总书记系列重要讲话读本》《中国共产党章程》等必读书目。共推学习内容183条,农村党员关注达909人。以党建任务清单为引领,严格考核办法,明确党建工作重点,专门出台村干部绩效考核办法。在调研的基础上,完善街道党员服务中心双重管理机制,新增62名为服务中心党员,分别落实在31个村党组织实施代管,另有25名代管党员组织关系转入代管党组织。加强"红色阵地"规范提升建设。梯次推进村级活动场所整治,按照"缺什么、补什么"的原则,配齐补足相关设施,提升村级活动阵地品位,其相关经验做法在市级层面交流介绍。开展村、社区主职干部基本报酬考核发放工作,效果显著,为县其他乡镇、街道解决类似问题提供了参考。开展党员组织关系排查工作,共排出失联党员12人,流动党员46人,口袋党员1人,生活困难党员99人,分别予以落实组织关系及生活关注。排查农村违建49起,涉及党员30人,其中村、社区两委主职党员干部6名落实了整改。为严肃党纪,对严重违纪违法的31名党员,受到党纪处分,其中开除16名党籍,留党察看一年3人,二年1人,严重警告2人,警告9人。顺利完成街道党员代表换届工作,选举产生108名党员代表。召开街道党员代表会议,成功选出21名出席县第十五届党代会代表。

(章林棣)

坎门街道

【概况】 坎门街道位于玉环东南端,属海岛丘陵地势,陆域面积25.68平方千米,海域面积约253

平方千米，海岸线长达44千米，拥有国家级中心渔港在内的大小港口10余个，下辖13个社区、6个村，常住人口6.9万人，外来人口近7万人，是全国人口密度最高的乡镇之一。

【经济发展稳中有进】 以“助企强企”服务年活动为抓手，突出强工业、稳增长，经济发展稳中向好。全年实现工业总产值269.41亿元，增长1.9%，其中，规模以上工业产值86.77亿元，增长6.06%。出口创汇27.69亿元，实现扭负为正。坎门小微企业园成功摘牌，在县海洋经济转型示范区内成功落地，总用地面积9.53公顷，总投资5亿元，建成将缓解一批中小企业用地难的问题。渔港百亩商服用地招商项目进展顺利，总用地面积6.13公顷（含广场），总投资6亿元，项目开发包括商住、快捷酒店、养生医院、五星级菜市场、特色餐饮以及渔家广场，项目启动后，将成为坎门东沙必经之路的地标性建筑。

【基础设施不断改善】 后沙拆迁全面完成，海岸线整治修复工程启动实施，预计总投资5000万元，其中争取到中央财政资金2020万元，县里增资2000万元，地方出资700余万元。坎门东部沿海景观道路规划完成（鹰东至红旗），该道路已列入县里决策，缓解坎门交通拥堵问题。三改一拆”持续推进，全年拆违17.74万平方米，完成拆后利用改造项目5个。截污纳管工程有序推进，双丰、黄门、方岩头3个农村生活污水工程按期完成，启动里澳社区生活污水治理工程前期设计，项目投资1500万元。海港西路“退二进三”方案获得通过，“四小车”专项整治取得阶段性成效，“创国卫”复审迎检全面通过，“清洁家园”工作考核全年名列全县第一。列入财政“一事一议”奖补项目10个，争取配套资金686万元。坎门保障房工程建成投用。东沙渔村品牌进一步打响，国家AAA级景区创建成功。

【社会事业协调发展】 坚持民生至上，优先发展教育，针对义务教育，特别是初中教育阶段薄弱的现状，制定出台了《坎门街道2016年教育教学奖励办法》，专门列支50万元用于扶持奖励中小学和职业教育发展，2016年，坎门中考、高考均创历史最好成绩，坎门中学本科上线5人，坎门一中考取玉环中学28人。大力推进玉环基层宣传阵地补短板项目，坎门村级宣传栏统一化建设名列全县前茅。县文化馆坎门分馆挂牌成立，第五届“海韵渔情”文化艺术节广场舞大赛成功举办，村级文化礼堂亮化工程全面完成。“计生村谱”工作深入开展，玉环人口健康园基本建设完工，首个跨省省级计生协会组织落户坎门。

【平安建设纵深推进】 围绕“平安护航G20”，全面开展公共安全隐患、涉稳涉诉重点群体、重大矛盾纠纷稳控、化解，确保会议期间零上访、安全事故零发生、安保零差错，获全市G20杭州峰会维稳安保工作先进集体。信访维稳处置得当，全年共调处矛盾纠纷195起，调解成功率达100%。消防整治“百日攻坚”强势推进，联合公安、水电等单位对191家重大消防隐患单位采取停电督改，拆除消防隐患违法建筑5.6万平方米。认真落实安全生产责任制，推广实施安全生产社会化服务，安全生产形势持续向好。坎门“阳光禁毒会所”获央视《社会与法》栏目持续关注，坎门作为县级唯一“扫黄打非”工作试点乡镇通过省级验收，并在全省“扫黄打非”进基层工作现场会上做经验介绍。“一打三整治”巩固推进，涉渔“三无”船舶拆解30余艘。

【党建工作切实加强】 深化“党组织集中活动日”制度，先后组织“七一”大党课、点亮“微心愿”、入户大走访等主题活动。“互看互学互比”承诺实施年轻干部“青蓝工程”挂牌招才项目和中层干部“砺剑”工程，关心激励编外人员。开展形式多样的党性党风党纪教育，步步深入学习党章、条例和准则。健全党对人大、政协工作领导机制,精心组织开展转型升级十大组合拳主题监督活动。完成民兵队伍合理编组,超额完成征兵任务,获得市先进基层武装部称号。妇联拓宽妇女技能培训渠道,积极推进女性微创业行动。团委获台州市先进团组织荣誉称号。

(谷晓莹)

大麦屿街道

【概况】 大麦屿街道位于玉环县西南角,全区陆域面积70.93平方千米,常住人口5.6万人,下辖6个社区、48个行政村。2016年,大麦屿街道新招录公务员3人,共有工作人员230人,其中行政编制63人,事业编制64人,企业编制30人,其他66人。按上级要求,街道进行科室调整规范后,内设科室共21个,设纪检办(监察室)、组织办(机关党委)、宣统办、人武部、工会、团委、妇联、残联、党政综合办(法制办)、财政所、工业与贸易办、劳动保障和社会救助事务所、农(渔)业办、计生办(计生协会、计生服务站)、文教卫办(综合文化站)、民政办、村镇建设办(查违办)、综治办(综治中心)、便民中心、统计中心、安监所(消防工作站)。在"十三五"规划的启动之年,大麦屿街道围绕建设现代化港口新城目标,把握改革和发展两大主题,加快经济转型升级,推进城市化进程,强化社会服务管理,提升基层党建水平,全力建设"活力新港城、美丽大麦屿"。

【经济发展稳步提升】 完成工业总产值122.89亿元,其中规模以上企业完成产值77.6亿元,完成工业性投入9.17亿元、固定资产投资15.6亿元,引进省外资金19.61亿元。积极开展扶工助企,完成小升规工业企业6家,指导企业深入开展科技创新,新增发明专利授权24个、市级院士工作站2家,申报国家、市级高新技术企业10家,省科技型中小企业6家,省高新研发中心1家,省、市企业技术中心3家。主动对接企业上市融资,协助沪龙、海德曼成功上"新三板",协助万洲、澳川、博时特上"创新板"。健全人才培养机制,引进人才项目2个,新增台州市"500精英"人才6人。积极联合83家农民专业合作社及相关服务业,成立街道农民合作经济联合会,推进村级经济合作社股份制改革、农村土地承包经营权确权登记。完成8处小农水项目建设和新塘、刘园、尤蒙岙、小古顺、环海村村庄整治提升村建设。结合"五水共治"行动,开展农业环境治理,全年共治理畜禽养殖9家,关停25家。

【城乡面貌持续改善】 开展"五水共治",集中力量推进治水工程。大麦屿污水处理厂正式建成并投入试运行,眼镜滚光废水集中处理中心投入试运行。圆满完成庆澜河系、普竹河系整治工程,长屿闸断面成功消劣,滨海河实现C级河道转化提升,完成新园等12个村、棉花塘工业区、对台贸易工业区的截污纳管工程,实现建成区截污纳管全覆盖,并完成18个村农村生活污水治理工程。优化交通路网建设,新增76省道复线南延对外主干道,完成兴中路路面改造主体工程、龙山路古顺桥工程,实质启动兴港西路延伸段改造工程。紧盯民生重点工程进度,加快推进陈屿中心小学分校区新建工程、大麦屿中心卫生院迁建工程等建设。加大电力保障工程建设,完成坎门灯塔至古城110KV输电工程建设。城乡规划体系不断完善,完成2016至2020年土地修编,新编13个村村庄规划,实现街道村庄规划全覆盖。巩固创国卫成效,通过国家卫生县城复查验收。扎实开展"三改一拆"、小城镇环境综合整治、治危拆违等专项行动,创成"基本无违建"街道,连续四年获评全市土地执法模范乡镇。

【社会事业全面发展】 构筑多元文化体系,创建市县级文明村(社区)26个,"春泥计划"实现村(社区)全覆盖。扩建街道省特级文化站,协助做好国家公共文化服务体系示范区创建,新建文化礼堂2家,成功举办第五届火山茶开采节、“经典诵读、书香校园”特色文体活动,丰富群众文化生活。深化便民服务中心规范化建设,创建村级公共服务特色精品便民中心1家,街道、村(社区)两级中心共受理办结事项9万多件。全面落实“五保供养”政策,新增居家养老服务照料中心7家,推动社区康复站规范化和示范化建设。强化劳动欠薪维权帮扶力度,严厉打击恶意欠薪行为,追讨薪资270多万元。围绕平安建设目标,深入开展八村联防、“平安e家”、社会治安大巡防等治安行动,圆满完成“平安护航G20”各项任务,各类刑事案件数同比下降22%。铁腕整治消防隐患,深入开展消防安全“百日攻坚”活动,基本完成10人以上居住出租房消防隐患整改与兴港西路沿街商铺消防整治,全面铺开居住出租房旅馆式管理工作,拆除消防隐患建筑7.8万平方米。深入开展“安全生产年”“打非治违”等专项行动,建立安全生产三级网络体系,实施食品药品网格化管理,安全生产形势总体平稳,社会大局保持稳定。

【党的建设全面过硬】 积极挖掘先进人物,成功推选“浙江好人榜”郑光友、“台州十大乡贤”林招水、“玉环十大乡贤”唐永娴等,掀起学习先进典型热潮。严格标准开展“两学一做”,领导班子通过“精准补短”查摆、补齐短板9个,破解街道经济社会发展难题。以“整乡推进、整县提升”为载体,全方位提升基层党建工作水平,圆满完成10个党建责任清单项目。畅通党员“出口关”,开展党员组织关系集中排查,对3名不合格党员进行党内除名。创新党建定期巡查机制,交叉巡查各村“三会一课”“五议两公开”等制度执行情况,对照标准量化赋分、及时反馈,并严肃结果运用,全年因党建工作不力1名村书记被撤换、2名村书记被约谈。按照“可看可学”原则,完成陈南村、刘园社区等5个党建示范村(社区)培育,并完成古顺、长山嘴等3个软弱落后村转化。深入推进作风巡查,完成6个行政村巡查工作,问责5人。加强民主决策监督,建立村级重大事项预审备案制度,全面增强对村级决策的监管和指导,全年完成73个村级重大事项审查,否决4个薄弱村乱集资乱申报项目,村级信访案件同比下降66.7%。加大执纪审查力度,全年立案查处并办结各类案件14件,开除党籍9人。

(姚峰宝)

楚门镇

【概况】 2016年,楚门镇人民政府新招录事业编制3名,聘用人员65名。全镇共有工作人员236名:其中公务员57名,事业人员65名,聘用人员114名。共有下属机构2个,分别是城建监察中队和消防中队。全年实现工业总产值199.83亿元、地方财政收入3.22亿元,同比分别增长1.26%和11.12%,被评为台州市十大工业强镇,位列全国科学发展百强镇第64位,并连续五年被评为全省小城市考核优秀单位。

【转型升级步伐加快】 深入开展“助企强企”服务年活动,成立全县首个跨境电商服务中心。完善楚洲人才梦工场建设,荣膺国家级“众创空间”、省级中小企业服务平台等称号。大力发展现代服务业,飞龙家居广场、文化创意中心快速推进,成功举办汽车、家居建材、机床模具等商务会展。

【重点项目加速推进】 社会公共服务中心、市民广场一期工程、地下人防工程、保障性住房等即将竣工,楚门中心小学分校区主体工程、直塘路改造一期基本完成,西青山旧住宅改造启动建设。省级历史文化名镇保护和旧城改造实质性启动。村级“一事一议”项目深入推进,山北、谷水、东门、小王等村级高层住宅加速推进，蒲田、彭宅小微工业园区、小王村部综合大楼、河桥太阳城养老公寓启动建设。

【综合整治强势开展】 全面开展小城镇环境综治整治，深入推进“三改一拆”“五水共治”“清洁家园”等专项行动，成功创建国家级卫生乡镇。强势开展以出租房、合用场所、人员密集场所等为重点的消防隐患整治，蒲田出租房“旅馆式”管理试点成功。大力开展交通秩序专项整治，启动违停自动抓拍系统，城区交通秩序明显改善。

【社会事业齐头并进】 深化“小城大爱”惠民关爱工程，新建村级居家养老服务照料中心6家。完善公共文化服务平台，在全市率先推进农村文化礼堂全覆盖。依托天宜服务社，常态开展居民服务、社团培育、公益活动等普惠型服务，全市首家“关心桥驿站”社区矫正服务项目落户天宜。深入开展“平安楚门”创建，成立全县首家少年警校，妥善化解一批历史遗留问题和信访积案，圆满完成平安护航各项任务。

【深入推进全面从严治党】 坚定不移贯彻落实从严治党总要求，大力执行中央“八项规定”，扎实开展正风肃纪。深化干部队伍建设，严格党员队伍管理；持续推进农村基层党建“整乡推进、整县提升”工作，深化“党建社工邦”活动。优化行政审批服务，积极推进“最多跑一次”改革。坚持党委总揽全局、协调各方，充分发挥人大、政协的重要作用，统一战线、工青妇、老龄、老干部等工作进一步加强。

（张笑柳）

清港镇

【概况】 清港镇位于玉环县西北部，北邻温岭市城南镇，东接沙门镇，南连楚门镇，西靠玉环经济开发区，距县城13.8千米。镇域面积54.2平方千米，有户籍总户数17738户，总人口51276人。全镇实现工农业总产值135.62亿元、财政总收入5.55亿元，固定资产投资10.3亿元。

【综合实力迈上新台阶】 实现工业总产值132.87亿元。大企业培育成效显著，全镇产值上亿元企业、规模上企业分别达13家和88家，永和流体、华龙巨水分别在深交所中小板、“新三板”上市交易，宏倍斯上“新三板”进入股转系统。招商引资势头良好，100兆瓦渔光互补发电和玉环港北风电项目签订框架协议。园区建设不断完善，玉环·中国自动化装备研发制造基地和村级小微工业点建设进展顺利。“两区一园”建设持续推进，文旦、葡萄蝉联国家、省级大赛金奖，“十二五”末粮食作物种植面积超万亩。水利基础设施日趋完善，修复山塘水库11座，完成河道驳坎19.8千米，完成芳杜水库清淤及综合整治。第三产业逐步壮大，累计实现批发零售业限额以上产值8.4亿元、住宿餐饮限额以上产值2.2亿元。浙江文旦小镇电商创业园运转顺利，年销售额达2.2亿元。金融服务体系日趋完善，新进驻3家商业银行。生态、休闲、观光农业旅游持续升温，成功举办生态文化节、采摘游等活动。

【城镇建设打开新格局】 城镇功能不断健全，完成卫生院、客运中心、清港和下湫综合市场、游泳馆、绿地康盛、锦港公寓、绿地广场、清港村广场、迎宾公园提升改造等工程。交通路网不断优化，投用垟根隧道及连接线、湫涛路、宝山南路、柚园北路等道路；完成清华南路和清芳公路拓宽、大雷山至小路通村公路（一期）、玉升桥改造等工程；有序推进宝山北路和桥梁、228国道清港连接线、柚园南路、迎宾路路面整治等建设。美丽乡村内涵不断丰富，持续推进“一事一议”项目，完成芳斗村国家级休闲渔业垂钓基地（一期）和垟根村美丽乡村精品村建设,加快推进前路村、垟根村省级美丽宜居示范村建设。

【生态环境实现新提升】 “三改一拆”“五水共治”互促并进,累计拆违119万平方米,“基本无违建乡镇”通过省级验收;稳步实施农村生活污水治理工程,积极开展“黑臭河”专项整治,提前完成市控泗头断面劣五类水质消除工作,累计完成河道清淤40万立方米、水生态修复3千米,基本完成芳清河系河道整治(一期)建设。持续深化“河长制”,实施河道保洁市场化运行。加快生态建设,完成同善塘滨水景观带(一、二期)建设,同善塘治理模式成为台州市“水环境治理与新城镇建设”的样板和干部现场教学基地之一。强化生态管理,落实环保网格化管理机制,开展污染企业分类处理。创成土地民主管理示范村12个,全省土地民主管理示范村创建现场会分会场设在前路。深入开展“清洁家园”行动,整体成效位居全县前列。

【民生保障得到新改善】 全面落实底线民生保障政策,逐年提高社保、低保、五保待遇和残疾人补贴,城乡居民养老、新型农村合作医疗参保数逐年递增。建成示范型便民服务中心30个,村级居家养老中心35个,完成王家、西林公墓建设。优化教育资源,基本完成中心小学和芳杜校区的教学楼扩建工程。医疗服务体系不断完善,村级卫生室覆盖率达60%。全民健身氛围日趋浓厚,新增健身广场面积9800平方米。创办《清港》文化季刊,建成农村文化礼堂5个,有序推进镇文化中心建设。完善计划生育服务管理,做好社会抚养费征收工作,落实全面二孩政策。每年投入近60万元用于公交补贴,方便群众出行。深化“平安清港”建设,加强信访工作,信访案件办结率达100%,下湫村省级治安乱点整治通过市级验收。圆满完成“六五”普法、“平安护航G20”任务。铁腕推进消防整治,全面完成区域性家具行业整治,基本完成合用房、出租私房整治,投用全县首个消防安全宣教实践中心,镇消防工作站获省级先进荣誉。稳步提升安全生产和应急管理水平,社会治安面持续向好,人民群众安全感明显增强。

【基层党建开创新局面】 全面落实党建责任制,以党的群众路线教育实践活动、“两学一做”学习教育、“整乡推进、整县提升”等为载体,不断夯实基础。加强党员队伍建设和管理,发展党员176名,实行服务中心党员“双管”模式。推广党员联系户制度,充分发挥党员先锋模范作用。做好后进村整顿转化,成功转化后进村8个。创新推出两新党建“一刻钟”工作法。推进农村基层党建,切实抓好“补、强、促”活动。开展书记抓党建领办项目,创新实施村居干部提能促效工程,“互看互学互比”活动实效显现。巩固基层宣传阵地,弘扬同善文化,加强宣传和网络舆情管控,“e同心”网上信息管理平台建设得到省级领导充分肯定。全面落实党风廉政建设责任制,严格执行“三书两报告”等制度。强化作风问责,认真贯彻中央八项规定精神,深化农村党员干部底线管理制度。保持正风肃纪高压态势,突出执纪审查工作。深化农村基层党风廉政建设,规范村监会运行,完成5个村的基层作风巡查工作。成功创建全市反腐倡廉教育基地“清莲苑”。

(吴卓霖)

芦浦镇

【概况】 芦浦位于玉环县本岛北端,东临龙溪镇,南接玉城街道,西连乐清湾,北靠漩门湾,与雁荡山隔海相望。辖区面积19.7平方千米,属沿海半山区,下辖16个行政村,户籍人口1.77万人,外来人口1.8万人。实现工农业总产值75.1亿元,财政收入3.24亿元,农村居民人均可支配收入16940元。

【工业稳中有增】 完成工业总产值65.08亿元，其中规模以上企业完成产值28.86亿元，出口交货值8.63亿元，全年固定资产投资7.92亿元。新增“规下转规上”3家，国家高新技术企业1家，省科技型中小企业3家，国家发明专利授权14个，省重点技术创新项目2个，市高新技术企业3家，申报市“500精英”2人，市著名商标2件，申报成功浙江股权交易中心挂牌2家。有效投资稳步增长，重点扶持33个技改项目，累计投资3.93亿元。小微企业园区建设规划已批复，并已完成环评审批。加大骨干企业培育，全年产值超4000万规上企业24家，其中江林水暖已突破3亿元，成为芦浦首家超3亿元的企业。

【农业稳中向好】 稳定粮食生产，播种面积186.13公顷，产量984吨，均超额完成县下达任务。以26.67公顷芦西水果种植为基地，推广“企业+合作社+基地+农户”模式，创建培育市县龙头企业7家。完成东塘高标准农田建设，建成西塘粮食生产功能区。提前超额完成农村土地确权登记颁证实地测量工作，启动第三次全国农业普查。强势推进“一打三整治”专项行动，并结合“幼鱼保护”及“伏季休渔保卫战”两项工作，共检查渔船44艘，清理地笼网约160多顶，“抓伏休、护幼鱼、治渔具”工作取得阶段性的显著成效。完成大坑山塘除险加固工程，切实提高防灾减灾能力。成功协调解决江厦海水污染事件，并将赔偿金下发养殖户。

【三产稳中提质】 引进优质三产项目，回归引资6219万元。启动西塘物流园区开发前期工作与招商对接，筹备引进总投资约5亿的直升机通用机场项目，签订意向协议，并列入县政府千亿项目计划。三产限额上产值9.16亿元，同比增长29.59%，新增1家电商平台企业。

【重点工程稳步推进】 76省道复线南延工程全面通车，228国道芦浦段、沿海高速公路芦浦段工程进展顺利，新城连接线（井分线）工程动工建设。竣工县民兵训练保障中心。

【基础设施建设日益完善】 漩门A区块环湖小区完成结顶，红山安置小区、井头安置小区、大坑安置小区、道头明珠小区二期、小塘综合市场、大塘综合大楼等项目动工建设，隔岭、金山住宅小区即将启动，医包园区基础设施一期工程基本完工，漩门工业园区截污纳管工程完成过半，百丈至尖山连接线、分水、金山等村庄道路完成建设。完成省森林城镇创建，绿化土地27.33公顷，并做好年度公益林抚育和枯死松树整治工作，其中镇森林消防队获省示范称号。狠抓环保执法，关停整改污染企业，组建村级环保员队伍，建设万安水闸水质监测点，全镇70%以上锅炉完成淘汰。做好省级垃圾分类整治试点工作，大沙、大坑、尖山三村的垃圾分类整治工作得到省农办检查组一行的高度肯定，名列全县前茅。

【环境整治成效明显】 完成14个村农村生活污水治理、西塘污水泵站工程，镇内6条黑臭河全部整治，18条河全部达标；同时开展非法畜禽养殖户污水排放整治工作，清理养猪户6家，规范排放2家。累计创成市绿化示范村7个、市生态村16个、县美丽乡村先进村12个、县整治提升村8个，其中县美丽乡村先进村创建量、创建率全县第一，大坑村被列为省级宜居示范村；完成尖山、大沙、大坑省级生活垃圾分类处理试点村创建。完成危旧房入户排查鉴定，危旧房改造20户，普通危房改造90户，拆除违章建筑24.9万平方米，拆违面积完成全年任务率273%。

【社会事业取得新进展】 完成芦浦中学学生宿舍楼结顶，启动道头小学综合楼建设，全面实施优秀教师奖励机制。大力完善食品安全网络建设,组建镇食品安全协调机构,村级配齐食安协管员,多次开展联合行动,整治3家,取缔1家,成功通过市级食安办规范化建设验收。全面实施二孩政策,计划生育率达95.83%,全镇户籍人口性别比101.18,控制在合理范围内。免费为1000多名育龄妇女提供"两癌筛查",居民健康建档率98.7%。建成投用尖山村文化礼堂,启动建设公共自行车服务网点14个。

【社会保障取得新成绩】 超额完成养老、医疗、工伤等保险任务,五险基本全覆盖,乡镇人力社保工作考核位列先进。实施慈善鸟巢助学工程,新增养老服务照料中心2个,其中尖山居家养老服务照料中心被评为市示范点。查处非法使用童工4起,调解企业劳资及工伤纠纷56起金额200多万元。完成残疾人"两项补助"调查和补助金发放,为贫困家庭和困难残疾人家庭申报各类补助,并成功举办慈善年夜饭活动。

【社会治理得到新提升】 综治基层基础稳步推进,妥善化解重大矛盾纠纷56起,信访积案下降90%。坚持开展以"学先进、比创新"为主题的企业安全生产"互学互比"活动,每季度以企业现场会、交流会形式部署阶段性安全工作,全面落实企业安全主体责任。实现规上企业安全生产标准化达标全覆盖,智慧用电安监系统在镇医包行业试点推行。大力开展消防隐患铁拳整治,全镇10人以上出租房消防合格率100%,10人以下整治率92.7%,家具医用塑料行业市级重大消防隐患点成功"摘帽"。探索出租房旅馆式管理"115"模式,开展房东全员培训,7个村实现"旅馆式"实体化运作。以医包企业、合用场所和出租房为重点,健全一户一档、一村一策制度,强化网格包干责任。

【坚持不懈抓基层党建】 狠抓"党建任务五张清单",镇村两级130项党建任务全部完成,村级组织运行全面规范,党日活动到会率由60%提升到85%以上。严肃党员发展管理,严把入关口,畅通出口关,发展党员15名,转正33名。以"四早机制"推进农村作风巡察工作,共完成5个村作风巡察任务,发现问题21条,落实整改18条,廉政约谈4人,党纪处分1人。严格案件查办,全年立案9件,办结9件;受理信访举报8件,办结8件,并刊发各类通报32期。顺利完成镇班子和代表换届选举工作,严格按照上级要求部署,完成县、镇两级党代表、人大代表换届选举和县政协委员提名推荐工作,顺利产生县党代表7人、镇党代表58人、县人大代表11人、镇人大代表50人、县政协委员3人。成功召开镇十二届一次党代会和十七届一次人代会,选举产生新一届党委、政府、人大班子。

(杨逸然)

干江镇

【概况】 干江镇位于楚门半岛最南端,距县城13.5千米,东濒东海,南与鸡山乡隔海相望,西临漩门湾,北接龙溪镇。境内古有一条自东向西的横港,长10千米左右,后因年久淤塞,水流干涸,故名乾港,后称作干江而得名。干江镇地势南北高,中间低,北有垟岭、梅岭,南有栈台山、凤凰山,中间是干江平原。全镇总面积29.37平方千米,下辖19个行政村,户籍总人口21500人,外来人员近5000人。全年完成工业产值22.5亿元,其中规上工业产值12.2亿元,同比增长9.2%,增加值增速名列全县前茅。

【滨港工业城建设实现突破】 滨港工业城小微企业园于2016年6月中旬完成土地回填,7月20日,完成7.07公顷21宗土地出让,入驻企业11家。总投资2.5亿元,新建21栋标准厂房;石矿专用道路政策处理基本完成;完成工业城控规调整。

【工业主导更加稳固】 县五金产业功能区建设继续推进,协调解决盐盘区块道路、自来水、通信等基础设施建设;投入500多万元,完成小屿门区块道路及污水工程建设,投产企业7家。助企强企活动深入开展,深化领导班子联系企业制度,实施主要领导现场办公制度;鼓励企业加大技改投入和科技创新,帮助企业技改立项36项,企业技改贴息50多万,发明专利授权16项;浙江达柏林阀门有限公司通过国家高新技术企业和省知名商号评审,被评为省科技型中小企业7家,市级高新技术企业2家,市级技术中心1家,县三龙企业10家。

【农业基础更加坚实】 大力开展省级精品水果园区和省级无公害蔬菜示范园区建设,新建钢架大棚13.33公顷,新建机耕道路8.3千米。实施规模农业战略,加强农业合作社建设,成立农合联,全年上报省级、县级农业建设项目13个。投资290万元,实施麻叉坑坑山塘、九青岙山塘、花明坑里山塘以及南塘蓄水坝除险加固工程。完成小农水项目8个。实施盐盘自来水建设、炮台小区道路建设、梅岭村南塘整治等"一事一议"项目3个。开展第三次全国农业普查工作,圆满完成木杓头村的全县试点工作。完成土地确权工作,对全镇具有农村土地承包经营权的土地开展确权,完成总工作量的85%。

【服务业支撑更加明显】 旅游基础设施逐步完善,完成干江滨海风景旅游区规划招投标,白马岙景区成功创成AAA级旅游区,栈头生态旅游区游步道、景区网络基站布点全部铺设完成。乡村旅游全面兴起,白马岙、下栈头、上栈头、炮台、断岙等乡村旅游点逐步成型。休闲农业旅游逐渐升温,水果采摘深受游客青睐。旅游接待能力明显提升,干江旅游集散中心已完成报批,滨海石屋民宿旅游开发积极洽谈。旅游节庆活动蓬勃开展,成功举办首届美丽玉环·寻美干江旅游摄影大赛和跨山越海徒步活动。着力加强金融服务,引进中国邮政银行服务网点,并投入使用。

【城镇面貌逐渐改善】 交通网络更加丰满,完成省道226龙溪至干江段接线道路规划,栈台交通码头建成投用。学苑安置小区二期工程全部完工,通过竣工验收。全年农转用3.35公顷,批准完成私人建房报批109户,建筑面积3万平方米,完成31户困难群众危旧房改造工作。全力开展小城镇环境综合整治,规划基本完成。"清洁家园"工作扎实推进,常态化推进农贸市场专项整治行动,新建盐盘疏导点,占道经营、违章停车等现象有效改善,市容面貌不断提升。"五水共治"工作持续推进。完成干江排水河支河六、十字大河支河三清淤整治,完成中心河综合整治工程。全面完成河系整治(一期)工程。完成河道护岸砌筑和河道拓宽6.23千米,新建箱涵5座,重建桥梁1座,河道清淤11.35千米,清淤量达15.41万立方米,建成游步道建设4千米。"三改一拆"强势推进,查处各类违法建设行为72宗,实施拆违行动68次,组织拆除违法建筑达9.3万平方米。分别对鱼粉厂和砖窑厂等落后产能进行了关闭和爆破拆除。

【民生事业协调发展】 召开首届教育发展大会,出台《关于进一步加快干江教育改革和发展的若干意见》,成立教育发展基金。干江中学操场顺利建成,启动中学综合楼建设和中心小学校舍改造前期工作。组建干江镇中心小学教育集团,干江公立幼儿园于2016年9月开学,并成功创建省二级幼儿园,通过台州市学前教育合格乡镇验收。探索卫计合作新模式,加强与玉环人民医院、玉环中医院的合作,与台州恩泽医疗集团建立战略合作关系,缓解群众看病难问题。计生服务水平逐步提升,稳妥实施"全面二孩"政策,群众知晓率和服务满意度全面提升。新建文化礼堂2个,农家书屋1个,梅岭、甸山头文化礼堂经典诵读持续开展,下栈头文化礼堂承办了首届栈头杯戏剧戏迷大赛,干江排舞队获得浙江省第三届文化礼堂乡村排舞大赛兰花银奖。落实低保提标和扩面工作。积极落实各项惠民政策,加大困难救助力度。村级居家养老机构建设不断推进,新增湖山头、花明等5个村级居家养老照料服务中心。新增司法窗口,断岙村便民服务中心完成改造,炮台村成功创建"文化便民特色精品村"。

【社会管理逐渐加强】 深入开展"六五"普法和平安建设,积极开展各类矛盾纠纷排查和调处,全镇社会稳定形势良好。安全生产工作切实加强,大力开展"安盾系列"专项整治。实施企业安全生产社会化服务,50家小微企业签订服务协议。全力开展消防整治行动,创新出台消防整治奖励制度。完善食品药品基层监管网络,开展舌尖安全守护行动,定期开展农产品质量安全检测,通过台州市乡镇食安办规范化建设验收,提升食品安全建设水平。

(陈金艳)

沙门镇

【概况】 2016年,沙门镇新招录事业编制1名,全镇共有编制61名,其中行政编制30名,事业编制31名。全年实现工农业总产值98.72亿元,同比增长13.61%;地方财政收入1.04亿元,同比增长19.5%,全社会固定资产投入21.82亿元,同比增长75.4%。

【经济结构不断优化】 全年实现工业总产值92.76亿元。持续推进滨港工业城二期开发,供地26.2公顷,回填13.33公顷。西沙山专用矿山于8月完成全部开采计划,开采进度比原计划提前一年。完成二期富港路南段道路工程建设,海口南路、金波路工程完成总工程量80%,完成二期海口南路西段、长顺路西段及五条道路工程施工图设计,并已启动市场道路工程施工招标。大力推进招商引资工作,引进项目6个,涉及资金8.3亿元,双环产业园、海昌药业等一批带动性强的企业相继落户。全年,新开工企业32家,新投产企业16家,均为历年之最,其中金属产业提升区23家入园企业全部进场施工,12家完成投产。正裕工业成功上市沪指。开展扶工助企活动,牵头举办银企对接会、企业喜相会沙龙等活动,同时一企一策精准帮扶企业,全年共深入企业171人次,搜集企业难题126个,帮助解决102个。

【城乡面貌明显改善】 注重规划引领,修编完善总体规划,城镇旧区控规、工业城控规进一步细化,调整19个村庄规划,形成相互配套、衔接完整的乡镇规划体系。强势推进交通建设,完成沿海高速沙门段土地征用和拆迁安置工作,工程进展;推进S226省道沙门段改造工程无障碍施工,实现全线通车;完成桐兴街改造工程,与中滨路、环沙北路共同构成"h"形的镇区交通格局。"五水共治"纵深推进,全面落实"河长制",整治关停畜禽养殖场42家,查处非法排污企业36家,桐丽河系整治完成河道清淤9.5万立方米,16个村及建成区污水管网基本覆盖,建成二三级污水管网19千米、农村生活污水管网32千米。扎实推进"三改一拆",全面启动小城镇环境综合整治,密集开展专项治理,有效改善城乡环境。滨港工业城建设纵深推进,陆续安装铺设新建道路给水管网、雨水污水管网、电力线路。

【村级开发亮点凸显】 42.67公顷村级留用地工业地产项目持续推进,8家企业实现入驻投产,村级集体经济不断壮大。完成5个省级项目和1个县级项目，新增1个省级项目，1个县级项目，已进入建设阶段。申报第七批镇级小额一事一议项目4个，完成4个，补助村级30万元。晚稻高产攻关项目亩产1061公斤，创省单季晚稻产量最高纪录。开展农村土地承包经营权确权登记颁证及第三次农业普查工作，成立沙门镇农民合作经济组织联合会。农业水利基础设施日趋完善，小闾水库除险加固等小农水工程基本完工。坚持以增加农民收入为主线，强化农业特色培育，“一村一品”特色村实现全覆盖，基本形成花卉、茶叶和水果种植为主的产业格局。严格落实渔业产业政策，周密开展“一打三整治”行动。

【社会事业全面进步】 扎实推进教育事业，加快建设中心小学综合楼及果丽小学教学楼改扩建，投用镇中心幼儿园新校区，成功通过台州市学前教育合格乡镇验收。日岙孔子文化礼堂建设完成投入使用，成功举办沙门镇第四届全民运动会。规范居家养老服务，新建2家日间照料中心，村级日间照料中心基本实现全覆盖，完成第三批居家养老日间照料中心村企结对。境外引水扩容工程顺利完工。强势推进消防整治，排查整改合用场所370家、出租房505户，首创出租私房“旅馆式”管理在全市推广。积极开展“就业援助、助学、助困、助医、助残、助老”等各项公益事业活动。扎实推进“平安沙门”建设，做好维稳安保工作，平稳顺利完成G20、互联网大会等重要节点的安保工作。

【党建主业不断巩固】 加强党员队伍管理，全年发展党员20名，查处党员干部违纪案件7件，组织处理1人。严格落实基层党建工作责任制，在镇党委组织开展“项目书记”，镇领导班子领办完成17项党建工作任务。周密稳妥做好乡镇换届选举工作，选好县镇两级党代表、人大代表，开好镇党代会、人代会。深化推进“村村顺工程”，结合住夜值班制度，理顺镇与村、镇与民、村与民之间关系。扎实开展“两学一做”学习教育活动，全年开展中心组学习14次，为村居、企业上党课56次，发放学习资料4000多本。开展基层党组织按期换届检查和整改，完成2个未按期换届党支部整改工作。分类做好党费补缴工作，共补缴党费52152元。整顿转化软弱落后村党组织外山村。严格落实党风廉政建设“两个责任”，党风廉政主体责任考核居乡镇之首。高标准完成征兵工作任务，输送11名优秀青年入伍，其中大学生10名。

（黄麟雅）

龙溪镇

【概况】 龙溪镇位于楚门半岛中南部，东邻沙门镇，南接干江镇，西与芦浦镇相连，北界楚门镇，距县城约8千米，辖地面积27.8平方千米，下辖行政村20个，总人口18653人。境内交通便利，环境优美，是全国农村“三个代表”重要思想学习教育活动先进集体，全程办事代理制的首创地，为省级“小康乡”。镇机关共设置23个内设机构，分别为：主任科员办公室、人大办公室、人民武装部、党政综合办公室、组织办公室、宣传与统战办公室、纪委办公室（效能监察室）、工会办公室、团委办公室、妇联办公室、残联办公室、关老协办公室、经济发展办公室、村镇建设办（查违办、市容队）、新农村建设办公室、综合治理办公室、安全监督管理办公室、劳动保障所、社会事务办公室（文体站、民政办）、人口与计划生育办公室、财政所、村级财务服务中心（“三资”代理服务中心）、便民服务中心。县委编办核定编制数为61人，其中行政编制30人、事业编制31人。实有在职人员105人［其中：公务员31人，事业人员27人，参照事业人员（企业人员）16人，编外用工人员31人］。离退休人员31人（其中：离休人1人，行政退休人员16人，事业退休14人)。遗嘱补助金8户。全年实现工农业总产值61.58亿元,财政总收入2.64亿元,其中地方财政收入1.18亿元。

【经济发展稳步提升】 工业经济稳中有升。完成工业总产值60.58亿元,新增规模企业3家,实现外贸出口交货值15.81亿元,固定资产投资2.95亿元。加强对企业的扶持和服务,共走访收集企业难点、热点问题48个,均已解决。加大科技服务力度,上报省级科技型中小企业2家,市级高级技术企业3家,市级高新技术研发中心1家,省级以上科技项目8项,专利授权131件,其中发明专利4件。阀门工业功能区梅岙片区道路、桥梁等基础设施建设加快推进,18家入园企业已有7家动工生产。农业经济效益明显。加快农业产业结构调整,完成粮食播种面积140.8公顷,山里盘菜、大密溪火龙果、高山头广柑等农产品形成品牌。推进省农发龙溪高标准农田示范工程项目建设,完成4座山塘水库除险加固工程。重视绿化造林和森林防火工作,完成绿化造林20.33公顷,被评为省级森林城镇。推进村级经济合作社股份制改革,16个村完成土地确权颁证的土地测量工作。上报县级"一事一议"项目4个,争取资金520万元。第三产业蓬勃发展。乡村休闲旅游业发展提速,成功举办"外国人眼中最美乡村"体验活动。房地产同步推进,龙溪首府、御龙湾、云栖山庄、梦溪山庄等房地产项目进展顺利。龙溪商会大厦进入前期准备阶段,工业性服务业发展迎来新机遇。

【镇建设统筹推进】 城镇规划持续完善。完成全镇土地利用、排水、林相改造等专项规划,修编梅岙、小密溪中心村规划,调整建成区和村庄规划18次,完成4个村自然片规划编制。城镇建设强势推进。加快基础设施建设,新增龙翔路停车泊位280个,3个路段实行违停自动抓拍。优化交通格局,建成镇中心区公共临时停车场、建成区小商品疏导点、S226省道沿线文旦摊位疏导点。改善人居环境,完成镇敬老院、龙溪中心公园二期工程、保障性住房龙溪一期工程等项目,完成镇农贸市场提升改造、渡头菜场改造。农房改造项目取得实效,整治农房195户,完成困难群众危旧房改造12户,大密溪村被列为省级农房改造示范村。沿海高速公路工程和226省道改扩建工程龙溪段实现全程无障碍施工,大密溪、法山头、渔业安置小区推进顺利。人居环境有效改善。强势推进"三改一拆"工作,共拆除违法建筑12万多平方米,顺利通过市基本无违建乡镇验收。大力开展"五水共治"工作,整治垃圾河、黑臭河2.3千米,疏浚河道12.34千米,清淤17.8万立方米,完成桩头、塘厂等村的河岸驳坎美化,建成工业区小山外段沿河景观步道和法山头下岭岗河系生态景观游步道。完成14个村农村生活污水治理工程,启动龙翔路、浦港路污水管网建设,建成龙溪1号污水泵站,投用村级生活污水处理终端23个。开展环保大检查,走访企业643家,解决环保投诉案件16起。美丽乡村建设成效显著。稳步推进山里、大密溪、小密溪精品村建设,整体推动高山头、灵山头等村连线开发,山里成功申报国家级美丽宜居示范村、省级历史文化保护利用重点村,并被国家农业部命名为中国美丽休闲乡村;大密溪获评省级美丽宜居示范村。加快龙溪文化创意产业园开发,成立北纬28° 公共创客空间,完成放牛班二期规划设计,裸心海度假山居正式营业。

【社会民生事业全面发展】 社会保障日臻完善。开展养老服务体系建设,新建居家养老照料中心4个。加强低保动态管理,审批通过44户64人。双拥工作有序推进,救助优抚对象22人。加大劳动保障执法力度,累计查处解决违法用工、企业工伤、劳资纠纷、劳动争议等案件60余起,涉及金额200多万元。社会事业全面进步。重视教育事业发展,加大无证幼儿园整治力度,责令整改1所。

提升计生服务水平，建立计生工作网格化管理制度。深化公共卫生服务，全面开展农民健康体检，完成国家级满意卫生院创建验收。加大文化事业投入，建成村级文化礼堂1家，花岩浦王小先老人入选中国好人榜。社会管理取得实效。推进“平安龙溪”建设，新建2支村级消防志愿服务队，累计开展“护航G20”、消防安全整治“铁拳行动”“安全生产月”等专项行动30余次。实施“民主法治村”创建动态管理，建成动漫花谷景区法治文化广场。强化调解体系建设，受理调处各类矛盾纠纷82起。创新流动人员服务管理模式，深化“新玉环人第二代”普法阳光工程，蔺春党建工作站已成为全市流动人员服务管理的示范标兵。

【党的建设不断增强】 换届工作平稳有序。坚持走在前、抓在先，深入各村了解掌握村级选情，牢牢把握党委对换届工作的主动权。坚持舆论先行，全面灌输“九个严禁、九个一律”换届铁律，营造风清气正换届氛围。严格按照时间节点完善选举工作台账，确保选举工作程序到位、过程规范、有迹可循。同步做好被筛落选人员思想引导，确保选情稳定，严密防范非正常选举行为的发生。自身建设常抓不懈。认真践行监督执纪“四种形态”，加强机关干部廉政教育，实施反腐倡廉宣传活动和岗位廉政风险点干预，共组织党规党纪学习5次，发送廉政信息40余条，新排查科室及个人廉政风险点89条。重点领域加强监管。以“正风肃纪”“为官不为”专项整治为抓手，完善“三色廉情”预警机制，对镇重点工程推进情况、村“两委”履职情况进行不定期督查，制定相应履职行为“负面清单”并及时整改，共开展跟踪督查20次，约谈3人。开展农村基层作风巡查，严肃查处“四风”、侵害群众利益等问题，全年共巡察4个行政村，党纪处分1人，廉政约谈7人。持续加大违纪案件查处力度，全年共立案7起，结案7起，其中开除党籍3人、留党察看1人。主动接受人大监督。坚持依法行政，自觉接受人大监督，代表议案和建议全部按时办复。建立完善镇重点工作督查督办制度，以半年度政府工作评议会为载体，通过实地踏勘、现场点评等方式，发挥人大代表参政议政作用。积极配合人大开展执法检查、法制宣传教育、履职监督等工作，认真落实人大决议、决定和审议意见，狠抓落实，推动各项工作上水平、快发展，形成人大与政府齐心协力共谋发展的良好局面。

（王　琳）

鸡山乡

【概况】 2016年，鸡山乡新招录事业编制人员1名，行政编制人员3名，共有工作人员47名，其中行政编制15名，事业编制21名，合同制编外人员11名。该乡设4个机构3个中心，即党政综合办公室、经济发展办公室、社会事务管理办公室、综合治理办公室、经济建设服务中心、农业综合服务中心、社会事业服务中心。全乡在册人口7666人，实现工渔业总产值2.66亿元，其中渔业产值2.08亿元，工业产值5859万元。农民人均纯收入20762元。

【发展活力不断激发】 渔业基础地位更趋稳固。海洋捕捞结构更加优化，渔业产量、产值实现稳步增长；渔业管理进一步规范，强力推进“一打三整治”专项行动；浅海养殖效益不断提升，推广名优养殖品种，促进养殖品种结构优化调整，新增养殖企业3家，新增养殖面积66.67余公顷；水产加工业实现整合升级，鸡山岛牌东海风干待遇在浙江农业博览会获新产品金奖。旅游产业发展持续升温，逐步形成鸡山生态旅游文化圈；整合旅游资源，完善全岛旅游基础设施，旅游接待能力不断提升。

【美丽海岛成效初显】 不断提升海岛综合承载力,全力推进美丽海岛建设,"休闲漫岛,渔韵鸡山"品牌效应逐渐凸显。移民安置工作取得新进展。举全乡之力,攻坚克难,成功破解洋屿海岛移民困境,工程项目建设全面提速,按期实现交付使用。要素保障力度加大。新敬老院基本完工;完成渔港清淤工程。渔村面貌焕然一新。完成北山村、后岙村等石板路改造;安装路灯79盏;成功创建北山村、南山村、后岙村、火车村"美丽农家","一岛一韵、一村一品"美丽海岛建设格局逐步形成。生态保护成效显著,环境综合治理不断深化,投入1300万元,基本完成农村生活污水治理工程建设,铺设污水管网53千米,新建污水处理终端3座,改造6处;投入500万元,深化环境卫生整治,生活垃圾减量化处理、资源化利用取得实效。

【人民生活持续改善】 民生保障更加优先。强化社保扩面增量,不断扩大失海渔民养老保险覆盖面,至2016年年底城乡居民基本医疗保险参保率达91.35%;农村最低生活保障水平继续提高,全乡落实低保对象104户156人;完善分层救助工作,积极开展助医、助学、助困,临时救助。公共服务更加优质。完善幼儿园基础设施,通过省二级幼儿园评估考核,列入学前教育合格乡镇;基层医疗卫生服务水平不断提升,重视人口和计划生育工作,完善计生重点人群管理和计生利益导向机制;投入30万元启动文化站改造,新建"陈岙滨能量馆",覆盖全乡的公共文化服务体系基本形成;投入500余万元,更新铺设海底电缆;改善海岛供水条件,规范运水船只管理。

【社会保持和谐安定】 社会局面更加稳固。深入开展"网格化管理、组团式服务"工作,建立健全信访维稳工作网络,健全维稳工作预警督办制度,完善矛盾纠纷大排查、大化解体系。坚持重大事项维稳社会风险评估机制,狠抓矛盾纠纷排查调处和社会管理创新,积极开展普法宣传教育工作,成功调处"3·10"渔船事故、"洋屿移民安置房非法买卖纠纷"等事件,完成G20峰会安保维稳工作,获全市社会稳定工作暨百日维稳共建大会战表扬单位。安全监管更加强化。健全隐患排查治理制度和事故责任追究制度,加强村级渔业安全生产管理,建立渔业安全生产管理长效机制;以"户籍化"管理方式,推进消防隐患治理;严抓水陆交通秩序整治,强化渡口安全管理工作,完成2艘老旧渡船淘汰更新。

【自身建设切实加强】 建立健全重大决策和重大项目民意征集、政府法律顾问等制度,政府决策科学化、民主化、法治化水平提高;做好政务服务网建设工作,切实提高政务公开水平;全面深化两级便民服务中心建设,开展"便民夜办"和"陆上便民服务中心"等活动,实现为民服务全覆盖;全面落实党风廉政建设责任制,不断强化行政监察、审计监督和责任追查;严格落实中央"八项规定"精神,公务考察、公务接待、公车使用规范,"三公"经费支出逐年压缩;自觉接受人大代表监督;充分发挥群团组织作用,大力支持武装、统战、老干部、关工委、老龄办、体协、档案、统计和科协等开展工作。

(占瑞军)

海山乡

【概况】 海山乡位于玉环县西北部的乐清湾中,四面濒海,辖区面积81.26平方千米,但陆域面积只有8.1平方千米,下辖9个行政村,户籍人口7565人。2016年,全乡实现社会生产总值6.67亿元,财政总收入3482.75万元,村级集体经济收入1170万元。

【产业经济稳中有升】 坚持农业在产业经济的基础作用，发展海岛特色农业。实施“粮补直贴”政策，稳定粮食产量，有效确保农业增效、农民增收。扩大生态果林规模，特色经济作物种植多样化发展。对大青红色休闲旅游区、跨海大桥风光带、红树林观景带、老城头山海风光带等旅游资源进行开发，完善全岛旅游基础设施，吸引县内外游客前来观光休闲，带动全乡交通、食宿等相关产业联动发展。据不完全统计，海山观光游客每年增幅为160%，达2.1万人次，海岛农家乐、渔家乐增至5家。重视规划引领，委托浙江省旅游学院开展国家AAA景区创建方案设计，不断夯实旅游产业发展基础。

【基础建设全面推开】 全力保障乐清湾跨海大桥无障碍施工建设，完成乐清湾高速公路1.66千米本岛接线土地征收及前期工作，完成228国道小青段施工建设。完成横床岛300吨级、大青岛500吨级交通码头工程建设；完成虹田村、抛西村、礁头村等渡埠及候船室改造；投资240万元改造更新横床村、茅坦村、大青村农渡船；投资770万元推进南滩村、横床村村庄道路等8个一事一议项目建设。水利设施建设方面，完成西塘、东升塘除险加固以及斗闸改造工程；投资220万元完成本岛应急引水工程，以及横床村、大青村、茅坦村引水工程；投资500万元完成横床水库、虹田0.33公顷田水库除险加固工程。完成大青农房改造工程并顺利通过“省级美丽宜居示范村”验收。全力推进“五水共治”工作，投资640万元开展茅埏水系综合整治工程，完成河道清淤8千米；投入150万元完成小青村农村生活污水设施建设。

【社会事业扎实推进】 全力做好文化阵地开放，投资540万元完成乐清湾海上游击根据地纪念馆主体工程建设。加大农村教育投入，完善海山乡学校配套设施建设，完成中心幼儿园内部改造项目。有序推进海岛体育事业，建成县级体育小康示范村5个。推动海岛医疗卫生发展，开展海山卫生院迁建筹备工作。重视计划生育服务工作，全面落实“二孩”政策，落实计生奖励扶助金35万元。落实农民健康体检工作，受益群众达5576人，老年体检率达80%以上。新型农村医疗保险持续发展，参保人数6200余人，失地农民养老保险参保人数465人。以“平安海山”创建为抓手，扎实做好“平安三率”宣传，部署落实“护航G20”等各项工作，积极调处各类矛盾纠纷，确保平安维稳任务落实到位。全面落实安全生产责任制，开展消防安全专项整治行动和安全生产打非治违专项行动。开展“一打三整治”专项行动，销毁地笼网1300多顶，串网4.5千米。

【履职能力明显增强】 自觉接受乡人大及其主席团的法律监督和工作监督，执行各项决议，积极办理各类议案。积极发挥在外工商业人士联谊会平台作用，汲取多方意见和建议。健全机关干部“住夜访户”“干群结亲”制度，大力实施海岛干部“四心”工作法，提升机关效能。建立健全重大决策和重大项目民意征集、法律咨询等制度，提高政府决策科学化、民主化、法治化水平。认真做好政务服务网建设工作，开设“海山发布”微信公众平台，切实提高政务公开水平。推进乡村两级基本便民服务中心规范化建设，办结率100%。做好武装、老龄、档案工作，注重发挥工青妇等社会团体的桥梁纽带作用。

（蔡莹莹）

附　录

重要文件目录

中共玉环县委文件

玉县委〔2016〕1号　关于公布2015年度发展目标责任制考核优秀乡镇(街道)和工作目标责任制考核优秀县级单位等7个先进集体先进个人的通报

玉县委〔2016〕2号　关于公布“三县三城联创”活动先进集体和先进个人的通报

玉县委〔2016〕3号　关于公布2015年度县服务业重点企业和优秀企业家名单的通报

玉县委〔2016〕4号　关于印发《玉环县关于深化供销合作社和农业生产经营管理体制改革构建“三位 一体”农民合作经济组织体系实施方案》的通知

玉县委〔2016〕5号　关于公布2015年度巨龙企业等8个先进集体先进个人的通报

玉县委〔2016〕6号　关于调整中共浙江双环传动机械股份有限公司委员会等3个党委隶属关系的通知

玉县委〔2016〕7号　关于印发《玉环县2015年度乡镇(街道)党建工作责任制考核办法》的通知

玉县委〔2016〕8 号　关于印发《玉环县2016年度乡镇(街道)、玉环经济开发区考核办法》的通知

玉县委〔2016〕9号　关于印发《玉环县2016年度县级单位考核办法》的通知

玉县委〔2016〕10号　关于表彰县优秀共产党员、优秀党务工作者和先进基层党组织的通报

玉县委〔2016〕11号　关于给予金碧辉等56名公务员记三等功、王慧慧等401名公务员嘉奖奖励的通报

玉县委发〔2016〕6号　关于召开中国共产党玉环县第十四届代表大会第五次会议的通知

玉县委发〔2016〕25号　关于命名2015年度县级文明单位、文明村的决定

玉县委发〔2016〕40号　关于2015年度县管干部考核优秀等次人员名单的通报

玉县委发〔2016〕54号　关于补短板的实施意见

玉县委发〔2016〕60号　关于加快发展红十字事业的实施意见

玉县委发〔2016〕83号　关于公布全县G20杭州峰会维稳安保工作先进集体和先进个人的通报

玉环县人大常委会文件

玉人大〔2016〕1号　关于批准玉环县2015年地方政府
玉人大〔2016〕4号　关于召开玉环县第十五届人民代表大会第五次会议的决定
玉人大〔2016〕5号　玉环县人大常委会2016年工作要点
玉人大〔2016〕6号　关于批准给予浙江玉环城市建设集团有限公司污水处理项目专项财政补贴的决议
玉人大〔2016〕8号　玉环县人民代表大会及其常务委员会选举任命的国家工作人员宪法宣誓办法
玉人大〔2016〕12号　关于主任工作分工调整的通知
玉人大〔2016〕13号　关于落实县十五届人大五次会议大会议案和重点建议督办件的通知
玉人大〔2016〕20号　关于批准玉环县2015年财政决算的决议
玉人大〔2016〕26号　关于开展第七个五年法治宣传教育的决议
玉人大〔2016〕27号　关于同意调整玉环县2016年财政收支预算的决议
玉人大〔2016〕28号　关于批准玉环县2016年地方政府债务限额的决议
玉人大〔2016〕29号　关于县乡两级人民代表大会换届选举有关事项的决定
玉人大〔2016〕30号　关于设立玉环县选举委员会的决定
玉人大〔2016〕31号　关于设立楚门镇等8个乡镇选举委员会的决定
玉人大〔2016〕32号　关于玉环县第十六届人民代表大会代表名额分配的决定
玉人大审字〔2016〕1号　关于“三改一拆”拆后规划及利用情况报告的审议意见

玉环县人民政府文件

玉政发〔2016〕1号　关于印发玉环县转型升级产业基金暂行管理办法的
玉政发〔2016〕2号　关于印发玉环县农村生活污水治理设施运行维护管理办法(试行)的通知
玉政发〔2016〕3号　关于工业经济转型升级有关政策的补充意见
玉政发〔2016〕4号　关于进一步加快卫生事业发展的意见
玉政发〔2016〕5号　关于印发玉环县人民政府重大行政决策程序规定的通知
玉政发〔2016〕6号　关于开展第三次农业普查的通知
玉政发〔2016〕7号　关于实行环境保护网格化监管的实施意见
玉政发〔2016〕8号　关于表彰2015年度玉环县政府质量奖获奖企业的通报
玉政发〔2016〕9号　关于抓好2016年粮食生产工作的通知
玉政发〔2016〕10号　关于2015年度土地民主管理示范村创建考核验收结果的通报
玉政发〔2016〕11号　关于印发玉环县流动人口积分制管理规定的通知

玉政发〔2016〕12号	关于切实加强2016年海洋禁渔工作的通告
玉政发〔2016〕13号	关于印发玉环县国民经济和社会发展第十三个五年规划纲要的通知
玉政发〔2016〕14号	关于印发玉环县加快现代服务业发展实施办法的通知
玉政发〔2016〕15号	关于玉环县城区三合潭工业区国有土地上房屋征收的通告
玉政发〔2016〕16号	关于试鸣防灾警报的通告
玉政发〔2016〕17号	关于公布2015年度县电商标杆企业和县成长型小微电商企业名单的通报
玉政发〔2016〕18号	关于进一步加强特种设备安全监管工作的意见
玉政发〔2016〕19号	关于加强全县居住出租房屋安全管理的通告
玉政发〔2016〕20号	关于印发玉环文旦生产经营奖励补助办法(试行)的通知
玉政发〔2016〕21号	关于公布行政规范性文件清理结果的通知
玉政发〔2016〕22号	关于加快建设标准强县的意见
玉政发〔2016〕23号	关于进一步做好“三改一拆”拆后土地利用工作的通知
玉政发〔2016〕24号	关于县政府领导工作分工调整的通知
玉政发〔2016〕25号	关于加快推进残疾人全面小康进程的实施意见
玉政发〔2016〕26号	关于发布林区禁火令的通告
玉政发〔2016〕28号	关于公布第四批县级文物保护单位的通知
玉政发〔2016〕29号	关于推广运用政府和社会资本合作模式的实施意见(试行)
玉政发〔2016〕30号	关于进一步加强土地节约集约利用的若干意见
玉政发〔2016〕31号	关于授予张于君等50名同志玉环县第五届春蚕奖称号的通报
玉政发〔2016〕32号	关于授予玉环中学等4所学校2016年高考工作卓越奖、优秀奖的通报
玉政发〔2016〕33号	关于加强早熟文旦经营管理的通告
玉政发〔2016〕34号	关于印发玉环县临时改变房屋用途管理办法的通知
玉政发〔2016〕35号	关于试鸣防空警报的通告
玉政发〔2016〕37号	关于公布2016年度县农业龙头企业的通知
玉政发〔2016〕38号	关于公布玉环县第二批历史建筑名录的通知
玉政发〔2016〕39号	关于公布2015年度县满意银行和金融业先进个人的通报

政协玉环县委员会文件

玉政协〔2016〕1号	关于表彰2015年度先进界别组联络组先进民主监督小组好提案优秀委员优秀民主监督员优秀信息员的通报
玉政协〔2016〕6号	关于县政协领导工作分工调整的通知
玉政协〔2016〕7号	政协玉环县委员会2016年工作要点
玉政协〔2016〕8号	关于呈送《关于进一步完善我县“一事一议”财政奖补制度的建议》的报告

中共玉环县委　玉环县人民政府
关于印发《玉环县关于深化供销合作社和农业生产经营管理体制改革构建“三位一体”农民合作经济组织体系实施方案》的通知

各乡镇党委和政府，各街道党工委和办事处，县级机关各单位：

《玉环县关于深化供销合作社和农业生产经营管理体制改革构建“三位一体”农民合作经济组织体系的实施方案》已经县委、县政府同意，现印发给你们，请认真贯彻执行。

中共玉环县委　玉环县人民政府

2016年4月12日

玉环县关于深化供销合作社和农业生产经营管理体制改革构建“三位一体”农民合作经济组织体系的实施方案

为深化供销合作社和农业生产经营管理体制改革，构建生产、供销、信用“三位一体”农民合作经济组织体系，健全农业全程服务和农民共建共享平台，根据《中共中央国务院关于深化供销合作社综合改革的决定》（中发〔2015〕11号）、《中共浙江省委浙江省人民政府关于深化供销合作社和农业生产经营管理体制改革构建“三位一体”农民合作经济组织体系的若干意见》（浙委发〔2015〕17号）精神，结合玉环实际，制定本实施方案。

一、总体要求

（一）指导思想。

全面贯彻党的十八大和十八届三中、四中、五中全会精神，以邓小平理论、“三个代表”重要思想、科学发展观为指导，认真贯彻落实习近平总书记系列重要讲话精神和“四个全面”战略布局，围绕创新“三农”治理体系，将农民合作经济组织、各类为农服务组织联合起来，联动推进供销合作社、农业经营、农村金融、涉农管理等体制改革，建立以生产供销信用服务功能为基础、具有对农民生产生活综合服务功能的农民合作经济组织联合会（以下简称农合联），形成以农户家庭经营为基础、合作与联合为纽带、农业社会化服务体系为支撑的立体式复合型现代农业经营体系，促进农业现代化和城乡发展一体化。

（二）主要目标。

成立县、乡两级农民合作经济组织联合会；生产、供销、信用“三位一体”农民合作经济组织体系框架基本构建并有效运转；组建农民资金互助会、保险互助社及联合会，新型农村合作金融体系初步构建；推进深化供销社综合改革和涉农部门职能转变,完善政府支持农民合作经济组织和农业发展政策,农合联为农服务事业发展的保障措施和支持政策加快形成。

(三)基本原则。

——政府主导、市场决定、社会协同。正确处理政府、市场、社会在农业治理体系中的关系,充分发挥农民合作经济组织联合会的协同治理作用,促进政府职能加快转变和更好履行,促进市场在资源配置中发挥决定作用,使政府主导作用、市场决定作用、社会协同作用在农业生产经营活动中相互补充、相得益彰。

——横向集中、纵向一体、联合发展。积极引导经营业务相同的农民合作经济组织横向联合和业务相关的农民合作经济组织纵向联合,促进农民合作经济组织扩大组织规模、拓展服务功能、发展一体经营、增强竞争实力,走上跨区域规模化和跨领域一体化的联合发展道路,形成集生产、供销、信用等服务功能于一体的具有综合性服务功能的农民合作经济组织联合会及组织体系。

——自愿加入、民主管理、共建共享。将农民合作经济组织作为农民合作经济组织联合会的主体,充分尊重农民合作经济组织意愿,实行入会自愿、退会自由,并按合作制原则,实行民主管理;将农民合作社与相关服务组织(企业)以多种形式联合起来,组建农民合作经济组织联合会内部的服务实体,营造农民共建共享的综合服务平台。

——因地制宜、配套改革、稳步推进。根据省里农合联顶层设计的基本导向和总体要求,结合我县"三农"发展现状和需求,深化供销社综合改革,推进涉农体制配套改革、涉农部门职能转变和涉农政策相应调整,逐步扩大农合联的业务范围和服务水平,使农合联成为为农合作服务的综合平台。

二、主要内容

(一)推进农民合作经济组织联合发展,构建农合联组织体系。

1. 农合联的性质定位。农合联是在党委、政府领导下,以为农服务为宗旨的社会团体,实行农有、农治、农享。农合联为非营利性社会团体,由县民政部门注册登记,接受农村工作综合部门管理。农合联是党和政府密切联系农民群众的桥梁纽带,是农民群众向党和政府反映农情民意和服务需求的有效渠道,是党和政府为农民合作经济组织和农民提供公共服务的重要依托,是农民合作经济组织和农民自我服务、自我发展、自我教育、自我管理的综合平台。

2. 农合联的组织架构。

(1)县农合联组织架构。县级农合联由各乡镇(街道)农合联,跨乡镇(街道)经营服务的农民合作社及联合社(会)、农产品行业协会、农业企业、涉农服务组织,其他相关组织和个人等参加组成。县农合联会员代表大会选举理事会、监事会。县农合联理事会聘任执行委员会。执行委员会依托县供销合作社联合社执行管理机构组建,设主任1名、副主任2名、总经济师1名。

(2)乡级农合联组织架构。乡一级农合联由辖区内农民合作经济组织(包括农民合作社及联合社、涉农行业协会等,下同)和规模较大的合作农场、家庭农场、农业龙头企业、专业大户、农家乐经营业主等,辖区内具有为农民合作经济组织和农民生产生活服务功能的涉农企事业单位(包括农业科研推广、农业生产性服务、农产品加工流通、农资购销、金融供给等组织和企业,下同),其他相关组织和个人参加组成,服务平台依托乡(镇、街道)农业基层公共服务中心组建,理事会、监事会由农合联会员大会选举产生。组建玉城街道、大麦屿街道、清港镇、干江镇农合联,其他乡镇(街道)依托农业基层公共服务中心为服务平台直接设立县农合联派出机构。

3. *农合联的治理结构*。农合联由会员(代表)大会及理事会、监事会等形成决策、执行、监督相互制约的治理结构和运行机制,实行民主管理。会员(代表)大会是农合联的最高权力机构,选举或罢免理事、监事和出席上级农合联会员(代表)大会的代表,制定修改章程,决定工作方针和重大事项,审查工作报告和财务预决算报告等。理事会选举和罢免理事长、副理事长,向会员(代表)大会报告工作和财务状况等。监事会是农合联的监督机构,监督理事会及执行委员会的执行情况,提出改进意见。

农合联坚持以农民合作经济组织为主体。各级农合联会员(代表)大会的代表、农合联理事会成员应有三分之二以上为农民合作经济组织的代表。农合联理事会实行独立理事制度,由独立理事客观评价农合联的运营和管理状况。农合联中涉农企事业单位会员不享有选举权和除监事以外的被选举权。

县农合联实行"议行分立"的运行机制,农合联理事会聘任执行委员会。执行委员会人员可参选理事会理事,但人数不超过理事会理事的三分之一。乡一级农合联实行"议行合一"的运行机制,理事会直接从事执行管理工作,乡一级农合联拟提名分管农业的副乡镇长(办事处副主任)参选理事长。没有组建农合联的乡镇(街道)设立县农合联办事处,办事处主任拟由分管农业的副乡镇长(办事处副主任)兼任。

4. *农合联的服务功能*。农合联主要承担生产(技术推广、生产性服务、农产品加工等)、供销(农资供销、农产品营销、消费品流通等)、信用(资金互助、保险互助、融资担保等)三大服务功能。农合联受政府及涉农部门委托或购买,承担部分公共服务、政策执行、农情调查等具体实施工作;做好与本级政府沟通和向本级政府、上级农合联反映农情民意、提出政策建议等工作。农合联的经营性服务功能实行实体化运作,由作为会员的农民合作社及联合社、行业协会、企业等实体承担和实施。

县级农合联主要承担聚合服务力量、配置服务资源、生成服务功能、运作服务事项等职责。乡镇(街道)农合联(办事处)是农合联组织体系中直接面向服务对象的基层环节,主要承担具体服务事项的组织实施。

5. *农合联的资产经营*。县农合联组建资产经营公司,组建之前先行组建县供销资产经营公司,然后由县供销资产经营公司、涉农国有企业和其他会员合股组建股份制资产经营公司,也可由县供销资产经营公司单独组建。县农合联资产经营公司属于独立企业法人,出资各方的出资人权益不变,按出资额履行出资人权利和义务,不得违法违规平调、侵占财产。农合联资产经营公司主要发挥投资引领、经营监管、分配监督等作用。鼓励农合联会员参股县农合联资产经营公司,共同投资兴办经营实体,建立产权联结纽带和利益共享机制,促进广大农民形成全面共享农业全产业链利益的共建共享格局。

6. *农合联的合作基金*。县级农合联设立农民合作基金,基金来源:原始基金;县财政每年安排农业扶持资金、涉农项目奖补资金、农村合作金融风险资金、农信担保风险资金和扶持农民合作社联合社的创新资金等不少于3000万元;农合联资产经营公司按不低于20%比例上缴的年度资产收益;社会各界捐赠捐款;其他合法收入。基金主要用于农合联的为农服务事业。

7. *农合联的经费来源*。主要是按章程规定收取的会员入会会费和年度会费,政府根据农合联执行委员会的人员编制安排的工作经费和人员经费,政府委托或购买公共服务的经费,农民合作基金根据开展相关服务需要每年安排的经费,其他合法收入。

县、乡两级农合联要根据上述精神,制订《农民合作经济组织联合会章程》,并经农合联会员(代表)大会审议通过。

(二)深化供销合作社改革,构建农合联供销服务体系。

1. 明确供销合作社改革基本思路。坚持为农服务宗旨、市场经济方向和合作组织性质,按照社企分开和有机融入农合联的要求,以密切与农民利益联结为核心,强化供销服务功能和社有资产经营,创新基层社组织形式和联合社治理机制,把供销合作社打造成与农民利益联结更紧密、为农服务功能更齐全、市场运行机制更完善的合作经济组织,成为农民生产生活服务的生力军和综合平台,承担好农合联执行委员会职责,让供销合作社重回农民怀抱、重构合作体制、重显自身价值。

2. 深化供销合作社联合社机构改革。按照以县供销社联合社执行管理机构为依托组建县农合联执行委员会的要求,完善县供销合作社联合社执行管理机构"三定"方案,优化供销合作社联合社执行管理机构的机构设置、职能配置,合理核定内设机构和人员编制。县供销社联合社执行管理机构下设办公室、财务监察审计部、供销服务部、信用服务部、"三位一体"综合服务中心(公益一类事业单位),组建资产经营公司。稳定供销合作社联合社执行管理机构现行管理模式,积极创造条件,使供销社联合社执行管理机构逐步去行政化,向企业化方向探索。

3. 加强供销基层组织建设。按照"强化合作、农民参与、为农服务"的要求,分类推进基层供销社改造,加快形成符合合作制原则的产权结构和治理机制,逐步把基层供销合作社办成以农民社员为主体的、规范的合作社。鼓励并依托具有供销服务功能的农民合作社以产权为纽带成立联合社,与市场、流通加工企业、电商服务站、资金互助组织等实体,合作组建新型基层供销合作社,提升基层供销合作社"三位一体"综合服务功能。着力打造具有鲜明渔区特色的渔业基层供销合作社。

4. 强化供销服务功能。加强农产品流通体系建设,承担政府控股的农产品批发市场的建设、运营、管护,组织农产品展会和展示展销活动;投资新建农产品批发市场、农贸市场,创建农产品购销公司、连锁超市、社区菜店等经营主体,推动多种形式的产销对接。以组建新型的消费合作社为依托,打造一批内容丰富、物美价廉、快捷便利的服务网点。进一步健全农资供应销售网络和加强农产品经纪人协会建设,推动农超对接、农批对接、农校对接、农企对接。大力实施创新驱动和"电商换市"战略,以打造"玉环农汇"为品牌建设"网上供销社",形成网上网下、仓储物流、终端配送一体化经营的新型供销体系。在中心镇和较大镇建设一批经营服务功能强、设施档次形象好的城乡商贸综合服务中心,在中心村和乡镇建设一批集生产、生活服务功能为一体的农村综合服务社和城乡社区服务中心,为城乡居民提供多样化服务。

5. 加快社有企业转型升级。把握为农服务方向,健全现代企业制度和法人治理结构,完善与绩效挂钩的激励约束机制。加强社有资产监管,促进社有资产保值增值。整合供销系统社有企业,设立供销投资公司,加快由资产经营向资本经营方向拓展。鼓励社有企业与农合联其他成员之间相互参股、共同投资、合作经营,推动跨区域横向合作和跨层级纵向合作。

(三)推进农业生产经营管理体制改革,构建农合联生产服务体系。

1. 推进涉农部门职能转变。按照"政事分开、政企分开、政社分开、事企分开"要求,梳理区分涉农部门的行政管理、公共服务、经营性服务三类职能,并按照先易后难、水到渠成的要求和农合联的承接能力,逐步剥离涉农部门事业单位的经营性服务事项并优先由农合联承担,以委托或购买方式将涉农公共服务事项转由农合联承担。当前,将农民合作社与涉农行业协会的规范化管理、农民技能培训和农业职业技能鉴定、农产品展示促销、品牌培育、配方施肥、检测防控、财政涉农相关项目调查评估、农家乐经营户(点)评星评级、企划咨询等公共服务事项通过委托方式由农合联组织实施,并设立过渡期;将信用担保等生产经营性服务事项转移到农合联。推动涉农部门所属或主管的从事涉农经营性服务的国有企业和涉农行业协会、农民合作社联合社等组织走向市场，并引导其加入农合联。把非农部门所属或主管的从事涉农经营性服务的国有企业委托或划转县农合联经营管理。

组建县农合联“三位一体”综合服务中心，设立生产、供销、金融服务窗口，建立“涉农服务人才库”，提供农业生产技术培训和指导，为农民合作经济组织提供法律、法规、政策咨询服务，收集和分析农民合作经济组织和农民的诉求。

2. 推进农民合作社规范提升。开展以规范产权结构为核心的农民合作社改造提升行动，扩充社员数量，拓展服务功能，延伸经营领域，规范分配机制，引导重组联合，做大做强农民合作社。强化对农民合作社的规范管理，完善农民合作社评级制度，健全促进农民合作社规范提升的扶持机制。实行农民合作社年度报告制度，对经营不正常、运行不规范的农民合作社，将其列入异常经营农民合作社名录。

积极促进农民合作社联合发展。支持有条件的农民合作社以产权为纽带联合起来，组建专业性或综合性的农民合作社联合社。鼓励农民合作社与其他涉农经营主体以服务为纽带联合起来，组建涉农行业协会。引导农民合作社联合社、涉农行业协会加入农合联，促进农合联形成以农民合作社联合社、行业协会为骨干的综合性服务平台。鼓励农民合作社联合社、行业协会为成员提供技术推广、储存加工、品牌包装、市场营销、业务培训等专业服务，集中购买会计代理、法律咨询等中介服务。

（四）发展农民合作金融，构建农合联金融服务体系。

1. 构建合作金融体系。引导有条件的农合联成员合作社按照会员制、封闭性原则，在不对外吸储放贷、不支付固定回报的前提下，组建农民资金互助会，为农民提供资金互助服务。在此基础上，筹建县农民资金互助会联合会，承担资金余缺调剂、风险防范救助、运行安全监管、资金保值增值等职责，并加入农合联。

农民资金互助会及联合会实行“账款分离”的运行方式。建立县农合联与玉环农村合作银行的战略合作关系，农民资金互助会及联合会负责业务决策、账目管理，农村合作银行为农民资金互助会及联合会提供开户结算、资金托管、借款复核、渠道支持、信贷融资、业务指导、技术支撑、信息管理、人员培训、财务顾问等服务。玉环农村合作银行及其支行加入县、乡农合联。

建立农民资金互助会及联合会监管体系和风险防范机制。全面落实县政府为监督管理、风险防范处置第一责任主体职责，县金融办负责农民资金互助会及联合会的业务指导和监督，县民政局负责对农民资金互助会及联合会以非营利性民办非企业单位进行注册登记，登记之前征求县农合联、县金融办等部门意见。建立会员民主监督、互助会自控管理、农合联内部监管、金融办业务监管的监管体系。建立农民资金互助会及联合会相关负责人资格核准制度、考核评价和市场化退出机制。建立互助资金保险制度、风险补偿资金和损失补偿机制，强化资金互助会风险控制和监督管理，有效防范和控制金融风险。

县渔业互保协会作为会员加入农合联。有条件的农合联成员合作社可组建农民保险互助会，与人保财险、中国人寿、中华联合财险组成农民合作经济组织保险服务共保体（简称农合共保体），为成员提供保险互助服务，分担经营风险。

2. 扩大普惠金融覆盖。加强农合联会员信用体系建设，构建良好的信用秩序。玉环农村合作银行要协助农合联开展信用等级评定工作，通过加强对会员的生产经营情况、融资需求、信用情况的调查分析，指导建立内部会员的信用评级体系。玉环农村合作银行按照国家信贷政策及银监会有关规定，推行农合联会员授信服务，对符合条件的农合联会员予以信贷支持，给予贷款优先、利率优惠。

条件成熟时，通过参股等形式，整合农民资金互助会的资金，将其纳入农信担保系统，参股农信担保公司，与玉环农村合作银行搭建新型的融资平台，结成利益共同体，重点在为农业产业服务、城乡商贸一体、农村小微企业、农产品加工流通、电子商务促销等方面提供切实可行、便于操作的融资渠道。

(五)理顺党政相关部门与农合联关系，建立农合联政策支持和工作监管体系。

1. 加强政策支持。实行税收支持政策，对农合联及其实行股份合作制的会员开展农产品购销、加工、贮运和农资购销、商品流通、资金互助等合作经营活动，按规定减免相关税收。落实农合联开展服务的事业经费和农民合作基金等政策。将农合联及其成员合作社作为有关农业扶持资金的重点支持对象，促进农民合作社规范提升加入农合联。涉农部门和财政、国土、经信、商务、工商、金融等部门要制定支持农合联的具体政策并落实到位。住建、国土等部门在整合县供销社社有资产、解决历史遗留问题方面给以政策支持。

2. 理顺党政相关部门与农合联关系。党政相关部门根据法定职责和党委、政府授权，实行对农合联的指导、管理和监督。相关部门要加快转变职能和管理方式，向农合联委托或购买公共服务。建立党委、政府对本级农合联年度工作绩效评价制度及奖惩机制，对农合联的为农服务、业务经营、财务管理、组织建设和重要专项工作等业绩开展评估。建立对农合联的业务监管制度，纪检机关和监察、审计等部门要对农合联进行常态化监督。农合联要强化自身作为农民合作经济组织利益代表和服务组织的意识，将服务作为主业，自觉接受相关部门的指导、监督、评价；建立公共资源竞争性配置机制及公示公告、阳光监管等制度，接受社会监督，并充分发挥监事会的监督作用，加强内部监管。

三、工作步骤

(一)前期准备阶段(2015年10月至12月)。制定《深化供销合作社和农业生产经营管理体制改革构建“三位一体”农民合作经济组织体系实施方案》，上报省农村改革试验区联席会议。

(二)具体实施阶段(2016年1月至5月)。召开乡(镇、街道)、县农合联成立大会，召开县农合联会员代表大会，选举理事会、监事会，聘任执行委员会，建立农合联运行机制和管理制度。组建“三位一体”综合服务中心、资金互助会、保险互助会和农合联资产经营公司，建立农民合作基金。

(三)完善提升阶段(2016年6月至12月)。分析研究改革中的问题，提升完善“三位一体”农民合作经济组织体系及有效运转的机制。

四、工作措施

(一)加强组织领导。县里专门成立深化供销合作社和农业生产经营管理体制改革，构建“三位一体”农民合作经济组织体系推进县工作领导小组，由县委副书记任组长，县政府分管副县长任副组长，县委办、县府办、县委组织部、县农办、县编委办、县发改局、县民政局、县财政局、县人力社保局、县农业局、县林特局、县海洋渔业局、县市场监管局、县住建规划局、县国土资源局、县金融办、县供销社联合社、县法制办、县人民银行、玉环农村合作银行等为成员单位，协调解决相关困难和问题，研究制定相关配套政策。领导小组在县农办下设办公室。乡镇(街道)党委、政府要进一步统一思想，党政主要领导负总责，明确责任分工，积极主动地抓好农合联组建的相关工作。

(二)加强改革协同。农合联要处理好与涉农部门和乡镇(街道)的关系，自觉接受农村综合部门的管理；涉农部门要及时梳理各自职能，将可转移的社会化服务职能移交给农合联承担，提升农合联服务能力;县供销社联合社要强化为农服务,将自身的综合改革有机融入农合联建设之中;县金融办要加强对农民资金互助会、保险互助会设立和运行的指导,做好业务指导和监督工作;县民政局要做好农合联、农民资金互助会等登记注册工作;玉环农村合作银行要建立与农合联的合作机制,做好对农民资金互助会的服务支持工作,以最优惠的利率为农服务;县财政局要调整涉农政策的实施方式和农业补贴的发放方式,制定财政支持农合联增强服务功能的实施办法,支持涉农部门以委托、购买等形式,将农业公共服务转移给农合联承担,并支付相应费用的有效机制。

(三)加强机制建设。建立纵向联系机制,及时向上级汇报情况反映问题,推动综合改革工作顺利开展。定期召开工作协调会议,通力合作,协同推进。建立指导服务机制,定期下基层指导服务,帮助基层及时解决农合联组建过程中出现的问题和困难。建立考核评估机制,将各地开展农合联组建等工作纳入年度目标管理绩效考核范围,提高各地的主动性和积极性。

(四)加强舆论宣传。宣传部门、新闻媒体等要切实加强宣传力度,强化舆论引导,吸引更多的农民合作经济组织和农业生产经营主体加入农合联。组织、人事、涉农部门等要加强基层干部、村级相关负责人的培训,普及合作经济知识,培养造就一批发展合作经济的骨干队伍。

(玉县委〔2016〕4号)

中共玉环县委关于补短板的实施意见

（2016年8月4日）

为认真贯彻党的十八大和十八届三中、四中、五中全会精神，全面落实省委十三届九次全会、市委四届十一次全会决策部署，切实找准短板、补齐短板，推进我县“十三五”规划顺利实施，确保高水平全面建成小康社会，特提出如下意见。

一、总体要求

深入学习贯彻习近平总书记系列重要讲话精神，坚持发展第一要务，以“四个全面”战略布局为统领，以五大发展理念为引领，以“八八战略”为总纲，按照“拉高标杆、争先进位，勇当排头兵、再创新辉煌”的新要求，遵循问题导向、效果导向和群众导向，突出高质量、均衡性，全力补齐制约玉环发展最关键、百姓需求最迫切、今后五年必须突破的短板，推动经济社会健康发展和人民生活水平持续改善，确保如期高水平全面建成小康社会，实现玉环“十三五”跨越发展。

二、主要任务

根据上述要求，“十三五”期间全力补齐交通体系落后、产业结构失衡、发展空间狭小、公共服务不足等4方面短板。

（一）全力补齐交通体系落后短板。

我县地处陆域交通末端，交通基础设施历史欠账较多，对外交通通达性较弱，综合交通运输体系还不健全，这是制约我县发展的最大短板。要抢抓省实施万亿综合交通工程的历史机遇，把交通基础设施建设摆在突出位置，通过实施“投资倍增计划”，彻底告别“无高速、无国道、无铁路”历史，实现玉环从交通末端到区域重要交通节点的蜕变。

一要树立大交通理念。立足温台节点城市定位，着眼交通网络互通互联，全力构建“内联外通、内畅外快、陆港对接、高效集疏”的“大交通”格局。优化交通网布局，以高等级公路网建设为核心，统筹干线公路、高速、水路、铁路、通用航空等建设，到2020年，确保完成交通投资超250亿元，基本形成“五纵五连一环岛”的公路网框架，实现“123”目标（1刻钟上高速、2刻钟上高铁、3刻钟上机场）。创新综合交通统筹管理、科学管理、协调发展体制机制，加快整合交通运输领域职责，逐步实行大交通管理模式，统筹安排各种交通基础设施的建设时序和线站位资源等。加快多式联运发展，推进交通运输物联网建设，更好发挥综合交通运输的组合效率，降低社会物流成本。

二要突破重大对外通道。集中力量加快重大交通基础设施建设，确保2016年76省道温岭岙环至玉环龙溪段改扩建主体完工，力争2017年沿海高速乐清湾大桥及接线工程建成，2018年228国道温岭至玉环段通车。主动对接瓯玉公路玉环至洞头连接工程，努力开辟玉环对外新的通道。长短结合推进铁路项目建设,确保2018年台州轻轨S1线温岭至玉环段开工,积极争取并谋划杭绍台高铁南延至玉环段、大麦屿港区铁路货运支线等前期。立足对台特色推进开发开放,不断完善大麦屿港基础设施建设,主动融入全省港口一体化。加快发展通用航空,积极开展通用机场布点认证工作。

三要畅通内部交通网络。优化提升县域公路网络,确保2018年西青岭隧道及接线二期、新城连接线改建工程通车,76省道龙溪至坎门段改建、228国道清港连接线、203省道玉环坎门至大麦屿公路开工建设,沙岙至西滩公路、漩门大坝大桥及接线等工程启动建设。实施农村公路提升"五年行动计划",改造提升农村联网公路100千米。打造美丽经济通道,构建"一环一横一纵"美丽特色公路,基本串起沿线山水林田湖和城镇乡村景,努力形成半小时美丽公路圈。深化城乡公交一体化改造,建设以快速公交系统为骨架,以常规、支线公交为补充,城乡客运一体化的便捷交通体系。发展城市慢行系统,拓展公共自行车服务网点。扩大停车场建设,充分盘活闲置土地和地下空间,建立立体式、升降式停车场。深入推进城区交通治堵,常态化开展交通秩序整治,推动机动车、行人和非机动车自觉守法,实现城区交通拥堵状况明显改观。

四要强化项目建设保障。健全社会化、市场化、多元化的交通基础设施投融资模式,加大资源整合力度,做强做大交通投融资平台。不断完善公共财政交通保障机制,继续探索运用发行债券、理财产品等资本市场手段进行融资。创新市场融资模式,加大拟建项目招商引资力度,运用BOT、PPP等方式,引导各方资本参与建设。制定交通运输人才规划,实施人才梯队培养,为交通建设提供人才保障。

(二)全力补齐产业结构失衡短板。

我县工业低小散格局尚未根本改变,企业创新能力不强,面临发展后劲和动力不足等困境,同时服务业比重偏低,尤其是生产性服务业发展滞后,直接影响地方财政收入和产业转型升级。要贯彻落实创新发展、协调发展理念,坚持工业强县战略不动摇,着眼提升三次产业比重,以提高质量和效益为核心,推动现代制造业和现代服务业双轮驱动、相得益彰、互相促进,不断提升我县综合实力。

一要加快产业转型升级。制定实施《玉环智造2025发展规划》,坚持中高端发展导向,推动企业生产方式向智能、精细转变,实现"玉环制造"向"玉环智造"升级。持之以恒开展助企强企行动,深入实施"四换三名"工程,大力扶持企业做大做强,鼓励企业上市融资,到2020年,实现新增产值100亿企业1家、上市企业总数达到10家、工业性年投资达到100亿元、规上企业1000家、规上工业产值1000亿元的"五个一"目标,"新三板"挂牌企业达到18家,新增省股权交易中心挂牌企业60家。千方百计发展现代服务业,鼓励实施"退二进三",对现代物流、金融服务、电子商务、研发设计等生产性服务业优先给予政策扶持和要素保障,到2020年,实现服务业增加值年均增长10%,服务业增加值占GDP比重达到42.62%,社会消费品零售总额年均增长10%。坚持全岛景区化的发展理念,加快海岛核心旅游产品建设,积极创建国家级海洋公园,打造中国海岛旅游目的地,到2020年力争实现旅游接待总量和旅游总收入翻一番。全面深化农村综合改革,加大政策支持力度,鼓励工商资本投资农渔业,加快转变发展方式,大力发展绿色生态农业、现代特色农业和休闲观光农业,着力提升农业现代化水平。

二要增强科技创新能力。全面落实科技奖励扶持政策,建立政银企合作平台,引导企业加大创新投入,到2020年,研究与试验发展经费支出占比达到2.8%,全员劳动生产率达20万元/人,全县累计认定的国家级企业技术中心1个、国家重点扶持的高新技术企业60家、省级科技型中小企业188家、省级企业研究院5家。快推进众创空间和科技孵化器建设,到2020年,全县各类孵化器空间面积超过2.6万平方米。开放共享公共科技资源,放大科技人才活动周效应,构建"三网一平台"互联网科技大市场,到2020年,率先在全省科技大市场建设取得突破性进展，线上线下相结合的技术交易、服务、展示体系基本建成。完善科技人才引进、培养和评价机制，打造人才创业创新最优生态县，到2020年，力争全县国家“千人计划”和省“千人计划”专家人数再获突破，“500精英计划”达100人以上，新增高层次人才750人以上、高技能人才1.5万人以上。

三要加大招商引资力度。坚持招商引资“一把手工程”不动摇，围绕既定的产业图、招商图、路线图，虎口夺食引项目。按照“筹划一批、储备一批、推介一批”的要求，充分发挥在外玉环商会作用，积极引导更多在外玉环人回乡投资兴业，加快建成投资量大、成熟度高、影响面广的招商引资项目库。创新招商工作体制机制，进一步优化招商力量、创新招商办法、加强招商管理，有计划长期盯引与我县产业关联度高、拥有关键核心技术的上下游企业，带动汽摩配等传统产业转型升级。完善招商项目评审机制和要素保障机制，落实优质项目用地等保障措施，切实提高招商实效。致力提升项目服务水平，严格落实领导联系、全程代办、现场办公、督查通报等制度，推动项目快落地、快开工、早投产、早见效。

四要推进重点领域改革。深化行政审批制度改革，推进权力清单建设，精简审批服务事项，规范涉批中介服务，创新重大投资项目高效、分类审批机制，深化代理代办服务，营造更加便捷、更加高效、更加舒心的投资环境。推动金融改革创新，创新小微企业金融服务模式，推进商标专用权等无形资产质押贷款，探索设立小微企业信用保证基金和民间融资服务中心，提升金融资源配置效率，提高小微企业融资增信能力。拓宽企业直接融资渠道，支持有条件的企业通过发行债券、票据以及资产证券化、优先股等方式债券融资，到2020年，实现企业直接融资70亿元以上。推动信用体系建设和普惠金融发展，有序推进农村合作银行经营机制转换，提高金融服务实体经济的能力。

(三)全力补齐发展空间狭小短板。

作为海岛县，我县人多地少矛盾历来突出，集中表现为主城区空间狭小、人员密集，产业布局分散、缺乏集聚，城乡发展融合不够、产业平台建设滞后等现象较为突出。要以推进玉环撤县设市为契机，以“市”的标准高起点、高标准推进城市扩容和功能更新，大力度、高强度推进产业发展空间拓展和产业集聚发展，进一步夯实城市和产业发展基础。

一要拉开城市发展框架。注重规划引领，以城市空间拓展、城市功能更新、城市设施完善为目标，加速实施新城开发和老城改造，统筹推进特色小镇和美丽乡村建设。全力主攻新城开发，确保“十三五”完成固定资产投资150亿元以上；立足产城深度融合，大力推进农业观光、健康养生、休闲旅游项目开发，加快建设玉环湖滨水生态绿带、环湖绿道和漩门湾国家级湿地公园、绿岛蓝湾度假区，到2017年，竣工总部经济基地、科研中心、物流中心等一批重点建设项目；到2020年，建成投用图书馆、博物馆、新城学校、中职学校等项目。重点聚焦老城重点区域，稳妥实施连片改造，到2018年，完成城区60号地块开发；到2020年，完成坎门后沙区块开发和三合潭区块“退二进三”。因地制宜培育特色小镇，建立特色小镇储备库，出台配套政策整合土地、资金等资源，推动特色小镇梯次培育，争取楚门时尚家居特色小镇列入省级特色小镇行列，推动大麦屿自由台贸小镇、漩门湾养生健康小镇2个市级特色小镇和芦浦药包小镇等6个县级特色小镇建设，逐步打造产业特征明显、体制机制灵活、人文气息浓厚、生态环境优美、多种功能叠加的特色小镇集群。大力推进美丽乡村建设，鼓励农民经营山水、经营村庄、经营家园，鼓励发展休闲观光农业和乡村旅游农业，把历史建筑、非遗文化、农事活动、特色饮食等各类美丽经济形态串珠成线，到2020年，建成省级历史文化村落重点村1个、一般村4个，新增市级美丽乡村示范乡镇(街道)5个、市级美丽乡村精品村10个，新培育县级美丽乡村精品村10个以上。

二要拓展产业发展空间。以提高空间集聚度、加快产业集群化为重点，继续优化工业集聚平台布局建设，全面提速沙门滨港工业城、干江滨港工业城和海洋经济转型升级示范区建设，确保到2020年完成工业供地266.67公顷，全力打造先进制造业示范基地，构建贯通南北的沿海产业带。以小微企业创业园和产业配套园建设为抓手，积极引导中小企业集聚发展和低小散企业抱团发展，确保到2020年完成土地供应200公顷，力争建成小微企业创业园133.33公顷。调整放宽规划控制指标，容积率和建筑密度高度不设上限、绿地率不设下限，全面提高土地节约集约利用效率。深化浙台（玉环）经贸合作区建设，引进物流、海运、仓储等临港型项目及对台合作项目，努力打造临港型产业集聚区。充分利用网络经济空间，依托亿联电商产业园、楚洲人才梦工场、清港文旦小镇电商创业园，进一步发挥互联网拓展市场、提供服务的渠道和平台作用。

三要全面优化城乡环境。纵深推进“五水共治”，实施“浙江省水污染防治计划”和“劣Ⅴ类水质断面消减三年行动计划”。统筹推进污水处理设施和管网建设，到2020年，新建污水处理厂2个，提标改造污水处理厂3个，建成污水泵站4座，实施区块截污工程30个，实现城市污水全收集、全处理、全达标，建制镇和农村污水处理设施实现全覆盖。同步推进防洪水、排涝水、保供水和抓节水，实施五大水系贯通工程，稳步推进楠溪江引水工程，推行阶梯式水价和双系统分质供水。纵深推进“三改一拆”，铺开“一户一档”基础信息普查，对新增违法建筑做到零容忍、零增长，确保在全市率先创成省“无违建”县。加快拆后土地利用，做到即拆即清、应耕则耕、应绿则绿、宜改则改、宜建则建，到2020年，完成存量违法违章建筑处置，拆后土地利用率超过80%。深入开展“四边三化”行动，全面实施“绿彩玉环”七大工程，到2020年，全县新建和改造绿化面积4000公顷，森林覆盖率达到41%，力争创建国家级森林城市。

（四）全力补齐公共服务不足短板。

民生是人民幸福之基、社会和谐之本。目前，我县优质公共服务资源供给不足，成为制约全面建成小康社会的重要短板。要坚持共享理念，以群众需求为导向，不断增加公共服务供给，使广大群众更多更公平地享受改革发展成果，切实提升群众的幸福感和满意度。

一要优先发展教育事业。全面推进教育现代化，围绕创成省教育基本现代化县和省教育现代化县目标，大力完善教育基础设施，“十三五”期间投用城北学校、新城学校、城关中心小学、楚门中心小学、陈屿中心小学分校区，推动环山小学等扩容升级，实现城区教育优质资源扩容与优化配置。高标准、高质量办好义务教育，到2020年，省义务教育标准化学校达标率超过90%。继续打响玉环中学拳头品牌，积极主动与全省名牌、一流中学沟通交流，不断提升教学质量。鼓励社会资本办学，完善民办教育资本投入和获得合理回报机制。加强国际教育交流合作，探索创办国际学校。深入实施名校长名师培育工程，到2020年，建成县级名师工作室20家，培育市级以上名师名校长55人。

二要突出抓好健康事业。深入推进医疗、医保、医药联动改革，完善医疗资源“双下沉、两提升”制度，推进全国综合医改试点工作，探索建立现代医院管理制度，到2020年，基本建立分级诊疗、全科医生签约服务制度。加强医疗卫生基础设施建设，“十三五”期间建成投用大麦屿街道社区卫生服务中心新院、海山乡卫生院新院，推进县人民医院扩建、县中医院迁建、县妇女儿童医院新建、县急救中心建设、楚门镇卫生院迁建等工程。加大医疗卫生人才引进力度，制定本土人才培养规划，到2020年，全县每千人执业（助理执业）医生数、注册护士数分别达到3人、3.5人，每千人医院卫生院床位数达5.58张。鼓励社会力量兴办健康服务业，非营利性民营医院和公立医院实行同等待遇。制定健康玉环行动方案，实施"健康融入"策略，加强重点传染病、慢性病防控，提升居民健康水平。

三要推动繁荣文化事业。完善公共文化服务体系，加大文化财政投入，落实国家、省、市基本公共文化服务标准，提升文化发展指数。构建多层次的文化设施网络，投用书城、影城、榴岛文化广场，建设县图书馆新馆、县博物馆，实施乡镇综合文化站提升工程，加快农村文化礼堂建设。深化文化管理体制改革，推进文化产业发展，培育新型文化业态，引导和扩大文化消费。引导民间资本投资文化产业、参与公共文化服务，支持民营文化企业的产品和服务进入政府公共文化产品和服务采购目录。实施"文化名家造就工程"，推进文化人才库建设，加强文化艺术领军人才、重点人才引进和培养。鼓励文艺精品创作，深入挖掘县域优秀传统文化资源，打造展示时代风貌、体现玉环特色、具有市场潜力的艺术精品。拓展城乡公共阅读空间，大力推进全民阅读。积极引导民间资本进入体育产业，加快推进县体育中心建设，着力提高人均体育场地面积。

四要更加重视养老事业。加快推进养老服务体系建设，提升托底型养老，扩大普惠型养老，推动产业化养老，加快推广"家院互融""医养融合""智慧养老"等养老新模式，构建以家庭为基础、社区为依托、机构为支撑的社会养老服务体系。统筹推进城乡养老服务设施建设，探索公办养老机构"公办民营"改制工作，鼓励发展民办养老机构，强化养老机构规范化管理，2016年新建城乡社区居家养老服务照料中心55家，"家院互融"养老服务模式示范点3个以上；到2020年，每千名老人机构养老床位数达到40张，城乡社区养老服务照料中心实现全覆盖。加强居家养老服务机构专业化建设，加快培养护理、保健、家政等各类专业服务队伍，大力倡导养老护理志愿者服务。

三、保障措施

（一）强化组织领导。切实加强党的领导，为补齐短板提供根本保证。要深入学习贯彻习近平总书记系列重要讲话精神，不断增强政治意识、大局意识、核心意识、看齐意识，切实把思想行动统一到中央和省委、市委的重大决策部署上来。要发挥人大、政协一线作用，激发群团组织优势，紧紧围绕全县发展的重大问题、民生保障中的重点问题、工作落实中的难点问题，深入开展调查研究，积极建言献策，加强工作监督。

（二）创新思路方法。加强战略思维，既强化顶层设计、系统谋划，又鼓励改革创新、大胆探索；既立足当前，解决最紧迫、最突出的问题，又着眼未来，为长远发展打基层、增后劲；既眼睛向内、练好"内功"，又要眼睛朝外、加强联动。要善于运用法治思维和法治方式解决问题，切实加强法治建设，强化法治保障。要探索建立容错免责机制，鼓励创新、允许试错、宽容失败，营造补齐短板、跨越发展的浓厚氛围。

（三）凝聚发展合力。强化社会舆论引导，充分调动民营经济、社会力量的积极性、主动性、创造性，汇聚起补短板的强大动能。各级各部门要牢固树立大局观念，以强烈的责任感和事业心，咬定目标不放松，一以贯之抓到底，在补齐短板中勇于担当、尽责尽力，同时找准补好本地区本部门发展的短板，制定具体实施方案，明确量化目标，落实时间表、路线图和责任人，狠抓落实、务求实效。

（四）加强队伍建设。以"两学一做"学习教育为契机，持续抓好正风肃纪，深入治理为官不为，推进干部能上能下，进一步优化干部队伍作风。完善重担当、重实绩、重基层、重公认的干部选拔使用机制，引导广大干部特别是领导干部，紧抓补短板的"窗口期"，以虎口夺食的精神、猛虎扑食的干劲，在补短板工作一线敢闯敢试、敢为人先，坚决打赢补短板的攻坚战。

（玉县委发〔2016〕54号）

中共玉环县委　玉环县人民政府
关于加快发展红十字事业的实施意见

（2016年9月29日）

为深入贯彻落实中共浙江省委、浙江人民政府《关于加快发展红十字事业的意见》（浙委〔2012〕122号）和中共台州市委、台州市人民政府《关于加快发展红十字事业的实施意见》（台市委发〔2016〕98号）等文件精神，加快推进我县红十字事业发展，充分发挥红十字组织在高水平全面建成小康社会中的独特作用，现提出以下实施意见。

一、充分认识加快发展红十字事业的重要意义

当前，我县正处于高水平全面建成小康社会的关键时期，经济社会发展和保障改善民生的任务艰巨繁重，人民群众人道需求日益增多，迫切需要加强和创新社会管理，充分发挥人民团体和社会组织的作用。红十字会作为从事人道主义工作的社会救助团体，在开展人道救助、反映民生诉求、化解社会矛盾等方面具有独特优势。发展红十字事业是加强和创新社会管理、保障和改善民生的现实需要。弘扬红十字精神是加强社会主义核心价值体系建设的重要内容。各乡镇（街道）和部门要充分认识新时期加强红十字工作的重要意义，切实加强对红十字工作的领导和支持，热情帮助解决红十字事业发展中遇到的困难和问题，依法保障其独立自主开展工作，更好地履行人道主义法定职责和使命，促进我县红十字事业持续健康发展。

二、加快发展红十字事业的总体要求

全面贯彻党的十八大和十八届五中全会精神，深入贯彻习近平总书记系列重要讲话精神特别是关于红十字工作的重要讲话精神，依照《中华人民共和国红十字会法》《中国红十字会章程》及浙江省实施办法，大力弘扬“人道、博爱、奉献”的红十字精神，将红十字精神传播与培育社会主义核心价值观相结合，把红十字事业与以民生改善为重点的社会建设结合起来，全面提高人道服务能力和水平，充分发挥党和政府在人道领域的得力助手作用。到“十三五”期末，全县红十字组织体系进一步完备，应急救援能力进一步增强，应急救护培训进一步拓展，人道救助实力进一步壮大，生命关爱工作进一步规范，社会公信力感召力进一步提升，努力推动玉环红十字事业跨入全市前列。

三、大力支持红十字会依法履行职责

（一）加快完善红十字应急救援体系。要把红十字应急救援工作纳入政府灾害应急响应体系。民政、水利、气象、应急等相关部门要支持红十字会救灾救援的信息诉求，建立信息共享机制。按照国家有关标准和要求统筹推进红十字物资库等备灾救灾设施建设，做到统一规划、整合资源、综合利用。根据突发事件的特点，依托志愿服务人员，重点建设应急救援、心理干预、现场救护等各类社会化救援队伍，并在人员培训、装备配置、训练场地和制度建设方面提供支持和保障。公安、交通、海关、出入境检验检疫等部门要依法为使用红十字标志并执行应急救援任务的人员、物资和交通工具提供便捷通道,保证红十字会救灾救助物资优先承运、通行、通关、检验检疫,并减免相关费用。依法使用红十字标志并执行应急救援任务的车辆,可按省交通运输厅、省物价局规定减免高速公路和普通公路通行费。

(二)建立健全红十字应急救护培训长效机制。充分发挥红十字会在公众参与的应急救护培训中的主体作用。将红十字应急救护培训列入政府为民办实事的内容,根据当地户籍人口数和年度培训计划,落实相应救护经费保障,列入财政预算。卫生计生、教育、公安、交通、安监、物价、旅游、电力、住建规划等部门和行业,要支持和配合红十字会,依法对相关从业人员开展救护培训。支持红十字会加强师资队伍建设,在条件成熟的学校和社区建立培训基地,深入开展应急救护培训"进社区、进农村、进学校、进机关、进企事业单位"活动,积极探索应急救护培训新路径,使之与安全生产、职业培训、学校教学、干部教育、精神文明建设和平安创建等相结合,逐步实现红十字应急救护培训的法治化、规范化、社会化。到2020年,全县新增注册红十字救护员占户籍人口比例达到1.2%以上,新增救护知识普及人数占户籍人口比例达到8%以上。

(三)不断增强红十字人道救助实力。支持红十字会依法独立开展筹资募捐活动,积极拓宽筹资渠道,创新人道救助项目,建立"党委政府引导、部门单位支持、社会各界参与"的长效筹资机制,组织开展"博爱一日捐"活动。对红十字会募集和接受的捐赠款物,依法由红十字会独立管理和处置。支持红十字会面向困难群众开展符合其宗旨的人道救助工作,稳步推进"情暖玉环""博爱家园"等项目建设,打造具有红十字特征的人道公益品牌。鼓励医疗卫生单位、学校、企业、村居(社区)建立红十字"博爱救助金",规范红十字"博爱救助金"管理。支持红十字会兴办医疗、养老、康复、护理、救护培训等与其宗旨相符的社会公益事业,相关部门要给予政策扶持,县财政建立人道救助专项资金,列入预算安排。

(四)大力实施红十字关爱生命行动。要重视支持红十字会依法推进无偿献血、造血干细胞捐献、开展遗体和人体器官(组织)捐献工作,并列入精神文明创建活动内容。健全完善相关政策措施,落实生命关爱保障资金;建立对捐献者困难家庭人道救助、造血干细胞捐献者及其直系亲属优惠用血、人体器官(组织)捐献者缅怀纪念等社会褒奖激励制度;建立由政府牵头,红十字会、卫生计生、公安、民政、财政等部门参与的工作联动机制,在二甲以上医疗单位建立人体器官捐献专兼职协调员队伍,为人体器官(组织)捐献提供必要的运作机制和经费保障。卫生计生部门要发挥自身优势,大力支持和积极参与造血干细胞捐献采集等工作。有关部门要支持红十字会建立遗体和人体器官(组织)捐献者纪念林,组织志愿者定期开展缅怀纪念活动,营造鼓励捐献、奉献爱心的良好氛围。

(五)深入开展红十字青少年工作。要把红十字青少年工作纳入未成年人思想道德建设。红十字会、教育、共青团、关工委等部门要继续加强合作,加快在全县各级各类学校建立红十字会组织,进一步完善以红十字会学校工作委员会为主导、学校红十字会为基础的红十字青少年工作网络。坚持将红十字青少年工作与学校德育教育、素质教育、健康教育相结合,将传播红十字人道精神与组织师生开展健康知识宣传教育、应急救护培训、扶危帮困人道实践活动相结合,将应急救护和防灾避险知识列为我县九年制义务教育学校学生学习内容。积极推进红十字示范学校创建活动,分层次地组织开展符合青少年身心特点的教育活动。

(六)着力构建红十字传播交流体系。宣传部门要将红十字精神传播纳入社会主义核心价值体系宣传教育的重要范畴。各新闻单位要支持红十字会构筑大宣教格局,电视、广播、报刊和网络媒体要积极报道红十字会的工作经验，宣传红十字领域涌现出的好人好事，并安排一定的版面和时段，用于免费刊播红十字人道公益广告。将红十字相关法律法规纳入“七五”普法宣传教育的内容。建设规划、行政执法等部门要支持红十字会开展人道传播和公益活动，每年开辟一定数量的公益广告平台和场所，免费供红十字会宣传和活动。网宣部门要指导支持红十字会在网上传播红十字文化。加强与其他县(市、区)红十字组织的交流活动，学习借鉴先进公益理念和管理经验，加快推进我县红十字事业发展。

四、高度重视红十字会组织和队伍建设

(一)加强红十字会组织建设。健全红十字会管理体制。加强红十字会的内设机构建设和人员配备，确保工作正常运转。支持红十字会在乡镇(街道)、企事业单位、村居(居)民委员会、学校、医疗机构和其他组织中建立红十字基层组织。大力发展红十字个人会员和团体会员，引导其增强会员意识，发挥会员作用，切实履行会员的权利和义务。加强对红十字会冠名机构的规范化管理。争创省级“红十字工作示范县”。

(二)加强红十字会干部队伍建设。高度重视红十字会领导班子建设，充实红十字会领导班子，关心红十字会干部成长。加大红十字会干部的教育培训、轮岗交流、挂职锻炼和选拔任用等工作力度。支持红十字会创新选人用人机制，通过择优选调、公开选拔、竞争上岗等多种方式，充实红十字会管理人员队伍。通过政府购买公益岗位、招聘项目工作人员等多种形式充实红十字会工作人员。加强红十字会干部的职业道德教育和业务知识培训，不断提高红十字会干部职业化水平。

(三)加强红十字志愿者队伍建设。将红十字志愿服务工作纳入当地志愿服务工作整体规划和精神文明建设整体规划，纳入城市公共文明指数测评体系。支持红十字会在学校、医院、村居(社区)、企事业单位发展志愿者队伍，建立健全各类志愿服务组织，建立完善按专业、分领域的红十字志愿服务体系。符合条件的红十字志愿服务组织，按规定履行登记手续。支持红十字会广泛开展红十字志愿服务活动，充分发挥其在人道传播、应急救援、应急救护、人道救助、无偿献血、造血干细胞捐献、遗体和人体器官(组织)捐献等方面的积极作用。

(四)加强“网上红十字会”建设。以“智慧红会”为重点，建设工作网、联系网、服务网、捐赠网“四网合一”的“网上红十字会”，形成“互联网+红十字”的格局。红十字会要综合运用网络论坛、微博、微信等新媒体平台进行网上宣传和动员，积极打造线上线下相互促进、有机融合的红十字社会动员、筹资募捐、救护救助、文化传播、交流合作新机制。

(五)加强红十字会监督管理体系建设。将红十字会信息化建设纳入信息化及电子政务系统建设总体规划，支持红十字会提高科学管理和信息公开水平。县红十字会按照规定严格执行信息公开制度，做到资金募集、财务管理、招标采购、分配使用等捐赠信息公开透明，切实保障捐赠人和社会公众的知情权、监督权。有关部门要切实加强对社会捐赠资金收支的监督和审计。要及时、全面、真实、准确地向社会发布相关信息，认真回应社会关切，打造公开、透明、规范的红十字会。建立完善法律监督、政府监督、社会监督和自我监督相结合的综合性监督体系。

五、切实加强对红十字事业的领导

(一)加强对红十字事业的组织领导。高度重视红十字事业发展，将红十字会工作列入重要议事日程，在编制国民经济和社会发展规划时，同步编制红十字事业发展专项规划。分管联系领导要定期听取红十字会工作汇报，专题研究和指导红十字会工作，及时研究解决红十字事业发展中遇到的重大问题。

安排红十字会负责人参加相关协调机构，参加党委、政府有关会议。推荐红十字会工作人员作为党代表、人大代表和政协委员建议人选。各红十字会理事单位要增强责任意识，为红十字会开展工作搞好服务、提供支持，努力形成推进红十字事业发展的强大合力。

（二）加大对红十字事业的财政投入。各有关部门要依法对红十字组织开展工作给予大力支持，根据红十字会的法定职能和工作需要，逐步增加对红十字事业的经费投入，保障其依法履行职责；要支持红十字会实施体现人道主义宗旨的公益性项目，发挥红十字会在提供公共服务方面的职能和作用；要帮助解决红十字会在救灾备灾、公共服务和救护培训用房等方面的困难。加大地方福利彩票公益金对红十字会的支持力度。

（三）完善红十字事业发展政策。认真落实企业、个人等社会力量向红十字事业捐赠的所得税税前扣除政策。红十字会使用捐赠款物开展人道救助所产生的实际成本，按照国家有关规定从捐赠资金中据实列支，并向社会公开，捐赠资金不得用于在编人员及机构的经费支出。从捐赠资金中列支实际成本，应在接受捐赠时向捐赠者事前明示，严格限制列支额度和使用范围。红十字会应设立社会捐赠资金专户，依法实行自主管理，财政、人民银行等部门要给予支持。红十字会财政拨款资金和社会捐赠资金分别执行行政事业单位会计制度和民间非营利组织会计制度。授权县红十字会作为县级相关红十字社会团体的业务主管单位。

（四）优化红十字事业发展环境。县人大及其常委会要加强对红十字法律法规执行情况的监督检查，保障相关法律法规在本行政区域的遵守执行。要加大对红十字标志的保护力度，依法查处未经授权擅自使用或滥用、篡改红十字标志的违法行为。社会各界要大力支持红十字会工作，切实形成工作合力，共同推进红十字事业加快发展。

（玉县委发〔2016〕60号）

玉环县人民代表大会及其常务委员会选举任命的国家工作人员宪法宣誓办法

（2016年3月2日玉环县第十五届人民代表大会常务委员会第三十五次会议通过）

（2016年3月2日）

第一条 根据《中华人民共和国宪法》及《全国人民代表大会常务委员会关于实行宪法宣誓制度的决定》《浙江省组织实施宪法宣誓制度办法》和《台州市人民代表大会及其常务委员会选举任命的国家工作人员宪法宣誓办法》的规定，结合我县实际，制定本办法。

第二条 依法由县人民代表大会及其常委会选举产生或表决通过、任命或决定任命的国家工作人员，适用本办法。

第三条 宣誓对象

经依法选举或表决通过、任命或决定任命的下列人员，在就职时应当公开进行宪法宣誓：

（一）县人大常委会主任、副主任、委员；

（二）县人民政府县长、副县长、办公室主任、局长；

（三）县人民法院院长、副院长、审判委员会委员、庭长、副庭长、审判员；

（四）县人民检察院检察长、副检察长、检察委员会委员、检察员；

（五）县人大常委会各委办主任、副主任，工委委员；

（六）县人民代表大会常务委员会代表资格审查委员会主任委员、副主任委员、委员。

第四条 宣誓仪式的组织

县人民代表大会选举产生或表决通过的国家工作人员，其宪法宣誓仪式由县人民代表大会会议主席团组织；县人民代表大会选举的县人民检察院检察长，报经市人大常委会批准后，由县人大常委会主任会议组织宪法宣誓。

县人大常委会任命或决定任命的国家工作人员，除本款后述人员外，其宪法宣誓仪式由县人大常委会主任会议组织；县人大常委会任命的县人民法院副院长、审判委员会委员、庭长、副庭长、审判员，县人民检察院副检察长、检察委员会委员、检察员，由县人民法院、县人民检察院分别组织宪法宣誓，宣誓时，应邀请县人大常委会组成人员和县人大代表监誓。

第五条 宣誓誓词如下：

我宣誓：忠于中华人民共和国宪法，维护宪法权威，履行法定职责，忠于祖国、忠于人民，恪尽职守、廉洁奉公，接受人民监督，为建设富强、民主、文明、和谐的社会主义国家努力奋斗！宣誓人：XXX。

第六条 宣誓场合及宣誓仪式的主持和监督

县人大常委会主任、县人民政府县长,依照法定程序产生后,在县人民代表大会会议期间的全体会议上分别单独进行宪法宣誓。宣誓仪式由县人民代表大会全体会议执行主席主持,出席会议的全体县人大代表监督。

县人民代表大会选举的县人大常委会副主任、委员,县人民政府副县长,县人民法院院长等,依照法定程序产生后,在县人民代表大会会议秘书处确定的场所进行宪法宣誓。宣誓仪式由县人大常委会主任主持,主任可以委托副主任主持,县人民代表大会会议各代表团分别推荐县人大代表三至五人监督。

县人大常委会任命或决定任命的县人民政府副县长及办公室主任、局长,县人大常委会各委办主任、副主任、工委委员,表决通过的县人大常委会代表资格审查委员会主任委员、副主任委员、委员,依照法定程序产生后,在县人大常委会会议上进行宪法宣誓。县人民代表大会选出的县人民检察院检察长,待市人大常委会批准后,在县人大常委会会议上进行宪法宣誓。宣誓仪式由县人大常委会主任主持,主任可以委托副主任主持。出席会议的全体县人大常委会组成人员监督。

第七条 宣誓仪式的形式

宣誓仪式根据情况,可以采取单独宣誓或者集体宣誓的形式。

单独宣誓时,宣誓人应当左手抚按《中华人民共和国宪法》,右手举拳,诵读誓词。

集体宣誓时,由一人领誓,领誓人左手抚按《中华人民共和国宪法》,右手举拳,领诵誓词;其他宣誓人整齐排列,右手举拳,跟诵誓词。领誓人由县人民代表大会会议主席团常务主席或县人大常委会主任会议在宣誓人中指定。宣誓人数较多时,也可分批进行。

宣誓人在监誓人监督下进行宪法宣誓。宣誓时,应当着正装。

第八条 宣誓场所应当庄重、严肃,悬挂中华人民共和国国旗或者国徽。举行宣誓仪式时,奏唱国歌。

第九条 宪法宣誓仪式公开进行。经县人民代表大会会议主席团或县人大常委会主任会议同意,可以邀请有关机关、团体的负责人以及符合规定要求的本县公民参加现场观看宣誓仪式。县级有关新闻媒体应对宣誓仪式进行公开报道。

第十条 国家工作人员就职时因故不能当场宣誓的,应在会后及早进行补宣。无正当理由不参加宣誓的,取消该次任职资格。

第十一条 宣誓人员应当自觉、忠实践行宣誓时的承诺,将誓词作为工作准则与行为规范,主动接受人民群众和县人大代表监督,接受县人大及其常委会监督。

第十二条 县人大常委会任命的县人民法院、县人民检察院有关人员宪法宣誓具体事项的规定,分别由县人民法院、县人民检察院制定。

第十三条 本办法自通过之日起施行。

(玉人大〔2016〕8号)

玉环县人民政府
关于进一步加快卫生事业发展的意见

（2016年1月25日）

各乡镇人民政府，各街道办事处，县政府直属各单位：

为认真贯彻落实党的十八大以及十八届三中、四中、五中全会精神，进一步加快我县卫生事业改革与发展步伐，建立适应经济社会发展和人民群众需求的医疗卫生服务体系，打造健康玉环，以全民健康助推全面小康，经县政府第27次常务会议讨论通过，特提出如下意见：

一、深化改革，提升医疗服务综合水平

（一）探索建立现代医院管理制度。充分发挥县级公立医院管理委员会职能，建立统一高效、权责一致的政府办医体制，稳步深化县级公立医院综合改革。按照“管办分离、放管并举”的原则，积极推进县第二人民医院去行政化改革，强化党委的政治核心作用，完善职工代表大会等监督机制，落实公立医院独立法人地位和经营管理自主权，实现决策、执行和监督的有效制衡，激发县级公立医院运行活力。

（二）全面深化分级诊疗制度。深化“双下沉、两提升”工程，扩大医疗领域开放合作，强化省市县合作办医，实施医疗服务能力提升工程，加快重点专科建设和发展，加大对创新学科的扶持力度，实现医疗机构优势专科的错位发展。强化医学科研、新技术新项目和适宜技术的开展。完善分级诊疗模式，有效推进全科医生签约服务，开展高血压、糖尿病分级诊疗试点，完善预约诊疗服务机制，大力提升医疗服务能力和水平。

（三）加快推进中医药事业发展。落实有利于中医药事业发展的倾斜政策，实施基层中医药服务能力提升工程，大力推进中医名院、名科、名医“三名”建设，加强中医肝病、针灸推拿两个国家级农村中医重点建设专科内涵建设，建立健全县、乡、村三级中医药服务体系，推广中医药适宜技术，提高中医药服务的可及性。鼓励和规范中药饮片使用，逐步扩大中医药报销范围，探索建立中医医疗服务价格动态调整机制，充分体现中医和中医药人员技术劳务价值，鼓励提供和使用适宜的中医药服务。

（四）大力扶持优质社会资本办医。完善社会办医联席会议制度，加快已审批的民办医疗机构建设。落实支持和引导社会资本办医政策，鼓励社会资本优先投向医疗资源稀缺及特需医疗服务领域，大力发展新型医疗服务机构，建立健全卫生行业准入竞争机制，鼓励社会力量发展医养、医健、医旅、医体结合型机构，引导民办医疗机构通过资源整合、连锁经营、托管共建等方式向“专、精、优”方向发展，满足我县群众多元就医保健需求。

（五）建立科学的绩效考核制度。以公益性质和运行绩效为核心，突出功能定位、医疗技术、费用控制和社会满意度等核心指标，加强对县级公立医院及领导班子的绩效考核，并将考核结果与财政补助、医保支付、工资总额以及院长薪酬、奖惩等挂钩。强化院长年度和任期目标管理,建立问责等机制。落实公立医院的自主分配权,实现多劳多得和优绩优酬,建立符合卫生行业特点的人事薪酬制度;不断完善公立基层医疗机构绩效考核方案,允许在有收支结余的前提下结合考核结果提取奖励基金,实现绩效工资总额的合理提升,有效调动基层一线医护人员的积极性。同时,县财政要建立绩效工资保障机制,切实保障县级公共卫生单位、公立基层医疗机构从业人员的薪酬待遇。

(六)不断健全“智慧卫生”体系。大力推广“互联网+卫生”、智慧医疗等新型医疗卫生服务模式,充分发挥信息化在传统就医流程再造、医院内部管理等方面的作用。加强卫生信息资源优化整合,健全分级诊疗、全科医生签约服务、疾病预警和妇幼保健管理等信息化支撑体系,利用信息化手段扩大预约就诊比例,实现分时段预约,不断改善患者就医体验。

(七)优化医务人员执业环境。切实加强医德医风建设,重视医务人员人文素质培养和职业素质教育,完善医师医疗服务不良记录登记制度,着力构建和谐医患关系。贯彻落实《关于依法惩处涉医违法犯罪维护正常医疗秩序的意见》(法发〔2014〕5号)、《中华人民共和国刑法修正案(九)》等精神,县公安、司法、卫生计生等部门要健全协调配合工作机制,加强宣传,对涉医违法犯罪行为,要依法严肃追究、坚决打击。优化执业环境,尊重医务人员劳动,维护医务人员合法权益。

(八)逐步完善医保政策。完善医保支付“总额控制”和按病种付费制度,充分发挥各类医疗保险对医疗服务行为和费用的调控引导与监督制约作用。拉开不同级别医疗机构的起付线和支付比例差距,促进居民合理有序就医。县卫生计生局要会同县人力社保局扩大医保门诊定点报销覆盖面,对实施基本药物零差价的村卫生室加强扶持,将其纳入医保门诊定点报销机构。同时要建立退出机制,实行动态管理。在确保医保基金安全和有效监管的前提下,鼓励以政府购买服务方式,通过竞争择优委托具有资质的第三方商业保险机构参与医疗保障管理服务。

二、创新机制,培育高素质卫生人才队伍

(九)充分落实人员编制。根据上级有关文件精神和我县卫生事业发展实际,县级医院按床位数与人员配置的最高比例标准足额核定编制;公共卫生单位按服务人口万人比的有关标准足额核定编制;医院、公共卫生单位的人员编制根据床位数、服务人口数的变化实行动态调整。乡镇卫生院(社区卫生服务中心)人员编制按服务人口足额配备,设床位的乡镇卫生院(社区卫生服务中心)按相关标准增加编制。同时,在县级公立医院实行事业编制报备员额管理。探索建立人员编制跟踪问效制度,提高人员编制使用效益。每年拿出一定数量的编制对符合条件的编外卫技人员进行选拔考录,县编委办和县人力社保局在备案许可范围内予以确认审批。

(十)创新招才引才办法。编制及动态调整《玉环县紧缺急需卫技人才引进目录》,实施分类招聘。对紧缺人才、基层医疗机构专业技术人才的招聘,根据用人单位需求,设定最低分数线。扩大招聘自主权,简化招录程序,优化考试方式,放宽招聘范围,面向全国错时招录引进人才。在高校招聘人才时,对紧缺专业毕业生可以直接面试录用,对中级及以上职称人才和紧缺型人才适当放宽年龄和学历限制。同时,强化柔性引才,主动加强与知名医院、高校的合作,采取兼职、短期聘用、技术合作、人才租赁等方式引进省内外高素质卫生人才,提升医疗技术水平。

(十一)健全人才激励机制。制定本土医学人才培养规划,通过深化“订单式”培养、定向培养和共建科研教学平台等途径,积极开展本土卫技人才培养;加强在岗卫技人才的培养和使用,引导其合理流动;

开展重点学科和创新学科评选，切实加强学科带头人和技术骨干的培养。注重卫生管理人才梯队建设，通过竞争上岗、交流轮岗或挂职锻炼等方式，提升医疗卫生管理水平；建立健全人才激励机制，设立卫生人才专项奖励资金，每年由县财政安排350万元，用于卫生人才引进和培养，营造良好的人才干事创业环境。

三、完善体系，提高公共卫生服务能力

（十二）强化公共卫生保障能力。完善行政执法公开制度，加强公共场所卫生监管；堵疏结合，严厉打击非法行医，净化医疗市场秩序。以参与国家级公共卫生科研项目为抓手，促进重点慢性病和重大传染病综合防治。加强免疫规划规范化管理，降低疫苗相关疾病发病率。强化妇幼保健能力建设，开展妇幼健康优质服务示范工程，完善适龄妇女"两癌"筛查常态化工作机制，促使流动人口孕产妇、儿童与户籍人口享有同等的预防保健服务，有效控制和降低孕产妇和儿童的死亡率。

（十三）健全公共卫生应急体系。加强公共卫生管理和公共卫生应急队伍标准化建设，整合利用现有网络资源、信息技术，建立健全覆盖全县各乡镇（街道）的公共卫生信息监测报告网络，实现信息数据采集、网上实时报告、预警监测、指挥调度的统一管理。健全突发公共卫生事件联防联控工作机制，加强风险监测和应急检测能力。完善急救网络建设，提高重大疫情和突发公共卫生事件的应急处置能力。

（十四）加强爱国卫生工作。实施"健康融入所有政策"策略，强化实施爱国卫生综合目标管理，加强县乡村三级爱国卫生管理网络建设，以创建全国健康促进县为抓手，深入开展爱国卫生运动，健全各类长效管理机制，巩固国家卫生县城创建成果。各乡镇（街道）要深入推进卫生城镇创建，大力开展城乡环境卫生综合治理，科学预防控制病媒生物，加强健康教育和健康促进，推进全民健身活动，全面提高群众文明卫生素质，努力创造促进健康的良好环境。

四、推进项目，完善卫生基础设施建设

（十五）优化医疗卫生机构服务网络。科学谋划卫生计生事业发展规划，完善医疗公共资源均衡配置机制。重点推进县中医院迁建、县妇女儿童医院、县公共卫生中心等工程建设，优化整合公共卫生单位功能布局。加快推进大麦屿街道社区卫生服务中心、楚门镇卫生院、海山乡卫生院迁建工程，规范村级医疗机构建设。根据《浙江省乡镇卫生院（社区卫生服务中心）医疗设备配置指导意见》（浙卫发〔2014〕146号）的要求，基层医疗机构标配设备配置率要达到100%。

（十六）推进医疗卫生项目建设责任制。明确卫生项目建设时间进度表，把责任落实到具体单位和人员。公立医疗卫生机构建设项目前期工作纳入县公共建设管理中心统一管理，县公共建设管理中心协助使用单位做好初步验收、竣工验收申报及竣工决算工作。县卫生计生局作为卫生项目建设的牵头部门，要定期分析项目建设任务完成情况，加强与县公共建设管理中心、有关部门以及乡镇（街道）的沟通联系，及时研究解决存在问题。县发改、财政、国土、住建规划、审计等部门和相关乡镇（街道）要各负其责，围绕项目申报筹资、征地规划、拆迁建设等各个环节加强协调配合，确保项目按期推进。

五、强化保障，推进卫生事业科学发展

（十七）加强组织领导。县政府建立推进医疗卫生工作联席会议制度，由县长任组长，常务副县长、分管副县长任副组长，县级有关部门主要负责人为成员。原则上每年召开两次以上专题会议，研究、协调、督导医疗卫生工作。各乡镇（街道）也要充分发挥在本辖区卫生工作发展中的统筹主导作用，完善工作机制，加强统筹协调，及时研究解决发展过程中的重大问题。

（十八）加大经费投入。确保每年县卫生事业经费的增长幅度高于当年经常性财政收入增长幅度；县财政要加大对公立医疗机构基本建设投入的支持力度，逐步化解公立医疗机构基本建设债务；对人才队伍建设、医疗设备购置、重点学科扶持、政策性亏损补贴和承担的公共卫生服务投入等方面，县财政要予以重点保障。县财政、卫生计生、审计等部门要按照有关要求，各负其责，加强对公立医疗机构补助资金使用过程的监督管理，提高资金使用绩效。

（十九）狠抓督导落实。县卫生计生主管部门要加大业务指导和考核力度，科学提出全县卫生事业发展总体目标，依法开展行业监管，并强化专业督导。县委县政府督查室要定期对相关部门落实本意见情况进行督导，对各乡镇（街道）公共卫生、爱国卫生等卫生工作完成情况进行督查，适时开展各种形式的评议监督活动和通报，并将督查结果纳入县对乡镇（街道）目标考核体系。

（玉政发〔2016〕4号）

玉环县人民政府
关于印发玉环县加快现代服务业发展实施办法的通知

各乡镇人民政府，各街道办事处，县政府直属各单位：

《玉环县加快现代服务业发展实施办法》已经县政府第30次常务会议讨论通过，现印发给你们，请认真贯彻执行。

玉环县人民政府

2016年4月29日

玉环县加快现代服务业发展实施办法

为全面实施三产振兴计划，进一步提升我县现代服务业发展水平，根据国家、省、市有关文件精神，结合玉环实际，特制定本办法。

一、培育服务业重点载体建设

（一）支持服务业重大项目建设。对投资额超过1亿元的重大服务业项目，实行"一事一议"。对列入省服务业重大项目计划的，按实际投资额（不含土地款，以实际财务支出为准，下同）2%的标准给予奖励，单个项目最高限奖150万元；列入市、县服务业重点项目计划的，如属于生产性服务业项目，按实际投资额2%的标准给予奖励，属于其他项目按实际投资额1.5%的标准给予奖励，单个项目最高限奖100万元。引进的行业龙头企业（上一年度营业收入居全县同行业前5位），固定资产投资800万元及以上的项目，按实际投资额1%的标准给予奖励，单个项目最高限奖50万元。上述服务业重大项目不含房地产项目，奖励资金均在项目竣工开业后兑现。

（二）培育服务业重点企业。首次被认定为省、市服务业重点企业的，分别给予奖励20万元、10万元；首次被认定为县服务业重点企业和优秀企业家的，均给予奖励5万元。优先推荐县服务业重点企业申报上级各类扶持项目，评选省、市服务业重点企业，争取各类优惠政策。县财政每年安排80万元企业经营管理培训专项经费，由县三产领导小组办公室牵头行业主管部门和乡镇（街道）共同组织服务业龙头企业负责人、行业协会负责人考察学习培训。

（三）支持服务业集聚提升。当年度列入省、市级现代服务业集聚示范区的，分别给予奖励100万元、50万元，主要用于示范区规范编制、公共服务平台建设和形象宣传等。当年度获得国家级、省级中小企业公共服务示范平台称号的，分别给予奖励30万元、20万元。

(四)鼓励企业做大做强。对首次纳入统计的限额以上服务企业,给予一次性奖励3万元。

二、大力发展生产性服务业

(五)鼓励物流企业上等级。首次被评为5A、4A、3A、2A级物流企业的,分别给予奖励20万元、15万元、10万元、5万元。

(六)鼓励物流企业发展第三方仓储。第三方仓储面积首次突破2万、1万、0.5万平方米的,分别给予奖励20万元、10万元、5万元。

(七)鼓励航运企业规模化发展。营运一年以上且运力总规模5000吨以上的航运企业,给予专项资金补助:年营运收入1000万元以下、1000万~5000万元(含1000万元)、5000万元及以上的,分别按实际营业额3‰、4‰、5‰的标准给予奖励;单船经营的船舶,按实际营业额2‰的标准给予奖励。

(八)大力发展电子商务物流。鼓励物流企业建设电商物流园区,吸引电商物流入驻集聚区,电商物流园区用地面积超过5000平方米的,按工业用地方式供地;电商快递企业入驻物流园区并正常营运的,自开业之日起3年内,每年给予30元/m^2的补助,年最高限补10万元。

(九)扶持小微企业金融服务。对依法设立、经营规范、作用发挥良好的县域内银行业金融机构和小额贷款公司,按年度新增小微企业贷款月均余额0.25%的标准给予奖励;具有融资性担保机构经营许可证的担保公司对小微企业开展的担保业务,按照每笔担保业务的年累计担保额0.05%的标准给予补助,每家最高限补20万元。

(十)培育中介服务业。对三产领导小组办公室确定的年度重点培育中介服务业,新设立的中介机构一次性给予奖励5万元;进驻县中介机构服务中心的行政审批前置中介机构,当年被评为五星级的,给予奖励5万元;被评为四星级的,给予奖励3万元。

(十一)促进再生资源回收利用。资源回收企业每建成一个生态环保的绿色回收亭和较为完善的再生资源回收站(点),分别补助0.2万元和0.8万元;废旧物品回收年销售额首次突破5000万元的龙头企业,给予补助10万元;新建再生资源回收分拣中心(含交易中心、园区基地)面积在2.67公顷及以上的,首次开业时给予奖励50万元。

三、提升发展生活服务业

(十二)扶持商业特色街创建。新建或改造提升具有业态集聚、客流量集中、商业氛围浓厚、特色鲜明且长度不低于300米的商业特色街,按规定进行店面装修,并服从广告管理,经验收合格后,给予所在乡镇(街道)50万元奖励。

(十三)提升商贸市场发展层次。首次被评为省商贸流通业诚信示范企业的,给予奖励5万元;首次被评为省五星、四星文明规范市场的,分别给予奖励30万元、20万元;首次获得省重点市场、区域性重点市场称号的,分别给予奖励20万元、10万元。

(十四)鼓励汽车4S店发展。新开设汽车品牌4S店的,给予每家30万元补助;汽车4S店用地使用权出让起始价按评估价格实行公开挂牌出让。

(十五)加快乡村旅游开发。每年筛选不超过10个乡村旅游景区项目(含旅游景区环境建设、旅游公共服务建设等),待项目完工并验收合格后,每个给予不超过5万元补助。

(十六)加快景区景点建设。首次被评为国家AAAAA级旅游区、国家级风景名胜区、国家级旅游度假区的,给予"一事一议"专项补助;首次被评为国家AAAA级旅游景区、国家生态旅游区、省级风景名胜区、省级旅游度假区的，给予奖励30万元；首次被评为国家AAA级旅游景区、省级生态旅游区的，给予奖励20万元；首次被评为国家2A级旅游景区的，给予奖励10万元。

（十七）鼓励酒店饭店评星创优。首次被评为五星级旅游饭店的，给予奖励50万元；首次被评为四星级旅游饭店、国家绿色饭店金叶级、国家五钻级酒家的，给予奖励20万元；首次被评为三星级旅游饭店、国家绿色饭店银叶级、国家四钻级酒家的，给予奖励10万元。引进国际品牌酒店管理机构的，一次性给予奖励50万元。

（十八）鼓励旅行社做大做强。首次被评为五星级、四星级、三星级品质旅行社的，分别给予奖励20万元、10万元、5万元。全国100强旅行社进驻玉环设立分支机构的，一次性给予奖励10万元。

（十九）鼓励创建文化产业示范基地（园区）。被评定为国家、省、市级文化产业示范基地（园区）的，分别给予奖励50万元、20万元、10万元。

（二十）鼓励兴办文化产业和文化创意产业。新设立或引进具有玉环文化特色的文化创意、创意设计和从事非物质文化遗产产业等企业，租赁自用业务用房的，经认定，按30元/m^2的标准一次性给予补助，最高限补10万元。民营资本投资新闻出版、影视传媒等文化产业（不含KTV）、文化创意产业和休闲体育产业在200万元及以上的，按30元/m^2的标准一次性给予补助，最高限补50万元。

（二十一）扶持发展社区服务业。首次获得国家级、省级、市级物业管理示范项目称号的，分别给予奖励30万元、10万元、5万元；首次获得五星、四星、三星级的养老机构，分别给予奖励30万元、10万元、5万元；首次获得五星、四星、三星级的居家养老服务照料中心，分别给予奖励10万元、5万元、3万元。

（二十二）鼓励道路运输企业规模化发展。安全管理规范的道路客运企业（含子公司），给予专项资金补助；运力投入客车90～180辆（含90辆）、客位1800～3600个（含1800个）、年营业收入达到1200～2400万元（含1200万元）的，给予补助5万元；运力投入客车180～500辆（含180辆）、客位3600～8000个（含3600个）、年营业收入达到2400万～10000万元（含2400万元）的，给予补助10万元；运力投入客车500辆及以上、客位8000个及以上、年营业收入达到1亿元及以上的，给予补助20万元。

四、鼓励服务业创新发展

（二十三）争创服务业品牌。获得中国驰名商标（中国服务名牌）的，给予奖励100万元；获得中华老字号的，给予奖励20万元。获得浙江省著名商标（浙江服务名牌、浙江省消费者信得过单位）、台州市著名商标（台州服务名牌、台州市消费者信得过单位）的，分别给予奖励15万元、5万元。

（二十四）支持服务业标准化建设。列入国家、省、市、县级服务业标准化试点的项目的企业或组织，项目通过验收的，分别给予奖励20万元、15万元、10万元、5万元；鼓励企业或组织参与制订服务业国家标准、行业标准（地方标准）、市级地方标准规范和县级地方标准规范，对牵头制订单位，分别给予奖励20万元、15万元、10万元、5万元，参与国家标准和行业标准制订的第一参与单位减半奖励。

（二十五）支持行业协会发展建设。鼓励服务业行业协会建设，行业协会每年向主管部门申请重点课题调研、服务业重大项目规划编制、服务业重大项目前期包装、服务业企业培训、服务标准制（修）订、服务业年度统计、服务业企业文化的策划组织等职能及服务内容，经主管部门会同县三产办、县财政局审核同意的，给予一定比例补助。

五、优化服务业发展机制

（二十六）加强组织领导。进一步完善统分结合的工作机制，充分发挥县第三产业管理领导小组成员单位的作用,合力推动全县服务业发展。充分发挥县第三产业管理办公室综合协调职能,指导全县服务业发展工作。注重发挥各乡镇(街道)和服务业行业主管部门的作用,共同推进服务业发展。积极发挥行业协会在政策研究、沟通协调等方面的作用,加强对服务业经济的理论研究。

(二十七)强化要素保障。强化金融机构对县级以上服务业重点企业的信贷支持力度;对省、市服务业重大项目实行用地倾斜;逐步推进服务业用电、用水、用气与一般工业同价;经批准新建的生产性服务业基础设施项目,城市市政基础设施配套费减半征收;改建的生产性服务业基础设施项目,城市市政基础设施配套费免征。加快新型墙体材料专项基金退还结算,对符合条件的,按规定比例即征即退。鼓励用地单位在符合规划、不改变用地主体和用地性质、不重新开发建设等前提下,充分利用工业厂房、仓储用房、传统商业街等存量房产和土地资源兴办重点领域的生产性服务业。

(二十八)健全考核体系。完善服务业发展考核评价体系,将服务业发展重点指标纳入全县年度科学发展综合考核内容,对工作成绩突出的单位进行通报表彰,对未完成年度目标的予以通报批评。

(二十九)完善监测分析机制。实行服务业形势分析例会制度,及时了解和掌握全县服务业运行情况并形成服务业形势分析报告,完善服务业协调例会制度,通过分级协调、上下联动,形成发展合力。夯实统计基础,理清统计指标,逐步形成"部门统计、企业直报"的格局。

(三十)加强服务业人才培养与引进。具体按县人才政策进行相应奖励和扶持。

六、附则

(三十一)享受本办法扶持的服务业企业(单位)必须是在本县注册纳税、依法经营的法人单位,其中第二十一条可适用在本县登记注册或备案的民办非企业单位。凡当年发生重大责任事故,以及偷税等严重违法行为的企业(单位),不得享受本优惠政策。

(三十二)符合本办法规定的对象按同类别从优、从高、不重复计算原则享受扶持和奖励。已享受其他政策优惠、县相关专项资金的,不再依本办法予以扶持和奖励。

(三十三)本办法奖励扶持政策按年度(自2016年1月1日起计算)予以兑现,由企业提出申请,乡镇(街道)或行业主管部门签署意见后,报县三产办,由县三产办会同县财政局审核并报县第三产业管理领导小组同意后予以兑现。

(三十四)本办法自2016年5月1日起施行,《玉环县人民政府关于推进服务业发展的若干政策意见》(玉政发〔2012〕28号)同时废止。此前出台的相关政策与本办法不一致的,按本办法执行。

(玉政发〔2016〕14号)

玉环县人民政府
关于加快推进残疾人全面小康进程的实施意见

（2016年8月4日）

各乡镇人民政府，各街道办事处，县政府直属各单位：

根据《国务院关于加快推进残疾人小康进程的意见》（国发〔2015〕7号）、《浙江省人民政府关于加快推进残疾人全面小康进程的实施意见》（浙政发〔2015〕50号）、《台州市人民政府关于加快推进残疾人全面小康进程的实施意见》（台政发〔2016〕25号）等精神，结合我县实际，现提出如下实施意见：

一、总体目标

到2020年，残疾人社会保障和基本公共服务体系更加完善，服务水平明显提高，残疾人整体生活状况与社会平均水平的差距明显缩小；广大残疾人劳有所得、病有所医、住有所居、学有所教、老有所养得到明显改善，康复全覆盖、出行无障碍，精神文化生活更加丰富，参与社会的能力显著增强，与全县人民共创共享小康社会。

二、全面加强残疾人基本民生保障

（一）加大残疾人社会救助力度。对符合城乡低保条件的残疾人家庭，确保应保尽保。对依靠家庭供养的成年重度残疾人和成年三、四级精神、智力残疾人，可按照单人户纳入低保范围，并享受与低保家庭同等的和个人直接相关的专项社会救助政策。对未成年重度残疾人和低保、低保边缘家庭中的未成年三、四级精神、智力残疾人，参照社会散居孤儿的养育标准发放基本生活补贴，同时不再重复享受最低生活保障金。低保家庭残疾人初次就业、再就业的，3年内所获得的就业收入可不计入家庭收入。做好残疾人医疗救助工作，提高医疗救助标准，对于不能通过基本医疗保险支付医疗费用的残疾人，应当优先给予医疗救助；对纳入医疗救助的精神残疾人门诊服用基本抗精神病药物个人自付部分，实行全额保障。

（二）加大残疾人基本医疗康复保障。逐步扩大基本医疗保险支付的医疗康复项目范围，根据全省目录调整情况，逐步调整已纳入基本医疗保险支付的医疗康复项目限制条件，推动将脑瘫、智障残疾儿童医疗康复项目纳入规定病种支付范围；将残疾儿童、精神残疾人和“三瘫一截”等成年重度残疾人纳入基层责任医生签约服务范围，服务费个人承担部分由县财政给予80%补助。

（三）健全残疾人福利补贴制度。整合残疾人共享小康工程相关政策，建立完善残疾人生活、护理、康复和社会保险等补贴制度，并实行补贴标准的动态调整。

1. 困难残疾人生活补贴。主要补助残疾人因残疾产生的额外生活支出，对象为生活困难的残疾人。对家庭人均收入在低保标准150%以下的残疾人或本人收入在低保标准150%以下的劳动年龄段残疾人，按照低保标准的30%发放困难生活补贴。

2. 重度残疾人护理补贴。主要补助残疾人因残疾产生的额外长期照护支出，对象为残疾等级被评定为一级、二级且需要长期照护的重度残疾人以及非重度智力、精神残疾人,逐步推动形成面向所有需要长期照护残疾人的护理补贴制度。按生活完全不能自理、基本不能自理、部分不能自理三档,分别给予每人每月500元、250元、125元的补贴。对符合条件的在机构集中托养的残疾人,可在上述补贴标准基础上分别上浮50%。补贴标准根据护理支出变化情况适时调整。

3. 残疾人康复补贴。主要补助残疾人因残疾而产生的额外康复支出。加大康复救助力度,调整项目设置,扩大受益覆盖面。健全残疾儿童康复救助制度,为0～6周岁视力、听力、言语、智力(孤独症)、肢体残疾儿童提供免费实施手术、配置辅助器具和康复训练等基本服务;为7～18周岁残疾儿童少年提供基本养护服务。

4. 残疾人社会保险补贴。落实残疾人参加基本养老、基本医疗、商业住院医疗保险和意外伤害保险等各项扶持政策,进一步扩大补助范围,提高补助标准。推动建立残疾人补充保险制度,支持各类商业保险机构开展残疾人意外伤害保险,对残疾人集中就业单位参加综合责任保险和意外伤害保险,可给予一定的补助。

符合条件的残疾人,可同时申领以上四类残疾人福利补贴。对既符合困难残疾人生活补贴和重度残疾人护理补贴,又符合因公致残、离休等生活补贴(津贴)、护理补贴(津贴)条件的残疾人,可择高申领其中一类生活补贴(津贴)、护理补贴(津贴)。享受儿童福利基本生活保障政策的残疾儿童不享受困难残疾人生活补贴,可享受重度残疾人护理补贴。领取工伤保险生活护理费、纳入特困人员供养保障的残疾人不享受困难残疾人生活补贴和重度残疾人护理补贴。享受养老服务补贴的残疾人不享受重度残疾人护理补贴。以上四类补贴不计入城乡低保和低保边缘家庭的收入。

(四)保障和改善残疾人住房。进一步完善残疾人住房长效救助机制,对符合住房保障条件的城镇残疾人家庭,优先提供公共租赁住房或发放住房租赁补贴,对下肢残疾人在供应住房时应优先安排在便于出行的楼层。实施农村危房改造时,对符合救助条件的困难残疾人家庭予以优先安排,减免相关费用,到2020年完成农村贫困残疾人家庭存量危房改造任务。

三、全力推进残疾人就业创业及其家庭就业增收

(一)依法推进按比例就业。探索用人单位按比例安置残疾人就业公示制度,将安置残疾人就业情况纳入企业信用信息公示范围。除创业3年内、在职职工总数不超过20人的小微企业外,对未达到安置比例要求的用人单位,严格依法征缴残疾人就业保障金;对超比例安置残疾人就业的企业,每多安置1人,每年按不低于4个月最低工资的标准予以奖励。全县各单位应当招录(聘)和安置残疾人就业,未达到安置比例的,应当优先招录(聘)残疾人。县残工委各成员单位要积极创造条件,安排一定数量的岗位用于残疾人就业;全县各级残联都要有一定数量的残疾人干部,其中,县残联安排1—2名残疾人干部或职工。国有和国有控股企业应当设定或预留适合残疾人就业的岗位,每2年至少举办1次残疾人招聘会。公办医疗机构应当积极吸纳符合条件的盲人医疗按摩人员就业。

(二)稳定发展集中就业。全面落实残疾人集中就业税费减免、社会保险补贴等优惠政策,在同等条件下,政府优先采购残疾人集中就业单位的产品和服务。对福利企业超比例安置残疾人就业的,每多安置1人,每年按不低于1个月最低工资的标准予以奖励,并对残疾人职业技能培训、无障碍设施改造给予补助。对残疾人辅助性(庇护性)就业机构,除根据规模给予一次性开办补助经费外,每安置1人,每年按不低于2个月最低工资的标准予以补助,并对场地(所)租赁、技能培训、康复器材(设备)配置、无障碍设施改造给予补助。对盲人按摩机构等其他残疾人集中就业机构,按安置残疾人人数给予一定的社保缴费补助。

(三)促进残疾人多渠道就业创业。全面落实促进残疾人就业的相关优惠政策,并对其从事个体经营、自主创业、灵活就业所需的场地(所)租赁、启动资金、设施设备购置等予以补助。推进残疾人电子商务就业,对安置残疾人就业的电子商务企业,每安置1人,每年按不低于2个月最低工资的标准予以奖励。推动建立残疾人创业孵化机制,鼓励电子商务产业基地增设残疾人创业孵化区,对依托大众创业孵化平台或利用现有残疾人服务设施创办的残疾人创业孵化园(基地),可给予场地(所)租赁、无障碍设施改造、设施设备购置补助。政府开发的公益性岗位,优先安排就业困难残疾人和残疾人家庭成员就业。乡镇(街道)残疾人专职委员工资待遇可参照社区工作者工资标准执行,村(社区)残疾人专职委员岗位可按最低工资标准一定比例予以补助,通过编外聘用、纳入公益性岗位、政府购买服务等方式解决报酬。

(四)推进农村残疾人增收。把农村低收入残疾人作为重点扶持对象纳入精准扶贫工作机制和贫困监测体系,将其生活水平提高和数量减少情况纳入新农村建设考核指标。加大农村残疾人扶贫开发支持力度,符合条件的农村残疾人优先享受产业扶贫、就业扶贫、小额信贷扶贫、异地搬迁等财政专项扶贫政策。鼓励农业龙头企业、种养业大户等吸纳低收入残疾人就业,按其安置残疾人数予以奖励,可同时享受就业补助等其他政策。保障残疾人土地承包经营权和土地流转合法收益。

(五)加强残疾人就业服务。县级残疾人就业服务机构和公共就业服务机构要免费向残疾人提供职业指导、职业介绍等就业服务,对符合条件的残疾人提供就业援助。加强残疾人就业服务信息网络建设。加大残疾人职业技能培训力度,建立培训成效与补助资金挂钩的绩效考核制度,定期举办残疾人职业技能竞赛,推动和健全残疾人技能培训基地建设。对残疾人自主参加职业技能培训,符合条件的给予培训费用补助。

四、着力提升残疾人基本公共服务水平

(一)加强残疾人康复服务能力建设。加强和优化康复资源整合与配置,建立医疗机构和康复机构间的合作机制,实现机构间转诊转介有效对接。加强社区康复服务,加大社区康复在基层医疗卫生工作中的考核力度。提高儿童福利机构的康复服务能力,鼓励和扶持社会力量兴办残疾儿童康复服务机构。建立中高级专业人才引进激励机制,落实从事残疾人康复工作的高等院校和中等职业学校毕业生入职奖补政策。在临床住院医生规范化培训中强化医疗康复方面的内容。完善0～6周岁儿童残疾筛查工作,普及残疾预防知识,提高公众残疾预防意识。

(二)提高特殊教育发展水平。完善残疾儿童学前教育布局,特殊教育学校开展学前教育,对家庭经济困难残疾儿童的学前教育训练和生活费给予补贴。支持儿童福利机构特殊教育班建设。规范送教服务,完善随班就读,全面推行全纳教育,探索个性化与医教结合的教学模式,提高残疾儿童义务教育入学率和教学质量。积极发展以职业教育为主的残疾人高中阶段教育。到2020年,基本普及残疾少年儿童十五年教育。进一步提高残疾学生和困难残疾人家庭子女资助水平,建立完善残疾学生特殊学习用品、教育训练、交通费补助政策。鼓励特殊教育教师终身从事特殊教育事业,在教师专业技术职务评聘、评先评优时给予适当政策倾斜。全面落实特殊教育津贴制度,绩效工资分配向特殊教育教师倾斜。

(三)强化残疾人服务设施建设和管理。加快推进残疾人服务设施建设,将残疾人专业服务设施、无障碍设施改造等纳入政府为民办实事项目,给予重点扶持。到2020年,建设1家示范性残疾人专业康复机构，建成1家示范性残疾人专业托养机构，平均每百名残疾人的康复和集中托养床位达到3张以上。人口在1万人以上的乡镇(街道)至少建有1家残疾人庇护机构，鼓励、扶持村(社区)建立残疾人庇护照料机构。整合乡镇(街道)、村(社区)养老助残资源，为智力、精神和重度残疾人提供托养照料、居家安养服务。对民营机构开展的残疾人康复、托养、庇护、教育、文化体育等服务，参照养老服务业相关优惠政策执行。

(四)推进城乡无障碍环境建设。积极推动无障碍环境县创建，加快公共交通、公共场所和设施的无障碍改造，进一步提高公共场所出入口的坡道平整覆盖率。公共停车场在最便利位置按照不低于2%的比例，至少设置1处残疾人专用无障碍停车位并作出标志。将无障碍环境建设纳入城镇化建设内容，与小城镇、农村道路、公共服务设施同时规划、同时设计、同时施工、同时验收。公共服务建设项目无障碍设施竣工验收时，应吸收残联组织和残疾人代表参加。深入实施"无障碍设施进家庭"建设项目，并适当增加实施数量，对贫困残疾人家庭无障碍改造给予补助。以国家信息无障碍建设标准为依据，逐步推进政府信息以无障碍方式发布、影像制品加配字幕、食品药品添加无障碍识别标识。在电视台开办手语栏目，或在主要新闻栏目加配手语解说或字幕。残疾人乘坐城市公共汽车等交通工具，给予交通费用减免优惠。

(五)发展残疾人文化体育。公共文化体育设施建设和广播电视村村通、文化信息资源共享等文化惠民工程，要为残疾人参与提供便利。公共文化体育设施和公园等公共场所对残疾人免费或优惠开放，并配备适合残疾人的文体活动器材。残疾人集中就业、康复托养、庇护照料等场所，配备适合残疾人康复健身的文体设施和用品，并定期组织开展文体活动。对残疾人文体人才的就学、就业、创业给予优先安排和政策扶持，对做出突出贡献的残疾人文体人才给予奖励。到2020年，建成1个市级残疾人文化体育活动示范点和示范基地，积极创建省级残疾人文化艺术基地和体育基地，每个乡镇(街道)至少配备1名残疾人体育健身指导员并发挥作用，组织开展适合残疾人的体育健身项目。残疾人社区文体活动参与率达到65%以上。

五、充分发挥社会力量和市场机制作用

(一)加大政府购买服务力度。制定政府购买残疾人服务试点工作实施方案，以残疾人康复、托养、护理、无障碍改造、文化体育、法律维权等服务为重点，坚持试点先行，逐步推开。鼓励引导民办机构进入残疾人各项服务领域，通过"民办公助""公办民营"等形式，建立托养、康复、就业、教育、培训等服务模式。建立完善购买服务指导性目录，加大政府购买服务力度，积极公开购买服务项目、内容等信息，建立相关规范化流程。

(二)大力发展残疾人慈善事业。鼓励和支持社会公众、社会组织通过捐款捐物、扶贫开发、助学助医等方式，为残疾人奉献爱心，提供慈善帮扶。鼓励支持服务残疾人的各类公益慈善组织发展，采取公益创投等多种方式，在资金、场地(所)、设备、管理、岗位购买、人员培训等方面给予扶持，引导和规范其健康发展。大力培育残疾人慈善项目品牌。

(三)广泛开展志愿助残活动。突出需求导向和精准服务，健全志愿助残的招募注册、服务对接、服务记录、组织管理、评价激励、权益维护等制度。要积极搭建志愿助残服务平台，加强助残志愿者专业技能培训。广泛开展形式多样的志愿助残服务活动，组织干部职工、大学生、专业技术人员到残疾人服务机构、扶贫基地以及残疾人家中等开展志愿助残服务。到2020年，全县助残志愿者注册人数达到100人以上。

六、全面落实保障措施

（一）健全组织领导机制。要将加快推进残疾人全面小康进程纳入重要议事日程，列为县政府目标管理和绩效考核内容，主要领导负总责，分管领导具体负责。县残工委要进一步完善工作机制，切实发挥统筹协调作用，明确各成员单位工作职责，加强工作考核和通报。建立健全全县残疾人基本服务状况和需求信息数据动态更新工作长效机制，及时掌握残疾人的基本服务和需求。各有关单位要根据本实施意见要求，按照职责和重点任务分工，及时制订出台相关配套政策措施。

（二）完善工作保障机制。建立完善多渠道、全方位的资金筹措机制，保障残疾人事业发展所需经费。县财政部门要建立完善稳定的残疾人事业经费保障机制，按照支出责任合理安排推进残疾人全面小康进程所需的经费。确保福利彩票公益金使用部分的10%以上用于为残疾人服务的福利设施、设备。加强残疾人就业保障金的征收、使用和管理，提高残疾人直接受益项目的比例。加强信息化建设，建立完善民政、人力社保、卫生计生、教育、公安、税务、市场监管、残联等单位之间相关数据信息的互通共享机制。

（三）完善残疾人权益保障机制。将残疾人权益维护纳入"平安建设"考核内容，加强对残疾人权益保障工作的督促检查。研究制定重要政策和实施重大建设时，涉及残疾人权益的，要征询残联组织和残疾人代表的意见和建议。加强对残疾人的司法保护，严肃查处侵害残疾人合法权益的违法行为。积极开通残疾人服务热线和网上信访工作平台，畅通残疾人合法利益诉求渠道。

（四）加大残疾人事业宣传力度。县级新闻媒体要开设残疾人专版专栏专题，每年定期刊登播放助残公益广告。在"全国助残日""国际残疾人日"等残疾人重大节日期间，广泛开展特色主题宣传活动。对维护残疾人合法权益、发展残疾人事业、为残疾人服务等方面做出突出贡献的单位和个人给予鼓励，在全社会营造理解、尊重、关心、帮助残疾人的良好氛围。

本实施意见自发布之日起施行，县政府已有规定与本实施意见不一致的，按本实施意见执行。

附件：重点任务分工及进度安排表

（玉政发〔2016〕25号）

附件

重点任务分工及进度安排表

序号	工作任务	责任单位	时间进度
1	依靠家庭供养的成年重度残疾人和成年三、四级精神、智力残疾人，可按照单人户纳入低保范围，并享受与低保家庭同等的和个人直接相关的专项社会救助政策	县民政局、县残联	2016年12月底前
2	根据全省目录调整情况，逐步扩大基本医疗保险支付的医疗康复项目范围，逐步调整已纳入基本医疗保险支付的医疗康复项目限制条件	县人力社保局、县卫生计生局、县残联	根据省调整时间推进
3	建立残疾人康复补贴制度	县残联、县民政局、县财政局、县卫生计生局	2016年12月底前
4	建立完善残疾人社会保险补贴制度	县人力社保局、县民政局、县残联	2016年12月底前
5	探索用人单位按比例安置残疾人就业公示制度，将安置残疾人就业情况纳入企业信用信息公示范围	县残联、县发改局、县人力社保局、县市场监管局	2016年12月底前
6	制定出台推进残疾人辅助性就业的意见	县残联、县发改局、县民政局、县人力社保局、县财政局、县国土局、县国税局、县人民银行	2016年12月底前
7	出台推进残疾人电子商务就业创业的意见	县商务局、县财政局、县人力社保局、县残联	2016年12月底前
8	制定县级残疾人创业孵化园(基地)建设标准	县残联、县财政局、县人力社保局、县商务局	2016年12月底前
9	修订出台残疾人就业保障金征收使用管理办法	县财政局、县残联	2016年12月底前
10	加大社区康复在基层医疗卫生工作中的考核力度，在临床住院医生规范培训中强化医疗康复方面的内容	县卫生计生局	2016年12月底前
11	建立完善残疾学生特殊学习用品、教育训练、交通费补助政策	县教育局、县财政局、县残联	2016年12月底前
12	制定残疾人康复、托养、庇护服务与评估标准	县残联、县民政局、县卫生计生局、县市场监管局	2016年12月底前
13	在电视台开办手语栏目，或在主要新闻栏目加配手语解说或字幕。县级新闻媒体要开设残疾人专版专栏专题，每年定期刊登播放助残公益广告	县委宣传部、县广播电视台、县残联	2016年12月底前

玉环县人民政府
关于推广运用政府和社会资本合作模式的实施意见(试行)

(2016年8月31日)

各乡镇人民政府,各街道办事处,县政府直属各单位:

为进一步推进我县投融资体制改革,鼓励和吸引社会资本参与公共服务、基础设施等领域的投资、建设和运营,增强公共产品和公共服务有效供给能力,根据《国务院办公厅转发财政部发展改革委人民银行关于在公共服务领域推广政府和社会资本合作模式指导意见的通知》(国办发〔2015〕42号)、《国家发展改革委关于开展政府和社会资本合作的指导意见》(发改投资〔2014〕2724号)、《浙江省人民政府办公厅关于推广运用政府和社会资本合作模式的指导意见》(浙政办发〔2015〕9号)、《浙江省财政厅关于推广运用政府和社会资本合作模式的实施意见》(浙财金〔2015〕5号)等文件要求,经县政府第33次常务会议讨论通过,提出如下实施意见:

一、总体思路

PPP模式是指政府与社会资本为更好提供公共产品和公共服务而建立的以契约关系为基础的长期合作关系和制度安排,通常是由社会资本承担设计、建设、运营、维护基础设施的大部分工作,并通过"使用者付费"及必要的"政府付费"获得合理投资回报;政府部门负责基础设施及公共服务价格和质量监管,以确保公共利益的最大化。PPP模式以风险分担、利益共享为主要特点,通过引入市场竞争和激励约束机制,发挥各方优势,提高公共产品和服务的质量和供给效率,实现政府、企业和社会多方共赢。

按照"政府主导、社会参与、市场运作、规范有序"的总体思路,对具备一定条件的基础设施和公共服务类项目,通过建立公平的市场运行环境和合理的投资回报机制,鼓励和引导社会资本积极参与,建立投资、补贴与价格的协同机制,不断提高基础设施运营质量和效益,满足人民群众对公共产品和服务的需求。

二、主要原则

(一)风险分担。政府与社会资本承担相应的项目建设和运营风险。原则上,项目设计、建设、技术、财务和运营维护等商业风险由社会资本承担,法律、政策和最低需求等风险由政府承担,不可抗力等风险由政府和社会资本合理共担,政府不给予PPP项目过高的补贴承诺,也不兜底市场风险。

(二)利益共享。通过政府授予特许经营权核定价费标准、政府购买服务以及必要的缺口补助等方式,建立合理的投资回报机制,稳定社会资本收益预期。政府既要充分调动社会资本参与的积极性,保障公共利益,提高公共服务质量和效率,又要防止不合理让利或利益输送,平衡好项目的财务效益和社会效益,确保实现激励相容。

(三)重诺履约。政府与社会资本法律地位平等、权利义务对等,双方在平等协商、依法合规的基础上签订项目合同,并通过合约明晰PPP项目参与方各自的权责利关系。一旦签署合约,必须严格按照合约内容执行,无故违约必须承担相应责任。

(四)公开透明。实行阳光化运作,充分披露政府与社会资本合作项目重要信息,保障公众知情权,对参与各方形成有效监督和约束。

(五)稳妥推进。因地制宜,积极探索符合我县特色和行业特点的做法,总结经验,形成适合我县长远健康发展的项目管理模式和配套制度体系,逐步增加存量项目改造和增量项目采用PPP模式的比例。

三、操作流程

(一)开展项目储备。

1. 项目范围。PPP模式主要适用于政府负有提供责任又适宜市场化运作的公共服务、基础设施类项目。价格调整机制相对灵活、市场化程度相对较高、有稳定的现金流、投资规模相对较大、需求长期稳定的基础设施和公共服务项目,应积极采用PPP模式进行建设和运营,包括交通、水利、市政、文教卫体、旅游、健康养老等基础设施和公共服务,保障性安居工程以及资源环境和生态保护等项目。已建成的项目也要积极探寻植入PPP模式,对原项目进行升级改造或合作运营,盘活存量资产,以缓解财政资金压力、提升经营管理水平、改善公共服务质量。

2. 项目征集。各乡镇(街道)、各行业主管部门、玉环经济开发区应积极谋划增量项目、改造存量项目,建立本区域、本行业PPP预选项目储备库。县发改局根据我县国民经济和社会事业发展规划及各行业专项发展规划,谋划一批项目,以及向乡镇(街道)、行业主管部门、玉环经济开发区征集一批潜在的PPP项目,形成县级PPP预选项目储备库。社会发起的PPP项目由社会资本以项目建议书的方式向县发改局推荐。

(二)规范项目评估。

1. 编制初步实施方案。行业主管部门、事业单位、县属国有企业或其他相关机构是政府授权的项目实施机构,对经县PPP工作联席会议审核确定拟谋划采用PPP模式的项目,组织或聘请专业机构参与编制初步实施方案,报县财政局开展物有所值和财政承受能力评估;县属国有企业的存量改造项目须同时向县国资办递交相关材料。

2. 物有所值(VFM)与财政承受能力评价。县财政局会同县发改局及行业主管部门对项目初步实施方案开展项目物有所值评价工作,并根据项目全生命周期内的财政支出、政府债务等因素,对政府付费或财政补贴的项目,开展财政可承受能力论证,必要时可通过政府采购方式聘请专业机构提供协助,保障论证结论的合理性和可用性。

3. 完善实施方案。物有所值与财政可承受能力评估论证通过后,项目实施机构应根据财政部《政府和社会资本合作模式操作指南(试行)》(财金〔2014〕113号)要求,完善项目实施方案,包括:项目名称及基本情况、项目实施单位、项目的基本经济技术指标、合作伙伴应具备条件、风险分配基本框架、项目运作模式、交易架构、合同体系、监管架构、招标(采购)方式的选择、产出标准和绩效指标及应当明确的其他事项。

4. 项目批准实施。项目实施机构将拟定的项目实施方案经县政府PPP工作联席会议研究同意后报县政府批准,按照项目实施方案设定的方式和条件,牵头组织社会资本采购工作。县发改局、财政局应根据项目情况,定期或不定期向社会公布项目清单,并向上级报送备案。

（三）选择合作伙伴。

1. 伙伴选择方式。项目实施机构应根据项目实际情况和要求，综合考虑专业资质、技术能力、管理经验、财务实力和信用状况等因素，通过公开招标、邀请招标、竞争性谈判、竞争性磋商、单一来源采购等方式，依法选择社会资本投资人。

2. 适用法律法规。对使用财政资金作为社会资本提供公共服务对价的项目，根据预算法、合同法、政府采购法及其实施条例等法律法规规定，选择项目合作伙伴。采用招标方式选择社会资本方的，适用《中华人民共和国招标投标法》及其实施条例；采用其他方式选择社会资本方的，适用《中华人民共和国政府采购法》及其《政府和社会资本合作项目政府采购管理办法》（财库〔2014〕215号），其中采用竞争性磋商采购方式的，还应按照《政府采购竞争性磋商采购方式管理暂行办法》（财库〔2014〕215号）等规定执行。

3. 规范选择伙伴。项目实施机构根据相关规定，做好采购文件编制、采购公告发布、资格预审、候选合作伙伴的综合评分、确认谈判等工作，规范开展PPP项目政府采购活动，择优确定诚实守信、安全可靠的社会投资人。

4. 签署项目合同。按合法程序确定社会投资人，经项目实施机构审核后报县政府同意，县政府授权项目实施机构与项目投资人签订项目合同，明确项目经营内容、范围及期限，责任风险分担、产品和服务标准，价格、收费标准、补贴及调整机制，信息披露，以及违约责任和争议解决程序等关键内容。具体合同标准文本可参考国家发改委制定的《政府和社会资本合作项目通用合同指南》、财政部制定的《PPP项目合同指南（试行）》及其他专项指导文件。签署的项目合同，应报县政府法制办、县财政局备案。

（四）组织项目实施。

1. 设立项目公司。项目公司可以由社会资本出资设立，也可以由政府和社会资本共同出资设立，政府在项目公司中的持股比例应当低于50%。项目公司成立后，项目实施机构应与项目公司重新签署项目合同，或签署关于承继项目合同的补充合同。县财政局会同行业主管部门监管PPP项目各方按照合同约定，按时足额出资设立项目公司。

2. 项目合同执行。项目公司应保证按时完成项目融资并履行建造、运营、维护和移交等合同义务，确保工程质量。项目运行阶段，项目公司依约提供安全、优质、高效、便利的公共服务，并定期对项目设施进行检修和保养，保证设施正常运行。项目资产移交时，要对移交资产进行性能测试、资产评估和登记入账，并按照国家统一的会计制度进行核算，在政府财务报告中进行反映和管理。健全合同争议解决机制，依法积极协调解决争议，确需变更合同内容、延迟合同期限以及变更社会资本方的，由政府和社会资本方协商解决，但必须保证公共服务的持续性和稳定性。已依法通过公开招标、竞争性谈判、竞争性磋商、单一来源采购方式选定的特许经营项目投资人具备设计、施工等法定资质的，项目设计、施工等环节可不再进行招标。

（五）加强项目监督。

1. 组织开展绩效评价。建立由县发改局牵头，财政、审计、服务使用者共同参与的综合评价体系，组织或聘请专业机构开展对项目的绩效目标实现程度、运营管理、资金使用、公共服务质量、公众满意度等综合绩效评价工作。绩效评价结果依法对外公开，接受社会监督，并作为价格和收费标准、财政补贴等调整的参考依据。

2. 依法履行监管职责。各行业管理部门要加强对项目建设质量、运营标准和安全的监督,保障公共产品的质量、效率和延续性。

(六)设定回报机制。

1. 设立合同调整机制。应根据项目运营情况、公众满意度等,适时调整价格、收费标准、财政补贴、租金等,确保回报合理、项目可持续运营,又避免谋取暴利。

2. 完善政府补贴制度。县财政局建立动态补贴机制,根据项目投资人和项目实施机构申请,以项目运营绩效评价结果为依据,综合考虑建造成本、运营费用等因素提出补贴意见,报县政府批准。同时,将财政补贴等支出分类纳入政府预算,在中长期财政规划中予以统筹考虑。

3. 实行风险分担、利益共享机制。对于收入覆盖成本和合理收益以外,超出社会资本合理收益的部分,政府与社会资本应合理分享;对于非经营管理原因造成亏损部分,政府与社会资本可在合同中约定分担、补贴机制。

(七)健全退出机制。

1. 预备应急预案。项目实施机构应与社会资本投资人明确项目的退出路径,保障项目持续稳定运行。如遇不可抗力等因素导致合作提前终止时,应做好应急预案,及时做好接管,保障公共利益不受侵害。单方违约的,违约方应当给予对方相应赔偿。

2. 建立多元化的退出渠道。县国资办依托各类产权、股权交易市场,为社会资本提供多元化、规范化、市场化的退出渠道。合作期满后,要按照合同约定的移交形式、移交内容和移交标准,及时组织开展项目验收、资产交割等工作,妥善做好项目移交。

四、保障措施

(一)加强组织领导。县政府成立以县长为组长的政府与社会资本合作工作领导小组,统一协调全县政府和社会资本合作工作。领导小组在县发改局下设办公室,县发改局要会同有关部门,做好PPP模式的政策制定、项目储备、业务指导和信息管理等工作。同时,建立政府与社会资本合作工作联席会议制度,由政府常务副县长担任召集人,县发改、财政、国土、环保、住建规划、交通、人民银行等单位为成员单位,研究完善相关政策体系,统筹安排全县PPP工作的总体规模和进度,协调PPP模式推广运用中的相关工作。

(二)明确工作职责。县发改局负责牵头筛选可实施PPP模式的适用项目,建立PPP项目储备库,下达实施PPP项目前期工作计划,建立项目信息发布平台,统一公开发布我县拟实施的PPP项目及投资准入条件,指导涉及财政资金(资产、资源)投入的PPP项目的整体策划和实施方案的评估论证,组织对PPP项目进行绩效评价工作;县财政局负责涉及财政资金(资产、资源)投入的PPP项目识别、项目策划和实施方案的评估论证,做好PPP项目物有所值评估和财政承受能力论证,落实政府购买服务机制,负责PPP项目政府采购的指导和监管,落实政府负有支付义务的项目预算资金安排,参与对PPP项目进行绩效评价;县国资办负责参股筹建项目公司,指导协助一般性国资公司参与PPP项目建设、运营,依法参与项目公司监管,负责项目国有资产监管工作;县投资促进局负责PPP项目的招商策划、推介等协调工作;县金融办、县人民银行负责PPP项目融资的指导、协调和服务工作;各行业主管部门负责本部门PPP项目的策划和具体实施,根据本行业特点,制定和公布行业技术规范,明确准入标准、服务质量和监管细则,会同相关部门对潜在可实施PPP模式的项目开展项目谋划和评估论证,组织编制PPP项目实施方案,做好项目采购、执行监管、绩效评价和项目移交等工作；县国土、环保、住建规划等部门优化行政审批流程，提高工作效率，积极配合做好各项审批服务工作，督促社会投资主体严格遵守环保、用地、节能、质量、安全等规定；县法制办负责涉及PPP模式管理领域相关县政府规范性文件和项目合同的合法性审查工作；县监察局、县审计局在各自职责范围内参与PPP项目过程监管和绩效评价，依法履行监督职责。

（三）简化审批程序。项目按照相关规定履行审批、核准、备案程序。投资人确定前的项目前期工作由行业主管部门负责，投资人确定后的项目前期工作由投资人（项目公司）负责，项目实施机构协助。进一步完善PPP项目并联审批机制，精简流程，充分利用项目前期成果，已办理的相关前置手续，不再重复办理。核准文件或正式签订的项目合同，可作为项目投资主体变更的依据。

（四）加强政策引导。PPP项目按规定享受相关税收优惠和行政事业性收费减免政策，在安排各类财政专项资金和政府性补贴时，享受与政府投资项目同等的财政扶持政策。积极帮助争取国家开发银行等开发性金融机构的中长期贷款和商业银行贷款。鼓励项目运营主体在资本市场通过发行公司债券、企业债券、中期票据、定向票据等市场化方式进行融资，鼓励项目公司发行项目收益债、项目收益票据、资产支持票据等。

县财政设立PPP开发性引导基金，用于补贴PPP项目前期运作、引导规范，对PPP项目推广运用的关键环节和重点项目予以支持。

（五）优化发展环境。加强全社会信用体系建设，保障政府和社会资本合作顺利推进。加强项目实施能力建设，加强人才培养，注重培育社会投资人，引进和培育第三方专业咨询机构，鼓励社会中介机构、社团组织积极参与项目建设，提供法律、财务、咨询等专业服务。加强法制保障，依法保障PPP项目投资人合法权益。加强舆论宣传引导，增强政府、社会和市场主体共识，营造良好的合作氛围。

附件：玉环县政府与社会资本合作工作领导小组成员名单

（玉政发〔2016〕29号）

附件

玉环县政府与社会资本合作工作领导小组
成员名单

组　长:吴才平

副组长:杨良强

成　员:孙　群(县府办)

阮挺峰(县府办)

车建军(县发改局)

林仁斌(县财政局)

张素燕(县国资办)

蔡其方(县国土局)

庄雄平(县环保局)

董俊杰(县住建规划局)

王　伟(县投资促进局)

徐福根(县审计局)

蔡国庆(县金融办)

李晓聪(县法制办)

叶　程(县人民银行)

领导小组会议可根据工作需要邀请有关部门和乡镇(街道)列席。领导小组在县发改局下设办公室,具体负责PPP模式的政策制定、项目储备、业务指导和信息管理等工作,主任:车建军(兼),副主任:郭国强(县发改局)。

光荣榜

2016年荣获国家级和国家级条线表彰的先进集体

国家园林县城　建城〔2016〕16号

玉环县

全国残疾人工作先进单位　残工委发〔2016〕5号

玉环县人民政府残疾人工作委员会

全国学校体育工作示范校　教体艺厅函〔2016〕18号

玉环县楚门镇中心小学

2015年全国义务教育发展基本均衡县　国务院教育督导委员会

玉环县

第三届国土资源节约集约模范县　国土资源节约集约模范县(市)创建活动办公室

玉环县

2016年荣获省委、省政府和部门颁奖的先进集体

平安市、县(市、区)　浙委发〔2016〕7号

玉环县

在服务保障G20杭州峰会工作中做出突出贡献的集体　浙委发〔2016〕29号

玉环县委政法委

2015年度“基本无违建县(市、区)”　浙政发〔2016〕13号

玉环县

2012—2015年度全省无偿献血先进县(市、区)　浙政发〔2016〕43号

玉环县

2015年度创建法治县(市、区)工作先进单位　浙委发〔2016〕20号

玉环县

全省"百日维稳攻坚大会战"先进集体	中共浙江省委办公厅
玉环县委政法委	
先进基层党组织	浙政〔2016〕6号
玉环县人武部党支部	
2015年度征兵工作先进单位	浙政〔2016〕80号
玉环县	
全省测绘与地理信息系统"六五"普法工作先进单位	浙测〔2016〕58号
玉环县测绘与地理信息局	
浙江省文化产业示范基地	浙文产〔2016〕10号
玉环县老铜匠铜制品有限公司	
全省新闻出版广播影视系统G20峰会维稳安保工作先进集体	浙新广发〔2016〕122号
玉环县文化广电新闻出版局	
人民防空工作先进单位	浙人防办〔2016〕4号
玉环县人民防空办公室	
记集体二等功	浙检发政字〔2016〕2号
玉环县人民检察院反贪污贿赂局	
新能源示范城镇	浙财建〔2016〕38号
干江镇	
G20杭州峰会信访工作先进单位	浙信联办〔2016〕8号
干江镇	
浙江省关心下一代工作先进集体	浙关工委〔2016〕9号
玉环县关工委	
2015年度基层防汛防台体系规范化建设通过省市考核验收	浙防指〔2016〕2号
玉环县	
浙江省"五水共治"工作先进集体	浙委办发〔2016〕10号
玉环县水利局	
浙江省严重精神障碍管理治疗工作县级先进集体	浙精卫办〔2016〕8号
玉环县精神卫生工作办公室	
浙江省G20峰会维稳安保工作通报表扬单位	浙司〔2016〕115号
玉环县司法局	
全省法律服务"三改一拆""五水共治"工作成绩显著单位	浙司办〔2016〕28号
玉环县司法局	

全省社区戒毒社区康复示范点　浙禁毒字〔2016〕10号

玉环县坎门街道办事处

2016年度全省劳动争议基层调解优秀单位　浙劳人仲〔2016〕6号

玉环县大麦屿街道办事处劳动争议调解委员会

2015年度省级先进团委、先进团支部　团浙〔2016〕25号

一、先进团委　二、先进团支部

楚门镇团委　国税局团总支

记二等功　浙国税发〔2016〕184号

县国家税务局

浙江省"法治宣传教育动漫形象"征集活动最具地方特色奖　浙普办〔2016〕2号

玉环县司法局

2015年度全省县级海洋与渔业工作先进单位　浙海渔发〔2016〕1号

玉环县海洋与渔业局

2015年度全省渔船安全救助信息系统先进集体　浙海渔执〔2016〕2号

玉环县渔船安全救助信息中心

2015年度浙江渔场修复振兴暨"一打三整治"专项执法行动先进集体　浙委办发〔2016〕33号

玉环县海洋与渔业局

浙江省海洋与渔业局关于大陆海岸线调查工作优秀组织　浙海渔规〔2016〕19号

玉环县海洋与渔业局

2016年度全省渔业船舶检验系统先进单位　浙海渔船〔2016〕4号

玉环县渔业船舶检验站

2015年度县级林业工作先进集体　浙林办〔2016〕8号

玉环县林业特产局

2016年度"千万农民素质提升工程"优秀县　浙农办〔2017〕7号

玉环县

2016年度浙江省农村生活垃圾治理工作优胜县　浙村整建办〔2017〕3号

玉环县

浙江省绿色学校　浙环办函〔2016〕242号

玉城中学

2016年浙江省青少年校园足球特色学校　浙教办函〔2016〕111号

沙门中心小学

浙江省健康促进学校(金牌)　浙爱卫办〔2016〕15号

城关第四初级中学

浙江老年开放大学第一批试点单位	浙老办〔2016〕1号
玉环电大	
2015年度全省民政工作先进县	浙民办〔2016〕24号
玉环县	

2016年年荣获省委、省政府和部门颁奖的先进先进个人

在服务保障G20杭州峰会工作中做出突出贡献的个人	浙委发〔2016〕29号
林建波(玉环县信访局)	
2015年度"无违建县(市、区)"创建工作先进个人	浙政发〔2016〕13号
林　杭(玉环县楚门镇)	
李国立(玉环县玉城街道办事处)	
全省"百日维稳攻坚大会战"先进个人	中共浙江省委办公厅
许道龙(玉环县政法委)	
G20杭州峰会信访工作先进个人	浙信联办〔2016〕8号
龚时波(玉环县信访局)	
全省法院2015年度记功个人(二等功)	浙高法〔2016〕13号
陈绍青(玉环县人民法院立案庭)	
全省法院刑事审判工作先进个人	浙高法政〔2016〕25号
郑敏慧(玉环县人民法院少年刑事审判庭)	
全省"扫黄打非"工作先进个人	浙扫黄打非发〔2016〕14号
苏云燕(玉环县文化市场行政执法大队)	
全省新闻出版广播影视系统G20峰会维稳安保工作先进个人	浙新广发〔2016〕122号
徐浩曦(玉环县广播电视台传输中心)	
给予嘉奖奖励	浙气发〔2016〕25号
林友勤(玉环县气象局)	
浙江省第二批"千名好支书"	浙组通〔2016〕31号
苏为方(玉环县玉城街道西门社区)	杨飞平(玉环县坎门街道红旗社区)
余中碧(玉环县大麦屿街道杨家村)	蔡赋祥(玉环县楚门镇蒲田村)
苏为林(玉环县芦蒲镇尖山村)	黄松土(玉环县干江镇上栈头村)
张　毅(玉环县人民检察院)	吴长鸿(浙江双环传动机械股份有限公司)
林　兰(隆中控股集团有限公司)	

全省优秀县(市、区)气象局局长	浙气发〔2016〕8号

张文明(玉环县气象局)

全国纳税人满意度调查中工作表现突出记个人三等功	浙地税函〔2016〕343号

马明杰(玉环县地税局)

浙江省关心下一代工作先进个人	浙关工委〔2016〕9号

骆石棉(玉环县坎门街道关工委)

浙江省"五水共治"工作先进个人	浙委办发〔2016〕10号

金加树(玉环县清港镇)

2015年度全省麻风病性病防治工作先进个人	浙皮〔2016〕10号

应旭华(玉环县疾病预防控制中心)

全省先进基层卫生协会先进个人	浙基卫协〔2016〕41号

华云平(玉环县基层卫生协会)

2011—2015年全省法治宣传教育先进个人	浙普〔2016〕2号

范公浩(玉环县司法局)

全省法律服务"三改一拆""五水共治"工作成绩显著个人	浙司办〔2016〕28号

胡宇晓(玉环县公证处)

2016年度全省劳动争议案件处理工作优秀个人	浙劳人仲〔2016〕6号

黄　山(玉环县劳动人事争议仲裁委员会)

2016年度全省劳动争议基层调解优秀个人	浙劳人仲〔2016〕6号

卢剑军(玉环县坎门街道劳动争议调解委员会)

2015年度省级优秀团员	团浙〔2016〕25号

陈庆荣(芦蒲镇团委)　　施岩财(海山乡团委)

在全国国税系统精神文明创建工作中表现突出(二等功)	浙国税发〔2016〕184号

郑利英(县国税局)　　朱伟松(县国税局)

G20杭州峰会维稳安保工作先进个人	浙高法政〔2016〕11号

陈绍青(玉环县人民法院)　　王晨炜(玉环县人民法院)

2015浙江渔场修复振兴暨"一打三整治"专项执法行动先进个人	浙委办发〔2016〕33号

蒋兴良(玉环县海洋与渔业局)

G20杭州峰会森林消防安保工作先进个人	浙森防指〔2016〕10号

张才行(玉环县林业特产局)　　李兆军(玉环县林业特产局)

浙江省农业科技先进工作者	浙政办发〔2016〕54号

陈青英(玉环县特产技术推广站)

十佳浙江省优秀科技工作者　浙科协发〔2016〕26号

陈青英(玉环县特产技术推广站)

巾帼建功标兵　国寿人险浙工发〔2016〕1号

陈　敏(中国人寿玉环县支公司)

单证管理先进工作者奖　国寿人险台发〔2016〕68号

徐香华(中国人寿玉环县支公司)

G20杭州峰会食品安全驻点保障监管工作做出贡献监管人员　浙食药监办〔2016〕34号

郑加彬(玉环县市场监督管理局)

2016年荣获市委、市政府和部门颁奖的先进集体

全市G20杭州峰会维稳安保工作先进集体　台市委发〔2016〕124号

玉城街道党工委和办事处　坎门街道党工委和办事处

玉环县信访局　玉环县公安局

台州市2014年冬季退役士兵安置工作先进单位　台政函〔2016〕51号

玉环县

先进基层党组织　台政〔2016〕3号

玉环县民兵海上运输一分队党支部

先进单位　台政〔2016〕21号

安全管理先进单位:玉环县人武部

先进基层武装部:干江镇武装部

先进民兵哨所:玉环县坎门女子民兵哨所

2011—2015年全市法治宣传教育先进集体　台市委办发〔2016〕43号

玉环县人民检察院　玉环县妇联

玉环县芦浦镇人民政府　玉环县经济开发区管委会

玉环县公安局　玉环县教育局

玉环县委宣传部　玉环县国土资源局

玉环县清港镇人民政府　玉环县大麦屿街道办事处

2015年度三等功记功集体　台中法〔2016〕17号

玉环县人民法院民事审判第一庭

2016年度三等功记功集体　台中法〔2016〕272号

玉环县人民法院民商案件速裁庭

全市公共机构节能管理工作先进集体 台事管〔2016〕4号

玉环县机关事务管理局

市级治安安全先进单位 台公办〔2016〕21号

玉环县机关事务管理局	中国人寿保险股份有限公司玉环县支公司
玉环县玉城街道城关中心小学	浙江省玉环广播转播台
中国工商银行股份有限公司玉环支行	中信银行股份有限公司台州玉环支行
玉环县楚门中学	国网浙江玉环县供电公司
上海浦东发展银行台州玉环支行	中国电信股份有限公司玉环分公司
中国人民银行玉环县支行	玉环中学
中国农业发展银行玉环县支行	浙江泰隆商业银行股份有限公司台州玉环支行
浙江省玉环县国家税务局	中国邮政集团公司浙江省玉环县邮政分公司
浙江双友物流器械股份有限公司	浙江正裕工业股份有限公司
玉环县公路管理局	浙江耐士轮机械有限公司
玉环县道路运输管理局	玉环滚装轮渡有限公司
玉环县昌飞阀门有限公司	浙江苏泊尔橡塑制品有限公司
浙江九隆机械有限公司	台州福安物业管理有限公司
浙江华达机械有限公司	台州巨力工具有限公司
浙江海川化学品有限公司	浙江中捷缝纫科技有限公司
浙江万得凯铜业有限公司	台州易宏实业有限公司
玉环县楚门橡塑制品厂	台州宏鑫曲轴有限公司
台州康利得金属制品有限公司	浙江振华精锻齿轮有限公司
浙江天源家居有限公司	玉环长城宾馆有限公司
浙江诺贝家具有限公司	浙江玉环农村合作银行
玉环县玉城中学	玉环县水务集团有限公司
中国银行股份有限公司玉环支行	中国建设银行股份有限公司玉环支行
浙江巨龙工贸有限公司	浙江卡洛特水暖器材制造有限公司
玉环江林水暖管业有限公司	玉环县文化广电新闻出版局
浙江苏泊尔股份有限公司	中国移动通信集团浙江有限公司玉环分公司
台州丰华铜业有限公司	浙江沪龙电机有限公司
浙江达柏林阀门有限公司	浙江博民机电股份有限公司
浙江风格家具有限公司	浙江欧宜风家具有限公司
浙江天元机电有限公司	浙江金辉机械有限公司
玉环县红十字医院	浙江健龙卫浴有限公司
玉环县民用爆破器材专营有限公司	中国邮政储蓄银行股份有限公司玉环支行

全市“扫黄打非”工作先进集体 台扫黄打非〔2016〕1号

玉环县文化市场行政执法大队

全市住房和城乡建设系统2015年度党风廉政建设先进集体 台建规党组〔2016〕3号

玉环县风景旅游管理局　玉环县住房保障服务中心

玉环县城建测量队　玉环县风景旅游管理局办公室

全市住房和城乡建设系统2015年度先进集体 台建〔2016〕18号

玉环县风景旅游管理局

记集体三等功 台检发政字〔2016〕4号

玉环县人民检察院楚门检察室

全市检察机关党风廉政建设先进集体 台检党发〔2016〕2号

玉环县人民检察院

防雷减灾工作先进集体 台气发〔2016〕6号

玉环县气象局

台州市学前教育合格乡镇 台政办函〔2016〕88号

干江镇

全市水利信息宣传工作先进单位 台水利办〔2016〕9号

玉环县水利局

2015年度出生人口性别比综合治理工作先进集体 台计生领办〔2016〕3号

玉环县公安局　玉环县卫生计生局

2015年度全市卫生监督工作综合先进与单项先进集体 台卫发〔2016〕9号

一、卫生监督综合先进:玉环县卫生监督所

二、卫生监督单项先进:学校卫生监督　玉环县卫生监督所

信息化建设　玉环县卫生监督所

2015年度全市疾病控制工作综合先进 台卫发〔2016〕9号

玉环县疾病预防控制中心

2015年度台州市安全生产工作先进单位 台政办函〔2016〕7号

玉环县交通运输局　玉环县坎门街道办事处

2015年度全市安全生产信息工作先进单位 台安监管〔2016〕27

玉环县安全生产监督管理局

2015年度全市农业信访工作先进集体 台农〔2019〕29号

玉环县农业局

2015年度全市畜牧兽医工作先进集体 台农〔2016〕30号

玉环县农业局

农业“两区”建设、粮食生产、优秀农业龙头企业等工作先进集体和个人　台政办函〔2016〕12号

一、2011—2015年度农业“两区”建设先进单位

玉环县农业局　玉环县干江镇人民政府

二、2015年度粮食生产先进乡镇(街道)

玉环县沙门镇人民政府

三、粮食生产先进服务组织

玉环县风光机械合作社

2015年度农业政务信息工作先进集体　台农〔2016〕42号

玉环县农业局

2015年度台州司法行政系统嘉奖单位　台司〔2016〕11号

玉环县司法局玉城司法所

台州市第二批安全生产执法监察规范化建设示范单位　台安监管〔2016〕8号

玉环县坎门街道安监所　玉环县大麦屿街道安监所

玉环县经济开发区安监所　玉环县清港镇安监所

玉环县龙溪镇安监所

2015年度市级五四红旗团委、五四红旗团支部、先进团组织　团台〔2016〕27号

五四红旗团委:玉环县鸡山乡团委

五四红旗团支部:玉环县楚门镇楚州人才梦工厂团支部

先进团组织:玉环县玉城街道团委　玉环县坎门街道团委　玉环县芦蒲镇团委

台州市民族团结进步示范单位　台民宗〔2016〕37号

玉环县坎门街道

2015年度台州市共青团工作、青年工作创新奖　团台〔2016〕30号

玉环团县委

台州市少先队工作先进集体团　台联〔2016〕10号

少先队干江镇中心小学大队

2015年度台州市国税系统先进单位　台国税函〔2016〕23号

县国税局

全市国税系统年度绩效管理考核先进集体　台国税函〔2016〕82号

玉环县国家税务局

2015年度全市系统先进集体　台市监人〔2016〕4号

玉环县市场监管局人事教育科　玉环县市场监管局餐饮服务监管科

2015年度重点工作先进集体　台市监人〔2016〕5号

药械保化全流程大会战工作先进集体:玉环县市场监管局

为民办实事工作先进集体:玉环县市场监管局(食品安全基层责任网络建设)

台州市市场监督管理局关于公布G20杭州峰会维稳安保工作先进集体　台市监综〔2016〕47号

玉环县市场监督管理局

AAAA级平安校园　台教基2016(30)

城关二中

第五批台州市社会科学普及示范基地　台社科〔2016〕22号

坎门二中

台州市优秀少先队大队　团台联〔2016〕10号

沙门中心小学

2016年度台州电大系统“办学先进单位”　台电大〔2016〕65号

玉环电大

2016年荣获市委、市政府和部门颁奖的先进个人

全市G20杭州峰会维稳安保工作先进个人　台市委发〔2016〕124号

颜道明　阮挺峰　陈绍青　耿传哲　张　杰　黄哲鹏　陈必忠　黄　艳　吴云忠
苏文辉　方强国　陈　立　陈方桂　赵贵法　林定志

优秀共产党员　台政〔2016〕3号

贺南松(玉环县人武部)

先进个人　台政(2016)21号

军事训练先进个人:贺南松(玉环县人武部)

优秀专武干部:郑华森(玉环县人武部)

2011—2015年全市法治宣传教育先进个人　台市委办发〔2016〕43号

余贤平(玉环县人大常委会法工委)　方国富(玉环县总工会)
王海婷(玉环县坎门街道党工委)　苏云燕(玉环县文化市场行政执法大队)
朱晨霞(玉环县流动人口服务管理局)　冯仁文(玉环县沙门镇人民政府)
林世灵(玉环县司法局)　林海兵(玉环县关工委)
郭海滨(玉环县玉城街道党工委)　许劲松(浙江辅成律师事务所)

2015年度三等功记功个人　台中法〔2016〕17号

王胜权(玉环县人民法院民事审判第一庭)

俞　忠(玉环县人民法院执行一庭派驻司法警察)

2016年度三等功记功个人　台中法〔2016〕272号

苏　斌(玉环县人民法院刑事审判庭)　金建辉(玉环县人民法院执行一庭)

张　琪（玉环县人民法院民商事速裁庭）

信息宣传工作先进个人　　台中法〔2016〕90号

干莉娜（玉环县人民法院）

全市公共机构节能管理工作先进个人　　台事管〔2016〕4号

黄开木（玉环县机关事务管理局）　　林国良（玉环县机关事务管理局）

全市机关事业单位办公用房清理整改和集中统一管理工作先进个人　　台事管〔2016〕4号

李潘仁（玉环县机关事务管理局）　　李建勇（玉环县机关事务管理局）

全市机关安全保卫工作先进个人　　台事管〔2016〕4号

赵　丹（玉环县机关事务管理局）　　陆绍海（玉环县机关事务管理局）

全市“扫黄打非”工作先进个人　　台扫黄打非〔2016〕1号

林　寅（玉环县公安局治安大队）　　苏云燕（玉环县文化市场行政执法大队）

全市住房和城乡建设系统2015年度党风廉政建设先进个人　　台建规党组〔2016〕3号

吴松键（玉环县住房和城乡建设规划局）　　杨爱华（玉环县住房和城乡建设规划局）

李苑茜（玉环县风景旅游管理局）

全市住房和城乡建设系统2015年度先进个人　　台建〔2016〕18号

玉环县住房和城乡建设规划局：谢志强、黄云标、马凌滨、李旦贵

玉环县风景旅游管理局：颜通富、黄德建

首批台州市农村科创之星　　台科协〔2016〕99号

高卫东（玉环县白云果蔬专业合作社）　　林招水（玉环火山茶股份合作农场）

记个人三等功　　台检发政字〔2016〕4号

陈　琳（玉环县人民检察院公诉科）

防雷减灾工作先进个人　　台气发〔2016〕6号

包际聪（玉环县气象局）

重大气象服务先进个人　　台气发〔2016〕7号

史敏涛（玉环县气象局）

全市水利信息宣传工作先进个人　　台水利办〔2016〕9号

蒋招君（玉环县水利局）　　颜霜霜（玉环县水利局）

台州市“五水共治”信息工作先进个人　　台治水办〔2016〕6号

李光聪（玉环县清港镇）

蒋招君（玉环县水利局）

余　欣（玉环县“五水共治”工作领导小组办公室）

刘定弟（玉环县“五水共治”工作领导小组办公室）

姚桔云（玉环县“五水共治”工作领导小组办公室）

台州市“十二五”征兵和普通高校招生体检工作先进个人　台卫发〔2016〕95号

吴日圣(玉环县人民医院)　王建君(玉环县人民医院)
江德清(玉环县人民医院)　缪金透(玉环县人民医院)
章林华(玉环县人民医院)　李杨春(玉环县中医院)

2015年度出生人口性别比综合治理工作先进个人　台计生领办〔2016〕3号

高　川(玉环县公安局)　赖伶超(玉环县坎门街道办事处)
叶夏林(玉环县卫生计生局)

2014—2015年度市级社会治安综合治理工作先进个人　台综委〔2016〕2号

陈德君(玉环县委政法委员会)　陈剑光(玉环县公安局玉城派出所)
郑佩鸿(玉环县卫生和计划生育局)　李如银(玉环县玉城街道办事处)
卓玉宝(玉环县大麦屿街道办事处)　潘宋根(玉环县楚门镇人民政府)
江海君(玉环县芦蒲镇人民政府)

2015年度台州市安全生产工作先进个人　台政办函〔2016〕7号

董家善(玉环县安全生产监督管理局)　吴云忠(玉环县海洋与渔业局)
林列霞(玉环县清港镇人民政府)

2015年度全市安全生产信息工作先进个人　台安监管〔2016〕27号

王华辉(玉环县安全生产监督管理局)

2015年农业水环境治理工作和生态循环工作先进个人　台农〔2016〕25号

一、农业水环境治理工作先进个人
屠昌鹏(玉环县农业局)

二、生态循环农业工作先进个人
袁　斌(玉环县农业局)

全市农业“六五”普法、法治农业(依法行政)、综合执法、信访工作先进个人　台农〔2016〕29号

一、“六五”普法工作先进个人
张友润(玉环县农业局)

二、全市法治农业(依法行政)工作个人先进
孙建勇(玉环县农业局)

三、综合执法工作先进个人
符文云(玉环县农业局)

四、农业信访工作先进个人
徐春波(玉环县农业局)

2015年度全市畜牧兽医工作先进个人　台农〔2016〕30号

潘辉波(玉环县畜牧兽医局)　颜聪友(玉环县港北动物卫生监督分所)
章方波(玉环县港南动物卫生监督分所)

农业“两区”建设、粮食生产、优秀农业龙头企业等工作先进集体和个人　台政办函〔2016〕12号

一、2011—2015年度农业“两区”建设先进个人
符进友(玉环县人民政府)
陈郭中(玉环县农业局)
金加树(玉环县清港镇人民政府)

二、2015年度粮食生产先进工作者

林美华(玉环县农业局)

三、优秀种(售)粮大户

柯荣光(玉环县玉城街道)

2015年度农业会展工作先进个人 台农筹办〔2016〕2号

王珍慧(玉环县农业局)

台州市2015年度农村能源工作先进个人 台农〔2016〕37号

屠昌鹏(玉环县农业局)

2015年度台州司法行政系统记三等功个人 台司〔2016〕11号

颜海芬(玉环县司法局大麦屿司法所)

2015年度市级优秀团员、优秀团干部 团台〔2016〕27号

优秀团员:陈俏鹏(玉环县大麦屿街道小麦屿村) 盛 丁(玉环县清港镇人民政府)

陈姗姗(玉环县干江镇人民政府) 徐贤明(玉环县公安局玉城派出所)

优秀团干部:范华乐(玉环县楚门镇) 董西青(玉环县沙门镇)

朱伟松(玉环县国家税务局) 查济东(玉环县卫生和计划生育局)

优秀国税干部 台国税函〔2016〕26号

王 娴(县国税局)

记功嘉奖 台国税发〔2016〕56号

在全市绩效管理工作中表现突出人员:

詹永滨(玉环县国家税务局) 林 骞(玉环县国家税务局)

在公务员网上资格审查工作中表现突出人员:

柳 优(玉环县国家税务局)

在人事工资制度三项改革中表现突出人员:

潘海燕(玉环县国家税务局)

在税务文化建设工作中表现突出人员:

吴柯蓓(玉环县国家税务局)

在2015年度税务稽查工作中表现突出,查补税款达到奖励标准人员:

孙 务(玉环县国家税务局)

全市国税系统年度绩效管理考核优秀个人记功嘉奖 台国税函〔2016〕82号

年度考核优秀等次个人三等功

玉环县国家税务局(6人):章建军 王 娴 林淑艳 陈 钢 杨 平 郑 俊

年度考核优秀等次个人嘉奖

玉环县国家税务局(3人):林国荣 叶继选 徐朝晖

2015年度全市渔船安全生产监管工作先进个人　台海渔〔2016〕24号

玉环县海洋与渔业局：蔡世超　陈志峰　郑念平

2015年度全市特产工作先进个人　台农〔2016〕34号

陈青英(玉环县特产技术推广站)

信息先进一等奖　国寿人险台发〔2016〕68

余秋平(中国人寿玉环县支公司)

单证管理三等奖　国寿人险台发〔2016〕68

徐香华(中国人寿玉环县支公司)

全市系统"最美市场监管人"　台市监人〔2016〕3号

陈　超(玉环县市场监管局清港所所长)

2015年度全市系统先进工作者　台市监人〔2016〕4号

玉环县市场监管局:张才平　季　宏　潘建波　尚定国

2015年度重点工作先进个人　台市监人〔2016〕5号

一、企业年报及信息公示工作先进个人

尚定国(玉环县市场监管局)

二、小微企业三年成长计划工作先进个人

包沧桑(玉环县市场监管局)

三、食品安全全环节大会战工作先进个人

陈苗琴(玉环县市场监管局)

四、消费维权全领域大会战工作先进个人

叶智勇(玉环县市场监管局)

五、为民办实事工作先进个人

玉环县市场监管局:陈逸枫　谢　妍

六、查办典型大要案工作先进个人

陈　超(玉环县市场监管局)

2015年度政务信息工作先进个人　台质办发〔2016〕14号

许道峥(玉环县市场监管局)

2015年度台州市质量技术监督局先进工作者　台质发〔2016〕15号

玉环县局:庄如文　蒋　鹏　许旭阳　金　珑

台州市市场监管系统G20杭州峰会维稳安保工作先进个人名单　台市监综〔2016〕47号

玉环县市场监督管理局:陈静波　郑加彬　戴　星　许道峥　华仕峰

荣获县级先进集体和个人

2015年度发展目标责任制考核优秀乡镇(街道)和工作目标责任制考核优秀县级单位等先进集体先进个人

玉县委〔2016〕1号

一、2015年度发展目标责任制考核优秀乡镇(街道)和优秀县级单位(20个)

优秀乡镇(街道):

芦浦镇　坎门街道

玉环经济开发区

优秀县级单位第一组:

县纪委　县委组织部

县委宣传部　县人武部

县公安局

优秀县级单位第二组:

县发改局　县海洋渔业局

县水利局　县国土局

县城管执法局　县住建规划局

县交通运输局

优秀县级单位第三组:

县农办　县司法局

县教育局　县行政服务中心

县信访局

二、2015年度县落实党建工作责任制先进单位(4个)

大麦屿街道党工委　清港镇党委

县交通运输局党委　县城管执法局党组

三、2015年度县考核优秀重点工程指挥部(8个)

玉环县沿海高速公路工程建设指挥部　76省道复线南延至大麦屿工程指挥部

玉环县住房保障工程建设指挥部　玉环海洋经济投资开发有限公司

玉环县亿联阀门建材有限公司　玉环县滨港工业城管理委员会

玉环经济开发区基础设施投资有限公司　台州港大麦屿港区对台直航客滚码头建设指挥部

四、2015年度县实干论英雄先进个人(60个)

罗　剑(县委办综合科)　冯光龙(县人大常委会)

胡楚峰(县府办)　陈志法(县政协办)

赵木宝(县纪委第三纪检监察室)
杨海菊(县委组织部)
徐春法(县委宣传部)
邢文彬(县委政法委)
庄建民(县人武部)
王胜权(县法院民一庭)
陈　琳(县检察院公诉科)
叶俊林(县信访局接访科)
沈海灵(县农办)
金哲蒙(县总工会)
张　斌(县委党校)
曾县区(县广播电视台)
郭国强(县发改局)
陈海晓(县教育局)
金华松(县民宗局)
陈剑光(县公安局)
虞巧雪(县民政局)
肖卫国(县司法局)
吴敏华(县财政局)
吴碧金(县国土局)
梁永地(县环保局)
张才傲(县住建规划局)
林成才(县交通运输局)
高全煜(县水务集团有限公司)
林方平(县投资促进局投资促进科)
陈伟鹰(县文广新局)
李　旭(县审计局国家建设项目审计中心)
董西宇(县安监局)
徐招旺(县城管执法局)
郑　挺(县海洋渔业局海洋环境监测站)
林定春(县市场监管局楚门分局)
陈长有(县林特局)
吕一建(县行政服务中心)
李国立(玉城街道办事处)
陈　伟(坎门街道办事处)
叶剑飞(坎门街道办事处)
陈　晖(坎门街道办事处)
陈礼平(大麦屿街道办事处)
林甲辉(大麦屿街道办事处)
吴巍峰(楚门镇村镇建设办)
王增标(楚门镇农办)
戴金勇(清港镇)
吴灵海(清港镇)
王建龙(芦浦镇)
曾长青(芦浦镇)
应金法(芦浦镇)
罗永柏(干江镇)
吕德胜(干江镇)
冯仁文(沙门镇)
张　皓(龙溪镇)
周也林(鸡山乡)
罗黎冰(鸡山乡)
施岩财(海山乡)
郑恩华(玉环经济开发区)
张治军(玉环经济开发区社管局)
赵仁忠(玉环经济开发区基础公司)
林楚法(县沿海高速公路工程建设指挥部)
林一中(玉环海洋经济投资开发有限公司)
余旭明(台州港大麦屿港区对台直航客滚码头建设指挥部)
陈定广(玉环经济开发区基础设施投资有限公司)

林启严(76省道复线南延至大麦屿工程指挥部)

高叶林(县滨港工业城管理委员会)

陈福东(县住房保障工程建设指挥部)

彭作伦(玉环县亿联阀门建材有限公司)

五、2015年度县“清洁家园、美丽乡村”农村环境整治工作考核优胜单位(4个)

一类考核单位:

第一名:坎门街道　　第二名:楚门镇

第三名:干江镇

二类考核单位:

第一名:玉环经济开发区

六、2015年度县关键岗位跟踪督评优秀岗位(10个)

行政审批类:

县国土局行政审批科　　县城管执法局行政审批科

服务指导类:

县残疾人劳动就业服务所　　县市容环卫管理处

执法监督类:

县卫生监督所　　县交警大队事故处理中队

港南片基层站所:

玉城派出所　　县供电公司陈屿供电所

港北片基层站所:

县交警大队楚门中队　　县国土局沙门分局

七、2015年度县关键岗位“十佳股所队长”(10个)

行政审批类:

许新权(县国土局)　　查泽刚(县城管执法局)

服务指导类:

林有煜(县残疾人劳动就业服务所)　　陈小斌(县市容环卫管理处)

执法监督类:

吕海环(县卫生监督所)　　孔令玮(县交警大队事故处理中)

港南片基层站所:

杨再兴(县供电公司陈屿供电所)　　吴仁国(县交警大队)

港北片基层站所:

吴应华(县交警大队)　　陈水方(县国税局)

“三县三城联创”活动先进集体和先进个人　　玉县委〔2016〕2号

一、先进集体(18个)

县“联创与治水”办
县文明办
县农办
团县委
县国土局
县环保局
县住建规划局
县交通运输局
县文广新局
县卫生计生局
县城管执法局
县林特局
玉环经济开发区
县交警大队
玉城街道
坎门街道
大麦屿街道
龙溪镇

二、先进个人(35人)

张爱林(县委宣传部)
徐克金(县农办)
颜斌辉(县农办)
苏李娜(县国土局)
朱良根(县环保局)
杨爱华(县住建规划局)
黄增书(县交通运输局)
吕招威(县水利局)
翁长锋(县文广新局)
赵天杰(县卫生计生局)
董　寅(县卫生计生局)
赵丰涛(县卫生计生局)
林明义(县城管执法局)
郑雪娟(县城管执法局)
汪旭富(县市场监管局)
吴美英(县林特局)
陈长有(县林特局)
林春平(玉环经济开发区)
林泰聪(县交警大队)
钱显贵(县“联创与治水”办)
许道元(县“联创与治水”办)
倪辉珍(玉城街道)
高海明(玉城街道)
王海婷(坎门街道)
冯涵丰(坎门街道)
沈　华(大麦屿街道)
陈小建(大麦屿街道)
李铁楠(楚门镇)
李光聪(清港镇)
张杨顺(芦浦镇)
周伟刚(干江镇)
南　强(沙门镇)
陈方桂(龙溪镇)
王令聪(鸡山乡)
沈华忠(海山乡)

2015年度县服务业重点企业和优秀企业家　　　　玉县委〔2016〕3号

一、县服务业重点企业名单(28家)

(一)住宿和餐饮业(3家)

玉环观光国际酒店有限公司　　　　玉环长城宾馆有限公司

台州高速玉环大酒店有限公司

(二)旅游休闲(3家)

玉环漩门湾观光农业开发有限公司　　　　玉环大鹿岛旅游开发有限公司

玉环春秋国际旅行社有限公司

(三)交通运输业(3家)

浙江陆通物流有限公司　　　　浙江玉汽运输集团有限公司

浙江海西供应链有限公司

(四)批发业(3家)

中国石化销售有限公司浙江台州玉环石油支公司

浙江金汇钢业股份有限公司　　　　玉环工业物资有限公司

(五)零售业(2家)

玉环好多多超市有限公司　　　　浙江洪福堂医药连锁有限公司

(六)咨询和技术服务业(2家)

浙江鸿瑞税务师事务所有限公司　　　　浙江智建工程设计有限公司

(七)房地产业(1家)

浙江苏泊尔房地产开发有限公司

(八)居民服务业(2家)

玉环县大众物业管理有限公司　　　　玉环县市民卡有限公司

(九)银行业(3家)

浙江玉环农村合作银行　　　　中国工商银行股份有限公司玉环支行

中国农业银行股份有限公司玉环县支行

(十)非银行金融业(2家)

中国人寿保险股份有限公司玉环县支公司

中国人民财产保险股份有限公司玉环支公司

(十一)专业市场(2家)

玉环县市场开发服务中心　　　　玉环县亿联阀门建材城有限公司

(十二)信息服务业(1家)

中国移动通信集团浙江有限公司玉环分公司

(十三)文化创意(1家)

台州全线策划创意有限公司

二、县服务业优秀企业家名单(11位)

徐少华(玉环长城宾馆有限公司)
苏增福(玉环大鹿岛旅游开发有限公司)
刘慧仓(浙江陆通物流有限公司)
陈必忠(浙江玉汽运输集团有限公司)
刘洪才(浙江洪福堂医药连锁有限公司)
潘海强(浙江智建工程设计有限公司)
蒋良喜(浙江苏泊尔房地产开发有限公司)
王为春(浙江玉环农村合作银行)
彭作伦(玉环县亿联阀门建材城有限公司)
高文军(中国人民财产保险股份有限公司玉环支公司)
徐日正(中国移动通信集团浙江有限公司玉环分公司)

2015年度巨龙企业等8个先进集体先进个人　　玉县委〔2016〕5号

一、巨龙企业(20家)

浙江苏泊尔股份有限公司
浙江双环传动机械股份有限公司
浙江双友机电集团股份有限公司
浙江正裕工业股份有限公司
浙江华龙巨水科技股份有限公司
永和流体智控股份有限公司
浙江琦星电子有限公司
台州艾迪西盛大暖通科技有限公司
浙江利中汽车底盘件有限公司
浙江骆氏减震件股份有限公司
隆中控股集团有限公司
玉环县锐利机械有限公司
浙江苏强格液压股份有限公司
玉环普天单向器有限公司
浙江贝立德能源科技有限公司
浙江万得凯铜业有限公司
浙江和日摇臂有限公司
浙江苏尔达洁具有限公司
浙江汇丰汽配制造有限公司
菲时特集团股份有限公司

二、玉龙企业(100家)

浙江中捷缝纫科技有限公司
迈得医疗工业设备股份有限公司
浙江环方汽车电器有限公司
华润雪花啤酒(台州)有限公司
台州大昌汽车部件有限公司
玉环津力汽车配件有限公司
台州华儒阀门有限公司
浙江沪龙科技股份有限公司
浙江苏泊尔橡塑制品有限公司
玉环凯凌集团有限公司
浙江华邦机械有限公司
台州易宏实业有限公司
浙江中兴减震器制造有限公司
浙江康意洁具有限公司
浙江海德曼智能装备股份有限公司
台州永安转向器有限公司
台州奥星纳机械有限公司
净化控股集团股份有限公司
浙江鑫辉机械有限公司
浙江中通汽车零部件有限公司

浙江世进水控股份有限公司
玉环江林水暖管业有限公司
玉环江宏机械有限公司
三木控股集团有限公司
台州康龙医药包装有限公司
台州征帆铜业股份有限公司
浙江宇太汽车零部件制造有限公司
浙江博民机电股份有限公司
浙江永德信铜业有限公司
浙江康康医疗器械有限公司
台州鑫和卫浴器材有限公司
浙江康华眼镜有限公司
台州丰华铜业有限公司
浙江旺盛动力机电有限公司
浙江诺贝家具有限公司
浙江方向汽车零部件有限公司
玉环县金泰机械锻造有限公司
台州宏鑫曲轴有限公司
浙江金壳药业有限公司
玉环县建鸿机械制造有限公司
浙江宏倍斯智能科技股份有限公司
玉环县球阀总厂
台州兴岛机械制造有限公司
玉环国森家具有限公司
台州中昌水处理设备有限公司
浙江九隆机械有限公司
玉环赛林水暖器材有限公司
浙江志高洁具有限公司
玉环县昌飞阀门有限公司
浙江耐士伦机械有限公司
台州达宝水暖器材有限公司
台州宏利汽车零部件有限公司
浙江卡洛特水暖器材制造有限公司
玉环伟明环保能源有限公司
玉环达丰环保设备有限公司
台州和日汽车零部件有限公司
浙江雷安电气有限公司
浙江瑞格铜业有限公司
浙江华达机械有限公司
玉环县春晖车桥有限公司
浙江德利众机械制造有限公司
浙江利中实业有限公司
浙江金辉机械有限公司
台州永裕工业有限公司
玉环县万全机械制造有限公司
台州工交机械有限公司
台州瑞进机械有限公司
浙江长宏机电有限公司
玉环佳仕阀门有限公司
浙江鑫东洁具有限公司
玉环县海鸥阀门有限公司
浙江环日洁具有限公司
玉环精工机械制造有限公司
浙江益新机械制造有限公司
玉环县金峰实业有限公司
玉环县恒达阀门厂
台州华强眼镜有限公司
浙江震环数控机床有限公司
台州新三和卫浴有限公司
台州建业阀门有限公司
浙江正奥汽配有限公司
浙江玉旋泵业有限公司
浙江大风范家具有限公司
玉环宝捷机械有限公司
玉环县环宇光学仪器有限公司
玉环县和成铜业有限公司

玉环中搏铜业有限公司
玉环县筠岗铜业五金制造厂
台州欣涯洁具有限公司
玉环珊瑚金属制品有限公司
浙江德众汽车零部件制造有限公司
玉环盛大汽摩部件工业有限公司
台州万洲机械有限公司
浙江振华塑业有限公司
浙江欧宜风家具有限公司
浙江达柏林阀门有限公司
玉环县祥利机动车配件有限公司
台州恒基汽车零部件有限公司
浙江金源铜业制造有限公司
浙江宝路鞋业有限公司

三、潜龙企业(145家)

浙江海昌药业股份有限公司
浙江隆大水技术股份有限公司
浙江金硕阀门有限公司
台州芮迪阀门有限公司
台州强力汽车配件有限公司
浙江巨帆铜业有限公司
玉环斯丹特阀门有限公司
台州通源电器开关有限公司
浙江普力源铜业有限公司
浙江精恒铜业有限公司
台州颖发阀门有限公司
台州英克尔传动轴有限公司
玉环天润航空机械制造有限公司
玉环迪奥机械制造有限公司
浙江达青机械有限公司
浙江卡博铜业有限公司
浙江振华精锻齿轮有限公司
玉环中本机械有限公司
浙江南洋药业有限公司
浙江山宝汽车部件有限公司
玉环大群包装有限公司
台州三德汽车配件有限公司
台州迈兴机械有限公司
玉环信得利阀业有限公司
浙江龙生水产制品有限公司
台州海源铜业有限公司
浙江翔帝阀门有限公司
台州环天机械有限公司
浙江强能动力有限公司
浙江昌亨机械有限公司
台州高盛铜业有限公司
玉环县佳宇阀门有限公司
玉环博行机械有限公司
玉环三星机械制造有限公司
玉环县东南塑胶机电有限公司
浙江赛特机械有限公司
玉环万事达铜业有限公司
浙江巨龙工贸有限公司
玉环县鑫庄电子有限公司
浙江他山流体控制科技有限公司
浙江惟其信石油机械有限公司
玉环县美博铜业有限公司
台州市丰润生物化学有限公司
浙江兰花实业有限公司
台州巨力工具有限公司
浙江正德制动器有限公司
玉环佳诺水暖洁具有限公司
台州金马铜业有限公司
玉环县凯立汽车配件有限公司
浙江汇丰铜业有限公司

浙江华诺医药包装有限公司
玉环先锋汽车零部件有限公司
浙江澳兴生物科技有限公司
玉环汽车配件实业有限公司
台州钻煌汽车零部件有限公司
浙江雄鹏机械有限公司
浙江国林机械有限公司
台州金纳车桥有限公司
玉环密尔沃基阀门有限公司
玉环奥德华阀门有限公司
玉环县万达机械制造有限公司
台州嘉德锻造有限公司
浙江滨海汽车零部件有限公司
玉环县凯强机械燃具有限公司
浙江巨亚机械制造有限公司
玉环新华辰电器有限公司
浙江佳诺水泥有限公司
浙江飞挺机械有限公司
浙江亚隆阀门有限公司
台州振鹏单向器有限公司
浙江宇凡电器有限公司
玉环县云德阀门厂
浙江同亨协药品包装有限公司
浙江富绅电器有限公司
玉环县志方电器有限公司
玉环县万家乐家具有限公司
台州荣基工业有限公司
玉环大地铜业有限公司
玉环县必进机械厂
浙江宏森汽车底盘有限公司
玉环云达阀门有限公司
玉环县现代汽车配件厂
浙江奥诗柯流体控制有限公司

台州雅毅阀门有限公司
浙江凯博特种合金有限公司
台州意豪转向机有限公司
浙江加达流体控制有限公司
浙江涛源铜业有限公司
浙江百思达水暖有限公司
浙江双源合金铸造有限公司
浙江友谊阀门有限公司
浙江旺顺动力机电有限公司
玉环康宁医药包装有限公司
浙江汇裕汽车零部件有限公司
玉环县宏达眼镜有限公司
浙江佳诺混凝土有限公司
玉环郑氏机械有限责任公司
玉环县兴隆机械厂
玉环县鹤梦管件有限公司
台州天华塑业机械有限公司
玉环县华能叶轮有限公司
玉环县金龙欧浴洁具有限公司
浙江盛世博扬阀门工业有限公司
玉环县超川金属型材有限公司
台州恒新汽车配件股份有限公司
浙江凌宇机械制造有限公司
浙江利水铜业有限公司
浙江泽威摇臂制造有限公司
玉环巨鑫机械有限公司
玉环县金泉铜业有限公司
浙江普旺特机械有限公司
玉环县通海铜业有限公司
浙江童氏汽车部件有限公司
台州远拓机械制造有限公司
台州百沃达铜业有限公司
玉环县富杰电子有限公司

浙江巨迪汽配制造有限公司
玉环帕茨液压动力机械有限公司
玉环利群阀门有限公司
浙江柏思达齿轮有限公司
台州学友家具有限公司
玉环县振泰铜业有限公司
玉环县华超机械有限公司
浙江益明阀门有限公司
台州四方包装彩印有限公司
台州康利得金属制品有限公司
浙江澳川液压器材有限公司
浙江曼尔达水控有限公司
玉环县天利铜业有限公司
台州市中亚曲轴制造有限公司
玉环县家家卫浴配件厂
浙江定海针水产食品有限公司
台州厉益机械有限公司
浙江万邦汽车动力系统有限公司
浙江鑫帆铜业有限公司
浙江凯名瑞汽车部件有限公司
玉环县龙亚水阀有限公司
浙江京环医疗用品有限公司
玉环县金鑫塑胶有限公司
玉环新格玛家具制造有限公司
浙江龙溪阀门有限公司
台州康大橡塑有限公司
玉环县中良铜业有限公司
浙江红箭橡塑有限公司
台州贝亚特铝制品有限公司

四、功勋企业家(19名)

吴长鸿(浙江双环传动机械股份有限公司)
郑念辉(浙江正裕工业股份有限公司)
应雪青(永和流体智控股份有限公司)
李家德(台州艾迪西盛大暖通科技有限公司)
骆联盟(浙江骆氏减震件股份有限公司)
陈守忠(玉环县锐利机械有限公司)
黄国平(玉环普天单向器有限公司)
钟兴富(浙江万得凯铜业有限公司)
苏光尧(浙江苏尔达洁具有限公司)
陈建新(菲时特集团股份有限公司)
苏艳萍(浙江双友机电集团股份有限公司)
郑正叶(浙江华龙巨水科技股份有限公司)
林子春(浙江琦星电子有限公司)
姜胜利(浙江利中汽车底盘件有限公司)
陈绪丰(隆中控股集团有限公司)
苏宗义(浙江苏强格液压股份有限公司)
戴美云(浙江贝立德能源科技有限公司)
陈爱和(浙江和日摇臂有限公司)
董服友(浙江汇丰汽配制造有限公司)

五、精英企业家(99名)

李瑞元(浙江中捷缝纫科技有限公司)
庄道芳(浙江环方汽车电器有限公司)
潘松飞(台州大昌汽车部件有限公司)
徐宝敏(台州华儒阀门有限公司)
林　盛(浙江苏泊尔橡塑制品有限公司)
颜邦寿(浙江华邦机械有限公司)
林军华(迈得医疗工业设备股份有限公司)
王　群[华润雪花啤酒(台州)有限公司]
江松琴(玉环津力汽车配件有限公司)
朱义潜(浙江沪龙科技股份有限公司)
董西银(玉环凯凌集团有限公司)
陈秀平(台州易宏实业有限公司)

李孙琴(浙江中兴减震器制造有限公司)
高长泉(浙江海德曼智能装备股份有限公司)
梁世海(台州奥星纳机械有限公司)
苏茂根(浙江鑫辉机械有限公司)
林应中(浙江世进水控股份有限公司)
江长友(玉环江林水暖管业有限公司)
陈俊斌(玉环江宏机械有限公司)
林夏森(三木控股集团有限公司)
林太方(台州康龙医药包装有限公司)
薛斌斌(台州征帆铜业股份有限公司)
姚必武(浙江宇太汽车零部件制造有限公司)
梁治初(浙江博民机电股份有限公司)
彭汉平(浙江永德信铜业有限公司)
苏光明(浙江康康医疗器械有限公司)
金曦光(台州鑫和卫浴器材有限公司)
高克胡(浙江康华眼镜有限公司)
李法余(台州丰华铜业有限公司)
潘贤顺(浙江旺盛动力机电有限公司)
胡思敏(浙江诺贝家具有限公司)
林振毅(浙江方向汽车零部件有限公司)
冀梅云(玉环县金泰机械锻造有限公司)
王兴钱(台州宏鑫曲轴有限公司)
林荣业(浙江金壳药业有限公司)
李川建(玉环县建鸿机械制造有限公司)
郑秀华(浙江宏倍斯智能科技股份有限公司)
叶建新(玉环县球阀总厂)
董服德(台州兴岛机械制造有限公司)
詹可林(玉环国森家具有限公司)
倪士忠(台州中昌水处理设备有限公司)
叶艺龙(浙江九隆机械有限公司)
陈米林(玉环赛林水暖器材有限公司)
颜洪波(浙江志高洁具有限公司)
屠昌飞(玉环县昌飞阀门有限公司)
应国平(浙江康意洁具有限公司)
李孙建(台州永安转向器有限公司)
沈传明(净化控股集团股份有限公司)
赵秀东(浙江中通汽车零部件有限公司)
项光明(玉环伟明环保能源有限公司)
陈礼平(玉环达丰环保设备有限公司)
陈小胜(台州和日汽车零部件有限公司)
张云根(浙江雷安电气有限公司)
李振坤(浙江瑞格铜业有限公司)
苏为兵(浙江华达机械有限公司)
郑才木(玉环县春晖车桥有限公司)
刘根燕(浙江德利众机械制造有限公司)
张力中(浙江利中实业有限公司)
郭健辉(浙江金辉机械有限公司)
郑志新(台州永裕工业有限公司)
吴丹平(玉环县万全机械制造有限公司)
林雪泉(台州工交机械有限公司)
李振辉(台州瑞进机械有限公司)
林长平(浙江长宏机电有限公司)
梁剑冰(玉环佳仕阀门有限公司)
傅清于(浙江鑫东洁具有限公司)
张天增(玉环县海鸥阀门有限公司)
鲍敏芬(浙江环日洁具有限公司)
徐克章(玉环精工机械制造有限公司)
王小红(浙江益新机械制造有限公司)
郑剑峰(玉环县金峰实业有限公司)
徐宝力(玉环县恒达阀门厂)
黄品强(台州华强眼镜有限公司)
林敏夏(浙江震环数控机床有限公司)
黄菊娣(台州新三和卫浴有限公司)
蔡行广(台州建业阀门有限公司)
王仁锦(浙江正奥汽配有限公司)
苏明玉(浙江玉旋泵业有限公司)

徐时聪(浙江耐士伦机械有限公司)
王通全(浙江大风范家具有限公司)
张增夫(台州达宝水暖器材有限公司)
李德进(台州宏利汽车零部件有限公司)
林松国(玉环县环宇光学仪器有限公司)
潘安阳(浙江卡洛特水暖器材制造有限公司)
邱迪林(玉环县和成铜业有限公司)
胡士良(玉环中搏铜业有限公司)
黄良春(浙江振华塑业有限公司)
耿礼恒(玉环县筠岗铜业五金制造厂)
林　章(浙江欧宜风家具有限公司)
陈先祥(台州欣涯洁具有限公司)
林海林(浙江达柏林阀门有限公司)
叶舟文(玉环珊瑚金属制品有限公司)
林爱亮(玉环县祥利机动车配件有限公司)
谢敦峰(浙江德众汽车零部件制造有限公司)
陈国亮(台州恒基汽车零部件有限公司)
郭畏士(玉环盛大汽摩部件工业有限公司)
余　峰(浙江金源铜业制造有限公司)
黄仙德(台州万洲机械有限公司)
王一彪(浙江宝路鞋业有限公司)

六、新锐企业家(142名)

张怀义(浙江海昌药业股份有限公司)
洪方波(台州海源铜业有限公司)
杨显川(浙江隆大水技术股份有限公司)
赵香荔(浙江翔帝阀门有限公司)
金　鑫(浙江金硕阀门有限公司)
黄正继(台州环天机械有限公司)
陈米夫(台州芮迪阀门有限公司)
叶彩娇(浙江强能动力有限公司)
潘辉强(台州强力汽车配件有限公司)
黄　霖(浙江昌亨机械有限公司)
吴万荣(浙江巨帆铜业有限公司)
郑道忠(台州高盛铜业有限公司)
王建锋(玉环斯丹特阀门有限公司)
戈伟峰(玉环县佳宇阀门有限公司)
汪善通(台州通源电器开关有限公司)
刘学轮(玉环博行机械有限公司)
黄春斌(浙江普力源铜业有限公司)
施　力(玉环三星机械制造有限公司)
许高德(浙江精恒铜业有限公司)
周　超(玉环县东南塑胶机电有限公司)
林法青(台州颖发阀门有限公司)
董西宛(浙江赛特机械有限公司)
汤爱平(台州英克尔传动轴有限公司)
郑达传(玉环万事达铜业有限公司)
林相平(玉环天润航空机械制造有限公司)
瞿岳鸣(浙江巨龙工贸有限公司)
曾勇强(玉环迪奥机械制造有限公司)
金增龙(玉环县鑫庄电子有限公司)
郑达青(浙江达青机械有限公司)
盛万聪(浙江他山流体控制科技有限公司)
蒋柏青(浙江卡博铜业有限公司)
胡定清(浙江惟其信石油机械有限公司)
詹加旺(浙江振华精锻齿轮有限公司)
冯奎红(玉环县美博铜业有限公司)
高　喜(玉环中本机械有限公司)
李林德(台州市丰润生物化学有限公司)
苏　艳(浙江南洋药业有限公司)
张松平(浙江兰花实业有限公司)
侯爱琴(浙江山宝汽车部件有限公司)
张银根(台州巨力工具有限公司)
余小明(玉环大群包装有限公司)
陈艳芳(浙江正德制动器有限公司)

董服敏(台州三德汽车配件有限公司)
杨飞权(台州迈兴机械有限公司)
郭礼田(玉环信得利阀业有限公司)
肖赛香(浙江龙生水产制品有限公司)
刘新波(浙江华诺医药包装有限公司)
叶开锋(玉环先锋汽车零部件有限公司)
王松叶(浙江澳兴生物科技有限公司)
高克火(玉环汽车配件实业有限公司)
郑通剑(台州钻煌汽车零部件有限公司)
颜雄国(浙江雄鹏机械有限公司)
郑正贵(浙江国林机械有限公司)
梁世恭(台州金纳车桥有限公司)
里克·芝亚尼尼(玉环密尔沃基阀门有限公司)
林爱青(玉环奥德华阀门有限公司)
潘绍兵(玉环县万达机械制造有限公司)
郭娇尔卿(台州嘉德锻造有限公司)
王　宇(浙江滨海汽车零部件有限公司)
任文凯(玉环县凯强机械燃具有限公司)
姚祖顺(浙江巨亚机械制造有限公司)
蔡世招(玉环新华辰电器有限公司)
郑景虎(浙江佳诺水泥有限公司)
徐敬和(浙江飞挺机械有限公司)
李良高(浙江亚隆阀门有限公司)
李志敏(台州振鹏单向器有限公司)
林　彬(浙江宇凡电器有限公司)
苏　适(台州恒新汽车配件股份有限公司)
蔡济宇(浙江凌宇机械制造有限公司)
许良坤(浙江利水铜业有限公司)
林相贵(浙江泽威摇臂制造有限公司)
葛忠英(玉环巨鑫机械有限公司)
金兵飞(玉环县金泉铜业有限公司)
章辉龙(浙江普旺特机械有限公司)
朱兆兵(玉环县通海铜业有限公司)
庄根清(玉环佳诺水暖洁具有限公司)
张　弘(台州金马铜业有限公司)
陈坤龙(玉环县凯立汽车配件有限公司)
方丹华(浙江汇丰铜业有限公司)
杨启敖(台州雅毅阀门有限公司)
章根才(浙江凯博特种合金有限公司)
陈俊杰(台州意豪转向机有限公司)
钟加德(浙江加达流体控制有限公司)
张　彪(浙江涛源铜业有限公司)
郭合斌(浙江百思达水暖有限公司)
陈兆云(浙江双源合金铸造有限公司)
苏为池(浙江友谊阀门有限公司)
潘贤顺(浙江旺顺动力机电有限公司)
林依文(玉环康宁医药包装有限公司)
李玉辉(浙江汇裕汽车零部件有限公司)
洪杨金(玉环县宏达眼镜有限公司)
游锡录(浙江佳诺混凝土有限公司)
郑建青(玉环郑氏机械有限责任公司)
陈正一(玉环县兴隆机械厂)
瞿岳梦(玉环县鹤梦管件有限公司)
郑可金(台州天华塑业机械有限公司)
薛菊能(玉环县华能叶轮有限公司)
潘招凤(玉环县金龙欧浴洁具有限公司)
孔祥智(浙江盛世博扬阀门工业有限公司)
管其云(玉环县云德阀门厂)
金忠满(浙江同亨协药品包装有限公司)
李茂云(浙江富绅电器有限公司)
毛明清(玉环县志方电器有限公司)
林小飞(玉环县万家乐家具有限公司)
张建荣(台州荣基工业有限公司)
王达国(玉环大地铜业有限公司)
黄　程(玉环县必进机械厂)
童服仁(浙江童氏汽车部件有限公司)

郑海云(玉环云达阀门有限公司)
郑高林(台州远拓机械制造有限公司)
王永钦(玉环县现代汽车配件厂)
王建平(台州百沃达铜业有限公司)
冯建军(浙江奥诗柯流体控制有限公司)
王阿芳(玉环县富杰电子有限公司)
董西俊(浙江巨迪汽配制造有限公司)
陈牵华(浙江定海针水产食品有限公司)
何娥妹(玉环帕茨液压动力机械有限公司)
杨秋芬(台州厉益机械有限公司)
王立群(玉环利群阀门有限公司)
陈春木(浙江万邦汽车动力系统有限公司)
吴法林(浙江柏思达齿轮有限公司)
蒋灵会(浙江鑫帆铜业有限公司)
陈学友(台州学友家具有限公司)
周建国(浙江凯名瑞汽车部件有限公司)
罗菲萍(玉环县振泰铜业有限公司)
冯雪美(玉环县龙亚水阀有限公司)
郑根勇(玉环县华超机械有限公司)
夏桂芬(浙江京环医疗用品有限公司)
曾志义(浙江益明阀门有限公司)
金道锡(玉环县金鑫塑胶有限公司)
李云飞(台州四方包装彩印有限公司)
王云明(玉环新格玛家具制造有限公司)
郑祖青(台州康利得金属制品有限公司)
冯仁宗(浙江龙溪阀门有限公司)
刘至安(浙江澳川液压器材有限公司)
沈芬芳(台州康大橡塑有限公司)
陈才满(浙江曼尔达水控有限公司)
蔡善良(玉环县中良铜业有限公司)
潘必波(玉环县天利铜业有限公司)
周学桥(台州市中亚曲轴制造有限公司)
吴香连(台州贝亚特铝制品有限公司)
曾德林(玉环县家家卫浴配件厂)

七、自营出口20强企业(20家)

浙江苏泊尔股份有限公司
浙江华龙巨水科技股份有限公司
浙江正裕工业股份有限公司
浙江利中汽车底盘件有限公司
台州华儒阀门有限公司
浙江贝立德能源科技有限公司
浙江中捷缝纫科技有限公司
浙江苏尔达洁具有限公司
浙江双友物流器械股份有限公司
永和流体智控股份有限公司
玉环津力汽车配件有限公司
浙江万得凯铜业有限公司
浙江康意洁具有限公司
浙江双环传动机械股份有限公司
菲时特集团股份有限公司
台州奥星纳机械有限公司
浙江博民机电股份有限公司
玉环江林水暖管业有限公司
台州永安转向器有限公司
玉环江宏机械有限公司

八、自营出口增速20强企业(20家)

浙江贝立德能源科技有限公司
浙江中捷缝纫科技有限公司
玉环朗格阀门有限公司
台州丰华铜业有限公司
玉环县建鸿机械制造有限公司
台州永通铜业有限公司
浙江鑫东洁具有限公司
浙江志高洁具有限公司

玉环江林水暖管业有限公司　　浙江金硕阀门有限公司
浙江达柏林阀门有限公司　　浙江中通汽车零部件有限公司
玉环津力汽车配件有限公司　　玉环县筠岗铜业五金制造厂
浙江宏倍斯智能科技股份有限公司　　玉环普天单向器有限公司
台州澳利捷洁具有限公司　　浙江涛源铜业有限公司
台州丰晨阀门有限公司　　台州广博五金制品有限公司

县优秀共产党员、优秀党务工作者和先进基层党组织　　玉县委〔2016〕10号

一、县优秀共产党员

玉城街道：

李祖利（玉城街道村镇建设办主任）　　郑敏霞（玉城街道东门社区党委书记）
赵章明（玉城街道坪青社区党委书记）　　黄有锋（玉城街道岭脚村党支部书记）
王再潭（玉城街道前塘垟村党支部书记）　　吴丁法（玉城街道西山村党支部书记）
阮善智（浙江双友机电集团股份有限公司党总支书记）

坎门街道：

杨飞平（坎门街道红旗社区党委书记）　　潘辉福（坎门街道双龙村党总支书记）
庄华琴（坎门街道黄门村党总支书记）　　叶建伟（台州宏利汽车零部件有限公司总经理）
黄长春（玉环普天单向器有限公司党支部委员）
骆石绵（坎门街道关工委副主任、坎门禁毒阳光会所副主任）

大麦屿街道：

江新伟（大麦屿街道村镇建设办主任）　　江金木（大麦屿街道十五亩村党支部书记）
郑祥清（大麦屿街道鲜叠社区党总支副书记、主任）
郑廷银（大麦屿街道陈南村党支部书记）　　姚宗健（大麦屿街道尤蒙岙村党支部书记）

楚门镇：

余利军（楚门镇纪委委员、“五水共治”办专职副主任）
林万明（楚门镇武装部副部长）　　李良富（楚门镇筠岗村党支部书记）
徐文祥（楚门镇中山村党支部书记）　　包金方（浙江雷安电气公司党支部副书记）

清港镇：

阮小秋（清港镇消防工作站站长）　　陈启飞（清港镇农办水利员）
郑加根（清港镇朱家前村党支部书记）　　章锦峰（清港镇芳斗村党支部书记）
蒋林聪（清港镇下凡村党支部书记）

芦浦镇：

陈庆荣（芦浦镇团委书记）　　池荣华（芦浦镇漩门村党支部书记）
黄德夫（芦浦镇井头村党支部书记）

干江镇：

陆海玲(干江镇计生协会专职副会长)

骆福忠(干江镇炮台村党支部书记)

沙门镇：

孔祥勇(沙门镇水桶岙村党支部书记)

陈金满(沙门镇上山头村党支部书记)

龙溪镇：

张金根(龙溪镇大密溪村党支部书记)

彭加泳(龙溪镇渔业村党支部书记)

鸡山乡：

尤先福(鸡山乡北山村党支部书记)

海山乡：

胡道贵(海山乡虹田村党支部书记)

县级机关单位：

王孝聪(县委办秘书二科科长)

张扬威(县府办秘书科科长)

王小未(县发改局体改科科长)

丁国盛(县公安局情报中心主任)

吴思文(县住建规划局行政审批科科员)

林　庆(县交通投资集团董事长、总经理)

陈宝福(县审计局财政金融审计科科长)

董西宇(县安监局主任科员)

陈　辉(县城管执法局执法大队副大队长)

叶智勇(县市场监管局稽查分局局长)

林　华(县林特局行政审批科科长)

张爱芬(县广播电视台广播中心主任)

郑恩华(玉环经济开发区办公室主任)

林昌杰(玉环农村合作银行城关支行行长)

张伟锋(玉环中学常务副校长)

金小敏(环山小学副校长)

周朝阳(县人民医院医务科主任,ICU主任)

县委两新工委：

徐南亮(浙江双环传动机械股份有限公司品管科长)

陈建华(浙江中捷缝纫科技有限公司职员)

林秉琪(浙江苏泊尔股份有限公司质控部高级主管)

流动人口党组织：

张国英(坎门街道外来流动党员服务站党总支直属党支部书记)

詹　智(龙溪镇薪春党建工作站副站长)

二、县优秀党务工作者

玉城街道：

郭海滨(玉城街道党工委副书记)

吴玲明(玉城街道机关党委专职副书记、党政办主任)

林仁兵(玉城街道白岩村党支部书记)

叶艺水(玉城街道小水埠村党支部书记)

坎门街道：

冯涵丰（坎门街道党工委委员） 叶定宝（坎门街道振兴社区党委书记）

骆俊生（坎门街道海港社区党总支书记）

郭明晔（玉环盛大汽摩部件工业有限公司党支部书记）

大麦屿街道：

林志范（大麦屿街道党工委委员）

徐时进（大麦屿街道机关第五党支部书记、安监所所长）

吴文俊（浙江琦星电子有限公司党支部书记）

楚门镇：

叶兰美（楚门镇党委副书记） 应 丹（楚门镇副科级组织员）

胡顺林（楚门镇山北村党支部书记） 蔡赋祥（楚门镇蒲田村党支部书记）

清港镇：

郑圣克（清港镇党委委员） 阮剑锋（清港镇副科级纪检员、纪委副书记）

苏光茂（浙江苏尔达洁具有限公司党支部书记）

芦浦镇：

许 默（芦浦镇党委委员）

干江镇：

项光旭（干江镇党委委员）

沙门镇：

许海亮（沙门镇党委委员、纪委书记）

龙溪镇：

陈 鹏（龙溪镇组织办干事）

鸡山乡：

潘丹薇（鸡山乡组宣统办副主任）

海山乡：

沈华忠（海山乡党委副书记）

县级机关：

张 波（县委副科级组织员、县委组织部组织科科长）

苏光周（县机关工委副书记、纪工委书记）

徐梦俊（县交通运输局机关党支部书记、办公室副主任）

许文平（县市场监督管理局党委书记）

郑财昌（县国税局机关党委副书记、机关党办主任）

县委两新工委：

金启祝(中捷资源投资股份有限公司党委书记)

流动人口党组织：

张　俊(玉城街道外来党员服务站党总支副书记)

三、县先进基层党组织

玉城街道：

南门社区党支部　　西门社区党总支

环礁村党支部　　华盛村党支部

外马村党支部　　隆中控股集团有限公司党支部

坎门街道：

海城社区党委　　坎门社区党委

双丰村党总支　　东安村党总支

中兴减震器制造有限公司党支部

大麦屿街道：

刘园社区党总支　　新园村党支部

陡门头村党支部　　浙江瑞格铜业有限公司党支部

楚门镇：

山北村党支部　　中山村党支部

蒲田村党支部　　浙江雷安电气有限公司党支部

清港镇：

前路村党支部　　徐都村党支部

烧瓦村党支部　　三木控股集团有限公司党支部

芦浦镇：

大坑村党支部　　尖山村党支部

干江镇：

梅岭村党支部　　台州双林阀门有限公司党支部

沙门镇：

双斗村党支部　　南山村党支部

龙溪镇：

大密溪村党支部　　玉环县利群阀门有限公司党支部

鸡山乡：

南山村党支部

海山乡：

大岙村党支部

县级机关单位：

县纪委机关党支部

县委党校党支部

县检察院第二党支部

县信访局党支部

县档案局党支部

县国土局玉城所党支部

玉环滚装轮渡有限公司党支部

县畜牧兽医局党支部

县卫生监督所党支部

县市场监管局清港所党支部

县统计局党支部

玉环经济开发区机关党支部

县烟草专卖局党总支

县沿海高速公路工程建设指挥部党支部

城关中心小学党支部

县委两新工委：

浙江双环传动机械股份有限公司第三党支部

流动人口党组织：

湖北省秭归县在玉流动党员服务站党支部

公务员记功、嘉奖　　玉县委〔2016〕11号

一、公务员记三等功人员

县委办：金碧辉

县纪委：王　鹏　汪　涵

县委组织部：张　敏　陈贤光

县发改局：颜冠冠

县公安局：陈学明　高秋玉　郑楚阳　林　寅　周洪健　江克强　陈日水　孔令玮　张荣富　黄连兵　徐　立　翁旺云　曾煌景　张晓玲　殷如意　陈德武　徐中阳

县民政局：汪兰芳

县司法局：罗茂友　张　勤

县财政局(地税局)：罗　震　黄　枫

县国土局：方　烨　陈柏明

县水利局：王海滨

县林特局：方位忠

县文广新局：黄十一

县卫生计生局：吕海环

县审计局：徐福根

县统计局：史炜荣

县海洋渔业局:吴云忠

县市场监管局:沈赛滨　陈　超

县行政服务中心:孙敏玲　吕一建

县供销联社:叶潇蔚

县侨联:李银源

玉城街道:张晓妮　江新月　张苏菲

坎门街道:许益文　陈允平　邱　兵

大麦屿街道:石凤艳　徐时进

楚门镇:黄海虹　余利军

芦浦镇:王必胜

干江镇:陈嗣国

龙溪镇:施明强

二、2015年度公务员嘉奖人员

县委办: 王慧慧　董西国

县人大办:余贤平　洪丽燕

县府办:孙　群　郑文麒　袁新峰　於建伟　黄爱国

县政协办:潘立志　钱玲雪

县纪委:郑海峰　钟华峰　蔡凌奇　赵木宝　周红宇　张孙海　赵　艳

县委组织部:陈杨建　华汉领　陈招华　张新华

县委宣传部:陈海鸣　舒建秋　高　春

县委统战部:陈云初

县农办:胡向阳

县台办:陈晓红

县委政法委:林晴雯

县编委办:王土才　陈敏芬

县信访局:龚时波　林美富

县委老干部局:林志文　曾碧伟

县委党校:耿礼文

县法院:王再桑　吴世良　干莉娜　陈绍青　沈贤忠　陈　祺　王胜权　陈华辉　林新艇
陈安栖　郑敏慧　俞　忠　陈建明　张　辉

县检察院:金道定　金　鹤　洪克利　梁加根　林丽娟　陈　琳　郑烨阳　刘会富
张秀伟　张敏玲

县发改局:车建军　李振宇　曾海鹏　王小未　胡丽亚　吴　丹

县经信局:孙招勇

县教育局:林崇礼

县科技局:林王鹏

县公安局:毛冬明　郑祖祥　王晨辉　林锋春　张颖剑　鲁俞秋旦　叶继良　许玲玲
张　峰　罗爱琴　郑新福　陈笑笑　王伟杰　林　辉　李良君　刘小江
陈丽婷　黄　伟　杨仙阁　叶　利　林　杰　褚　静　郑端胜　吴平原　叶　彬
吴仁国　陈一峰　冯　城　胡晓晓　龚德芳　陈奔奔　吴华君　方直平　林长鸿
袁丽敏　陈法明　张　莹　高志胜　王伟明　张　雷　陈富德　赵美萍　华建华
屠华锋　张森平　沈雪芬　鲍红勇　郑马林　李永清　陈程江　叶白兴　阙呈松
郑　翼　徐　敏　苏为益　张凌瑞　吴康玲　董建良　黄世平　徐维根　姜玲珑
耿礼慧　胡增相　吕晶晶　钟坚清　王定国　戴济良　张　杰　魏如丰　江湛湛
林　巍　苏　咏　陈仁政　苏光华　陶义林　王勤杰　林丛烨　杨秀彬　应春波
陈　松　黄渝凯　应　群　黄克礼　翁家强　陈佳铭　陈海斌　胡清刚

县民政局:王梦林　张煜斌

县司法局:林世灵　范公浩　黄赛红　陈丹辉　林永方

县财政局(地税局):郭显银　张素燕　杨建平　叶善松　赵　霞　潘炳蓉　游　钧　吴登良
黄新富　董华炳　方海丽　李金奕　徐希建　余必仲　夏　侠　傅芬芳
李　曦　黄旭红　阮积成　管斌奋　程满锦　王根平　张华江　钱献法
沈露佳　尤有明　项　颖　应国城　林　苹　林惠芬　陈薇薇

县人力社保局:周钦义　陈文荣　王　环　赵凌岗　林菊芳　蔡其方　李尚进　罗　娜
陈丽燕　张文平　胡存尧　胡青青　黄琳茜　苏光华　陈　敏　方丽琴
王　俊　瞿萍萍　罗　将　吴立华

县国土局:蔡其方　陈吴程　罗飞民　张曙辉　苏李娜　高珍斐　吴金贵　潘　巍

县环保局:朱良根　胡齐福

县住建规划局:王正平

县交通运输局:王庆飞　梁益贵　林定保　王晶晶

县水利局:董　波　于洪法

县农业局:吴万福　张友润　陈　孺　苏为团

县商务局:黄耀德

县经济合作办:王　伟　梁春芬

县文广新局:林　洁　许春苏　胡之江

县卫生计生局:盛性毅　江　洪　吴杭莺　陈爱珠

县审计局:刘　霞

县安监局:曾志斌　王松义　龚玲花　黄　艳

县城管执法局:吕　华　查泽刚　陈孝云　周智龙　林晓红　杨　洁　黄灵莉　刘　佳
姚慧洁　张文传　杨治兵　陈美兵

县统计局:金明法　郑　华　孔招霖

县海洋渔业局:蒋兴良　蒋昌根　陈朝峰　林忠东　蔡世超　陈志峰　金晓波　郑念平(小)
张　军　程生平　李海滨　郑连锋　林　哲　吕文勇　郭　峰　章晓明

县市场监管局:许　环　周　勇　徐　旭　吴敏凌　吴舒静　孙宏伟　王　景　黄雪敏
陈南春　陈久亮　杨陈勇　郑　隽　许炜炜　王孝斌　孔祥军　叶智勇
孙江飞　陈晓伟　陈梦怀　陈　宏　李振波　郑燮滨　李峰海　孙　骏
华仕峰　杨夏燕

县体育局:王爱琴

县行政服务中心:王仁强　高德华

县人防办:沈心龙

县旅游局:郑祥胜　李苑茜　黄德建

玉环经济开发区:詹江鹏　刘　锋

县金融办:陈成伟

县机关事务局:林义福　陆绍海　杨林敏

县总工会:金　巍

县妇联:卓桂娥

县残联:徐夏平

县公积金分中心:董伯芬

玉城街道:曾柳叶　郭海滨　曾华贵　黄德波　叶云龙　陈华君　李国强　张　丽　李　洋
汤仁委　叶陈军

坎门街道:蔡木贵　孙龙法　赖伶超　李正文　王海平　翁新明　李颜铭　王玉燕

大麦屿街道:洪方君　蒋祖美　陈剑峰　林甲辉　侯溪羽　叶锡芳　李容丽　金启郎　黄德轩
蒋　伟

楚门镇:林　杭　叶兰美　陈忠义　颜通森　林万明　吴敏利　袁必华　金士平　王天国

清港镇:金加树　胡再雷　林列霞　王富德　周　丹　季　琼　徐根法　陈　立　王李爱　颜　彬

芦浦镇:赵梅英　许　默　江海君　黄坚松　罗　敏

干江镇:陈君钦　王　华　丁春雷　吴妙青　王辉国　韩芝琪

沙门镇:陈荣世　骆骏骞　林金文　陈文军　肖　敏　黄惠君

龙溪镇:张国力　张维彪　陈德明　陈彬洁　赵永君

鸡山乡:陈银考　罗　丰　黄春娣

海山乡:金荣通　许婷婷　施岩财　林定志

玉环县"扶工助企"服务年活动先进集体和先进个人 玉县委办〔2016〕5号

一、先进集体(7个)

县经信局 县教育局
县国土局 县住建规划局
县金融办 县人民银行
清港镇

二、先进个人(38名)

李瑶林(县委办) 吴仁杰(县府办)
王光华(县委县政府督查室) 张新华(县委组织部)
张 鑫(县委宣传部) 苏为赞(县法院)
胡丽亚(县发改局) 雷长贵(县科技局)
刘丹芳(县公安局) 李 曦(县财政局)
陈晓阳(县人力社保局) 陈芹德(县环保局)
徐文华(县商务局) 林凤娣(县投资促进局)
李黑水(县城管执法局) 林艳艳(县统计局)
叶 飞(县市场监督局) 高德华(县行政服务中心)
江高亮(县流动人口服务管理局) 宋海龙(玉环经济开发区)
陈夏友(县国税局) 杨再兴(县供电公司)
叶桂彪(县建行) 姚 武(县交行)
吴炉火(县消防大队) 林佳欣(县"联创与治水"办)
孙招勇(县"扶工助企"办) 李 辉(中捷工作组)
黄德波(玉城街道) 陈 伟(坎门街道)
赵小平(大麦屿街道) 张慧红(楚门镇)
章建荣(芦浦镇) 倪伶俐(干江镇)
苏 航(沙门镇) 王维法(龙溪镇)
张晓东(鸡山乡) 王 震(海山乡)

2015年度玉环县政府质量奖获奖企业 玉政发〔2016〕8号

浙江华龙巨水科技股份有限公司 菲时特集团股份有限公司
浙江骆氏减震件股份有限公司

2015年度县电商标杆企业和县成长型小微电商企业 玉政发〔2016〕17号

一、县电商标杆企业(8家)

台州雨莱尔电子商务有限公司 浙江苏泊尔卫浴有限公司
玉环县夕水电子商务有限公司 玉环时创电器有限公司

台州美淘服装有限公司
台州升森农业开发有限公司
玉环县飞龙柚业有限公司
玉环县联帮洁具制造有限公司

二、县成长型小微电商企业（12家）

浙江三木进出口有限公司
台州喜牛电子商务有限公司
玉环小果电子科技有限公司
台州博盛塑业有限公司
台州启航塑业有限公司
玉环县环宇光学仪器有限公司
浙江震环数控机床有限公司
玉环十鼎贸易有限公司
台州华采商贸有限公司
玉环县老铜匠铜制品有限公司
台州上止正家居有限公司
台州光美果业有限公司

玉环县第五届春蚕奖　　玉政发〔2016〕31号

一、春蚕奖（十佳校长）

张于君（玉环中学）
张文贵（玉城中学）
郭海英（县中等职业技术学校）
管红增（城关第一初级中学）
吴江波（坎门第一初级中学）
陈岩法（环山小学）
庄飞娥（城关中心小学）
王庆才（楚门镇中心小学）
潘寿星（清港镇凡塘小学）
许方锐（县实验学校）

二、春蚕奖（十佳班主任）

张灵华（玉环中学）
董晓敏（玉环中学）
倪春萍（东方中学）
蒋於芬（城关第一初级中学）
吴秋红（城关第一初级中学）
陈　敏（坎门第一初级中学）
陈　光（环山小学）
金都都（环山小学）
胡淑静（城关中心小学）
林　媛（楚门镇中心小学）

三、春蚕奖（十佳教师）

许　玲（玉环中学）
王红花（玉城中学）
金娇荣（东方中学）
孙建春（城关第一初级中学）
郑海泓（楚门镇第一初级中学）
娄美玲（芦浦镇初级中学）
孔丽红（环山小学）
范　琰（楚门镇中心小学）
高爱武（清港镇中心小学）
陈　丹（县实验学校）

四、春蚕奖（教学质量优胜者）

黄象春（县教研室）
林海平（县教研室）
骆晨弘（玉环中学）
沈贤鉴（玉环中学）
胡赤阳（玉环中学）
陈葸菊（玉环中学）
董晓敏（玉环中学）
陈黎鸣（玉环中学）

邵长国(玉环中学)

张　腾(楚门中学)

王淑珍(楚门中学)

张瑞华(玉城中学)

蒋克于(玉城中学)

孔菊芬(城关第一初级中学)

林招德(坎门第一初级中学)

邱卫荣(楚门镇第一初级中学)

陈　琼(清港镇初级中学)

张红旗(县实验学校)

吴洁琴(县实验学校)

许紫环(县实验学校)

授予玉环中学等4所学校2016年高考工作卓越奖、优秀奖　玉政发〔2016〕32号

玉环中学2016年高考工作卓越奖

楚门中学、玉城中学和县实验学校2016年高考工作优秀奖

2016年度县农业龙头企业　玉政发〔2016〕37号

一、新命名的县农业龙头企业(8家)

玉环县大麦屿裕利水产有限公司

浙江驰源农业开发有限公司

浙江启源农业开发股份有限公司

玉环优乐鲜超市有限公司

玉环县利民清洁有限公司

玉环七丘田农业开发有限公司

浙江九支农业科技有限公司

台州升森农业开发有限公司

二、命名被保留的县农业龙头企业(61家)

玉环县好亦多绿色净菜有限公司

玉环县尚富水产养殖研究所

玉环县城关永业禽蛋加工厂

玉环珠港蔬菜基地

玉环县城关农场

浙江绿色园林市政有限公司

玉环县城关酿造厂

玉环县荣鹏肉类贸易有限公司

玉环玉水农业观光有限公司

台州隆兴水产养殖有限公司

台州市榴岛市政园林工程有限公司

台州清榕园林工程有限公司

浙江澳兴生物科技有限公司

玉环县刘庄菜园蔬菜批发有限公司

台州市上裕实业有限公司

玉环水产市场有限责任公司

浙江龙生水产制品有限公司

浙江定海针水产食品有限公司

台州市丰润生物化学有限公司

浙江金壳药业有限公司

浙江上无霸农业有限公司

玉环渔家女海洋制品厂

玉环县恩豪农产品有限公司

玉环县古城青顶茶业有限公司

玉环兴盛冷冻有限公司

玉环县大麦屿天凤畜牧养殖场

浙江海生源生物科技有限公司

玉环县石峰山农业科技有限公司

玉环富禾农林科技有限公司

台州冠喜食品有限公司

玉环县宏门酒业有限公司

玉环县清港葡萄园区开发有限公司

玉环县宏鑫果业有限公司

玉环港北畜牧养殖有限公司

台州高建农业开发有限公司
玉环县晨源农业开发有限公司
玉环县凡塘禽畜饲料厂
台州亿展水产冷藏有限公司
玉环县楚门筠岗林业苗木生产基地
玉环县肉食品有限责任公司
玉环县飞龙柚业有限公司
玉环县万丰水产养殖有限公司
玉环县诺凡尔海洋养殖有限公司
玉环莎尔水产养殖有限公司
玉环县漩港海珍品有限公司
玉环县新农蔬菜产销有限公司
玉环县再发畜牧有限公司
玉环县东辉果蔬有限公司
台州恩园果业有限公司
玉环天峰农业有限公司
玉环天籁农业开发有限公司
浙江天纯生态农业科技有限公司
玉环县五丰蒸干脱脂鱼粉厂
玉环县茹苑花卉种植有限公司
玉环超代果蔬有限公司
玉环跃华水产有限公司
玉环县绿野农业科技有限公司
玉环县山海绿色农业有限公司
玉环县宏海养殖有限公司
台州吉岛食品有限公司
玉环漩门湾观光农业开发有限公司

三、命名被取消的县农业龙头企业(18家)

台州市宏亚养殖有限公司
玉环县大麦屿水产品加工厂
玉环县林氏禽业有限公司
浙江山河实业有限公司
玉环县同盛实业有限公司
玉环县山头人绿色食品有限公司
玉环县文旦果品批发市场
玉环县玉宇农场
台州市远海鱼品有限公司
台州海良水产食品有限公司
玉环县大海水产食品有限公司
玉环县中港水产养殖有限公司
玉环县海发水产养殖有限公司
玉环之山水产有限公司
玉环县神威塑业有限公司
浙江省玉环蓄淡围垦开发有限公司
玉环县百香园农副产品销售有限公司
台州东亚鱼粉有限公司

2015年度县满意银行和金融业先进个人　　玉政发〔2016〕39号

一、县满意银行(3家)

浙江泰隆商业银行台州玉环支行
中国工商银行玉环支行
中国农业发展银行玉环县支行

二、县金融业先进个人(3名)

郭勤伟(浙江泰隆商业银行台州玉环支行)
张仕海(中信银行台州玉环支行)
陈　曦(浙江玉环农村商业银行)

先进界别组联络组先进民主监督小组好提案优秀委员优秀民主监督员优秀信息员　　玉政协〔2016〕1号

一、先进界别组联络组(5个)

经济界别组　　教育界别组

科协科技界别组　　政协玉城联络组

政协坎门联络组

二、先进民主监督小组(2个)

派驻县教育局、县科技局民主监督小组　　派驻县国土局、县行政服务中心民主监督小组

三、好提案(15件)

《关于加强环岛海岸生态景观带保护和建设的提案》(坎门联络组、政协社法委)

《关于优化城乡公交布局,彻底整治营运乱象的提案》(楚门联络组、清港联络组)

《关于积极稳妥推进旧城改造的提案》(政协经济委、大麦屿联络组)

《关于完善小区物业管理,提升城市品质的提案》(玉城联络组)

《关于在工业园区加快标准厂房和新民小区建设的建议》(民建玉环支部)

《关于构建工业固废处置体系,打造生态宜居玉环的建议》(大麦屿联络组)

《关于完善玉环公共自行车服务系统的建议》(阮宏标、陈仁宇、金启华、陈增瑞、缪金透、黄贵福、谢仁德)

《关于加强"二次供水"管理的建议》(民进玉环支部)

《关于促进渔海文化发展的建议》(坎门联络组)

《关于加强农村污水管网长效管理的提案》(林海林、詹加旺、杨菲)

《关于进一步推进大麦屿街道鲜叠美丽乡村山海风光带建设的提案》(李振坤)

《关于坚持公平公正,纵深推进"三改一拆"行动的建议》(胡再富)

《关于积极推进小微企业集聚园区建设的建议》(工商联界别组)

《关于开展入园企业信用体系建设,防范融资风险的提案》(黄贵福)

《关于从智慧城市建设入手,有效整合政府公共资源的建议》(姜仁武)

四、优秀委员(28名)

陈仁宇　杨长友　郑潇建　陈一平　卢　娜　胡齐福　胡再富　叶云飞　谢飞祥

蒋良喜　李振宇　林海林　张力中　郑青松　黄建军　马亚兵　朱金凤　陈晓红

陈瑞林　金哲蒙　杨　菲　郭　健　曾柳叶　张才傲　胡根寿　叶　斌　李伯俊

梁治初

五、优秀民主监督员(7名)

谢飞祥　郑　频　李　辉　郑潇建　胡根寿　张　荣　陈仁宇

六、优秀信息员(12名)

张力中　谢飞祥　胡再富　陈茂荣　徐君义　钟振美　李　辉　郑福祥　胡齐福

姜仁武　赵　洪　林甲辉

索 引

说 明

一、本索引采用主题分析法编制。
二、索引按主题词首字拼音字母顺序和音序排列,按标引词首字的汉语拼音音序排列,首字相同按第二字音序排列,以此类推。
三、标引词后的阿拉伯数字表示内容所在的页码。
四、《特载》《大事记》《附录》的内容不做索引。

A

B

C

D

F

G

H

J

K

L

M

N

P

Q

R

S

T

W

X

Y

Z

图书在版编目(CIP)数据

玉环年鉴. 2017 / 玉环市地方志办公室，玉环市档案局编. — 北京 : 方志出版社，2018.2

ISBN 978-7-5144-3006-6

Ⅰ. ①玉… Ⅱ. ①玉… ②玉… Ⅲ. ①玉环—2017—年鉴 Ⅳ. ①Z525.53

中国版本图书馆CIP数据核字(2018)第043431号

玉环年鉴（2017）

编　　者：玉环市地方志办公室　玉环市档案局

责任编辑：李志瑜

出 版 人：冀祥德

出 版 者：方志出版社

地址　北京市朝阳区潘家园东里9号(国家方志馆4层)

邮编　100021

网址　http://www.fzph.org

发　　行：方志出版社图书经销中心

电话(010) 67110500

经　　销：各地新华书店

印　　刷：杭州富春电子印务有限公司

开　　本：889×1194　1/16

印　　张：23.75

字　　数：680千字

版　　次：2018年7月第1版　2018年7月第1次印刷

印　　数：0001～1000册

ISBN　978-7-5144-3006-6　**定价**:150.00元